D1807755

Rechnungswesen und EDV

12. Saarbrücker Arbeitstagung 1991

Kritische Erfolgsfaktoren in
Rechnungswesen und Controlling

Herausgegeben von
A.-W. Scheer

Springer-Verlag Berlin Heidelberg GmbH

Professor Dr. August-Wilhelm Scheer, Institut für Wirtschaftsinformatik, Universität des Saarlandes, Im Stadtwald, D-6600 Saarbrücken 11, FRG

ISBN 978-3-642-48211-3

Die Deutsche Bibliothek – CIP-Einheitsaufnahme

Rechnungswesen und EDV: kritische Erfolgsfaktoren im
Rechnungswesen und Controlling / 12. Saarbrücker Arbeitstagung
1991. Hrsg. von A.-W. Scheer.
    ISBN 978-3-642-48211-3   ISBN 978-3-642-48210-6 (eBook)
    DOI 10.1007/978-3-642-48210-6
NE: Scheer, August-Wilhelm [Hrsg.]; Saarbrücker Arbeitstagung < 12, 1991 >

Bindearbeiten: J. Schäffer GmbH u. Co. KG, Grünstadt
7120 / 7130-543210

Vorwort

Die Saarbrücker Arbeitstagung "Rechnungswesen und EDV" findet dieses Jahr zum 12. Mal statt und ist zu einem etablierten Treffpunkt von fortschrittlichen Praktikern, Systementwicklern und Wissenschaftlern auf dem Gebiet des Rechnungswesens und Controlling geworden.

Zielsetzung der Saarbrücker Arbeitstagung ist es, über Stand und Entwicklungstendenzen des innerbetrieblichen Rechnungswesens nachzudenken sowie eine Plattform zum Austausch zwischen dem betriebswirtschaftlichen Fachwissen des Rechnungswesens und den Möglichkeiten einer informationstechnischen Umsetzung zu schaffen. Von den Arbeitstagungen sind weitreichende Impulse zur Entwicklung von neuen Anwendungssystemen auf dem Gebiet des Rechnungswesens ausgegangen. Dies gilt insbesondere auch bezüglich des Einsatzes neuer DV-Technologien.

Controlling ist heute ohne EDV-Unterstützung nicht mehr vorstellbar. Dabei darf nicht verkannt werden, daß es eine wesentliche Aufgabe des Controlling sein muß, gestaltend bei der Weiterentwicklung von Informationssystemen mitzuwirken. Nicht nur die Überwachung kostspieliger EDV-Projekte steht im Vordergrund, sondern auch die Schaffung von informatorischer Transparenz. Die Integrationsbemühungen von EDV-Systemen im Produktionsbereich sind unter dem Begriff "Computer Integrated Manufacturing" bekannt geworden. Das Aufkommen von Executive Information Systemen (EIS) und Expertensystemen zur Management by Exception-orientierten Auswertung von Daten und deren anschließende grafische Aufbereitung zu Management-Berichten zeigt die EDV-technischen Integrationsanstrengungen, die in diesem Kontext top-down initiiert werden.

Neben der Entwicklung von Architekturen integrierter Informationssysteme reflektieren zwei Beiträge dieser Tagung die Erfahrungen bei der Konzeption eines Informationsmodells sowie der Entwicklung von modernen Anwendungsarchitekturen für Rechnungswesen- und Controlling-Software.

Das Thema der "Prozeßkostenrechnung" wurde bereits bei der letzten Tagung aufgegriffen. Es können jetzt bereits erste Anwender-Erfahrungen skizziert werden, so daß zu einer weiteren Fundierung dieses Themengebietes beigetragen werden kann. Auch die aus theoretischer Sicht formulierten Thesen unterstreichen die Vorteile bei der Produktkalkulation und Kostentransparenz in den indirekten Bereichen. Die unter dem Begriff "Prozeßkostenrechnung" subsumierten Forschungsaktivitäten erlauben noch keine abschließende wissenschaftliche Bewertung. Ähnlich wie bei früheren Arbeitstagungen, deren Diskussionen dem Einsatz der Dialogverarbeitung im innerbetrieblichen Rechnungswesen zum Durchbruch verholfen haben, sind einige Teilaspekte Diskussionsgegenstand dieser Veranstaltung.

Unter dem Begriff "Kostenmanagement" werden alle Aktivitäten verstanden, die zu einer Planung, Steuerung, Überwachung und Kontrolle der betrieblichen Kostenstruktur beitragen.

Darf man den Veröffentlichungen Glauben schenken, hat sich nach über zwanzig Jahren die Theorie der "unscharfen Mengen", sogenannte fuzzy sets, bis zur industriellen Verwendbarkeit weiterentwickelt. In Japan ist geradezu eine Euphorie hinsichtlich der Anwendung dieser Idee feststellbar: Auf fuzzy logic basierende Steuerungen regeln chemische Produktionsprozesse, Industrieroboter, U-Bahnen etc. Es handelt sich dabei meist um Prozesse, für die entweder gar kein mathematisches Modell existiert oder aber ein zu komplexes. Da auch im Controlling nicht alle Prozesse mathematisch formulierbar sind und mehr als nur binär-logische Modelle mit zwei eindeutig definierten Zuständen unterschieden werden können, soll mit dem Themenfeld "Bewältigung der Unsicherheit" dieser Entwicklung Rechnung getragen werden. Vielleicht kristallisiert sich nach der abgeklungenen Euphoriewelle über Expertensysteme deren Fähigkeit, unsicheres und heuristisches Wissen zu verarbeiten, als ein wichtiges Ergebnis für die Behandlung von Unsicherheitsproblemen im Controlling heraus.

Die Erfahrungen bei der Einführung der Marktwirtschaft in den neuen Bundesländern zeigen, daß erhebliche Probleme bei der Umstellung der Kommandowirtschaft auf ein marktwirtschaftliches Controlling bestehen. Gerade deshalb ist es umso wichtiger, Einführungsstrategien beim Aufbau von Controlling-Systemen in den neuen Bundesländern aufzuzeigen.

Ich danke allen Referenten, daß sie ihre Beiträge rechtzeitig in schriftlicher Form zur Verfügung gestellt haben. Weiter danke ich meinen Mitarbeitern, Herrn Dipl.-Wirtsch.-Ing. Wolfgang Kraemer und Herrn Dipl.-Ing. Carsten Berkau, für die Hilfe bei der Organisation dieser Tagung und die Unterstützung der Herausgebertätigkeit dieses Tagungsbandes.

Saarbrücken, im August 1991

Prof. Dr. A.-W. Scheer

Inhaltsverzeichnis

A. Informationsmanagement

Architektur integrierter Informationssysteme (ARIS) - Neue Gestaltungsaufgaben im Controlling

Prof. Dr. A.-W. Scheer, Institut für Wirtschaftsinformatik, Universität des Saarlandes

Gliederung:

12. Saarbrücker Arbeitstagung 1991
Rechnungswesen und EDV
hrsg. v. A.-W. Scheer
© Physica-Verlag Heidelberg 1991

1.   Zur Notwendigkeit einer Architektur integrierter Informationssysteme

Die Entwicklung von Anwendungssoftware gilt als teuer und ist mit Unsicherheiten über die Entwicklungsdauer sowie die geplanten Kosten behaftet. Es besteht deshalb die Tendenz, die Softwareentwicklung aus dem Bereich der handwerklichen Einzelfertigung in die Organisationsform der industriellen Fertigung zu überführen, es wird dann folgerichtig von Softwarefabriken gesprochen [1].

In den letzten 20 Jahren ist eine Vielzahl von Methoden zur Unterstützung des Softwareentwicklungsprozesses entwickelt worden. Die Methoden unterscheiden sich nach dem Schwerpunkt ihrer Unterstützung innerhalb des Softwareentwicklungsprozesses sowie nach der bevorzugten Sichtweise auf das Problem (z. B. daten-, ereignis- oder funktionsorientiert). Einen Eindruck von der Vielzahl der zur Verfügung stehenden Methoden geben Standardbücher zum Software Engineering z. B. Balzert [2], Sommerville [3] oder die von der IFIP herausgegebenen Konferenzberichte der Working-Group 8.1 [4].

Diese Vielzahl der Methoden, die sich teilweise nur graduell voneinander unterscheiden, hat zu einer hohen Unübersichtlichkeit geführt und die Entwicklung von computergestützten Werkzeugen, die auf den Methoden basieren, eher behindert. Deshalb besteht das Bestreben, eine Methodologie (Lehre von den Methoden) für die Entwicklungsmethoden zu entwickeln.

Typische Fragen, die eine Methodologie als Rahmenkonzept (Framework) beantworten helfen sollen, sind [5]:

1.   Gibt es wirklich so viele grundsätzlich unterschiedliche Wege, um ein computergestütztes Informationssystem zu entwerfen?

2.   Wenn nicht, wie ähnlich sind diese Wege, wenn ja, warum sind die Wege so unterschiedlich?

3.   Gibt es einen besten Weg, um ein Informationssystem zu entwickeln?

4.   Wo beginnt der Entwicklungsprozeß und wo endet er?

5.   Wie sieht das Endprodukt eines Design-Prozesses aus?

6.   Wieviele Stufen sind erforderlich, um ein Entwicklungsergebnis zu erreichen?

7.   Soll lediglich **eine** Methodologie für eine bestimmte Art von Informationssystemen eingesetzt werden oder sind mehrere Methoden für unterschiedliche Systeme notwendig? Wenn ja, nach welchen Kriterien sollen die einzusetzenden Methoden ausgewählt werden?

Neben der Beantwortung dieser Fragen, deren Zielsetzung die Einordbarkeit und Bewertung von Methoden ist, gibt es eine weitere Gruppe von Gründen, sich mit ISDM (Information System Design Methodologies) zu beschäftigen. Diese Gründe resultieren aus dem

Tatbestand, daß an komplexen Entwicklungsprojekten in der Regel mehrere Partner beteiligt sind, die unterschiedliche Entwicklungsmethoden einsetzen können und deren Arbeitsergebnisse sich überlappen. Hier kann nur ein Rahmenkonzept, in das sich die unterschiedlichen Methoden einordnen lassen und somit ihre Übereinstimmungen und Unterschiedlichkeiten zeigen, zu einem gegenseitigen Verstehen führen. Daß darüber hinaus ein solches Rahmenkonzept auch zu einer Vereinheitlichung des Methodeneinsatzes führen kann und soll, liegt selbstverständlich nahe.

Gerade betriebswirtschaftliche computergestützte Informationssysteme zeichnen sich zunehmend durch einen hohen Komplexitätsgrad aus. Durch die integrierte Datenverarbeitung, bei der die gemeinsame Nutzung von Daten durch verschiedene Anwendungen unterstützt wird, sowie die Realisierung umfassender EDV-orientierter Gesamtkonzepte für Unternehmungen (CIM für Industriebetriebe, EDV-gestützte Warenwirtschaftssysteme für Handelsbetriebe, Electronic Banking für Bankbetriebe) sind viele interne und externe Partner an der Entwicklung eines Informationssystems beteiligt. Um eine abgestimmte arbeitsteilige Realisierung solcher Projekte zu ermöglichen, ist ein Rahmenkonzept oder eine Architektur erforderlich.

Unter Architektur wird allgemein die Baukunst verstanden. Im übertragenen Sinne auf Informationssysteme bezogen bedeutet dieses, daß die einzelnen Bausteine, aus denen ein Informationssystem besteht, hinsichtlich ihrer

-    Art,
-    funktionalen Eigenschaften und
-    ihres Zusammenwirkens

beschrieben werden müssen. Die Übertragung des Begriffes Architektur auf Konzepte der Informationsverarbeitung ist gebräuchlich. Versuche, die Übertragung des Begriffes aus der Baukunst auf Informationssysteme etymologisch zu begründen, geben Krcmar [6] und Strunz [7]. Der Verfasser glaubt aber, daß die Übertragung des Begriffes weniger etymologisch zu erklären ist als einem umgangssprachlichen Verständnis folgt. Hier werden mit dem Begriff Architektur Begriffe wie Planung, Verfolgung von Regeln, Strukturierung oder Koordination mehrerer Partner assoziiert, die Problemen von Informationssystemen entsprechen. Auch ist der Begriff weitgehend aus der amerikanischen Literatur übernommen worden. So wird der Begriff auch für die Beschreibung von Hardware- und Datenbanksystemen eingesetzt [8].
Neben dem Teil der Architektur, der die Komponenten und ihr Zusammenwirken definiert, also das "Was" der Beschreibung eines Informationssystems festlegt, ist auch das "Wie", also das Vorgehensmodell zur Erstellung eines Informationssystems, zu bestimmen.

Eine Architektur für Informationssysteme ermöglicht den leichteren Einsatz von Werkzeugen zur Automatisierung des Entwicklungsprozesses. Es ist allgemein bekannt, daß die Entwicklung großer Softwaresysteme mit erheblichen Kosten und Risiken verbunden ist. Es werden deshalb Anstrengungen unternommen, durch Entwicklung umfassender Werkzeuge die Softwareproduktion zu automatisieren [9].

Viele der gegenwärtig gebräuchlichen Methoden zur Entwicklung von Informationssystemen entstammen eher empirischen Erkenntnissen als theoretischen Konzeptionen. Auch einige Ansätze zur Bildung einer Methodologie versuchen eher, die bestehenden Methoden in ein Rahmenkonzept zu integrieren als die Methodologie theoretisch abzuleiten.

Aus diesem Grunde wird im folgenden die Architektur integrierter betriebswirtschaftlicher Informationssysteme aus einem allgemeinen betriebswirtschaftlichen Vorgangskettenmodell abgeleitet. Die Betonung des betriebswirtschaftlichen Anwendungshintergrundes bedeutet keine allzugroße Einschränkung. Sie betont die hohe Bedeutung des Integrationsgedankens von Informationssystemen, wie er bei betriebswirtschaftlichen Anwendungen typisch ist, verweist auf den Bereich der überwiegenden Anwendungsbeispiele in diesem Buch und zeigt, daß spezielle Anwendungssysteme (z. B. Prozeßautomatisierung) weniger betrachtet werden. Die entwickelte Architektur integrierter Infomationssysteme (ARIS) sollte deshalb durchaus als allgemeingültiger Vorschlag verstanden werden.

Die ARIS-Architektur bildet den Rahmen, in dem integrierte Anwendungssysteme entwickelt, optimiert und in die EDV-technische Realisierung umgesetzt werden können. Sie zeigt damit gleichzeitig der Betriebswirtschaftslehre, wie sie Informationssysteme betrachten und analysieren kann, um eine EDV-gerechte Umsetzung ihrer Inhalte zu erreichen.

2. Vorgangskettenmodell als Ausgang der Architekturentwicklung

Wesentlicher Unterstützungsgegenstand betriebswirtschaftlicher Informationssysteme sind Vorgangsketten. Beispiele für Vorgangsketten sind eine geschlossene Auftragsbearbeitung von der Auftragsannahme über Materialwirtschaft, Produktion bis zum Versand oder die Entwicklung eines Produktes von der ersten Idee bis zur Übergabe des ausgetesteten Produktes an die Produktion. Element einer Vorgangskette ist der einzelne Vorgang. Ein Vorgang ist ein zeitverbrauchendes Geschehen, das durch ein Ereignis gestartet wird und durch ein Ereignis beendet wird. Start- und Ergebnisereignisse definieren damit Beginn und Ende des Vorgangs (vgl. Abbildung 1).

Gegenstand der Vorgangsbearbeitung kann die Transformation eingesetzter Werkstoffe zu Produkten (ausgehenden Werkstoffen) sein. Hierzu sind als weitere Produktionsfaktoren entsprechend der Produktionstheorie nach Gutenberg der Einsatz menschlicher Arbeitsleistung sowie Betriebsmittel in Form von Produktionsmaschinen oder Geräten der Informationstechnologie notwendig. Die Regeln der Kombination der Elementarfaktoren wird in Bearbeitungsregeln zur Beschreibung des Vorgangs festgelegt.

Parallel mit dem Prozeß der Werkstofftransformation und mit ihm eng verbunden vollzieht sich der Prozeß der Informationstransformation. Das Ereignis als zeitpunktbezogenes Geschehen startet (z. B. in Form eines Fertigungsauftrages) den Vorgang Produktion. Ein Ereignis verbraucht im Gegensatz zu einem Vorgang weder Zeit noch Ressourcen. Ergebnis ist dann die Fertigstellung des Auftrages als Ergebnisereignis sowie das erstellte Teil S5. Ein Ergebnisereignis kann dabei auch eine Statusänderung eines bereits bekannten Objektes sein. Die Fertigmeldung des Auftrages ist damit die Statusänderung des Fertigungsauftrages. Es ist durchaus möglich, daß erst das Zusammentreffen mehrerer Ereignisse einen Vorgang auslösen oder auch mehrere Ereignisse Ergebnis eines Vorganges sind.

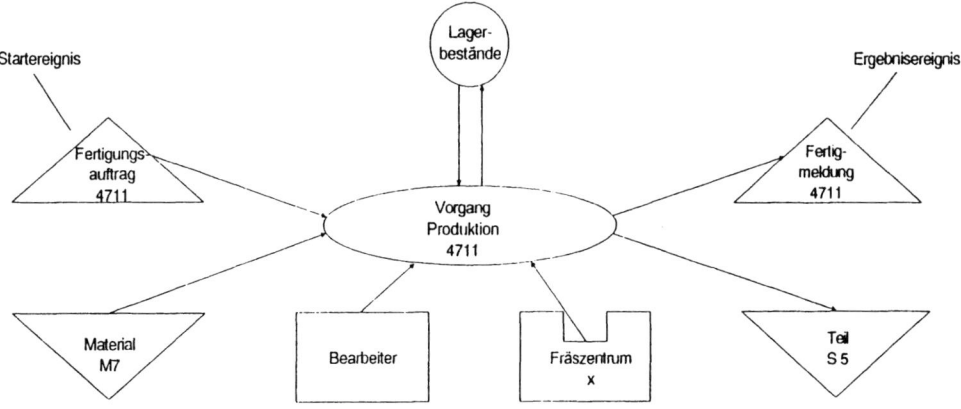

Abb. 1: Element einer Vorgangskette

Zur Steuerung des Vorgangs werden Zustände des Aufgabenumfeldes einbezogen, die z. B. Parameter für die Bearbeitungsregeln liefern. Im Falle der Produktion können dieses Beschreibungen des zu erstellenden Produktes oder benötigter Komponenten (Lagerbestände) sein. Während der Bearbeitung können dabei diese Daten verändert werden, beispielsweise der Lagerbestand durch Zuordnung von Komponenten zu dem Kundenauftrag verringert werden.

Die Änderung von Zuständen des Umfeldes aus einer Bearbeitungsfunktion heraus geschieht jeweils durch von der Vorgangsbearbeitung erzeugte Ereignisse. Diese ist z. B. die Anlage eines neuen Entities (Kunde, Artikel usw.) oder Veränderung eines Attributwertes. Dieser Tatbestand kennzeichnet die gebräuchliche Definition eines Vorgangs als Prozeß zur Transformation von Inputdaten zu Outputdaten. Die einzelnen Ereignisse und darauf aufbauende Änderungen werden erst bei einer detaillierten Beschreibung der Vorgänge sichtbar. Die in Abbildung 1 als gegenläufige Pfeile dargestellte Änderung ist somit eine grobe Darstellung des Transformationsprozesses. Es sind lediglich zwei besondere Ereignisse herausgestellt, die einen Vorgang starten bzw. Ergebnis eines Vorgangs sind.

Je nach Art des Vorganges kann die Werkstoff- oder die Informationstransformation im Vordergrund stehen. Bei Betrachtung von Fertigungsvorgängen, wie sie im Rahmen der Produktionstheorie untersucht werden, dominiert die Werkstofftransformation. Bei stärker verwaltungsorientierten Vorgängen, z. B. Auftragsbearbeitung, Buchführung, Planung und Disposition, dominieren dagegen die Informationstransformationsprozesse. Es ist aber zu betonen, daß beide Prozesse ineinander verwoben sind, d. h. bei der Werkstofftransformation werden auch Informationen transformiert, und die Veränderung von Informationen kann auch zur Werkstoffveränderung führen. Diese Zusammenhänge werden insbesondere durch den Einsatz moderner technischer Produktionsverfahren deutlich, bei denen die Maschinen durch Steuerungsprogramme (NC-Programme) gesteuert werden und Rückmeldungen über die Ausführung der Vorgängen automatisch von Informationssystemen aufgenommen werden. Deshalb wird auf die gleichgewichtige Bedeutung von produktionsorientierten Betriebsmitteln wie auch informationsverarbeitenden Betriebsmitteln hingewiesen.

Informationssysteme dienen zur Unterstützung konkreter Anwendungen. Diese können auf unterschiedlichen Abstraktionsebenen betrachtet werden.

Wird von dem speziellen Anwendungsbezug, ob also eine Auftragsbearbeitung oder ein Buchführungsablauf beschrieben wird, abstrahiert, so ergibt sich ein allgemeines Vorgangskettenmodell (vgl. Abbildung 2). Hier wird somit der Anwendungsbezug verlassen und damit eine Ebene erreicht, in der die grundsätzliche Struktur einer Vorgangskettenbearbeitung beschrieben wird.

Die zeitpunktbezogenen Tatbestände wie Auftragserteilung, Auftragsbestätigung werden zu der Klasse EREIGNIS zusammengefaßt, alle zeitverbrauchenden Geschehen zu der Klasse VORGANG, alle Beschreibungen des Umfeldes zu der Klasse UMWELTZUSTÄNDE, alle Materialien (Hilfs-, Betriebs- und Werkstoffe) zu der Klasse WERKSTOFF usw.

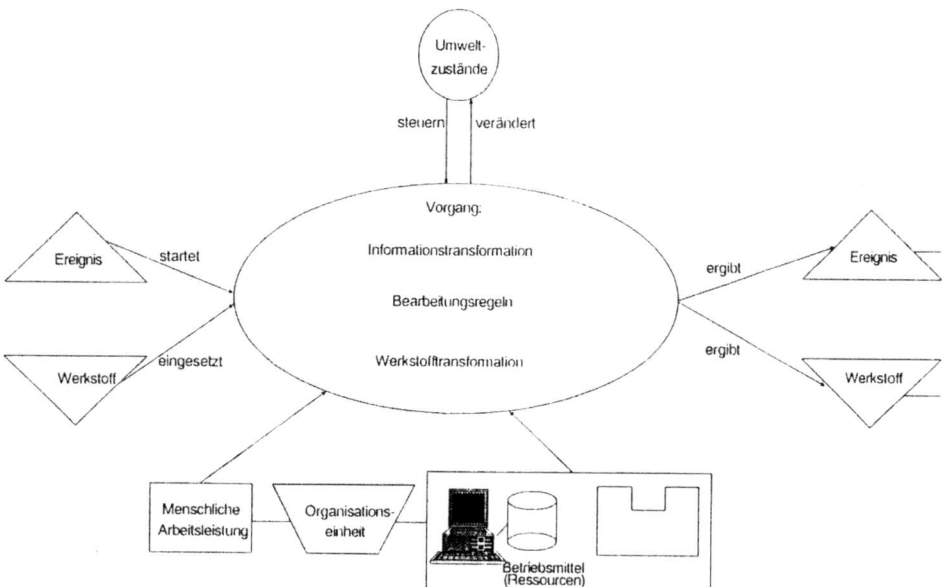

Abb. 2: Allgemeines Vorgangskettenmodell

Die Grafik der Ebene 3 zeigt dabei nicht alle denkbaren Beziehungen zwischen den Komponenten. So können bestimmte Mitarbeiter Organisationseinheiten und Betriebsmitteln zugeordnet sein, oder ein Ereignis kann durch Beziehungen zwischen Umweltzuständen erklärt werden. Beispielsweise kann das Ereignis "Auftragserteilung" als Beziehung zwischen einem bestimmten Kunden als Element der Umwelt und der Zeit definiert werden. Die Darstellung bildet aber eine anschauliche Grundlage der weiteren Betrachtungen.

Da diese Ebene Informationen über die eigentliche Beschreibungsebene betriebswirtschaftlicher Informationssysteme enthält, wird sie als Metaebene bezeichnet. In dieser Ebene wird festgelegt, anhand welcher Sichten, Verfahren und Begriffe die darunterliegenden Fachebenen beschrieben werden. Hier können dabei unterschiedliche Beschreibungsverfahren eingesetzt werden. Auf der Metaebene werden aber die mit diesen Verfahren zu beschreibenden Elemente festgelegt.

Im folgenden wird aus diesem Ausgangsmodell eine Architektur abgeleitet, nach der Informationssysteme, die primär zur Unterstützung von Vorgangsketten eingesetzt werden, beschrieben werden können.

Dazu wird das Ausgangsmodell weiter strukturiert, um den Beschreibungsgegenstand zu vereinfachen. Anschließend wird eine einheitliche Beschreibungssprache festgelegt.

Die Architektur bildet den Rahmen zur Speicherung von Modellen der Anwendungsebene. Diese werden in einer Meta-Datenbank, einem Repository, abgelegt. Die Metaebene besteht somit aus

- dem allgemeinen Vorgangsmodell zur Ableitung der Architektur,
- den Blöcken und Bausteinen der Beschreibung (Architektur),
- der Beschreibungssprache für eine detaillierte Beschreibung der Blöcke und Bausteine,
- Modellen zur Abbildung der Elemente einer Beschreibungssicht (Meta-Modelle),
- der Datenbank zur Speicherung der nach der Architektur beschriebenen Modelle (Repository).

3. Ableitung der ARIS-Architektur durch Strukturierung des Vorgangskettenmodells

Die aus betriebswirtschaftlicher Sicht zu beschreibenden Komponenten eines Informationssystems einschließlich ihrer Beziehungen untereinander sind somit Zustände, Ereignisse, Vorgänge sowie die Produktionsfaktoren Werkstoffe, menschliche Arbeitsleistung (Mitarbeiter), Betriebsmittel (unterschieden nach Produktionsbetriebsmitteln und Betriebsmitteln der Informationstechnologie) und Organisationseinheiten zu ihrer Strukturierung. Da jedes Element mit jedem anderen in Beziehung stehen kann, ergibt sich eine komplexe Struktur. Dabei können auch multiple Beziehungen bestehen. Beispielsweise ist die Beziehung zwischen Vorgang und menschlicher Arbeitsleistung auch davon abhängig, welche Betriebsmittelunterstützung bei der Ausführung des Vorgangs gewährt wird. Weiterhin können auch innerhalb der Elemente Beziehungen bestehen, die z. B. angeben, wie Zustände voneinander abhängen oder wie Ereignisse untereinander verbunden sind.

Um deshalb die Komplexität zu reduzieren, werden drei Schritte durchgeführt:

1. Abstraktion von für die Informationsverarbeitung nicht relevanten Tatbeständen,
2. Zusammenfassung von Elementen zu gröberen Beschreibungssichten,
3. Reduktion von Beziehungen durch ein Phasen- bzw. Vorgehensmodell.

3.1 Konzentration auf Informationstransformation

Der güterliche Transformationsprozeß von Werkstoffen wird zur Verringerung der zu betrachtenden Komponenten und damit zur Vereinfachung nicht weiter als eigenständige Beschreibungskomponente der Architektur behandelt. Er ist vielmehr Bestandteil des Umfeldes der Vorgangskette, das durch Zustände beschrieben wird. Das gleiche gilt für die an der Werkstoffumsetzung beteiligten Produktionsbetriebsmittel. Auch sie gehen als informatorisches Abbild in dem Begriff des Umfeldzustands auf. Wegen der engen Verbindung zwischen der Güter- und Informationstransformation werden aber Informationen über den Materialumwandlungsprozeß in der Zustandsbeschreibung des Umfeldes weiterhin einbezogen. In einem PPS-System wird z. B. durch die Stücklisten und Arbeitspläne ein Vorgangskettenmodell der Materialtransformation erfaßt. In ihm werden die anzuführenden Arbeitsgänge (z. B. Sägen, Bohren, Drehen), die einzusetzenden Produktionsbetriebsmittel und benötigten Materialien beschrieben. Dieses wird aber in einem PPS-System als Umfeldbeschreibung (in der Datenbasis) abgelegt. Die Vorgänge des Informationstransformationsprozesses, bei denen diese Daten als Umfeldzustände benutzt werden, sind vielmehr z. B. Arbeitsplanung, Arbeitsvorbereitung, Fertigungssteuerung oder Betriebsdatenerfassung.

Der weite Begriff "Umfeldzustand" dient also dazu, alle Komponenten eines Informationssystems aufzunehmen, die nicht in einer eigenen Beschreibungssicht behandelt werden sollen.

Die menschliche Arbeitsleistung bzw. die Arbeitskräfte werden aufgeteilt in die am Produktionsprozeß beteiligten Mitarbeiter, die ebenfalls als Teil des Umfeldes betrachtet werden, sowie die direkt mit Informationssystemen befaßten Benutzer. In Abbildung 3 wird diese veränderte Sicht durch Einrahmung der betreffenden Elemente deutlich gemacht. Die Betrachtungsweise bedeutet, daß aus Sicht der Informationsverarbeitung bei der Betrachtung eines Produktionsvorgangs nicht die physische Sicht des Einsatzes von Werkstoffen, menschlicher Arbeitsleistung und Betriebsmittel Gegenstand der Betrachtung ist, sondern lediglich die durch den physischen Produktionsprozeß verursachte Veränderung von Daten. Es wird somit lediglich das datenmäßige Abbild betrachtet.

Die Betriebsmittel der Informationstechnologie bleiben aber als Träger des Informationssystems weiterhin relevant. Das gleiche gilt auch für die menschliche Arbeitsleistung, die direkt mit dem Informationssystem als Benutzer verbunden ist. Die Zusammenfassung von Mitarbeitern oder Betriebsmitteln zu Organisationseinheiten bleibt ebenfalls eine weiterhin gültige Komponente.

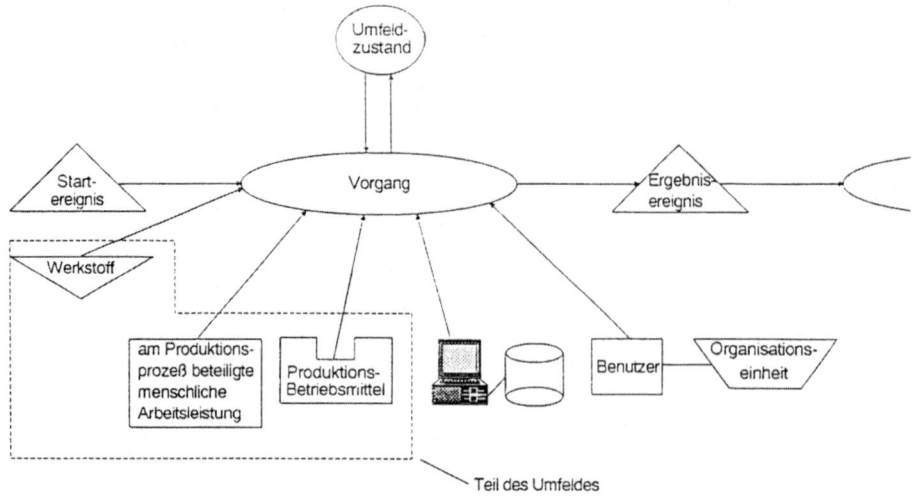

Abb. 3: Ausweitung der Komponente "Umfeldzustand"

3.2   Bildung von Sichten

Das nach der Konzentration auf informationsrelevante Tatbestände sich ergebende Vorgangskettenmodell ist weiterhin komplex. Deshalb werden einzelne Beschreibungselemente weiter
zusammengefaßt.

Auch führt die vorgangsbezogene Sicht zu erheblichen Redundanzen. So können für mehrere
Vorgänge die gleichen Umfeldzustände, Ereignisse, Benutzer usw. zuständig sein, wie es in
Abbildung 2 bezüglich der Kunden- und Artikelbeschreibungen für die detaillierte
Auftragsannahme und Auftragsverfolgung gezeigt wurde. Um diese Redundanzen zu
vermeiden, wird das Vorgangskettenmodell in einzelne Sichten zerlegt, die dann unabhängig
voneinander und damit redundanzärmer beschrieben werden (vgl. Abbildung 4).

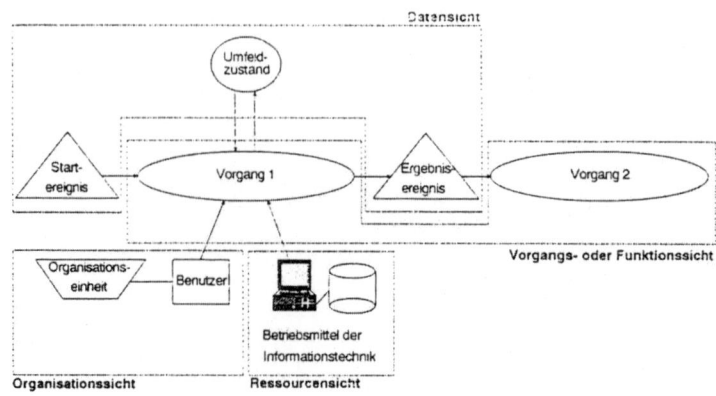

Abb. 4: Sichten des Vorgangskettenmodells

Zunächst werden Ereignisse und Umfeldzustände durch Daten abgebildet. Sie werden als Informationsobjekte durch eine einheitliche Datensicht abgebildet. Die Erfassung von Ereignissen als Teil einer Datensicht ist bei vielen Softwareentwicklungsmethoden gebräuchlich.

Die Beschreibung der Vorgangsregeln sowie der Vorgangsstruktur bildet die Vorgangs- oder Funktionssicht. Der Begriff "Funktion" wird deshalb mit den Begriffen "Vorgang" oder "Vorgangskette" häufig gleichbedeutend verwendet, weil er im Zusammenhang mit dem funktionsorientierten Systementwurf in der Literatur viel verwendet wird.

Die Komponenten Benutzer und Organisationseinheiten werden wegen ihres engen Zusammenhangs zu einem Element zusammengefaßt. Benutzer sind Organisationseinheiten zugeordnet, und diese werden nach Kriterien wie "gleiche Funktion" oder "gleiches Arbeitsobjekt" gebildet. Diese Sicht wird als Organisationssicht bezeichnet.

Die Betriebsmittel der Informationstechnik bilden den vierten Beschreibungskreis, die Ressourcensicht. Damit sind die sechs Beschreibungselemente auf vier reduziert worden, wobei eine weitere Vereinfachung durch die Konzentration der Begriffe Betriebsmittel und Benutzer auf den Zusammenhang zur Informationstransformation erreicht wird. Mit der Bildung der Sichten gehen aber Zusammenhänge zwischen den Sichten verloren. Deshalb wird später eine zusätzliche Sicht mit der Bezeichnung "Steuerung" eingeführt, die Zusammenhänge zwischen den Sichten erfaßt.

Neben der Reduktion von Komplexität und Redundanzen des Beschreibungsgegenstands besitzt die Bildung von Sichten den Vorteil, daß eine Komponente (also eine Sicht) bereits entwickelt werden kann, ohne daß die anderen Sichten vorliegen. Dieses führt z. B. später dazu, daß das Datenmodell eines Systems erstellt werden kann, ohne daß die Funktionen umfassend definiert sind. Sofern also zur Beschreibung einer Sicht unbedingt Angaben einer anderen Sicht erforderlich sind, so können die in allgemeiner Form von der betrachteten Sicht selbst festgelegt und später von der eigentlich zuständigen Sicht weiter spezifiziert werden.

Die Trennung in Sichten kann wegen der zwischen ihnen bestehenden Beziehungen nicht immer ganz konsequent eingehalten werden. Beispielsweise kann es für die Beschreibung von Vorgängen innerhalb der Funktionssicht sinnvoll sein, auch Ereignisse, die Vorgänge auslösen oder ihr Ergebnis sind, anzuführen, obwohl diese z. T. im Datenmodell erfaßt werden. Es müssen aber dann nicht die strengen Anforderungen der Definition der Informationsobjekte im Sinne der Datenmodellierung eingehalten werden.

3.3   Auflösung der Ressourcensicht durch ein Phasenmodell

Durch die Vielfalt der Komponenten wie Zentraleinheiten, Peripheriegeräte, Netze, Programmsysteme oder Datenbanksysteme ist die Ressourcensicht eines Informationssystems besonders umfangreich und vielfältig. Andererseits ist diese Sicht aus betriebswirtschaftlicher Sicht nur insoweit von Bedeutung, wie sie als Träger des Informationssystems Rahmenbedingungen für die Beschreibung der anderen Komponenten und ihrer Beziehungen stellt.

Aus diesem Grunde werden die Ressourcen nicht als eigenständiger Beschreibungskreis betrachtet, sondern die Ressourcensicht wird jeweils innerhalb der anderen Komponentenbeschreibungen behandelt. Dazu wird die Beschreibung der anderen Sichten in Abhängigkeit ihrer Nähe zu den informationstechnischen Ressourcen differenziert.

Dieser Prozeß der Umsetzung betriebswirtschaftlicher Tatbestände in die EDV-technische Realisierung wird häufig durch differenzierte Phasenmodelle beschrieben. Hier wird im folgenden einer fünfstufigen Abschichtung gefolgt.

Im ersten Schritt wird eine EDV-orientierte fachliche Ausgangslösung erstellt. Diese ergibt sich aus einer Ist-Analyse der Vorgangsketten mit darauf aufbauenden Soll-Konzepten. Diese Vorgangskettenanalyse soll den grundsätzlichen Nutzen des Informationssystems sichtbar machen. Aus diesem Grund werden hier auch noch alle Sichten zusammen betrachtet.

Im zweiten Schritt werden in dem Fachkonzept (requirements definition) unabhängig von Implementierungsgesichtspunkten die einzelnen Sichten des Anwendungssystems modelliert. Dabei werden Beschreibungssprachen gewählt, die so weit formalisiert sind, daß sie Ausgangspunkt für eine konsistente EDV-technische Implementierung sein können.

Im dritten Schritt, der Erstellung des DV-Konzeptes (design specification), werden die Fachmodelle an die Anforderungen der Benutzerschnittstellen von Implementierungswerkzeugen (z. B. Datenbanksysteme, Netzwerkarchitekturen oder Programmiersprachen) angepaßt. Dabei wird aber noch kein Bezug zu konkreten Werkzeugprodukten hergestellt.

Im Rahmen des vierten Schrittes, der technischen Implementierung, wird die konkrete Umsetzung der Anforderungen in physische Datenstrukturen, Hardwarekomponenten und Programmsysteme durchgeführt (implementation description).

Die vier Phasen beschreiben die Erstellung eines Informationssystems und werden deshalb auch als "Build-Time" bezeichnet. Anschließend wird das fertiggestellte System dem Betrieb übergeben, so daß sich als fünfter Schritt eine Betriebs- und Wartungsphase anschließt, die als Run-Time bezeichnet wird. Diese Run-Time-Version des Informationssystems und seine Werkzeugumgebung werden im folgenden nicht weiter betrachtet. **Die Arbeit beschränkt sich somit auf die Build-Time-Phasen von Informationssystemen.**

Das Fachkonzept ist sehr eng mit der betriebswirtschaftlichen Anwendungswelt verknüpft, wie es die Breite des Pfeiles in Abbildung 5 zeigt. Es soll aber weitgehend unabhängig von Implementierungsgesichtspunkten erstellt werden, wie es die Pfeilbreite zum DV-Konzept darstellt. Die technische Implementierung sowie der Betrieb und die Wartung sind dagegen eng an die "Geräte- und Produktebene" der Informationstechnik gebunden. Änderungen der Informationstechnik wirken sich sofort auf die Art der Implementierung und den Betrieb eines Systems aus.

Die Phasen lassen sich nicht immer exakt voneinander trennen. Deshalb ist die Zuordnung von Methoden, Darstellungen und Ergebnissen des Software-Entwurfsprozesses nicht immer eindeutig. Mit dem Phasenkonzept soll keinesfalls ausgedrückt werden, daß einer strengeren Abfolge des Entwicklungsprozesses nach dem "Wasserfall-Modell" gefolgt wird. Vielmehr wird ausdrücklich auch eine prototyping-Vorgehensweise einbezogen. Aber auch bei einer evolutionären Softwareentwicklung sind prinzipiell die Beschreibungsebenen gegeben.

Mit dem Phasenkonzept können die vielfältigen Beziehungen zwischen der Ressourcensicht und den anderen Komponenten vereinfacht werden. Zunächst wird in den beiden ersten Schritten jede Komponente allein aus fachlicher Sicht ohne Implementierungseinschränkungen dargestellt. Anschließend werden die Sachverhalte im Rahmen des DV-Konzeptes weiter spezifiziert und in der Implementierungsstufe auf konkrete DV-Techniken implementiert. Erst bei der dritten und vierten Phase wirken sich Ressourcengesichtspunkte aus. Die Ressourcen werden deshalb im Rahmen dieser Beschreibungen - soweit erforderlich - charakterisiert.

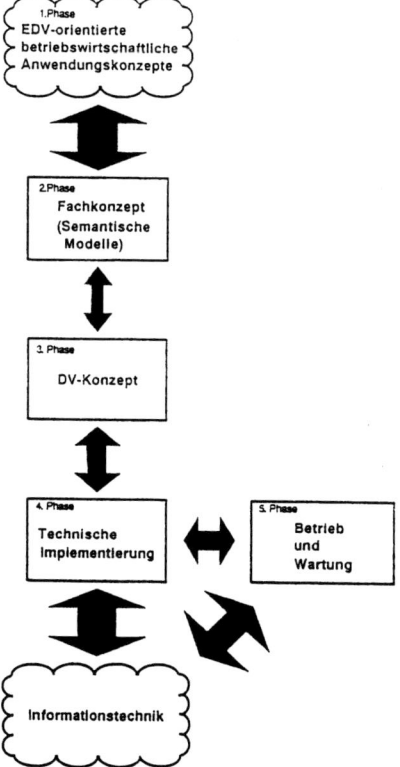

Abb. 5: Beschreibungsphasen in Abhängigkeit zur Nähe der Informationstechnik

Da bei der ersten Stufe, der Vorgangskettenanalyse und Bildung des betriebswirtschaftlichen Anwendungskonzeptes die Betrachtungssichten noch nicht getrennt werden, gehört sie eigentlich nicht mit zur ARIS-Architektur des Informationssystems. Die zu beschreibenden Komponenten reduzieren sich somit auf das in Abbildung 6 dargestellte Modell aus Organisations-, Vorgangs- und Datensicht in den jeweils drei Beschreibungsebenen Fachkonzept, DV-Konzept und Implementierung.

Mit der Unterteilung des Vorgangsmodells in Sichten gehen die Beziehungen zwischen diesen Komponenten verloren. Da aber elementare Zusammenhänge zwischen Daten und Funktionen und der Organisation bestehen, werden diese in einer eigenen Komponente, die zwischen den Elementen vermittelt, wieder eingeführt. Diese wird als Steuerungssicht bezeichnet.

Da durch die Verbindung der Elemente Bewegungen erzeugt werden (Daten lösen in Form von Ereignissen Funktionen aus oder Funktionen verändern Daten), kann der Begriff Steuerung als Kennzeichnung dieser Dynamik dienen.

Damit kann jede Komponente zunächst für sich beschrieben werden, die Beziehungen zu anderen Komponenten werden dann in der Steuerungssicht behandelt. Auch bei der Steuerung werden die drei Beschreibungsebenen bezüglich der Ressourcennähe gebildet. Dadurch können auf jeder der Beschreibungsebenen die Verbindungen zu den anderen Komponenten hergestellt werden.

Abbildung 6 stellt somit die Architektur des Informationssystems dar. Sie besteht aus den Baublöcken Funktionen, Organisation, Daten- und Steuerung. Die Komponenten werden jeweils zur Nähe der Ressource Informationstechnik in die Beschreibungsebenen Fachkonzept, DV-Konzept und Implementierung abgeschichtet.

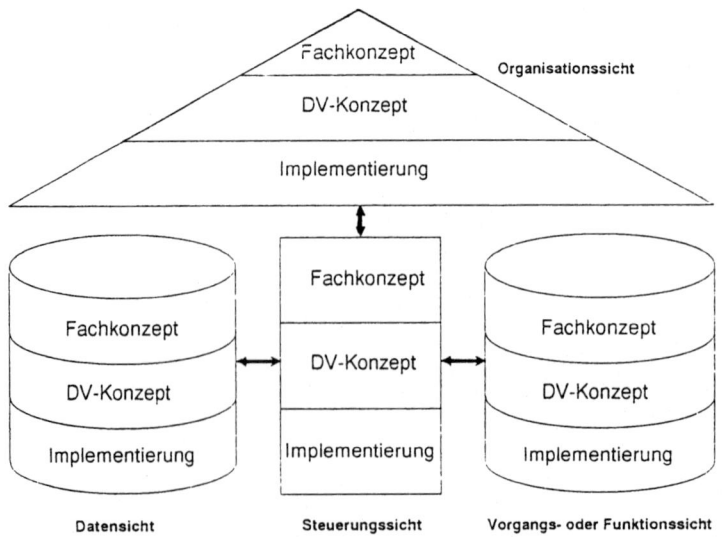

Abb. 6: ARIS-Architektur

4. Darstellung von Informationsmodellen

Nachdem die Bausteine der ARIS-Architektur für integrierte Informationssysteme festgelegt worden sind, gilt es festzulegen, wie ihre Funktionalität detaillierter beschrieben werden kann.

Um insbesondere auch den Zusammenhang zwischen den einzelnen Bausteinen deutlich werden zu lassen, liegt es nahe, eine einheitliche Beschreibungssprache für alle Bausteine auszuwählen. Zwar sind zur Beschreibung von Daten, Funktionen und Organisationsaspekten eigene Darstellungsmethoden wie Datenmodelle, Hierarchiediagramme, Ablaufdiagramme oder Organigramme entwickelt worden; diese beziehen sich aber auf die Ebene der fachlichen Darstellung. Für die Metaebene, also die Beschreibung der Elemente des Informationssystems selbst, kann dann eine einheitliche Sprache eingesetzt werden, wenn sie in der Lage ist, von den sichtenspezifischen Inhalten zu abstrahieren und die Methoden auf die darzustellenden Objekte mit ihren Beziehungen zu reduzieren. Deshalb wird eine Beschreibungssprache gewählt, die pro Baustein lediglich die zu beschreibenden Elemente und ihre Beziehungen untereinander festlegt.

Zur Darstellung von Objekten und ihren Beziehungen eignet sich generell das Entity-Relationship-Modell (ERM) von Chen. Dieses ist zwar für die Darstellung von Datenstrukturen für Anwendungssysteme entwickelt worden, kann aber auch zur Beschreibung der Metaebene eingesetzt werden.

Mit der einheitlichen Beschreibungssprache des ERM können die Objekte und Beziehungen der einzelnen Sichten einheitlich dargestellt werden. Diese Beschreibung wird als Informationsmodell oder Meta-Informationsmodell bezeichnet.

Gleichzeitig bildet es die konzeptionelle Beschreibung einer Datenbank, in der nach dieser Architektur entwickelte konkrete Anwendungen gespeichert werden können. D. h., Organisations-, Funktions-, Daten- und Steuerungsmodelle eines Anwendungsgebietes werden als Instanzen dieser nach dem Informationsmodell gebauten Datenbank geführt. Eine solche Datenbank, die derartige Modelle enthält, wird auch als Repository bezeichnet. Der Begriff "Repository" ist ab ca. 1989 mit der Ankündigung des IBM-Softwareentwicklungskonzeptes AD/CYCLE populär geworden. Das Repository enthält in der hier entwickelten ARIS-Architektur Modelle für Funktionen, Organisationen, Daten und deren Verbindungen. Das Repository wird damit zum Herzen eines Informationssystems, und entsprechende Bedeutung besitzt das Informationsmodell des Repositories, da es die Mächtigkeit der Beschreibungselemente festlegt.

Das ERM besteht aus den Elementen Entity- oder Objekttypen (dargestellt durch Kästchen) und Beziehungstypen (dargestellt durch Rauten). Die Beziehungstypen werden nach den Kardinalitäten 1:n, 1:1, n:m und m:1 unterschieden. Unter Benutzung dieser einfachen Elemente ist in Abbildung 7 ein grobes Informationsmodell der ARIS-Architektur dargestellt.

Dabei werden die einzelnen Sichten durch die sie repräsentierenden Objekt- und Beziehungstypen beschrieben. Die einzelnen Sichten sind jeweils stark umrandet. Neben den Sichten Funktion, Daten, Organisation und Steuerung ist auch die Ressourcensicht explizit dargestellt. D. h., die schrittweise Näherung zur Ressourcenebene ist noch nicht durch ein Phasenkonzept ausgedrückt, sondern wird durch Beziehungstypen "UMSETZUNG, AUSFÜHRUNG" zwischen dem Entitytyp RESSOURCEN und den anderen Sichten hergestellt. Diese Abkürzung besitzt den Vorteil, daß keine Begriffe der Ebenen des DV-Konzeptes sowie der Implementierung aufgenommen zu werden brauchen. Das Informationsmodell der Abbildung 7 gibt eine erste Einführung in die Darstellungsweise und soll zum Vergleich mit anderen Architekturkonzepten dienen. Es wird später wesentlich verfeinert.

Ausgangspunkt des Funktionsmodells in Abbildung 7 sind die Unternehmensziele, die mit dem Informationssystem bzw. mit den in ihm abgebildeten Vorgangsketten und Problemlösungen angestrebt werden. Die Unternehmensziele sind in der Regel hierarchisch gegliedert. Aus globalen Zielen wie "Gewinnmaximierung", "Erzielung eines bestimmten Marktanteils" oder "Erreichung bestimmter Wachstumsraten" werden Unterziele wie "Erreichung eines bestimmten Umsatzes", "Senkung der Kosten um einen bestimmten Betrag" oder "Erreichung eines bestimmten Qualitätsniveaus der Produkte" abgeleitet.

Die Struktur der untereinander verflochtenen Ziele bildet eine m:n-Beziehung innerhalb des Entitytyps UNTERNEHMENSZIELE.

Zur Erreichung der Ziele müssen bestimmte Funktionen durchgeführt werden. Funktionen sind z. B. Auftragsbearbeitung, Fertigung oder Controlling. Auch diese können wiederum durch abgeleitete Teilfunktionen unterstützt werden. Die Verknüpfung von Funktionen untereinander sowie der Unterstützungscharakter von Funktionen zu Zielen führt zu der n:m-Beziehung innerhalb des Entitytyps FUNKTION sowie einer n:m-Beziehung zwischen FUNKTION und UNTERNEHMENSZIELE.

Auf der linken Seite ist das Modell der Datenstrukturen dargestellt. Der Entitytyp INFOR-MATIONSOBJEKT bezeichnet das Objekt, das durch Attribute in einer Datenbasis beschrieben werden soll. Er umfaßt Ereignisse und Zustände, die durch Daten repräsentiert werden. Zwischen Informationsobjekten wie AUFTRÄGE, KUNDEN usw. bestehen Beziehungen (z. B. welcher Kunde welche Aufträge erteilt hat). Diese werden durch eine n:m-Beziehung innerhalb des Begriffes INFORMATIONSOBJEKT ausgedrückt. Informationsobjekte eines inhaltlich zusammengehörenden Bereiches können zu einem Datenmodell zusammengefaßt werden. Da sich diese überschneiden können, besteht eine n:m-Beziehung zwischen Datenmodell und dem Informationsobjekt.

Das Modell der Organisationssicht hat als zentralen Begriff die Organisationseinheit. Sie kann als Abteilung, Stelle oder größere Einheit wie Betriebsbereich bis hin zum gesamten Unternehmen definiert werden. Die strukturellen Entscheidungsberechtigungen oder

Zugehörigkeitsbeziehungen zwischen diesen Bereichen führen zu einer n:m-Beziehung innerhalb des Entitytyps ORGANISATIONSEINHEIT. Die n:m-Beziehung läßt somit wieder zu, daß ein Bereich mehreren Bereichen untergeordnet sein kann. Dieses ist beispielsweise dann der Fall, wenn ein Betrieb für mehrere übergeordnete Produktbereiche zuständig ist.

Die Beziehungen der drei Komponenten untereinander werden durch die Steuerungssicht berücksichtigt.

Funktionen können als Transformation von Eingangs- zu Ausgangsdaten interpretiert werden. Ereignisse starten Funktionen und sind auch Ergebnis von Funktionen. Diese drei Zusammenhänge sind als Beziehungen zwischen INFORMATIONSOBJEKT und FUNKTION dargestellt.

Der Zusammenhang zwischen ORGANISATIONSEINHEIT und FUNKTION wird durch die BEARBEITUNGSZUORDNUNG ausgedrückt. Organisationseinheiten können bestimmte Sichten auf INFORMATIONSOBJEKTE zugeordnet werden, die durch den Beziehungstyp DATENSICHT ausgedrückt werden.

Die Informationstechnik wird durch den Entitytyp IT-RESSOURCEN repräsentiert. Er wird nicht weiter aufgelöst, da die Beschreibung der Beziehungen im Vordergrund steht. Der Beziehungstyp UMSETZUNG, AUSFÜHRUNG ist jeweils den drei Modellen zugeordnet, so daß entsprechend der entwickelten Architektur ihre Beschreibung innerhalb der Sichten durch das Phasenmodell erfolgt.

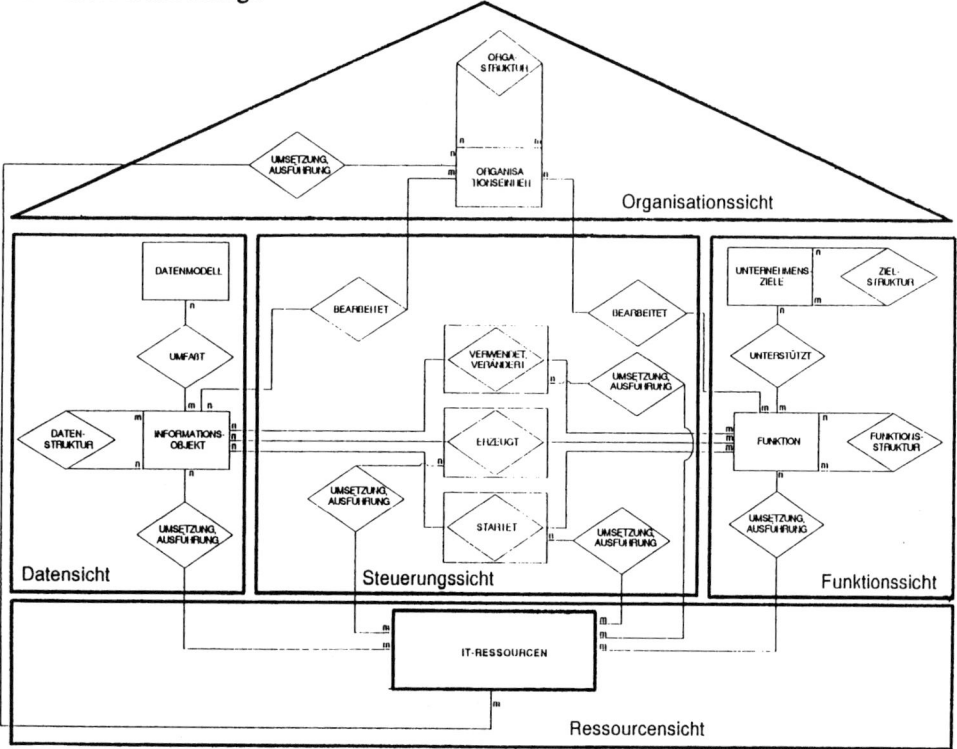

Abb. 7: Grobes Informationsmodell der ARIS-Architektur

Zur Darstellung dieser Zusammenhänge wird das einfache ERM nach Chen erweitert, da Beziehungen zwischen den Beziehungstypen der Steuerungssicht und dem Entitytyp RESSOURCEN gebildet werden. Die Beziehungstypen werden dazu vorher zu Entitytypen umgeformt und mit Kästchen umrandet.

Das Meta-Informationsmodell als ERM beschreibt somit die Objekte (Entitytypen) und die zwischen ihnen bestehenden Beziehungen eines Informationssystems. Es beschreibt alle Sichten der hier entwickelten ARIS-Architektur (Funktionen, Organisation, Daten und ihre Steuerung) über die Entwicklungsebenen (Vorgangskettenanalyse, Fachkonzept, DV-Konzept und Implementierung).

Es ist gleichzeitig das konzeptionelle Schema einer Datenbank des Repositories zur Speicherung der entsprechenden Modelle auf der Anwendungsebene.

Damit sind die vier Komponenten der Metaebene

- Allgemeines Vorgangsmodell,
- ARIS-Architektur,
- Beschreibungssprache und ARIS-Informationsmodell,
- Repository

entwickelt (vgl. Abbildung 8) und können zum Vergleich mit anderen Architektur-Konzepten dienen.

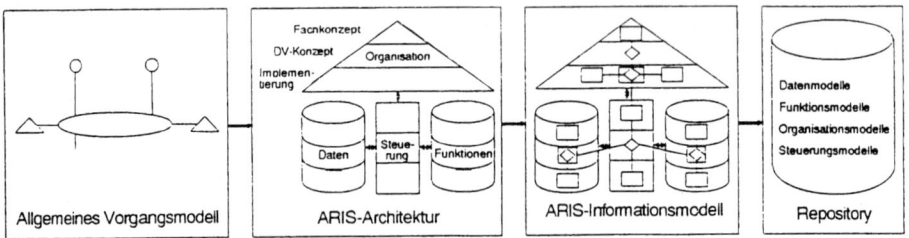

Abb. 8: Komponenten der Metaebene

Literaturverzeichnis

[1]   Balzert, H.: Die Entwicklung von Software-Systemen, Mannheim et al. 1982, S. 5 ff.

[2]   Ebenda.

[3]   Sommerville, I.: Software Engineering und Prototyping: Eine Konstruktionslehre für administrative Softwaresysteme, Berlin et al. 1987.

[4]   Olle, T., Sol, H., Tully, C.J. (Hrsg.): Information Systems Design Methodologies: A Feature Analysis, Proceedings of the IFIP WG 8.1 Working Conference on Feature Analysis of Information Systems Design Methodologies, Amsterdam et al. 1983.

[5]   Sol, H.G.: A Feature Analysis of Information Systems Design Methodologies: Methodological Considerations, in: Olle, T.W., Sol, H.G., Tully, C.J. (Hrsg.), a.a.O., S. 4; Olle, T. W., Hagenstein, J., MacDonald, I.G.: Information Systems Methodologies: a framework for understanding, Wokingham et al. 1988, S. 2.

[6]   Krcmar, H.: Bedeutung und Ziele von Informationssystem-Architekturen, in: Wirtschaftsinformatik 32(1990)5, S. 395-402.

[7]   Strunz, H.: Zur Begründung einer Lehre von der Architektur informationsgestützter Informations- und Kommunikations-
       systeme, in: Wirtschaftsinformatik 32(1990)5, S. 439-445.

[8]   Lockemann, P.C., Dittrich, K.R. (Hrsg.): Architektur von Datenbanksystemen, in: Lockemann, P.C., Schmidt, J.W. (Hrsg.):
       Datenbank-Handbuch, Berlin et al. 1987, S. 87.

[9]   Preßmar, D.B., Eggers, S., Reinken, W.: Interaktive Entwurfsmethode zur computerunterstützten Herstellung betriebswirt-
       schaftlicher Anwendungssoftware, in: Kurbel, K., Mertens, P., Scheer, A.-W. (Hrsg.): Interaktive betriebswirtschaftliche In-
       formations- und Kommunikationssysteme, Berlin et al. 1989, S. 235-260; Hildebrand, K.: Software Tools: Automatisierung
       im Software Engineering - Eine umfassende Darstellung der Einsatzmöglichkeiten von Software-Entwicklungswerkzeugen,
       Berlin et al. 1990.

Expertensysteme im Rechnungswesen und Controlling

Dipl.-Wirtsch.-Ing. W. Kraemer, Institut für Wirtschaftsinformatik an der Universität des Saarlandes

Gliederung:

1.   **Expertensysteme im Rechnungswesen und Controlling?**

2.   **Zur Begründung einer Forschungsrichtung "Wissensbasiertes Controlling"**

3.   **Aufgabenklassen und Nutzeffekte von Controlling-Expertensystemen**

4.   **Ausblick**

Literaturverzeichnis

12. Saarbrücker Arbeitstagung 1991
Rechnungswesen und EDV
hrsg. v. A.-W. Scheer
© Physica-Verlag Heidelberg 1991

1.   Expertensysteme im Rechnungswesen und Controlling?

Durch die neuen Informationstechniken eröffnen sich heute auch für das Controlling neue Chancen. Erfolgreiches Controlling ist nur möglich mit integrierten DV-gestützten Informationssystemen, die alle für die Controllingaufgaben erforderlichen Daten aktuell und ohne großen Aufwand bereithalten. Neben den bekannten Elementen eines Informationssystems, wie Daten-, Modell- und Methodenbank, findet sich zunehmend die Tendenz, die Funktionsebenen von EDV-gestützten Informationssystemen durch neue Verfahren der EDV-technischen Entscheidungsunterstützung, wie z.B. wissensbasierte Simulations- und Animationstechniken und wissensbasierte Controlling-Techniken [1], zu erweitern.

Vor allem der Realisierung von Expertensystemen wird das größte Weiterentwicklungspotential von Informationssystemen in der Zukunft zugewiesen. Die Einbindung intelligenter Analysefunktionen in die Informationssysteme der Kostenrechnung beinhaltet das Potential zur Erweiterung des Controlling zu einem integralen Bestandteil eines Management-Informationssystems.

Insbesondere im Controlling lassen sich mit dem begrifflichen Instrumentarium der formalen Entscheidungstheorie nicht alle Entscheidungsprobleme vollständig beschreiben. So kann nicht immer von wohlstrukturierten Problemkomplexen ausgegangen werden, die mit Hilfe von analytisch-logischen Lösungsverfahren erfaßbar und aufgrund ihrer formalen Entscheidungsstruktur automatisierbar sind.

Aufgrund des großen Leistungsumfangs liefern konventionelle Kostenrechnungssysteme eine Vielzahl von Daten. Eine exakte Analyse ist häufig nicht möglich, weil zwar die operativen Systeme vorhanden sind, strukturierte Prüfungspfade, die eine gezielte Untersuchung der Datenfülle zulassen, aber nicht existieren. Die zur Problemlösung benötigten flexiblen Strategien können nur in langjähriger praktischer Erfahrung aufgebaut werden. Die Vielzahl der möglichen Zusammenhänge entzieht sich einer systematischen Beschreibung und wird von den Experten selbst nur mit Hilfe privater Heuristiken bewältigt. Aufgrund dieser Besonderheiten findet sich eine zunehmende Tendenz, auch Probleme im Bereich des Controlling mit Hilfe von Expertensystem-Ansätzen zu bearbeiten [2].

Erste Ergebnisse und Entwicklungen von prototypischen Systemen aus anwendungsnahen Forschungsprojekten der Wirtschaftsinformatik bestätigen, daß hier geeignete neue Anwendungsfelder identifiziert werden können. Eine Untersuchung anhand domänenunabhängiger Kriterien hinsichtlich der Anwendbarkeit der Expertensystem-Technologie für ein Controlling-Instrument, den Soll-Ist-Kostenvergleich, hat ergeben, daß es sich hier um eine geeignete Aufgabe handelt [3].

Das Forschungsgebiet der Künstlichen Intelligenz (KI) gewinnt zunehmend an Bedeutung und findet auch seit Beginn der achtziger Jahre seitens der Betriebswirtschaftlehre vielfältige Anwendungsmöglichkeiten [4]. KI gilt als Teilgebiet der Informatik, hat aber interdisziplinären Charakter und ist eng mit den Erkenntnissen auf den Gebieten der Psychologie, der Philosophie, der Linguistik und der Mathematik verbunden. Aufgaben der Künstlichen Intelligenz sind das Verstehen und Erklären menschlichen Intelligenz sowie die Konzeption und Realisierung "intelligenter" Computersysteme und -anwendungen [5].

Die Teilgebiete der Künstlichen Intelligenz sind [6]:

1. Verarbeitung natürlicher Sprache: Dieses Teilgebiet beschäftigt sich mit den komplexen Informationsprozessen, die beim Verstehen, dem Erwerb und dem Gebrauch natürlicher Sprache zugrundeliegen.

2. Deduktionssysteme und automatische Programmierung: Dies sind Programme, die versuchen, mathematische Theoreme auf Grundlage der Logik zu beweisen. Desweiteren sollen Deduktionssysteme ablauffähige Programme aus formalen Spezifikationen erstellen können.

3. Bilderkennung und Bildverstehen: Hier wird versucht den Vorgang des "Sehens" und das damit verbundene Erkennen und Verstehen von Szenen nachzuvollziehen.

4. Robotik: Hier sollen Abläufe des "Handelns" optimiert werden, ein im Zusammenhang mit der "automatisierten Fabrik" sehr fortgeschrittenes Gebiet.

5. Intelligent Computer Aided Instruction (ICAI): ICAI-Systeme sind intelligente Lernsysteme, die den Lernprozeß unterstützen sollen.

6. KI-Sprachen: Entwicklung neuer Sprachen zur Erstellung von KI-Programmen.

7. Expertensysteme: Nachbildung der Problemlösungsfähigkeiten des Menschen in eng abgegrenzten Aufgabenbereichen.

Einer Definition von Feigenbaum folgend, ist ein Expertensystem ein intelligentes Computerprogramm, das Wissen und Inferenzverfahren zur Lösung von Problemen verwendet, die so schwierig sind, daß sie ein beträchtliches menschliches Fachwissen zur Lösung verlangen. Das Wissen, daß zum Erreichen dieses Leistungsniveaus nötig ist, kann zusammen mit den verwendeten Inferenzverfahren als Modell für das Expertenwissen der versiertesten Praktiker des jeweiligen Fachgebietes angesehen werden werden. Das Wissen eines Experten besteht aus Fakten und Heuristiken. Die Fakten stellen eine Gesamtmenge von Informationen dar, die weitverbreitet, öffentlich verfügbar und von den Experten eines Gebietes allgemein akzeptiert sind. Die Heuristiken sind größtenteils private, wenig diskutierte Regeln guten Urteilsvermögens (Regeln plausibler Schlußfolgerungen, Regeln exakten Schätzens), die die Entscheidungsfindung auf Expertenniveau charakterisieren. Das Leistungsniveau eines Expertensystems ist primär eine Funktion des Umfangs und Qualität der Wissensbasis [7].

Im Bereich der Expertensysteme haben nach langjährigen Forschungsaktivitäten die verwendeten Werkzeuge und Methoden einen Entwicklungsstand erreicht, der ihren Einsatz in der Praxis ermöglicht. Wie in Abbildung 1 dargestellt, kann die Expertensystem-gestützte Problemlösung durch das Zusammenwirken folgender fünf Komponenten erreicht werden:

1.   Dialogkomponente
2.   Inferenzkomponente
3.   Wissensbasis
4.   Erklärungskomponente
5.   Wissenserwerbskomponente

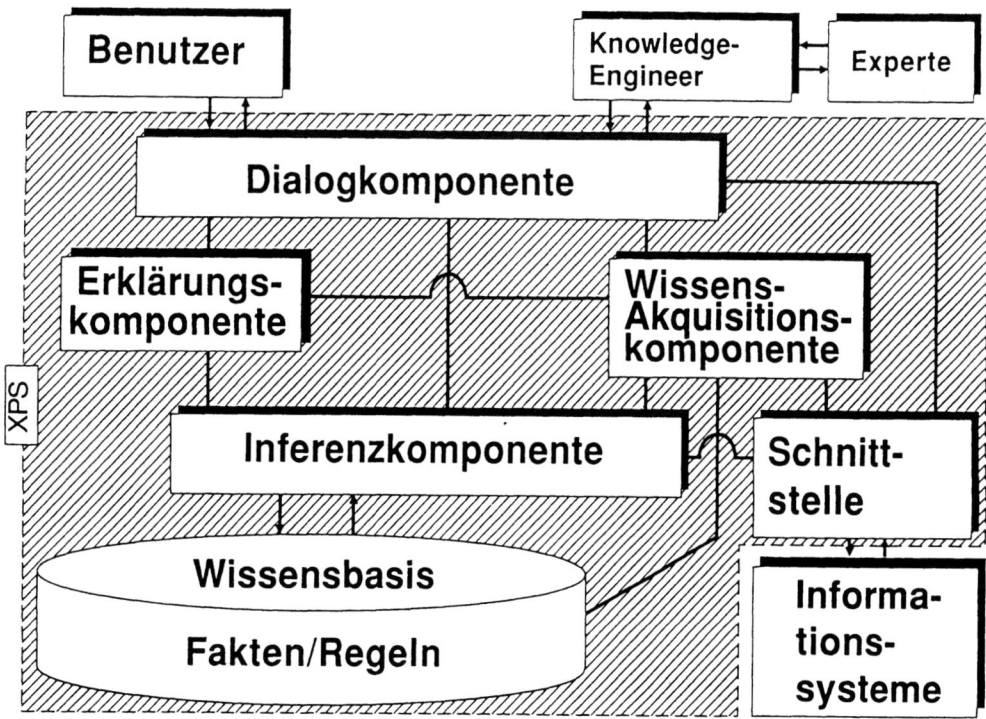

Abb. 1: Expertensystem-Architektur

2. Zur Begründung einer Forschungsrichtung "Wissensbasiertes Controlling"

Bereits 1983 wurden von Mertens die Einsatzmöglichkeiten von Expertensystemen im Rechnungswesen angedeutet [8].

Vor diesem Hintergrund forderte Plattner den Einsatz eines Expertensystems zur Unterstützung für Dialogtransaktionen in Kostenrechnungs-Standardsoftwaresystemen. Die logischen Entscheidungen eines menschlichen Controllers wären in der Wissensbasis eines Expertensystems als Regeln zu definieren. Plattner sah die Nutzung der Expertensystem-Technologie in der Schaffung eines "automatischen Controllers", der zwar keine Entscheidungen fällen kann, aber durchaus hilfreiche Vorarbeiten leisten könnte. Der "automatische Controller" hätte den Vorteil, die Wissensbasis ständig zu erweitern sowie die umfangreichen Datenbestände mit Hilfe der strategischen Indizes anzuschauen um den menschlichen Controller damit von Routineaufgaben zu entlasten. Die Aufgaben eines solchen Systems sollten aber nicht in der vollständigen und abgestimmten Lösung einer Aufgabe, sondern in der Erstellung von Vorschlägen und Hinweisen zur anschließenden Bearbeitung durch den Menschen liegen [9].

Scheer sah den Einsatz von Expertensystemen im Controlling insbesondere bei der Datenaufbereitung und -auswertung des Soll-Ist-Kostenvergleichs, der Abweichungsanalyse und damit der Früherkennung von Abweichungen [10][11].

Die Weiterentwicklungen in der noch jungen Forschungsrichtung "wissensbasiertes Controlling" müssen vor dem Hintergrund zweier prototypisch implementierter Systeme betrachtet werden, die die Möglichkeiten und Grenzen von Expertensystemen für das Controlling aufgezeigt haben:

1. Das System CONTREX (**Cont**rolling-**Ex**pertensystem) wurde an der Universität Nürnberg-Erlangen in Zusammenarbeit mit der SAP AG entwickelt und greift die oben explizierte Forderung von Plattner eines "automatischen Controllers" auf. Es werden ausschließlich Daten benutzt, die im Rahmen der Kostenstellen- und Betriebsergebnisrechnung bereitgestellt werden. Die Aufgabe besteht im wesentlichen darin, den Benutzer durch die Vielfalt der Berichte, die die verschiedenen, untereinander verbundenen Modularprogramme generieren, zu navigieren, um von Symptomen besonders günstiger oder ungünstiger Entwicklungen, die in verdichteten Berichtsversionen sichtbar werden, zu den verdeckten Ursachen vorzustoßen [12].

2. Das System CEUS (Controlling-Expertenunterstützungssystem) wurde an der Universität des Saarlandes mit Unterstützung der Deutschen Forschungsgemeinschaft ent-

wickelt und soll den Controller primär beim Soll-Ist-Vergleich der Kostenstellenkosten und der Abweichungsanalyse unterstützen. Das Expertensystem basiert auf einer betriebs- und branchenunabhängigen Wissensbasis. Durch Verwendung offener Standards ist für den Einsatz kein spezielles Kostenrechnungs-Standardsoftwaresystem Voraussetzung [13]. Als Systemumfang wurde ein Expertensystem zum intelligenten Soll-Ist-Kostenvergleich mit folgendem Anforderungsprofil definiert:

- Generierung von den Controller unterstützenden, intelligenten Such- und Prüfungsstrategien, die es zulassen, routinemäßig anfallende Abweichungen in den Kostenstellen zu analysieren.
- Aufzeigen außerplanmäßiger oder überdurchschnittlicher Abweichungen (Ausreißer) im Soll-Ist-Vergleich der Kostenstellen.
- Transparenzerhöhung bei den Abweichungsinterdependenzen durch die Möglichkeit des Zugriffs auf Basisdaten.
- Vorschläge für Strukturänderungen in der Datenaggregation zur besseren Abweichungsanalyse.
- Aufzeigen veränderter Richtwerte für Durchschnittsgrößen.
- Reduktion der als zufallsbedingten Abweichungen bezeichneten Abweichungen.
- Unterstützung des Benutzers bei der Festlegung des Umfangs der Abweichungsanalyse um somit zur Senkung der Auswertungskosten beizutragen.

Faßt man den Controlling-Begriff weit, werden in der Literatur noch Expertensystem-Ansätze im DV-Controlling [14] sowie in der Dienstleistungskostenrechnung [15] beschrieben.

Mertens konstatiert, daß die Entwicklung des Rechnungswesens hin zu einem Management-Informations-Werkzeug heute soweit gediehen ist, daß der Ersatz des herkömmlichen Kostenrechnungs-Software-Angebotes keinen hinreichenden Nettonutzeffekt verspricht. Er schlägt deshalb vor, vorhandene Software um Expertensystem-Elemente anzureichern [16]. Es liegt deshalb nahe, wissensbasierte Systeme im Rahmen des Controlling für die Auswertung von Daten oder sie als Zugangssysteme [17] für komplexe Standardsoftware zu benutzen [18]. Dies setzt eine Untersuchung der Funktionsunterstützung von Kostenrechnungs-Standardsoftware durch wissensbasierte Controlling-Techniken voraus.

Warnick faßt die bedeutsamen Defizite des verfügbaren Standardsoftware-Angebotes wie folgt zusammen [19]:

☐ Die unvollständige Funktionserfüllung in einzelnen Teilgebieten. So ist die Erstellung objektbezogener Hitlisten oder die Selektion von Berichtsinhalten in Abhängigkeit von frei definierbaren Toleranzgrenzen nur selten möglich. Es wird konstatiert, daß spezielle Methoden zur effizienten Informationserschließung im Rahmen von Auswertungen kaum anzutreffen sind.

☐ Beschränkte Unterstützung von Planungs- und Simulationsfunktionen.

☐ Komplexität des Dialogberichtswesens. Insbesondere gelegentliche Anwender werden durch die Vielzahl an Funktionstasten und -codes überfordert. Ein Ansatz zur Vereinfachung der Informationserschließung besteht darin, die Datenbasis und Ablaufsteuerung benutzer- und aufgabenspezifisch zu definieren.

☐ Geringfügige Flexibilität zur Erstellung von Sonderrechnungen

Kagermann greift insbesondere den Ansatz der intelligenten Analysestrategien als Expertensystem-Komponente für Kostenrechnungs-Standardsoftwaresysteme auf. Er unterstützt diesen Einsatz vor dem Hintergrund der folgenden Einschränkungen der vorhandenen Analysemethoden in Kostenrechnungs-Standardsoftwaresystemen [20]:

1. Der Anwender muß die zu analysierenden Objekte selbst aussuchen.

2. Er muß den Analyseprozeß manuell parametrisieren, z.B. durch Auswahl von Menuepunkten, Bestätigung von Funktionstasten oder gezieltes Verzweigen in andere Informationssubsysteme.

3. Er muß beachtenswerte Konstellationen herausfiltern, Lösungsalternativen erarbeiten, bewerten und in Form einer Expertise für das Management zusammenstellen.

Indem das Controlling-Expertensystem Hinweise auf relevante Objekte, Transaktionen, die entsprechenden Daten und die erforderlichen Steuerungsfunktionen gibt, kann das System damit die Aufgabe eines intelligenten Menues übernehmen.

Reichmann nennt als Einsatzgebiet für wissensbasierte Systeme die Auswertung eines Kennzahlensystems, wodurch die Abweichungsursachen ermittelt werden können [21].

Laßmann sieht insbesondere eine Effizienzverbesserung von Entscheidungsabläufen, wenn die Informationsüberflutung herabgesetzt wird. Hier können Expertensysteme Filter- und Selektionsmechanismen sowie Interpretationshilfen übernehmen. Bei einem der Führungsorganisation entsprechend hierarchisch aufgebauten Informationssystem können durch Expertensysteme Frühwarnindikatoren und Abweichungssignale generiert, Ursachen analysiert und Interpretationen gegeben werden, durch die der Entscheidungsträger auf besondere Chancen und Fehlentwicklungen in Teilbereichen der Unternehmung oder der Märkte bzw. bei bestimmten Kundengruppen oder Auftragsabwicklungen aufmerksam gemacht werden [22].

Krystek sieht im Einsatz von Expertensystemen die Möglichkeit zur Beherrschung der über-
groß erscheinenden Menge an schwachen Signalen und damit eine Verbesserung von
Frühaufklärungseigenschaften betrieblicher und überbetrieblicher Informationssysteme [23].

3. Aufgabenklassen und Nutzeffekte von Controlling-Expertensystemen

Expertensysteme lassen sich gemäß einer in Abbildung 2 dargestellten Typologie entsprechend ihrer Aufgabenstellungen klassifizieren.

Insbesondere die die Analyse-/Diagnose- und Expertisesysteme erscheinen für den Control-
lingbereich am geeignetsten. Die Selektionssysteme, Entscheidungssysteme und Zugangssysteme können ebenfalls als controllingtauglich angesehen werden. Für Lehr- und Unter-
richtssysteme ergeben sich kaum Einsatzmöglichkeiten, da von einem Controller neben theoretischen Kenntnissen auch Spürsinn und ein gewisses Maß an Fingerspitzengefühl für die
Erledigung seiner Aufgaben verlangt wird [24]. Diese wichtigen Anforderungen lassen sich
kaum in einem Mensch-Maschine-Dialog auf den zu Unterrichtenden übertragen und werden
meist im Laufe der Berufserfahrung durch die Entwicklung von Heuristiken erworben.

Der Nutzen von Expertensystemen wird kontrovers diskutiert, kann aber mit einer Reihe
unterschiedlicher Gründe gerechtfertigt werden. Die Nutzeffekte von Expertensystemen sind
überwiegend im administrativen und dispositven Bereich zu finden. Aber auch für die Verbesserung der strategischen Position eines Unternehmens scheinen Expertensystem-Ansätze
geeignet. Aus Abbildung 3 geht hervor, wie sich die positiven Effekte systematisieren lassen
[25].

Art des Systems:	Aufgabe:
Diagnosesysteme	Klassifikation von Fällen auf der Grundlage einer Reduktion umfangreichen Datenmaterials. Beispiel: Aufdeckung von Schwachstellen im Fertigungsbereich.
Expertisesysteme	Formulieren aufgrund von Diagnosedaten Situationsberichte. Beispiel: Erstellung von Jahresabschlußanalysen.
Beratungssysteme	Geben dem Menschen im Dialog Handlungsempfehlung für spezielle Probleme. Beispiel: Anweisung zur Fehlerbeseitigung in der Produktion.
Intelligente Checklisten	Gedächtnisstütze und Vollständigkeitssicherung bei Entscheidungs-problemen. Können Teil von Beratungs- und Diagnosesystemen sein. Beispiel: Steuerung von Vorgängen durch Verwaltungen.
Selektionssysteme	Dienen zur Auswahl von Elementen aus einer großen Zahl von Alternativen. Beispiel: Auswahl eines bestimmten Verfahrens zur Produktion von Gußstahl.
Konfigurationssysteme	Stellen auf Basis von Selektionsvorgängen komplexe Gebilde zusammen. Beispiel: Konfiguration von Rechnersystemen nach Kunden-anforderungen.
Planungssysteme	Übernimmt zusätzlich zu den Aufgaben der Konfigurationssysteme und Selektionssysteme auch noch die Bestimmung der Reihenfolge. Beispiel: Planung von Arbeitsabläufen.
Zugangssysteme	Stellen Hüllen zu konventionellen Entscheidungs- und Planungshilfen dar. Sie sollen weniger geschulten Mitarbeitern den Umgang mit konventionellen Methoden erleichtern. Beispiel: Unterstützung bei der Simulation von Fertigungsabläufen
Aktive Hilfesysteme	Leisten aktive Hilfeunterstützung bei Mensch-Maschine-Dialogen. Beispiel: Hilfen im Umgang mit Betriebssystemen
Unterrichtssysteme	Sind Weiterentwicklungen des "Computerunterstützten Unterrichts" um wissensbasierte Elemente. Beispiel: Schulung von Aussendienstmitarbeitern.
Entscheidungssysteme	Treffen selbstständig Entscheidungen, solange bestimmte parametrische Grenzen nicht überschritten werden. Beispiel: Klassifikation von Eingangspost und automatische Zuteilung

Abb. 2: Aufgabenklassen von Expertensystemen [26]

Empirische Untersuchungen bestätigen die zu erwartenden Nutzeffekte beim Einsatz von wissensbasierten Systemen im Controlling [27].

Als größter zu erwartender Nutzen (70,7%) wird die Entlastung des Experten von Routinetätigkeiten genannt. Expertensysteme können zum Beispiel eine konsistente Interpretation von Wirkungszusammenhängen im Rahmen einer Kostenanalyse ermöglichen und darüber hinaus die Ableitung von Maßnahmen bei Erreichen kritischer Schwellwerte vorschlagen. Durch den Aufbau einer Wissensbasis wird den Unternehmen die Bewahrung und Akkumulierung des Expertenwissens ermöglicht. Damit wird die Unternehmung unabhängiger von einzelnen Personen, so daß deren Ausscheiden nicht mehr kritisch für die Unternehmung sein muß. Die Ergänzung zu herkömmlichen Kosten- und Management-Informationssystemen (61,3%) wird als wichtiger Nutzeffekt erkannt. Die dezentrale Zurverfügungstellung des Expertenwissens (Wissensmultiplikation), zum Beispiel für einen unerfahrenen Controller, wird als ein weiterer wichtiger Nutzeffekt erkannt. Daraus resultiert eine Verminderung der Kommunikationsvorgänge. Bei Bearbeitung eines Vorgangs müssen weniger Mitarbeiter eingeschaltet werden (Arbeitsvereinigung), da deren Sachwissen über das Expertensystem verfügbar gemacht werden kann. Die Reduzierung des Datenvolumens und des Auswertungsaufwandes von Kostendaten wird ebenso als potentieller Nutzeffekt erkannt. Die zeitnahe Kostensteuerung durch eine frühzeitige Erkennung von Kostenabweichungen setzt das Vorhandensein entsprechender operativer mengenorientierter Dispositions- und Administrationssysteme in den Unternehmen voraus. Erst durch eine integrierte Betriebsdatenerfassung, die vom Controlling für Analysezwecke genutzt wird, kann eine prozeßbegleitende Kostenkontrolle und -steuerung ermöglicht werden [28].

Bei der wissensbasierten Unterstützung von Analyseaufgaben im Controlling werden insbesondere noch folgende Aspekte als relevant erachtet [29]:

☐ Ein wissensbasiertes System trägt dazu bei, daß Analysen vollständiger und mit weniger Fehlern behaftet sind.

☐ Gleichartige Analysesituationen werden gleich beurteilt, auch wenn verschiedene Anwender mit dem System arbeiten.

Der Nutzen von Expertensystemen im Controlling wird insgesamt sehr hoch eingeschätzt, wobei die in Abbildung 4 dargestellten Effekte nur eine Auswahl der wichtigsten Antworten darstellen. Lediglich eine kleine Minderheit verspricht sich keine Nutzeffekte durch diese Systeme.

AK	Akzepztanzverbesserung	XPS-Teile fördern die Annahme anderer Verfahren, z.B. mit Hilfe der Erklärungskomponente. Beispiel: Kompliziertes DTP-Programm mit WBS-Elementen wird vom Sekretariat schneller angenommen.
AL	Berücksichtigung von mehr Alternativen möglich	XPS- System filtert nur die Alternativen, die dem Ziel am nächsten kommen, heraus. Nur dies werden in ihrer Tiefe untersucht, daraus resultieren kurze Antwortzeiten. Die Erklärungskomponente hilft dem Benutzer die Empfehlungen besser nachzuvollziehen. Beispiel: Ein wissensbasiertes Leitstandsystem untersucht Möglichkeiten zur Umdisposition nach Stornierung eines Kundenauftrages.
AV	Arbeitsvereinigung	Aufgaben, die bisher arbeitsteilig bewältigt wurden, können nun von einer Person bewältigt werden. Beispiel: Mitarbeiter des Vetriebsaussendienstes waren bisher auf die Hilfe von Entwicklungs-ingenieuren abhängig, wenn sie eine Produktvariante beim Kunden kalkulieren wollten. Mit Hilfe eines wissensbasierten Systems unter Nutzung eines portablen PC wird das Wissen, des Entwicklungsingenieurs vor Ort verfügbar.
DZ	Verkürzung von Durchlauf- und Reaktionszeiten	Reduktion von Durchlauf- und Reaktionszeit kann Folge der Arbeits-vereinigung und der besseren Entscheidungsunterstützung sein. Beispiel: siehe Arbeitsvereinigung.
IV	Individualisierung	Nachteilige Schematisierung kann mit Hilfe von WBS rückgängig gemacht werden. Beispiel: Eine Produktvariante kann besser auf die Wünsche des Kunden zugeschnitten werden, als das bei schematischen "Kataloglösungen" der Fall ist.
KB	Berücksichtigung von mehr Komplexität	XPS hat besseren Überblick als der Mensch. Beispiel: Zur Konfiguration von Endprodukten nach Kundenwünschen berücksichtigt ein WBS mehr Restriktionen.
N	Normierung	Aufruf von gleichen XPS in verschiedenen Abteilungen führt zu gleichartiger Behandlung gleicher Vorgänge Beispiel: Ein der Buchhaltung vorgelagertes XPS bereitet die buchhalterische Behandlung von dubiosen Forderungen oder die Zuführung zu Rückstellungen vor.
R	Rationalisierung	Ein WBS ermöglicht Zeiteinsparungen. Beispiel: Ein Expertensystem generiert Arbeitspläne automatisch aus Produktmerkmalen bzw. Stücklisten.
SV	Sicherheit/Vollständigkeit/ Fehlerfreiheit	Das XPS erlaubt eine sichere Beurteilung von Zuständen und Abläufen. Symptome werden erkannt und richtig gedeutet. Beispiel: Ein an die Fertigungsanlage angeschlossenes WBS diagnostiziert automatisch Fehler.
WE	Wettbewerbsvorteil	Produkte mit wissensbasierten Elementen sind leistungsfähiger, als Konkurrenzerzeugnisse. Beispiel: Medizinische Diagnosegeräte mit XPS-Eigenschaften, die aus gewonnenen Daten Expertisen ableiten.
WI	Wissenssicherung	Fachwissen kann in Wissensbasen abgelegt werden und bleibt dem Unternehmen auch nach dem Ausscheiden des Mitarbeiters erhalten. Beispiel: Nach Ausscheiden eines Qualitätsingenieurs übernimmt ein weniger erfahrener Mitarbeiter mit Hilfe eines WBS dessen Funktion.
WM	Wissensmultiplikation	Wissen der besten Spezialisten wird mehr Mitarbeitern zugänglich gemacht. Beispiel: Weniger qualifizierte Ingenieure arbeiten durch wissensbasierte Konstruktionsysteme mit dem Know-how von Spitzenkonstrukteuren.
WQ	Weniger qualifizierte Arbeitskräfte notwendig	XPS-Methodik reduziert den Druck, weniger qualifizierte Mitarbeiter durch höher qualifizierte zu ersetzen. Beispiel: Siehe Wissensmultiplikation.
WS	Weniger Schulung des Personals nötig	Kostspielige Schulungsmaßnahmen werden vermieden und damit auch die Verfügbarkeit des Personals erhöht. Beispiel: Wartungsunterstützung durch XPS.

Abb. 3: Typologie der Nutzeffekte von Expertensystemen im administrativen und dispositiven Bereich [46]

(Angaben in %)

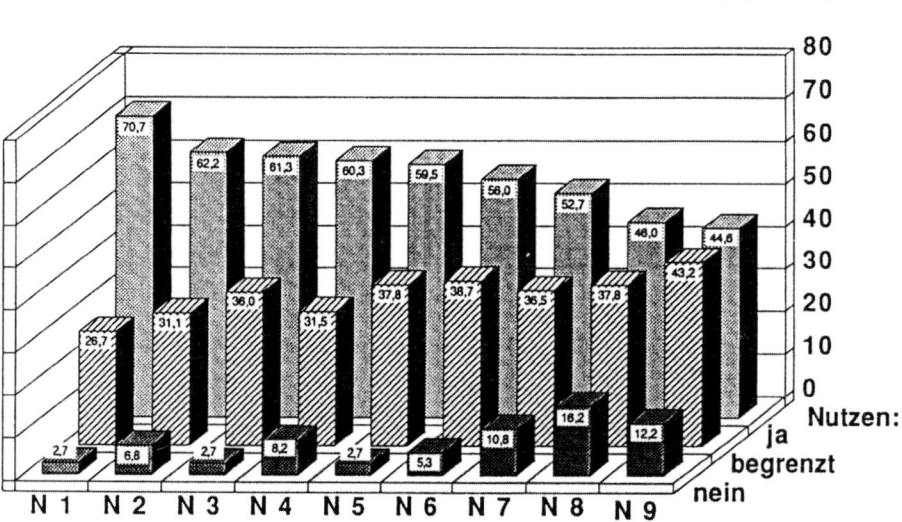

Legende:

N 1	Entlastung des Experten von Routinetätigkeiten
N 2	Konservierung und Akkumulierung des Controller-Expertenwissens
N 3	Ergänzung zu herkömmlichen Kosten- und Management-Informations-systemen
N 4	Expertenwissen kann dezentral genutzt werden
N 5	Hilfestellung und Optimierung im Controlling-Bereich
N 6	Intelligente Planungs- und Steuerungsunterstützung im Controlling
N 7	Reduzierung des Auswertungsaufwands von Kostendaten
N 8	Reduzierung des Datenvolumens
N 9	Zeitnahe Gegensteuerung

Abb. 4: Erwarteter Nutzen von wissensbasierten Systemen im Controlling

Ein umfassendes Controlling-Expertensystem würde wahrscheinlich eine Zahl von Regeln erfordern, die technisch und wirtschaftlich nicht zu bewältigen wäre. Um einen Einstieg für die Anwendung von Expertensystemen im Controlling zu finden, erscheint es sinnvoll, zunächst Systeme mit abgegrenzten Problemstellungen zu entwerfen, um schließlich diese Teilsysteme zu einem Gesamtsystem zu verbinden. Als Abgrenzung können sowohl funktionale Kriterien, d.h. zum Beispiel Einsatz von Expertensystemen im Produktions- oder Vertriebs-Controlling, wie auch methodische Aspekte des Controlling, zum Beispiel Unterstützung des Controllers beim Soll-Ist-Kostenvergleich oder der Deckungsbeitragsanalyse dienen.

Zusammenfassend läßt sich feststellen, daß die Entwicklung von Auswertungs- und Interpretationssystemen im Controlling durch Vertreter aus der Forschung und Praxis eine positive Aufnahme gefunden haben.

4.   Ausblick

Auf der Basis einer in der Abteilung für Wirtschaftsinformatik der Universität Erlangen-Nürnberg angelegten Datensammlung sowie einer eigenen empirischen Erhebung zum jetzigen und zukünftigen Einsatz wissensbasierter Systeme im betriebswirtschaftlichen Bereich lassen sich folgende Aussagen über das Teilgebiet Controlling treffen [30][31]:

1   Aufgrund der geringen Anzahl implementierter Expertensysteme im Bereich Rechnungswesen/Controlling sind Anwendungsmöglichkeiten lediglich prospektiv zu beurteilen.

2   Bei einer engen Controlling-Definition lassen sich zur Zeit nur ganz wenige Ansätze zur Expertensystem-Unterstützung nachweisen.

3.   Da es sich beim Controlling um einen unternehmerischen Entscheidungsbereich mit teilweise weitreichenden Konsequenzen handelt, ist zu vermuten, daß Expertensysteme im Controlling zunächst als Assistenten- und Expertisesysteme Anwendung finden, die zur Unterstützung und Überwachung menschlicher Entscheidungsprozesse gedacht sind.

Zusammenfassend läßt sich eine Schwerpunktverlagerung der Forschungsanstrengungen im Bereich "Rechnungswesen und EDV" feststellen: die Gestaltung des kostendatenliefernden Systems tritt in den Hintergrund, während Auswertungs- und Interpretationssysteme immer mehr in den Mittelpunkt der wissenschaftlichen Betrachtung rücken [32][33].

Literaturverzeichnis

[1] Vgl. O'Leary, D.E.: The Use of Artificial Intelligence in Accounting, in: Silverman, B.G. (Hrsg.): Expert Systems for Business, Reading et al. 1987, S. 83-98.
[2] Vgl. Fiedler, R.: CONTREX - Ein Beitrag zum Wissensbasierten Controlling unter Verwendung der Modularsoftware SAP-RK, Dissertation, Universität Nürnberg Erlangen 1990.
[3] Vgl. Kraemer, W., Scheer, A.-W.: Wissensbasiertes Controlling, in: Information Management 4(1989)2, S. 6-17.
[4] Vgl. Mertens, P., Allgeyer, K.: Künstliche Intelligenz in der Betriebswirtschaft in: Zeitschrift für Betriebswirtschaft 53(1983)7, S. 686-709.
[5] Vgl. Kurbel, K.: Entwicklung und Einsatz von Expertensystemen - Eine anwendungsorientierte Einführung in wissensbasierte Systeme, Berlin et al. 1989, S. 4-6.
[6] Ebenda.
[7] Vgl. Harmon, P, King, D.: Expertensysteme in der Praxis - Perspektiven, Werkzeuge, Erfahrungen, 2. Auflage, München, Wien 1987, S. 3f.

[8] Vgl. Mertens, P.: Einflüsse der EDV auf die Weiterentwicklung des betrieblichen Rechnungswesens, in: Kilger, W.,Scheer, A.-W. (Hrsg.): Rechnungswesen und EDV, Tagungsband zur 8. Saarbrücker Arbeitstagung, Würzburg et al. 1983, S. 23-36.

[9] Vgl. Plattner, H.: Neue Wege für das Controlling in einem hoch integrierten Anwendungssystem, in: Scheer, A.-W. (Hrsg.): Rechnungswesen und EDV, Tagungsband zur 8. Saarbrücker Arbeitstagung, Heidelberg et al. 1987, S. 58-81.

[10] Vgl. Scheer, A.-W.: Einsatz von Expertensystemen zum Soll-Ist-Kostenvergleich, interner Forschungsbericht des Instituts für Wirtschaftsinformatik, Saarbrücken 1987.

[11] Zur Identifikation und Evaluation einer geeigneten Wissensdomäne vgl. Kraemer, W., Spang, S.: Expertensysteme im Controlling?; Kostenrechnungspraxis 33(1989)1, C11-C13.

[12] Vgl. Mertens, P.: Expertisesysteme als Variante der Expertensysteme zur Führungsinformation, in: Zeitschrift für betriebswirtschaftliche Forschung 41(1989)10, S. 835-854; ein interessanter Ansatz zur wissensbasierten Deckungsbeitragsanalyse wird beschrieben in Mertens, P., Fiedler, R., Sinzig, W.: Wissensbasiertes Controlling des Betriebsergebnisses, in: Scheer, A.-W. (Hrsg.): Rechnungswesen und EDV, Tagungsband zur 10. Saarbrücker Arbeitstagung, Heidelberg 1989, S. 153-181.

[13] Detaillierte Ausführungen zu dem beschriebenen Forschungsprojekt finden sich in Scheer, A.-W., Kraemer, W.: Konzeption und Realisierung eines Expertenunterstützungssystems im Controlling, in: Kurbel, K., Mertens, P., Scheer, A.-W. (Hrsg.): Interaktive betriebswirtschaftliche Informations- und Steuerungssysteme, Berlin, New York 1989.

[14] Nonhoff, J.: Entwicklung eines Expertensystems für das DV-Controlling, Berlin et al. 1989.

[15] Vgl. Bertsch, L.H. Expertensystemgestützte Dienstleistungskostenrechnung, Stuttgart 1991.

[16] Vgl. Mertens, P., Fiedler, R., Sinzig, W.: a.a.O., S. 153-181.

[17] Zum Begriff "Zugangssysteme" vgl insbesondere Mertens, P., Borkowski, V., Geis, W.: Betriebliche Expertensystem-Anwendungen, 2. Auflage, Berlin et al. 1990, S. 6-7.

[18] Vgl. Mertens, P., Back-Hock, A., Fiedler, R.: Verbindungen der Kosten- und Leistungsrechnung zur computergestützten Informations- und Wissensverarbeitung, in: Betriebswirtschaftliche Forschung und Praxis 42(1990)4, S. 268-282.

[19] Vgl. Warnick, B.: Dezentrale Datenverarbeitung für Kostenrechnung und Controlling, Wiesbaden 1991. S. 75-78

[20] Vgl. Kagermann, H.: Perspektiven der Weiterentwicklung integrierter Standardsoftware für das innerbetriebliche Rechnungswesen, in: Horváth, P. (Hrsg.): Strategieunterstützung durch das Controlling: Revolution im Rechnungswesen?, Stuttgart 1990, S. 277-306.

[21] Reichmann, T., Krüger, L.: Entwicklungen im Bereich kennzahlengestützter Controlling-Konzeptionen, in: Reichmann, T. (Hrsg.): Tagungsband zum 2. Deutschen Controlling Congress, München 1987, S. 37-72.

[22] Vgl. o.V.: Meinungsspiegel, in: Betriebswirtschaftliche Forschung und Praxis 42(1990)4, S. 312-320.

[23] Vgl. Krystek, U.: Controlling und Frühaufklärung - Stand und Entwicklungstendenzen von Systemen der Frühaufklärung, in: Controlling 2(1990)2, S. 68-75.

[24] Vgl. Landsberg, G.: Control Reporting - Informationsverdichtung und Abweichungserklärung, in: Kostenrechnungspraxis 32(1988)3, S. 101-106.

[25] Vgl. Mertens, P., Borkowski, V., Geis, W.: a.a.O., S. 10-14.

[26] Vgl. Mertens, P., Borkowski, V. Geis, W.: Betriebliche Expertensystem-Anwendungen - Eine Materialsammlung, a.a.O., S. 7-8.

[27] Kraemer, W., Scheer, A.-W.: Wissensbasierte Problemlösung für betriebswirtschaftliche Anwendungsgebiete am Beispiel des Controlling - Ergebnisse einer empirischen Analyse, in: Die Betriebswirtschaft 51(1991)5, S. 211-229 sowie Kraemer, W.: Einsatzmöglichkeiten von Expertensystemen in betriebswirtschaftlichen Anwendungsgebieten, in: Scheer, A.-W. (Hrsg.): Veröffentlichungen des Instituts für Wirtschaftsinformatik, Heft 68, Saarbrücken 1990.

[28] Vgl. Knoop, J.: Online-Kostenrechnung für die CIM-Planung - Prozeßorientierte Kostenrechnung zur Ablaufplanung flexibler Fertigungssysteme, Berlin et al. 1986.

[29] Vgl. Fiedler, R.: Wissensbasierte Systeme im Rechnungswesen, in: Kostenrechnungspraxis 34(1990)5, S. 317-318.

[30] Vgl. Kraemer, W., Scheer, A.-W.: Wissensbasiertes Controlling, in: Information Management 4(1989)2, S. 6-17.

[31] Vgl. Mertens, P., Fiedler, R., Sinzig, W.: a.a.O., S. 154.

[32] Vgl. Scheer, A.-W., Kraemer, W.: Wie beeinflußt CIM das Rechnungswesen?, io Management Zeitschrift 58(1989)6, S. 81-84.

[33] Vgl. Kraemer, W., Wiechmann, D.: BDE-gestützte Kosteninformationssysteme, in: CIM Management 6(1990)2, S. 10-21.

Unterstützung von Controlling-Aufgaben mit Executive-Information-System-Generatoren und -Anwendungen

Dr. A. Back-Hock, Abteilung Wirtschaftsinformatik, Universität Erlangen-Nürnberg

GLIEDERUNG:

12. Saarbrücker Arbeitstagung 1991
Rechnungswesen und EDV
hrsg. v. A.-W. Scheer
© Physica-Verlag Heidelberg 1991

1 Einführung

1.1 Entwicklung des Einsatzes von EIS-Software

Seit Mitte der 80er Jahre gibt es unter der Bezeichnung Executive Information Systeme (EIS) bzw. EIS-Generatoren eine Kategorie von Software, die den Aufbau und Betrieb eines rechnergestützten Informationswesens speziell für höhere Führungsebenen unterstützt. Anbieter und Anwender in den USA haben hier eine Vorreiterrolle übernommen; inzwischen beginnen auch Unternehmen in Europa, Erfahrungen mit dieser Software zu sammeln. Dazu zählen u. a. die Continental AG, Daimler Benz AG, Henkel KGaA, IBM Deutschland GmbH, Lufthansa AG, Mobil Oil, Schickedanz, Sony Europa, Volkswagen AG und die Würth-Gruppe (1).

Der Markt für EIS-Software wird nach übereinstimmenden Prognosen ein hohes, anhaltendes Wachstum aufweisen, und vielfach stehen EIS bei den geplanten DV-Investitionsvorhaben mit an oberster Stelle. So rechnet eine Studie von Kienbaum und Business Intelligence (2) in 1992 für die Bundesrepublik Deutschland mit einem Volumen von über 18 Millionen DM, nachdem dies 1989 nur 3.75 Millionen DM betrug.

1.2 Controlling und EIS-Software

Bei EIS-Präsentationen wird vorwiegend das Top-Management als Anwendergruppe herausgestellt, jedoch liegen wesentliche Stärken und Produktivitätseffekte von EIS-Software im breiteren Nutzerkreis, der Entwickler von EIS-Anwendungen und die mit der laufenden Informationsversorgung und -aufbereitung betrauten Stellen einschließt. Dazu zählen **Assistenten, Stabs- und Fachabteilungen**, wobei insbesondere das **Controlling** zu nennen ist. Ihm kommt die Aufgabe zu, die Versorgung mit führungsrelevanten Informationen zu gewährleisten und die Inhalte eines EIS zu gestalten sowie selbst zu nutzen, wenn es Entscheidungen vorbereitet und seine Planungs- und Kontrollfunktion wahrnimmt. Abbildung 1 stellt den Bezug zwischen Controllingaufgaben im Berichtswesen und denen der Unternehmensführung her.

CONTROLLINGAUFGABEN

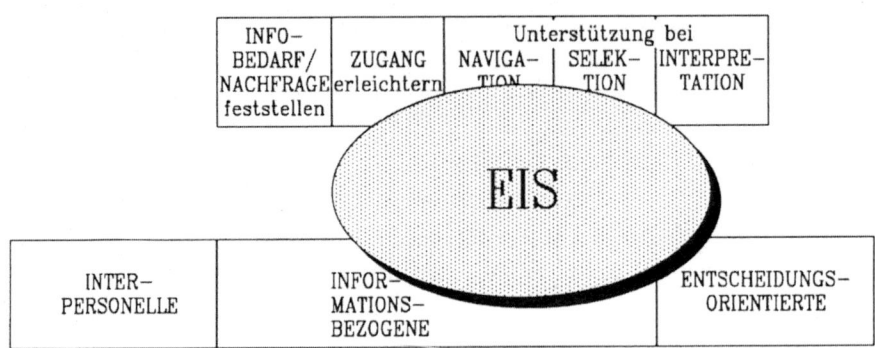

Abb. 1:   Unterstützung des Bezugs zwischen Controlling- und Führungsaufgaben
durch EIS

2   Merkmale einer integrierten, leistungsfähigen EIS-Software

Die Zahl der als EIS angebotenen Softwareprodukte nimmt boomartig zu; in jüngerer
Zeit kommen vor allem PC-Systeme hinzu, insbesondere solche für lokale Netze. Es
handelt sich dabei keineswegs um ein sehr homogenes Produktspektrum. Denn einerseits bestehen erhebliche konzeptionelle Unterschiede bei der Datenhaltung und Art
der Anwendungen, von denen die Eignung für verschiedene Einsatzprofile abhängt,
und andererseits wird häufig schon die Bezeichnung EIS-Software verliehen, sobald
auch nur ein Teil der Aufgaben von computergestützten Führungsinformationssyste-
men darin wahrnehmbar sind. Eine leistungsfähige EIS-Software setzt jedoch voraus,
daß ein Großteil der unten aufgeführten Komponenten in einem geschlossenen Konzept angeboten wird. Die folgenden Abschnitte stellen zunächst kurz dar, welche Eigenschaften EIS-Software auszeichnen, um anschließend anhand globaler Controlling-
Funktionen zu verdeutlichen, inwieweit diese Software das Controlling unterstützen
kann.

2.1 EIS-Anwendungstypen und -Systemarchitekturen

EIS dienen in erster Linie dazu, die Informationslage durch relevante, richtige, aktuelle
und umfassende Bereitstellung von Daten zu verbessern, um damit letztlich die
Entscheidungskompetenz des Managements zu erhöhen. Entscheidungsmodelle selbst

bzw. das automatische Generieren von Handlungsempfehlungen spielen noch eine untergeordnete Rolle, jedoch gehen Bestrebungen der Softwareanbieter dahin, EIS durchaus mit DSS-Funktionen anzureichern und umgekehrt.

Typische EIS-Anwendungskategorien sind:

-   Hinsichtlich Aufbau und Inhalten vordefinierte **Berichtskataloge,** die selektiv entlang vorgegebener, hierarchischer Pfade durchgesehen werden können (**Briefing-Book**). Sie kommen beispielsweise in Darstellungen der Unternehmensorganisation sowie von Kennzahlen des Personalbereichs und denen des externen und internen Rechnungswesens zum Einsatz, wo die Bildschirme häufig im Sinne eines Key Data Reports bzw. Highlight-Charts oder eines Management-Letters gestaltet sein können.

-   Durchgriff auf Host-Datenbanken für **Ad-hoc-Abfragen und -Zusammenstellung** von Berichten.

-   Zugang zu in Planungssprachen definierten **betriebswirtschaftlichen Modellen,** die insbesondere auch für mehrdimensionale Beschreibungen in Verbindung mit vielstufigen Verdichtungshierarchien von Daten geeignet sind.

-   Anschluß an **externe elektronische Nachrichten-/Informationsdienste,** wie z. B. Reuters, aus denen u. a. interessierende Konjunktur-, Markt-, Branchen-, Konkurrenzdaten und Wechselkurse herausgefiltert werden können.

Mit dem Einsatz von universellen EIS-Generatoren für die oben genannten Anwendungskategorien entstehen auch branchentypische, stärker vorstrukturierte Informationssysteme, beispielsweise Anwendungen für das Handelscontrolling (z. B. Arthur, The Executive Power Tool, Informationsbroschüre der Comshare Inc., 1989), die dann in die Produktpalette eines EIS-Anbieters aufgenommen werden können.

Die **typische EIS-Architektur** verbindet Großrechner und dezentral aufgestellte Mikrocomputer (PC), mit denen der EIS-Anwender arbeitet. Host-Systeme sind meist noch für die Speicherung umfangreicher Unternehmensdatenbestände vorgesehen, erleichtern die Einbindung zahlreicher Anwender einschließlich der automatischen Verteilung von EIS-Inhalten an diese, und die Organisation der Sicherung und des Schutzes von EIS-Daten ist in der Regel ausgereifter als bei rein dezentralen Lösungen. Die mit Großrechner-PC-Kooperationen konkurrierenden Netzarchitekturen mit Datenbankservern bedürfen gewöhnlich auch einer Anbindung an Großrechnerdatenbestände. Rein lokale PC-EIS bringen bei zahlreichen Anwendern einen hohen Orga-

nisations- und Pflegeaufwand mit sich. Auch wird die Verbindung der EIS-Arbeits-
stationen untereinander und damit die Integration von Funktionen der **Büro-
kommunikation** als unverzichtbarer Bestandteil eines EIS gesehen.

Eine Klassifikation von EIS-Software nach der Eignung für die beiden Anwendergrup-
pen Top-Manager und Assistenz/Stab/Fachabteilung sowie nach Datenbasistyp und
Verteiltheitsgrad findet sich bei Rieger (3).

2.2 Funktionalität von EIS-Anwendung und -Generator

Im einzelnen sollte eine leistungsfähige EIS-Software folgende Aspekte eines Führungsinformationssystems unterstützen können:

Benutzerfreundliche Bedienung:

Herausragendes Kennzeichen von EIS sind hohe Benutzerfreundlichkeit durch
grafische Oberflächen verbunden mit tastaturarmer Bedienung. Die Befehle werden
möglichst bildhaft dargestellt, z. B. in Form von Ikonen, und mit der Maus - selte-
ner über Berührungsbildschirm (Touchscreen) oder Infrarotfernbedienung - aufge-
rufen. Der Anwender des EIS soll die Bedienung intuitiv erfassen können, so daß er
in kürzester Zeit damit arbeiten kann und den Umgang mit dem EIS auch bei
sporadischer Nutzung nicht verlernt.

Selektiver, stufenweise detaillierterer Informationsabruf nach individuellen Wünschen:

Die Berichtsbildschirme sind in verschiedenen, miteinander verketteten Aggrega-
tionsstufen angeordnet und können vom Manager mit Hilfe der sogenannten Drill-
down-Technik von der verdichteten Information sukzessive hin zur detaillierteren
Aufspaltung oder zu ergänzenden Daten abgerufen werden. Jeder Manager kann -
soweit es der wünschenswerten Einheitlichkeit des unternehmensweiten EIS nicht
zuwiderläuft - bestimmte Informationen in einer von ihr bzw. ihm bevorzugten
Zusammenstellung und Form (Text, Tabelle, Grafik) aus der EIS-Datenbasis abrufen.

Visualisierung in Grafiken und Bildschirmkomposition:

Die angebotenen Daten müssen kompakt und anschaulich darstellbar sein. D. h.,
es stehen mindestens die für Geschäftsgrafiken typischen Darstellungsarten Bal-
ken-, Linien- und Tortendiagramm zur Verfügung, wobei jeweils einzelne Bild-

schirme Grafik, Text und Daten(tabellen) zusammen enthalten können, was bis hin zu Multimedia-Anwendungen gehen kann.

Ausnahmeberichtswesen / Exception Reporting:

Das Über- oder Unterschreiten von Schwellwerten für Abweichungen und andere Kenngrößen kann in den Berichten besonders hervorgehoben werden. Eine weitreichendere Funktionalität bieten Systeme, bei denen die Definition der jeweiligen Toleranzgrenzen auch vom EIS-Anwender abgerufen und geändert werden kann. Eine besondere Anwendungsmöglichkeit des Ausnahmeberichtswesens ist, daß die Spezifikation von Toleranzgrenzen als Informationsfilter wirkt, so daß beim Aufruf nur die Berichtsinhalte zu sehen sind, die Besonderheiten aufweisen, oder daß sie eine Signalfunktion übernimmt, die den Anwender auf dringend zu untersuchende Berichtszweige hinweist.

Weiterverarbeitungsfunktionen:

Hierunter fallen insbesondere die Elektronische Post zur Versendung von Berichten mit Kommentierungen und Veranlassungen sowie die Möglichkeit, DSS-typische Analysen, wie Trendberechnungen, Bildung von neuen Zeilen- und Spaltenwerten aus Grundtabellen oder sogar Alternativrechnungen, durchzuführen. Hilfreich ist, wenn Ausdrucke für das Unterlagenstudium leicht möglich sowie Routinen für das Ausladen und Einspielen auf bzw. von einem portablen PC vorbereitet sind.

Automatisierbares Zusammenführen von Daten aus verschiedenen Quellen:

Über Schnittstellenprogramme können Daten aus diversen internen und externen Beständen, insbesondere aus lokalen Fachabteilungsanwendungen, regelmäßig abgezogen werden.

Speicherung in gemeinsamer EIS-Datenbasis mit einheitlichem Zugang:

Die verschiedenen Daten bzw. Dokumente werden zentral, in einer sogenannten EIS-Datenbasis, verwaltet. Daneben sollte es auch die Möglichkeit geben, direkt mit Ad-hoc-Abfragen auf Dateien außerhalb der eigentlichen EIS-Datenbasis zuzugreifen, beispielsweise wenn Unternehmensdatenbestände in Standard-Datenbanksystemen gehalten werden.

Werkzeugcharakter:

Die EIS-Software unterstützt die Zusammenstellung und individuelle Ausgestaltung eines EIS in einer separaten Entwicklungsumgebung - neben einer
Programmiersprache - insbesondere durch bedienerfreundliche, menügesteuerte
Anwendungsgeneratoren, so daß aufbauend auf der Grundkonzeption des EIS
auch Nicht-DV-Spezialisten die Anwendung pflegen und ausbauen können. Eine
darüber hinausgehende Unterstützung für Fachabteilungs-Entwickler ist gegeben,
wenn die EIS-Software vielfältige, vorgefertigte Musteranwendungen enthält, sogenannte Templates oder Anwendungsrahmen.

3   Bezüge zu Controlling-Aufgaben

3.1 Systembildende Controlling-Aufgaben

3.1.1 Überblick

Im Rahmen der systembildenden Aufgaben ist das Controlling verantwortlich für Aufbau, Pflege und Organisation des **Planungs- und Kontroll- (PK-System)** sowie des **In-
formationsversorgungssystems (IV-System)** (4). Abbildung 2 skizziert, inwieweit
man dafür eine Unterstützung durch EIS-Software sehen kann.

Hier und in den weiteren Abbildungen zu Kapitel 3 wird dabei von der EIS-Anwen-
dungskategorie ausgegangen, die eine Verbindung zu Planungssprachen aufweist -
obwohl diese zur Zeit nur in einzelnen Softwarepaketen realisiert ist -, denn sie zeichnet sich durch umfassende Funktionalität aus und entspricht dem Entwicklungstrend
bei EIS-Software.

Den **Aufbau eines PK-Systems** unterstützt eine EIS-Software nur mittelbar hinsichtlich folgender Aspekte:

Zur Durchsetzung der für die Planung wichtigen Richtlinien, einschließlich der
Notwendigkeit, die Verwendung homogener, aktueller Datengrundlagen sicherzustellen, werden integrierte Kommunikationsfunktionen und die Anbindung an eine gemeinsame Daten/Dokument-Basis benötigt. Die z. B. beim Aufstellen eines Marketing-
plans üblichen Rundschreiben mit umfangreichen Verteilerlisten und die langen
Übertragungswege von und zu den Tochtergesellschaften sollen nicht mehr vorkom-
men.

43

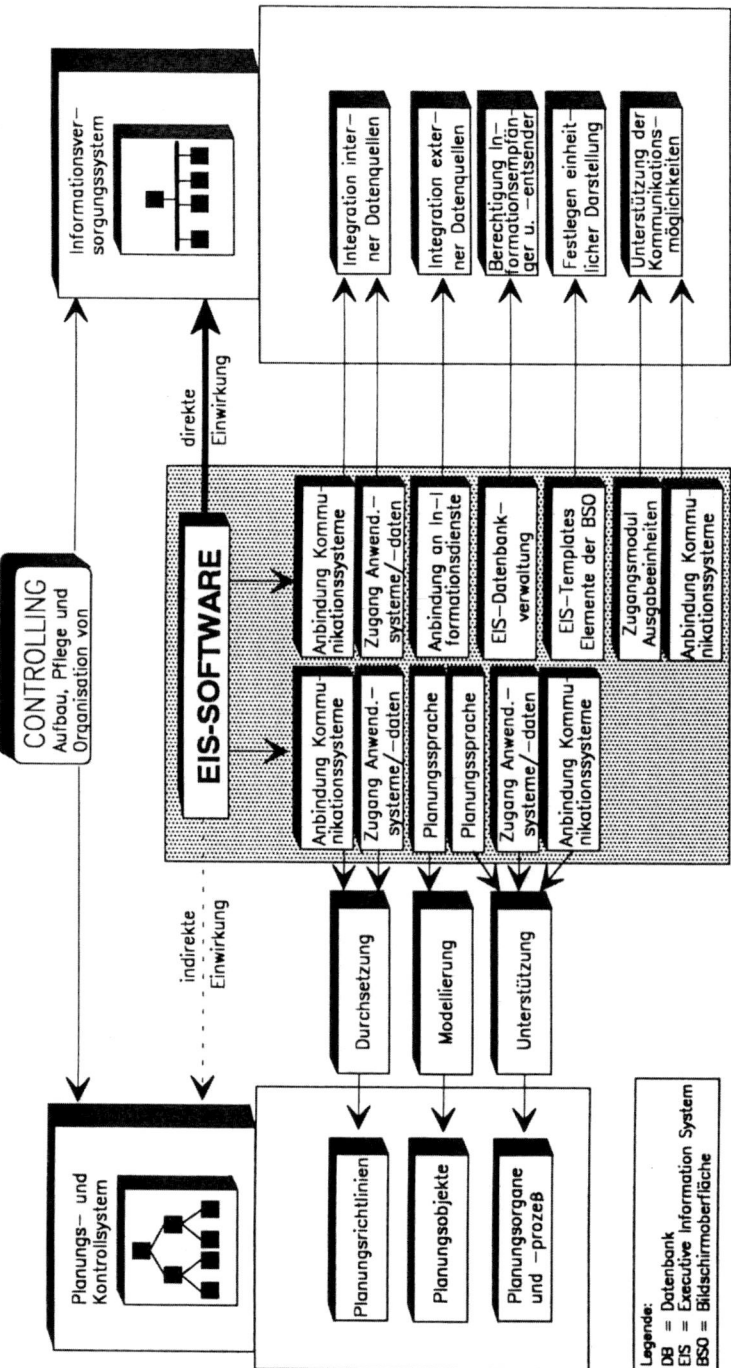

Abb. 2: Systembildende Aufgaben des Controlling und ihre Unterstützung durch EIS-Software

Durch die Kommunikationssysteme können Änderungen der Planungsrichtlinien ohne Verzögerung den an der Planung beteiligten Mitarbeitern übermittelt und dabei Empfang und Kenntnisnahme protokolliert werden. Damit läßt sich die Mißachtung der Richtlinien durch Unkenntnis vermeiden.

Um die arbeitsteilig auszuführende Planung zu unterstützen, läßt sich die Verbindung einer EIS-Software mit Eigenschaften von Planungssprachen ausnutzen. Zentral vorstrukturierte Modelle zu den verschiedenen Planungsobjekten sorgen für Abstimmungs- und Konsolidierungsfähigkeit der Teilpläne, und den einzelnen Planungsinstanzen stehen im EIS vereinfachte, für alle einheitliche Planungsmethoden oder bei der unmittelbaren Arbeit mit der Basisplanungssprache auch die vollständigen Modellierungsfunktionen (z. B. finanzmathematische Algorithmen, Zielwert-Berechnung und Prognoserechnungen) zur Verfügung.

Die eigentliche Abwicklung des Planungsprozesses nutzt zwar die Kommunikationsstrukturen, die Einrichtung einer gemeinsamen Datenbasis und die im Modell festgelegte Planungshierarchie, eine EIS-Software enthält jedoch von vornherein keine Projektplanungs- und -steuerungskomponente, um die Planungszyklen organisatorisch zu unterstützen.

Zentrale Aufgabe bei der **Gestaltung des IV-Systems** ist die Entwicklung eines Berichtssystems mit der Integration sowohl innerbetrieblich vorhandener Daten (5) als auch externer Quellen (meist elektronischer Nachrichtendienste), der Festlegung der Informationslieferanten und -empfänger, der Kommunikationsinfrastruktur sowie der Berichtsformate (6). Hierfür bieten EIS-Generatoren direkte Unterstützung.

Fehlinterpretationen der Berichtsinhalte sollen durch Konventionen über einheitliche Informationsformate möglichst vermieden werden. Dies erreicht man durch die Homogenität, die z. B. ein modellbasierter EIS-Generator an sich gewährleistet bzw. die EIS-Templates mit sich bringen, und bei freier Definierbarkeit der Oberfläche dadurch, daß ein EIS-Generator Gestaltungselemente für Bildschirmoberflächen einheitlich - zumindest wenn man sich die vielfältigen PC-Anwendungsoberflächen vor Augen hält - für alle Berichtszweige bereitstellt .

Tragender Bestandteil eines IV-Systems ist auch hier ein effizientes Kommunikationssystem, das es den Mitarbeitern ermöglicht, auf einfache Weise Informationen zu beziehen bzw. zur Verfügung zu stellen.

3.1.2 Ausgewählte Beispiele (7)

3.1.2.1 Modellstruktur und Organisation des Planungsablaufs in einem Konzept für ein Einzelhandels-EIS

Der linke Teil von Abbildung 3 als Beispiel zum Aufbau des Planungs- und Kontroll-
systems zeigt eine Hierarchie von Bezugsobjekten, wie sie leicht in der mehrdimen-
sionalen und hierarchischen Modellstruktur einer Planungssprache implementiert
und auf verschiedene beteiligte Planungsorgane zugeordnet werden kann. Rechts daneben ist skizziert, auf welchen Kommunikationswegen die Planungsgrundlagen verteilt, abgestimmt und auf Konzernebene weitergeleitet werden können.

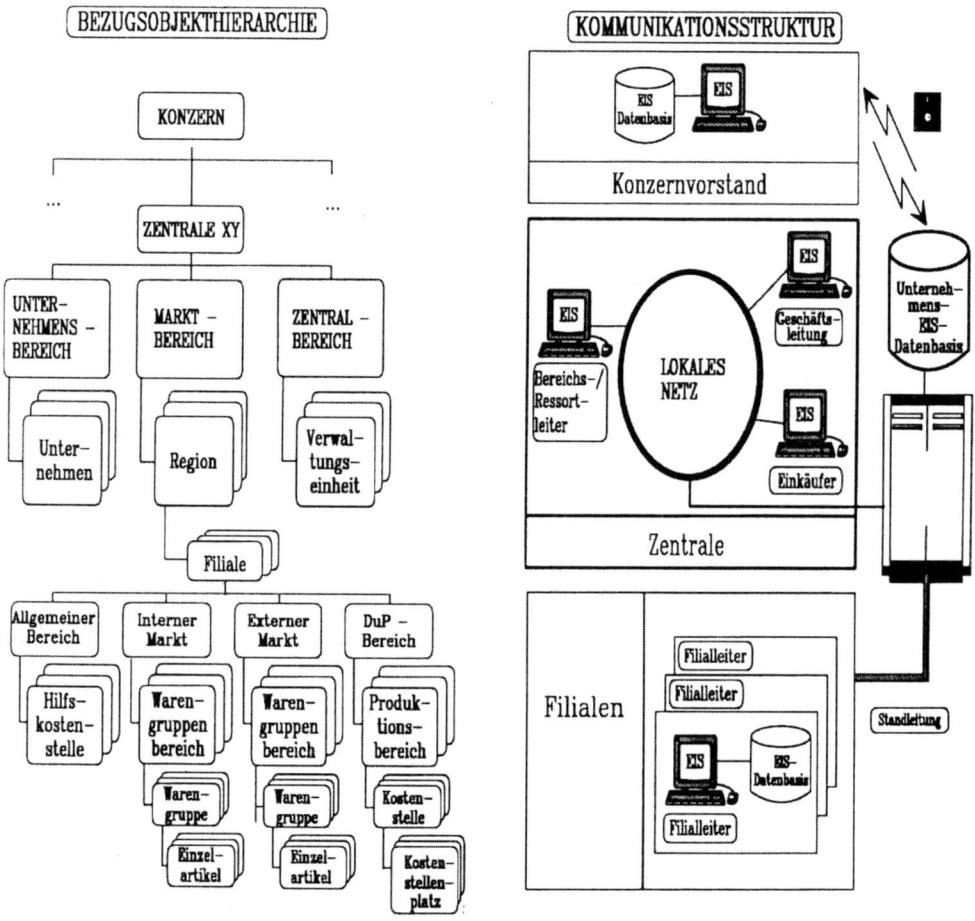

Abb. 3: Modellstruktur für Planungsobjekte und -organe mit zugehörigen
Kommunikationsverbindungen

3.1.2.2 Beispiele zum Aufbau des Informationsversorgungssystems

3.1.2.2.1 Interne und externe Datenquellen in einem Konzept für ein Einzelhandels-EIS

Ein Beispiel für die vielfältigen Ansatzpunkte, interne und externe Datenbestände in ein EIS-Konzept einzubinden, ist in Abbildung 4 enthalten. Daraus wird auch deutlich, daß nicht nur die oberste Führungsebene Adressat der EIS-Datenbasis ist.

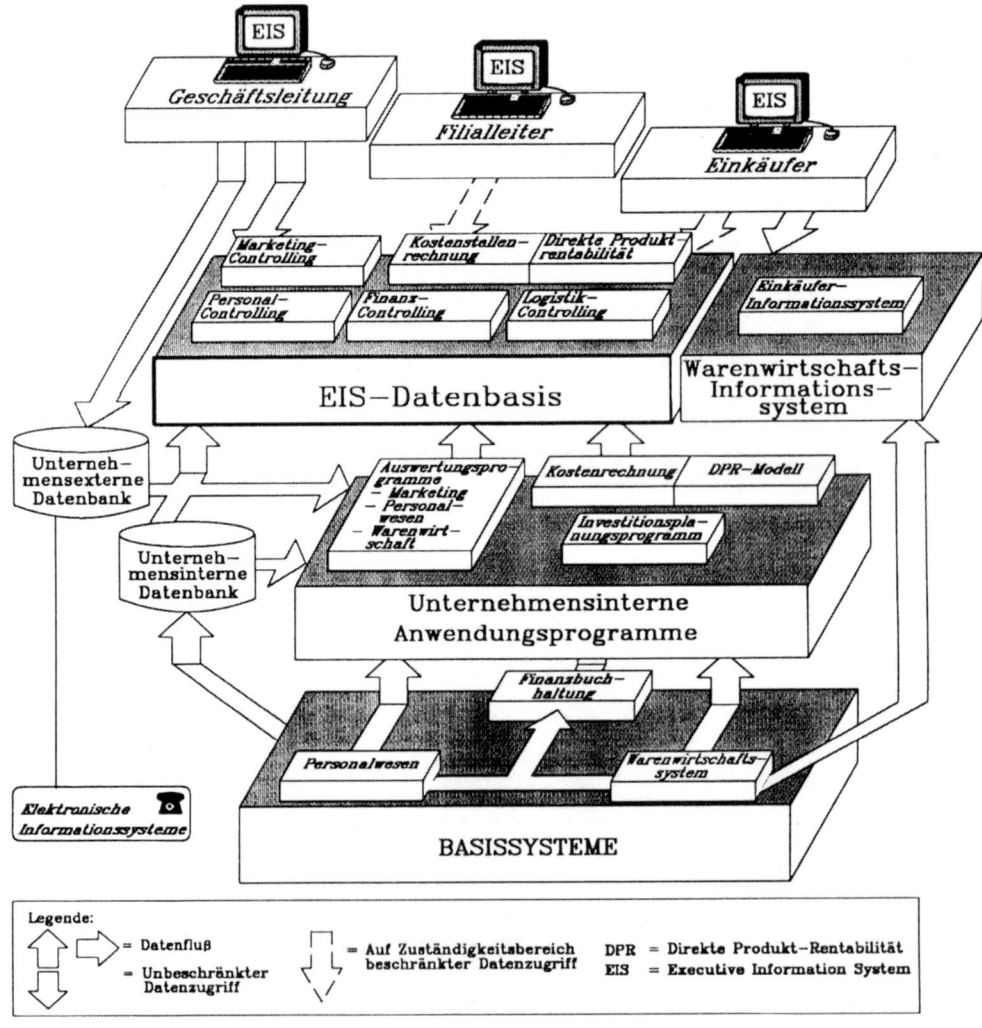

Abb. 4:   Überblick zu Quellen für die EIS-Daten/Dokument-Basis

Ausgehend von den Basisdaten operativer Systeme, wie dem Warenwirtschaftssystem, erhält die EIS-Datenbasis weitere wesentliche Inhalte aus Ergebnissen von darauf beruhenden Auswertungsprogrammen. Im EIS sind die aus den skizzierten Quellen stammenden Daten in Berichtssegmenten wie Marketing-, Personal- und Logistikcontrolling dargeboten. Daten aus externen Informationsdiensten fließen in dem unten dargestellten Konzept nicht nur unmittelbar in das EIS, sondern auch in Auswertungsprogramme ein.

3.1.2.2.2 Strukturierung von Zugriffsrechten in einem Konzept für ein Einzelhandels-EIS

Abbildung 5 gibt ein Beispiel, wie eingeschränkte Zugriffsmöglichkeiten auf eine EIS-Daten/Dokument-Basis strukturiert sein können.

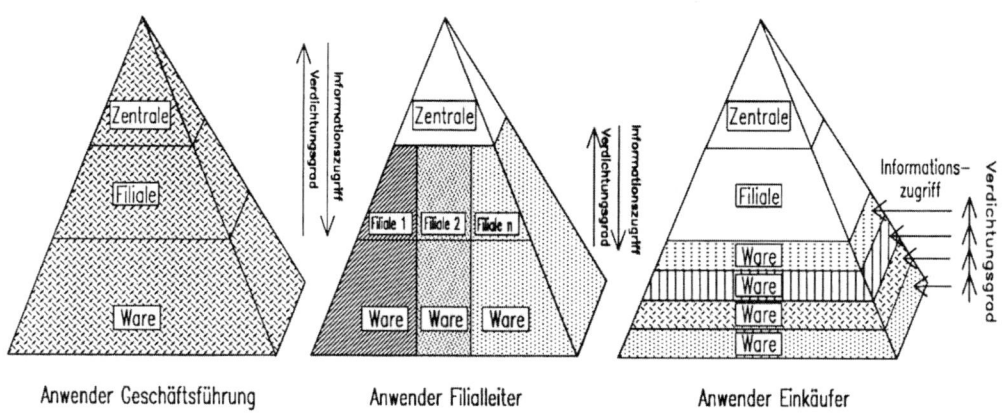

Abb. 5:   Informationspyramiden zur Verdeutlichung abgestufter Zugriffsmöglichkeiten

Den verschiedenen Managementebenen stehen unterschiedliche Auswertungswelten offen. Die Einkäufer und Filialleiter können die EIS-Datenbasis bis in einen tiefen Detaillierungsgrad hinein ansehen. Die Einkäufer dürfen die Berichte jedoch nur artikel- und artikelgruppenbezogen einsehen bzw. zusammenstellen, während ihnen der für Filialleiter vorgesehene Gesamtüberblick zu deren jeweils eigener Filiale vorenthalten ist. Die Unternehmensleitung hat zwar auch Zugriff auf die Sichtweisen der anderen Führungsebenen, für sie sind die Berichte aber einerseits aus Gesamtunternehmenssicht heraus wesentlich stärker verdichtet und längerfristig ausgerich-

vorbereitet, und andererseits sind darüber hinausgehende Berichtszweige enthalten, die für andere unzugänglich sind, z. B. Kennzahlen aus dem Personalwesen.

3.2 Informationswirtschaftliche Controlling-Aufgaben

3.2.1 Überblick

Bei der **Unterstützung des Führungsprozesses** ("informationswirtschaftliche Serviceleistung" (8)) geht es um die Versorgung der Entscheidungsträger mit relevanten Informationen, Methoden und Modellen in jeder Phase des Managementprozesses. Damit gekoppelt ist die Beratungsfunktion, durch die den Führungskräften die Informationsinhalte und -instrumente erläutert werden. Eine weitere Aufgabe besteht in der Koordination der Pläne, die erforderlich ist, um die Teilpläne der einzelnen Subsysteme mit dem übergeordneten Unternehmensziel abzustimmen.

Abbildung 6 zeigt die Elemente von EIS-Generatoren, die im Rahmen der führungsprozeßunterstützenden Aufgaben des Controlling benötigt werden (9).

EIS als Instrumente der **Informationsversorgung** ermöglichen die schnelle und konsistente Übermittlung relevanter Daten an die Entscheidungsträger. Für die Unterstützung der nicht fett umrahmten Phasen im Führungsprozeß sind wettbewerbs-, erfolgspotential- und in die weitere Zukunft hinein orientierte Daten einzubinden, wie sie u. a. externe Informationsdienste offerieren.

Die Daten werden in Form von standardisierten Berichtstabellen, -grafiken und -texten (Briefing Book) angeboten, können von Controller und Manager aus externen Datenquellen herausgefiltert oder direkt aus Planungsmodellen abgerufen werden. Wichtig ist dabei die aussagekräftige und kompakte Darstellung der Berichtsinhalte, z. B. in Form von Grafiken oder durch farbliche Hervorhebung von Abweichungen. Neben dieser Bereitstellung der Informationen im engeren Sinne können den Führungskräften auch Modelle und Methoden (Informationen im weiteren Sinne) zur Verfügung gestellt werden, wenn Sie Interesse daran haben, Entscheidungsgrundlagen unmittelbar selbst zu erarbeiten.

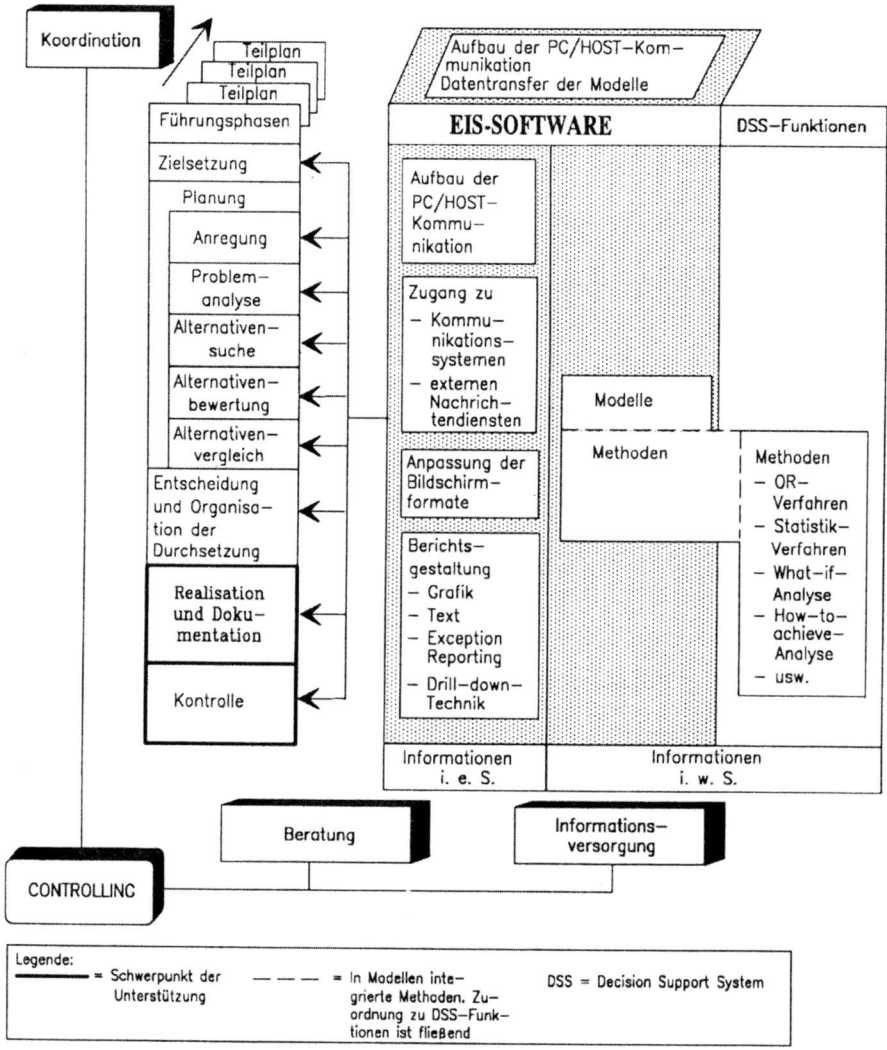

Abb. 6:   Beiträge von EIS-Software zu führungsprozeßunterstützenden Aufgaben
des Controlling

Schwerpunkt der Unterstützung durch ein EIS sind die **Führungsphasen Dokumentation und Kontrolle**. Gerade das Exception Reporting und die Drill-Down-
Technik sind Möglichkeiten, den Analyse- und Kontrollprozeß zu initiieren und zu erleichtern.

Bei der **Beratungsfunktion** ergibt sich für den Controller eine Arbeitserleichterung in
der Weise, daß sich eine explizite Erläuterung der standardisierten Berichte entweder

erübrigt oder einmalig für alle "Nachfrager" dem elektronischen Bericht als Kommen-
tierung hinzugefügt wird. Für die **Koordination und Konsolidierung der Teilpläne**
ist eine zentrale Verwaltung unerläßlich, damit die Möglichkeit besteht, Daten aus
verbundenen Teilplänen zu lesen oder in diese Vorgabewerte einzusetzen.

3.2.2 Ausgewählte Beispiele

3.2.2.1 Kostenträgerinformationsbogen mit extern bzw. strategisch ausgerichteten Inhalten (10)

Ein Beispiel für die Einbindung externer Daten in einen der "strategischen" Kostenrechnung entstammenden Berichtszweig gibt der Inhalt des folgenden **Kostenträger-
informationsblatts:**

Für ein **Produkt in einer bestimmten Region** lassen sich jeweils für

- das **eigene Unternehmen**,
    - mit gegenwärtigem Stand und
    - mit einer Zeitreihe,
- den **führenden Konkurrenten**,
    - mit gegenwärtigem Stand und
    - mit einer Zeitreihe,
- den **direkten Konkurrenten**,
    - mit gegenwärtigem Stand und
    - mit einer Zeitreihe,

beispielsweise folgende Größen angeben:

- **Strategische Kosten-** **rechnungsindikatoren** (Absatzmenge, Stück- preis, Voll- und Prozeßkosten)	- **Strateg. Finanz- und** **Investitionsindikatoren** (Cash flow, ROI, Barwert)	- **Strategische** **Marktdaten** (Marktanteil)

3.2.2.2 Datenkranz eines Berichtsblatts zur Unterstützung der Beratungsfunktion (11)

Bei der Aufbereitung einer Briefing-Book-Anwendung kann bzw. sollte der Controller ergänzende Informationsfacetten zu einem oder mehreren Berichtsdaten einbeziehen: Dazu zählen Definitionen von Kenngrößen, Angaben zur Herkunft bzw. Verantwortlichkeit in der Unternehmensorganisation und zum Zustandekommen der gezeigten Daten, eine Bewertung und weitere persönliche Kommentare - besonders, wenn das Ergebnis eines Planungsmodells dargestellt ist oder es sich um die Vorbereitung einer konkreten Entscheidungssituation handelt - sowie zusätzliche Details und andere Bezüge zu potentiell relevanten Informationen im betrachteten Zusammenhang. In zur Zeit verfügbaren EIS müssen solche Informationselemente weitgehend in Eigeninitiative des Controllers ermittelt, formuliert und für die Präsentation aufbereitet werden. Die stärker automatisierte Unterstützung dieser Beratungstätigkeit in EIS-Software erhofft man von der Einbindung wissensbasierter Elemente (siehe auch Abschnitt 4.1).

3.2.2.3 Dokumentation und Kontrolle in einem Konzept für ein Einzelhandels-EIS

Abbildung 7 zeigt den Bildschirmflußplan einer mit Commander Briefing Book und Execu View von Comshare als Demonstrationsversion realisierten EIS-Anwendung (12).

Kern des Briefing Books ist die sogenannte Indikatorenmatrix, die nach einem Prinzip des **Exception Reporting** gestaltet ist. Die für Filialen (Horizontale) und Funktionalbereiche (Vertikale) festgelegten Signalwerte, z. B. Deckungsbeitrag, Umsatz, Wareneingangsvolumen oder Personalkosten, werden automatisch auf die Überschreitung individuell definierbarer Toleranzgrenzen überprüft und entsprechend rot, gelb bzw. grün markiert.

Von diesem Angelpunkt aus können weitere Analysezweige erreicht werden: Das Anklicken der Matrixfelder zeigt den hinterlegten Indikator in seiner zeitlichen Entwicklung, das Deuten auf die Funktionsbereiche führt zu einer im Briefing Book standardmäßig vorbereiteten Dokumentation zur Erfolgsrechnung und zu Kennzahlen, und die Auswahl eines Objekts "Filiale" startet die Anbindung an ein zugrundeliegendes Planungsmodell, wo der Kontrollfunktion detaillierter nachgegangen werden kann und DSS-typische Weiterverarbeitungsfunktionen zur Verfügung stehen.

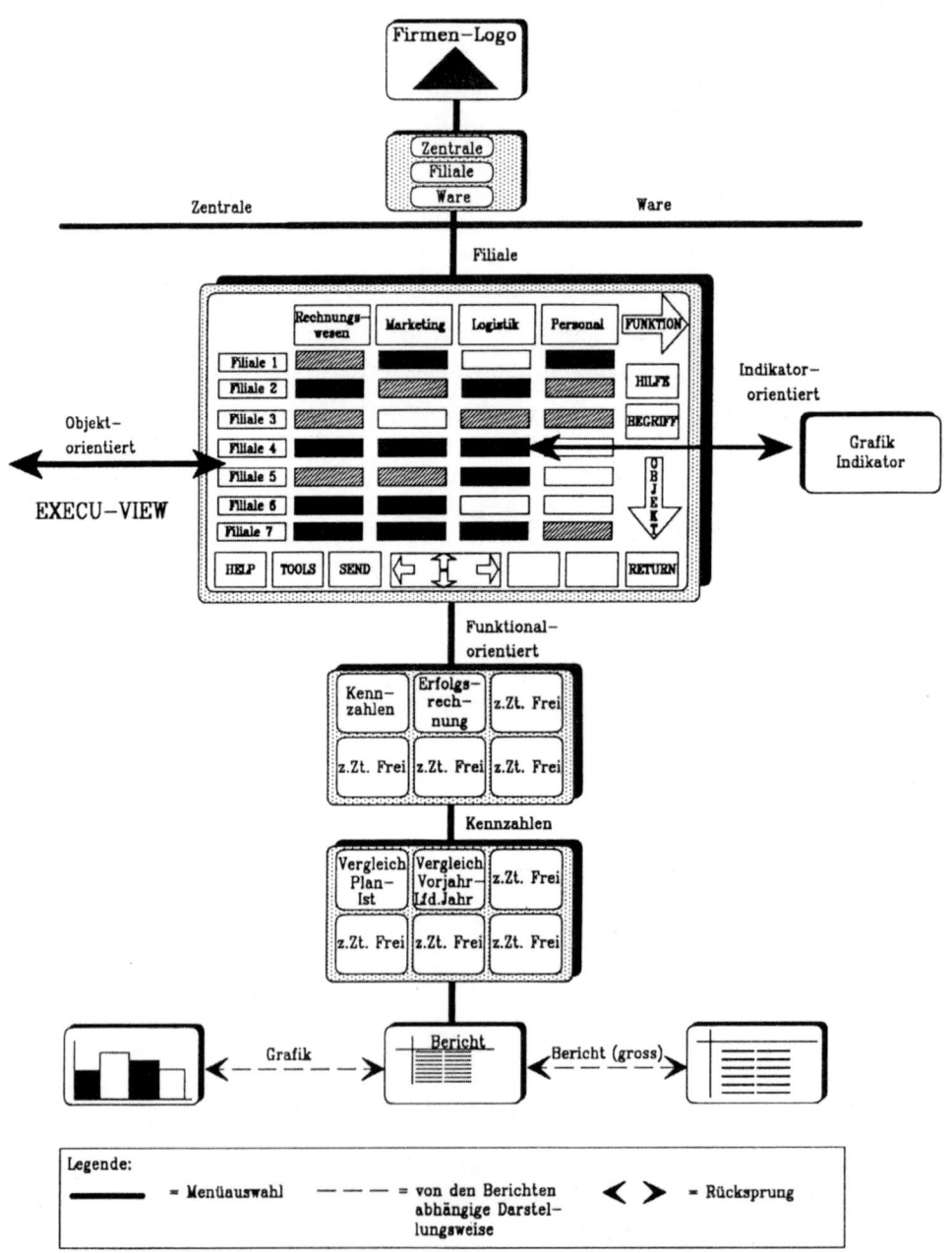

Abb. 7:   Bildschirmflußplan

3.3 Fazit

Die obigen Ausführungen machen deutlich, daß eine EIS-Software als Instrument des Controlling genutzt werden kann. Sie ist dabei ein "technisches Hilfsmittel", das die Informationsversorgung der Führungskräfte zu verbessern vermag, indem sie die Aufgabe, ein standardisiertes und verteiltes Berichtssystem aufzubauen, unterstützt und die Schwierigkeiten bei der Integration der internen und optional auch externen Datenquellen verringert.

Es gilt jedoch zu beachten, daß sich mit der Einführung eines EIS die genannten Verbesserungen nicht automatisch einstellen. Maßgebend für den Erfolg des EIS ist vielmehr ein betriebswirtschaftliches Konzept, in dem die Grundlagen (Datenquellen, Methoden) zur Gewinnung entscheidungsrelevanter Informationen festgelegt sind. Zum operativen und zukunftsorientierten Controlling kann man dabei auf bewährte und vorhandene Berichtsstrukturen zurückgreifen, während diese für ein strategisch orientiertes Rechnungswesen und Controlling noch nicht in gleichem Maße ausgereift sind.

4 Weiterentwicklungen und ergänzende Funktionen bei DV-gestützten Führungsinformationssystemen

Ziel von EIS-Software ist es, den Anwendern einen leichteren Umgang mit der wachsenden Zahl von Daten und Berichten zu ermöglichen und zu verhindern, daß es zu einer unüberschaubaren Informationsflut kommt.

Dazu müssen Berichtsinhalte vor allem selektiv und kompakt angeboten werden. Hierzu sind in EIS schon durch die grafische Darstellung, die Möglichkeit, Daten gezielt zu disaggregieren, und durch besondere Hervorhebung von Ausnahmesituationen erste Schritte getan. Dennoch sind dabei nicht alle denkbaren technischen Möglichkeiten ausgeschöpft.

So bleibt es bei den oben vorgestellten EIS dem Benutzer im großen und ganzen selbst überlassen, die kritischen Konstellationen, die besondere Aufmerksamkeit verdienen, selbst aufzuspüren und die Ursachen zu diagnostizieren. Dabei können **Experten- bzw. Wissensbasierte Systeme (WBS)** helfen.

Hypertextfunktionalität verbessert die Flexibilität und Bedienungsfreundlichkeit bei der Navigation im elektronischen Berichtswesen, und Eigenschaften von Personal Information Management Software sowie Groupware ergänzen das EIS zu einer **Manager-Workstation**, die DV-Unterstützung sowohl für persönliche und gemeinsame betriebliche als auch gruppenbezogene Führungsaufgaben einschließt.

4.1 Kombination mit Expertensystemelementen

Die Einbindung Wissensbasierter Elemente in Führungsinformationssysteme soll eine **selektivere Darbietung** und eine **Anreicherung der Berichtsinhalte** bringen.

Im Rahmen des Ausnahmeberichtswesens lassen sich anhand von Regeln, die mehr als nur Toleranzschwellen für einzelne Werte abprüfen, aus der Vielzahl von Berichtsbildschirmen diejenigen selektieren, denen besondere Aufmerksamkeit gewidmet werden soll.

Gleichzeitig können im einzelnen Berichtsbildschirm selbst regelbasierte Gestaltungsalternativen zum Tragen kommen. Z. B. hinzugefügte Kurzkommentare, Hervorhebungen durch farbliche Signale, Wahl einer für die Datenart und die Datenkonstellation geeigneten Präsentationsform, z. B. eines Grafiktyps, oder das Ausblenden von Zeilen, eventuell auch Spalten, ohne beachtenswerte Besonderheiten. Eine weitgehendere wissensbasierte Konfiguration eines Berichtsbildschirms läge darin, Text- und Grafikinhalte sowie Weiterverarbeitungs- und Analysefunktionen überhaupt erst zur Laufzeit der Anwendung zusammenzustellen.

Über die Komposition eines Berichtsblatts hinaus können wissensbasierte Elemente Vorschläge erzeugen, welche Informationen der Anwender ausgehend von dem eingangs selektierten Inhalt zur genaueren Analyse ansteuern sollte. Solche Hinweise beziehen sich z. B. auf Kompensationseffekte bei gegenläufigen Entwicklungen, die auf aggregierter Ebene verdeckt worden sind.

Die inhaltliche Anreicherung bezieht sich auf die Hinzunahme von Erklärungsfunktionen. Solche können ein Datum erklären und bis zu Interpretationshilfen bzw. Expertisen zu einem Bericht reichen oder sich, falls den Ergebnissen ein Planungsmodell zugrundeliegt, auf dessen Modellstruktur und Hypothesen beziehen. Die Großrechner-Planungssprache IFPS und die EIS-Software PARADIGM enthalten bereits eine

EXPLAIN-Funktion, die menügeführt Fragen der folgenden Art erlaubt: Wie berechnet sich die Größe 'Rendite'? Warum steigt der Trend einer Größe? (13, 14).

Die Verbindung der DSS-/EIS-Welt mit Wissensbasierten Systemen wird bislang weitgehend so angegangen, daß getrennte Softwaresysteme, d. h. zusätzlich eine eigene Expertensystem (XPS)-Shell, Verwendung finden. Die Schwäche einer derartigen Kombination liegt darin, daß XPS-Shells häufig Schwierigkeiten haben, die Vielfalt der typischen betriebswirtschaftlichen Datenbestände/-formate zu integrieren, oft DSS-typische Leistungen im Expertensystem-Tool neu programmiert werden und sich die Verzahnung von DSS- und WBS-Komponenten eher als sequentieller Ablauf darstellt, anstatt eine wirklich Hand in Hand gehende Abarbeitung zu ermöglichen. Die Beiträge von Wissensbasierten Systemen zu Controlling-Anwendungen müßten für integrierte DSS/WBS/EIS-Lösungen aus einer Erweiterung von Planungssprachen kommen, eine Produktpolitik, die viele Anbieter auch verfolgen.

In einem kleinen Forschungsprojekt ist eine solche Integration wissensbasierter Funktionalität in die IBM Software Application System 2 (AS 2) prototypisch implementiert worden (15). Durch das so "angereicherte" System AS-X-Shell wird die sogenannte Builder-Funktion in den Fachabteilungen unterstützt, welche die Aufbereitung der Datengrundlage für das Führungsinformationssystem übernimmt.

Abbildung 8 zeigt die Einbindung von AS-X-Shell in ein mit dem IBM EIS 'Executive Decisions' unterstütztes elektronisches Berichtswesen und den Analyseablauf beim Einsatz des regelbasierten Moduls.

In diesem Beispiel stellt das DSS zunächst Einstiegswerte für die WBS-Komponente zur Verfügung, z. B. Spitzen-Kennzahlen und Abweichungen. Die Aktionsteile der Regeln erzeugen nun AS-Befehle, die sowohl Zwischenergebnisse berechnen, welche wiederum in Bedingungsteilen von Regeln abgeprüft werden können, als auch ein vollständiges DSS-Programm darstellen können, das die elektronischen Berichte konfiguriert.

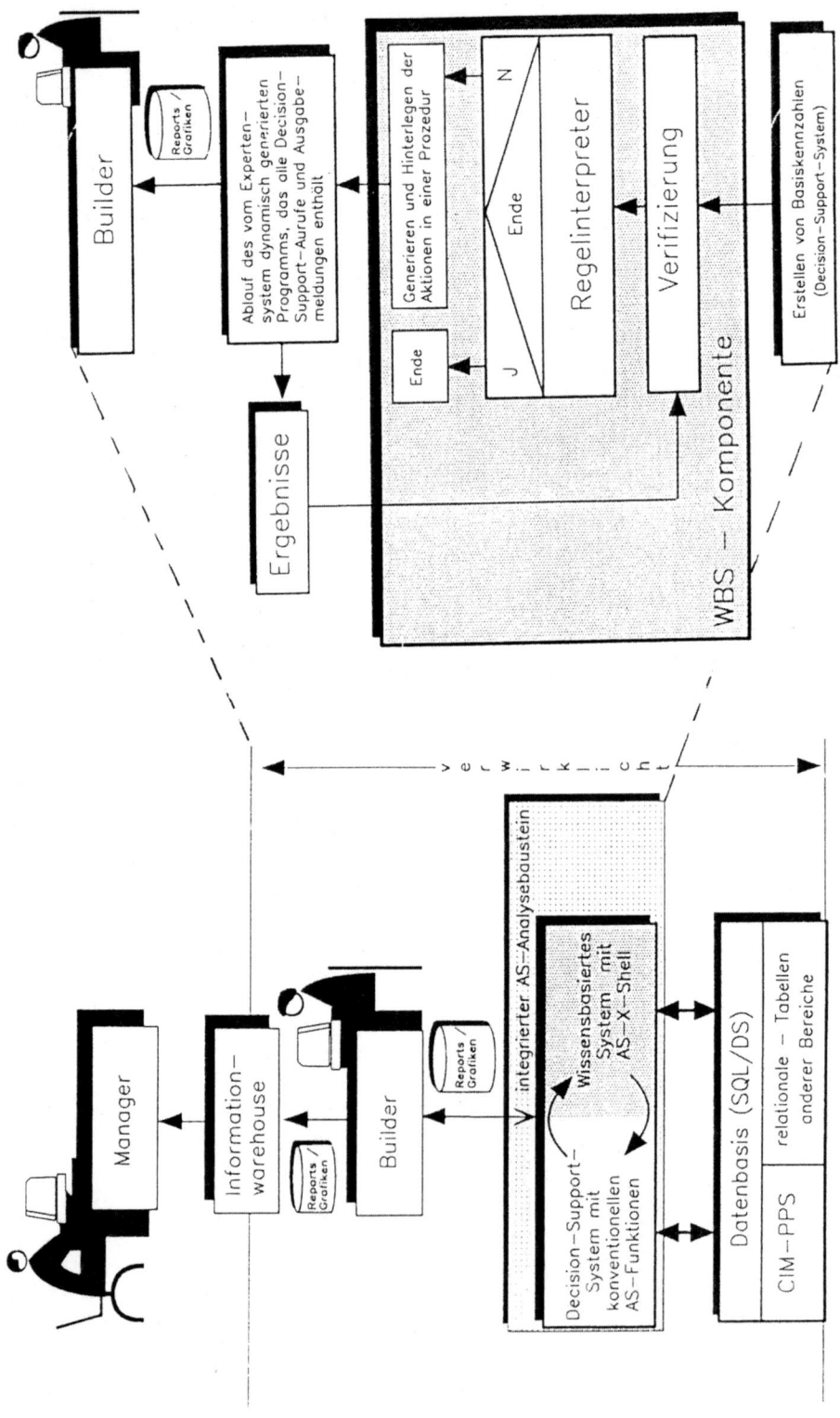

Abb. 8: AS-X-Shell in einer EIS-Konfiguration

4.2 Hypertextfunktionalität und Groupware

Der **Hypertextgedanke**, der z. B. schon in PC-Software mit der Bezeichnung **Personal Information Management (PIM) System** Eingang gefunden hat (16), wird sich auch auf EIS auswirken. Hypertext-Funktionen erleichtern den Aufbau eines Berichtswesens, bei dem im Briefing Book nicht nur die hierarchische Verknüpfung eine Rolle spielt und wo vielfältige Hintergrundinformationen zu einem Dokument, z. B. woher die Daten stammen, mit welchem Algorithmus sie berechnet wurden usw., über jeweils entsprechende Ikonen abrufbar sind.

PIM-Software dient zur Gestaltung einer persönlichen Arbeitsumgebung, in der sich typische Führungsaufgaben, wie Kontaktieren von Personen, Kurzdokumente formulieren, Entscheidungsvorlagen und Präsentationen ausarbeiten, Bewerten von Berichten, Aktivitäten initiieren und planen sowie die kooperative Arbeit in und mit einer Gruppe von Mitarbeitern, unterstützen lassen (17). Die Betonung auf 'persönlichem' Informationsmanagement drückt aus, daß Manager hier nicht nur mit fremd-, sondern mit selbsterstellten Informationen arbeiten. PIM kann man deshalb auch als mögliche EIS-Anwendungsart sehen, die z. B. den Prozeß der Formulierung und Strukturierung strategischer Aufgaben unterstützt, indem sie eine leicht zu erweiternde und zu reorganisierende Datenbank für verschiedenste Informationsbausteine bereitstellt.

Wie es bei EIS typisch ist, gibt es auch für diese Softwarekategorie teilweise entsprechende Generatoren zur Entwicklung individueller PIM-Arbeitsumgebungen (Template-Entwicklungsumgebungen) und vorbereitete Standardanwendungen (Boilerplate-Templates), die leicht nach individuellen Vorstellungen abgewandelt werden können.

Beispielsweise hat die DEBIS mit Lotus Notes, einem verteilten Dokumentendatenbanksystem für Informationsmanagement in Gruppen - das deshalb der Groupware zugerechnet wird -, positive Erfahrungen gesammelt, die auf die Verwendungsmöglichkeit als EIS hinweisen (18): Mit einer Notes-Anwendung wurden leitende Mitarbeiter an verschiedenen Standorten in einem Projekt zur Umstrukturierung von ca. 40 Rechenzentren in Deutschland unterstützt, wobei allen Beteiligten aktuelle und standardisierte Informationen abverlangt und zur Verfügung gestellt wurden. Neben der DEBIS arbeiten auch weitere Softwarehäuser daran, auf der Basis von Lotus Notes Anwendungen zu entwickeln und zu vertreiben, die auch in die Kategorie von EIS-Anwendungen fallen können (19). Ein weiteres Beispiel für die Verschmelzung von PIM-

Software/Groupware mit EIS-Software ist ein für 1991 angekündigtes Produkt "Executive Forum", das IMRS Ontrack mit Lotus Notes verknüpft (20).

Anmerkungen und Literaturverzeichnis

1) Vgl. hierzu die Angaben und teilweise auch die Beschreibungen in untenstehenden Quellen (die eingesetzte Software ist, soweit dort genannt, in Klammern angegeben):
Reifenhersteller Continental und IBM (Executive Decisions/VM): o.V.: DV-Spezialisten eignen sich nicht für die EIS-Entwicklung, Computerwoche 18 (1991) 24, S. 61 - 62.
Daimler Benz (Commander Briefing Book): Persönliche Vorführung und Lindau, C.: Erfolgsfaktoren für die Einführung eines Führungsinformationssytems, Office Management (1991) 3, S. 21 - 23.
Lufthansa AG, VW (beide Commander Briefing Book): ADV/ORGA (Hrsg.): Resources Management, Realisierte Projekte, Führungsinformationssysteme, Expertensysteme, S. 3 - 4, Broschüre der ADV/Orga, Wilhelmshaven, o.J.
Schickedanz (TZ-Info), Henkel und Mobil Oil: Schneider, M.: Die Sendung mit der Maus, Manager Magazin 21 (1991) 7, S. 121 - 125.
Sony Europa (PILOT): Thorn Emi Newsletter Nr. 10, 1990.
Würth-Gruppe (TZ-Info): Weidner, J.: Wettbewerbsvorteile mit CIS, Office Management (1991) 3, S. 29 - 30.
2) Ergebnis einer europaweiten Studie der Business Intelligence und Kienbaum, auszugsweise in: o.V.: Chef-Informations-System führt noch ein Mauerblümchen-Dasein, Computerwoche 18 (1991) 18, S. 6.
3) Rieger, B.: Vergleich ausgewählter EIS-Generatoren, Wirtschaftsinformatik 32 (1990) 6, S. 503 - 518. Dort beschreibt er eine Auswahl folgender verbreiteter EIS-Generatoren: Comshare Commander EIS, (FCS)-Pilot und LightShip von (jetzt) Pilot Executive Software, Executive Edge (jetzt VantagePoint) und Paradigm von Execucom (jetzt Comshare), IBM Executive Decisions/VM, Express/EIS der Information Resources und macControl von Breitschwerdt & Partner.
4) Vgl. Horváth, P., Controlling, 3. neubearb. Aufl., München 1990, S. 110.
5) Hierbei gilt zu beachten, daß der Anwender meist keinen direkten Zugriff auf die Administrationssysteme erhält, sondern die EIS-Generatoren lesen die Daten aus z. T. verschieden Dateiformaten und stellen sie in eine EIS-Datenbasis, auf die der Anwender zugreifen kann.
6) Vgl. Horváth, P., Controlling, a. a. O., S. 362.
7) Alle folgende Beispiele, die das EIS-Konzept für ein Einzelhandelsunternehmen betreffen, stammen (teilweise leicht verändert) aus einer Diplomarbeit, die in der Abteilung Wirtschaftsinformatik der Universität Erlangen-Nürnberg und in Zusammenarbeit mit einem betreffenden Unternehmen dieser Branche betreut wurde. Vgl. Kirn, Th.: Konzeption und Implementierung eines EIS-Prototyps für das Controlling in einem Einzelhandelsunternehmen, Diplomarbeit, Nürnberg 1991.
8) Vgl. Becker, W., Funktionen und Aufgaben des Controlling, in: KRP, o. Jg. (1988) 6, S. 273.
9) Abbildung in Anlehnung an: Männel, W., Kosten-, Leistungs-, Erlös- und Ergebnisrechnung, 5. Aufl., Lauf a. d. Pegnitz 1989, S. 73.
10) nach einem Vorschlag von Fröhling, O.: Strategisches Management Accounting, Kostenrechnungspraxis o. Jg. (1991) 1, S. 7 - 12.

11) nach einem Vorschlag von Rieger, B.: Wissensbasierte Erweiterungen von Planungssprachen, in: Ehrenberg, D, Krallmann, H., Rieger, B. (Hrsg.): Wissensbasierte Systeme in der Betriebswirtschaft, Berlin 1990, S. 251 - 266, (hier S. 256).

12) Vgl. Kirn, Th.: Konzeption und Implementierung eines EIS-Prototyps für das Controlling in einem Einzelhandelsunternehmen, Diplomarbeit in der Abteilung Wirtschaftsinformatik der Universität Erlangen-Nürnberg, 1991.

13) Vgl. die genauere Erläuterung dazu in: Rieger, B.: Wissensbasierte Erweiterungen von Planungssprachen, in: Ehrenberg, D., Krallmann, H., Rieger, B.: (Hrsg.): Wissensbasierte Systeme in der Betriebswirtschaft, Berlin 1990, S. 251 - 266, (hier S. 255).

14) Weisman, D.: Paradigm introduces a new way of looking at your business, in: Planner 12 (1990) 2, S. 1 - 5, (hier S. 3) (Publikation der Execucom Systems Corporation (jetzt Comshare), Austin - Texas).

15) Schmidt, T.: Realisierbarkeit wissensbasierter Elemente mit dem Decision-Support-System-Tool Application System 2 der IBM, Diplomarbeit in der Abteilung Wirtschaftsinformatik der Universität Erlangen-Nürnberg, Nürnberg 1991.

16) Vgl. zu PIM-Systemen o.V.: Personal Information Managers, in: PC Magazine, 13. Dez. 1988, S. 98 ff.; Meier, H.: Personal Information Management Systeme (PIMS), in: Mertens, P. u.a. (Hrsg.): Lexikon der Wirtschaftsinformatik, 2. völlig überarbeitete und erweiterte Auflage, Berlin u.a. 1990, S. 318 f.; Back-Hock, A.: Personal Information Management Systeme, Rubrik Aktuelles Stichwort, DSWR (Datenverarbeitung, Steuer, Wirtschaft, Recht) 19 (1990) 11, S. 271 - 273.

17) Nastansky, L., Seidensticker, F.-J.: Anwendungen und Konzepte für Hypermedia-basiertes Informationsmanagement am netzintegrierten Managerarbeitsplatz, Wirtschaftsinformatik 32 (1990) 6, S. 519 - 537; Nastansky, L.: Flexibles Informationsmanagement für Organisatoren mit Werkzeugumgebungen für Persönliches Informationsmanagment (PIM) - Am Beispiel des textbasierten PIM-Tools AGENDA, in: Paul, M. (Hrsg): GI - 19. Jahrestagung II - Computergestützter Arbeitsplatz, Proceedings, Berlin u.a. 1989, S. 232 - 244.

18) Finke, F.: Debis entwickelt innovatives Pilotprojekt mit Groupware Notes, Teil 2 und 3, Computerwoche 18 (1991) 16 und 17, S. 24 - 26 bzw. 27-28.

19) Vgl. z.B. o.V.: Lindlau GmbH gründet mit drei Firmen AG für Notes-Lösungen, Computerwoche 18 (1991) 29, S. 22.

20) o.V.: Ontrack und Lotus Notes integriert, Computerwoche 18 (1991) 22, S. 18.

EDI - Potential zur Kostensenkung und Verbesserung der Logistikeffizienz

Dipl.-Ing. Heiko Mehnen, Gesellschaft für Logistik und Informationssysteme mbH

12. Saarbrücker Arbeitstagung 1991
Rechnungswesen und EDV
hrsg. v. A.-W. Scheer
© Physica-Verlag Heidelberg 1991

Das Thema enthält zwei Begriffe, die aufgrund ihrer Bedeutung für diesen Vortrag einer Erläuterung bzw. Definition bedürfen, der Begriff EDI und der Begriff Logistik.

Unter EDI wird heutzutage allgemein der Ersatz geschriebener Information durch die Information im elektronischen Datenstrom verstanden. Genauer gesagt werden Informationen über Standardvorgänge in der Wirtschaft, die in strukturierter Form vorliegen, also in Formulare eingetragen werden können oder sollen, gemäß einer bestimmten Syntax für die standardisierte elektronische Übermittlung neu strukturiert.

Für den zweiten Begriff, den der Logistik, gibt es eine ganze Reihe von Definitionen. Dies liegt daran, daß der Begriff Logistik in sehr unterschiedlichen Bereichen verwendet wird, wie z.B. in der Mathematik, der Theologie, dem Militärwesen oder im Transportbereich.

Die für diesen Beitrag zutreffende Logistik ist diejenige, die zur Durchführung und Aufrechterhaltung eines effizienten Warenflusses dient, also alle Vorgänge beinhaltet, Maßnahmen und Werkzeuge, die dazu dienen, eine Ware in der richtigen Zeit und Menge an einen gewünschten Ort zu bringen.

Der Warenfluß wird nun begleitet von Informationen über Waren, Informationen, die in Dokumenten wie Lieferscheinen, Rechnungen, Zollpapieren usw. festgehalten sind. Es wird geschätzt, daß ca. 7-15% des Wertes einer Ware auf die Vorgänge um diese Dokumente sowie auf die Dokumente selbst entfallen. Es ist also ein gewaltiges Einsparungspotential vorhanden, wenn man Mittel und Wege findet, diese umständliche Abwicklung zu beseitigen.

Alle die genannten Dokumente sind vom Inhalt her mehr oder weniger genormt und einheitlich strukturiert. Etwa 70% dieser Dokumente werden dabei heute mittels eines Computers erzeugt bzw. dort eingegeben und weiterverarbeitet; eine für die EDI-Einführung und -Anwendung wichtige Erkenntnis.

Der Begriff der "Logistischen Kette" ist bekannt. Wie bei einer mechanischen Kette greifen viele Kettenglieder ineinander, damit der Gesamtablauf funktioniert.

Nun ist jedes Kettenglied ein in sich geschlossenes Gebilde. Dies gilt für die mechanische Kette gleichwohl wie für die logistische Kette, den logistischen Warenfluß. Man merkt dies dadurch, daß die verschiedenen Vorgänge durch Belege, Dokumente, Formulare als Nachweis der Beendigung eines Vorganges abgeschlossen werden. In den meisten Fällen bedeutet dies, daß die in einem Computer erzeugten Informationen als Dokument wieder zum Vorschein kommen. Da diese Dokumente für den nächsten logistischen Kettenvorgang wieder benötigt werden, bedeutet dies jedoch eine Unterbrechung im Informationsfluß.

Was bei einer Kette gewollt ist und ihr Beweglichkeit verleiht, bedeutet bei der logistischen Kette das Gegenteil, Unbeweglichkeit und Behinderung. Da die verschiedenen Kettenglieder der logistischen Kette meistens aus einer Reihe von unabhängigen Unternehmen oder Abteilungen bestehen, sind die für die Informationsverarbeitung verwendeten Systeme in den meisten Fällen ebenfalls unterschiedlich. Man verwendet unterschiedliche Computer mit unterschiedlichen Betriebssystemen und unterschiedlichen Verarbeitungsprogrammen. Es bleibt also gar nichts anderes übrig, als den jeweiligen Vorgang durch einen Computerausdruck abzuschließen bzw. dem nachfolgenden System zu übergeben.

Infolge der erwähnten Inkompatibilitäten werden die Daten wieder manuell erfaßt und erneut in einen Computer eingegeben. Die Daten bzw. die Dateninhalte bleiben zum großen Teil dieselben. Da es sich nun um standardisierte Vorgänge handelt, werden für die Ausgabe und die Eingabe Formulare verwendet, also Unterlagen für strukturierte Informationen.

Gerade diese strukturierten Standardinformationen sind die Basis für einen elektronischen Datenaustausch. Derartige Informationen werden dort EDI-Messages genannt, oder zu deutsch EDI-Nachrichtentypen.

Durch die Akzeptanz von EDI in vielen Branchen sind mittlerweile über 100 dieser EDI-Messages bekannt.

Im logistischen Warenfluß sind dies Messages wie Liefermeldung, Lieferabruf, Manifest und viele spezifische Transportnachrichten sowie Zollnachrichten.

Wie läßt sich nun EDI in diesen logistischen Warenfluß einbinden, damit eine Kette ohne störende Informationsunterbrechungen geschaffen wird?

Wichtigstes Werkzeug bleiben die Computer. Zielsetzung muß sein, daß die im Computer erzeugten Informationen so beschaffen sind, daß sie der nächste Computer versteht und übernehmen kann. Wie bei den Menschen, die, aus unterschiedlichen Sprachräumen kommend, sich einer Standardsprache bedienen wie z.B. Englisch oder Esperanto, so müssen auch die Computer eine einheitliche Standardsprache verwenden, um ihre Sprachbarriere zu überwinden.

Und genau dies wird heute bei Benutzung von EDI gemacht. Man hat eine einheitliche Sprache geschaffen, im EDI-Bereich Syntax genannt, die es ermöglicht, daß sich Computer mit unterschiedlichen Systemen und Anwendungsprozessen verstehen.

Die Standardsprache ist die Syntax und die Informationsinhalte sind die EDI-Messages.

In der Welt gibt es eine ganze Reihe von syntaktischen Festlegungen für die EDI-Anwendung, alle mehr oder weniger aus dem unmittelbaren Bedarf einer Branche entstanden, was bedeutet, daß hier wiederum unterschiedliche EDI-Syntaxfestlegungen für einzelne Branchen entstanden, die leider völlig inkompatibel sind und einer allgemeinen EDI-Einführung im wahrsten Sinne des Wortes im Wege stehen (s. Abb.1).

Syntax	verantwortliche Standardisierungsinstitutionen	Bedeutung in Zukunft
VDA 49.. (wird durch ODETTE ersetzt)	Verband der deutschen Automobilindustrie	gering
ODETTE (EDIFACT-Syntax mit Branchenmessages)	Europäische Automobil-industrie	groß
SEDAS (wird durch EDIFACT mit EANCOM ersetzt)	Deutsche Konsumgüter-wirtschaft	gering
TRADACOMS (soll durch EDIFACT ersetzt werden)	Britisches Standardisierungsinstitut (BSI)	gering
X.12 (soll durch EDIFACT ersetzt werden)	Amerikanisches Normeninstitut (ANSI)	gering
EDIFACT	UN/ECE, ISO, CEN, nationale Normeninstitute	groß
SWIFT (Bankensystem)	SWIFT	groß (nur bankenintern)
IATA (CARGO-IMP)	IATA	groß (nur IATA-intern)
ALFA, DOUANE, ZADAT (soll durch EDIFACT ersetzt werden)	Deutscher Zoll	gering

Abb. 1: Der Bereich der Syntaxfestlegungen

Effizienverbesserung und Kosteneinsparung werden durch folgende Faktoren erreicht:

- Vermeidung der Neuerfassung schon vorhandener Informationen
- Verminderung des Auftretens von Eingabefehlern (ca. 30%)
- Vermeidung von Zeitverlusten durch den Briefpostweg
- Beschleunigung der Informationsweitergabe
- Verbesserte Weiterverarbeitung und Auswertung durch die Übernahme verarbeitbarer Daten
- 24-Stunden Verfügbarkeit mit Zeitzonenunabhängigkeit
- einheitliche Anwendung mit Übergang zu anderen Branchen
- beschleunigte interne Bearbeitung

Wie beschrieben, erhält man nun eine gemeinsame Syntax für Computer sowie einheitliche Nachrichtentypen. Die wichtigsten Voraussetzungen für eine EDI-Anwendung sind damit erfüllt, leider jedoch noch nicht alle. Die Daten müssen noch auf den Weg gebracht werden, also über eine Telekommunikationsverbindung vom Absender zum Empfänger.

Dazu benötigt man einen Telekommunikationsdienst sowie ein Telekommunikationsprotokoll. Leider ist die Standardisierung bei diesen beiden Dingen nicht so weit fortgeschritten bzw. nicht auf nur einen einheitlichen Standard beschränkt, wie man es sich als Anwender wünschen würde. Es gibt sowohl unterschiedliche Dienste der Post für den Datenaustausch als auch mehrere Protokolle.

Als für den Datenaustausch verwendbare Postdienste sind z.B. X.25 (DATEX P), X.21 (DATEX L) oder die Telefonleitung (s. Abb. 2). Als Protokolle sind Standardprotokolle wie X.400 oder FTAM als ISO-Standards, Branchenprotokolle wie OFTP, SWIFT, VDA sowie einige VANS-Protokolle und Exoten bekannt (s. Abb. 3)

Dienste	verantwortliche Standardisierungsinstitutionen	Bedeutung in Zukunft
X.25	CCITT	groß
X.21	CCITT	gering
analoge Wählleitung mit Modem	CCITT	mittel
analoge Wählleitung mit Fax	CCITT	gering
ISDN	CCITT	groß

Abb. 2: Der Bereich der Telematikdienste

Will man nun Datenaustausch betreiben, muß man sich sowohl auf den jeweilig gewünschten Postdienst einigen als auch auf ein Protokoll. Manche starken Unternehmen fordern einfach eine bestimmte Lösung von ihren Partnerfirmen. Es wäre sehr zu wünschen, wenn man sich auch hier auf nur ein Verfahren einigen könnte. Eventuell können diejenigen Staaten hierbei eine Schlüsselrolle übernehmen bzw. eine Signalfunktion ausüben, die zur Zeit gar nichts haben, die also "auf der grünen Wiese" beginnen wie die Staaten des ehemaligen Ostblocks.

Protokolle	verantwortliche Standardisierungsinstitutionen	Bedeutung in Zukunft
Teletex-EDI	CCITT u. PTTs	groß
ODETTE		
File Transfer-Protocol		
(OFTP)	ODETTE Gremien	mittel
		(nur Automobilindustrie)
		(nicht branchenübergreifend)
FTAM	ISO	mittel
(auch VDA 4914/3)		
X.400 u. X.435	ISO	groß
BTX	CCITT u. PTTs	gering
VANS-Protokolle	GEIS, IBM usw.	groß

Abb. 3: Der Bereich der Protokolle

Ebenso könnten und sollten die Postgesellschaften bzw. Telekoms selber hier normativ eingreifen.

Unabhängig der beschriebenen Situation bei den Diensten und Protokollen sind schon sehr viele EDI-Anwendungen nach dem Standard EDIFACT realisiert. Der vorausgesagte Boom für eine weltweite und flächendeckende Verbreitung kann nach der Verabschiedung der EDI-Messages im September erwartet werden.

EDI wird auf jeden Fall für jedes Unternehmen, das sich am Markt behaupten will ein "Muß". Je früher man damit beginnt, um so eher hat man einen nutzbaren Vorsprung vor der Konkurrenz.

Damit jedoch die für die gesamte Wirtschaft wirklich notwendige und für alle Wirtschaftsbereiche auch einheitliche Syntax entwickelt und eingeführt werden konnte, mußte sich eine Institution damit befassen, die für die gesamte Wirtschaft eine von allen Staaten und Wirtschaftsbereichen anerkannte Lenkungs- und Überwachungsfunktion ausübt, nämlich die UNO, genauer gesagt die UN/ECE und hier wiederum dasjenige Gremium, das sich mit Handelserleichterungen befaßt.

Die zweite wichtige Institution für die EDI-Entwicklung, mit dem genannten Gremium der UNO zusammenarbeitend und für die internationale Normung verantwortlich, ist die ISO.

Die einheitliche Syntax, die nach umfangreichen Abstimmungen entstand, ist die mittlerweile schon gut bekannte EDIFACT-Syntax, ein ISO-Standard, der alle Insellösungen weltweit ablöst.

EDI-Messages für die Nutzung des Standards sind nach umfangreichen internationalen Abstimmungen ebenfalls vorhanden. Der wichtigste Termin zur Verabschiedung dieser Messages als UNO-Recommendation ist der September 1991, ein Termin bei dem ca. 20 EDI-Messages den Status 2 (Recommendation) erhalten und weitere 15 im Status 1 für "Trial use" freigegeben werden.

Viele der betroffenen Nachrichten dienen dem Datenfluß im logistischen Warenfluß. Man hat erkannt, daß gerade hier ein großes Potential zur Kostensenkung und Verbesserung der Logistikeffizienz vorhanden ist, welches ausgeschöpft werden kann. Aus diesem Grunde auch ist die EDI-Anwendung nach dem genannten internationalen Standard EDIFACT im Logistikbereich am weitesten fortgeschritten.

Der Informationsluß bzw. der Gesamtablauf in der Logistik ist noch nicht völlig durchgängig aber man ist auf dem Wege dies zu erreichen.

Konzeption eines integrierten Informationsmodells für die Kostenrechnung des SAP-Systems

Dipl.-Kfm., Dipl.-Ing. (FH) G. Keller, Institut für Wirtschaftsinformatik an der Universität des Saarlandes

Dipl.-Kfm. H.-J. Hechler, SAP AG, Walldorf

12. Saarbrücker Arbeitstagung 1991
Rechnungswesen und EDV
hrsg. v. A.-W. Scheer
© Physica-Verlag Heidelberg 1991

1   Ziele der Informationsmodellierung

Im Zuge der steigenden DV-Durchdringung in den Unternehmen und der verstärkten Integration der DV-Systeme wächst deren Komplexität, sowohl für den Fachanwender, als auch für den DV-Spezialisten. Gleichzeitig ist es in den Unternehmen das Ziel, Geschäftsvorgänge vermehrt integriert und DV-unterstützt zu bearbeiten. Dies erfordert aber eine hohe Transparenz der betriebswirtschaftlichen Daten und Funktionen[1] sowie deren Abläufe über die einzelnen Abteilungsgrenzen hinweg. Gleiches gilt auch für den Anbieter integrierter Standardsoftware. Auch der Softwareanbieter muß die Möglichkeiten seines Produktes zur Bearbeitung integrierter Geschäftsvorgänge aufzeigen können, zum einen, um dem Kunden die Leistungsfähigkeit eines integrierten Systems darstellen zu können und zum anderen, um eine integrierte Sichtweise für Weiterentwicklungen zu fördern.

Im Rahmen der Planung und Gestaltung betriebswirtschaftlicher Informationssysteme gewinnen dabei folgende zwei Aspekte zunehmend an Bedeutung:[2]

-    Die Analyse und Unterstützung von Prozeßketten:
     Ziel ist es, betriebswirtschaftliche Informationssysteme über die einzelnen Funktionen und Abteilungsgrenzen hinweg am Informationsfluß orientiert aufzubauen.

-    Die Strukturierung der Unternehmensressource Daten:
     Ziel ist es, eine logisch einheitliche Datenbasis unabhängig von den Funktionen der verschiedenen Anwendungssysteme zu kreieren. Sie sollen so abgespeichert werden, daß sie die Funktionen redundanzarm und zugriffsfreundlich erfüllen können. Dabei können geplante Redundanzen u. U. sinnvoll sein, um das Antwortzeitverhalten eines Systems zu verbessern.

Bei der Gestaltung eines betriebswirtschaftlichen Informationssystems sind Funktionen und Daten nicht als unabhängig voneinander anzusehen. So kann eine Funktion als eine Transformation von Eingabe- in Ausgabedaten angesehen werden. Die Gesamtheit aller im Unternehmen zu erfüllenden Funktionen bestimmen wiederum Art und Menge der im Unternehmen benötigten Daten.

---

[1]   Der Gebrauch des Begriffs Funktion ist in der betriebswirtschaftlichen Literatur nicht eindeutig geklärt und wird für vielfältige Bedeutungen verwendet. So wird er u. a. zur Charakterisierung organisatorischer Zuordnungen, zur Beschreibung der Transformation von Input- in Outputdaten und als zu erfüllendes Handlungsziel im Sinne einer Aufgabe verwendet. Ebenso werden häufig die Begriffe Tätigkeit oder allgemein Aktivität bzw. Bearbeitung synonym für Funktion genannt. Im folgenden wird der Funktionsbegriff im Sinne einer Aufgabe verwendet.
       Vgl. zur genauen Differenzierung: KELLER, G.: Informationsmanagement in objektorientierten Organisationsstrukturen. Saarbrücken i. V., Kap. III.

[2]   Vgl. SCHEER, A.-W.: EDV-orientierte Betriebswirtschaftslehre - Grundlagen für ein effizientes Informationsmanagement. 4. Auflage. Berlin et al. 1990, S. 14-54.

Mit dem Einsatz von DV-Systemen wird das Ziel verfolgt, betriebliche Informationssysteme zu unterstützen. Das computergestützte Informationssystem kann somit als Teilmenge des betrieblichen Informationssystems betrachtet werden. Dementsprechend sind bei der Konzeption betrieblicher Informationssysteme, die durch Computer unterstützt werden, sowohl Aspekte der betriebswirtschaftlichen Fachebene als auch der Informationstechnik berührt. Folglich ist die Planung und Realisierung computergestützter, betrieblicher Informationssysteme ein komplexer Vorgang.

Zur Beherrschung der Komplexität bietet sich die Modellbildung an. Durch Zerlegung des komplexen Problems in verschiedene Sichten kann in einem Modell durch Abstraktion auf die wesentlichen Komponenten und Beziehungen die Transparenz erhöht werden. Informationsgehalt und Verständlichkeit sollten sich dabei im Gleichgewicht befinden.

Damit aber der Zusammenhang zwischen den verschiedenen Sichten nicht verloren geht, muß in einem integrierten Informationsmodell die Verbindung zwischen den verschiedenen Sichten explizit ausgewiesen werden. Dazu wird im folgenden der Modellansatz von Scheer herangezogen.

2   Architektur ARIS

Im Zusammenhang mit der Entwicklung von Anwendungssoftware werden eine Vielzahl von Methoden eingesetzt. Sie lassen sich einordnen:

-    nach   dem   schwerpunktmäßigen   Einsatz   innerhalb   der   Phasen   des Softwareentwicklungsprozesses,
-    nach der Beschreibungsnähe zur Informationstechnik und
-    nach der Betrachtungsweise auf ein betriebswirtschaftliches Problem.

Innerhalb der Phasen des Softwareentwicklungsprozesses werden die eingesetzten Methoden zum Beispiel nach Spezifikations- (der Frage nach dem "Was") und Entwurfsmethoden (der Frage nach dem "Wie") unterschieden. Die Methoden der Spezifikationsphase (Definitionsphase) können wiederum in eine datenorientierte, funktionsorientierte oder zustands- bzw. aktionsorientierte Sicht differenziert werden. Ebenso werden häufig die Methoden des Systementwurfs in algorithmische, kontrollorientierte oder strukturorientierte Sichten unterteilt. Allerdings ist bei einer Vielzahl der heute auf dem Markt angebotenen Methoden[3] eine eindeutige Zuordnung zu einer Softwareentwicklungsphase ebenso schwierig wie eine eindeutige Zuordnung zu einer Sichtweise.

Die Vielzahl der Methoden, die sich teilweise nur geringfügig unterscheiden, haben zu einer hohen Unübersichtlichkeit   geführt   und   eine   einheitliche   Konzeption   für   die Anwendungssoftwareentwicklung behindert. Scheer hat deshalb eine Methodologie (Lehre von den Methoden) zur Anwendungssoftwareentwicklung konzipiert. Da Anwendungssoftware zur Unterstützung betrieblicher Informationssysteme realisiert wird, kann diese Methodologie sowohl zur   Einordnung   der   verschiedenen   Entwicklungsmethoden   als   auch   zur Unternehmensmodellierung herangezogen werden.

Ausgangspunkt der Architektur "ARIS" zur Entwicklung und Beschreibung betrieblicher Anwendungssysteme sind die Scheer'schen Vorgangskettendiagramme.[4] Mit Hilfe der Vorgangskettendiagramme wird zunächst eine EDV-orientierte fachliche Ausgangslösung erstellt. Ziel ist es, mit Hilfe dieser Diagramme den grundsätzlichen Nutzen eines Informationssystems aufzuzeigen.   Die   Architektur   wird   anschließend   durch   Unterteilung   der   mit   den

---

[3]   Häufig wird auch zwischen Methoden und Basistechniken differenziert. Dem Gedanken folgend besteht dann eine Methode häufig aus mehreren Basistechniken. Vertritt man die Auffassung, daß zu einer Methode eine Vorgehensweise und eine Beschreibungssprache (Darstellungsweise) gehören, so sind auch die sogenannten Basistechniken als Methoden anzusehen. Deshalb ist es sinnvoller zwischen   phasenbezogenen   und   sichtenbezogenen   und   phasenübergreifenden   und sichtenübergreifenden Methoden zu differenzieren. Dementsprechend können phasen- und sichtenübergreifende Methoden aus einem Konglomerat von phasen- und/oder sichtenbezogenen Methoden bestehen.

[4]   Vgl. zur Darstellung von Vorgangskettendiagrammen: SCHEER, A.-W.: CIM - Der computergesteuerte Industriebetrieb. 4. Auflage. Berlin et al. 1990, S. 5-11 und 77-79.

Vorgangskettendiagrammen beschriebenen Ausgangssituation in verschiedene Sichten und Ebenen gebildet. Mit der Einteilung in Sichten wird die Akzentuierung verschiedener Betrachtungsweisen auf einen betriebswirtschaftlichen Sachverhalt deutlich gemacht. Mit der Zerlegung in verschiedene Ebenen zeigt Scheer eine Vorgehensweise ausgehend von dem betriebswirtschaftlichen Anwendungsproblem bis hin zur technischen Implementierung auf.[5] In Abbildung 2 A ist die Architektur[6] dargestellt.

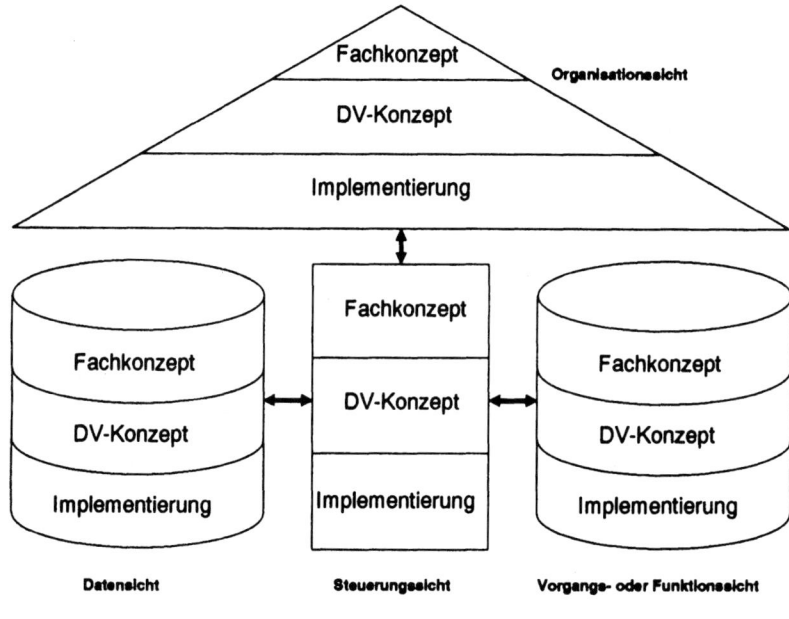

Abb. 2 A: ARIS-Architektur[7]

In dem Fachkonzept soll das betriebswirtschaftliche Anwendungskonzept sichtenbezogen in einer soweit formalisierten Beschreibungssprache beschrieben werden, daß es für die Weiterverarbeitung im DV-Konzept als Ausgangspunkt genutzt werden kann.

In dem DV-Konzept wird das Fachkonzept in die Begriffswelt der Datenverarbeitung umgesetzt, ohne jedoch Bezug auf konkrete Implementierungskomponenten zu nehmen.

Im Rahmen der technischen Implementierung wird das DV-Konzept auf konkrete hard- und softwaretechnische Komponenten übertragen.

[5]   Vgl. SCHEER, A.-W.: Architektur integrierter Informationssysteme - Grundlagen der Unternehmensmodellierung. Berlin et al. 1991, S. 1-3.
[6]   Vgl. zu einer ausführlichen Beschreibung der Architektur: SCHEER, A.-W.: Architektur integrierter Informationssysteme - Grundlagen der Unternehmensmodellierung. Berlin et al. 1991, S. 55-197.
[7]   Aus: SCHEER, A.-W.: Architektur integrierter Informationssysteme - Grundlagen der Unternehmensmodellierung. Berlin et al. 1991, S. 18.

Neben der Ebenenbetrachtung bietet die Zerlegung in Sichten ein weiteres geeignetes Mittel zur Komplexitätsreduzierung. Scheer definiert hierzu die Daten-, Funktions-, Organisations- und Steuerungssicht.

Unternehmensdaten und deren Strukturierung und Implementierung erhalten angesichts der ständig steigenden Komplexität eine immer höhere Bedeutung in den Unternehmen. In den Unternehmen führt die Komplexität in den meisten Fällen zu einem Datenchaos, DV-Anbieter haben oft Probleme die Datenstrukturen und die damit verbundenen informatorischen Verflechtungen ihres Systems dem Anwender transparent zu machen. Ein wichtiger Aspekt im Rahmen der Informationsmodellierung ist die Offenlegung der Datenlandschaft sowohl des Softwareanbieters als auch des Anwenders. Innerhalb der Datensicht werden deshalb die relevanten Informationsobjekte (Daten) sowie ihre Strukturen zueinander beschrieben. Die Informationsobjekte werden durch Attribute beschrieben und repräsentieren Ereignisse und Zustände eines Informationssystems.

Die Daten sind nur eine Sichtweise auf das Unternehmen. Mindestens genauso bedeutend ist die Analyse und Strukturierung der in einem Unternehmen auftretenden Funktionen. Funktionen dienen zur Unterstützung und Erreichung von Unternehmenszielen. Auf der Fachebene sind somit die betriebswirtschaftlichen Funktionen bzw. Tätigkeiten, die im Rahmen der Aufgabenerfüllung zu vollziehen sind, zu beschreiben.

Innerhalb der Organisationssicht soll insbesondere die Rolle des Benutzers im Rahmen der Aufgabenerfüllung dargestellt werden. Dies sind neben der Darstellung von aufbauorganisatorischen Sachverhalten die Definition von Benutzergruppen, Benutzerführung und die Beschreibung der Benutzerschnittstellen.

Im Rahmen der Steuerung werden die Zusammenhänge zwischen den verschiedenen Sichten beschrieben. So bestehen zwischen den Informationsobjekten des Datenmodells und den Funktionen des Funktionsmodells folgende drei Verbindungen:

-     Funktionen können als Transformation von Eingangs- zu Ausgangsdaten betrachtet werden,
-     Ereignisse starten Funktionen,
-     Funktionen können als Ergebnis Ereignisse erzeugen.

Ebenso werden in der Steuerungssicht die Verbindungen zwischen Funktions- und Organisationsicht, Daten- und Organisationssicht sowie zwischen Daten-, Funktions- und Organisationssicht beschrieben.[8]

---

[8]   Vgl. SCHEER, A.-W.: Architektur integrierter Informationssysteme - Grundlagen der Unternehmensmodellierung. Berlin et al. 1991, S. 12-24.

Nimmt man die Daten-, Funktions- und Steuerungssicht von Scheer, so kann man drei wesentliche Aspekte des Faktors "Information" bei der Erstellung eines DV-gestützten Informationssystems herauskristallisieren:

- Die Betrachtung des Faktors "Information" als Datum in der Datensicht.
- Die Betrachtung des Faktors "Information" als Input/Output für die Funktionen der Funktionssicht.
- Die Betrachtung des Faktors "Information" als Element innerhalb einer zeitlich-logischen Abfolge von Funktionen in der Steuerungssicht, die im weiteren als Prozeßsicht spezifiziert wird.

3 Integriertes anwendungsorientiertes Informationssystem

Bei der Entwicklung von Informationsmodellen können zwei Richtungen verfolgt werden. Zum einen die Konstruktion und zum anderen die Modellierung von Informationsmodellen. Bei der Konstruktion werden während des gesamten Prozesses die betriebswirtschaftlichen Tatbestände einbezogen. Dies kann aufgrund einer neuen Sicht zu einer Rekonstruktion betriebswirtschaftlicher Tatbestände oder zur Gewinnung neuer betriebswirtschaftlicher Zusammenhänge führen. Bei der Modellierung liegen die betriebswirtschaftlichen Sachverhalte bereits vor und werden entweder in einfachere Strukturen zerlegt oder falls detaillierte betriebswirtschaftliche Zusammenhänge vorliegen in einer Synthese zu gröberen Einheiten verdichtet[9]. Bei der Entwicklung eines Informationsmodells auf der Fachebene wird primär der konstruktiven Vorgehensweise gefolgt. Jedoch findet auch die Strukturzerlegung und -synthese Anwendung, da in vielen Fällen auf vorhandene betriebswirtschaftliche Sachverhalte zurückgegriffen werden kann.

Ein Informationsmodell kann, wie erwähnt, zur Komplexitätsbeherrschung in verschiedene Teilmodelle zerlegt werden, wobei jedes Teilmodell eine andere Sicht auf das gleiche Problem oder Anforderung wiederspiegelt. Daten- und Funktionsmodelle haben dabei eher einen statischen Charakter. Dagegen zeigt das Prozeßmodell mit den Verbindungen zwischen Funktionen sowie zwischen Daten und Funktionen eher dynamischen Charakter. Jedes dieser Teilmodelle erfordert eine spezifische Methode zur semantischen Beschreibung der Inhalte und Strukturen. Im Rahmen der Informationsmodellierung müssen die Methoden der Teilmodelle den Anforderungen nach fachlicher und methodischer Durchgängigkeit genügen.

Eine fachliche Durchgängigkeit bedeutet, daß die Teilmodelle aufeinander abgestimmt und deren Fachinhalte auf unterschiedlichen Detaillierungsstufen aufgezeigt werden müssen. Gerade auf der Fachkonzeptebene ist dies von wesentlicher Bedeutung für die Akzeptanz und den Nutzen dieser Modelle. Mit der fachlichen Durchgängigkeit kann erreicht werden, daß sowohl das Management als auch der Fachexperte Transparenz und interessenbezogen Informationen über die betriebswirtschaftlichen Zusammenhänge erhält.

Die Forderung nach einer methodischen Durchgängigkeit gewährleistet, daß alle Beschreibungsmittel (Konstruktionsoperatoren) zur Daten-, Funktions- und Prozeßmodellierung das gleiche Abstraktionsniveau besitzen und aufeinander aufbauen. Im folgenden wird dazu eine integrierte Methode zur Informationsmodellierung vorgestellt.

---

[9]   Vgl. SCHEER, A.-W.: Wirtschaftsinformatik - Informationssysteme im Industriebetrieb. 3. Auflage. Berlin et al. 1990, S. 25.

3.1   Die Datensicht

Bei der Erstellung eines Informationsmodells ist im Rahmen der Datensicht auf der Fachkonzeptebene das semantische Datenmodell Gegenstand der Betrachtung. Im semantischen Datenmodell werden die fachlichen Vorgaben für die spätere Umsetzung in die formalen Anforderungen eines Datenmodells und deren technischen Implementierung getroffen. Die einzelnen Schritte zeigt Abbildung 3.1 A.

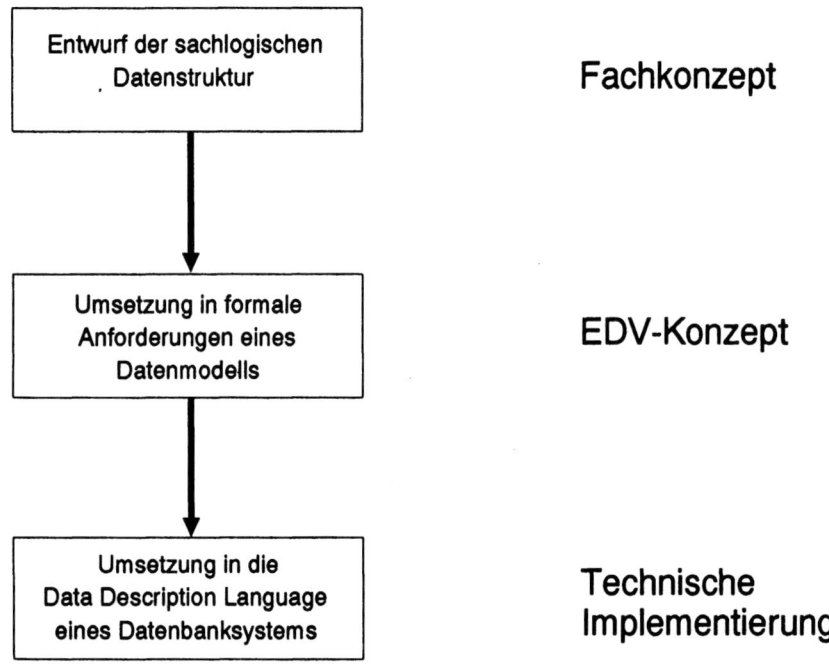

Abb. 3.1 A: Entwurf von Datenstrukturen[10]

Das semantische Datenmodell enthält die sachlogischen Datenstrukturen, die aus der Ebene des Benutzerproblems abgeleitet und in die Begriffe zur formalen Beschreibung von Datenstrukturen überführt werden. Ziel ist es, die im Unternehmen erforderlichen Daten in einem funktionsübergreifenden Zusammenhang darzustellen.

Das Entity-Relationship-Modell (ERM) von Chen[11] wird gegenwärtig als das geeignetste Beschreibungsverfahren für Datenstrukturen angesehen. Zum einen aufgrund seiner grafischen Darstellungsweise, die dem Betrachter einen guten Überblick über die Daten und deren fachlichen Beziehungen verschafft. Zum anderen zeichnet sich das ERM durch seine klare Definition und der

10   Aus: SCHEER, A.-W.: Wirtschaftsinformatik - Informationssysteme im Industriebetrieb. 3. Auflage. Berlin et al. 1990, S. 24.
11   Vgl. CHEN, P. P: The Entity-Relationship Model: Towards a Unified View of Data. In: ACM Transactions on Database-Systems, Vol. 1 (1976) No. 1, S. 9-36.

überschaubaren Anzahl von Begriffen und Darstellungsformen aus. Obwohl Chen seinen Ansatz als eigenes Datenmodell angesehen hat, ist deren Bedeutung heute eher als Methode zum Entwurf von Datenmodellen zu sehen.

Die wesentlichen Elemente des Entity-Relationship-Modells sind Entity, Entitytyp, Beziehung, Beziehungstyp, Attribut und Attributsausprägung.

Ein Entity stellt ein einzelnes, konkretes oder abstraktes Informationsobjekt dar, das durch bestimmte Eigenschaften beschrieben wird, wie z. B.

-     Kunde 4711, Maier GmbH, 2000 Hamburg
-     Kunde 4712, Müller AG, 7000 Stuttgart

Ein Entitytyp steht für eine Entitätsmenge, in dieser gleichartige, d. h. im Hinblick auf bestimmte Kriterien ähnliche Entities, zu einer Klasse zusammengefaßt sind. Entitytypen werden grafisch durch Rechtecke symbolisiert. So umfaßt der Entitytyp KUNDE alle Kunden eines Unternehmens. In Abbildung 3.1 B ist der Unterschied zwischen Entity und Entitytyp deutlich gemacht.

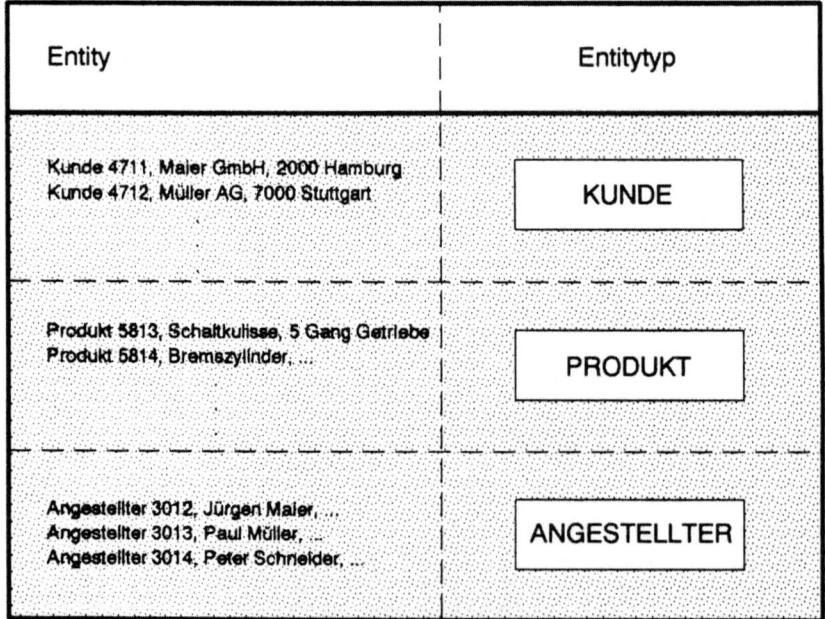

Abb 3.1 B: Unterschied zwischen Entity und Entitytyp

Der semantische Zusammenhang zwischen den zu modellierenden Entitytypen wird über die Bildung von Beziehungstypen gewährleistet. Eine Beziehung ist eine Verknüpfung zwischen zwei oder mehreren Entities. Ein Beispiel für eine Beziehung ist ein konkretes Unternehmen, das ein

Produkt kauft. Der Vorgang, daß Kunde 4711, Maier GmbH das Produkt 5813, Schaltkulisse in einer bestimmten Menge kauft, stellt eine einzelne Beziehung dar. Im semantischen Datenmodell, wo von den Einzelausprägungen der realen Welt abstrahiert wird, stellt sich der Sachverhalt, daß unterschiedliche Kunden verschiedene Produkte kaufen, wie folgt dar. Die Menge aller Beziehungen, die einen Kaufvorgang zwischen Kunden und Produkten darstellen, bilden den Beziehungstyp "KAUFEN". Der Beziehungstyp wird mittels einer Raute symbolisiert, die durch Linien mit den in Beziehung stehenden Entitytypen verbunden ist, wie in Abbildung 3.1 C dargestellt.

Abb. 3.1 C: Verknüpfung von Entitytypen

Eine Beziehung stellt eine Zuordnung zwischen Mengen dar. Die Art der Verknüpfung, d. h. die Häufigkeit des Vorkommens der Elemente einer Mengen in einer Beziehung, wird als Kardinalität[12] bezeichnet.

Attribute stellen Eigenschaften bzw. Merkmale dar, mit denen die Entitytypen beschrieben werden. So kann der Entityp KUNDE durch die Attribute Kundennummer, Kundenname, Adresse usw. beschrieben werden. Attributsausprägungen stellen konkrete Werte der Eigenschaften dar. Durch sie werden einzelne Entities, also Sachverhalte der realen Welt beschrieben. In Abbildung 3.1 D ist der Unterschied zwischen Attribut und Attributsausprägungen aufgezeigt.

78

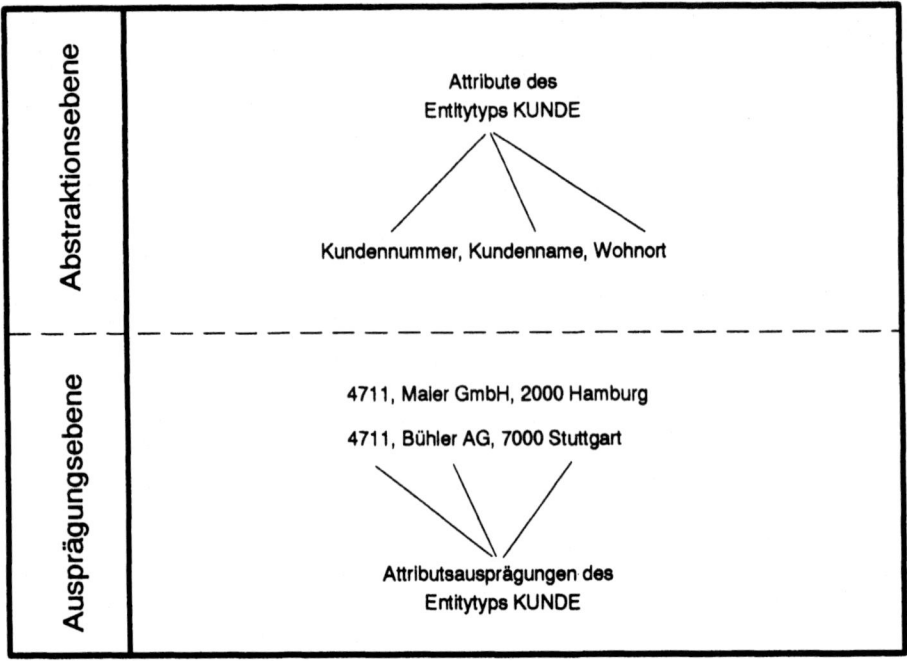

Abb. 3.1 D: Unterschied zwischen Attribut und Attributsausprägungen

Attribute werden durch Blasen dargestellt. Den Entitytyp identifizierende Attribute, sogenannte Schlüsselattribute werden unterstrichen. Das Grundmodell enthält, wie in Abbildung 3.1 E dargestellt, mindestens folgende Elemente.

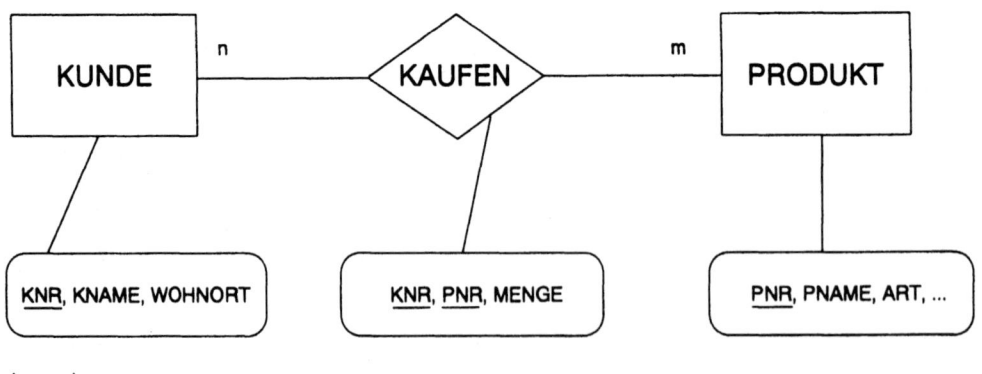

Legende:

KNR   = Kundennummer
KNAME = Kundenname
PNR   = Produktnummer
PNAME = Produktname
n,m   = Kardinalitätsangabe   (Ein Kunde kann mehrere Produkte kaufen.
                Ein Produkt kann von mehreren Kunden gekauft werden.)

Abb. 3.1 E: Elemente des Grundmodells

Das Grundmodell von Chen wurde in den vergangenen Jahren sukzessive erweitert und hat zu vielfältigen Modifikationen[13] geführt. In der folgenden Abbildung ist die Darstellung der Kardinalitäten im SAP-Datenmodell aufgeführt.

Numerische Notation	Notation im SAP-Datenmodell
(0,1)	A ⊢———⫤ B
(1,1)	A ⊢———⟫ B
(0,n)	A ⊢———⫤⟫ B
(1,n)	A ⊢———⟫ B

Abb. 3.1 F: Kardinalitätsangaben im SAP-Datenmodell[14]

3.2   Die Funktionssicht

Der Funktionsbegriff wird, wie erwähnt, in der betriebswirtschaftlichen Literatur mannigfaltig benutzt. In dieser Arbeit wird der Funktionsbegriff im Sinne der Aufgabe verwendet. Die Funktion ist somit als zu erfüllendes Handlungsziel eng mit den Unternehmenszielen in der Form verbunden, daß sie die Erreichung der angestrebten Unternehmensziele unterstützt.

Der hier definierte Funktionsbegriff bezieht sich somit auf das "was" eines Systems, nicht darauf "wie" etwas erzeugt oder verändert wird. Zum Beispiel Anfrageerstellung an Lieferant Müller (was) über EDIFACT (wie). Funktionen wirken auf Objekte, indem sie sie erzeugen oder verändern. Ebenso transformieren Funktionen Inputdaten in Outputdaten.

Darüber hinaus wird hier in einer Funktion die Entscheidungskompetenz über nachfolgende Funktionen abgelegt. Analog dem Datenmodell wird auch im Funktionsmodell von den Einzelausprägungen der realen Welt abstrahiert. Ein Funktionstyp ist eine Klasse von Funktionen. Ein Kriterium zur Abgrenzung von Funktionstypen sind die Daten, die in den Funktionstyp eingehen und von ihm erzeugt werden. Ein Funktionstyp wird als Rechteck mit runden Seiten

---

[13]   Vgl. LOOS, P.: Datenstrukturierung in der Fertigung - ein methodischer Modellierungsansatz für die Gestaltung von Fertigungsinformationssystemen. Dissertation. Saarbrücken 1991, S. 17-88.
Vgl. SCHEER, A.-W.: Wirtschaftsinformatik - Informationssysteme im Industriebetrieb. 3. Auflage. Berlin et al. 1990, S. 23-43.
Vgl. SINZ, E. J.: Das Entity-Relationship-Modell (ERM) und seine Erweiterungen. In: Handbuch der modernen Datenverarbeitung - Theorie und Praxis der Wirtschaftsinformatik. 27 (1990) 152, S. 17-29.

[14]   Vgl. SEUBERT, M.: Entwicklungsstand und Konzeption des SAP-Datenmodells. In: SCHEER, A.-W. (Hrsg.): Datenbanken 1991 - Praxis relationaler Datenbanken. Fachtagung. Saarbrücken 1991, S. 87-109.

dargestellt, wie in Abbildung 3.2 A gezeigt.

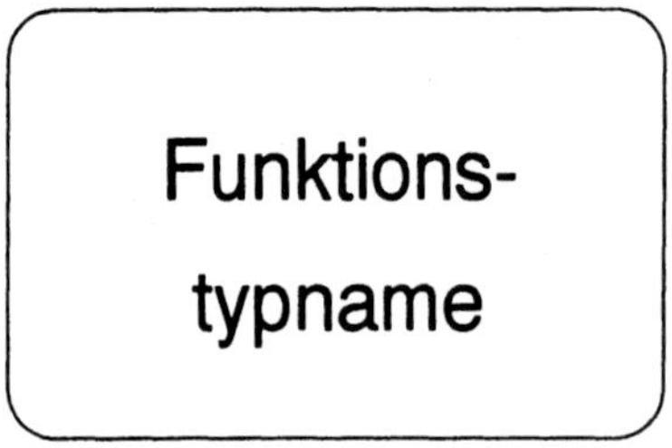

Funktions-
typname

Abb. 3.2 A: Grafische Darstellung des Funktionstyps

In der Funktionssicht wird das komplexe Funktionsgebilde in einer übersichtlichen, statischen Struktur abgebildet. Zum einen wird hier gezeigt, welche Funktionstypen anderen Funktionstypen über- und untergeordnet sind, zum anderen wird aufgezeigt, welche Funktionstypen zu einer Funktionstypengruppe gehören. Dabei stellt sich die Frage nach den Gliederungskriterien und der Gliederungstiefe.

Ausgehend von globalen Unternehmensfunktionstypen werden diese zunächst soweit zerlegt, bis sie einen betriebswirtschaftlich nicht mehr weiter sinnvoll aufteilbaren Vorgang darstellen. Solche Funktionstypen werden als Elementarfunktionstypen bezeichnet und immer vollständig ausgeführt. Ein Funktionstyp kann somit wiederum eine Gruppierung von Funktionstypen oder Elementarfunktionstypen sein.

Ein Funktionstyp kann mehreren Funktionstypen übergeordnet sein. Ein Funktionstyp kann mehreren Funktionstypen untergeordnet sein. Eine Funktionstypstruktur kann eine Netz- oder hierarchische Struktur besitzen. Es werden mehrere Detaillierungsstufen unterschieden.

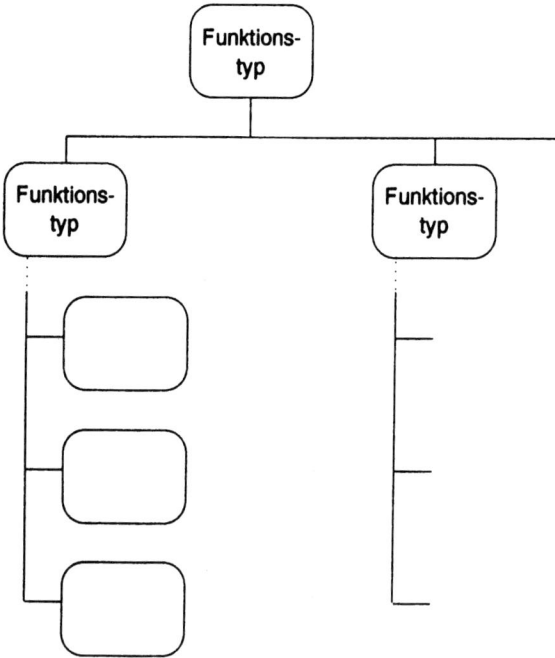

Abb. 3.2 B: Funktionstypstruktur

Funktionstypstrukturen können nach unterschiedlichen Kriterien gebildet werden. Dabei wird die zunächst nach einem Top-down Ansatz gebildete Struktur ausgehend von den Funktionstypen der untersten Ebene, den Elementarfunktionstypen, verifiziert und u. U. modifiziert. Denkbare Kriterien zur Gruppierung von Elementarfunktionstypen können sein:

-    Prozeßorientierung,
-    Informationsobjektorientierung,
-    Verrichtungsorientierung.

Bei einer prozeßorientierten Gruppierung werden die Elementarfunktionstypen, die in einem abgeschlossenen Teilprozeß hintereinander ablaufen, zusammengefaßt. Bei einer informationsobjektorientierten Gruppierung werden alle Elementarfunktionstypen, die ein definiertes Informationsobjekt bearbeiten, einem Funktionstyp zugeordnet. Bei einer verrichtungsorientierten Gruppierung werden Elementarfunktionstypen, die die gleichen Verrichtungsschritte auf verschiedene Informationsobjekte ausführen, zu einem Funktionstyp zusammengefaßt. So kann z. B. der Funktionstyp "Buchung" auf die Entitytypen "Kostenstelle" und "Konto" angewendet werden.

3.3 Die Prozeßsicht

3.3.1 Die Grundelemente und ihre Zusammenhänge

In der Prozeßsicht[15] wird der ablaufbezogene Zusammenhang von Funktionen dargestellt. Das Starten von Funktionen bedingt eines Auslösemechanismus. Dieser Auslösemechanismus wird im folgenden als Ereignis bezeichnet. Ereignisse starten somit Funktionen und können wiederum ein Ergebnis von Funktionen sein.[16]

Ereignisse sind z. B. "Bedarf von Material 4711 in einer Menge von 500 Stück aufgetreten" und "Bedarf von Material 4712 in einer Menge von 300 Stück aufgetreten". Die Ereignisse lösen die Funktionen "Erstelle Bestellanforderung für Material 4711" und "Erstelle Bestellanforderung für Material 4712" aus. Die Ergebnisereignisse sind "Bestellanforderungsposition für Material 4711 erstellt" und "Bestellanforderungsposition für Material 4712 erstellt". Ein Ereignis ist somit das Eingetretensein von Ausprägungen (Werten) von Attributen, das eine Funktion auslöst.

Durch Abstraktion der realen Ausprägungen erhält man auf der Fachkonzeptebene die Elemente Ereignistypen und Funktionstypen. Ein Ereignistyp ist eine eindeutig benannte Sammlung von Ereignissen, die aufgrund des Eingetretenseins von Ausprägungen derselben Attribute einer Klasse zugeordnet werden. Der Unterschied zwischen Typ- und Ausprägungsebene ist in der folgenden Abbildung aufgezeigt.

---

15   Vgl. SCHEER, A.-W.: Modellierung betriebswirtschaftlicher Informationssysteme (Teil 1: Logisches Informationsmodell). In: SCHEER, A.-W. (Hrsg.): Veröffentlichungen des Instituts für Wirtschaftsinformatik. Heft 67. Saarbrücken 1990, S. 24-25.
SCHEER beschreibt dort einen Prozeß als eine objektbezogene Folge von Vorgängen, die vielfältig miteinander verknüpft sind.

16   Vgl. SCHEER, A.-W.: Architektur integrierter Informationssysteme - Grundlagen der Unternehmensmodellierung. Berlin et al. 1991, S. 113-114.

	Ereignistyp	Funktionstyp	Ereignistyp
Abstraktionsebene	Bedarf ist aufgetreten	Bestellanforderung erstellen	Bestellanforderungsposition ist erstellt
	Ereignis	**Funktion**	**Ereignis**
Ausprägungsebene	Bedarf von Material 4711 in einer Menge von 500 Stück ist aufgetreten	Bestellanforderung für Material 4711 erstellen	Bestellanforderungsposition für Material 4711 erstellt
	Bedarf von Material 4712 ...	Bestellanforderung für Material 4712 erstellen	Bestellanforderungsposition für Material 4712 erstellt

Abb. 3.3.1 A: Unterschied zwischen Ereignistyp und Ereignis

Im Rahmen der Datensicht werden die Informationsobjekte Entity- und Beziehungstyp analysiert. Informationsträger sind dort die Attribute. Ebenso ist ein Kennzeichen von Ereignistypen, daß sie auf spezifische Attribute referenzieren. Somit existiert zwischen den Ereignistypen und den Informationsobjekten des Datenmodells ein signifikanter Zusammenhang. Ein Ereignistyp kann einem oder mehreren Informationsobjekten zugeordnet sein. Ein Informationsobjekt kann zu einem oder mehreren Ereignistypen in Beziehung stehen. Abbildung 3.3.1 B zeigt die Zusammenhänge zwischen Ereignis- und Entity- bzw. Beziehungstypen.

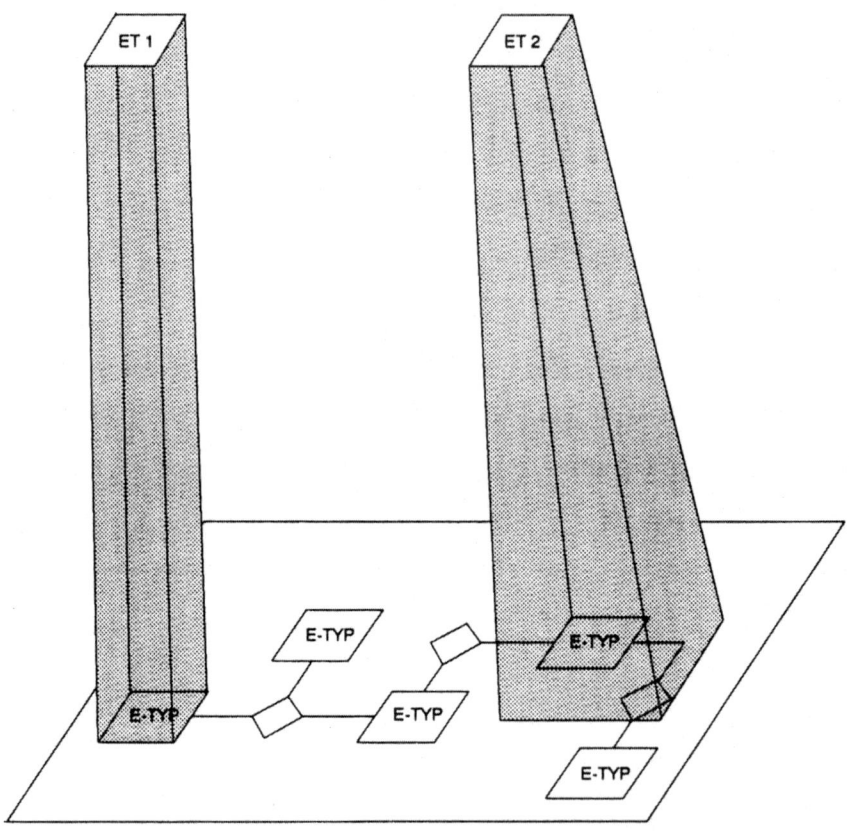

ET = Ereignistyp
E-TYP = Entitytyp

Abb. 3.3.1 B: Zusammenhang zwischen Ereignistypen und den Informationsobjekten des
Datenmodells

Ereignistypen werden (im Prozeßmodell) durch Rechtecke mit einem Blitz symbolisiert.

Ereignistyp-

name

Abb. 3.3.1 C: Grafische Darstellung des Ereignistyps[17]

17   Aus: KELLER, G.: Informationsmanagement in objektorientierten Organisationsstrukturen.
Saarbrücken i. V., Kap. III.4.

3.3.2 Die ereignisgesteuerte Prozeßkette

Ist ein vollständig attributiertes Datenmodell vorhanden, so können über die Identifizierung von Attributen und der Analyse möglicher Ausprägungen der Attribute potentielle Ereignistypen erarbeitet werden. Ist kein Datenmodell vorhanden, so sind signifikante Ereignisse aus der Praxis zu identifizieren und daraus Ereignistypen zu bilden.

Die oben beschriebenen komplexen Zusammenhänge können alle oder zum Teil, abhängig vom verfolgten Ziel, in einer Grafik dargestellt werden.

Die ereignisgesteuerte Prozeßkette enthält welche Ereignistypen welche Funktionstypen auslösen und welche Ereignistypen von welchen Funktionstypen erzeugt werden. Dadurch daß ein Ereignistyp, der von einem Funktionstyp erzeugt wird, auch Auslöser für einen folgenden Funktionstyp ist, entsteht eine zusammenhängende Kette. Es können Verknüpfungsoperatoren zwischen Ereignistypen oder Funktionstypen angegeben werden. In der Regel entsteht bei der Modellierung eine netzförmige Kette.

Die Darstellung der Fachinhalte als ereignisgesteuerte Prozeßkette eignet sich zum einen für den ersten Entwicklungsschritt in der Prozeß-/Funktionsmodellierung und zum anderen für eine Gesamtdarstellung aller zu einem Bereich gehörenden Funktionstypen und Ereignistypen.

Darstellung der Ereignissteuerung

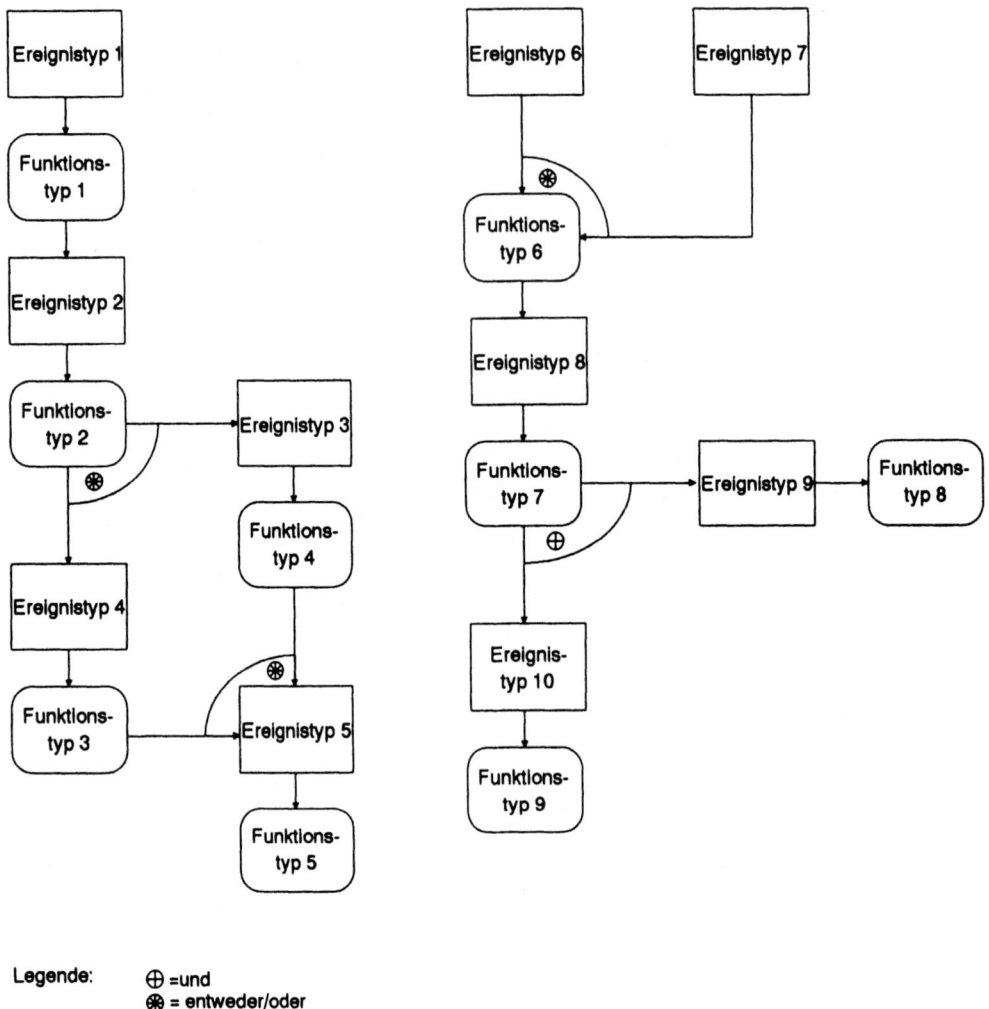

Legende: ⊕ =und
            ⊛ = entweder/oder

Abb. 3.3.2 A: Ereignisgesteuerte Prozeßkette

Die ereignisgesteuerte Prozeßkette stellt den zeitlich-logischen Ablauf von Funktionen und eine Verknüpfung der Elemente des Daten- und des Funktionsmodells dar. Sie ist somit eine zentrale Komponente innerhalb der Informationsmodellierung.

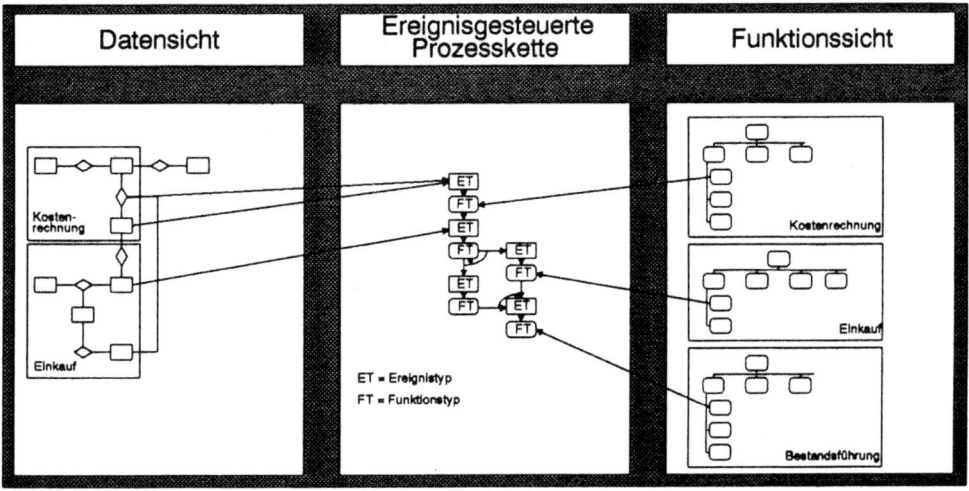

Abb. 3.3.2 B: Ereignisgesteuerte Prozeßkette als Bindeglied zwischen Daten- und

Funktionsmodell

Neben der Ausweisung des Kontrollflusses (ereignisgesteuerte Prozeßkette) ist bei der Gestaltung von integrierten Informationssystemen die Analyse des Datenflusses von Interesse. Dies geschieht über die Input/Output-Zuordnung der Informationsobjekte zu den Funktionen.

3.3.3   Das Prozeßmodell

Das Prozeßmodell enthält welche Ereignistypen welche Funktionstypen auslösen und welche Ereignistypen von welchen Funktionstypen erzeugt werden. Dadurch daß ein Ereignistyp, der von einem Funktionstyp erzeugt wird, auch Auslöser für eine folgenden Funktionstyp ist, entsteht eine zusammenhängende Kette.

Das Prozeßmodell unterscheidet sich von der ereignisgesteuerten Prozeßkette dadurch, daß die Grafik zusätzlich die Input-/Outputdaten zu den Funktionstypen enthält. Da durch die Darstellung dieser Informationen die Komplexität der Abbildung steigt, werden in einem Prozeßmodell in der Regel nicht alle möglichen Teilketten einer Gesamtkette dargestellt, sondern Teilketten herausgehoben, die von besonderem Interesse, z. B. für den Anwender, sind.

Ein Prozeßmodell kann ein- oder zweidimensional dargestellt werden.

(1)   Eindimensionales Prozeßmodell

In einer eindimensionalen Prozeßdarstellung[18] (eindimensionale Vorgangskette) werden in der linken Spalte die Input-/Outputdaten (Entitytypen) der Funktionstypen angegeben. In der mittleren Spalte werden die Funktionstypen angeordnet. In der rechten Spalte werden die Ereignistypen abgebildet, die einerseits Funtionstypen auslösen und von diesen erzeugt werden.

Ein durchgezogener Pfeil zwischen Daten und Funktionstyp, mit der Pfeilspitze auf den Funktionstyp gerichtet, zeigt, daß es sich um Inputdaten des Funktionstyps handelt. Ein durchgezogener Pfeil zwischen Daten und Funktionstyp, mit der Pfeilspitze auf die Daten gerichtet, zeigt, daß es sich um Outputdaten des Funktionstyps handelt.

Ein gepunkteter Pfeil zwischen Funktionstyp und Ereignistyp, mit der Pfeilspitze auf den Funktionstyp gerichtet, besagt, daß der Ereignistyp den Funktionstyp auslöst. Ein gepunkteter Pfeil zwischen Funktionstyp und Ereignistyp, mit der Pfeilspitze auf den Ereignistyp gerichtet, besagt, daß der Funktionstyp den Ereignistyp erzeugt.

Lösen mehrere Ereignistypen einen Funktionstyp aus, werden mehrere Ereignistypen von einem Funktionstyp erzeugt oder erzeugen mehrere Funktionstypen denselben Ereignistyp, dann kann zwischen den Pfeilen der entsprechende Verknüpfungsoperator vermerkt werden.

---

[18]   Vgl. zur Darstellung weiterer Informationen in einer eindimensionalen Vorgangskette, die in der Praxis erprobt wurde:
SCHEER, A.-W.: Architektur integrierter Informationssysteme - Grundlagen der Unternehmensmodellierung. Berlin et al. 1991, S. 55-61.
BROMBACHER, R.; DREXL, H.: Werksdatenmodelle - Grundlagen integrierter Anwendungssysteme. In: SCHEER, A.-W. (Hrsg.): Anwendungssoftware der 90er Jahre. AWF/IWi-Fachtagung. Saarbrücken 1991.

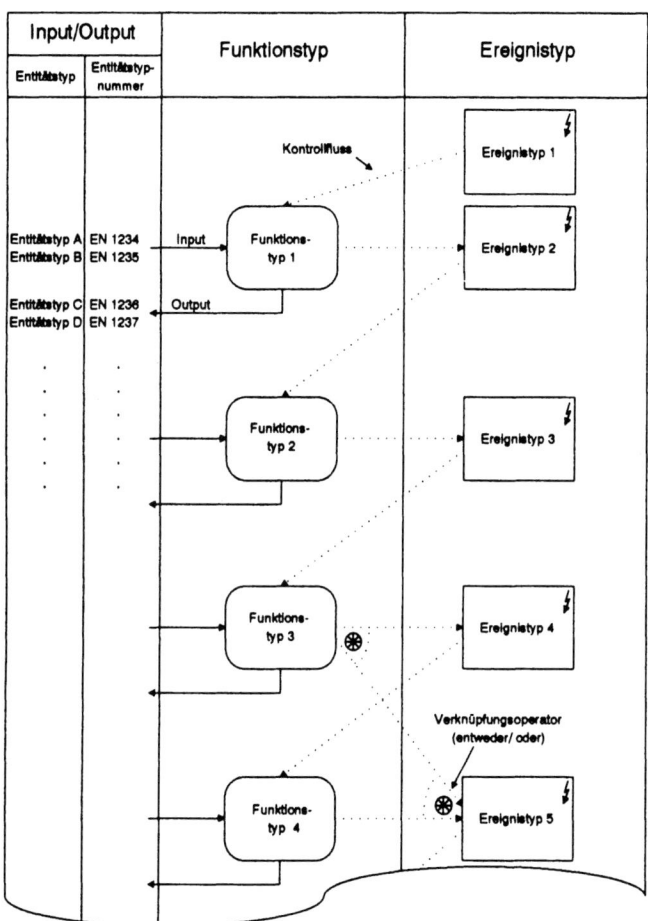

Abb. 3.3.3 A: Eindimensionales Prozeßmodell

(2)   Zweidimensionales Prozeßmodell

In einer zweidimensionalen Prozeßdarstellung[19] (zweidimensionale Vorgangskette) werden in der linken Spalte die Input-/Outputdaten (Entitytypen) des Funktionstyps angegeben. In der Kopfzeile werden die den Funktionstyp auslösenden und die von den Funktionstypen erzeugten Ereignistypen abgebildet. Zwischen linker Spalte und Kopfzeile werden die Funktionstypen in Form einer Treppe angeordnet.

Ein durchgezogener Pfeil zwischen Daten und Funktionstyp mit der Pfeilspitze auf den Funktionstyp gerichtet, zeigt, daß es sich um Inputdaten des Funktionstyps handelt. Ein durchgezogener Pfeil zwischen Daten und Funktionstyp mit der Pfeilspitze auf die Daten gerichtet,

---

19   Vgl. KELLER, G.: Informationsmanagement in objektorientierten Organisationsstrukturen. Saarbrücken i. V., Kap. III.4.

zeigt, daß es sich um Outputdaten des Funktionstyps handelt.

Die Ereignistypen, die den Funktionstyp auslösen, stehen senkrecht über dem entsprechenden Funktionstyp in der Kopfzeile. Die Ereignistypen, die von einem Funktionstyp erzeugt werden, stehen senkrecht über den Pfeilspitzen des Pfeils mit gestrichelter Linie, der von dem Funktionstyp ausgeht.

Ein gestrichelter Pfeil zwischen Funktionstypen, mit der Pfeilspitze auf den Funktionstyp gerichtet, besagt, daß diese Funktionstypen aufeinanderfolgen.

Folgen auf einen Funktionstyp mehrere Funktionstypen oder gehen mehrere Funktionstypen einem Funktionstyp voraus, dann kann zwischen den Pfeilen der entsprechende Verknüpfungsoperator vermerkt werden. Von welcher Seite des Funktionstyps die Pfeile ein- oder ausgehen, ist der folgenden Abbildung zu entnehmen.

Abb. 3.3.3 B: Zweidimensionales Prozeßmodell[20]

---

[20] Vgl. KELLER, G.: Informationsmanagement in objektorientierten Organisationsstrukturen. Saarbrücken i. V., Kap. III.4.

4 Modellierung der Kostenstellenrechnung/Strukturierung des SAP-Systems

4.1 Datenmodellierung <=> Abbildung normalisierter Strukturen

Die logische Sicht auf Daten - bzw. eine Datenmodellierung - wird durch zwei Größen am wesentlichsten beeinflußt:

- Integrierte Behandlung betriebswirtschaftlicher Funktionen
- Einhaltung der Normalisierungsregeln

Diese beiden Punkte betreffen jede Modellierung, ob sie nun von einem Standardsoftwarehersteller für eine Vielzahl von Anwendern oder von einem einzelnen Unternehmen für die eigene individuelle Unternehmensstruktur erzeugt wird.

Ein Punkt, der die Modellierung für die Standardsoftwareerzeugung kompliziert, ist die Vielzahl der abzubildenden Funktionen, die in der Regel auch die Anzahl der Entitäten erhöht. Die Menge der Entitäten ist eine Obermenge zu der Menge der Entitäten bei den einzelnen Anwendern, da meistens nur Teile der Strukturen genutzt werden.

Aufgrund dieser Komplexität einerseits und der Übersichtlichkeit des angestrebten Datenmodells andererseits ergibt sich das Problem, den optimalen Detaillierungsgrad für die abgebildeten Strukturen zu definieren. Somit wurden alle relevanten Anwendungsdaten in das Modell integriert. Steuerungsparameter oder sonstige Daten, die nur ablaufsteuernd im System berücksichtigt werden, wurden außen vorgelassen, da sie für die betriebswirtschaftliche Datenstruktur ohne Bedeutung sind.

Die Aufteilung der Entitäten für die Kostenstellenrechnung zerfiel in die 4 klassischen Bereiche:

- Stammdaten
- Plan-/Istdaten
- Berichtswesen
- Strukturen für innerbetriebliche Verrechnungen

Die Strukturen des Datenmodells und auch das angesprochene Problem sind an der folgenden Abbildung im Rahmen der Planung nachvollziehbar.

92

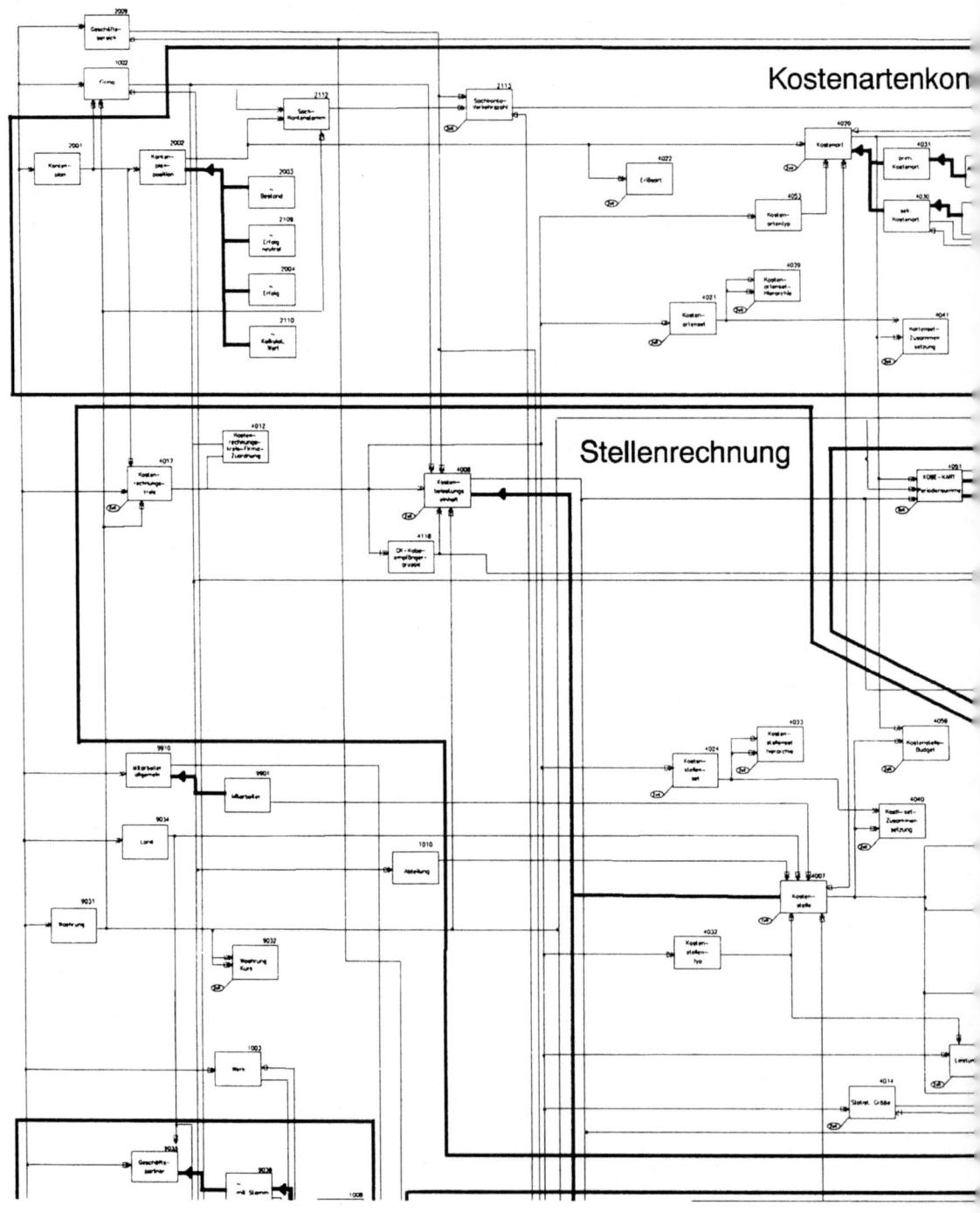

Abb. 4.1:   Datenmodell zur Kostenstellenrechnung (Ausschnitt/ Teil1)

93

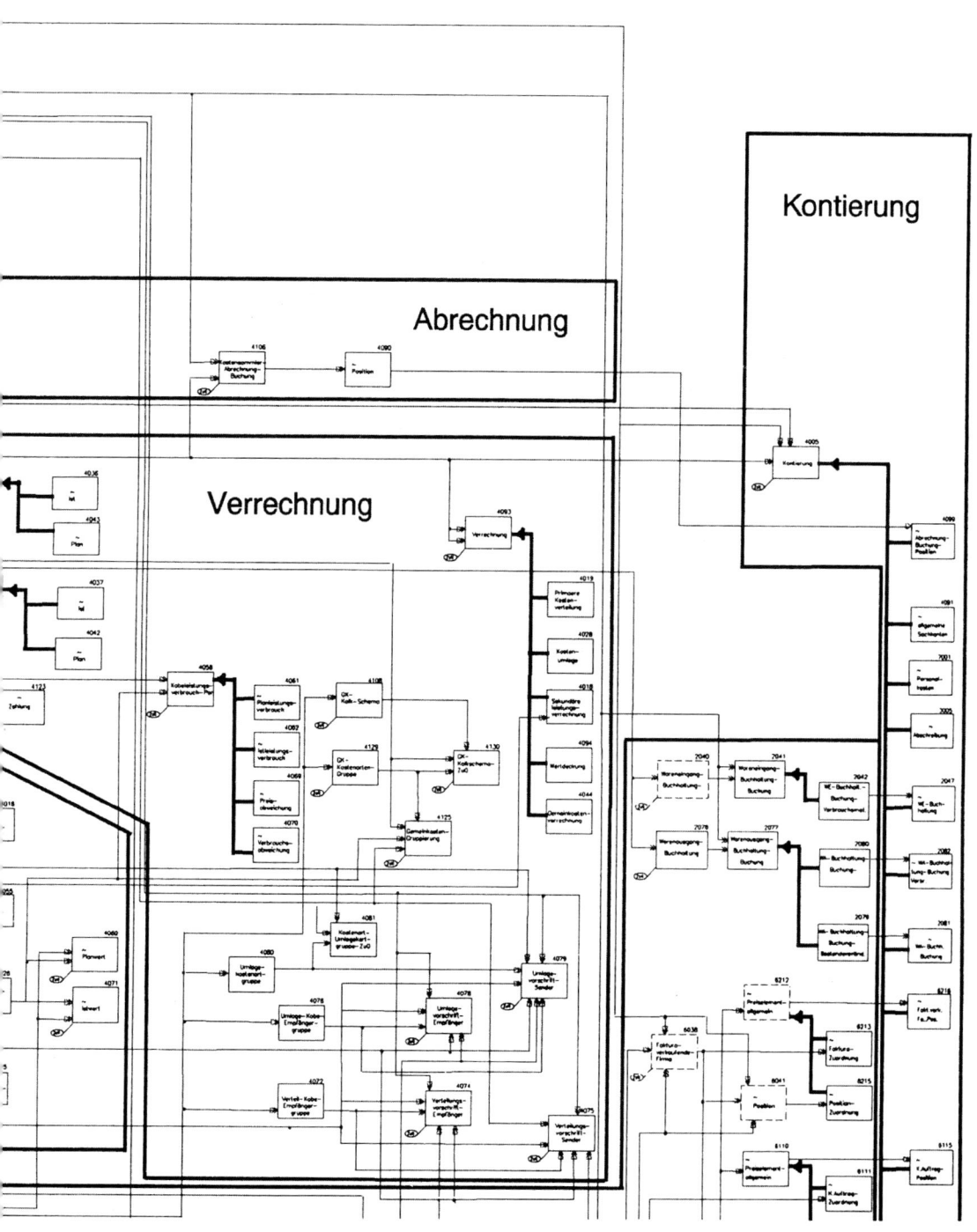

Abb. 4.1: Datenmodell zur Kostenstellenrechnung (Ausschnitt/ Teil2)

4.2 Funktionsmodellierung <=> allgemeine Tools im Bereich Standardsoftware

Standard-Anwendungssoftware, wie von SAP angeboten, soll eine Tool-Box bereitstellen, die alle Kostenrechnungsphilosophien unterstützt. Hierbei ist festzustellen, daß in der Praxis selten von Anfang bis Ende eine Kostenrechnung der reinen Lehre entsprechend durchgeführt wird. Vielmehr gibt es oftmals eine Mischform verschiedenster Kostenrechnungssysteme. Aus dieser Tatsache läßt sich auch das Problem herleiten, daß Standardsoftware in diesem Bereich keine zwingenden Vorgehensweisen definieren, sondern vielmehr nur einen Rahmen abstecken kann, innerhalb dessen der Anwender seine Funktionalität auszuwählen hat.

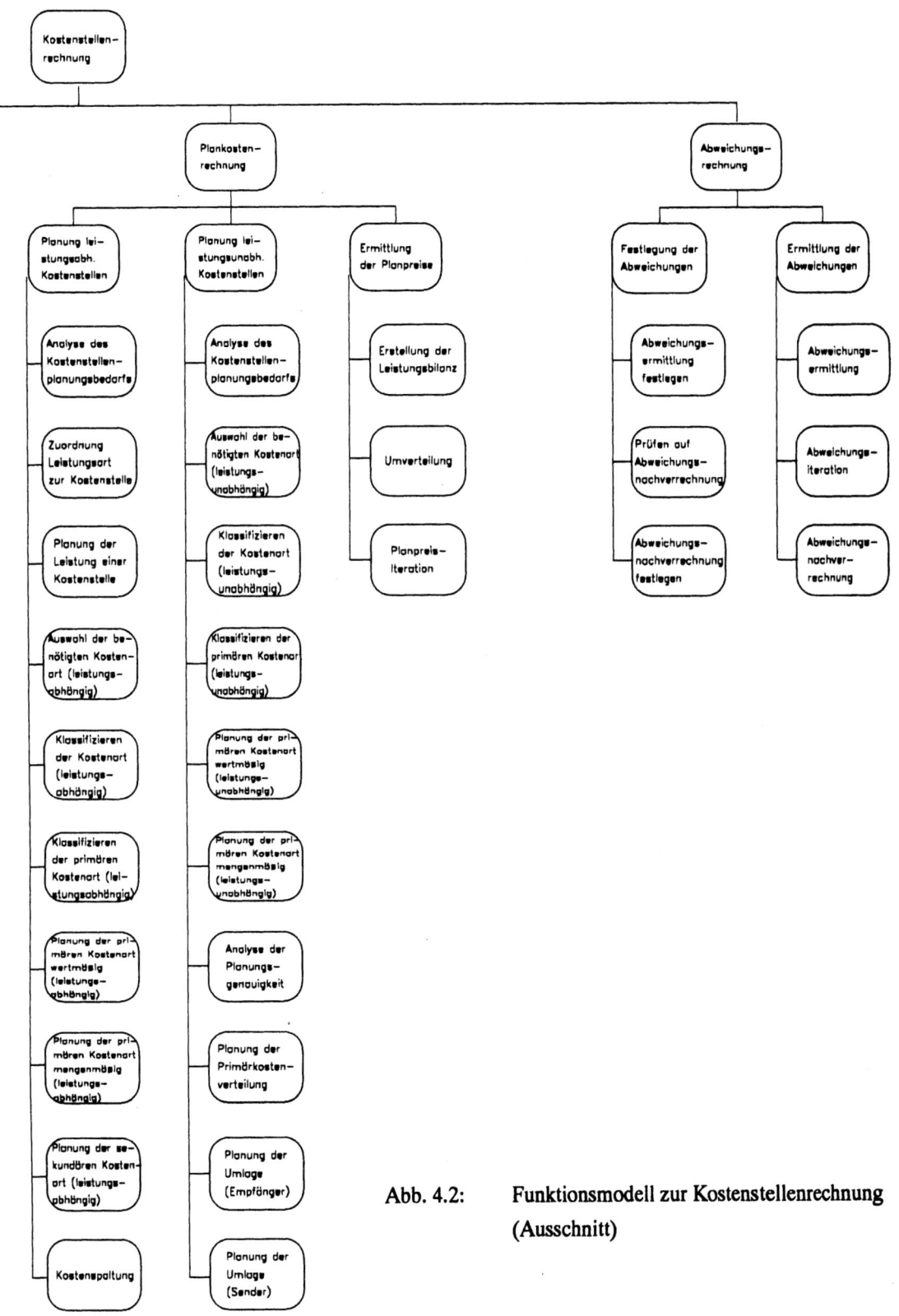

Abb. 4.2: Funktionsmodell zur Kostenstellenrechnung (Ausschnitt)

4.3   Prozeßmodell <=> Berücksichtigung iterativer Abläufe

Insbesondere in der Kostenrechnung und dabei speziell beim Planungsprozeß ergibt sich das Problem starker Interaktivität und iterativer Abläufe, die in dem Prozeßmodell zu berücksichtigen sind. Das bedeutet, bei nahezu jedem Schritt der Planung fließt eine Vielzahl von Information durch den Anwender ein, die es als notwendig erscheinen läßt, interaktiv in den Prozeß einzugreifen und unter Umständen in der Prozeßkette weiter vorne einzusteigen. Zu eben demselben Problem führt die Tatsache, daß Planungsprozesse in mehreren Schritten ablaufen (verschiedene Genehmigungsebenen).

Dieses Problem wird in der folgenden Abbildung 4.3 A verdeutlicht.

Für den Anwender werden zielgerichtete Sichten aus den drei Teilmodellen generiert, wie in der Abbildung 4.3 B dargestellt.

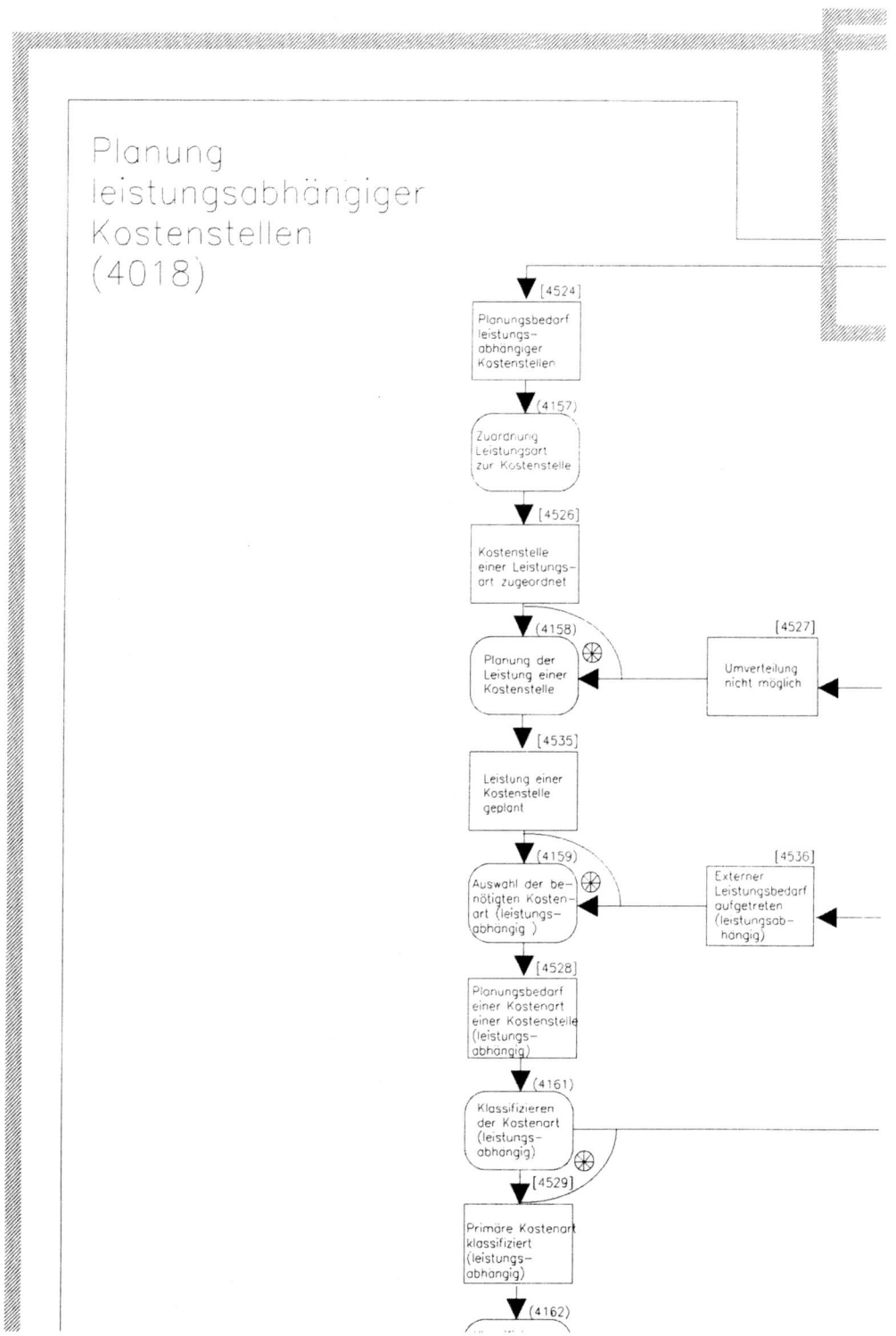

Abb. 4.3 A: Ereignisgesteuerte Prozeßkette zur Plankostenrechnung (Ausschnitt/ Teil 1)

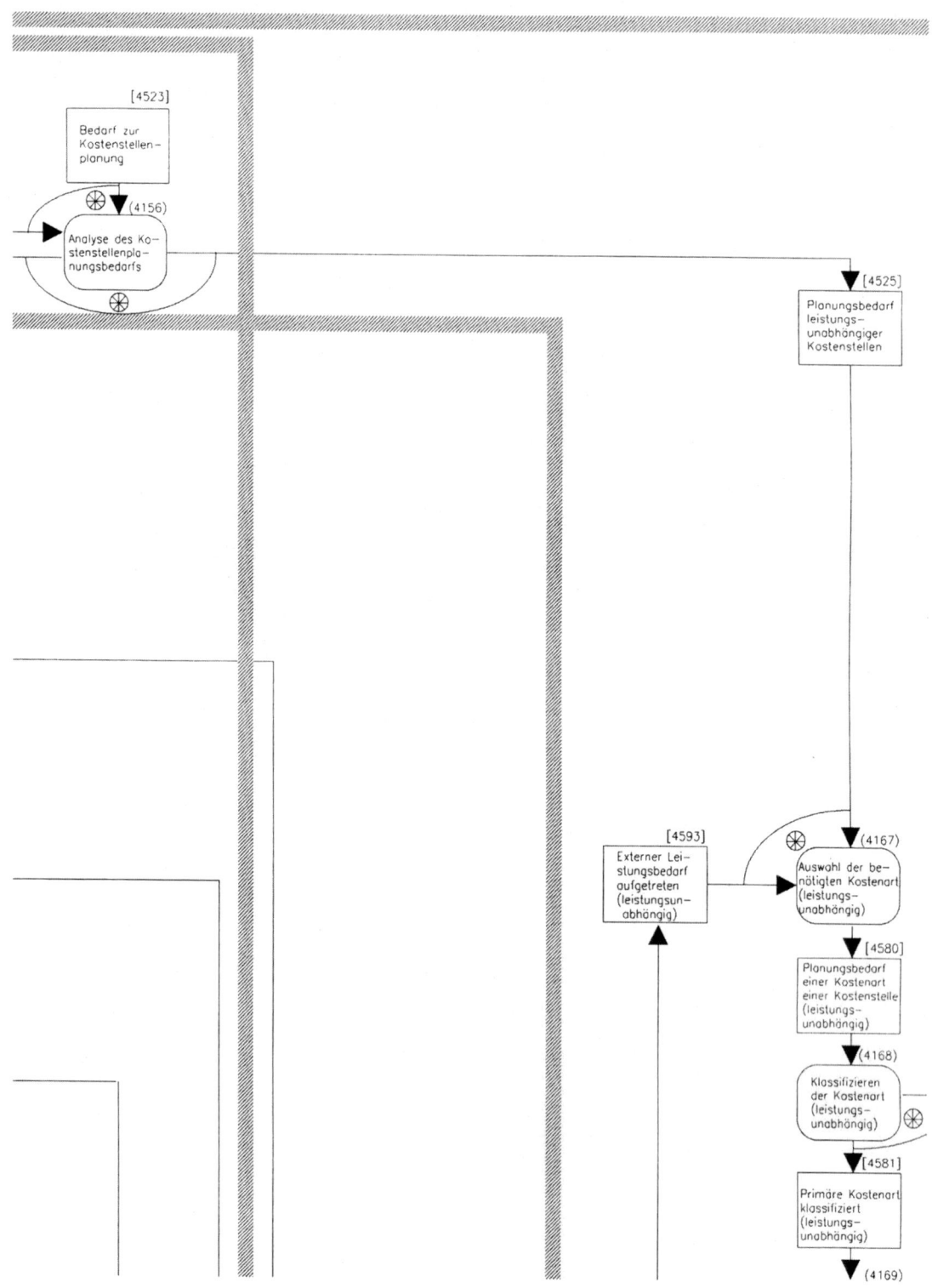

Abb. 4.3 A: Ereignisgesteuerte Prozeßkette zur Plankostenrechnung (Ausschnitt/ Teil 2)

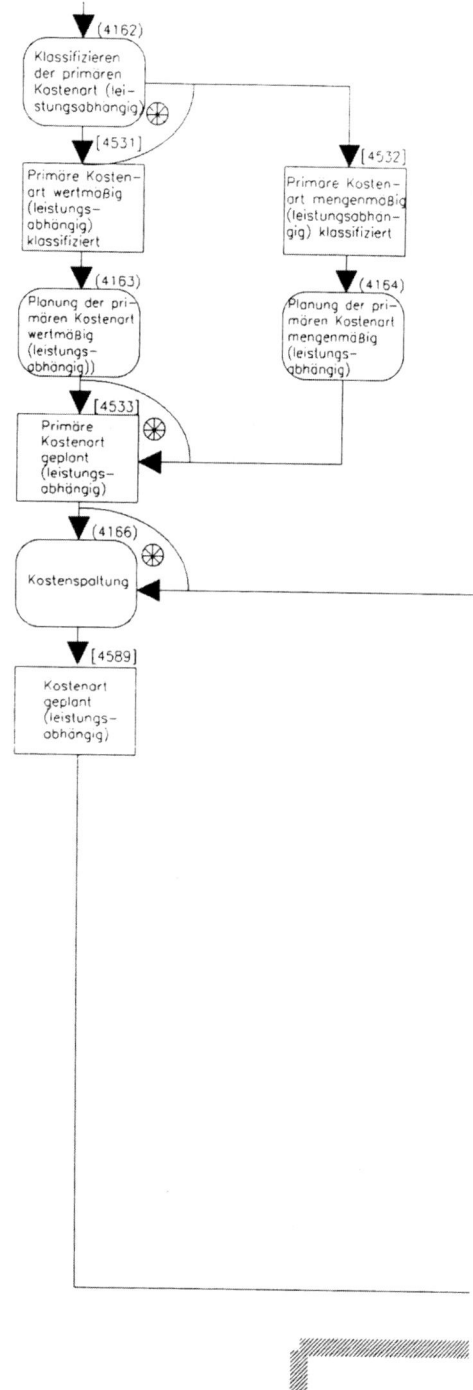

Abb. 4.3 A: Ereignisgesteuerte Prozeßkette zur Plankostenrechnung (Ausschnitt/ Teil 3)

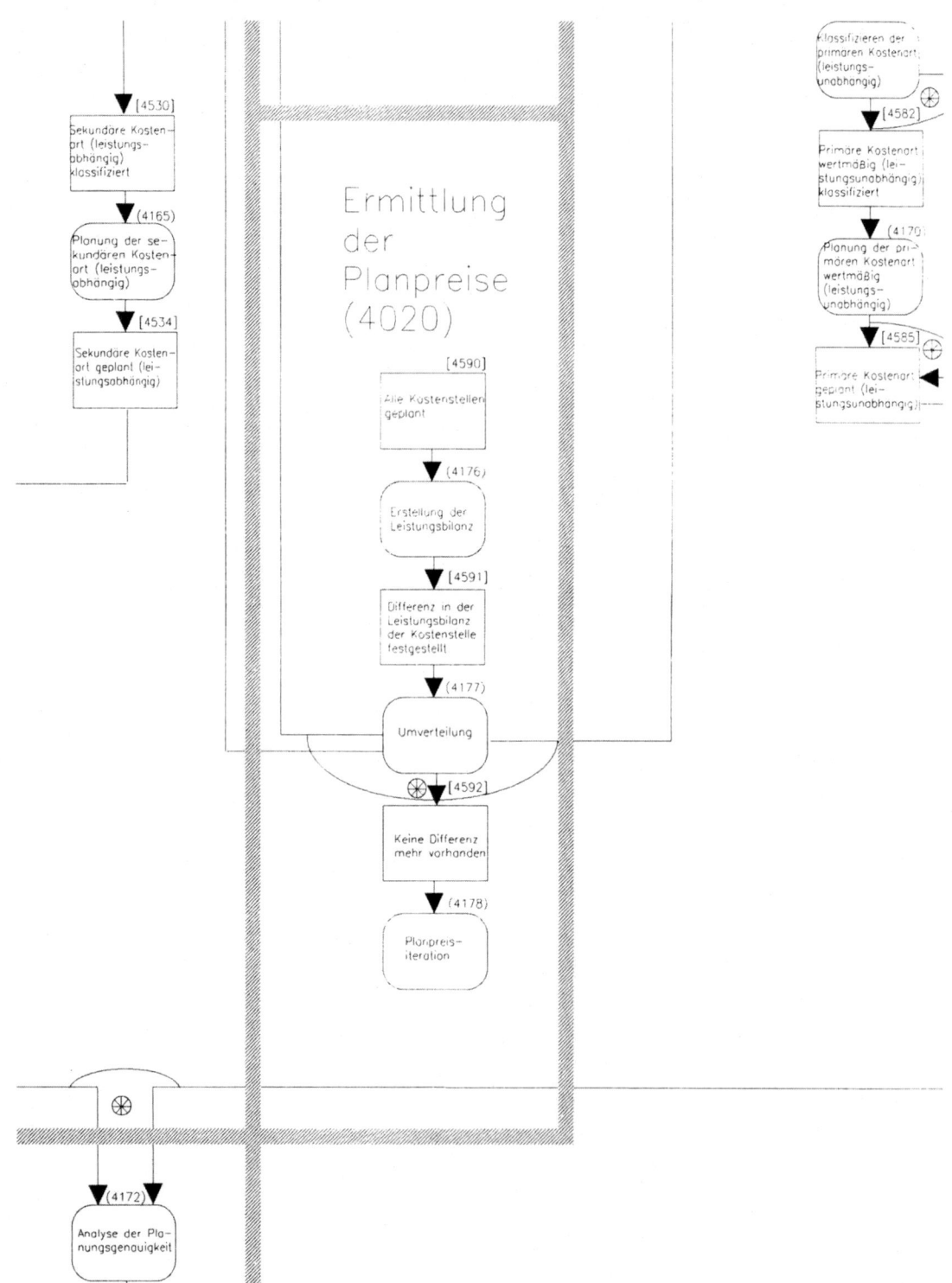

Abb. 4.3 A: Ereignisgesteuerte Prozeßkette zur Plankostenrechnung (Ausschnitt/ Teil 4)

101

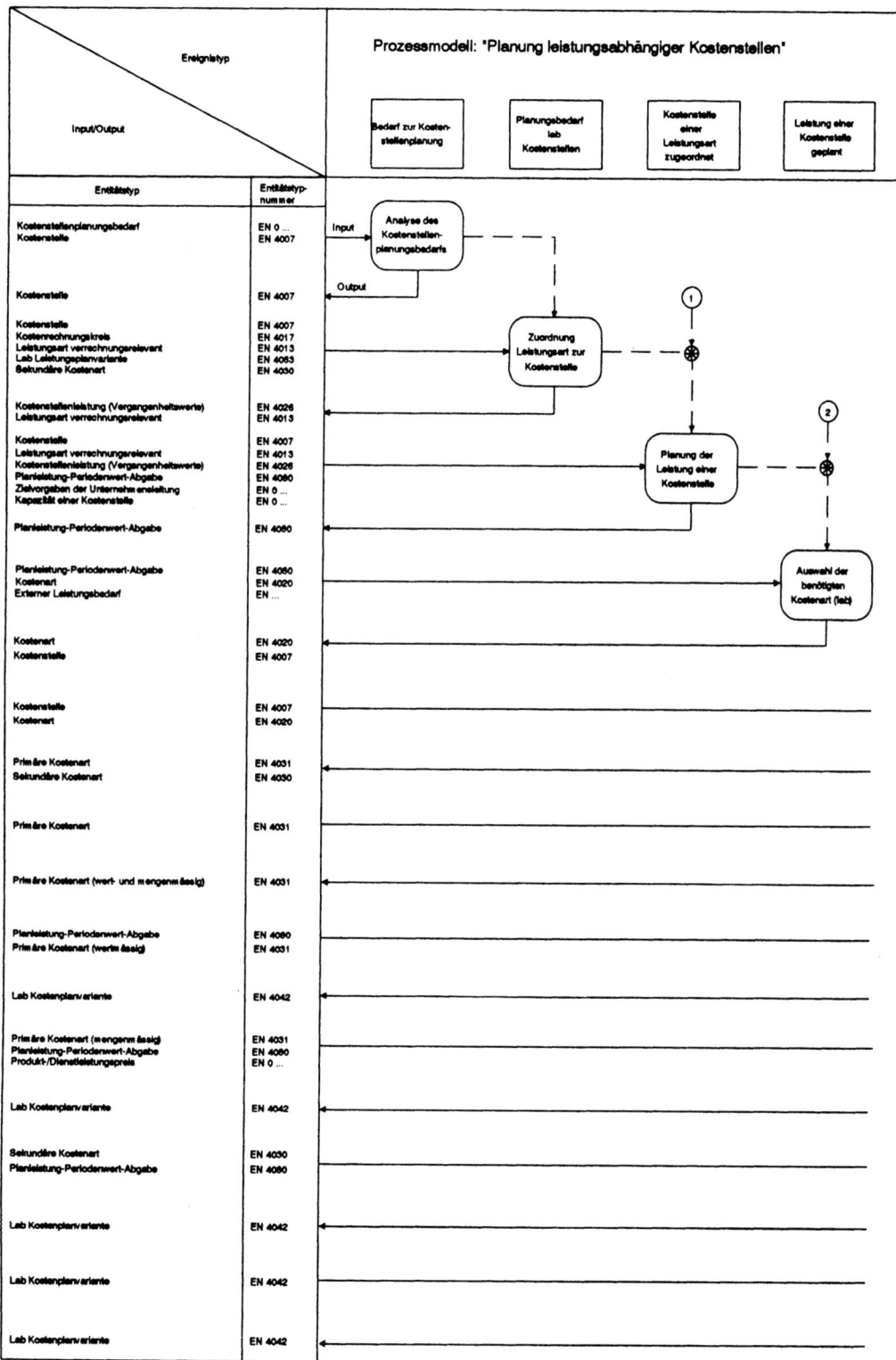

Abb. 4.3 B: Prozeßmodell zur "Planung leistungsabhängiger Kostenstellen" (Ausschnitt/ Teil 1)

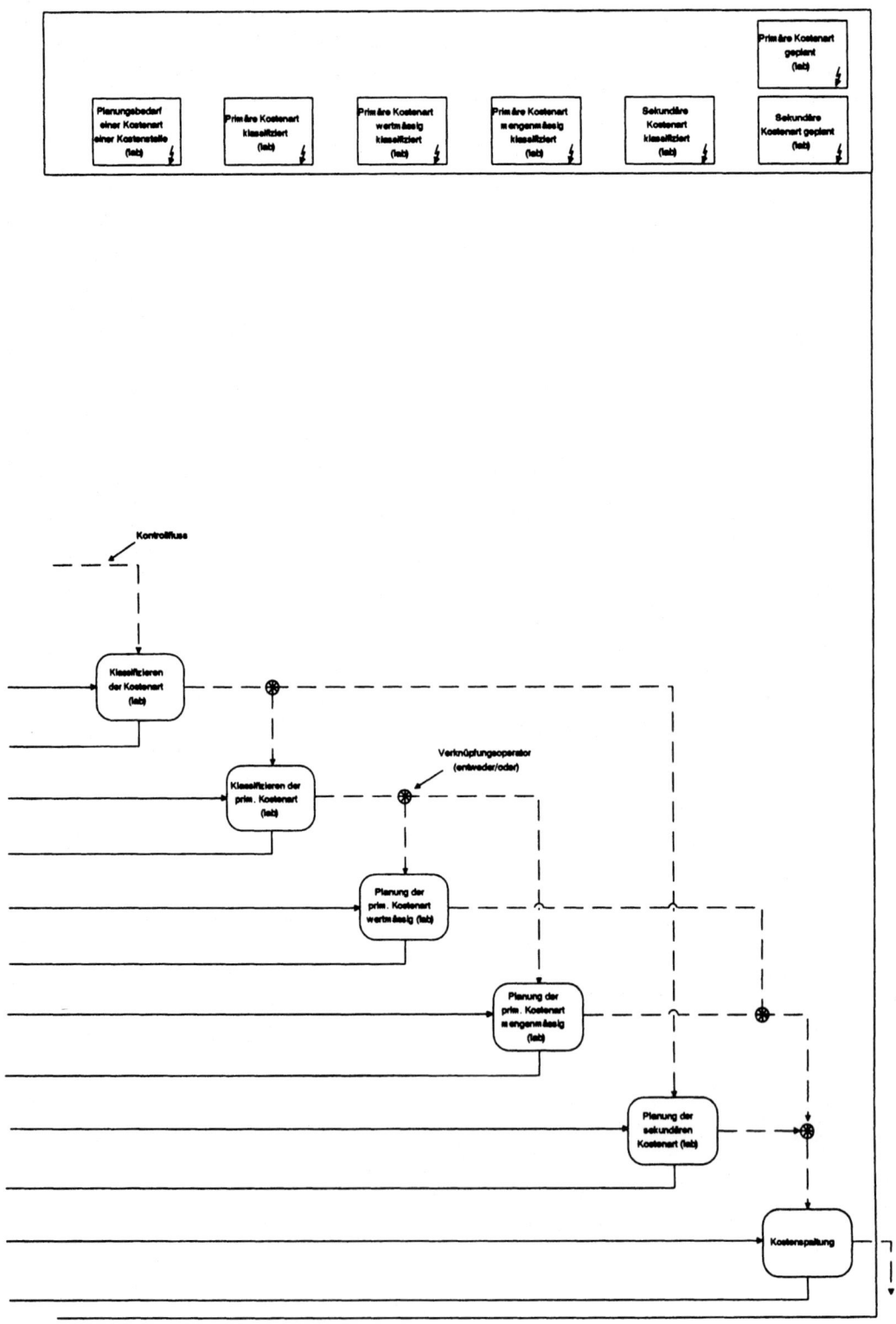

Abb. 4.3 B: Prozeßmodell zur "Planung leistungsabhängiger Kostenstellen" (Ausschnitt/ Teil 2)

5 Ausblick - Erwartungen an ein integriertes Daten-, Funktionen- und Prozeßmodell

Die Fachebene enthält die betriebswirtschaftlichen Konzepte eines Unternehmens bzw. eines DV-Systems. Damit ist sie langfristiger Träger des betriebswirtschaftlichen Gedankengutes und gleichzeitig Ausgangspunkt für weitere Schritte, zum einen zur effizienten Organisation und zum anderen zur Umsetzung in die technische Implementierung von DV-Systemen. Im Rahmen der Informationsmodellierung auf der Fachebene werden die betriebswirtschaftlichen Konzepte in einer Beschreibungssprache beschrieben. Bei diesen semantischen Modellen wird von den Einzelausprägungen der Realität abstrahiert. Semantische Modelle auf gleicher Abstraktionsebene bieten die Basis für eine schrittweise anwendungsorientierte Entwicklung von Software, wie sie auch im Rahmen des AD/Cycle-Konzeptes[21] von IBM angestrebt werden. Ebenso ist eine Darstellung der Informationsarchitektur in semantischen Modellen geeignet, betriebswirtschaftliche Sachverhalte strukturiert und in verständlicher Form zu beschreiben.

An solche Modelle werden Erwartungen von unterschiedlichen Gruppen geknüpft.

Softwarehersteller:

- Daten und Funktionstransparenz auf **unterschiedlichem Detaillierungsgrad** (bis hin zur einzelnen Rechenfunktion!?)
- Grundlage für Funktionengenerator => "customized systems"
- Erleichterung der Schnittstellendefinition
- Modellierung der integrativen Anwendungssoftware
- Verkaufsinstrument (Abstimmung Datenstruktur Kunde <=> SAP)
- Integration des Datenmodells in Data-dictionary

Kunde:

- Erleichterung der Schnittstellendefinition und Schnittstellenprogrammierung zu eigener Anwendung
- Dokumentationshilfe
- Projekteinführungerleichterung bzw. Verkürzung

---

21 Vgl. WINTER, F.; MAAG, D.: AD/Cycle - Verstärkung für SAA? In: Information Management. 5 (1990) 2, S. 32-39.
Vgl. KELTING, E. H.: IBM's Vision zur Lösung der Anwendungsentwicklungsprobleme: AD/Cycle. In: Information Management. 5 (1990) 2, S. 40-43.

6 Abbildungsverzeichnis

7 Literaturverzeichnis

BROMBACHER, R.; DREXL, H.: Werksdatenmodelle - Grundlagen integrierter Anwendungssysteme. In: SCHEER, A.-W. (Hrsg.): Anwendungssoftware der 90er Jahre. AWF/IWi-Fachtagung. Saarbrücken 1991.

CHEN, P. P: The Entity-Relationship Model: Towards a Unified View of Data. In: ACM Transactions on Database-Systems, Vol. 1 (1976) No. 1, S. 9-36.

KELLER, G.: Informationsmanagement in objektorientierten Organisationsstrukturen. Saarbrücken i. V.

KELTING, E. H.: IBM's Vision zur Lösung der Anwendungsentwicklungsprobleme: AD/Cycle. In: Information Management. 5 (1990) 2, S. 40-43.

KILGER, W.: Einführung in die Kostenrechnung. 3. Auflage. Wiesbaden 1987.

KILGER, W.: Flexible Plankostenrechnung und Grenzplankostenrechnung. 9. Auflage. Wiesbaden 1988.

LOOS, P.: Datenstrukturierung in der Fertigung - ein methodischer Modellierungsansatz für die Gestaltung von Fertigungsinformationssystemen. Dissertation. Saarbrücken 1991.

RIEBEL, P.: Einzelkosten- und Deckungsbeitragsrechnung. 5. Auflage. Wiesbaden 1985.

SAP (Hrsg.): System RK - Organisationselemente. Walldorf/Baden 1989.

SAP (Hrsg.): System RK - Funktionsbeschreibung. Walldorf/Baden 1990.

SAP (Hrsg.): SAP-Unternehmensdatenmodell - RK-Kostenrechnung. Walldorf/Baden 1991.

SCHEER, A.-W.: EDV-orientierte Betriebswirtschaftslehre - Grundlagen für ein effizientes Informationsmanagement. 4. Auflage. Berlin et al. 1990.

SCHEER, A.-W.: CIM - Der computergesteuerte Industriebetrieb. 4. Auflage. Berlin et al. 1990.

SCHEER, A.-W.: Wirtschaftsinformatik - Informationssysteme im Industriebetrieb. 3. Auflage. Berlin et al. 1990.

SCHEER, A.-W.: Modellierung betriebswirtschaftlicher Informationssysteme (Teil 1: Logisches Informationsmodell). In: SCHEER, A.-W. (Hrsg.): Veröffentlichungen des Instituts für Wirtschaftsinformatik. Heft 67. Saarbrücken 1990.

SCHEER, A.-W.: Architektur integrierter Informationssysteme - Grundlagen der Unternehmensmodellierung. Berlin et al. 1991.

SEUBERT, M.: Entwicklungsstand und Konzeption des SAP-Datenmodells. In: SCHEER, A.-W. (Hrsg.): Datenbanken 1991 - Praxis relationaler Datenbanken. Fachtagung. Saarbrücken 1991, S. 87-109.

SINZ, E. J.: Das Entity-Relationship-Modell (ERM) und seine Erweiterungen. In: Handbuch der modernen Datenverarbeitung - Theorie und Praxis der Wirtschaftsinformatik. 27 (1990) 152, S. 17-29.

WINTER, F.; MAAG, D.: AD/Cycle - Verstärkung für SAA? In: Information Management. 5 (1990) 2, S. 32-39.

Konzeption eines Executive Information Systems

Dr. Renate Neumann-Schäfer, Braun AG, Kronberg

Gliederung:

12. Saarbrücker Arbeitstagung 1991
Rechnungswesen und EDV
hrsg. v. A.-W. Scheer
© Physica-Verlag Heidelberg 1991

1. Begriff bzw. Konzeptinhalt

1.1 Unsicherheit hinsichtlich des Begriffs- bzw. Konzeptinhaltes

Es existiert keine allgemein anerkannte Definition. Die unterschiedlichsten Denkansätze bzw. Softwarepakete werden als Management Informations Systems, als Executive Information System, als Executive Support System, als Führungsinformationssystem bezeichnet [1]. Diese Konzeptionen unterscheiden sich insbesondere hinsichtlich der zur Verfügung stehenden Informationsmenge und -tiefe sowie des Grades der Flexibilität bezüglich der möglichen individuellen Abfragen/Graphiken der einzusetzenden Soft- und Hardware.

Wer gegenwärtig ein solches System in einem Unternehmen einführen will, steht vor mehr als nur der Frage, wie umfassend oder flexibel das System sein sollte. Bezogen auf die Art des Unternehmens (Mutter- oder Tochtergesellschaft), die Branche (Industrie- oder Dienstleistungsbetrieb), die zu berücksichtigenden Unternehmensbereiche (Marketing, Technik, Finanzen oder Spartenergebnisse), die zu bedienenden Managementebenen (Vorstand, Direktion, Sachgebietsleiter), die im Unternehmen bereits etablierten Berichte und Analysen sowie die Häufigkeit der Einberufung von Vorstands-, Direktions- oder Abteilungsleitersitzungen, müssen die Dimensionen des Systems, der Detailierungsgrad, die Zahl und die Komplexität der Graphik Tools definiert werden. Jedes Unternehmen muß eine individuelle Definition vornehmen.

1.2 Minimaler oder maximaler Informationsinhalt als Definitions-und Konzeptionshilfe

Bei der individuellen Begriffsfestlegung sollte ein minimaler oder maximaler Begriffsinhalt für ein Executive Information System den Rahmen bilden bzw. die Eckpunkte auf einer Skala ausmachen. Als Minimum könnte z.B. eine Diskette mit den im Unternehmen üblichen Präsentationscharts über die monatlichen Ergebnisse gegenüber dem Plan bzw. gegenüber dem Vorjahr den Executives zur Durchsicht (Information) und zur Weiterverarbeitung bezüglich Trendermittlungen oder Simulationen und Sensitivitätsanalysen (Decision Support) auf ihren Personal Computern zur Verfügung gestellt werden. Voraussetzung dazu sind detaillierte Kenntnisse im Bereich des Personal Computings bei allen Benutzern.

Das Maximum könnte ein System darstellen, daß den Executives und Managern den direkten Zugriff in die operativen Systeme des Unternehmens ermöglicht, wie z.B. in die Lohn- und Gehalts-abrechnung, in den Auftragsbestand nach Kunden, in die Fertigwarenlagerbestände nach Artikelnummern, in die einzelnen Kostenstellen der Betriebsergebnisrechnung. Ein derartiges System ermöglicht dem Management einen tiefen Einblick in das operative Geschäft.

Der oben skizzierte minimale Umfang eines Executive Information System, der im Verhältnis zur maximalen Lösung geringe Kosten verursacht, ist kritisch, da Vorstände und Direktoren meistens wenig Zeit und wenig Erfahrung mit Computern haben. Es handelt sich um eine wenig auf Computern trainierte Zielgruppe, die einen hohen Grad an Benutzerfreundlichkeit fordert. Zudem ist es aus der Sicht des Managements oft zweckmäßiger, in einem solchen System das Maximum an Informationen unterzubringen.

Viele Manager unterstützen spontan einen umfassenden Ansatz. Generell ist diese Tendenz zum maximalen Detail jedoch nicht immer zweckmäßig. Die in einem Management Informations System vorhandene Informationsbreite und -tiefe muß für den einzelnen Manager überschaubar und verständlich sein, damit er sie nutzt und sich nicht auf sogenannten Zahlenfriedhöfen verirrt. Welche Entscheidungshilfe bieten z.B. Informationen über eine große Zahl von Kunden in einer Muttergesellschaft mit zwischen 20 oder 30 Tochtergesellschaften? Sind in einer Hauptverwaltung Details über einzele Kunden notwendig oder reichen Informationen über einzelne Märkte und Absatzregionen aus? Ohne Zweifel sind derartige Informationen für das Management der Tochtergesellschaft notwendig. Ähnliches gilt für die Personalkostenentwicklung oder den Krankenstand nach Kostenstellen.

Bei der Konzeption/Definition eines Executive Support Systems ist also festzulegen, auf welche Detailebene der vorhandenen Informationen das Management zugreifen sollte. Die Diskussion dieser Frage, die eigentlich die Frage nach den entscheidungsrelevanten Informationen ist, verursacht i.d.R. im Unternehmen kontroverse Diskussionen. Auf sie ist in der Praxis sehr schwer eine Antwort zu geben, weil das individuell unterschiedliche Entscheidungsverhalten einfließt. Es gibt Manager, die ihre Entscheidungen auf der Basis von konsolidierten Zahlen treffen und Manager, die zur Entscheidungsfindung bzw. -absicherung immer detaillierteste Analysen ausarbeiten.

In der Regel wird die Definition des Informations System zwischen beiden Extrempunkten liegen. Die beiden Eckpunkte der Skala sollten bei der Konzeption/Definition aus der unternehmensindividuellen Sicht erarbeitet werden. Ihre Kenntnis erleichert den Entscheidungsprozeß hinsichtlich der unternehmensindividuellen Definition und stellt bei Modifikationen und Weiterentwicklungen einen Diskussionsrahmen dar.

1.3 Information System oder Support System als Definitons- und Konzeptionshilfe

In der Praxis und in der Theorie wird sowohl von Management Information Systems als auch von Management Support Systems gesprochen. Vielfach werden diese Begriffe als Synonym verwendet. In Abbildung 1 wird eine Begriffsabgegrenzung vorgenommen.

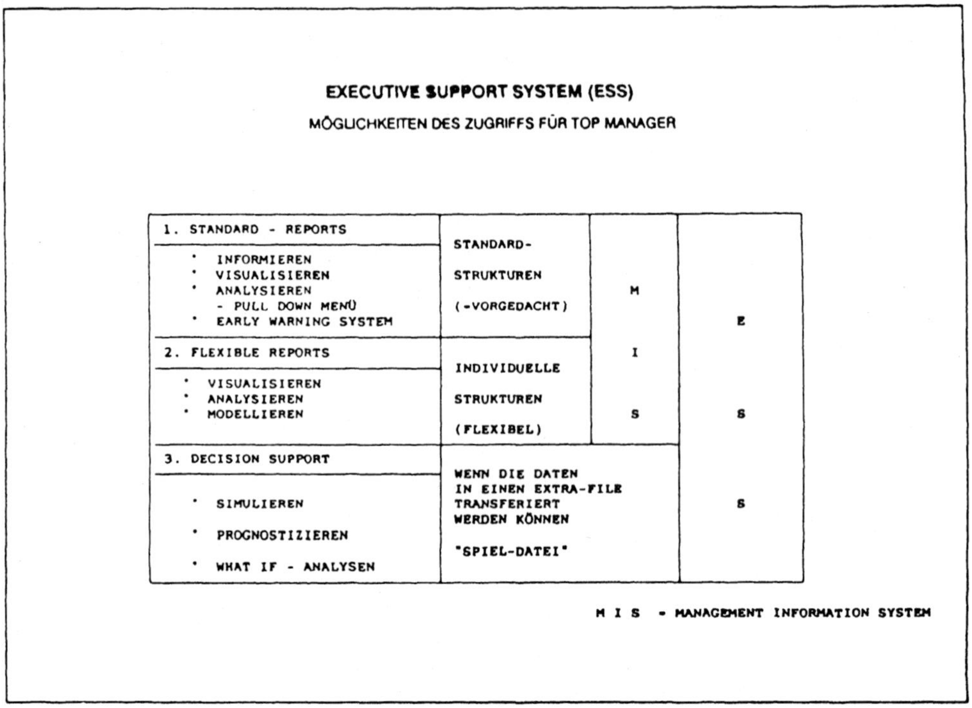

Abb. 1: Begriffsabgrenzung von Executive Support Systemen

In einem Informations System werden die Informationen in Standardformaten in tabellarischer oder graphischer Form abgelegt. Es handelt sich um vorgedachte Standardberichte oder Dokumente, die informieren und visualisieren und dem Manager ermöglichen, über ein sogenanntes "Pull Down Menü" die dazugehörigen Details anzuschauen. Die Struktur der Dokumente, ihre Verknüpfungen und somit auch die Reihenfolge des Blätterns durch die standardisierten Bildschirme sind vorgegeben. Der Manager wird wie in einer Präsentation durch Ergebnisse und Abweichungen durchgeführt. Für diese Art von Standardinformation steht auch der Begriff "Briefing Book". Es handelt sich um ein starres Informationssystem mit dokumentenorientierter Datenhaltung, dessen Struktur der Manager beherrschen muß [2]. Je mehr Standardberichte/Dokumente abgelegt sind, desto komplizierter wird ihre Verknüpfung. Erfahrungen in der Praxis zeigen, daß bei 1.000 vorgefertigten Bildschirmmasken Manager den Überblick verlieren können. Durch transparente Strukturen in den Dokumenten kann dem nur begrenzt entgegengewirkt werden.

Ein Information System kann aber auch flexibel hinsichtlich des Aufbaus der Dokumente oder Bildschirme sein. In einem Pool oder Modell werden dem Manager die Informationen strukturiert nach Dimensionen zur Verfügung gestellt. Dabei kann es sich z.B. um Absatzmengen sowie Verkaufspreise nach Produkten und nach Märkten jeweils kumuliert und monatlich für das laufende Ist, den Plan und das Vorjahr handeln. Der Manager wählt selbst über ein Menü aus, welche Informationen er auf einem Dokument/Bildschirm anschauen möchte, wie z.B. die geplanten Absatzmengen und die geplanten Verkaufspreise für das Produkt X in den einzelnen Märkten für die Monate Januar bis Juni im laufenden Geschäftsjahr. Er wählt, strukturiert und sortiert Informationen in einem vorgegebenen Rahmen, d.h. er entwirft das Dokument und hat u.U. noch die Möglichkeit, dieses in eine Graphik umzusetzen wie z.B. in ein Balken-, Linien- oder Kreisdiagramm [3].

Wie im zuerstgenannten System ist auch hier der Zweck die Information, das Visualisieren und die Analyse. Der Manager kann nur die Menge, den Detaillierungsgrad und die Art der Darstellung der Informationen in den Dokumenten beeinflussen - nicht die Informationen selbst, wie z.B. die Höhe der geplanten Absatzmenge des Produktes X in einem bestimmten Markt.

Die erörterten Systeme betreffen die Information bzw. Analyse von gegebenen Daten. Derartige Systeme sollten als Management oder Executive Information System bezeichnet werden.

Werden derartige Informationssysteme noch erweitert um Dateien oder Schnittstellen zu Dateien, in die Daten aus dem Informationsmodell zum Zweck der Trendrechnung, der Simulation und der Sensitivitätsanalyse mit anderen Annahmen übertragen werden können, dann werden nicht nur Entscheidungsgrundlagen sondern auch Instrumente der Entscheidungshilfe angeboten. Der Manager hat jetzt die Möglichkeit durch "What-If-Analysen" verschiedene Scenarien aufzubauen, d.h. er kann hier in einer nur ihm zur Verfügung stehenden Datei die einzelnen Werte auch erhöhen oder vermindern und ihre Auswirkung auf das Unternehmensergebnis (z.B. Umsatz oder Betriebsergebnis) ermitteln.

Systeme, die dem Benutzer neben den allgemeinen Standarddokumenten oder dem Briefing Book und dem allgemeinen Informationsmodell/pool für die flexiblen Abfragen weiterhin noch Dateien zur Informationsmanipulation in Form von Hochrechnungen auf der Basis geänderter Annahmen für z.B. Preise oder Wechselkurse zur Verfügung stellen, sollten als Management oder Executive Support Systems bezeichnet werden [4].

Bei der Konzeption muß festgelegt werden, welche Systemkomponenten entwickelt werden müssen. Beispielsweise wurde bei der Daimler-Benz AG in einer ersten Phase ein starres Informationssystem mit mehreren Tausend Dokumenten erfolgreich eingeführt [5] und bei der Braun AG in der ersten Phase ein etwa 1.000 Dokumente umfassendes Briefing Book zusammen mit einem etwa 400 Millionen Einzelinformationen umfassenden Modell für flexible anzulegende Berichte implementiert [6].

1.4 Festlegung des Benutzerkreises als Konzeptionshilfe

Bereits die Existenz des Begriffs Management Information System neben Executive Information System oder Führungsinformationssystem deutet auf die Unsicherheit hin, für welche Benutzergruppe ein solches System zu definieren ist. Für die Konzeption hinsichtlich der Informationsinhalte ist die genaue Festlegung des Adressatenkreises unbedingt erforderlich. Generell gilt, daß ein System nur für Executives, d.h. für die Unternehmensleitung wie Vorstand und Direktion, über mehr Informationsbreite anstatt über Informationstiefe bis in das kleinstmögliche Detail verfügen muß und daß "Decision Support" als Baustein hier sehr zweckmäßig ist. Bei Benutzern auf der mittleren und unteren Managementebene sowie bei Analysten hat der Aspekt der Informationstiefe gegenüber dem Aspekt der Informationsbreite Vorrang. Je mehr Ebenen im Management in den Benutzerkreis einbezogen werden, desto umfangreicher wird das System und desto höher werden die Kosten, da Speicherplatz und CPU steigen. Argumente für einen möglichst großen Benutzerkreis auf den unterschiedlichsten Ebenen sind:

- eine Software mit hoher Benutzerfreundlichkeit durch Windows oder Pull Down Menüs ist auf jeder Ebene in der Organisation eine Erleichterung bei Analysearbeiten und
- die den Vorständen und Direktoren zuarbeitenden Abteilungen müssen die Analyseergebnisse ihrer Vorgesetzten nachvollziehen können, um z.B. Vorschläge für Lösungen auszuarbeiten.

Das Argument gegen einen möglichst großen Benutzerkreis auf den unterschiedlichsten Ebenen ist die Geheimhaltung und die Zuriffsmöglichkeit auf Informationen, die zwar interessant jedoch für die Arbeit nicht bei jedem Benutzer relevant sind. Vor dem Hintergrund der Vor- und Nachteile wurden in der Praxis unterschiedliche Entscheidungen getroffen: die Executive Information Systems und die Management Information Systems.

Wenn das Management Information System auch mittleren und unteren Managementebenen wie z.B. Produktmanagern und Analysten zur Verfügung gestellt wird, müssen Geheimhaltung und Zugriffsberechtigungen auf die Unternehmensdaten geklärt werden. Geheimhaltung kann über Passwort-Vergabe geregelt werden; sie ist jedoch bei einem großen Benutzerkreis schwieriger zu kontrollieren.

Zugriffsberechtigungen sind zu regeln hinsichtlich der für die einzelnen Positionen notwendigen Informationen. Denkbar ist beispielsweise ein Konzept, das Vorständen, Direktoren und Controllern den Zugriff auf alle im Executive Support System verfügbaren Daten erlaubt und dem mittleren und unteren Management nur den Zugriff auf die für den jeweiligen Arbeitsbereich relevanten Daten gestattet. Beispielsweise hat ein Sales Manager einer bestimmten Absatzregion nur Zugriff auf die Ergebnisse aller Produkte in den zu dieser Region gehörenden Absatzmärkten und dem Manager einer Produktlinie wird umgekehrt nur der Zugriff auf die Produkte seiner Produktlinie in allen Absatzmärkten des Unternehmens erlaubt. Zugriffsberechtigungen werden nach dem Prinzip "need to know" geregelt. Der Informationsaustausch unter "Kollegen" ist dabei nicht auszuschließen; er wird nur erschwert.

2.   Realisation des Konzeptes

2.1   Gesamtkonzept

Es besteht die Möglichkeit, für ein Executive Support System zunächst ein vollständiges Fachkonzept zu erarbeiten. Für ein derartiges Gesamtkonzept müssen:

- die Informationsinhalte (wie in Punkt 1.2. erörtert) genau definiert werden,
- die Bausteine des Systems (wie in Punkt 1.3. erörtert) festgelegt werden sowie
- der Benutzerkreis (wie in Punkt 1.4. erörtert) benannt werden.

Dieses Vorgehen ist mit umfassenden unternehmensweiten Analysen verbunden. Der Informationsbedarf von Managern aus den unterschiedlichsten Unternehmensbereichen muß erhoben, analysiert und harmonisiert werden. Das ist u.U. ein zeitintensiver Prozeß. Anzuschließen ist die Prüfung, ob und wo (Papier, Personal, Computer, Großrechner) die gewünschten Daten im Unternehmen vorhanden sind.
Bei bereits im Unternehmen verwendeten Daten muß eine Prüfung hinsichtlich Vollständigkeit, Richtigkeit sowie Aktualisierungshäufigkeit erfolgen, bevor mit der Erarbeitung einer EDV-Lösung begonnen werden kann. Zeigen sich dabei Probleme, so sind Unterprojekte auszuarbeiten, die für richtige und vollständige Daten in der gewünschten Aktualisierungshäufigkeit sorgen. Hier kann es u.U. zu zeitintensiven Realisierungen kommen.

Existieren die im Executive Support System gewünschten Daten im Unternehmen noch nicht, muß festgelegt werden, wie sie zur Verfügung gestellt werden. In diesem Fall sind i.d.R. noch mehr Zeit in Anspruch nehmende Unterprojekte zu realisieren.
Die Realisation eines Gesamtkonzeptes für ein Executive Support System ist ein auf der Zeitachse langandauerndes Projekt, das bei fehlenden Daten oder unzureichender Datenqualität noch einen Vorlauf hat. Nach der Genehmigung des Gesamtkonzeptes muß das Management u.U. noch lange auf die Implementierung warten.

2.2 Phasenkonzept

Möglich ist ebenfalls die Entwicklung eines Executive Support Systems in Stufen. In einer ersten Stufe oder Phase wird z.B. nur der Aufbau eines Briefing Book für die Finanzdaten des Unternehmens als detailliertes Fachkonzept erarbeitet und realisiert. Eine derartige Anwendung kann als Prototyp für Präsentationen im Unternehmen dienen und die Executives haben die Möglichkeit, erste Erfahrungen mit "elektronisierten" Berichten zu machen, die leicht zu überschauen sind. Die zweite Phase könnte flexible Berichte und "What-If-Abfragen" auf derselben Datenbasis zum Inhalt haben. In der dritten Phase könnten dann Informationen aus einem anderen Unternehmensbereich wie z.B. Produktion und Lagerhaltung in das System integriert werden, deren Vollständigkeit, Richtigkeit und Aktualität bereits in der zweiten Phase innerhalb eines Unterprojektes organisiert wurde.

Bei einem Phasenkonzept kommt es schon nach relativ kurzer Zeit zur Systemeinführung - wenn auch in beschränktem Umfang. Die Benutzer haben die Möglichkeit, sehr früh konstruktive Kritik einzubringen, die in der nächsten und in späteren Phasen berücksichtigt werden kann. Fehlentwicklungen und unbeliebtes Design werden vermieden. Leichter als im Gesamtkonzept fällt die benutzerorientierte Konzeption, da auch die Benutzer vor dem Hintergrund der Arbeit mit ersten Systemkomponenten besser artikulieren können, was ihnen genau zusagt. Teilrealisierungen überzeugen u.U. auch Executives, die den Nutzen eines derartigen Systems bezweifeln bzw. einen derartigen "Fremdkörper" am Arbeitsplatz scheuen.

3. Genehmigung des Konzeptes

Die Realisierung eines Executive Support System ist mit Investitionen und mit Kosten verbunden. Der benötigte Investitionsbetrag für Hard- und Software kann auf der Basis der beabsichtigten Zahl der Installationen relativ genau bestimmt werden. Eine derartige Investition ist dann von der Unternehmensleitung zu genehmigen. Die Genehmigung ist i.d.R. an das Ergebnis einer Wirtschaftlichkeitsrechnung geknüpft, d.h. ein "Return on Investment" ist auf der Grundlage von erwarteten Einsparungen und/oder erwartetem Nutzen anzugeben. Diese Größen sind hinsichtlich eines Executive Support Systems nur schwer zu bestimmen, da sie sehr von der Einstellung und Arbeitsweise der Executives abhängt. Deshalb sollte es hier bei einer qualitativen Analyse des Nutzen bleiben. Der Nutzen eines Executive Support Systems kann einerseits unter dem Aspekt der persönlichen Vorteile eines Managers (warum möchte ein Manager ein derartiges System für seine Arbeit?) und andererseits unter dem Aspekt der Vorteile für das Unternehmen insgesamt (warum möchten Manager ein derartiges

System für ihr Unternehmen?) beurteilt werden. Vorteile für den einzelnen Manager sind z.B.:

- weniger Papier/Berichte auf dem Schreibtisch,
- leichteres Wiederfinden der Informationen,
- übersichtlichere Berichte,
- immer verfügbar,
- signifikante Abweichungen sind deutlich hervorgehoben,
- Schaubilder anstatt Datenfriedhof,
- Kollegen haben dieselben Informationen sowie
- leichte Weiterverarbeitung der Daten hinsichtlich Simulation, Trends usw.

Vorteile für das Unternehmen sind, daß z.B.:

- der Aufbau von einfachen und klaren Datenstrukturen gefördert wird,
- der Gebrauch von einheitlichen Begriffen gefördert wird,
- die Doppel- oder Mehrfachumgabe von Daten reduziert wird,
- der Abstimmungsaufwand begrenzt wird und Abteilungen im Bereich der Datenerzeugung entlastet werden,
- bestehende unflexible Berichtswege aufgeweicht und Daten-Inseln integriert werden,
- klare, einfache und straffe Berichtsstrukturen erzeugt werden sowie
- Informationen zeitlich eher bereitgestellt werden, da die Informationsaufbereitung auf dem Papier (Drucken, Kopieren, Verteilen) entfällt.

4. Integration des Konzeptes in die Unternehmensorganisation

4.1 Sponsor als integrative Kraft

Die erfolgreiche Konzeption und Realisierung eines Executive Support Systems ist nur möglich, wenn insbesondere die informationsabgebenden Abteilungen konstruktiv mitarbeiten. Da ein derartiges System die Berichtsgewohnheiten und -inhalte wie oben ausgeführt verändert, ist die aktive Unterstützung nicht sicher. Mitarbeiter fürchten u.U. die Ablösung der von ihnen erstellten Berichte und Präsentationen und sehen ungewohnte Arbeiten auf sich zukommen. Ein Projektleiter aus einer bestimmten Fachabteilung besitzt i.d.R. nicht genügend Durchsetzungskraft die Kollegen anderer Funktionen/Bereiche zu aktivieren. Aus diesem Grunde sollte ein Executive der Sponsor des Systems sein. Er kann die Bedeutung für die Executives hervorheben und Kritik dämpfen, die auf mittleren und unteren Ebenen in der Organisation aufgrund geänderter Aufgaben geübt wird [9].

Executives sind jedoch nicht leicht als Sponsoren zu gewinnen. Wenn die Initiative für ein Executive Support System nicht von den Executives ausgeht, dann besteht noch die Möglichkeit, diese über die Probleme, die sie hinsichtlich der Verfügbarkeit und Aktualität von Daten haben, zu interessieren. Dort wo Informationen fehlen oder unvollständig sind, existiert i.d.R. auch Bereitschaft zur Unterstützung. Executives mit Problemen hinsichtlich rechtzeitigen sowie umfassenden Informationen sind geeignete Sponsoren.

4.2   Aktualisierung

Ein Executive Support System muß täglich, wöchentlich und/oder monatlich aktualisiert werden. Es ist mit Informationen aus anderen Quellen zu versorgen, für die die Verantwortung bei Controllern oder anderen Sachgebietsleitern liegt. Diese Absender von Daten haben die Verantwortung für:

- Vollständigkeit
- Richtigkeit
- Pünktlichkeit und
- Aktualität.

Haben diese Absender nicht ebenfalls die Verantwortung für die Aktualisierung im Executive Support System, sollte ein Fälligkeitskalender sie dazu verpflichten.

Grundsätzlich kann die Aktualisierung, die "Pflege" der Dokumente/Standardbildschirme sowie die Betreuung der Benutzer erfolgen durch:

- die Integration dieser Aufgaben in bestehende Abteilungen, die die Datenerzeugung und Informationsaufbereitung verantworten oder
- die Bildung einer zusätzlichen Abteilung mit Administratoren und Anwendungsentwicklern.

Die Integration der neuen Aufgaben in die bestehenden Abteilungen erscheint zweckmäßig, damit die informationsabgebenden Stellen sich für die von ihnen bereitgestellten Daten im Executive Support System hinsichtlich der oben genannten Qualitätsgesichtspunkte verantwortlich fühlen. Zudem werden Kommunikationsschwierigkeiten mit einer weiteren die Daten verarbeitenden Stelle und zusätzlichen Kosten für Gehalt, Raum und Ausstattung vermieden. Fraglich ist jedoch, ob die Mitarbeiter der Fachabteilung den zusätzlichen

Anforderungen gewachsen sind, insbesondere wenn es sich um ein System auf dem Großrechner handelt. Die Ausführung von Transaktionen auf dem Großrechner durch Nicht-Experten kann gegen Regeln in der elektronischen Datenverarbeitung verstoßen. Außerdem werden komplexe Operationen auf dem Großrechner i.d.R. nur beherrscht, wenn sie regelmäßig und nicht etwa nur einmal wöchentlich oder monatlich auszuführen sind.

Die Art der Integration der mit dem Executive Support System zusammenhängenden regelmäßigen Aufgaben hängt entscheidend von der Komplexität der einzusetzenden Software sowie der dazu benötigten Hardware ab.

Literaturverzeichnis:

[1] Vgl. z.B.: Rieger, B.: Executive Information Systems, in: Büroautomation im betrieblichen Umfeld, Berlin 1990; Hummeltenberg, W.; Chamoni, P.: Entwicklung betrieblicher Decision-Support-Systeme, Tagungsband zur DGOR Fachtagung Planungssprachen März 1990; Rockart, J.F.; Delong, D.W.: Executive Support Systems, Homewood, Illinois 1988; Neumann-Schäfer, R. in: Erfolg, Büromagazin für den Chef und Leitende in der Industrie, Informationen für Top-Manager, April 1991.

[2] Vgl. z.B. die Software "COMMANDER EIS" der Firma COMSHARE.

[3] Vgl. z.B. die Software "EXECU VIEW" der Firma COMSHARE.

[4] Vgl. Lindau, C.: Erfolgsfaktoren für die Einführung eines Führungsinformationssystems; Erfahrungen bei der Planung, Einführung und beim Betrieb im Hause Daimler-Benz AG, Stuttgart; in: Office Management 3, 1991.

[5] Ebenda.

[6] Vgl. Neumann-Schäfer, R.: Informationen für Top-Manager.

[7] Ebenda.

[8] Vgl. Lindau, C.

[9] Vgl. ebenda und Rockart J.F.; De Long, D.W. S. 151-169.

Moderne Anwendungsarchitekturen für Rechnungswesen- und Controlling-Software

Dr. h.c. Hasso Plattner, SAP AG, Walldorf

Leider war es dem Autor nicht möglich, bis zum Redaktionsschluß dieses Tagungsbandes das Manuskript einzureichen. Die Teilnehmer der Veranstaltung erhalten eine Kopie der beim Vortrag verwendeten Folien.

12. Saarbrücker Arbeitstagung 1991
Rechnungswesen und EDV
hrsg. v. A.-W. Scheer
© Physica-Verlag Heidelberg 1991

Entscheidungsrelevante Kalkulationsmethoden unter Berücksichtigung neuer amerikanischer Erkenntnisse (CAM-I)

Dipl.-Kfm. E. Herzog, Plaut Controlling Systems AG, Figino/Lugano

Gliederung:

12. Saarbrücker Arbeitstagung 1991
Rechnungswesen und EDV
hrsg. v. A.-W. Scheer
© Physica-Verlag Heidelberg 1991

1. Kriterien der Aufbereitung von Produktkosteninformationen

Im CMS-Kostenrechnungsmodell des CAM-I Conceptual Design [1] wird als primäres Ziel eines Cost Management Systems herausgestellt, die Kosten der Ressourcen verursachungsgerecht zu ermitteln, die für die Leistungserstellung und damit für die Herstellung eines Produkts verbraucht werden. Dabei werden auch die Kriterien der Aufbereitung von Produktkosteninformationen dargelegt [2].

Produktkosteninformationen werden in einem Unternehmen für unterschiedliche Zwecke benötigt. Während in den traditionellen Vollkostensystemen die Produktkostenkalkulation in erster Linie der Selbstkosten- bzw. Herstellkostenermittlung für die Zwecke der Abrechnung und der bilanziell orientierten Bestandsbewertung diente, sind heute detaillierte, mehrdimensionale Produktkosteninformationen in Verbindung mit der Entwicklung und Nutzung komplexer Fertigungstechnologien für das Management von ausschlaggebender strategischer Bedeutung. Darüber hinaus gilt es, die Kenntnis der Produktkosten zu nutzen, um das Rationalisierungspotential aufzuzeigen, welches bezogen auf die Kostenträger und deren Produktmix noch realisierbar ist. Es ist deshalb in der heutigen Zeit das Ziel, richtige Produktkosteninformationen für Management-Entscheidungen zu liefern und nicht die abrechnungsorientierten Zwecke der Nachkalkulation und Bestandsbewertung in den Vordergrund zu stellen. Diese Forderung bedingt eine mehrschichtige Darstellung von Produktkosteninformationen bezogen auf die:

- Aufbereitung von Angebotspreisinformationen
  - Vollkosten
  - Preisuntergrenze
  - Target Cost
- Aufbereitung von Produkt-Lebenszykluskosten
  - Entwicklungskosten
  - Sonderbetriebsmittelkosten
  - Marketingkosten
- Aufbereitung der Kosten für unproduktive Leistungen
  - Material-Bereitstellungskosten
  - Fertigungsunterstützung
  - losfixe Kosten
- Aufbereitung von Primärkosteninformationen
  - Vollkosten
  - Teilkosten.

Im folgenden soll am Beispiel einer Plankalkulation des Artikels T06001 - Welle 100/860 der

Modellfirma "Getriebebau GmbH" die mehrdimensionale Aufbereitung von Produktkosteninformationen im Rahmen eines flexiblen Plankostenrechnungssystems dargestellt werden.

2. Kalkulationsvergleich

In der Abbildung 1 werden die nach den Verfahren der Zuschlagskalkulation, Bezugsgrößenkalkulation (konventionell), und Bezugsgrößenkalkulation mit Prozeßkosten, ermittelten Ergebnisse der Produktkostenkalkulation gegenübergestellt.

Artikel	T06001 - WELLE 100/860	Kalk.-Menge	1
Art.-Gruppe	TEILE	Kalk.-ME	STÜCK
		Planlosgröße	160 STÜCK

KOSTENGRUPPE	ZUSCHL.-KALK.	KALK. KONVENT.		KALK. M. PROZESSKO.	
		GES.	PROP.	GES.	PROP.
Einzelmaterial	315.00	315.00	315.00	315.00	315.00
MGK-Zuschlag	31.72	31.72	18.14	--	--
Material-Bereitstellung (Prozeßkalkulation)	--	--	--	40.86	25.92
MATERIAL-KOSTEN	346.72	346.72	333.14	355.86	341.92
Fertigungslohn	58.86	--	--	--	--
Fertigungs-Unterstützung (Prozeßkalkulation)	--	--	--	18.67	13.20
Fertigung,mengenprop.	470.88	427.52	314.62	389.65	285.86
FERTIGUNGS-KOSTEN MENGENPROP.	529.74	427.52	314.62	408.32	299.06
SONDER-BETR.-MITTEL	--	109.85	109.85	109.85	109.85
Entwicklungs-Zuschlag	--	14.85	10.00	--	--
Entwicklungs-Kosten (Lebenszyklus-Kalk.)	--	--	--	12.65	--
ENTWICKL.-KOSTEN	--	14.85	10.00	12.65	--
HERSTELL-KOSTEN MENGENPROP.	876.44	898.94	767.61	886.68	750.83

FERT.-UNTERSTÜTZG., LOSFIX	--	--	--	881.45	692.75
FERTIGUNG, LOSFIX	--	--	--	54.69	41.56
HERSTELL-KOSTEN., LOSFIX	--	--	--	936.14	734.31

Abb. 1: Kalkulations-Vergleich

Während die Zuschlagskalkulation und die konventionelle Bezugsgrößenkalkulation bei gleichem Differenzierungsgrad der Materialgemeinkostenzuschläge zu den gleichen Materialkosten (DM 346,72) kommen, führt das Verfahren der vorgangsorientierten Kalkulation von Prozessen im Bereich der Kosten für die Bereitstellung des Materials zu völlig anderen Materialgemeinkosten und damit auch zu anderen Materialkosten (DM 355,86). Bei dem Vergleich der Fertigungskosten nach den Verfahren

- Zuschlagskalkulation   DM 529,74
- Bezugsgrößenkalkulation   DM 427,52
- Bezugsgrößenkalkulation mit Prozeßkosten   DM 408,32

wird die undifferenzierte, fehlerhafte Kostenzurechnung einer auf dem Fertigungslohn basierenden Zuschlagskalkulation deutlich. Der Unterschied zwischen Bezugsgrößenkalkulation (Abbildung 2) zu Bezugsgrößenkalkulationen mit Prozeßkosten (Abbildung 3) basiert auf der unterschiedlichen Zurechnung der Kosten für die Leistungen der Fertigungsunterstützung.

								Kalk.-Menge		1	

Artikel   T06001 - WELLE 100/860   Kalk.-ME   Stück

Art.-Gruppe   TEILE   Planlosgröße   160 Stück

AFO	TEXT	KZ	Herkunft	Bezugsgrößen- Benennung	ME	Menge	Ko - Satz Ges	prop	Kosten Ges	prop
010	Rundstahl 115/875	M	L10002	--	STCK	1,000	315,00	315,00	315,00	315,00
	MGK-Zuschlag	Z	800003	--	%	--	10,07	5,76	31,72	18,14
010	NC-Drehen	F	421	Vorgabe-Std	VST	2,633	121,99	92,70	321,20	244,08
020	Spitzendrehen, kleine Maschine	F	432	Vorgabe-Std	VST	0,200	79,64	56,91	15,93	11,38
030	Fräsen	F	454	Vorgabe-Std	VST	0,117	87,39	65,25	10,22	7,63
030	Fräser (SBM)	S	300012	--	STCK	1,000	36,77	36,77	36,77	36,77
040	Glühen über 800°	F	551	Ofen-Std. über 800	ST2	0,133	198,11	134,16	26,35	17,84
050	Glühen bis 800°	F	551	Ofen-Std. bis 800	ST1	0,093	192,95	126,60	17,94	11,77
060	Schleifen Personal	F	442	Vorgabe-Std	VST	0,350	40,20	35,40	14,07	12,39
060	Schleifen Maschine	F	442	Maschinen-Std	MST	0,467	46,71	20,40	21,81	9,53
060	Schleifvorrichtung (SBM)	S	300013	--	STCK	1,000	73,08	73,08	73,08	73,08
	Entw.-Zuschlag	Z	800004	--	%	-	1,68	1,32	14,85	10,00
	MATERIALKOSTEN								315,00	315,00
	MAT.-GEMEINKOSTEN								31,72	18,14
	FERTIGUNGSKOSTEN								427,52	314,62
	SONDER-BETRIEBSMITTEL								109,85	109,85
	ENTWICKLUNGS-GEMEINKOSTEN								14,85	10,00
	SUMME HERSTELLKOSTEN								898,94	767,61

Legende; M = Materialkosten, F = Fertigungskosten, S = Sonderbetriebsmittel, Z = Zuschlag

Abb. 2: Plankalkulation konventionell

Während diese Leistungen bei der konventionellen Bezugsgrößenkalkulation über die innerbetriebliche Leistungsverrechnung in die Kostensätze der Fertigungsstellen eingegangen sind, wurden sie bei der Bezugsgrößenkalkulation mit Prozeßkosten über produktbezogene Prozeßkalkulationen für

-	NC-Programmierung	(FU 317)	
-	Qualitätssicherung	(FU 433)	
-	Innerbetrieblicher Transport	(FU 287)	
-	Arbeitsvorbereitung	(FU 193)	

direkt zugerechnet (vgl. Abbildung 3a)

				Kalk.-Menge	1
Artikel	T06001 - WELLE 100/860			**Kalk.-ME**	Stück
Art.-Gruppe	TEILE			**Planlosgröße**	160 Stück

AFO	TEXT	KZ	Herkunft	Bezugsgrößen- Benennung	ME	Menge	Ko - Satz Ges	prop	Kosten Ges	prop
010	Rundstahl 115/875	M	L10002	--	STCK	1,000	315,00	315,00	315,00	315,00
	Materialbereitstellung	P	M179		VRG	0,00625	6537,50	4306,94	40,86	26,92
	NC-Programmierung	P	FU317		VRG	0,0001	3564,80	2633,60	0,36	0,26
	Qualitätssicherung	P	FU433		VRG	0,100	103,26	71,62	10,33	7,16
	Innerbetrieblicher Transport	P	FU287		VRG	0,00625	1212,84	872,91	7,58	5,46
	Arbeitsvorbereitung	P	FU193		VRG	0,0001	4044,30	3178,50	0,40	0,32
010	NC-Drehen	F	421	Vorgabe-Std	VST	2,633	109,38	83,12	287,99	218,86
020	Spitzendrehen, kleine Maschine	F	432	Vorgabe-Std	VST	0,200	75,02	53,94	15,01	10,79
030	Fräsen	F	454	Vorgabe-Std	VST	0,117	83,22	62,57	9,73	7,31
030	Fräser (SBM)	S	300012	--	STCK	1,000	36,77	36,77	36,77	36,77
040	Glühen über 800°	F	551	Ofen-Std. über 800°	ST2	0,133	195,96	129,08	26,08	17,17
050	Glühen bis 800°	F	551	Ofen-Std. bis 800°	ST1	0,093	188,71	123,98	17,55	11,53
060	Schleifen Personal	F	442	Vorgabe-Std	VST	0,350	38,50	34,18	13,47	11,96
060	Schleifen Maschine	F	442	Maschinen-Std	MST	0,467	42,44	17,63	19,82	8,24
060	Schleifvorrichtung (SBM)	S	300013	--	STCK	1,000	73,08	73,08	73,08	73,08
	Entwicklungskosten	P	LK217		STCK	1,000	12,65	--	12,65	--
	MATERIALKOSTEN								315,00	315,00
	MATERIALBEREITSTELLUNG								40,86	26,92
	FERTIGUNGSUNTERSTÜTZUNG								18,67	13,20
	FERTIGUNGSKOSTEN								389,65	285,86
	SONDER-BETRIEBSMITTEL								109,85	109,85
	ENTWICKLUNGSKOSTEN								12,65	--
									886,68	750,83

Legende: M = Materialkosten, F = Fertigungskosten, P = Prozeßkosten, S = Sonderbetriebsmittel

Abb. 3a: Plankalkulation mit Prozeßkosten

Es kommt hinzu, daß die auftrags- bzw. losfixen Kosten, anders als bei der Bezugsgrößenkalkulation, getrennt von den mengenproportionalen Fertigungskosten auftragsbezogen dargestellt werden (vgl. Abbildung 3b).

Artikel	T06001 - WELLE 100/860
Art.-Gruppe	TEILE

Kalk.-Menge 1
Kalk.-ME FERT.-AUFTRAG
Planlosgröße 160 STÜCK

Zeile	T E X T	KZ	Herkunft	Bezugsgrößen- Benennung	ME	Menge	Ko - Satz Ges	prop	Kosten Ges	prop
001	Auftragsplanung/Auftragssteuerung	L	FU396	Vorgang	VRG	1,0	881,45	692,75	881,45	692,75
002	Rüsten NC-Drehmaschinen	L	421	Rüst-Std.	RST	0,5	190,38	83,12	54,69	41,56

SUMME LOSFIXE HERSTELLKOSTEN	936,14	734,31

Legende: L = Losfixe Kosten

Abb. 3b: Plankalkulation mit Prozeßkosten

Die Zurechnung der Kosten für Sonderbetriebsmittel (Fräser/Schleifvorrichtung) ist in beiden Kalkulationsverfahren gleich. Die Entwicklungskosten dagegen werden in der konventionellen Bezugsgrößenkalkulation als Prozent-Zuschlag in der Bezugsgrößenkalkulation mit Prozeßkosten über eine produktbezogene Lebenszyklus-Kalkulation mit einer Quote je Stck. verrechnet.

Als Ergebnis der mengenproportional errechneten Produktherstellkosten ergeben sich für die einzelnen Kalkulationsarten folgende Werte:

- Zuschlagskalkulation   DM 876,44
- Bezugsgrößenkalkulation   DM 898,94
- Bezugsgrößenkalkulation mit Prozeßkosten   DM 886,68

Dabei ist zu berücksichtigen, daß bei der Bezugsgrößenkalkulation mit Prozeßkosten die losfixen Herstellkosten auftragsbezogen noch hinzukommen (DM 5,85 je Stck. bezogen auf eine Losgröße von 160 Stck.).

Als Beispiel für die im Rahmen einer Plankalkulation mit Prozeßkosten zu erstellenden prozeßbezogenen Vorgangskalkulationen sollen die mit der Materialbereitstellung verbundenen Vorgänge herangezogen werden. In Abbildung 4 werden, wie in einer Montagestückliste, die in Einzelkalkulationen abgebildeten Vorgänge bezogen auf das Kalkulationsobjekt "Materialbereitstellung Stangenmaterial für einen Fertigungsauftrag Wellen" zusammengestellt.

							Kalk.-Nr.	M179		

Kalk.-Objekt MATERIALBEREITSTELLUNG L10002   Kalk.-Menge 1

Klasse   KAUFTEILE, KAT.A., LAGER   Gruppe   STANGENMATERIAL   Kalk.-ME   FERTIGUNGSAUFTRAG

| AFO | TEXT | KST | Bezugsgrößen- | | | Menge/ | Eins.- | Ko - Satz | | Kosten | |
			Benennung	ME	Menge	Vorg.	Fakt.	Ges	prop	Ges	prop
001	Anfragen-/Angebotsbearbeitung	A053	Vorgänge	VRG	1,0	250	0,64	226,51	149,85	144,97	95,90
002	Materialbeschaffung	B187	Vorgänge	VRG	1,0	250	0,64	368,53	244,92	235,86	156,75
003	Wareneingang	W087	Vorgänge	VRG	1,0	125	1,28	1831,28	1299,81	2344,04	1663,76
004	Warenausgabe	H046	Vorgänge	VRG	1,0	160	1,00	3812,63	2390,53	3812,63	2390,53
KOSTEN JE FERTIGUNGSAUFTRAG										6537,50	4306,94

Abb. 4: Vorgangskalkulation - Zusammenfassung

Es handelt sich dabei um die in den Abbildungen 5, 6, 7 und 8 dargestellten Einzelvorgänge (Prozeße):

Kalk.-Nr.							A053			
Kalk.-Objekt ANFRAGEN-/ANGEBOTSABWICKLUNG						**Kalk.-Menge**	1			
Klasse KAUFTEILE, KAT.A., LAGER			**Gruppe** STANGENMATERIAL			**Kalk.-ME**	ANGEB.-VORG.			

AFO	TEXT	KST	Bezugsgrößen-			Menge/	Eins.-	Ko - Satz		Kosten	
			Benennung	ME	Menge	Vorg.	Fakt.	Ges	prop	Ges	prop
010	Anfragen-/Angebotsbearbeitung	300	Gruppenf.-Std.	GST	0,500	100	0,5	108,80	73,60	27,20	18,40
		300	Sachbearb.-Std.	SST	0,750	50	1,0	95,70	62,10	71,78	46,58
020	Anfragenkorrespondenz	300	Sekretariats-Std.	BST	0,200	50	1,0	77,30	58,50	15,46	11,70
030	Angebotsprüfung	300	Gruppenf.-Std.	GST	0,300	100	0,5	108,80	73,60	16,32	11,04
		300	Sachbearb.-Std.	SST	0,500	50	1,0	95,70	62,10	47,85	31,05
040	Angebotsnachbearbeitung	300	Sachbearb.-Std.	SST	0,667	100	0,5	95,70	62,10	31,92	20,71
050	Preisdateipflege	300	Sachbearb.-Std.	SST	0,167	50	1,0	95,70	62,10	15,98	10,37
	KOSTEN JE ANFRAGE- / ANGEBOTSVORGANG									**226,51**	**149,85**

Abb. 5: Anfragen-/Angebotsabwicklung

Kalk.-Nr.							B187			
Kalk.-Objekt MATERIALBESCHAFFUNG						**Kalk.-Menge**	1			
Klasse KAUFTEILE, KAT.A., LAGER			**Gruppe** STANGENMATERIAL			**Kalk.-ME**	BESCHAFFGS.-VORG.			

AFO	TEXT	KST	Bezugsgrößen-			Menge/	Eins.-	Ko - Satz		Kosten	
			Benennung	ME	Menge	Vorg.	Fakt.	Ges	prop	Ges	prop
010	Bestandsbearbeitung	300	Gruppenf.-Std.	GST	1,500	50	1,0	108,80	73,60	163,20	110,40
020	Bestellbearbeitung	300	Sachbearb.-Std.	SST	0,750	50	1,0	95,70	62,10	71,78	46,58
030	Bestellbeschreibung	300	Sachbearb.-Std.	SST	0,417	50	1,0	95,70	62,10	39,91	25,90
040	Bestellnachbearbeitung	300	Sachbearb.-Std.	SST	0,667	100	0,5	95,70	62,10	31,92	20,71
050	Bestellreklamationen	300	Gruppenf.-Std.	GST	0,250	200	0,25	108,80	73,60	6,80	4,60
		300	Sachbearb.-Std.	SST	0,500	100	0,5	95,70	62,10	23,93	15,53
		300	Sekretariats-Std.	BST	0,333	200	0,25	77,30	58,50	6,44	4,87
060	Rechnungsprüfung	810	Sachbearb.-Std.	SST	0,250	50	1,0	98,20	65,30	24,55	16,33
	KOSTEN JE BESCHAFFUNGSVORGANG									**368,53**	**244,92**

Abb. 6: Materialbeschaffung

Kalk.-Nr. W087

Kalk.-Objekt WARENEINGANG   **Kalk.-Menge** 1

Klasse KAUFTEILE, KAT.A., LAGER   **Gruppe** STANGENMATERIAL   **Kalk.-ME** WE-VORGANG

AFO	TEXT	KST	Bezugsgrößen- Benennung	ME	Menge	Menge/ Vorg.	Eins.- Fakt.	Ko-Satz Ges	prop	Kosten Ges	prop
010	Materialannahme	301	Personal-Std.	PST	6,500	25	1,0	82,10	62,50	533,65	406,25
		301	Stapler-Std.	TST	3,250	25	1,0	33,60	19,40	109,20	63,05
020	WE - Prüfung	304	Personal-Std.	PST	0,500	1/20%	5,0	100,80	67,20	252,00	168,00
		304	Anlagen-Std.	MST	0,250	1/20%	5,0	39,10	18,70	48,88	23,38
		301	Stapler-Std.	TST	0,250	1/20%	5,0	33,60	19,40	42,00	24,25
030	Reklamationen / Retouren	300	Sachbearb.-Std.	SST	0,500	100	0,25	95,70	62,10	11,96	7,76
		301	Personal-Std.	PST	4,500	150	0,167	82,10	62,50	61,70	46,97
		301	Stapler-Std.	TST	2,250	150	0,167	33,60	19,40	12,63	7,29
040	Einlagern	301	Personal-Std.	PST	1,500	5	5,0	82,10	62,50	615,75	468,75
		301	Stapler-Std.	TST	0,750	5	5,0	33,60	19,40	126,00	72,75
050	Materialbestandsführung	300	Sachbearb.-Std.	SST	0,183	25	1,0	95,70	62,10	17,51	11,36
	KOSTEN JE WE - VORGANG									**1831,28**	**1299,81**

Abb. 7: Wareneingang

Kalk.-Nr. H046

Kalk.-Objekt WARENAUSGABE L10002   **Kalk.-Menge** 1

Klasse KAUFTEILE, KAT.A., LAGER   **Gruppe** STANGENMATERIAL   **Kalk.-ME** FERTIGUNGSAUFTR.

AFO	TEXT	KST	Bezugsgrößen- Benennung	ME	Menge	Menge/ Vorg.	Eins.- Fakt.	Ko-Satz Ges	prop	Kosten Ges	prop
010	Lagerplatzbedarf	301	Lagerfläche	QM	60,000	600	0,267	18,30	---	293,17	---
020	Kapitalbindung	301	Zinsen Uml.-Verm.	TDM	84,000	600	0,267	9,00	4,50	201,85	100,93
030	Materialtransport	301	Personal-Std.	PST	0,167	5	32,0	82,10	62,50	438,74	334,00
		301	Stapler-Std.	TST	0,083	5	32,0	33,60	19,40	89,24	51,53
040	Absägen	302	Personal-Std.	PST	0,090	1	160,0	77,40	57,80	1114,56	832,32
		302	Rüst-Std.	RST	0,250	160	1,0	79,90	62,10	19,98	15,53
		302	Maschinen-Std.	MST	0,067	1	160,0	26,80	9,30	287,30	99,70
		302	Elevator-Std.	EST	0,093	5	32,0	27,80	6,70	82,73	19,94
050	Materialausgabe	301	Personal-Std.	PST	0,400	5	32,0	82,10	62,50	1050,88	800,00
		301	Stapler-Std.	TST	0,200	5	32,0	33,60	19,40	215,04	124,16
060	Materialabrechnung	300	Sachbearb.-Std.	SST	0,100	80	2,0	95,70	62,10	19,14	12,42
	KOSTEN JE FERTIGUNGSAUFTRAG									**3812,63**	**2390,53**

Abb. 8: Warenausgabe

Die je Fertigungsauftrag Wellen ausgewiesenen Materialbereitstellungskosten der Kalkulations-Nr. M 179 (Abbildung 4) in Höhe von DM 6.537,50 werden mit einem Einsatzfaktor von 0,00625 in der Plankalkulation des Artikels T06001 Welle 100/860 in der Position Materialbereitstellung angesetzt (vgl. Abbildung 3). Der Einsatzfaktor ergibt sich durch Division der Kalkulationsmenge 1 Stck. durch die Planlosgröße je Fertigungsauftrag von 160 Stck.

Die mit der Materialbereitstellung verbundenen Vorgänge sind in Vorgangs-Einzelkalkulationen dargestellt (vgl. Abbildung 5 - 8). Dabei wurde kalkuliert für Stangenmaterial:

- A 053 Kosten je Anfrage-/Angebotsvorgang   (DM 226,61)
- B 187 Kosten je Beschaffungsvorgang   (DM 368,53)
- W 087 Kosten je Wareneingangsvorgang   (DM 1.831,63)
- H 046 Kosten der Warenausgabe je Ftg.-Auftr.   (DM 3.812,63)

Der "Wiedereinsatz" dieser Vorgangs-Einzelkalkulationen in die Vorgangskalkulation-Zusammenfassung (Abbildung 4) bezogen auf das Kalkulationsobjekt "Materialbereitstellungskosten je Fertigungsauftrag Stangenmaterial" erfolgt mit unterschiedlichen Einsatzfaktoren:

- A 053 und B 187 mit Einsatzfaktor 0,64
- W 087 mit Einsatzfaktor 1,28
- H 046 mit Einsatzfaktor 1,0

Der Faktor 0,64 ergibt sich durch Division der Fertigungsauftragslosgröße von 160 Stck. durch die Einkaufsauftragslosgröße von 250 Stck. Der Faktor 1,28 ergibt sich durch Division der Fertigungsauftragslosgröße von 160 Stck. durch die Wareneingangslosgröße von 125 Stck. Bei der Warenausgabe entspricht die Warenausgabelosgröße der Fertigungsauftragslosgröße. Die Bezugsgrößenkalkulation mit Prozeßkosten hat gegenüber der konventionellen Bezugsgrößenkalkulation folgende Vorteile:

- Der Forderung nach verursachungsgerechter Zurechnung von Gemeinkosten auf das Produkt wird in noch höherem Maße entsprochen.
- Der getrennte Ausweis von produktiven (value added) und unproduktiven (non value added) Arbeitsfolgen wird dargestellt und damit das Rationalisierungspotential eines Produktes sichtbar gemacht (target cost).

Den oben wiedergegebenen Vorteilen steht ein erhöhter Aufwand für die zusätzliche

Erstellung prozeßbezogener Vorgangskalkulationen gegenüber. Während in der Vergangenheit in den Industrieunternehmen wenig Bereitschaft zu erkennen war, diesen Aufwand zu betreiben, beginnt sich heute die Ansicht durchzusetzen, daß die Vorteile den zusätzlichen Aufwand rechtfertigen. Die Bezugsgrößenkalkulation mit Prozeßkosten als Weiterentwicklung der konventionellen Bezugsgrößenkalkulation wird sich durchsetzen, und auch auf die Einbeziehung der heute noch überwiegend über Zuschlag verrechneten Verwaltungs- und Vertriebsgemeinkosten wird in Zukunft nicht verzichtet werden können.

3. Primärkostenkalkulation

Während in Kapitel 2 die verursachungsgerechte Gemeinkostenzurechnung und die differenzierte Darstellung des Ressourcenverbrauchs im Vordergrund stand, geht es hier um Produktkosteninformationen, die sich auf die Zusammensetzung der Produktkosten nach Kostenelementen und auf die Betrachtung dieser Kostenelemente im Hinblick auf ihr Verhalten gegenüber verschiedenen Einflussfaktoren beziehen.

Voraussetzung einer Analyse der Produktkostenelemente ist eine Primärkostenkalkulation. Während das Einzelmaterial als Kostenelement in der Produktkostenkalkulation sichtbar gemacht werden kann, sind die produktbezogenen Materialbereitstellungskosten nicht nach Kostenarten differenziert darstellbar. Das gleiche gilt für die Fertigungskosten und die Kosten der fertigungsunterstützenden Leistungen. Allgemein gesagt verlieren alle über Kostenstellen und damit über Kostensätze verrechneten produktbezogenen Leistungen ihren Primärkostencharakter. Bezogen auf das empfangende Kalkulationsobjekt geben sie ihre Kosten über Ver
rechnungskostenarten (z.B. "Fertigungskosten") differenziert nach Arbeitsfolgen und Herkunftskostenstellen (z.B. NC-Drehen) weiter. Will man dennoch auf der Produktkostenebene die Zusammensetzung nach Kostenelementen (z.B. Personal-, Sach-, Kapitalkosten) über alle Kalkulationsstufen hinweg sichtbar machen, so bedingt das Systemanforderungen an die Kostenstellenrechnung und Produktkostenkalkulation. In der Kostenplanung der Kostenstellen müssen für die Zwecke der Primärkostenkalkulation die Kostensätze je Leistungsart (Bezugsgröße) nach Primärkostenelementen ausgewiesen werden. Das bedingt eine Auflösung der Kostenarten der innerbetrieblichen Leistungsverrechnung (sekundäre Kostenarten) nach Primärkostenelementen, wie es in anspruchsvollen Standardsoftware-Lösungen (z.B. RK von SAP, M120 von Plaut) vorgesehen ist. Die Primärkostenkalkulation soll am Beispiel der Plankalkulation mit Prozeßkosten (Abbildung 3) des Artikels T06001 Welle 100/860 demonstriert werden.
Wir beschränken uns auf die Fertigungskosten (Arbeitsfolgen 010-060) mit einem Wert von

DM 389,65 und stellen sie als Primärkostenkalkulation dar (Abbildung 9).

Artikel T06001 - WELLE 100/860 Art.-Gruppe TEILE				Kalk.-Kriterium GESAMTKOSTEN			Kalk.-Menge 1 Kalk.-ME Stück Planlosgröße 160 Stück		
KO-Stellen/Bez-Gr. KOA - Gruppen	KZ	421/ VST	432/ VST	454/ VST	551/ ST2	551/ ST1	442/ VST	442/ MST	Gesamt
BZ - Menge je Kalk. - Menge		2,633	0,200	0,117	0,133	0,093	0,350	0,467	
Fertigungslohn		45,97	4,06	2,21			6,62		58,86
Hilfslohn		25,43	0,86	0,61	6,11	4,27	0,14	1,12	38,54
Zulagen/Zuschläge		4,63	0,02	0,13	0,73	0,51	0,01	0,04	6,07
Pers.-Nebenko. Lohn		57,03	3,70	2,21	5,13	3,59	5,08	0,86	77,60
Gehalt		26,62	0,98	0,50	0,84	0,58	0,58	2,48	32,58
Pers.-Nebenko. Gehalt		9,85	0,36	0,18	0,31	0,21	0,21	0,92	12,04
PERSONALKOSTEN		169,53	9,98	5,84	13,12	9,16	12,64	5,42	225,69
Material vom Lager		24,67	0,75	0,97	1,66	1,00	0,02	2,11	31,18
Fremdinstandhaltung		22,04	0,31	0,55	2,41	1,68	0,08	1,56	28,63
Sonst. Fremdkosten		12,85	0,47	0,34	3,16	1,73	0,03	1,00	19,58
Versch. Gemeinkosten		7,56	0,55	0,31	0,84	0,58	0,36	1,58	11,78
SACHKOSTEN		67,12	2,08	2,17	8,07	4,99	0,49	6,25	91,17
Kalk. Abschreibung		38,39	2,10	1,12	2,79	1,94	0,04	4,04	50,42
Kalk. Zinsen		12,95	0,85	0,60	2,10	1,46	0,30	4,11	22,37
KAPITALKOSTEN		51,34	2,95	1,72	4,89	3,40	0,34	8,15	72,79
KOSTENSATZ - SUMMEN		287,99	15,01	9,73	26,08	17,55	13,47	19,82	389,65

Abb. 9: Primärkostenkalkulation Fertigung - mengenproportionale Kosten

Dazu muß das Vorhandensein der nach Primärkostenelementen aufgelösten Kostensätze der Fertigungskostenstellen (Abbildung 10) vorausgesetzt werden.

KO-Stellen/Bez-Gr. KOA - Gruppen	421/ VST	432/ VST	454/ VST	551/ ST2	551/ ST1	442/ VST	442/ MST
Fertigungslohn	17,46	20,28	18,92			18,92	
Hilfslohn	9,66	4,29	5,18	45,93	45,93	0,39	2,39
Zulagen/Zuschläge	1,76	0,12	1,11	5,48	5,48	0,02	0,08
Pers.-Nebenko. Lohn	21,66	18,52	18,90	38,55	38,55	14,50	1,85
Gehalt	10,11	4,88	4,28	6,29	6,23	1,65	5,31
Pers.-Nebenko. Gehalt	3,75	1,81	1,58	2,33	2,31	0,61	1,96
PERSONALKOSTEN	64,39	49,90	49,97	98,58	98,50	36,09	11,59
Material vom Lager	9,37	3,75	8,25	12,47	10,77	0,06	4,51
Fremdinstandhaltung	8,37	1,56	4,73	18,13	18,05	0,24	3,33
Sonst. Fremdkosten	4,88	2,33	2,90	23,75	18,58	0,09	2,15
Versch. Gemeinkosten	2,87	2,73	2,68	6,29	6,23	1,04	3,39
SACHKOSTEN	25,49	10,37	18,56	60,64	53,63	1,43	13,38
Kalk. Abschreibung	8,69	10,49	9,57	20,97	20,84	0,12	8,66
Kalk. Zinsen	0,27	4,26	5,12	15,77	15,74	0,86	8,81
KAPITALKOSTEN	8,96	14,75	14,69	36,74	36,58	0,98	17,47
KOSTENSATZ - SUMMEN	109,38	75,02	83,22	195,96	188,71	38,50	42,44

Abb. 10: Primärkostensätze - Gesamtkosten

Es folgt die Darstellung der Primärkosten nach den Kriterien

-   verbrauchsfunktionsbezogen (proportionale Kosten)
-   abbaubar (Grenzkosten im Sinne von Zusatzkosten)
-   ausgabenwirksam (Liquiditäts-Preisuntergrenze)

wie in Abbildung 11 dargestellt.

KALKULATIONS-UMFANG	GESAMT
Plankalkulation, Gesamt	
Personalkosten	225,69
Sachkosten	91,17
Kapitalkosten	72,79
Summe Fertigungskosten	389,65
davon	
* verbrauchsfunktionsbezogen	
Personalkosten	187,06
Sachkosten	69,78
Kapitalkosten	29,02
Summe Fertigungskosten	285,86
* abbaubar	
Personalkosten	10,62
Sachkosten	68,88
Kapitalkosten	-,--
Summe Fertigungskosten	79,50
* ausgabenwirksam	
Personalkosten	225,69
Sachkosten	59,99
Kapitalkosten	6,04
Summe Fertigungskosten	291,72

Abb. 11: Vergleich Fertigungskosten - mengenproportional

Dazu ist es notwendig, den Primärkostensätzen je Kostenstelle/Bezugsgröße Kennzeichen bzw. Prozentsätze bezogen auf die abgefragte Eigenschaft zuzuordnen, z.B. Kst. 421 NC-Drehen:

	Ftg.Lohn	Kalk. Abschr.
proportional	ja	60 %
abbaubar (kurzfr.)	nein	nein
ausgabenwirksam	ja	nein

Bei den verbrauchsfunktionsbezogenen proportionalen Kosten kann auf eine Kennzeichnung verzichtet werden, da im Rahmen eines Systems der flexiblen Plankostenrechnung die Aufteilung proportional/fix integrierter Bestandteil der Grundrechnung ist (Abbildung 12).

Artikel T06001 - WELLE 100/860							Kalk.-Menge 1	
Art.-Gruppe TEILE	Kalk.-Kriterium PROPORTIONALKOSTEN						Kalk.-ME Stück	
							Planlosgröße 160 Stück	
KO-Stellen/Bez-Gr. KZ KOA - Gruppen	421/ VST	432/ VST	454/ VST	551/ ST2	551/ ST1	442/ VST	442/ MST	Gesamt
BZ - Menge je Kalk. - Menge	2,633	0,200	0,117	0,133	0,093	0,350	0,467	
Fertigungslohn	45,97	4,06	2,21			6,62		58,86
Hilfslohn	18,62	0,58	0,42	5,46	3,82	0,04	0,78	29,72
Zulagen/Zuschläge	4,63	0,02	0,13	0,73	0,51	0,01	0,04	6,07
Pers.-Nebenko. Lohn	51,90	3,50	2,07	4,64	3,24	5,00	0,61	70,96
Gehalt	14,67	0,24	0,12	0,08	0,05	0,09	0,41	15,66
Pers.-Nebenko. Gehalt	5,42	0,09	0,04	0,03	0,02	0,04	0,15	5,79
PERSONALKOSTEN	141,21	8,49	4,99	10,94	7,64	11,80	1,99	187,06
Material vom Lager	23,85	0,72	0,94	1,17	0,67	0,01	1,99	29,35
Fremdinstandhaltung	20,43	0,21	0,45	1,70	1,18	0,06	1,36	25,39
Sonst. Fremdkosten	9,24	0,30	0,23	2,31	1,31	0,01	0,74	14,14
Versch. Gemeinkosten	0,53	0,03	0,02	0,04	0,03	0,03	0,22	0,90
SACHKOSTEN	54,05	1,26	1,64	5,22	3,19	0,11	4,31	69,78
Kalk. Abschreibung	22,89	0,99	0,66	0,91	0,63	0,00	1,86	27,94
Kalk. Zinsen	0,71	0,05	0,02	0,10	0,07	0,05	0,08	1,08
KAPITALKOSTEN	23,60	1,04	0,68	1,01	0,70	0,05	1,94	29,02
KOSTENSATZ - SUMMEN	218,86	10,79	7,31	17,17	11,53	11,96	8,24	285,86

Abb. 12: Primärkostenkalkulation Fertigung - mengenproportionale Kosten

Die Produktkosteninformationen der Primärkostenkalkulation können Auskunft geben auf folgende Fragen von strategischer Bedeutung:

- Preisuntergrenze bezogen auf
  - den Ressourcenverbrauch (proportionale Kosten)
  - die Zusatzkosten (abbaubare Kosten)
  - die Liquiditätsbeanspruchung (ausgabenwirksame Kosten)
- Produktkostenveränderung durch
  - Materialpreis-,
  - Personalkostentarif-,
  - Energiebezugspreiserhöhungen etc.
- produktbezogene Kapitalkostenkennziffern, wie z.B.
  - Cash Flow
  - Return on Investment

4.   Zusammenfassende Schlussfeststellungen

Die in dieser Ausarbeitung dargestellten Produktkosteninformationen gehen weit über die kostenrechnerischen Aufgaben der Selbstkostenrechnung und Bestandsbewertung hinaus. Sie dienen in ihrer Komplexität in erster Linie strategischen Management-Zielen. Sowohl die Bezugsgrößenkalkulation mit Prozeßkosten als auch die Primärkostenkalkulation lassen sich im betriebswirtschaftlichen Konzept der flexiblen Plankostenrechnung mit am Markt vorhandener, anspruchsvoller Main Frame Software abbilden. Voraussetzungen einer Bezugsgrößenkalkulation mit Prozeßkosten sind:

-     Wahl von Leistungsbezugsgrößen auch in den Kostenstellenbereichen der Materialbereitstellung und Fertigungsunterstützung (in Zukunft auch in zunehmendem Maße für Kostenstellen der Verwaltung und des Vertriebs).
-     Erstellung von Vorgangsplänen mit Arbeitsfolgen und Leistungsmengenstandards (z.B. Standard-Minuten) bezogen auf die prozeßbezogenen Kalkulationsobjekte. (Dies wird bei Dienstleistungsunternehmen z.B. Bundespost, Banken, Verkehrsbetriebe, Fluggesellschaften, Handelsketten etc. heute schon ausgiebig für die Zwecke der Personaldisposition praktiziert und für die Kostenrechnung genutzt).
-     Definition von geeigneten, prozeßbezogenen Kalkulationsobjekten mit verursachungsgerechter direkter oder indirekter Beziehung zum hergestellten Produkt.

Voraussetzungen einer Primärkostenkalkulation sind:

-     Die Auflösung der Kostensätze von Kostenstellen nach Primärkostenelementen unter Berücksichtigung der innerbetrieblichen Leistungsverrechnung
-     Die Durchrechnung der Primärkosteninformationen über alle Kalkulationsstufen (Teil, Baugruppe, Fertigfabrikat)
-     Die Festlegung und Verwaltung von Kennzeichen bzw. Prozentsätzen je Primärkostenelement in einer Kostenstelle/Bezugsgröße bezogen auf die abgefragte Eigenschaft "abbaubar", "ausgabenwirksam" etc.

Literaturverzeichnis:

[1] CAM-I: Cost Management for Today's Advanced Manufacturing, Harvard Business School Press, Boston 1988.

[2] Herzog E: Neuere Entwicklungen der Kostenrechnung in den USA, in Männel W. (Hrsg.): Handbuch der Kostenrechnung, Wiesbaden 1991.

EDV-gestützte Wirtschaftlichkeitsanalyse von flexibel automatisierten Produktionseinrichtungen

Dipl.-Ing. Dipl.-Wirt. Ing. M. Schönheit, Geschäftsführer, Wiegershaus & Schönheit, Ingenieurbüro für Fertigungsplanung, Köln

Gliederung:

12. Saarbrücker Arbeitstagung 1991
Rechnungswesen und EDV
hrsg. v. A.-W. Scheer
© Physica-Verlag Heidelberg 1991

1. Einleitung

Die Konjunkturlage auf dem Investitionsgütermarkt wird heute von einer Vielzahl volkswirtschaftlicher Faktoren geprägt. Dies hat Auswirkungen auf die Investitionsneigung der produzierenden Industrie.

Die Triade Europa, USA und Japan, als die einflußreichsten Motoren der Weltwirtschaftskonjunktur, stellt ein komplexes Gefüge dar. Europa steuert zielstrebig auf den Binnenmarkt 1992 zu. Die Vereinigten Staaten von Amerika investieren aufgrund des geschwächten Dollarkurses in einem geringeren Maße in europäische Produkte. Gleichzeitig steigt der Konkurrenzdruck durch die ostasiatischen Anbieter von hochwertigen Investitionsgütern auf USA und Europa. In Deutschland entsteht darüberhinaus eine besondere Situation durch die Zusammenführung der beiden deutschen Staaten.

Vor diesem Hintergrund besteht der Zwang für deutsche Unternehmer auf die konjunkturellen Entwicklungen zu reagieren. Eine Reaktion zur langfristigen Sicherung der Unternehmenslage wird in der Investition in kapitalintensive Produktionstechniken gesehen. Dies belegt die Tatsache, daß sich das Investitionsbudget deutscher Unternehmen in den letzten beiden Jahren um insgesamt 24% erhöht hat [1].

Ein großer Anteil dieser Investitionsausgaben fließt in die Beschaffung von flexiblen Produktionsanlagen. Dabei ergibt sich für die Unternehmensleitung das Problem, innovative Technologien mit konventionellen Bewertungsmethoden zu evaluieren. Die geforderte Präzision der Entscheidung wird meist nicht erreicht. Der Unternehmer läßt die "Entscheidung aus dem Bauch" oder die "unternehmerische Spürnase" der Gründerjahre aus Ermangelung an Methoden zur sicheren Investitionsentscheidung wieder aufleben.

Der vorliegende Beitrag befaßt sich mit dieser Problematik. Es werden die Rahmenbedingungen für die Investition in flexible Produktionstechnik erläutert. Aus den Zielsetzungen der investitionsbereiten Unternehmen einerseits und den Schwachstellen konventioneller Bewertungsmethoden andererseits werden die Forderungen an rechnergestützte Bewertungsmethoden abgeleitet. Es wird gezeigt, wie diese Forderungen in ein Programmpaket umgesetzt werden können. Sowohl der technischen wie auch der kaufmännischen Managementebene steht mit diesem Programmpaket ein Hilfsmittel zur Verfügung, das es erlaubt eine zielgerichtete Investitionsentscheidung auf der Basis von Bewertungskennzahlen und -grafiken durchzuführen.

2. Ausgangssituation

2.1 Rahmenbedingungen

Die Investitionsentscheidung wird bei größeren Unternehmen oder Konzernen meist von einer zentralen Investitionsplanungsabteilung vorbereitet. Bei mittelständischen Unternehmen, die über eine solche Abteilung nicht verfügen, wird die Investitionsentscheidung von Ingenieurgesellschaften oder Beratungsgesellschaften vorbereitet.

Die Bewertungsobjekte, die Gegenstand der Investition sind, haben ein vielfältiges Erscheinungsbild. Einerseits investiert der Unternehmer in Produktiveinheiten, wie sie flexible Fertigungssysteme darstellen. Andererseits werden Bereitstellungsfunktionen rationalisiert oder ausgetauscht. Hier erreichen moderne Logistiksysteme eine zunehmende Präferenz. Die Investition in komplette Produktionsstrukturen bzw. in neue Fabriken ermöglicht den etablierten Unternehmen neue Standbeine aufzubauen. Die Vielfalt der unterschiedlichen Bewertungsobjekte (Abb. 1) bedarf unterschiedlicher Ansätze und Methoden zur Vorbereitung und Unterstützung der Investitionsentscheidung. Der Grund liegt in der unterschiedlichen Nutzungsdauer der Bewertungsobjekte, der Finanzierungsformen, der Art der Kapitalbindung und deren Produktivität während der Betriebsphase.

Ein flexibles Produktionssystem kann als direkt produktive Einheit angesehen werden, deren Wirtschaftlichkeit zwar schwierig nachgewiesen aber in jedem Fall plausibel erwartet wird. Ein Logistiksystem, wie etwa ein automatisiertes Hochregallager oder Robotersystem, ist dagegen schwieriger in seiner Produktivität und Wirtschaftlichkeit zu bewerten. Hier können nur indirekte Opportunitätseffekte projektbegünstigend nachgewiesen werden. Aufgrund der verschiedenen Rahmenbedingungen sind unterschiedliche Bewertungsmethoden zur Entscheidungsvorbereitung heranzuziehen.

Steht die strategische Entscheidung im Vordergrund, sind qualitative Bewertungsmodelle heranzuziehen. Sind alternative Bewertungsobjekte zu bewerten, bieten Kennzahlensysteme eine Vergleichsbasis. Wird die Entscheidung jedoch von der Wirtschaftlichkeit der Maßnahme geprägt, so sind sämtliche quantifizierbaren Kriterien in der Wirtschaftlichkeitsrechnung zu berücksichtigen. Aus der Vielzahl der angebotenen Bewertungsmethoden muß sich der Manager nunmehr die entsprechenden Bewertungskennzahlen herauswählen. Die ausgewählte Kennzahl muß dabei eine adäquate Aussagefähigkeit für oder wider die Investition besitzen.

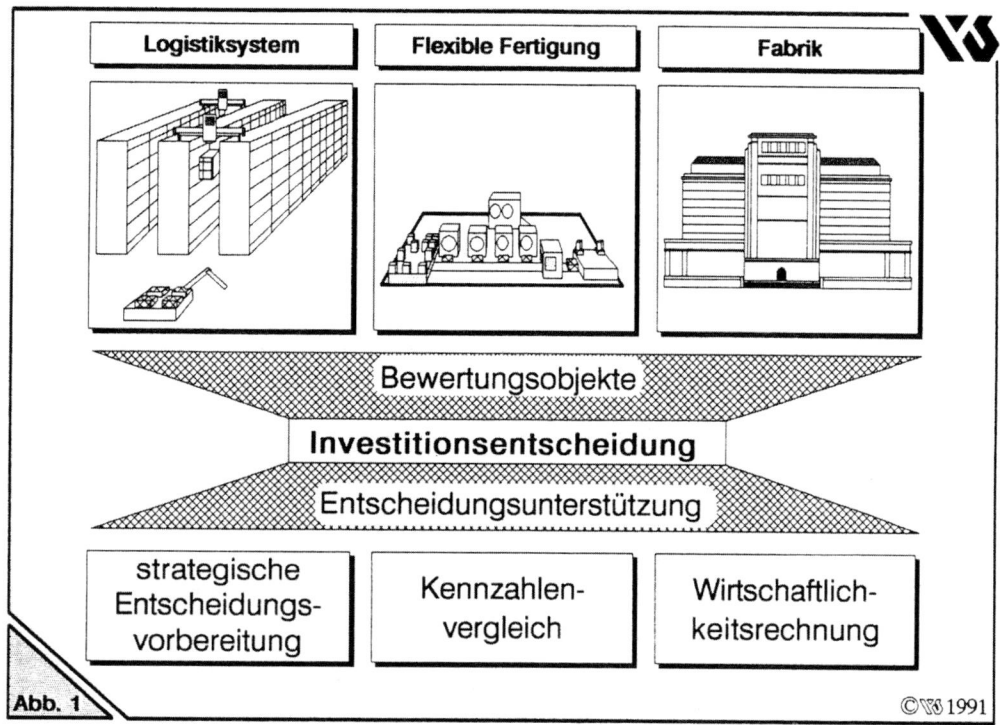

Abb. 1: Bewertungsobjekte für Investitionsplanungen

Die Notwendigkeit, in flexible Produktionstechnik zu investieren, ergibt sich aus den von außen auf das produzierende Unternehmen einwirkenden Rahmenbedingungen. In den vergangenen beiden Jahrzehnten weist der Trend hin zu einer steigenden Variantenvielfalt der Produkte. Jeder Abnehmer will seinen Wünschen entsprechend individuell mit einem reichhalti-
gen Produktangebot bedient werden (Abb. 2). Dabei nehmen die Produktlebenszeiten überproportional ab. Infolge der Anforderungen des kritischen Abnehmers steigt die Komplexität
der Produkte deutlich an. Während beispielsweise im Jahr 1970 die Bedienung, Überwachung, Werkstückzuführung und Steuerung von Drehmaschinen weitestgehend manuell
durchgeführt wurden, entwickelte sich ein sogenanntes Drehzentrum heraus, daß diese Funktionen vollautomatisch und selbsttätig realisieren kann. Als weitere wesentliche Einflußgröße
auf den Zwang zur Investition in flexible Produktionseinrichtungen wird die geforderte Lieferzeit angesehen. Oftmals entscheidet die Kürze der Lieferzeit über den Kauf eines Produktes. Somit sind die Unternehmer gezwungen, auf die geforderten kurzen Lieferzeiten mit der
Bereitstellung von flexiblen Produktionssystemen zu reagieren. Gerade was die flexible und
schnelle Reagibilität auf Mengen- und Produktänderungen betrifft, haben sich in den letzten
Jahren flexible Fertigungssysteme als vorteilhaft herausgestellt.

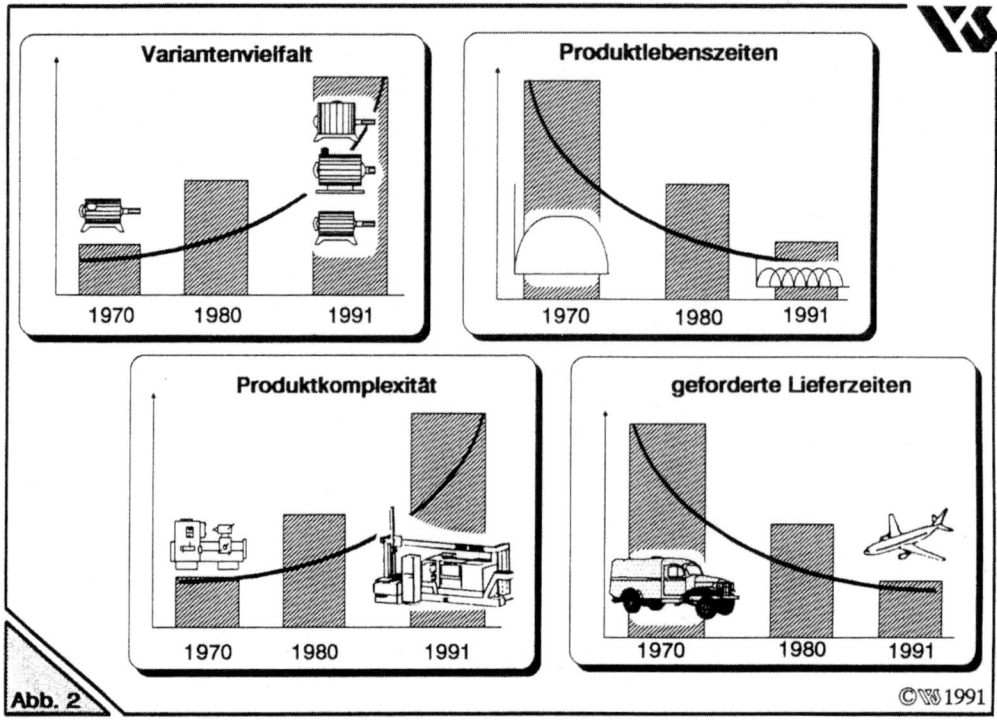

Abb. 2: Notwendigkeit flexibler Produktionstechnik (nach WZL) [2]

2.2 Zielsetzungen

Der Entscheidungsträger befindet sich in der schwierigen Situation vor dem Hintergrund geringer Kapitalressourcen und unzureichender Planungskapazität in komplexe Fertigungssysteme und neuartige Technologien zu investieren. Die Zielsetzung der Unternehmen bei der Investition in flexibel automatisierte Produktionstechnik wird von 15 repräsentativen Unternehmen in Abbildung 3 wiedergegeben.

Die am häufigsten genannten Zielsetzungen lassen sich in technische und ökonomische Forderungen an die Investitionsmaßnahmen zusammenfassen. Während die technischen Merkmale der Produktionseinrichtungen von der Flexibilitätssteigerung und der Durchlaufzeitverkürzung in einem erhöhten Maße geprägt werden, erwartet der Investor auf der ökonomischen Seite einen kurzfristigen wirtschaftlichen Erfolg. Dieser kurzfristige wirtschaftliche Erfolg wird mit einer Amortisationszeit von maximal 3 Jahren gefordert. Daß dies vor dem Hintergrund innovativer Technologien, wie flexible Fertigungssysteme es darstellen, außerordentlich schwierig ist, haben Beispiele in der Vergangenheit gezeigt [4]. Somit begründet sich die

Forderung, flexible Fertigungssysteme (FFS) müssen aus technischer und ökonomischer Sicht gleichermaßen bewertbar gemacht werden. Dazu sind die Zielsetzungen und die Zielerfüllungen soweit wie möglich monetär zu quantifizieren. Aufgrund der Komplexität der Einflußgrößen auf die Wirtschaftlichkeit eines FFS sind die Möglichkeiten der EDV auszuschöpfen. Erst mit dieser Vorgehensweise läßt sich die Investitionsentscheidung auf ein sicheres Fundament setzen.

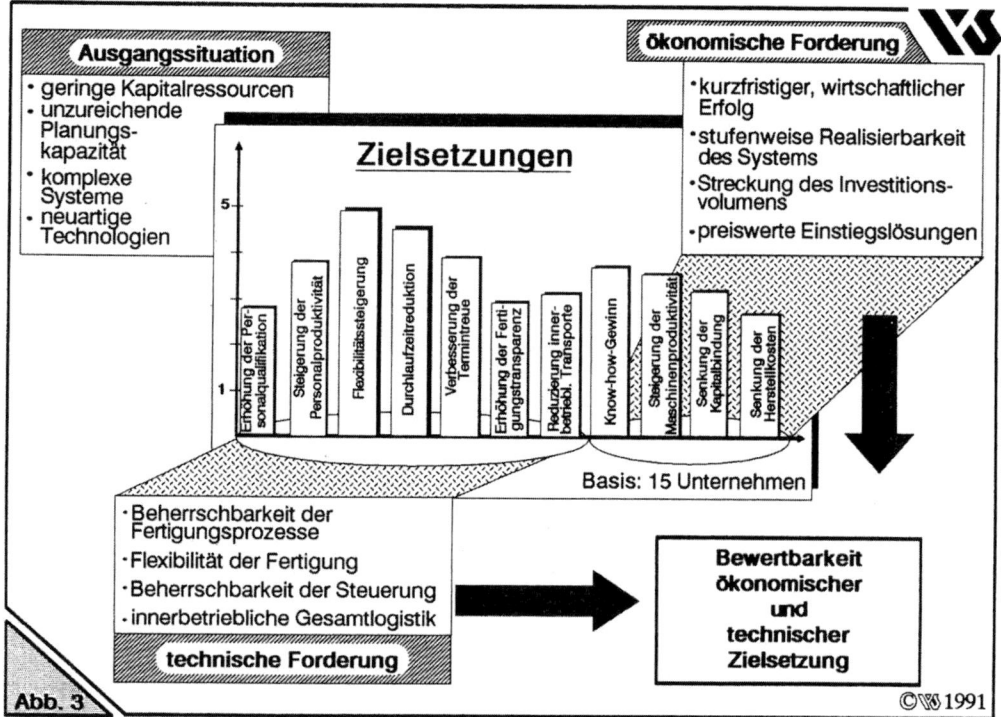

Abb. 3: Zielsetzung der Unternehmen bei der Investition in flexible Produktionstechnik [3]

3.   Schwachstellen konventioneller Bewertungsmethoden

Zunächst sei darauf hingewiesen, welche Kostenstrukturveränderungen sich ergeben, wenn durch die Investition in eine flexible Fertigungsstruktur die Gruppenfertigung das historisch gewachsene Werkstättenprinzip ablöst (Abb. 4).

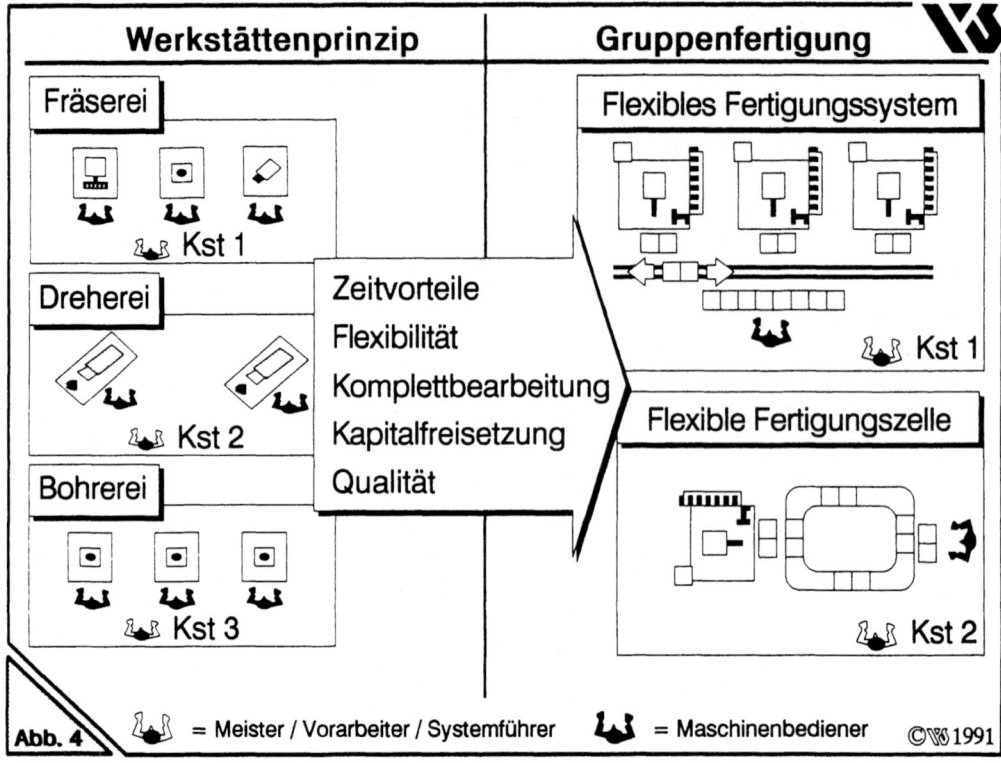

Abb. 4: Kostenstrukturveränderung durch geänderte Fertigungsprinzipien

Innerhalb der Werkstättenfertigung entstanden prozeßbedingte Fertigungsbereiche wie Fräserei, Dreherei, Bohrerei. Diese Fertigungsbereiche fassen verfahrensähnliche Maschinen zu einer Kostenstelle, und damit in einen Meisterbereich, zusammen. Die Prozeßkette bei der Fertigung eines Werkstückes wird charakterisiert durch Teile mit hoher Losgröße, die von jeder Kostenstelle sukzessive bearbeitet, transportiert und zwischengelagert werden. In einem FFS läßt sich ein Teil nunmehr vom Rohteil zum montagefähigen Fertigteil komplettbearbeiten (Komplettbearbeitung). Das Werkstück kann in einer oder zwei Aufspannungen innerhalb einer Maschine (Bearbeitungszentrum) gedreht, gebohrt und gefräst werden. Es entstehen keine Zwischenlagerzeiten mehr, da in nur einer Kostenstelle gefertigt wird (Zeitvorteile). Auch die Zuordnung eines Menschen zu einer Maschine wird von der neuen Arbeitsorganisation der Mehrmaschinenbedienung durch einen Werker abgelöst. Es entstehen neue Verantwortungsbereiche, die sich nachweislich in einer höheren Qualität der Produkte günstig auswirken (Qualität).

Um eine Vergleichbarkeit der aufgeführten Fertigungsprinzipien zu gewährleisten, müssen diese unterschiedlichen Kostenstrukturen differenziert evaluiert werden. Die Produktionsfunktionen, die im Verlauf des Arbeitsfortschrittes am Werkstück eine Wertschöpfung erzielen, werden in alten und neuen Fertigungsstrukturen ähnlich durchgeführt. Es ergeben sich lediglich Unterschiede in der Art der genutzten Produktionsfaktoren, Mensch und Maschine. Die geänderte Wertschöpfung am Produkt muß an den Funktionen Bearbeiten, Transportieren, Lagern, Handhaben, Überwachen, Steuern etc. ausgerichtet werden [5].

Ein Beispiel, mit dem häufig eine Investitionsentscheidung vorbereitet wird, ist der Vergleich der Fertigungskosten der Istfertigung mit denen der alternativ geplanten Maschinenkonzepte. In einen Fallbeispiel eines Unternehmens des Anlagenbaus wurden die Anschaffungskosten und Bearbeitungszeiten der neuen Maschinen mit den der Ist-Situation verglichen. Die mit den konventionellen Bewertungsalgorithmen der Kostenrechnung ermittelten Fertigungskosten ergaben dabei keine entscheidungsrelevante Aussage für eine Investition. Die evaluierten Maschinenkonzepte erbrachten wenig Einsparungseffekte. Eine Investition wurde infolgedessen abgelehnt. Erst die Analyse der Aufteilung des Maschinenstundensatzes als relevanter Anteil deckte die Tauglichkeit der Fertigungskosten zur Entscheidungsvorbereitung auf (Abb 5.).

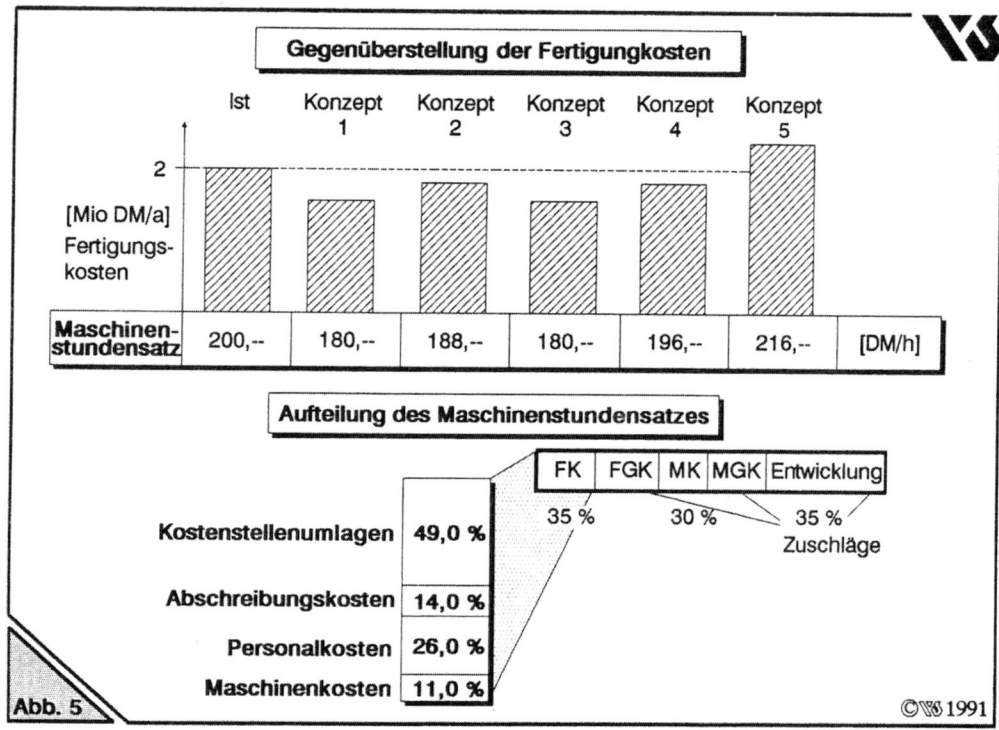

Abb. 5: Schwachstellen konventioneller Bewertungsmethoden

Der größte Anteil des Maschinenstundensatzes bestand in Kostenstellenumlagen. Weiterhin wurde ein unternehmensinterner Personalkostenschlüssel von 26% dem Maschinenstundensatz angehaftet, obwohl eine eindeutige Zuweisung von Personal zu Maschine mit den neuen Konzepten nicht mehr eindeutig möglich ist. Eine in besonderem Maße verfälschende Wirkung haben kalkulatorische Kosten, wie die Abschreibung der Maschineninvestitionen über Wiederbeschaffungskosten. Diese kalkulatorische Größe hat innerhalb der Kostenrechnung ihre sinnvolle Bewandnis, entspricht jedoch innerhalb der Wirtschaftlichkeitsrechnung keiner Zahlung in das oder aus dem Projekt. Somit verbleiben nur 11% tatsächliche Maschinenkosten, die für eine Investitionsmaßnahme zur vergleichenden Bewertung herangezogen werden könnte. Bedenkt der Investor, daß zu den Fertigungseinzelkosten noch ein beträchtlicher Anteil Fertigungsgemeinkosten zugeschlagen werden, relativieren sich die Fertigungskosten in ihrer Aussagefähigkeit für oder wider die Investition.

4. Forderungen an eine rechnergestützte Methode

Aus den ökonomischen Rahmenbedingungen und den Zielsetzungen der Unternehmen lassen sich sechs Forderungen an eine rechnergestützte Methode zur gezielten Entscheidungsfindung bei der Investition in flexibel automatisierte Produktionseinrichtungen formulieren.

4.1 Prozeßorientierte Bewertungsobjekte

Eine Untersuchung bei 23 Anwendern von FFS hat gezeigt, daß im Durchschnitt nur noch 51% der Anschaffungskosten auf die Bearbeitungseinheiten entfallen und der Rest von 49% auf die Investition von Peripherieeinrichtungen und Planungsleistungen [5]. Aus dieser Investitionskostenaufteilung wird die Bedeutung der Peripheriefunktionen innerhalb eines FFS deutlich. Zur Bewertung der Investitionen müssen also wegen der engen Verpflechtungen der integrierten Systeme, die hohen Peripheriekostenanteile und die veränderten Kostenstrukturen (s. Kapitel 3) sowie die angrenzenden Bereiche in einem gesonderten Maß berücksichtigt werden.

Die Bewertung der Investition, welche als Grundlage zur Entscheidungsfindung dient, sollte sich auf den kompletten Systemverbund FFS beziehen. Es genügt nicht den Systemerfolg allein auf Basis der Bearbeitungszeit als Bezugsgröße und eines Maschinenstundensatzes, der sämtliche Kostenanteile für Maschine, Personal, Peripherie und Umlage in sich vereinigt, zu bewerten. Es sind vielmehr unterschiedliche Bezugsgrößen und unterschiedliche Kostensätze abzubilden. Diese orientieren sich an den unterschiedlichen Funktionen des Bearbeitungsprozesses. Damit lassen sich die Indikatoren für eine ungewünschte Kostenentstehung herausfiltern und geeignete Maßnahmen für die Planung effektiver Systemeinheiten herausarbeiten.

4.2 Durchgängige Bewertung

Die Produktionsbewertung kann in drei zeitlich aufeinanderfolgende Phasen aufgeteilt werden (Abb. 6) [4].

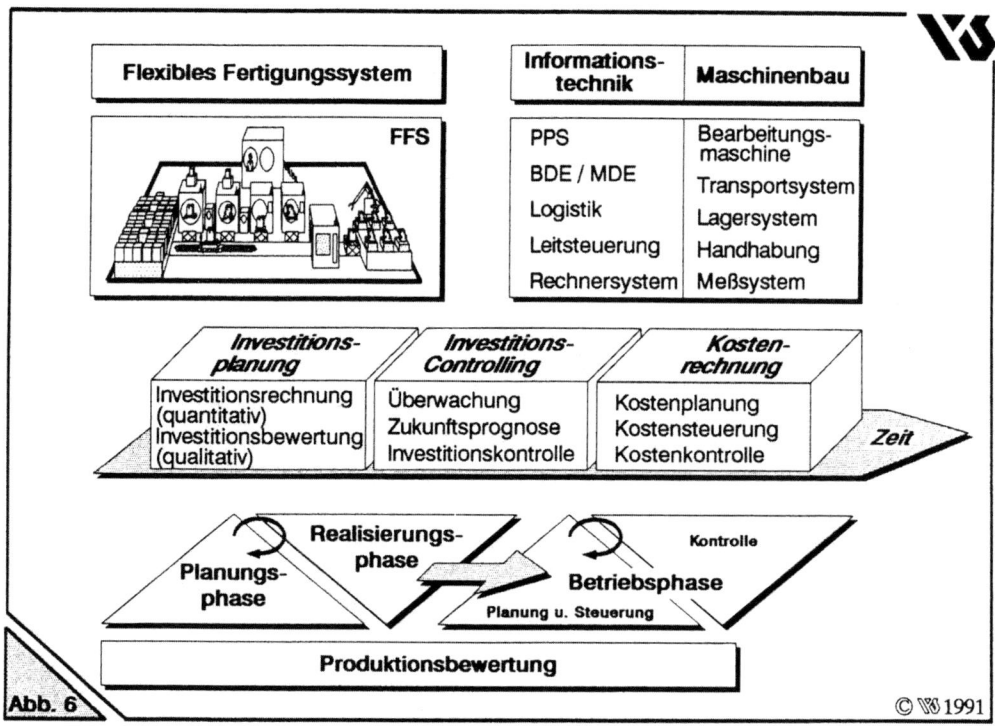

Abb. 6: Durchgängige Bewertung flexibler Fertigungskonzepte

Zu Beginn eines Investitionsprojekts, in der Planungsphase, geht es darum, aus alternativen Investitionsobjekten das wirtschaftlich und strategisch vorteilhafteste auszuwählen. In der Realisierungsphase sollte es möglich sein, durch eine ständige Kontrolle der in der Planungsphase getroffenen Entscheidungen die Indikatoren für erforderliche Korrekturmaßnahmen herauszustellen.

Ist die Investition getroffen und das System installiert, interessiert den Unternehmer innerhalb der Betriebsphase, welche Kosten durch die Fertigung der Produkte auf dem FFS entstehen.

Hierzu werden Methoden der Kostenrechnung herangezogen, die andersgearteten Zielen folgeleisten als die Methoden der Investitionsrechnung. Da für alle drei Phasen unterschiedliche Betrachtungszeiträume, verschieden sicher prognostizierte Basisdaten und unterschiedliche Ziele zugrundegelegt werden, dürfen Daten aus der Investitionsrechnung und des Investitionscontrollings nicht mit Daten aus der Kostenrechnung beliebig vermischt werden.

4.3 Aufteilung der Zielsetzungen in drei Bereiche

Die Zielsetzungen die sich Unternehmen bei der Investition in automatisierte Produktionseinrichtungen gesetzt haben, lassen sich in drei Bereiche gliedern. Einerseits gibt es technisch organisatorische Ziele, wie Steigerung der Produktivität und der Flexibilität oder wie Durchlaufzeitreduzierung, die meist auf der strategischen Ebene einzuordnen sind. Andererseits gibt es ökonomische Ziele wie Kostensenkung und Senkung der Kapitalbindung, die monetär quantifiziert werden können. Zwischen diesen beiden eindeutig zuzuordnenen Zielfeldern zur Investition gibt es Ziele, die weder strategischer noch quantifizierbarer Art sind. Der Erfüllungsgrad dieser Zielsetzungen kann auf der Basis von Kennzahlensystemen ermittelt werden. Damit lassen sich schwierig quantifizierbare Zielgrößen für die Investitionsentscheidung ableiten. Für die strategische Ebene sollte ein EDV-Tool die Methode der Wertanalyse und Argumentenbilanz zur Verfügung stellen und für die quantitative Ebene die Methoden der Wirtschaftlichkeitsrechnung. Die Flucht in eine oft qualitative Bewertung sollte verhindert werden, indem möglichst viele Ziele quantifiziert werden. Nur schwierig quantifizierbare Ziele sollten durch abgeleitete Kennzahlen evaluiert werden. Erst mit Hilfe der Ergebnisse dieser Bewertungsverfahren und deren Aggregation lassen sich sichere Entscheidungen treffen, da nur so gewährleistet ist, daß auch alle zur Realisierung eines FFS genannten Ziele berücksichtigt werden und zur Bewertung beitragen.

4.4 Steuerungsinstrument

Um den Einfluß einzelner oft prognostizierter Eingangsdaten auf die Bewertung sichtbar zu machen, bedarf es eines sogenannten Sensitivitätsszenarios. Einzelne Eingangsparameter, die für die Investitionsentscheidung als relevant erkannt wurden, werden in bestimmten Bereichen variiert, um so den Einfluß auf die Bewertung zu verdeutlichen. Werden z.B. einerseits die Absatzzahlen nur um 10% gesenkt, so könnte dies eine Investition kippen, anderseits kann die mögliche Steigerung der Maschinenkosten um 5% kaum einen Einfluß auf die Vorteilhaftigkeit dieser Investition haben. Solche Sensitivitätsszenarien bieten die Möglichkeit, die Sicherheit der Bewertung zu beurteilen und liefert dem Entscheidungsträger Hinweise auf die Empfindlichkeit der Entscheidung in bezug auf die Variation oft nur unsicher prognostizierbarer Eingangsdaten.

4.5 Dynamisieren der Investitionen

Die in der betrieblichen Praxis gebräuchlichen statischen Verfahren zur Wirtschaftlichkeitsrechnung berücksichtigen weder die zeitliche Veränderung von Zahlenströmen noch die Zinseszinswirkung bei der Bewertung von Investitionen. Bei der Entwicklung eines rechnergestütztes EDV-Tools sollte berücksichtigt werden, daß bei einer Investition nicht alle Ein- und Auszahlungen zum gleichen Zeitpunkt erfolgen. Darüberhinaus bewirken Zins-, Steuer- und Inflationseffekte einen wesentlichen Einfluß auf die Vorteilhaftigkeit der Investition.

4.6 Wirtschaftliche Bewertungsmethode

Als weitere entscheidende Forderung muß gelten, daß sich die Bewertung selbst den Maßregeln der Wirtschaftlichkeit stellen muß. Hiermit ist gemeint, daß sich der Datenerfassungsaufwand in erforderlichen Grenzen hält. Zur Eingabe in den Personal Computer sollte die Datenintegration zu bestehenden Datenbanken z.B. BDE, CA-Techniken, PPS ausgeschöpft werden.

5. Umsetzung der Methode in ein Programm

Aufbauend auf den oben genannten Forderungen wurde im Ingenieurbüro Wiegershaus & Schönheit ein EDV-gestütztes Programmpaket namens WINTEC (Wirtschaftlichkeitsanalyse innovativer Technologien) entwickelt. Das Programm, als Management-Informationssystem konzipiert, bietet dem Entscheidungsträger die Auswahl in einer Datenbank und einer Methodenbank, indem es unter einer einheitlichen Benutzeroberfläche sowohl strategische als auch wirtschaftliche Methoden zur Beurteilung einer Investition zur Verfügung stellt (s. Abb. 7). Die Besonderheiten des Management-Informationssystems liegen:

-    in der Bereitstellung einer umfangreichen Datenbank mit integrierten Vergleichszahlen für das zu beurteilende Investitionsvorhaben,

-    in der Möglichkeit aus einer Methodenbank für unterschiedliche Bewertungszwecke die adäquate Bewertungsmethode herauszuwählen,

- in einer anwenderfreundlichen Menüführung die unterschiedlichen Bewertungsobjekte durch angepaßte Vorgehensweisen zu beurteilen und

- in einer offenen Systemarchitektur, die die Eingabe über genormte Schnittstellen, Tastatur oder Datenträger zulassen.

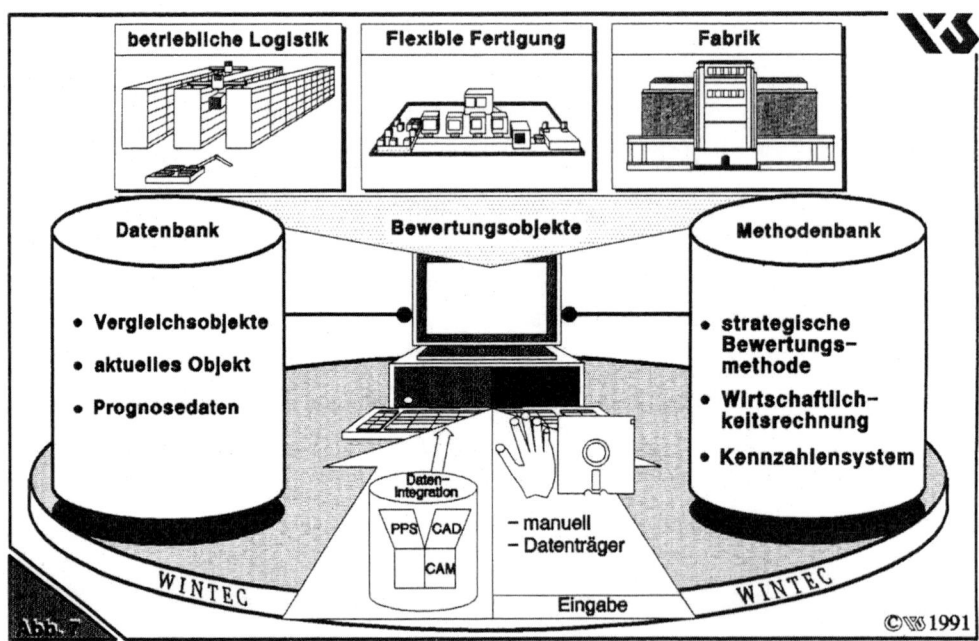

Abb. 7: Struktur des Management-Informationssystems

5.1 Grafische Benutzeroberfläche

Die einzelnen Bewertungsobjekte werden auf einer grafischen Benutzeroberfläche dargestellt, um der Forderung nach einer umfassenden Bilanz- und Bewertungsgrenze Rechnung zu tragen.

Das zu bewertende Objekt, z.B. eine flexibel automatisierte Produktionseinrichtung, kann entweder mit Hilfe eines Scanners auf den Personal Computer übertragen werden oder aber mit einem Zeichenprogramm erstellt und dann in die Benutzeroberfläche integriert werden. Ist die Produktionseinrichtung grafisch in das Programm eingebracht, kann der Benutzer mit Hilfe der Maus einzelne Objekte kennzeichnen. Diese einzelnen Objekte bilden dann die

Komponenten der zu bewertenden Anlage. Zu jeder einzelnen Komponente können dann getrennte Eingaben gemacht und in Tabellen und Grafiken abgebildet werden.

5.2   Zeitliche und objektorientierte Gliederung der Eingangsdaten

Die Forderung nach einer durchgängigen Bewertung wird dadurch erreicht, daß der Benutzer sämtliche Objekte, d.h. das komplette Produktionssystem vor Augen hat. Damit wird erreicht, daß eine vollständige Erfassung der Entscheidungsparameter aller Systemkomponenten innerhalb der vordefinierten Bilanzgrenzen gewährleistet ist. Die Eingangsdaten der Anlage werden streng nach Komponenten und nach den Kriterien "aktuelle Daten, prognostizierte Daten und vergleichbare Daten aus vorangegangenen Projekten" getrennt. Jedes Eingangsdatum wird also einem Objekt und einem Zeitpunkt zugeordnet. Damit wird schon bei der Eingabe eine Dateninkonsistenz vermieden.

5.3   Wirtschaftlichkeitsrechnung, Nutzwertanalyse und Kennzahlenmethode

Nach Eingabe der Daten zu jeder Komponente und der Auswahl des gewünschten Bewertungsobjektes, stellt das Programm dem Benutzer Bewertungsmethoden zur Verfügung, die aus einer Methodenbank zweckorientiert zu einer spezifischen Entscheidungsvorbereitung ausgewählt werden können (Abb 8). Für das Bewerten der strategischen Ziele werden dem Benutzer die Nutzwertanalyse und die Argumentenbilanz angeboten. Er kann hierbei entscheiden, welche alternativen Bewertungsobjekte ihm den größten Nutzen bringen. Für die ökonomischen, monetär quantifizierbaren Ziele werden ihm die Methoden der dynamischen und statischen Wirtschaftlichkeitsrechnung angeboten. Die statischen Kenngrößen (ROI, Amortisationsdauer, durchschnittlicher Gewinn) sollen ihm Vergleichsmöglichkeiten mit anderen Projekten bieten, die noch nicht mit den neuen Methoden bewertet wurden. Die dynamischen Kenngrößen wie Kapitalwert, Endwert, Annuität, interner Zinsfuß und dynamische Amortisationsdauer spiegeln die exakten Verhältnisse unter Berücksichtigung des Zeitpunktes der Ein- und Auszahlungen und der Zinsen wider. Zur Visualisierung können alle Ergebnisse in aggregierten Übersichten, in Tabellenform aber auch in Form von Kuchen- und Balkengrafiken auf dem Bildschirm oder Drucker dargestellt werden.

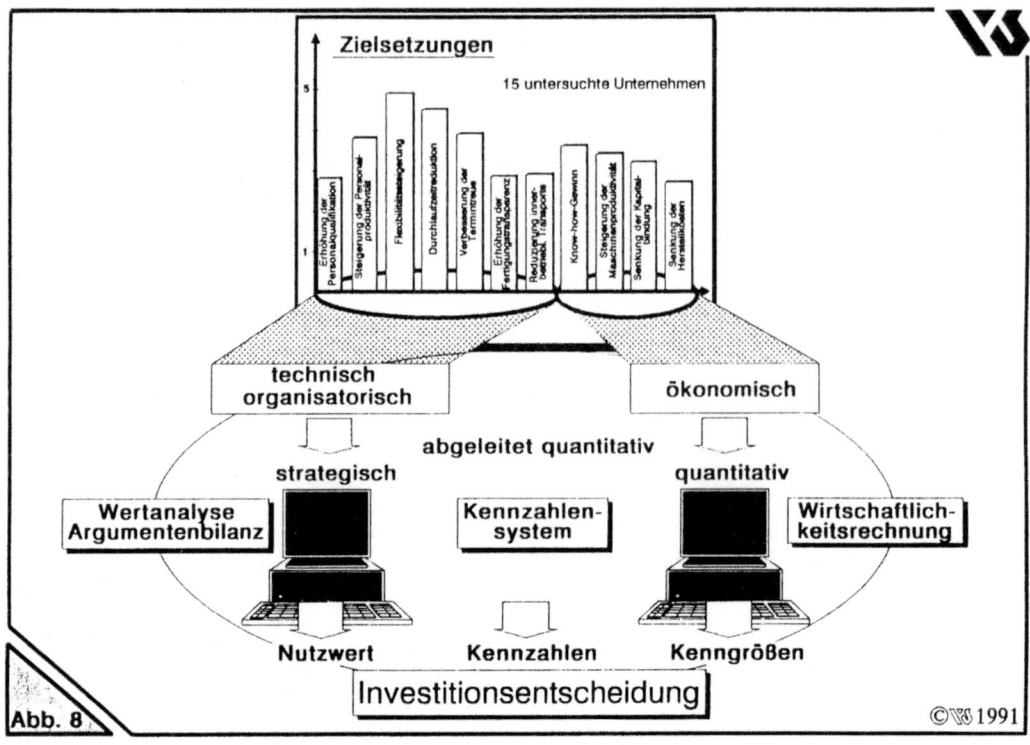

Abb. 8: Wirtschaftliche Bewertung der Produktion

5.4 Sensitivitätsszenarien

Einen wesentlichen Beitrag zur Beurteilung von Investitionsmaßnahmen leistet eine gezielte Variierung der Eingangsparameter, um die Sensitivität des Gesamtprojektes zu beurteilen (Abb. 9). Das im Hause Wiegershaus & Schönheit entwickelte Programmpaket WINTEC bietet dank der Multi-Fenster-Funktionen die Möglichkeit, auf der einen Bildschirmhälfte die Eingangsparameter zu ändern und gleichzeitig auf der anderen die Auswirkungen auf die Kenngrößen und Grafiken zu beobachten (Multitasking). So wird dem Entscheidungsträger bewußt, wie die oft nur geschätzten Eingangsdaten mehr oder weniger stark Einfluß auf die Entscheidung nehmen.

Mit diesem Hilfsmittel lassen sich auch Best- und Worst-Case-Szenarien durchspielen. In diesem Fall ist das Ergebnis der Wirtschaftlichkeitsrechnung nicht nur eine Kennzahl bzw. Kenngröße, sondern es wird ein Bereich angegeben, in dem sich die Kennzahlen bzw. Kenngrößen mit höchster Wahrscheinlichkeit bewegen. Die Bewertung eines Projektes könnte dann z.B. wie folgt lauten: "Das Projekt hat im besten Fall eine Amortisationsdauer von 3,2 Jahren, im schlechtesten Fall von 6,7 Jahren".

Ein wichtiges Ergebnis für den Anwender ist die Möglichkeit, mit Programmunterstützung die Parameter herauszustellen, die den größten Einfluß auf die Kennzahlenabweichung besitzen. Somit gelingt es dem Investor, an den entscheidenden Punkten die Stellschrauben für seine Planungsaktivitäten durch Weglassen einzelner irrelevanter Investitionen oder unwirksamer Rationalisierungsmaßnahmen zu drehen.

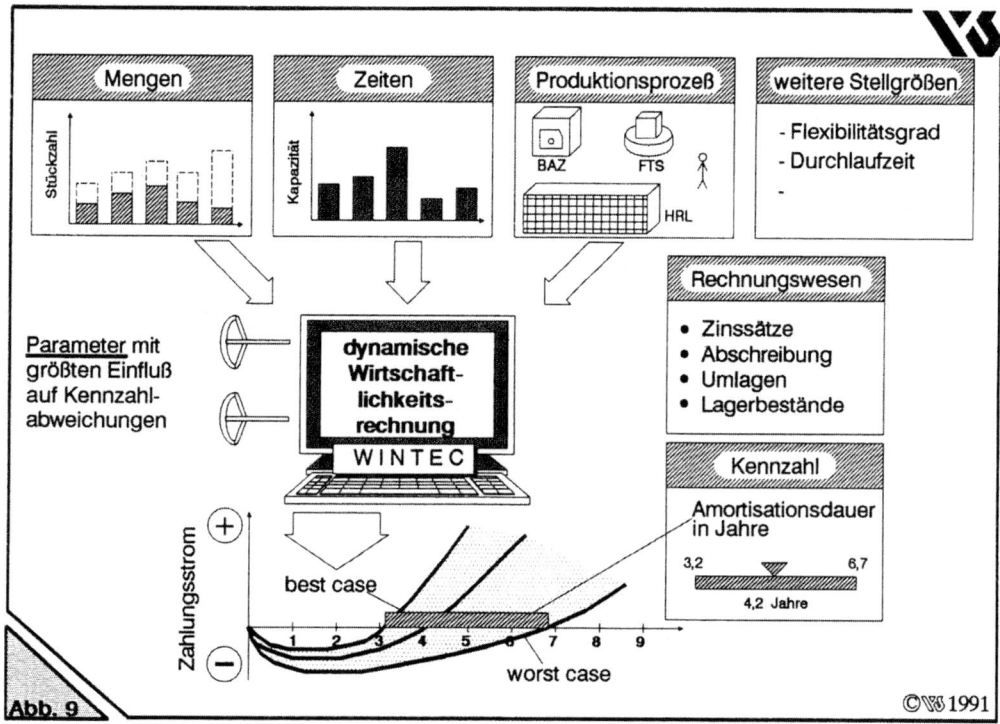

Abb. 9: Sensitivitätsszenario

5.5   Dynamische Wirtschaftlichkeitsrechnung

Das Programm WINTEC bietet den vollen Umfang der bekannten Verfahren der dynamischen Wirtschaftlichkeitsrechnung an. Aus diesem Grunde wird für jede Eingangsgröße einer investitionsrelevanten Zahlung nach dem Zahlungszeitpunkt gefragt. Im einzelnen werden zur dynamischen Wirtschaftlichkeitsrechnung folgende Verfahren und Methoden unterstützt:

- Kapitalwert
- Endwert
- Amortisationsdauer
- Annuität
- interner Zinsfuß

- MAPI-Methode

Für jedes Projekt können zusätzlich zu den Kenngrößen auch die Zahlungsreihen und Projekt-standskurven mit den aggregierten Ein- und Auszahlungen grafisch dargestellt werden.

5.6 Die Wirtschaftlichkeit des Programmpakets

Die in diesem Programm WINTEC benötigten Daten werden oft schon in anderen Daten-banken oder aber in der BDE eines Unternehmens gespeichert. Ziel dieses Programms ist es nicht, eine neue Datenbank zu schaffen, welche die dann redundanten Daten erneut erfaßt, aufbereitet und abspeichert. Vielmehr werden sogenannte Datenkopplungen zu anderen schon bestehenden Datenbanken geschaffen und damit auch der Datenerfassungsaufwand und somit die Planungskosten reduziert. Die Datenbanken von Systemen wie BDE, CA-Techniken und PPS bieten Möglichkeiten zur Integration kostenrelevanter Daten.

Daten aus Datenbanken lassen sich darüberhinaus über ein Modem oder einer Diskette in das Programm einlesen. Das Programmpaket WINTEC unterstützt alle gebräuchlichen Daten-bank- und Tabellenkalkulationsformate.

Ein weiteres Kriterium zur Wirtschaftlichkeit des Programms ist der Einsatz auf einem Industrie-PC und damit verbunden die Einbindung der Benutzeroberfläche unter dem Stan-dard Windows 3.0. Da schon eine große Anzahl Anwendungen mit diesem Benutzerober-flächen-Standard arbeiten und vielen PC-Benutzern dieser Standard bekannt ist, benötigt der Anwender nur eine kurze Schulungs- und Einarbeitungszeit.

5.7 Fallbeispiel

An einem Fallbeispiel soll nun aufgezeigt werden, wie der Benutzer durch das von Wie-gershaus & Schönheit entwickelte Programm WINTEC geführt wird. Es handelt sich in diesem Beispiel um eine Ersatzinvestition, bei der eine konventionelle Werkstättenfertigung durch eine moderne, flexibel automatisierte Produktionseinrichtung ersetzt wird.

Mit dem Programm werden zuerst die Investitionskosten des Projektes und den damit ver-bundenen Zahlungszeitpunkten erfragt. Als nächstes werden dem Benutzer mögliche Einspa-rungspotentiale systematisch aufgelistet. Bei der Berechnung der Wirtschaftlichkeit eines Projektes sind die Investitionskosten und die Ein- und Auszahlungen von Relevanz (Abb. 10). Bei den Ein- und Auszahlungen brauchen nicht die absoluten Zahlungsströme angegeben werden, sondern es genügt die Erfassung der Abweichungen zwischen Einsparungen und Mehraufwendungen der neuen gegenüber der alten Produktionsanlage. Die Ermittlung der absoluten Zahlungsströme, wie sie in der Kostenrechnung benötigt werden, sind für die Wirtschaftlichkeitsrechnung nicht relevant und würden darüberhinaus auch einen erheblichen Eingabemehraufwand bedeuten.

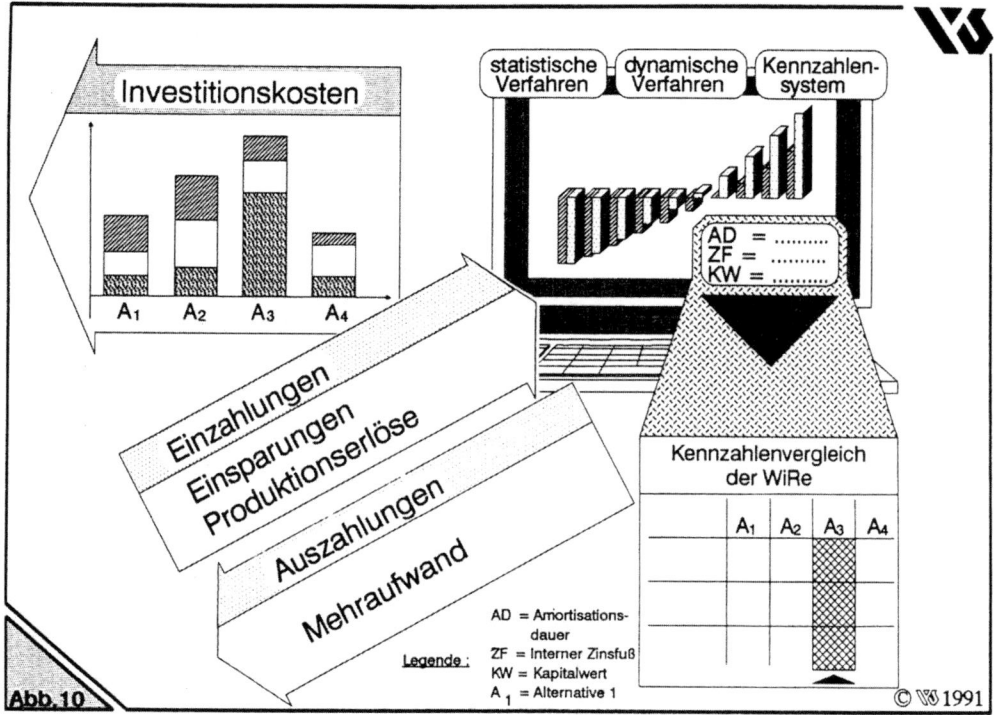

Abb. 10: Zahlungsströme zur Wirtschaftlichkeitsrechnung

Zu jeder vom Programm vorgeschlagenen Einsparung und Mehraufwendung kann der Benutzer ein dazu gehöriges Hilfefenster mit Erläuterungen abrufen. So werden ihm systematisch alle Einsparungspotentiale vorgeführt, die Algorithmen zu deren Quantifizierung bereitgestellt und er kann entscheiden, ob diese Einsparung auf das vorliegende Projekt zutreffen. Zeigt der Benutzer in einem Projekt neue Einsparungseffekte auf, so werden diese Einsparungen in der Datenbank des Management Informationssystem aufgenommen und für spätere Projekte dem Anwender zur Verfügung gestellt. Durch jedes Projekt wächst also die Anzahl vorgeschlagener Einsparungspotentiale. Durch diesen selbstlernenden Charakter des Programms WINTEC ist gewährleistet, daß technische Änderungen, die Einfluß auf die Wirtschaftlichkeit einer Produktionsanlage haben, jederzeit mitberücksichtigt werden können.

Im Fallbeispiel konnten aus der Planungssicht heraus für das vierte Jahr nach Inbetriebnahme der flexiblen Produktionseinrichtung folgende Einsparungen oder Mehraufwendungen quantifiziert werden (Abb. 11):

- Die Kapitalbindungskosten sinken aufgrund geringerer Umlaufbestände um den Betrag von 40.000 DM/a.

- Der Rüstaufwand reduziert sich aufgrund hauptzeitparallelen Rüstens um 100.000 DM/a.

- Im Lagerbereich lassen sich durch geringere Lagernutzung und Just-in-Time-Fertigung Einsparungen in Höhe von 150.000 DM/a erzielen.

- Der Transportaufwand verringert sich um 30.000 DM/a wegen der optimierten Prozeßanordnungen.

- Die Kosten für Personal sinken wegen höherer Arbeitszufriedenheit, geringeren Krankheitsausfällen, entfallenden Fehlerbeseitigungskosten und neue Arbeitsstrukturen um 100.000 DM/a.

- Aufgrund eines größeren Flächenbedarfs der neuen Maschinen stellen sich höhere Flächenkosten von 30.000 DM/a ein.

- Die Einsparungen auf der neuen Produktionseinrichtung aufgrund höherer Qualität (z.B. Garantieleistungen und Ausschuß) ergeben sich zu 60.000 DM/a.

- Es lassen sich Einsparungen aufgrund höherer Flexibilität von 70.000 DM/a realisieren. In diesem Falle verringert sich die Durchlaufzeit eines Werkstückes von drei Wochen auf eine Woche, wodurch die Einsatz- und Stückzahlflexibilität erheblich gesteigert wird.

- Durch komplexere Maschinen ergeben sich Mehraufwendungen für Instandhaltung von 20.000 DM/a.

- Die technische Verfügbarkeit der neuen Maschinen erhöht sich durch gestiegene Spindelleistungen und kürzere Haupt- und Nebenzeiten. Die dadurch erzielten Einsparungen lassen sich auf 50.000 DM/a quantifizieren.

Bei einer Investitionssumme von 2,5 Mio DM ergibt sich ein Endwert von 1,5 Mio DM nach 8 Jahren Nutzungsdauer. Die Amortisationsdauer des Projektes beträgt 3,8 Jahre.

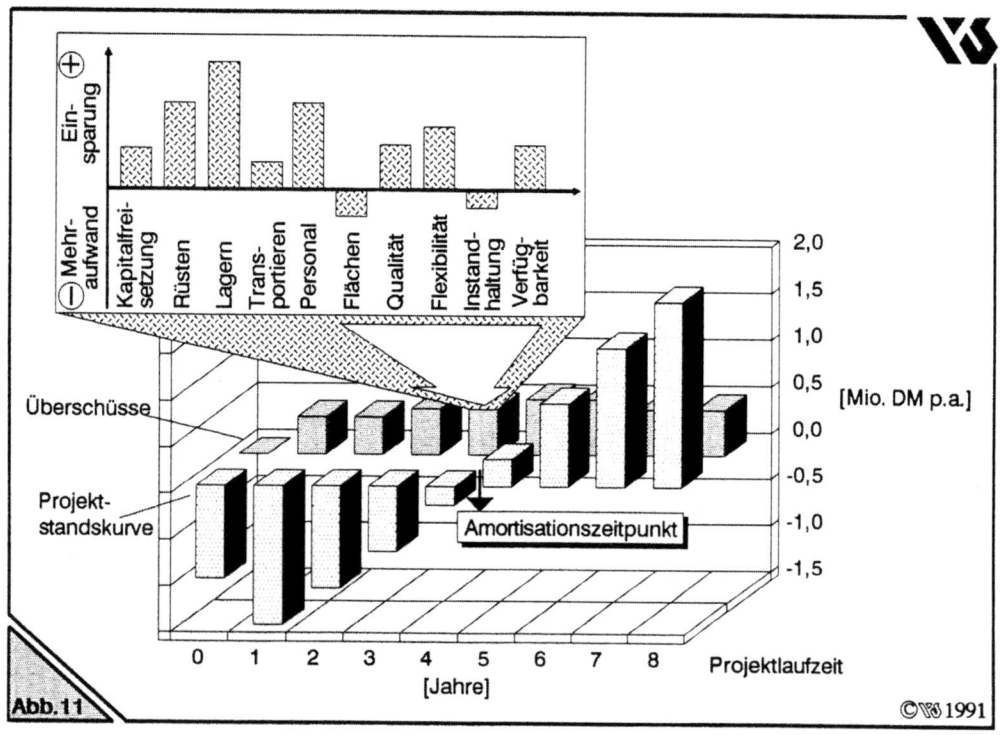

Abb. 11:   Grafische Darstellung der Einsparungen und Mehraufwendungen

6.   Fazit

Die gestiegenen Anforderungen von seiten des Abnehmermarktes hinsichtlich kurzer Lieferzeiten, hoher Variantenvielfalt der Produkte, der gestiegenen Produktkomplexität sowie der
niedrigen Produktlebenszeiten zwingen die Unternehmen in flexibel automatisierte Fertigung
zu investieren. Dem Investitionszwang steht die Sorge nach der sicheren Investitionsentscheidung gegenüber. Somit verlangen die Investoren bzw. die Entscheidungsträger dieser Unternehmen nach Hilfsmitteln, um die Entscheidung kurzfristig, risikoarm und unter Berücksichtigung einer vergleichbaren Bewertungsbasis treffen zu können.

Mit dem Programm WINTEC stehen sowohl dem technischen als auch dem kaufmännischen
Management ein informationsverdichtendes Hilfsmittel zur Verfügung, das die wirtschaftliche Bewertung von hochautomatisierten flexiblen Produktionseinrichtungen ermöglicht. Die
hierfür unabdingbare Benutzerfreundlichkeit wird durch eine grafische Benutzeroberfläche
und eine Visualisierung des zu bewertenden Systems auf dem Bildschirm erreicht. Die aggre-

gierten Ergebnisse können in Form von Tabellen aber auch mittels Grafiken sowohl auf dem Bildschirm als auch auf dem Drucker dargestellt werden.

Die vom Benutzer erweiterbaren Daten- und Methodenbanken bieten die Möglichkeit, je nach Investitionsobjekt und Bewertungszweck eine Evaluation unterschiedlicher Investitionsmaßnahmen durchzuführen. Darüberhinaus lassen sich mit Hilfe von Sensitivitätsanalysen diejenigen Stellschrauben herausfinden, die bei Variation einzelner Eingangsparameter den größten Einfluß auf das Bewertungsergebnis haben.

Mit der Unterstützung des vorgestellten Management Informationssystems lassen sich Investitionsentscheidungen im Zusammenhang mit modernen Produktionstechniken kurzfristig und zweckorientiert durchführen.

Literaturverzeichnis

[1] O.V: Wirtschaftswoche, Heft Nr. 18, 1991.

[2] Eversheim, W., Melchert, M.: FFS-Rechnerintegrierte Fertigung im Spannungsfeld zwischen Produktivität und Wirtschaftlichkeit, Vortrag anläßlich des FFS-Seminars 7./8.2.1990 im WZL-Aachen.

[3] Wiegershaus, U.: Entwicklung einer Methode zur Synhronisation heterogener Fertigungsstrukturen in der Einzel- und Kleinserienproduktion, Dissertation an der RWTH Aachen, 1990.

[4] Schönheit, M., Wiegerhaus, U., Kiesewetter, S.: Flexible Fertigung, Fachgebiete in Jahresübersichten, VDI-Z 132(1990), Nr. 10, S. 92-109.

[5] Eversheim, W., Schönheit, M.: Kostenstrukturveränderungen flexibler Fertigung, Erste Phase bei der Entwicklung eines "PC-Tool" zur Kostenbewertung, VDI-Z 131(1989), Nr. 10, S. 92-109.

[6] Shah, R.: Flexible Fertigungssysteme in Europa: Erfahrungen und Anwendungen, VDI-Z 133(1991), Nr. 6, S. 16-30.

Kritische Erfolgsfaktoren beim Einsatz von Expertensystemen

Prof. Dr. Helmut Kremar, Lehrstuhl für Wirtschaftsinformatik, Universität Hohenheim, Stuttgart

Gliederung:

1. Einleitung

2. Bewertungskriterien für Expertensystemprojekte

3. Ergebnisse einer Untersuchung erfolgreicher und nicht erfolgreicher Expertensystemprojekte

4. Schlußfolgerung

Literaturverzeichnis

12. Saarbrücker Arbeitstagung 1991
Rechnungswesen und EDV
hrsg. v. A.-W. Scheer
© Physica-Verlag Heidelberg 1991

1. Einleitung

In der Literatur zu Expertensystemen (ES) finden sich neben Vorschlägen zu den Einsatzgebieten von ES auch Bewertungskriterien, mit deren Hilfe vielversprechende von den nicht so vielversprechenden Projekten getrennt werden sollen.

Der Beitrag definiert 15 Beurteilungskriterien vor. Die Bedeutung der einzelnen Beurteilungskriterien wurde empirisch untersucht, indem Projektliter erfolgreicher und nicht erfolgreicher ES-Projekte befragt wurden. Aus den Ergebnissen dieser Untersuchung können neun kritische Erfolgsfaktoren für den Einsatz von Expertensystemen abgeleitet werden.

In diesem Beitrag werden als Expertensysteme rechnergestützte Systeme verstanden, deren Verarbeitung sich durch die Trennung von Wissensbasis und Inferenzmaschine auszeichnen [1]. Nach diesem Verständnis stellen ES ein neues Werkzeug für die DV-Unterstützung von Aufgaben dar. Es enthält weder Aussagen darüber, wie schwierig, umfänglich oder wirtschaftlich begehrenswert diese Aufgaben zu sein hätten noch Aussagen darüber, ob eine Implementierung mittels des Expertensystemansatzes prinzipiell besser oder schlechter sei als beispielsweise eine Implementierung mittels der Sprache BASIC. Unter ES-Technologien werden im folgenden die für die Erstellung von ES erforderliche Sammlung von Hardware, Sprachen, Werkzeuge und Vorgehensweisen verstanden.

Diese technozentrische Sicht der Expertensysteme als ein weiteres Werkzeug wirft bei der Einführung von DV-Unterstützung folgende Fragen auf. Dies sind:

1. Bedeutet die Verfügbarkeit von ES-Technologien, daß die gewünschte Unterstützung nunmehr erfolgen kann, während sie bisher ausserhalb des wirtschaftlich und technisch sinnvoll Erreichbaren lag ?
2. Sind Projekte zur DV-Unterstützung von Aufgaben mit ES anders zu behandeln als solche ohne Verwendung von ES-Technologien ?
3. Gibt es bei Nutzung von ES-Technologien spezifische Erfolgs-und Mißerfolgskriterien?

Für die praktische Umsetzung sind dabei vor allem die Fragen zwei und drei von Bedeutung. Wenn Projekte mit ES-Einsatz die gleichen Fragesstellungen aufweisen wie solche ohne ES-Einsatz, so ist die Projektmanagementerfahrung der Mitarbeiter auch dort einzusetzen. Dann ist es wichtig zu wissen, inwieweit zusätzliche Faktoren den Erfolg oder Mißerfolg beeinflussen. Diese kritischen Erfolgsfaktoren, deren Beachtung für den Erfolg des Projektes unabdingbar ist, müssen dann spezifisch für Expertensysteme bestimmt werden.

2.   Bewertungskriterien für Expertensystemprojekte

Der Einsatz von ES-Technologien zur Unterstützung von Aktivitäten ist abhängig davon, inwieweit diese ES-Technologien eine Arbeitsaufgabe unterstützen können. Es ist zu ermitteln, wie gut das Werkzeug "ES-Technologie" zu einer Aufgabe paßt. Dieses Zusammenpassen wird als Werkzeug-Aufgabe-Fit bezeichnet.

Der Werkzeug-Aufgabe-Fit kann aus dem Blickwinkel der Aufgabe (Welches sind geeignete Werkzeuge für eine gegebene Aufgabe?) oder aus dem Blickwinkel des Werkzeuges (Welches sind geeignete Aufgaben für ein gegebenes Werkzeug?) erfolgen.

Um zu einer Beurteilung des Verhältnisses von Werkzeug und Aufgabe zu gelangen, müssen zunächst das Verständnis der Arbeitsaufgabe und der Stand der Technik des Werkzeugs untersucht werden. Um den Fit zu bestimmen, müssen darüber hinaus Überlegungen hinsichtlich des Abdeckungsgrades der Aufgabenunterstützung durch den Werkzeugeinsatz angestellt werden. Diese Aspekte des Werkzeug-Aufgabe-Fit erfordern zu ihrer Messung eine Vielzahl von Kriterien, anhand derer Aufgabenverständnis, Aufgabenabdeckung und Stand der Technik beurteilt werden können. Gleichzeitig erfordert auch die Festlegung angemessener Ziele für ein Projekt die Untersuchung dieser Kriterien. Der Abgleich von Kriterienerfüllung und Zielsetzung dient dazu, die Eignung einer Aufgabenunterstützung als ES-Projekt abzuleiten [2].

Aus den Erläuterungen zum Werkzeug-Aufgabe-Fit folgt, daß nur mehrere Meßgrößen in der Lage sein werden, die Eignung von ES-Technologien für die Aufgabenunterstützung zu ermitteln. Es existieren mehrere Ansätze aus der Literatur, die versuchen, eine solche ex ante Bewertung der Geeignetheit von ES-Projekten durchzuführen [3]. Allen Ansätzen ist gemeinsam, daß eine mehr oder weniger lange Liste von Einzelkriterien vorgelegt wird. Eine Sichtung dieser Kriterienliste war die Basis der in Abbildung 1 dargestellten und im folgenden begründeten Auswahl von Einzelkriterien.

Die Beurteilung des Einsatzes von ES-Technologien erfordert die Betrachtung des potentiellen Nutzens und der Kosten, der Geeignetheit eines Problems, der Werkzeugeigenschaften und der Eigenschaften des im ES darzustellenden Wissens. Diese Kriterien lassen sich in die Gruppen "Technische Machbarkeit" mit den Untergruppen "lösbare Problemstruktur" und "technische Umgebung", das Kriterium "Wissensverfügbarkeit" und das Kriterium "Kosten-Nutzen Analyse" einteilen. Diese Einteilung vermeidet die übliche Techniklastigkeit anderer Kriterienlisten. Um die Geeignetheit zu untersuchen, soll für jedes Kriterium festgehalten werden, inwieweit für eine festgelegte Zielsetzung und eine definierte Aufgabe mit bestimmten Werkzeugen ein Fit festgestellt werden kann. Es ist sinnvoll, die Anzahl der Kriterien auf die mindesterforderliche Zahl zu beschränken.

```
A. Technische Machbarkeit
   Lösbare Problem Struktur
           Problemtyp
           Problemumfang
           Wissensmerkmale

   Technische Umgebung
           Entwicklungs- und Überbringungsmaschinen
           Integration von ES
           Werkzeuge

B. Wissensverfügbarkeit
           Wissenserfaßbarkeit
           Einigkeit der Experten
           Sharing
           Wartbarkeit

C. Kosten/Nutzen Analyse
           Managementbewußtsein
           Benutzerakzeptanz
           Nutzengrößen
           Aufwand
           Risiken
```

Abb. 1: Überblick Einsatzkriterien

Die 15 Kriterien werden im folgenden kurz erläutert:

Technische Machbarkeit - Lösbare Problemstruktur - Problemtyp

Wohlstrukturierte Aufgaben oder solche mit umfangreichen common sense reasoning oder geringem Wissensinhalt gewinnen nicht durch die Anwendung von ES- Techniken. Nach dem heutigen Stand der Technik eignen sich strukturierte Selektionsprobleme eher als Planungsprobleme. Strukturierte Selektionsprobleme wählen aus eine begrenzten Anzahl relativ komplex definierter Alternativen eine bestimmte Alternative aus. In planungsorientierten Systemen liegt die Art und Definition der zu bestimmenden Alternativen nicht von vorneherein fest. Aufgrund von prozeßbestimmenden Regeln in der Wissensbasis wird eine Lösung erarbeitet.

Technische Machbarkeit - Lösbare Problemstruktur -Problemumfang

Probleme, die semi-strukturiert und wohl begrenzt sind, sind leichter zu implementieren. Durch die Auswahl eines Unterproblems kann aus einer umfangreichen Fragestellung der Problemumfang eingegrenzt werden.

Technische Machbarkeit - Lösbare Problemstruktur - Wissensmerkmale

Wissensmerkmale sind Kontextabhängigkeit und Wissensstabilität. Kontextabhängigkeit beschreibt die Universalität des Wissens, und Wissensstabilität die Veränderungen über die Zeit. Je stabiler Wissen ist, desto weniger Wartungsaufwand für die Wissensbasis fällt an. Wissen wird von den Datenstrukturen einer Unternehmung über die Planungs- und Ablaufprozeduren bis zu den aktuellen Daten zunehmend instabil. In firmenbezogenen ES müssen die Ergebnisse der Kontingenzforschung der Organisationstheorie berücksichtigt werden. Für Planungsaufgaben sind die Beziehungen zwischen Umwelt, Planungsinhalt und -prozess abzubilden. ES im organisatorischen Umfeld müssen Umweltveränderungen beobachten können, um die Anwendbarkeit des Wissens sicherzustellen. Daher müssen die Anwendungsvoraussetzungen für Wissen explizit angegeben werden können.

Technische Machbarkeit - Technische Umgebung - Entwicklungs- und Überbringungsmaschinen

Die Auswahl der Hardware wird von der Art des ES, der Verfügbarkeit von Personal und der Notwendigkeit des externen Datenzugriffs beeinflußt. Betriebswirtschaftliche Probleme verlangen oft den Zugriff auf Daten, die nicht im ES gespeichert sind, sondern bereits in anderer Form vorliegen.

Technische Machbarkeit - Technische Umgebung - Integration von ES

In vielen Fällen sind ES-Techniken nicht in der Lage, eine gesamte Arbeitsaufgabe abzudecken. Sie müssen daher in die eigentliche Arbeitsumgebung, die oft aus Transaktionssystemen besteht, eingebettet werden. Wegen der Unterschiede, die in Bezug auf Hardware, Systemsoftware und verwendeten Sprachen und Systemverhalten zwischen dem Host-System und dem ES bestehen können, muß die technische Machbarkeit dieser Integration von vornehein mit in Betracht gezogen werden. Neben der Datenintegration ist die organisatorische Integration von Bedeutung.

Technische Machbarkeit - Technische Umgebung - Werkzeuge

Die Verfügbarkeit angemessener Werkzeuge insb. von Expertensystemumgebungen ist für die Entwicklung sicherzustellen.

Wissensverfügbarkeit - Wissenserfassbarkeit

Ohne Wissen können ES nicht erstellt werden. Wissen ist in unterschiedlichem Ausmaß verfügbar und erhältlich. Je stärker technisch begrenzt ein Gebiet ist, desto leichter ist Wissen zu erfassen. Der Prozeß des Wissenserwerbs stellt einen Engpaß in der ES-Entwicklung dar. Typischerweise sind Experten rar, oft gebraucht und nicht immer willig, sich ihres Wissens zu entäußern.

Wissensverfügbarkeit - Einigkeit der Experten

Üblicherweise wird Einigkeit der Experten über den gesamten Wissensumfang und -inhalt gefordert. Für betriebswirtschaftliche Fragestellungen ist diese Forderung eher unrealistisch. Deshalb wird meist nur mit einem Experten gearbeitet.

Wissensverfügbarkeit - Sharing

Wenn das Wissen eines Experten ausreicht, um die Wissensbasis zu füllen, steht die Einigkeit der unterschiedlichem Experten im Vordergrund. Wenn zur Abarbeitung einer Gesamtaufgabe das Wissen mehrerer Experten erforderlich ist, steht die Verfahren und Probleme der gesharten Wissensbasis im Vordergrund. Das Finden einer einheitlichen Sprache oder zumindest von Übersetzungsregeln und die kommunizierbare Abgrenzung der Teile der Wissensbasis sind nun zusätzlich zur Einigkeit der Experten auf jedem Teilgebiet erforderlich.

Wissensverfügbarkeit - Wartbarkeit

Die Wissensbasis muß wartbar bleiben, so daß sie tatsächlich für Aussagen über die reale Welt benutzt werden kann. Wartungsursachen sind technischer Art, sich verändernde Umwelt und sich verändernde Aufgaben.

Kosten / Nutzen Analyse - Managementbewußtsein

Wenn die Entwicklung von ES als Forschungs- und Entwicklungsaufgabe betrachtet wird, muß die entsprechende Bereitschaft und Unterstützung im Management vorhanden sein. Diese Managementbewußtsein darf sich allerdings nicht auf überzogene Erwartungen gründen.

Kosten / Nutzen Analyse - Benutzerakzeptanz

Neben den üblichen Voraussetzungen der Benutzerakzeptanz muß die Anwendung des ES einen für den Nutzer wahrnehmbaren Nutzen zeigen. Die Anforderungen von Laien und Experten sind dabei unterschiedlich. Für künftige Nutzer des Systems, die selbst Experte sind, ist nur schwer zu begründen, Dinge zu erfassen, die der Experte 'auf einen Blick' erkennt. Für Experten-Nutzer resultiert Nutzen aus der Verringerung übermäßig großer kognitiver Last. Wenn Knowledge Engineer, Experte und Nutzer unterschiedliche Personen sind, sind gute Benutzerschnittstelle und Erklärungskomponente erforderlich.

Kosten / Nutzen Analyse - Nutzengrössen

Als Nutzeffekte werden genannt [4]: Akzeptanzverbesserungen bei komplexen Produkten, Berücksichtigung von mehr Alternativen, Arbeitsreintegration, Verkürzung von Durchlauf- und Reaktionszeiten, Individualisierung von Produkten und Dienstleistungen, Berücksichtigung von mehr Komplexität, Normierung und dadurch verringerte Risiken durch bessere oder konsistentere Entscheidungen, Rationalisierung, Sicherheit /Vollständigkeit /Fehlerfreiheit, verbesserte Wettbewerbsposition, Wissenssicherung, Wissensmultiplikation insb. für unterschiedliche Orte, weniger qualifizierte Arbeitskräfte notwendig und Reduktion des Schulungsumfangs für bestimmte Aufgaben, Einbehalten des Firmen Know Hows sowie neu erworbene und zur Oberfläche gebrachte Expertise. Auch die zunehmende Strukturierung der Arbeitsaufgaben kann als Nutzeffekt eines ES-Projektes aufgeführt werden.

Kosten / Nutzen Analyse - Aufwand

Der Aufwand für die Entwicklung von Expertensystemen darf nicht unterschätzt werden [5].

Kosten / Nutzen Analyse - Risiken

Neben den typischen Risiken von Softwareprojekten kann vor allem eine überzogene Erwartungshaltung problematisch werden. Im einzelnen lassen sich wirtschaftliches, technisch- und infrastrukturelles, integrations- und organisatorisch-kulturelles Risiko unterscheiden. Das wirtschaftliche Risiko betrachtet, ob die gewünschte Aufgabenunterstützung tatsächlich erreicht wird. Das technisch- und infrastrukturelle Risiko bezieht sich auf die Frage, ob eine angemessene Wissensrepräsentation gefunden werden kann und läßt sich beim Prototypansatz frühzeitig erkennen. Auf das organisatorisch-kulturelle Risiko ist hinzuweisen, weil die Bereitschaft aller Mitarbeiter bestehen muß, dieses System auch tatsächlich anzunehmen.

3. Ergebnisse einer Untersuchung erfolgreicher und nicht erfolgreicher ES Projekte

Die Auflistung von für den Einsatz von ES wichtigen Kriterien bedarf der Begründung. In vielen Veröffentlichungen wird zur Begründung auf die Erfahrung der Autoren verwiesen. Im Rahmen einer Studie [6] wurde versucht, diese Erfahrungswerte empirisch abgesichert zu untermauern. Um zu untersuchen, ob die Erfüllung von Auswahlkriterien den Erfolg des Einsatzes der ES-Technologie beeinflußt, können erfolgreiche und nicht erfolgreiche ES bezüglich der gleichen Kriterien untersucht werden. Aus möglichen Differenzen lassen sich Schlüsse ziehen, welche Kriterien als Erfolgskriterien zu bezeichnen sind und welche Kriterienbewertungen zu Mißerfolgen führen. Die Projektleiter für die untersuchten ES wurden durch halbstrukturierte Interviews befragt. Mit geschlossenen Fragen wurden Art des Systems, Systemklasse, Funktionsweise, Projektdauer, Arbeitsumfang, Entwicklungsbeteiligung, Systemgröße, Entscheidungsebene, mögliche Alternativprojekte und Maßnahmen zur Entscheidungsfindung erfragt. Im dritten Teil des Interviews wurden die Kriterien als Auswahlkriteriencheckliste verwendet. Die Erfolgs-und Mißerfolgskriterien und deren Wichtigkeit wurden identifiziert. Alle Projektleiter wurden bezüglich der Wichtigkeit für das abgewickelte Projekt und der Wichtigkeit für künftige Projekte befragt. Im Interview wurde die Fallgeschichte im Detail erhoben. Zur Identifikation möglicher ES-Projekte und ihrer Projektleiter konnten im Sommer 1988 in einer Datenbasis für Expertensysteme 68 laufende ES in 45 Firmen in deutschsprachigen Ländern festgestellt werden [7]. Darunter waren 57 laufende ES in 35 Firmen in der Bundesrepublik Deutschland. Zusammen mit dem Wissen um nicht laufende ES wurden insgesamt 18 ES-Projekte identifiziert. Darunter waren 11 laufende Systeme und 7 nicht laufende Systeme. Als laufende ES wurden Systeme bezeichnet, die gestellte Aufgabe lösen und im betrieblichen Einsatz sind. Ein tatsächlich erfolgreiches laufendes System liegt vor, wenn die Aufgabenstellung gelöst wird, kein Ende des betrieblichen Einsatzes in Sicht ist und dieser Einsatz von qualitativem Nutzen ist. Einzukünftig erfolgreiches laufendes System löst die Aufgabenstellung in der positiv verlaufenden Testphase, kommt in Kürze zum Einsatz und es wird vom Betreiber ein zukünftiger qualitativer Nutzen stark vermutet. Ein fehlgeschlagenes System liegt vor, wenn das ES-Projekt während der Entwicklungsphase oder später eingestellt wurde. Alle andere ES-Projekte wurden als nicht laufende Systeme klassifiziert. Von den untersuchten 18 ES waren 7 Systeme der Konfiguration, 6 Systeme der Diagnose und 3 Systeme der Planung zuzuordnen. 10 der Anwendungen wurden für interne Zwecke entwickelt, 6 waren kommerzielle, kundenspezifische Entwicklungen. Die Verteilung der Entwicklungszeit ist in Abbildung 2 (Entwicklungsdauer) dargestellt. Der Zeitpunkt zu dem die Überlegungen für einen Projektstart angestellt wurden, ist in Abbildung 3 dargestellt. Daraus ergibt sich, daß die betrachteten System zu einem großen Teil in 1986 gestartet wurden und die Befragten über einen Erfahrungszeitraum zwischen 2 und 4 Jahren verfügten.

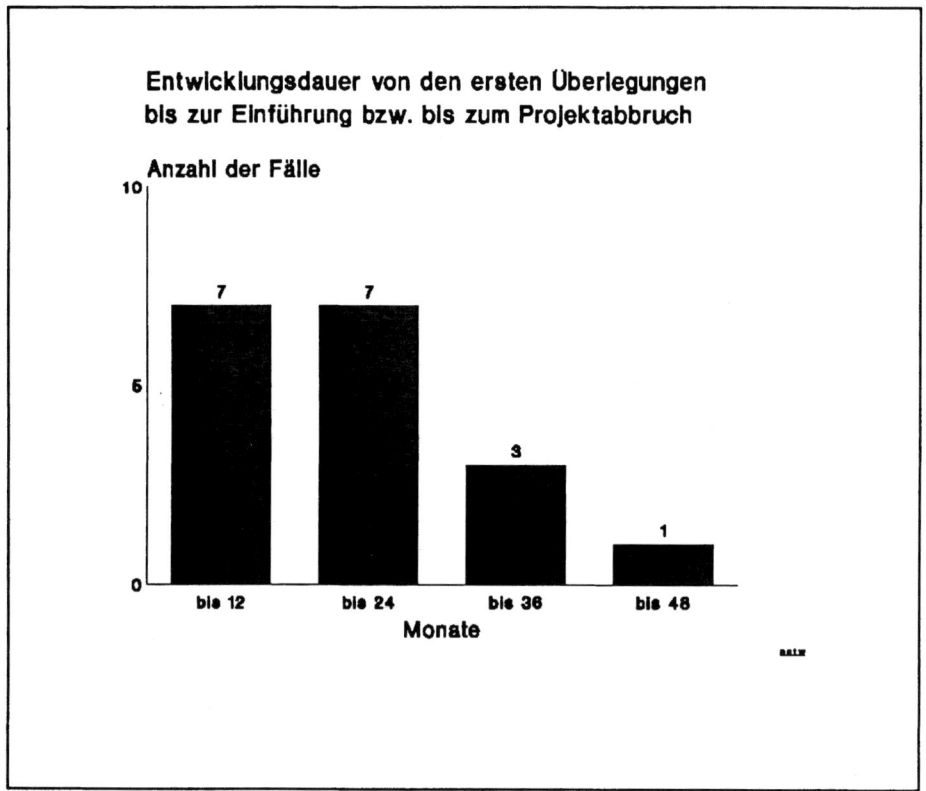

Abb. 2: Entwicklungsdauer

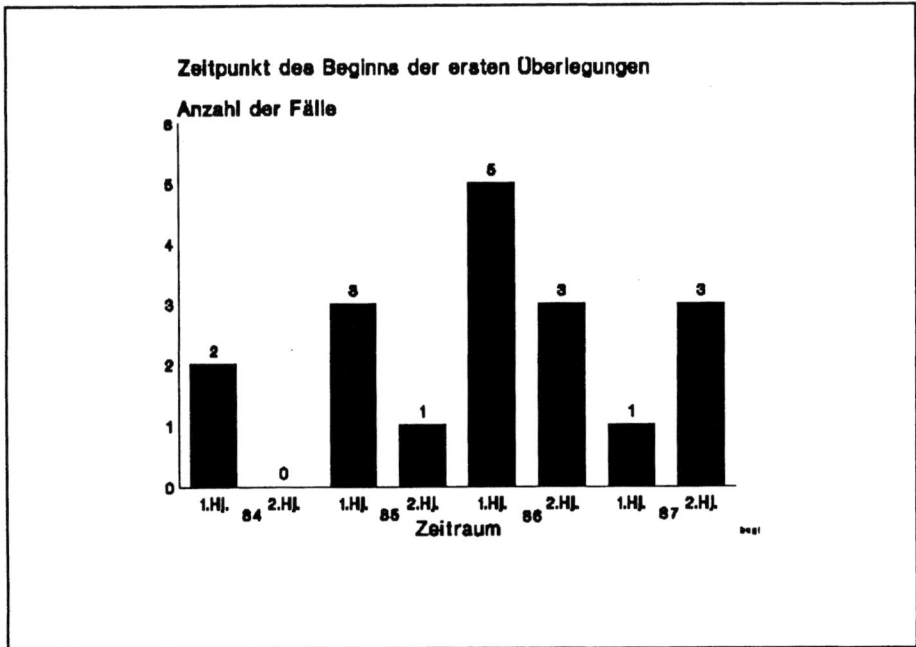

Abb. 3: Zeitpunkt der ersten Überlegungen

Die Zusammenfassung der Ergebnisse der Detailuntersuchung ergab, daß ES-Projekte erfolgreich waren, wenn bestimmte Eigenschaften vorlagen. Diese Eigenschaften waren [9]:

- strukturierbarer Problemtyp,
- begrenzter und definierter Problemumfang. Dieser Problemumfang durfte dann auch komplex sein,
- kein überwiegender Anteil heuristischen Wissens,
- relativ stabiles Wissensgebiet. Wenn dies nicht der Fall war, wurde die Wartung des ES sichergestellt,
- Hardware und Werkzeug wurden nicht als das eigentliche Problem gesehen,
- gelungene Organisationsintegration. Die Datenintegration gelang immer, wenn sie erforderlich war,
- erfolgreiche Wissenserfaßbarkeit,
- Einigkeit der Experten erzielt,
- Gewährleistung der Wartung,
- weitergehendes Managementverständnis als nur die Bewilligung eines Budgetbetrages,
- hoher Nutzen erwartet oder eingetreten,
- geringes Entwicklungsrisiko durch intensive Durchführbarkeitsstudien oder Prototypenbau.

Diese Ergebnisse können als Erfolgsfaktoren bisher laufender ES interpretiert werden. In inhaltlicher Übereinstimmung dazu befindet sich eine Liste von Gründen für erfolglose Projekte [10]. Demnach liegen bei erfolglosen, also trotz der Absicht, sie praktisch zu nutzen, nicht genutzten, ES sowohl personelle und technische Gründe als auch eine schlechte Auswahl des Anwendungsgebietes vor. Zu den personellen Gründen gehören nicht genügend Personal, Fluktuation der Fach- und Machtpromotoren und die Angst um den Arbeitsplatz bei potentiellen Experten und Anwendern. Technische Gründe lagen in der mangelnden Kompatibilität von Entwicklungs- und Überbringungsrechner, unausgereiften ES-Entwicklungsumgebungen und zu langen Antwortzeiten. Eine schlechte Auswahl des Anwednungsgebietes ist gekennzeichnet durch das Verfehlen der mittleren Komplexität eines Anwendungsgebietes, einen zu hohen Wartungsaufwand, eine bald durchschaubare Problemlösung und durch mangelndes Vertrauen in die Ergebnisse des ES. Zur Erhebung der Wichtigkeit der oben genannten Beurteilungskriterien als Erfolgsfaktoren wurde ihre Bedeutung für das vergangene Projekt und ein zukünftiges Projekt erfragt. Dabei wurde eine fünffach abgestufte Likert Skala verwendet. Abbildung 4 zeigt die Wichtigkeit der Kriterien für nicht-laufende Systeme (Not Running Systems, NRS), laufende Systeme (Running Systems, RS) und die Wichtigkeit bei zukünftigen Projekten. Wird ein Grenze bei Skalenpunkt 4 gelegt, so waren bei der Beurteilung des Werkzeug-Aufgabe-Fit bei später nicht laufenden Systeme nur die Wissenserfaßbarkeit und das Werkzeug wichtig. Bei erfolgreichen Systemen waren Problemtyp, Problemumfang, Integration, Wissenserfaßbarkeit Wartbarkeit, Benutzerakzeptanz und Nutzen als wichtig betrachtet worden. Für zukünftige Projekte werden darüberhinaus noch die Wissensmerkmale und das Managementbewußtsein als wichtig erachtet.

Dem Risiko wird sowohl bei nicht laufenden als auch bei laufenden ES eine geringe Bedeutung beigemessen. Dies läßt sich so interpretieren, daß viele ES-Projekte mit dem Ziel der Erfahrungssammlung gestartet wurden.

Das Kriterium "Werkzeuge" ist bei erfolglosen ES wichtiger gewesen als bei erfolgreichen ES. Dies ist das einzige Kriterium, bei dem dies der Fall war. Das Kriterium "Wartbarkeit" war dagegen bei erfolgreichen Es deutlich wichtiger als bei den erfolglosen ES. Die Falluntersuchungen haben gezeigt, daß hier in fast allen Fällen der Grund für den Nichteinsatz des ES zu suchen war.

Für zukünftige ES-Projekte werden "Integration", "Wartbarkeit" und "Akzeptanz" als am wichtigsten eingestuft. Dies sind keine nur für ES-Projekte geltenden Kriterien.

Die Unterschiede zwischen den Kriteriendeutungen lassen den Erfolg als intervenierende Variable für die Verschiebung der Wichtigkeit zwischen vergangenen und zukünftigen Projekten erscheinen. Bei erfolgreichen Projekten gewinnen für die Zukunft die ökonomischen Kosten-Nutzen-Überlegungen an Bedeutung. Bei erfolglosen Projekten wird auch für zukünftige Projekte der Hauptaugenmerk wieder mehr auf Werkzeuge und die Hardwareplattform gelegt.

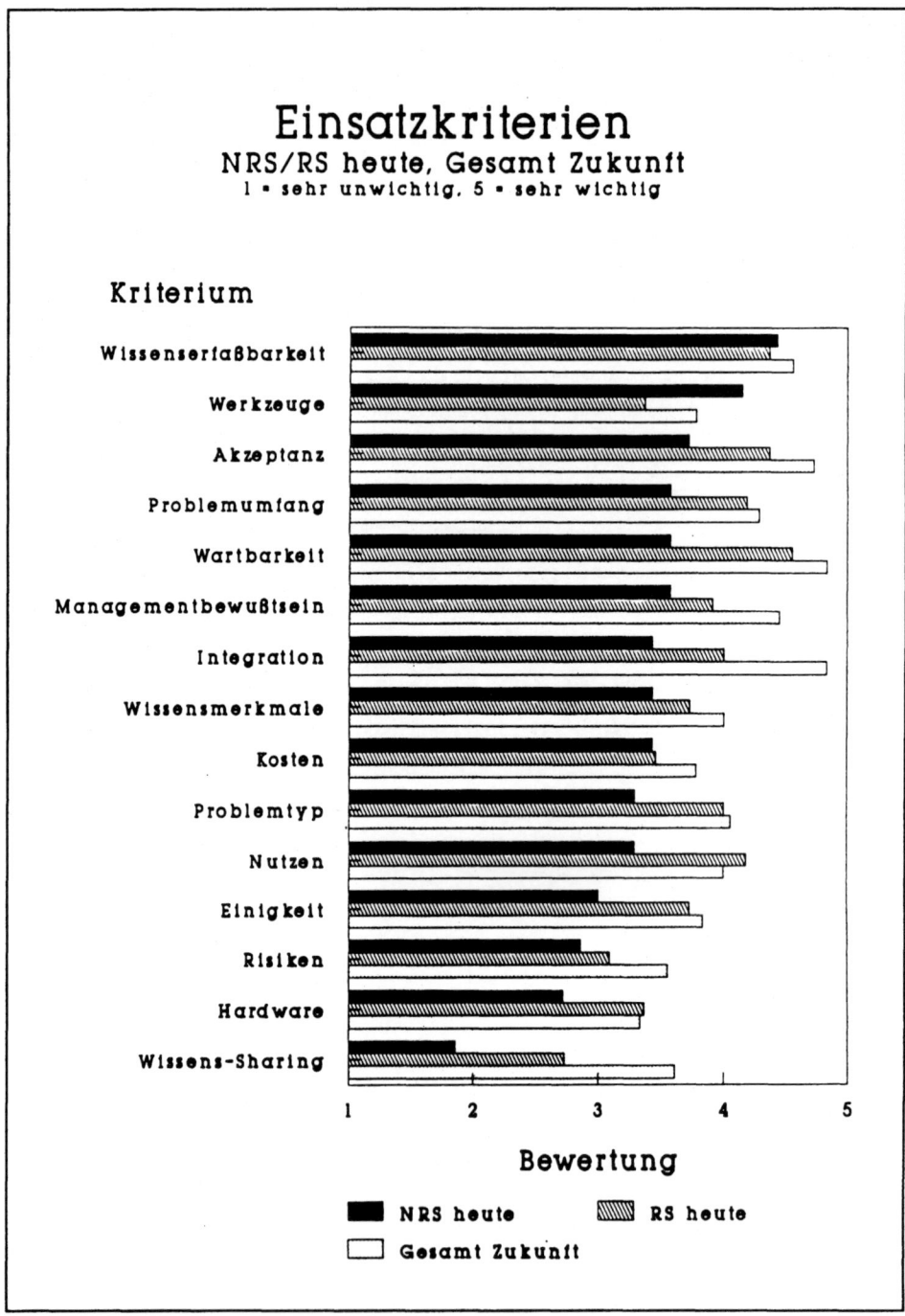

Abb. 4: Wichtigkeit der Einsatzkriterien

In Abbildung 5 ist dargestellt, wie bei Übergang von nicht-laufend zu laufend zu zukünftigen Projekten die Anzahl der als wichtig erachteten Kriterien zunimmt.

Das Kriterium "Werkzeug" taucht in der Liste der für zukünftige Projekte als wichtig erachteten Kriterien nicht mehr auf. Gleichzeitig wird deutlich, daß sich die Zahl der als wichtig erachteten Kriterien von 15 vorgeschlagenen auf 9 reduzieren ließe. Diese Liste ist Abbildung 6 zum Abschluß aufgeführt.

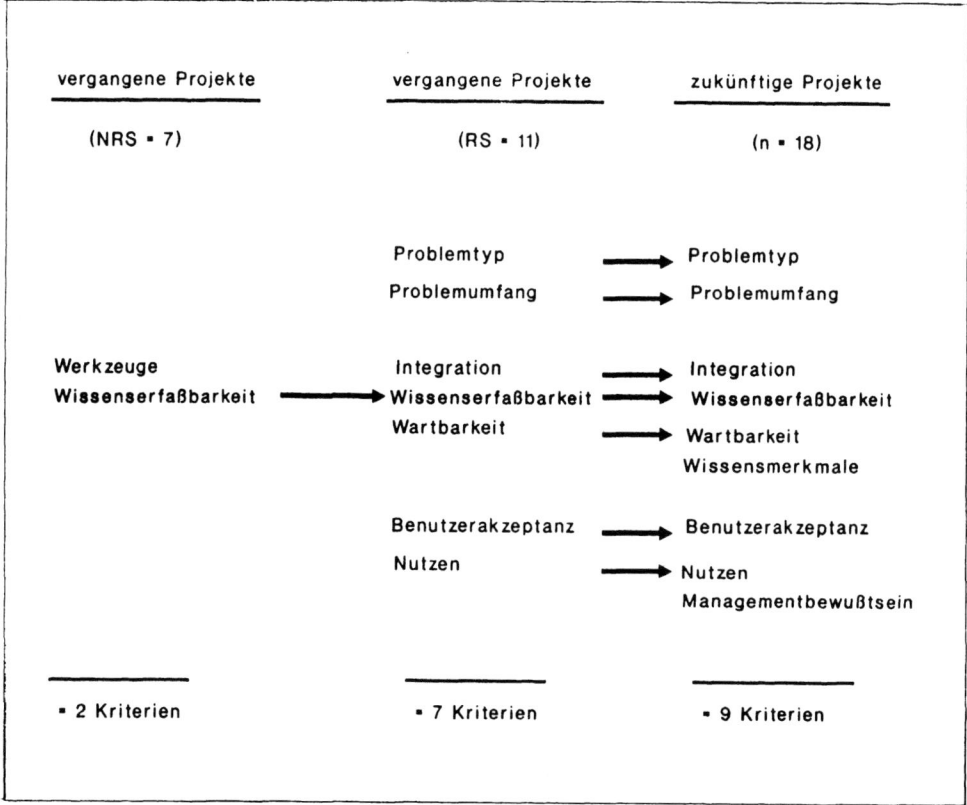

Abb. 5: Verschiebung der Wichtigkeit der Kriterien

```
Problemtyp

Problemumfang

Wissensmerkmale

Integration von ES

Wissenserfassbarkeit

Wartbarkeit

Managementbewßtsein

Benutzerakzeptanz

Nutzengrößen
```

Abb. 6: Wichtige Kriterien für zukünftige Projekte

4. Schlußfolgerungen

Trotz aller methodischen Schwierigkeiten einer Erarbeitung von Erfolgsfaktoren durch ex post Analyse zeigt sich, daß bei ES- Projekten die technischen Fragen nicht ausschließlich im Vordergrund stehen. Auch lassen sich aus der Vielzahl in der Literatur zu findenden Kriterien kritische Erfolgsfaktoren herausfiltern, die nach Meinung der Projektleiter von ES-Projekten geeignet sind, eine ex-ante Beurteilung des Erfolges zu ermöglichen. Diese neun Erfolgsfaktoren enthalten mit den Kriterien "Wissensmerkmale" und "Wissenserfaßbarkeit" zwei Kriterien, die aus dem Charakter der ES-Technologien ableitbar sind. Die anderen aufgeführten Kriterien unterscheiden sich jedoch keineswegs von den "üblichen" Erfolgsfaktoren für Informationssystem-Projekte. Aus dieser Sicht sind ES-Projekte nur zu einem geringen Teil verschieden zu behandeln als normale Projekte.

Die weitere Forschung auf dem Gebiet der Erfolgs- und Mißerfolgsfaktoren sollte insbesondere Folgeprojekte nicht laufender und laufender Systeme umfassen. Sie muß angesichts der raschen Fortentwicklung der ES-Technologien auch prüfen, welchen Einfluß die Überlegungszeitpunkte auf Tiefe und Gründlichkeit der Kriterienbeurteilung haben. Die Trennung und Untersuchung laufender und nicht laufender Systeme erweist sich als tragfähig.

Literaturverzeichnis

[1] Kurbel, K.: Entwicklung und Einsatz von Expertensystemen, Berlin u.a. 1989. Puppe, F.: Einführung in Expertensysteme, Berlin u.a. 1988. Zelewski, S.: Expertensysteme - Übersicht über Konzeptionen und betriebswirtschaftliche Anwendungsmöglichkeiten - , Arbeitsbericht 14/1986, Seminar für Allgemeine Betriebswirtschaftslehre, Industriebetriebslehre und Produktionswirtschaft, Universität zu Köln, Köln 1986.

[2] zur detaillierten Ableitung der Kriterien vgl.: Krcmar, H.: Einsatzkriterien für erfolgreiche Expertensysteme, in: Spang, S., Kraemer, W. (Hrsg.): Expertensysteme - Entscheidungsgrundlagen für das Management, Wiesbaden 1991.

[3] Bobrow, D.G.; Mittal, S.; Stefik, M.S: Expert systems: perils and promise. in: Communications of the ACM, Sept. 1986, S. 880 - 894. Brandes, W. P.: Integration von Expertensystemen in die betriebliche IV-Umgebung, in: 16. Jahrestagung der GI, Berlin u.a. 1986. Dibble D.; Bostrom, R.: Managing Expert System Projects: Factors Critical for Successful Implementation. In: Proceedings of the 1987 ACM SIGBDP-SIGCPR Conference, Coral Gables, Florida 1987, S. 96 - 128. Gill, U.: Expertensysteme in der Praxis - Kriterien für die Verwendung von Expertensystemen zur Problemlösung. In: Expertensyteme: Nutzen für Ihr Unternehmen. Hrsg: Savory, S., Oldenburg, München u.a. 1987, S. 140. Gill, U.: Kriterien für den erfolgreichen Einsatz von Expertensystemen. In: IBM Wissensverarbeitung, Zweites Symposium "Wissensbasierte Systeme", 28. und 29. September 1988, Würzburg 1988. Harmon, P.; King, D.: Expertensysteme in der Praxis, 2. Auflage, Oldenbourg, München u.a. 1987. Hayes-Roth F.; Waterman, D.A.; Lenat, D.B., Hrsg: Building Expert Systems; Addison Wesley, London u.a. 1983. Krcmar, H.: Caution on Criteria. In: Database, Vol. 19, Nr 2, Summer 1988. Krcmar, H.: Criteria to select Expert Systems for Business Use. In: Economics and Artificial Intelligence, Aix-en-Provence, Sept. 1986, S. 273 - 275. Prerau, D. S.: Selection of an Appropriate Domain for an Expert System. In AI magazine, Summer 1985, S. 26 - 30. Rauch-Hindin, W.: Artificial Intelligence in business, science and industry, Bd.I: Fundamentals, Englewood Cliffs, New Jersey 1985, S68 f. Savory,S.: Expertensysteme: Welchen Nutzen bringen Sie für Ihr Unternehmen. In: Expertensysteme: Nutzen für Ihr Unternehmen, Oldenbourg, München u.a. 1987, S. 24f. Slagle J; Wick, M.: A Method for Evaluating Candidate Expert System Applications. In: AI Magazine, Winter 1988, S. 44 - 53. Waterman, D.A.: A Guide to Expert Systems; Addison Wesley, London u.a. 1986. Weiss, S.M.; Kulikowski, C.A.: A practical Guide to Designing Expert Systems, Roman & Allanhead 1984.

[4] König, W.: Einsatz wissensbasierter Systeme im Wettbewerb der Unternehmen. In: IBM Wissensverarbeitung, Zweites Symposium "Wissensbasierte Systeme", 28. und 29. September 1988, Würzburg 1988 S. 13. Mertens, P., Borkowski, V., Geis, W.: Betriebliche Expertensystemanwendungen, Springer, Berlin u.a. 1988. Sviokla, J.: Planpower, XCON, and Mudman: An in-depth analysis into three commercial expert systems in use, PhD Thesis, Harvard University 1986. S. 18ff.

[5] Harmon, P.; King, D.: Expertensysteme in der Praxis, 2. Auflage, München u.a. 1987 S. 224. Kurbel, K.: Entwicklung und Einsatz von Expertensystemen, Berlin u.a. 1989 S. 182 f. Waterman, D. A.: A Guide to Expert Systems; Addison Wesley, London u.a. 1986.

[6] Schlabschi, S.: Auswahlkriterien für den erfolgreichen Einsatz von Expertensystemen, unveröffentlichte Diplomarbeit, Lehrstuhl für Wirtschaftsinformatik, Universität Hohenheim, Stuttgart 1989.

[7] Mertens, P., Borkowski, V., Geis, W.: Betriebliche Expertensystemanwendungen, Springer, Berlin u.a. 1988.

[8] Schlabschi, S.: Auswahlkriterien für den erfolgreichen Einsatz von Expertensystemen, unveröffentlichte Diplomarbeit, Lehrstuhl für Wirtschaftsinformatik, Universität Hohenheim, Stuttgart 1989. S. 40

[9] Ebenda.

[10] Mertens, P.; Borkowski, V.; Geis, W.: Betriebliche Expertensystemanwendungen, 2. völlig neu bearbeitete und erweiterte Auflage, Berlin u.a. 1990, S. 318f.

B. Prozeßkostenrechnung

Prozeßkostenrechnung - Ein neuer Ansatz für Produktkalkulation und Wirtschaftlichkeitskontrolle

Prof. Dr. Klaus-Peter Franz, Lehrstuhl für Rechnungswesen und Controlling, Universität Kaiserslautern

Gliederung:

12. Saarbrücker Arbeitstagung 1991
Rechnungswesen und EDV
hrsg. v. A.-W. Scheer
© Physica-Verlag Heidelberg 1991

1. Die Gemeinkosten - Problematik als Auslöser für die Entwicklung der Prozeßkostenrechnung

Gemeinkosten verursachen seit jeher im betrieblichen Rechnungswesen größere Probleme als Einzelkosten. Dies gilt insbesondere für die fixen Gemeinkosten, da variable Gemeinkosten zum überwiegenden Teil unechte Gemeinkosten sind und daher grundsätzlich wie Einzelkosten behandelt werden könnten.

Die Problematik der fixen Gemeinkosten betrifft einmal die begrenzten Möglichkeiten ihrer Kontrolle und zum anderen die Unmöglichkeit ihrer verursachungsgerechten Zuordnung auf Produkteinheiten in Stückkalkulationen.

Während für Einzelkosten und variable Gemeinkosten relativ genaue Maßstäbe der Kostenverursachung auf Kostenstellen ermittelt werden können und somit Möglichkeiten der Vorgabe von Sollkosten bestehen, ist dies für fixe Gemeinkosten bedeutend schwieriger und zum Teil unmöglich. Fehlen aber genaue Bezugsgrößen oder ist deren Verwendung mit einem hohen Maß an Unsicherheit und entsprechend geringer Akzeptanz belastet, sind laufende Kontrollen der Wirtschaftlichkeit erheblich erschwert. An die Stelle treten sporadische Projekte zur Gemeinkostensenkung, wie Gemeinkostenwertanalysen oder Zero-Base-Budeting.

Gemeinkosten sind ex definitione nicht verursachungsgerecht zurechenbare Kosten. Werden sie dennoch Bezugsobjekten zugerechnet, ist dies nur mit einem mehr oder minder hohen Maß an Willkür möglich.

2. Die Entwicklung der Gemeinkosten

Die Probleme der Kontrolle der Gemeinkosten und ihrer Einbeziehung in Kalkulationen werden für die Praxis umso bedrängender, je höher ihr relativer Anteil an den Gesamtkosten wird. Genau diese Tendenz ist jedoch im Zeitablauf zu beobachten. Als anschauliches Beispiel möge die bekannte Abbildung von Miller/Vollmann [1] dienen (vgl. Abb. 1), in der für die amerikanische Maschinenbau- und Elektronik-Industrie der Verlauf der Fertigungslöhne und der Gemeinkosten, jeweils in Prozent der Wertschöpfung, dargestellt werden. Während in Industrieunternehmungen der Anteil der Einzelkosten noch vergleichsweise hoch ist, sind in Dienstleistungsunternehmungen fast ausschließlich Gemeinkosten vorzufinden.

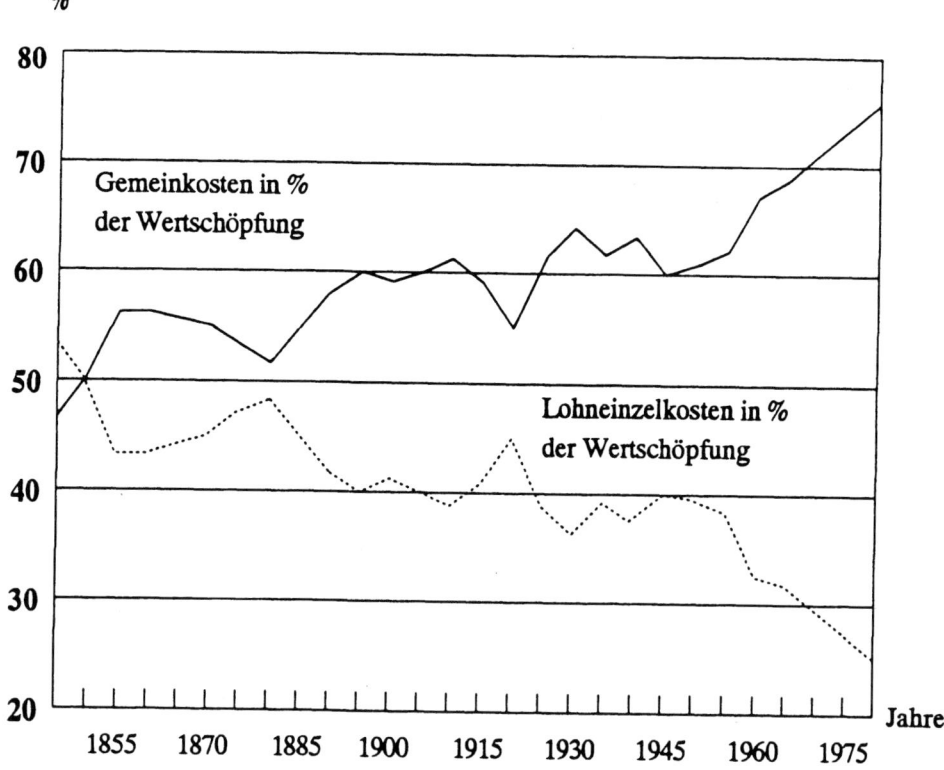

Abb. 1: Veränderte Kostenstrukturen in der betrieblichen Wertschöpfung

3. Der Stand der Kostenrechnung

Der Ursprung der heute in den Betrieben überwiegend verwendeten Kostenrechnungen liegt in der Mitte des letzten Jahrhunderts. Zu dieser Zeit war der Gemeinkostenanteil beträchtlich geringer, und die Methoden der Kostenkontrolle sowie der Zurechnung der Gemeinkosten auf Produkteinheiten waren auf diesen Tatbestand abgestimmt:

☐ Der Schwerpunkt der Kostenkontrolle lag und liegt bis in die jüngste Zeit im Fertigungsbereich mit seinen detaillierten Bezugsgrößen.

☐ Die Gemeinkosten wurden in Vollkostenrechnungen mit Hilfe von Kalkulationsbezugsgrößen auf Produkteinheiten verteilt, die überwiegend aus den Einzelkosten und damit ohnehin erfaßten Daten bestehen. Die Verteilung der Materialgemeinkosten erfolgt proportional zu den Materialeinzelkosten, die der Fertigungsgemeinkosten proportional zu den Fertigungslöhnen und die der

Verwaltungs- und Vertriebsgemeinkosten entsprechend den Herstellkosten als Summe aus Material- und Fertigungskosten.

Im Laufe der Zeit ging eine Reihe von Betrieben bei der Verteilung der Gemeinkosten zur Maschinenstundensatzrechnung über und bei den übrigen Gemeinkosten wurde eventuell zwischen unterschiedlichen Produktgruppen differenziert. Im Grundsatz blieb jedoch die Verrechnung der Gemeinkosten auf der Grundlage wertmäßiger Bezugsgrößen, abgeleitet von den betrieblichen Produkten, bestehen.

In Grenzplankosten- und Deckungsbeitragsrechnungen wurde dem Gesichtspunkt der Kostenverursachung in verbessernder Weise dadurch Rechnung getragen, daß die fixen Kosten den Leistungseinheiten nicht zugerechnet werden. Die Verrechnung variabler Gemeinkosten erfolgt jedoch weiterhin überwiegend auf der Basis wertmäßiger indirekter Bezugsgrößen [2].

Im Ursprungsland der Prozeßkostenrechnung, den Vereinigten Staaten, sind zu Beginn der achtziger Jahre Feldstudien durchgeführt worden, die aufgezeigt haben, daß als primärer Zweck der Kostenrechnung in der Mehrzahl der Betriebe die Bereitstellung von Kosteninformationen für die bilanzielle Bestandsbewertung gesehen wurde. Entsprechend hoch ist der Bedarf nach einer Kostenrechnung, die die dispositiven Zwecke der Kostenrechnung unterstützt [3].

4.   Die Ursprünge der Prozeßkostenrechnung

Die auf die Bestandsbewertung ausgerichtete Vollkostenkalkulation war der Ursprung für Reformbemühungen um eine Kostenrechnung in den Vereinigten Staaten, die dem Management sinnvolle Informationen für die betriebliche Steuerung bieten sollte. Der Anstoß dazu ging von Praxis und Hochschullehrern aus. Als Anstoß von praktischer Seite ist der Fall der Firma Hewlett Packard symptomatisch, in der insbesondere von Seiten der technischen Führungskräfte in der Fertigung und Entwicklung zu Beginn der achtziger Jahre Unzufriedenheit mit dem bestehenden konventionellen Kostenrechnungssystem geäußert wurde [4]. Es kamen insbesondere Zweifel an der Stichhaltigkeit der Verrechnung der Fertigungsgemeinkosten in Abhängigkeit von den Fertigungslöhnen auf. Hewlett Packard reagierte darauf mit der Einrichtung des Teams der 'sechs Vereinfacher', das im Fertigungsbereich (genauer bei der Herstellung von Flachbaugruppen) exakte Maßgrößen der Kostenverursachung herausarbeitete, die sich an den in der Fertigung durchgeführten Aktivitäten orientierte, die als die wesentlichen 'cost driver' erkannt wurden. Im akademischen Bereich wurde grundsätzlich die Frage nach den im Rahmen der in den letzten beiden Jahrzehnten zu beobachtenden dramatischen Änderungen der marktlichen

Gegebenheiten, des Produktionsprogramms und der Fertigungstechnologien vorherrschenden Kosteneinflußgrößen gestellt. Dabei wurde erkannt, daß als die primären Kostentreiber der - wie oben gezeigt - stark wachsenden Gemeinkosten generell die gestiegene Komplexität des Produktions- und Absatzprogramms sowie daraus resultierende Änderungen der Beschaffung, Logistik, Fertigung, Fertigungsvorbereitung und -steuerung und des Vertriebs anzusehen sind. Materialgemeinkosten hängen danach nicht in erster Linie von den angefallenen Materialeinzelkosten, sondern von der Anzahl der Beschaffungsvorgänge und damit insbesondere der Zahl der für eine Produkteinheit verwendeten Teile und Baugruppen ab. Generell gilt, daß Material- und Fertigungsgemeinkosten von der Zahl repetitiver Prozeßsteuerungsvorgänge beeinflußt werden.

Parallel zu amerikanischen Forschungen wurde in Deutschland von Wäscher die Erkenntnis publiziert, daß der zu beobachtende Anstieg der Material- und Fertigungsgemeinkosten in erster Linie auf die Zahl repetitiver Aktivitäten zur Prozeßplanung und -steuerung zurückzuführen ist, die wiederum aus dem zunehmenden Variantenreichtum und damit letztlich geänderten Markt- und Wettbewerbsbedingungen erklärbar ist [5].

5. Die Merkmale der Prozeßkostenrechnung

☐ Die Prozeßkostenrechnung ist vom Grundsatz her eine Vollkostenrechnung, d.h., es wird darauf abgezielt, den Produkteinheiten letztlich alle innerhalb einer Periode anfallenden Kosten anzulasten.

☐ Im Gegensatz zu konventionellen Vollkostenrechnungen werden Bezugsgrößen gesucht und ermittelt, die einerseits die Kostenbudgetierung und -kontrolle unterstützen und durch die andererseits die Beziehungen zwischen Kosten und Produkteinheiten möglichst verursachungsgerecht abgebildet werden. Wie bereits angemerkt, sollen vor allem pauschale wertmäßige Bezugsgrößen durch solche ersetzt werden, die der Kostenbeeinflussung genauer Rechnung tragen [6]. Beispiele für Bezugsgrößen verschiedener Wertschöpfungsstufen sind in Abb. 2 dargestellt [7].

```
┌─────────────────────────────────────────────┐
│ Logistik                                      │
│                                               │
│    Ein-/Auslagerungspositionen                │
│    m³-Lagerraum                               │
│    Lieferscheinpositionen                     │
│    Materialbestellungen                       │
│    Eingangsprüfungen                          │
├─────────────────────────────────────────────┤
│ Produktion                                    │
│                                               │
│    Bauplanpositionen                          │
│    Vorfertigungspositionen                    │
│    Qualitätsprüfungen                         │
│    Montagepositionen                          │
│    Rüstvorgänge                               │
├─────────────────────────────────────────────┤
│ Vertrieb                                      │
│                                               │
│    Kundenaufträge                             │
│    Zollsendungen                              │
│    Rechnungen                                 │
│    Retourenausgänge                           │
│    Frachtbriefe                               │
└─────────────────────────────────────────────┘
```

Abb. 2: Prozeßgrößen für verschiedene Wertschöpfungsstufen

❏ Als Einflußfaktoren auf die Gemeinkosten werden Aktivitäten im Sinne betrieblicher Tätigkeiten, durch die Ressourcen verbraucht und Leistungen erstellt werden, herausgehoben. Meßbare Leistungen (Arbeitsergebnisse) solcher Aktivitäten sind 'cost driver' bzw. Bezugsgrößen. Im Mittelpunkt der Aktivitäts- bzw. Tätigkeitsanalyse stehen die fertigungsunterstützenden Kostenstellen wie Arbeitsvorbereitung, Produktionsplanung und -steuerung, Konstruktion oder Qualitätssicherung.

❏ Da die Zahl der Aktivitäten auf den verschiedenen Kostenstellen sehr hoch ist und somit auch die Zahl der Kosteneinflußfaktoren und der für die Produktkalkulation zu berücksichtigenden Bezugsgrößen, werden aus Gründen der Wirtschaftlichkeit und der Erhöhung der Transparenz sachlich zusammengehörige Aktivitäten zu Prozessen verknüpft.

❏ Prozesse und ihre Haupteinflußfaktoren bilden die Grundlage von Produktkalkulationen und die rechnerische Grundlage für Gemeinkostenbudgetierungen sowie Wirtschaftlichkeitskontrollen in indirekten Leistungsbereichen.

6. Die Technik der Prozeßkostenrechnung

Die Technik der Prozeßkostenrechnung ähnelt in ihrem Grundansatz derjenigen der meisten theoretisch fundierten und praktisch gebräuchlichen Kostenrechnungen. Den Kern bildet die Darstellung der Kosten auf Kostenstellen und die anschließende Verrechnung der Kosten auf Kostenträger im Sinne von Produkteinheiten.

Zunächst wird empfohlen, die Kosten auf den fertigungsunterstützenden Kostenstellen wie auch auf fertigungsfernen Kostenstellen den dort anfallenden Aktivitäten zuzuordnen. Zu diesem Zweck erfolgt eine Tätigkeitsanalyse auf den Kostenstellen, deren Grundlage Interviews mit den Kostenstellenleitern bilden. Die in einer gewissen Struktur verlaufenden Interviews sollen einmal aufklären, welche Aktivitäten durchgeführt werden und zum anderen, wieviele Personen mit der Abwicklung der Aktivitäten betraut sind. Anschließend werden die Kosten dieser Personen einschließlich der Kosten eingesetzter Sachmittel abgeschätzt. Ergebnis dieses ersten Schrittes, der bei Praktikern regelmäßig Bedenken wegen seiner Aufwendigkeit hervorruft, ist eine Tätigkeitsdarstellung, wie sie beispielhaft in Abb. 3 aufgezeigt wird.

Kostenstelle: Einkauf			
Aktivitäten			
Nr.	Bezeichnung	Mitarbeiter	Aktivitäts-kosten (in TDM)
1	Angebote einholen - für Kaufteile - für Rohmaterial	 2 2,5	 90 115
2 · · ·	Bestellungen aufgeben · · ·	1	40

Abb. 3: Beispiel für eine Tätigkeitsübersicht

Sehr sinnvoll ist es, die Kosten der einbezogenen Kostenstellen in leistungsmengeninduzierte und leistungsmengenneutrale zu unterteilen [8]. Die leistungsmengeninduzierten Kosten stehen zu den Aktivitäten der Kostenstelle in einem (annähernd) proportionalen Zusammenhang; dies ist der Fall für repetitive Tätigkeiten. Die leistungsmengenneutralen Kosten sind von den Tätigkeiten auf der Kostenstelle unabhängig, wie beispielsweise die Kosten des Kostenstellenleiters.

Neben den Kosten hat die Tätigkeitsanalyse Informationen über die Art der Aktivitäten und der daraus ableitbaren cost driver ergeben. Es ist nun notwendig, die Aktivitätsmengen zu messen (Istkostenrechnung) bzw. zu planen (Plankostenrechnung). So wird auf der in Abb. 3 dargestellten Kostenstelle 'Einkauf' die Zahl der 'Bestellungen' innerhalb eines Zeitraumes ermittelt bzw. geschätzt.

Einen entscheidenden Schritt bildet die Zusammenfassung zusammengehöriger Aktivitäten zu Prozessen. Der Grundgedanke dieser Verfahrensweise wird in Abb. 4 dargestellt. Das Problem der Verknüpfung von Aktivitäten, die durch unterschiedliche cost driver geprägt sind, besteht in der Identifizierung des für den Prozeß maßgeblichen cost drivers. Die Planung der Prozeßmengen ermöglicht nach Mayers Ansicht eine Verbesserung der Gemeinkostenbudgetierung, indem daraus die notwendigen Aktivitäten, die erforderliche Kapazität sowie ihre Kosten abgeleitet werden [9].

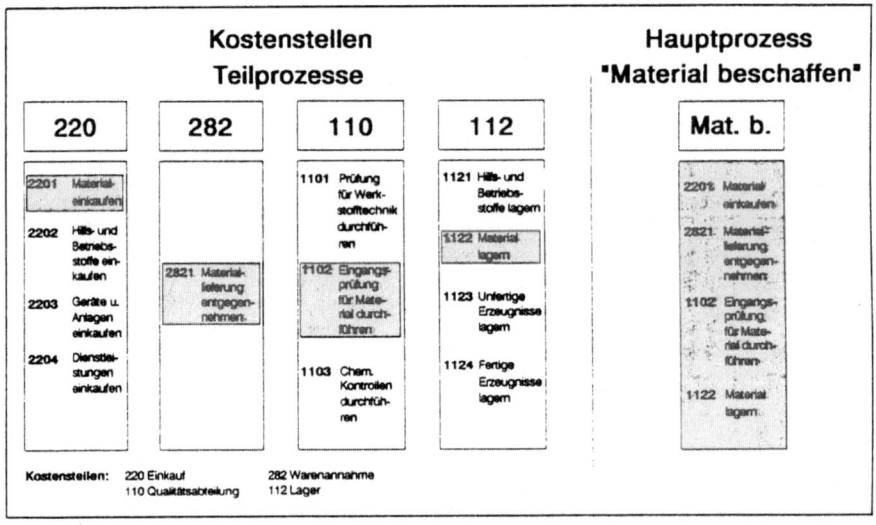

Abb. 4: Bildung des Hauptprozesses "Material beschaffen" aus verschiedenen Teilprozessen
[Coenenberg/Fischer, S. 27]

Durch die Division von Prozeßkosten durch entsprechende Prozeßmengen entstehen Prozeß-kostensätze, die die Grundlage für die Prozeßkostenkalkulation bilden. Die Voraussetzung für die Verursachungsgerechtigkeit dieser Kalkulation ist die Kenntnis der Zusammenhänge zwischen den Prozessen und den zu kalkulierenden Produkteinheiten. Diese wird nur in besonderen Fällen unmittelbar auf Endprodukte bezogen sein. Typisch für diesen Fall sind Verbindungen zwischen den Kosten der Einkaufsaktivitäten oder der Abwicklung von Kundenaufträgen und den Produkten, die im Schrifttum daher auch im Vordergrund stehen. Bessere Möglichkeiten der Verknüpfung von Prozeßkosten und Produkteinheiten bieten sich bei stufenweisen Kalkulationen, bei denen zunächst die Kosten von Teilen, dann die von Baugruppen usw. ermittelt werden und erst abschließend die Kosten der Endprodukte. Auf jeder Kalkulationsebene werden die dort zurechenbaren Prozeßkosten zugeordnet und durch sukzessive Verdichtung der Kosten die Kosten der Endprodukte ermittelt.

Auf diese Weise ist es auch möglich, Degressions- und Komplexitätseffekte zu berücksichtigen [10]:

❐ Degressionseffekte entstehen, falls sich Prozesse mit konstanten Kosten auf unterschiedliche Mengen bearbeiteter Leistungen beziehen. So sind beispielsweise die Kosten der Bestellung eines bestimmten im Betrieb benötigten Teils eine fixe Größe. Wird das Teil in einer großen Anzahl eingekauft, legen sich die Fixkosten besser auf ein einzelnes Teil um als im Fall einer kleinen Bestellung (vgl. Abb. 5). Die Besonderheit der Berücksichtigung des Degressionseffektes besteht darin, daß die Einbeziehung entsprechender Kosten in Plankalkulationen, die für einen Planungszeitraum standardisiert Geltung haben, unmöglich ist. Sie müssen stattdessen im Einzelfall in Abhängigkeit von der Menge der Kalkulationsobjekte berücksichtigt werden.

❐ Komplexitätseffekte entstehen dadurch, daß Produkte, die aus einer größeren Anzahl von Teilen, Baugruppen oder ähnlichem hergestellt werden als andere, auch mit mehr Kosten belastet werden. Die Begründung ist darin zu sehen, daß die Herstellung komplexerer Produktvarianten ein höheres Maß an gemeinkostenverursachenden Aktivitäten, z.B. für Materialeinkauf oder Qualitätskontrolle verursacht.

Damit kommen in Prozeßkalkulationen die Kosten zum Ausdruck, die durch Variantenreichtum und Komplexität der Produkte verursacht werden.

Auf sehr einfache Weise versuchen Horváth und Mayer den gleichen Effekt zu berücksichtigen. Sie empfehlen, kostenstellenweise den Anteil der Kosten zu schätzen, der durch Produktvarianten und der durch Produktmengen verursacht wird [11]. Da keine Anhaltspunkte gegeben werden, wie die Schätzung durchzuführen ist, muß dieses Verfahren zwangsläufig ungenau und willkürlich sein.

DM/Auftrag bzw. DM/Arbeitsgang/Stück		
bei Standardlosgröße von	1	500
Materialgemeinkosten:		
- Einkaufsabwicklungskosten je Bestellung	25.-	
- Dispositionskosten für Einkaufsteil	23.-	
- Wareneingangsabwicklungskosten je Bestellung	14.-	
- Wareneingangskontrolle	37.-	
- Kreditoren-Rechnungsprüfung/ Buchung/Zahlung	13.-	
Zwischensumme		
Prozeßsteuerungskosten je Zukaufteil-Bestellabwicklung	112.-	0,22
- Dispositionskosten/ Betriebsauftrag	24.-	0,06
- Handlings- und Abwicklungskosten je Einlagerungs- bzw. Auslagerungsvorgang	6.-	0,01

Abb. 5: Beispiel der Abwicklung einer Zukauf-Bestellung [Wäscher, S. 308]

7. Möglichkeiten der Prozeßkostenrechnung

Der Nutzen einer Prozeßkostenrechnung zeigt sich bereits im Verlauf ihrer Implementierung in einem Betrieb. Durch die Analyse der Tätigkeiten auf den Kostenstellen und die Verfolgung kostenstellenübergreifender Prozesse wird die Kostensituation des Betriebes transparent offengelegt. Kostenschwerpunkte treten deutlich hervor und Ansatzpunkte für ein effizientes Kostenmanagement werden klar dargestellt. Gleichzeitig wird das Augenmerk auf ablauforganisatorische Ungereimtheiten gelenkt.

Weiterhin heben die Verteter der Prozeßkostenrechnung hervor, daß über die genaue Analyse der Aktivitäten, verbunden mit der Ermittlung der Prozeßkostensätze, verbesserte Möglichkeiten der Produktivitätsanalyse bei den innerbetrieblichen Vorgängen geschaffen werden [12].

Johnson betont den interessanten Aspekt, daß die Kosten von Aktivitäten, die keinen Beitrag zur Erhöhung der betrieblichen Wertschöpfung leisten, transparent gemacht werden [13]. Beispiele für die angesprochenen 'non-value-added activities' sind Nacharbeiten, Reparaturen oder Gewährleistungen. Das deutliche Aufzeigen der Kosten solcher Aktivitäten läßt verstärkte Bemühungen der Mitarbeiter erhoffen, durch erhöhte Qualitätsanstrengungen zu ihrer Vermeidung beizutragen.

Einen breiten Raum unter den Argumenten für die Prozeßkostenrechnung nehmen schließlich die Verbesserungen der Produktkalkulationen durch die verursachungsgerechte Zuordnung produktnaher Gemeinkosten ein. Da diese Kosten ganz überwiegend fixe, nur in mehr oder minder langen Zeiträumen abbaubare Beträge darstellen, wird auch gern von strategischen Kalkulationen gesprochen - eine Terminologie, die sicherlich bei Experten der Systeme des strategischen Managements Skepsis auslöst. Ohne Zweifel besteht bei zunehmendem Anteil der fixen Gemeinkosten der Wunsch nach engerem Produktbezug und es ist als Verdienst der Prozeßkostenrechnung anzusehen, dies in deutlicher und einleuchtender Weise betont zu haben. Auf jeden Fall ist die Verwendung besserer Bezugsgrößen zu begrüßen, als sie im Modell der traditionellen Vollkostenrechnung Anwendung finden. Besonderen Wert hat die Einbeziehung des Degressionseffektes und die Betonung der Wichtigkeit einer genaueren Berücksichtigung der Kostenwirkungen von Produktkomplexität und Variantenvielfalt.

Da durch Verringerung der Produktkomplexität Kosten in teilweise erheblichem Umfang eingespart werden können, müssen entsprechende Kosteninformationen insbesondere den für die Komplexität letztlich Verantwortlichen, d.h. den für Produktentwicklung und -konstruktion zuständigen Mitarbeitern, bekannt sein. Nach einer inzwischen vielfach zitierten Regel stehen ca. 70 - 80 % der Produktkosten (beim Produzenten wie auch beim anschließenden Nutzer des Produktes) im Einflußbereich der Konstrukteure und Entwickler, so daß es für ein produktorientiertes Kostenmanagement von entscheidender Bedeutung ist, daß sich dieser Personenkreis seiner Kostenverantwortung bewußt ist und daß ihm entsprechende Kosteninformationen zur Unterstützung der Kostensenkung zur Verfügung stehen. Hier ist ein wesentlicher Ansatzpunkt für den Einsatz der Prozeßkostenrechnung zu sehen. In Prozeßkostenkalkulationen können Konstrukteure und Entwickler verständliche Hinweise auf Kostenschwerpunkte vor allem auch im beeinflußbaren Gemeinkostenbereich erhalten. Neben den Einzelkosten sind insbesondere die Material- und Fertigungsgemeinkosten Schwerpunkte der Einflußnahme. Produkte verursachen höhere Materialgemeinkosten, wenn sie aus vielen Teilen, aus einmalig oder selten verwendeten Teilen und aus vom Betrieb selbst herzustellenden Teilen bestehen. Konstrukteure und Entwickler müssen also nicht nur über die Kosten der Teile selbst, sondern auch die Einkaufs- , Logistik- und Lagerkosten, d.h. die Steuerungskosten der Teile informiert werden, um besonders kostensparende Dispositionen erkennen und einleiten zu können. Entsprechendes gilt im Bereich der Fertigungsgemeinkosten. Sie wachsen durch eine zunehmende Zahl von

Arbeitsgängen an, da der Produktionsplanungs- und -steuerungsaufwand zunimmt. Hinweise auf diese Tatbestände liefern Kalkulationen, wie sie in Abb. 5 beispielhaft dargestellt sind. Positive Wirkungen mit konstruktionsorientierten Prozeßkostenkalkulationen werden beispielsweise aus der Firma Schlafhorst durch D. Wäscher berichtet [14]. In der amerikanischen Unternehmung Tectronics Portable Instrument Div. wurde die Prozeßkostenrechnung eigens eingeführt, um über die Verwendung von nur zwei Kostentreibern eine möglichst einfach verständliche Darstellung der Kostenentstehung an die Konstruktions- und Entwicklungsabteilungen weiterzugeben [15].

8. Probleme und Grenzen der Prozeßkostenrechnung

8.1 Die Problematik der verursachungsgerechten Gemeinkostenzurechnung auf Produkte [16]

Es ist - wie bereits gezeigt wurde - ein erklärtes Ziel der Prozeßkostenrechnung, Gemeinkosten durch Verwendung verbesserter Bezugsgrößen veursachungsgerechter auf Produkteinheiten zu verteilen und sie damit im Grunde in Einzelkosten zu transferieren. Dieser lobenswerten Absicht stehen zwei Hindernisse im Wege:

(1) Um die Gemeinkosten indirekter Bereiche verursachungsgerecht den Produkteinheiten zuzuordnen, müssen die Beziehungen zwischen Kostenstellenkosten, Bezugsgrößen und Produkteinheiten bekannt sein, d.h. mit anderen Worten, es müssen Bezugsgrößen mit doppelter Funktion vorhanden sein. Möglichkeiten dieser Art sind auf fertigungsunterstützenden Kostenstellen sicherlich in einem gewissen Umfang vorhanden. Wenn man das bisherige Schrifttum genau betrachtet, ist dies offenbar für Kostenstellen des Materialbereichs in besonders guter Weise möglich. Bei anderen fertigungsnahen Kostenstellen muß der Beweis der verursachungsgerechten Zurechenbarkeit erst noch erbracht werden. Während Kilger beispielsweise für indirekte Bereiche eine Reihe von Bezugsgrößen mit einfacher Funktion darstellt, die denen der Prozeßkostenrechnung fast identisch ist, bezweifelt er die Kalkulationsfunktion dieser Bezugsgrößen [17]. Es ist für die weitere Entwicklung der Prozeßkostenrechnung sicherlich förderlich, diesen Problemkreis zukünftig mit einer gesunden Mischung aus Zutrauen und Skepsis weiter zu bearbeiten. Zu der Zuordnung der Kosten von Prozessen und nicht von einzelnen Aktivitäten zu Produkten ist zu bemerken, daß diese der Vereinfachung der Kalkulation dienende Vorgehensweise zu Genauigkeitsproblemen führen kann. Sofern die verschiedenen Aktivitäten eines Prozesses durch unterschiedliche cost driver und damit

Aktivitätsmengenarten gekennzeichnet sind, muß ein dominanter cost driver bestimmt werden, bei dem allerdings die Gefahr besteht, daß er nicht die Entstehung und Veränderung aller Prozeßkosten erklärt.

(2) Wenn es gelungen ist, Gemeinkosten tatsächlich Produkten verursachungsgerecht zuzuordnen, stellt sich als nächste Frage, ob damit auch gleichzeitig Verursachungsgerechtigkeit bei der Zurechnung auf einzelne Produkteinheiten vorliegt. Diese Frage muß klar verneint werden, da es sich bei dem Vorgang der Zuordnung der Kosten indirekter Bereiche nahezu ausschließlich um die Proportionalisierung fixer Kosten handelt, die von den Vertretern moderner Kostenrechnungssysteme einhellig abgelehnt wird. Es wird nun eingewendet, daß es sich bei der Prozeßkostenkalkulation - anders als beispielsweise bei einer Plankalkulation in der Grenzplankostenrechnung - um eine mittel- bis langfristig ausgerichtete Rechnung handelt, bei der eine Abbaufähigkeit der Fixkosten impliziert werden kann. Dem ist zu entgegnen, daß in Prozeßkostenkalkulationen einzelnen Produkteinheiten Kosten zugerechnet werden, die nur beim Wegfall einer bestimmten Summe von Produkteinheiten (und damit Bezugsgrößeneinheiten) abbaubar sind. Besonders problematisch ist, daß dieser Abbau nicht automatisch, sondern nur aufgrund von Dispositionen erfolgt. Falls die Kalkulationsergebnisse produktpolitische Entscheidungen, wie z.B. die Einschränkung der Absatzmenge oder die Einstellung eines Produktes nahelegen sollten, ist aus Prozeßkostenkalkulationen mit ihren stufenförmig kumulierten stückbezogenen Fixkostenanteilen nicht unmittelbar ableitbar, wann welche Kosten in welcher Höhe abgebaut werden können. Es ist noch nicht einmal sicher, ob überhaupt Fixkosten abbaubar sind, wenn beispielsweise zur Einstellung einer Produktvariante aufgrund einer Unterdeckung der angerechneten Prozeßkosten durch die Erlöse angeregt wird, da eine Reihe zugeordneter Fixkosten wahrscheinlich durch mehrere Varianten verursacht wird.

Entscheidungsträger, die Prozeßkosten verwenden, müssen umständliche Ergänzungsrechnungen durchführen, um auf Kostenabbaubarkeiten schließen zu können [18] oder hoffen, daß durch Produktentscheidungen betroffene Fixkosten sich irgendwann in irgendeinem Umfang verändern.

Problematisch ist weiterhin, daß der Verwendungsnutzen proportionalisierter Fixkosten wie in jeder Vollkostenrechnung von der Qualität der Prognose über die zu erwartende Planbeschäftigung abhängt. Werden die Planprozeßmengen falsch eingeschätzt, führt dies zu Plankostensätzen und Prozeßkalkulationen, die der späteren Realität nicht angemessen sind. Entscheidungen werden dann auf falschen Grundlagen getroffen.

Planungen mit alternativen Prozeßmengen sind ebensowenig möglich wie in jeder anderen Vollkostenrechnung. Fraglich ist in diesem Zusammenhang, welcher

Planzeitraum für die Abschätzung der Planbeschäftigung zu wählen ist. Der in Grenzplankosten- und Deckungsbeitragsrechnungen präferierte Zeitraum von einem Jahr dürfte wohl zu kurz sein, wenn man an den Anspruch der Prozeßkostenkalkulation denkt, "strategische" Kosten auszuweisen.

8.2 Probleme der Erfassung der Bezugsgrößen

Es wurde oben als wesentliches Merkmal der Prozeßkostenrechnung hervorgehoben, daß sie im Gegensatz zur traditionellen Vollkostenrechnung auf Bezugsgrößen basiert, die die Kostenverursachung auf Kostenstellen und durch Produkte möglichst realitätsgetreu ausdrücken sollen. Ist die Zahl der cost driver gering - wie beispielsweise im oben angeführten Fall der Tectronics Portable Instrument Div. - stellt die Datenerfassung kein besonderes Problem dar. Anders ist dies bei Verwendung einer Vielfalt von Kostentreibern. Um den Erfassungsaufwand in Grenzen zu halten, ist es zunächst einmal notwendig, sachlich zusammengehörige Einzeltätigkeiten zusammenzufassen. Cooper empfiehlt beispielsweise, die einzelnen Tätigkeiten, die mit dem Rüsten verbunden sind, wie Werkzeugtransport, -einbau, -justierung, Programmierung, Materialtransport und -kontrolle, zur Aktivität 'Rüsten' zu bündeln [19]. Eine weitere Technik, um den Erfassungsaufwand zu reduzieren, besteht darin, cost driver zu verwenden, die an Stelle der Zeitdauer von Aktivitäten deren Anzahl setzen [20]. So kann die Bezugsgröße 'Kontrollstunden' ersetzt werden durch die Bezugsgröße 'Anzahl von Kontrollen'. Voraussetzung für den Ersatz der genaueren durch die ungenauere Bezugsgröße ist die relativ gleiche Zeitdauer der Aktivitäten. Dennoch kann eine hohe Zahl von Aktivitäten und damit von Prozessen und Kostentreibern verbleiben. Sollen diese alle originär für Zwecke der Prozeßkostenrechnung erfaßt und aufbereitet werden, dürfte die Rechnung leicht an Grenzen der Wirtschaftlichkeit und der Bereitwilligkeit zur Mitarbeit der Belegschaft stoßen. Daher dürfte die Einführung einer Prozeßkostenrechnung dort die größten Chancen haben, wo die erforderlichen Daten ohnehin bereits für andere Zwecke in anderen Systemen bereitgehalten werden. Solch ein System ist die DV-gestützte Produktionsplanung und -steuerung (PPS), deren Anwendungsbereich grundsätzlich der gleiche ist wie derjenige der Kostenrechnung. Daher wird eine Reihe insbesondere mengenmäßiger Daten in PPS-Systemen erfaßt, die als cost driver in der Prozeßkostenrechnung dienen können [21]. In den folgenden Abb. 6 und 7 sind zwei Beispiele angeführt, die Teile eines PPS-Systems darstellen sowie die potentiell als cost driver brauchbaren 'Ergebnisse der Aktivität bzw. eines Bearbeitungsschritts' [22].

Pro-zeß-klasse	Aktivität bzw. Bearbeitungsschritt	Ergebnis der Aktivität bzw. des Bearbeitungsschritts	DV-erfaßt	DV-unter-stützt
U	• Anfrage bearbeiten	Anfrage	■	●
VW	- Anfrage annehmen	Anfrage	■	
U	- Anfrage klären	Anfrage	■	
VW	- Anfrage verwalten	Anfragedaten	■	
P	• Angebotserstellung	Angebot	■	●
P	- Preisfindung	Angebotskalkulation	■	
P	- Lieferterminbestimmung	Termin in Angebot	■	
VW	- Angebot fixieren	Angebot	■	
V	- Angebotsabgabe	Status in Angebotsverwaltung	■	
VW	- Angebotsverwaltung	Angebotsdatenbestand	■	

Abb. 6: Angebotsbearbeitung

Pro-zeß-klasse	Aktivität bzw. Bearbeitungsschritt	Ergebnis der Aktivität bzw. des Bearbeitungsschritts	DV-erfaßt	DV-unter-stützt
V	• Erstellen von Anfragen	Anfrage	■	○
V	- Anbieter auswählen	Anfrage	■	
V	- Anfrage schreiben	Anfrage	■	
V	• Bearbeitung von Angeboten	Angebot	■	●
VW	- Angebote verwalten	Angebotsbestand	■	
U	- Angebote auswählen (siehe auch Lieferantenauswahl)	Angebot	■	
U	- Absagen schreiben	Absage	—	
V	• Bestellaufbereitung	Bestellung	■	○
U	- Bestellvorschläge prüfen	Status des Bestellvorschlags	ⓩ	
V	- Bestellmengen festlegen (Bestelloptimierung)	Bestellmenge	■	
V	- Lieferengpässe ausgleichen	Geänderte Bestellung (Status)	■	
U	- Lieferantenauswahl	(siehe Lieferantenauswahl)		
V	- Rahmenverträge ausfertigen	Rahmenvertrag	—	
V	- Bestellungen schreiben	Bestellung	■	
V	- Bestellstatus vergeben	Bestellstatus	■	

Abb. 7: Bestellschreibung

Geht man - wie oben dargestellt - bei der Ermittlung der Bezugsgrößen von der Anzahl statt von der Zeitdauer kostenverursachender Aktivitäten aus, sind die erforderlichen Informationen oftmals vorhanden, da die Durchführung der Aktivitäten von Dokumenten begleitet ist [23]. Eine weitere Erfassungshilfe sind moderne Betriebsdatenerfassungssysteme.

8.3   Implementierungsprobleme

Eine Hürde für die Einführung der Prozeßkostenrechnung stellen neben dem eben angesprochenen laufenden Erfassungsaufwand die erstmalig anfallenden Arbeiten dar. In jeder indirekten Kostenstelle müssen mit Hilfe von Interviews oder der Auswertung durchgeführter Gemeinkostenwertanalysen Aktivitäten und Bezugsgrößen identifiziert werden. Diese Tätigkeit bindet viele Arbeitsstunden sowohl auf der Seite der Systemeinrichter wie auch der betroffenen Kostenstellenleiter.

Nimmt man diesen einmaligen Aufwand und den zukünftigen laufenden Aufwand zusammen, so erscheinen Überlegungen zum Nutzen des Systems unumgänglich.

Cooper hat die Einflußfaktoren systematisiert, die seiner Auffassung nach für die Frage der Einführung der Prozeßkostenrechnung relevant sind [24]:

❏   Genauigkeit des Informationssystems,

❏   Kosten von Fehlern und

❏   Unterschiedlichkeit der Produkte.

Es können keine allgemeingültigen Regeln aufgestellt werden, ob und wann sich die Einführung einer Prozeßkostenrechnung lohnt. Insofern muß man sich auf die Identifikation von Bedingungen zurückziehen, unter denen eine Einführung ratsam wird. Dies ist der Fall, wenn das bestehende Kostenrechnungssystem unter folgenden Bedingungen erstellt wurde:

❏   Es entstehen hohe Erfassungskosten,

❏   der Wettbewerb ist gering,

❏   die Produkte weisen eine geringe Unterschiedlichkeit auf.

Beginnen sich diese Bedingungen zu ändern, könnte das alte Kostenrechnungssystem obsolet werden.

Ein für den Implementierungserfolg wesentlicher Faktor ist die Berücksichtigung der Aus-wirkungen, die die gewählten cost driver auf das Verhalten der betrieblichen Mitarbeiter haben [25]. Diese Verhaltenseffekte können positiver und negativer Natur sein. Positiv wirkt der cost driver 'Teilezahl', wenn die Unternehmung versucht, die Zahl der Teile zu reduzieren, um damit Beschaffungs- und Lagerungsaktivitäten abzubauen. Der gleiche cost driver ruft störende Wirkungen hervor, wenn die Teilezahl zu drastisch verringert wird und dabei die Funktionalität des Produktes aus Kundensicht zu leiden beginnt.

Literaturverzeichnis:

[1] Miller, J.G./Vollmann, T.E.: The Hidden Factory, in: Harvard Business Review, Sept./Oct. 1985, S. 143.

[2] Vgl. Kilger, W.: Flexible Plankostenrechnung und Deckungsbeitragsrechnung, 9. Aufl., Wiesbaden 1988, S. 324 ff.

[3] Vgl. Johnson, H.T./Kaplan, R.S.: Relevance Lost: The Rise and Fall of Management Accounting, Boston Mass. 1987, S. 183 ff.

[4] Berlant, D./Browning, R./Foster, G.: How Hewlett-Packard Gets Numbers It Can Trust, in: Harvard Business Review, Jan./Febr. 1990, S. 178.

[5] Vgl. Wäscher, D.: Gemeinkosten-Management im Material- und Logistik-Bereich, in: Zeitschrift für Betriebswirtschaft, Jg. 57 (1987), H. 3, S. 297 ff.

[6] Vgl. Franz, K.-P.: Prozeßkostenrechnung - Darstellung und Vergleich mit der Plankosten- und Deckungsbeitragsrechnung, in: Festschrift für H. Vormbaum, hrsg. v. D. Ahlert/K.-P. Franz, H. Göppl, Wiesbaden 1990, S. 116.

[7] Vgl. Coenenberg, A.G./Fischer, T.: Prozeßkostenrechnung - Strategische Neuorientierung in der Kostenrechnung, in: Die Betriebswirtschaft, 51. Jg. (1991), S. 27.

[8] Vgl. Horváth, P./Mayer, R.: Prozeßkostenrechnung, in: Controlling, 4/1989, S. 216 f.

[9] Mayer, R.: Prozeßkostenrechnung, in: Kostenrechnungspraxis, 5/1990, S. 308.

[10] Vgl. Coenenberg/Fischer, a.a.O., S. 32 f.

[11] Vgl. Horváth/Mayer, a.a.O., S. 218 f.

[12] Vgl. Coenenberg/Fischer, a.a.O., S. 29.

[13] Vgl. Johnson, T.: Activity - Based Information: A Blueprint for World-Class Management Accounting, in: Management Accounting, June 1988, S. 26.

[14] Vgl. Wäscher, a.a.O.

[15] Vgl. Cooper, R.: Activity - Based Costing - Einführung von Systemen des Activity Based Costing (Teil 3), in: Kostenrechnungspraxis, 6/1990, S. 346 f.

[16] Vgl. dazu auch Franz, K.-P.: Prozeßkostenrechnung - Reneaissance der Vollkostenidee?, in: Die Betriebswirtschaft, 51. Jg. (1991), H. 4.

[17] Vgl. Kilger, a.a.O.

[18] Vgl. Fröhling, O.: Prozeßkostenrechnung - System mit Zukunft?, in: IO Management Zeitschrift, 58(1989) Nr. 10, S. 67 ff.

[19] Vgl. Cooper, R.: Activity - Based Costing, in: Kostenrechnungspraxis, 6/1990, S. 345.

[20] Vgl. Cooper, R.: Activity - Based Costing - Wann brauche ich ein Activity - Based Cost - System und welche Kostentreiber sind notwendig? (Teil 2), in: Kostenrechnungspraxis, 5/1990, S. 277.

[21] Vgl. Knickel, V.: CIM als Basis für die Prozeßkostenrechnung, Diplomarbeit Universität Kaiserslautern 1991.

[22] Vgl. ebenda, S. 54 und S. 59.

[23] Vgl. Cooper, a.a.O., 5/1990, S. 277.

[24] Vgl. ebenda, S. 271 ff.

[25] Vgl. ebenda, S. 278.

Prozeßorientiertes Gemeinkosten-Management im Material- und Logistik-Bereich am Beispiel eines Maschinenbau-Unternehmens

Dipl.-Kfm. Dieter Wäscher, W. Schlafhorst AG & Co., Mönchengladbach

Gliederung:

12. Saarbrücker Arbeitstagung 1991
Rechnungswesen und EDV
hrsg. v. A.-W. Scheer
© Physica-Verlag Heidelberg 1991

1. Einfluß der tendenziell ansteigenden Gemeinkosten auf das Risiko- und Gewinnschwellenmanagement

Das Gewicht, das dem stetig wachsenden Gemeinkosten-Block in einem Unternehmen zukommt, geht aus Abbildung 1 hervor:

Folgende Prämissen gelten:

- 48 % Anteil der Gemeinkosten = Fixkosten an den Gesamtkosten (Durchschnitt im Maschinenbau),
- Umsätze steigen jährlich um 2 %,
- Prop. Selbstkosten steigen jährlich um 4 %,
- Fixkosten steigen jährlich um 4 %.

(Mio DM)	1988	1989	1990	1991	1992	Summe Veränderung 1988 –1992
Umsatz	3.000	3.060	3.120	3.183	3.246	+ 246
		+ 2%	+ 2%	+ 2%	+ 2%	
Gesamtkosten	2.895	3.012	3.132	3.255	3.387	+ 492
		+ 4%	+ 4%	+ 4%	+ 4%	
davon						
Prop. = 52%	1.506	1.566	1.629	1.692	1.761	+ 255
Fix = 48%	1.389	1.446	1.503	1.563	1.626	+ 237
Betriebswirt. Ergebnis ohne Kalk. Zinsen	105	48	(12)	(72)	(141)	(246)
Break-Even	2.790				3.549	

Abb. 1: Fiktives Beispiel für die Kosten-Erlös-Schere

Was ist die Folge?

a) Das betriebswirtschaftliche Ergebnis sinkt in nur vier Jahren von 105 Mio DM auf ./. 141 Mio DM.

b) Der Break-Even-Punkt schnellt von 2,8 Mrd DM auf 3,6 Mrd DM in die Höhe.

c) In vier Jahren hat das Unternehmen eine Steigerung des Kostenblocks um 492 Mio DM zu verkraften. Die Umsatzleitung steigt aber nur um 246 Mio DM.

Was ist zu tun?

Die Antwort auf diese Herausforderung aus der Kosten- und Erlösscherenwirkung heißt im wesentlichen:

-   Entwicklung einer Strategie zur Umsatzausweitung durch Weiter- und Neuentwicklung von Produkten,
-   eine speziell nach innen gerichtete Strategie der Verbesserung der relativen Kostenpositionen durch Senken:
    der prop. Kosten, d. h. des eingesetzten Fertigungsmaterials und der prop. Fertigungskosten
    vor allem durch Senken der stetig steigenden Gemeinkosten.

Bei Schlafhorst wurde 1981 als Einstieg in das Gemeinkosten-Management eine Gemeinkosten-Wertanalyse in Form einer Zero-Base-Analyse durchgeführt. Dabei wurden die Gemeinkosten mit den folgenden Fragen durchgeprüft:

a) Ist die jeweilige Tätigkeit zur Erreichung des Unternehmensziels erforderlich? Wenn ja,
    -   kann die Tätigkeit, ohne das Unternehmensziel zu gefährden, auch weniger häufig oder auch unter Inkaufnahme von Fehlern ausgeübt werden?
    -   kann die Tätigkeit wirtschaftlicher erbracht werden durch
        - den Einkauf von außen,
        - durch die Verbesserung organisatorischer Abläufe
        - oder durch bessere technische Hilfsmittel?
b) Wie ist der Wert der GK-Leistungen für den Benutzer unter Kosten-Nutzen-Aspekten zu beurteilen?

Eine solche Zero-Base-Analyse ist außerordentlich aufwendig und quasi nur einmal mit Erfolg durchzuführen. Wir haben deshalb nach Instrumenten gesucht, die es gestatten, auch in Zukunft die Gemeinkosten in Schach und Proportion zu halten, und die Produktivität in den Gemeinkostenbereichen zu verbessern.

Mit einer Darstellung des Gemeinkosten-Managements im Material- und Logistikbereich soll gezeigt werden, was wir unter strategisch orientiertem Gemeinkosten- bzw. Gewinnschwellen-Management verstehen.

2. Strategisch orientierter Ansatz zu dauerhaften Senkung der Gemeinkosten durch Identifizierung, Quantifizierung und anschließend Verringerung der gemeinkostentreibenden Faktoren

Der Schwerpunkt der folgenden Ausführungen liegt in der Darstellung der Möglichkeiten, durch die die Material- und Logistik-Gemeinkosten wirksam beeinflußt werden können [1], nämlich:

- durch die Erkenntnis, welches die gemeinkostentreibenden Faktoren im Material- und Logistik-Bereich sind und
- durch die Nutzanwendung dieser Erkenntnis über die Wirkung der gemeinkostentreibenden Faktoren auf eine prozeßorientierte Herstellkosten- und Produktkalkulation.

Die gemeinkosten-treibenden Faktoren drücken sich in Prozeßsteuerungsvorgängen, wie z. B. Ein- und Auslagerungsvorgängen, Wareneingangsvorgängen, Transportvorgängen, Werkzeugvorbereitungsvorgängen, etc. aus. Wir sind der Meinung, daß eine wirksame Aktivierung der im Material- und Logistikbereich steckenden Rationalisierungsreserven nur durch eine langfristig angelegte Beeinflussung der gemeinkostentreibenden Faktoren möglich ist. Wenn wir es verstehen, die gemeinkostentreibenden Faktoren bei allen Entscheidungen über die Preispolitik, über die Produktpolitik, über die kostengünstigste Alternative bei der Konstruktion, über Eigenfertigung oder Fremdbezug zu berücksichtigen und damit zu beeinflussen, glauben wir, daß sich auf Dauer eine verringerte Anzahl von Teilen einstellen wird und wenige komplexe Teile übrigbleiben, mit weniger Arbeitsgängen und Prozeßsteuerungsvorgängen und damit verringerter Fertigungstiefe.
Wir erreichen dadurch eine strategisch orientierte Verringerung der Lagerbestände durch eine geringere Anzahl von Teilen. Gleichzeitig erreichen wir geringere Lagerbestände und ebenfalls geringere Material- und Logistik-Gemeinkosten, wenn wir eine geringere Anzahl von gemeinkostentreibenden Steuerungsprozessen auf Dauer für die Herstellung und Auftragsabwicklung unserer Produkte benötigen und bei der Durchführung der verbleibenden gemeinkostentreibenden Steuerungsprozesse zu einer ständigen Produktivitäsverbesserung gelangen.
Die Identifikation der gemeinkostentreibenden Faktoren in einer an Prozessen bzw. Aktivitäten orientierten Kalkulation hat strategische Bedeutung für die Produktgestaltung, die Produktpolitik und eine wirtschaftliche Nutzung der Gemeinkosten-Ressourcen.
Die heutigen Kostenrechnungs- und Kalkulationssysteme sind nicht dazu geeignet, die Komplexität der Gemeinkosten zuerkennen. Insbesondere das Entwicklungs-Management muß durch entsprechende Entscheidungsdaten aus Kostenrechnung und Kalkulation in die Lage versetzt werden, die kostenmäßigen Auswirkungen der Komplexität eines konstruktiven Designs quantitativ zu beurteilen und sich damit der Hebelwirkungen ihrer Schlüsselstellung

hinsichtlich der relativen Kostenposition für ein bestimmtes Produkt bewußt zu werden. Das sogenannte "Komplexitäts-Management" ist ausschließlich eine Domäne des Forschungs- und Entwicklungsbereichs. Er kann diese hinsichtlich der Gemeinkosten "kriegsentscheidende" Herausforderung nur bestehen, wenn ihm aus der Betriebswirtschaft die entsprechenden Entscheidungsinformationen zur Verfügung gestellt werden, die die kostentreibenden Faktoren eines Konstruktionsdesigns prozeßorientiert sichtbar machen.

Mit den folgenden Ausführungen soll deutlich gemacht werden, daß die traditionellen Kostenrechnungs-und Kalkulationsverfahren angesichts des steigenden Anteils der Gemeinkosten an den Gesamtkosten vielfach nicht mehr brauchbar sind. Die traditionellen Kostenrechnungssysteme sind nicht in der Lage, die hinsichtlich des Kostengewichts immer mehr dominierenden planenden, steuernden,vorbereitenden und überwachenden Vorgänge und Prozesse in der Prozeßkette der Auftragsabwicklung für Entscheidungen abzubilden. Ich möchte mit dieser Darstellung auch eine Antwort geben auf die berechtigten Klagen, daß das heutige Zahlenwerk der Betriebswirtschaft keine Aussagen liefert zu Fragen wie z. B.:

- Viele Unternehmen machen sich falsche Vorstellungen über den Ertrag der Variantenvielfalt. Deshalb ist die Frage zu beantworten: Was kosten die Varianten wirklich? Hierzu sind die von ihnen verursachten zahlreichen aufwendigen Prozesse im indirekten Bereich in den Herstellkosten sichtbar zu machen.
- Kundenspezifische Lösungen erfordern ein neues Controlling-Verständnis. Wenn Anpassungen und Modifikationen, d. h. Abweichungen von Standard-Produkten immer mehr von den Kunden gefordert werden, hat dies weitreichende Folgen für den Auftragsabwicklungsprozeß und für die personelle Ausgestaltung einzelner Funktionen innerhalb der Auftragsabwicklungsprozeßkette. Die dadurch entstehenden neuen Tätigkeiten/ Prozesse/ Aktivitäten müssen für Entscheidungen über die Preisqualität eines Auftrags in den Kosteninformationen sichtbar gemacht werden.
- Welche Kosten verursacht ein neues Teil?
  Von der Konstruktion bis über die Stücklisten-Übernahme, die Arbeitsplangestaltung, die Vorrichtungskonstruktion und -erstellung, die Fertigungsvorbereitung und bis zur Pflege der Ersatzteilstammdaten.

Die Prozeßkostenrechnung ist ein neuer Ansatz, um die Kostentransparenz in den indirekten Bereichen dadurch zu verbessern, daß über Leistungsbezugsgrößen eine Produktivitätsmessung und damit auch eine Produktivitätssteigerung in den indirekten Bereichen möglich wird. Meßzahlen sind deshalb so wichtig, denn "If you can't measure the overhead, then you cannot manage it!"

Darüber hinaus erhalten wir über die Analyse/ Definition von Prozessen und den daraus abgeleiteten Leistungsbezugsgrößen für die indirekten Bereiche Ansatzpunkte zum verursachungsgerechten Einbezug dieser verschiedenen Vorgänge/Aktivitäten in indirekten Bereichen in eine strategisch wirkende Produktkalkulation und Produktergebnisrechnung.

Bei falscher Gemeinkostenzuordnung nach dem bisherigen Durchschnittsprinzip (Zuschlagsprinzip) forcieren wir ggf. ein Produkt, das Verluste bringt und vernachlässigen ein Produkt, das eigentlich ein Gewinnbringer ist. Dabei ergänzen wir die aus der Grenzplankostenrechnung für die Fertigung bekannten Bezugsgrößen um alle wesentlichen repetitiven Tätigkeiten/ Vorgänge in den indirekten Bereichen als Ergebnis der Analyse der im Hauptprozeß Auftragsabwicklung enthaltenen Teilprozesse Auftragsakquisition, Angebotserstellung, Auftragsannahme, Produktionsplanung, Materialbeschaffung, Wareneingang, Lagerung, Fertigungssteuerung, Logistik, eigentliche Fertigung, Qualitätssicherung, Versand, Fakturierung, Debitoren-Management, etc.

In dem Vortrag wird aufgezeigt, wie die kostentreibenden Faktoren bzw. die in den indirekten Bereichen versteckten vielfältigen Aktivitäten und Prozesse insbesondere im Logistikbereich in einer sogenannten strategisch wirkenden Produktkalkulation Berücksichtigung finden können.

Wenn wir die tendenziell immer mehr zunehmenden Gemeinkosten im Material- und Logistikbereich verringern wollen, müssen wir die kostentreibenden Faktoren identifizieren und quantifizieren. Um diese Zielsetzung zu erreichen, ist die Frage zu beantworten, in welcher Weise die kostentreibenden Faktoren und Gemeinkostenprozesse in die Teile- und Produktkalkulation einbezogen werden können.

Die an Gewicht immer mehr zunehmenden Gemeinkosten der Produktion werden heute auf die einzelnen Fertigungsstellen umgelegt und von dort über die verfahrenen Fertigungsstunden auf die Produkte verrechnet. Ein Produkt mit vielen Fertigungsstellen und vielen Fertigungsstunden erhält also viele Gemeinkosten zugerechnet und umgekehrt.

Die Material-Gemeinkosten werden heute üblicherweise auf das einzusetzende Fertigungsmaterial en bloc bezogen. Mit dem daraus resultierenden Prozentsatz werden für die Kalkulation die Materialeinsätze beaufschlagt. Dieses trotz verschiedener Differenzierungen grundsätzliche Kalkulationsprinzip bedeutet, daß ein Teil oder Produkt mit hohem Materialeinsatzwert viele Material-Gemeinkosten zugerechnet bekommt und umgekehrt.

Aber der Materialeinsatzwert treibt die meisten Material-Gemeinkosten überhaupt nicht. Ob ein Teil für 10 DM oder für 5.000 DM eingekauft wird: die Kosten der Abwicklung in der Disposition oder Bestellung sind gleich und nicht vom Material-**Wert** abhängig.

Und die Anzahl der Fertigungsstunden treibt ebenfalls nicht die Gemeinkosten. Vielmehr werden die Material- und Fertigungsgemeinkostenallein durch bestimmte repetitive Prozeß-Steuerungsvorgänge getrieben, nämlich z. B. durch die Anzahl der Bestellungen im Einkauf, durch die Anzahl der disponierten Betriebsaufträge, durch die Anzahl der Ein- und Auslagerungsvorgänge sowie der Transportvorgänge für Artikel und Teile, durch die Art und Anzahl der Kontrollvorgänge usw.

Bei unterschiedlicher Inanspruchnahme der gemeinkostentreibenden Faktoren durch die verschiedenen Produkte müssen die von Prozessen abhängigen Gemeinkosten in der Kalkulation entsprechend der Losgröße der einzelnen Produkte unterschiedlich vertreten sein, je nachdem, ob z. B. ein Produkt aus vielen oder wenigen Teilen besteht, ein Produkt in der Fertigung viele oder wenige Prozeßsteuerungsvorgänge benötigt.

Das Kalkulationsverfahren mit Einbezug der gemeinkostentreibenden Faktoren führt zu einer grundsätzlichen Verschiebung der Herstellkosten-Strukturen insbesondere bei komplexen Teilen, an deren Herstellung und Auftragsdurchsteuerung durch den Betrieb viele Prozeß-Steuerungsvorgänge beteiligt sind.

Was ist nun die Wirkung des Einbezugs der gemeinkostentreibenden Faktoren in die Produkt- und Teilekalkulation **hinsichtlich der Herstellkosten:**

-   Bei Teilen und Produkten mit kleinen Stückzahlen kommen die auflagefixen Kosten bzw. die gemeinkostentreibenden Faktoren in den Stückkosten sehr stark zum Ausdruck.
-   Durch die verringerten fixen Teile der Maschinenstundensätze (durch die Herausnahme der separat verrechneten auflagefixen Bestandteile) werden sich bei großen Auftragsstückzahlen verringerte Voll-Herstellkosten ergeben.

Mit dieser Art der strategischen Kalkulation wird die tatsächliche Komplexität bei der Herstellung eines Teils wertmäßig aufgezeigt, indem alle Prozeß-Steuerungsvorgänge, die repetitiver Natur sind, in der Kalkulation sichtbar gemacht werden.

Dadurch ergeben sich völlig neue Entscheidungsstrukturen und Erkenntnisse:

-   hinsichtlich von Entscheidungen über Eigenfertigung oder Fremdbezug,
-   hinsichtlich der Ertragskraft der Produkte, insbesondere bei Varianten und seltenen Ersatzteilen und
-   bei der Entscheidung über konstruktive Alternativen.

Durch dieses Verfahren ist es möglich, dem Ziel der Standardisierung in der Konstruktion ganz neue Impulse zu geben, mit der Wirkung einer verringerten Anzahl von Teilen und einer verringerten Anzahl von gemeinkostentreibenden Steuerungsprozessen für die verbleibenden Teile.

Exkurs: **Prozeßorientierte Kalkulation als Steuerungsinstrument bei der Entscheidung über konstruktive Alternativen**

Besonders das Entwicklungs-Management muß durch entsprechende Entscheidungsdaten aus Kostenrechnung und Kalkulation in die Lage versetzt werden, die kostenmäßigen Auswirkungen der Kompelxität eines konstruktiven Designs quantitativ zu beurteilen und sich damit der Hebelwirkung ihrer Schlüsselstellung hinsichtlich der relativen Kostenposition für ein bestimmtes Produkt bewußt werden.

Der Konstrukteur entscheidet über die Festlegung der Geometriedaten sowohl über den Materialeinsatz und die Materialart als auch über die zur Anwendung kommenden Produktionsverfahren, die wiederum die zur Anwendung gelangenden Prozeß-Abläufe bestimmen. Heute verfügt der Konstrukteur in den seltensten Fällen über die notwendigen Informationen, was seine Entscheidungen kostenmäßig bedeuten.

Zwei Probleme sind also zu lösen:

- Erstens müssen Kosteninformationen dem Konstrukteur möglichst schon in den frühen Phasen des Entwicklungsprozesses zur Verfügung gestellt werden.
- Zweitens müssen wir für die Schlüsselentscheidungen des Konstrukteurs **prozeßorientierte Kostenstandards** verfügbar machen, die die gemeinkostentreibenden Faktoren so abbilden, daß dem Konstrukteur eine **gemeinkosten-freundliche** Konstruktion ermöglicht wird.

Der Konstrukteur wird so in Lage sein, komplexere Produkte mit mehr Materialeinsatz und möglicherweise auch mehr Fertigunslohneinsatz zu gestalten, wenn dadurch entsprechend weniger Gemeinkosten durch eine geringere Anzahl von gemeinkostentreibenden Faktoren und Prozessen möglich sind.

Sowohl durch die verringerte Anzahl von Teilen als auch durch geringere Herstellkosten der verbleibenden Teile verringern wir die Vorräte und die Komplexität im Material- und Logistikbereich.

Wir sind heute bereit, höhere proportionale Herstellkosten - also im wesentlichen Material- und Fertigungsstunden - bei konstruktiven Alternativen in Kauf zu nehmen, wenn sich dadurch die gemeinkostentreibenden Steuerungsprozesse entsprechend vermindern lassen.

Bei Teilen und ganzen Maschinenvarianten, für die viele Prozeßsteuerungsvorgänge, d. h. eine große Anzahl gemeinkostentreibender Vorgänge bei der Fertigung und Auftragsdurchsteuerung anfallen - das sind Teile mit vielen Arbeitsgängen und Fertigungsstufen -, zeigt sich die Berücksichtigung der auflagefixen Gemeinkosten besonders drastisch in einer Erhöhung der Herstellkosten und umgekehrt.

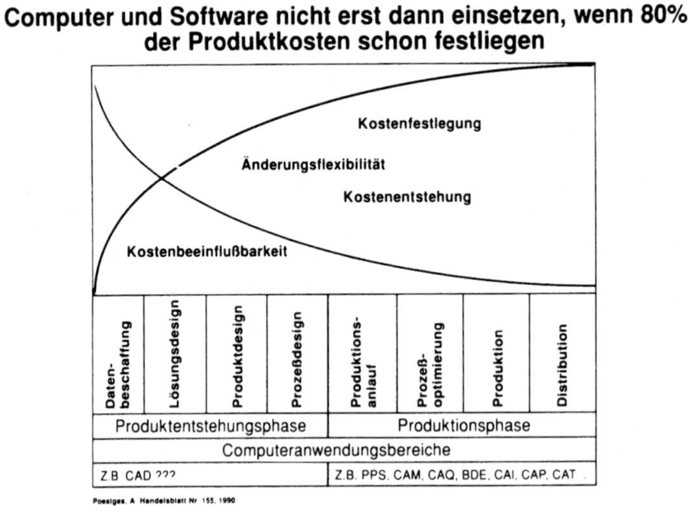

Computer und Software nicht erst dann einsetzen, wenn 80% der Produktkosten schon festliegen

Abb. 2: Kostenentstehung und Kostenbeeinflußbarkeit [2]

Wir glauben, daß diese neue Art der prozeßorientierten Herstellkosten-Kalkulation strategische Bedeutung hat mit der Wirkung, daß sich in unserem Unternehmen auf Dauer eine verringerte Anzahl von Teilen einstellen wird und wenige komplexe Teile übrigbleiben mit weniger Arbeitsgängen und damit verringerter Fertigungstiefe.

Mit der verringerten Zahl der Teile sind wir in der Lage, die Lagerbestände deutlich zu senken und gleichzeitig schaffen wir es, dem so häufig beschworenen Ziel der Einführung einer Fließfertigung und damit Verringerung der Durchlaufzeiten näherzukommen.

3. Wirkungszusammenhang von strategisch orientierter (Gemeinkosten-) Kalkulation und prozeßorientiertem Gemeinkosten-Controlling

Mit unserer neuen Kalkulation werden diese strategischen Wirkungen nur erreicht, wenn wir die bei der Kalkulation der auflagefixen Kosten unterstellten Wechselwirkungen von der Anzahl der gemeinkostentreibenden Faktoren zu den von ihnen verursachten Kosten in der tatsächlichen Gemeinkostenentwicklung auch zum Niederschlag bringen. Das heißt z. B., daß wir bei einer Verminderung der Anzahl Steuerungsprozesse, z. B. der Anzahl Dispositionsvorgänge, auch die Leute in der Disposition entsprechend der festgelegten Wechselwirkung anpassen müssen. Dieses Ziel schaffen wir wiederum nur, wenn wir uns Instrumente schaffen für die Messung der Leistung in Gemeinkosten-Bereichen, um auch dort wie bisher schon in der Fertigung üblich - zur Sicherstellung regelmäßiger und angemessener Produktivitätssteigerungen zu gelangen. Als Maßstab für die Messung der Leistung in Gemeinkostenbereichen machen wir uns diese Mengen-Bezugsgrößen zu Nutze, mit denen wir die auflagefixen Kosten verursachungsgerecht in die Herstellkosten-Kalkulation einbeziehen. Wir ermitteln für eine Gemeinkostenstelle die wesentlichste Bezugsgröße, die die Kosten treibt. Wir ermitteln weiter, welcher Anteil der Kosten an der Gemeinkostenstelle von dieser Bezugsgröße getrieben wird. Wir unterteilen danach die Kosten der Gemeinkostenstelle in Kosten der Grundlast und in Kosten, die sich entsprechend der Bezugsgröße ändern. Entsprechend der in Abbildung 3 gezeigten grundsätzlichen Kostenkurve ermitteln wir die Sollkosten der Ist-Beschäftigung in Gemeinkostenbereichen.

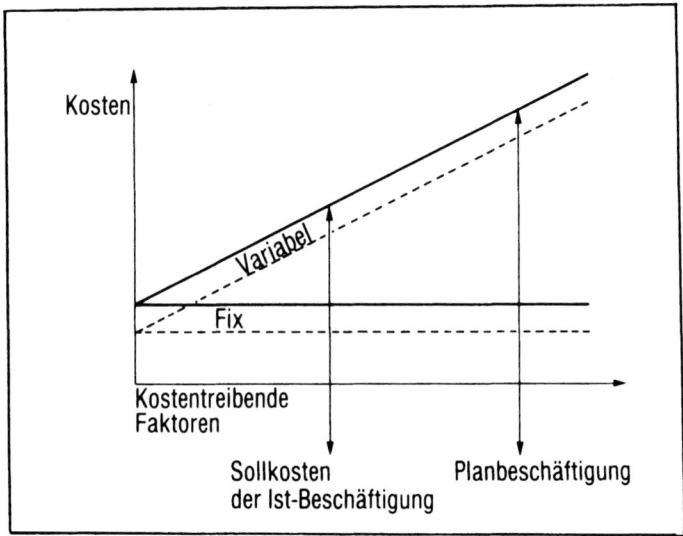

Abb. 3:   Soll-Kostenermittlung für die verfahrene Anzahl von Gemeinkosten-Prozessen

Das Verfahren ein Kosten-Soll (bezogen auf die verfahrenen Bezugsgrößenmengen für gemeinkostentreibende Vorgänge) zu definieren, schafft die notwendige Kostentransparenz im Gemeinkostenbereich. Es versachlicht die Diskussion über die angemessene Höhe der Gemeinkosten bei einer Veränderung der angefallenen Arbeitsmenge. Wie in der Fertigung muß wegen des hohen Anteils der Gemeinkosten an den Gesamtkosten (60 %) in den Gemeinkosten-Bereichen ebenfalls eine Produktivitätsverbesserung erzielt werden. Hier ist als Instrument ein Maßstab notwendig in Form eines Standards je Leistungsbezugsgröße. Aufgrund der Komplexität der Gemeinkosten-Funktion ist zweifellos eine Messung der Produktivität in diesen Bereichen sehr schwierig. Jedoch ergibt sich durch das hier gezeigte Verfahren die Möglichkeit zu einem wirklichen Einstieg in ein bisher weitgehend unbeackertes - und in Zukunft "kriegsentscheidendes" - Rationalisierungs- und Ergebnisverbesserungspotential.

Literaturverzeichnis:

[1] Vgl. hierzu auch Wäscher, D.: Erfahrungen mit der Gemeinkosten-Wertanalyse, in: Controller-Magazin, 1983, S. 277 - 287;
Wäscher, D.: Gemeinkosten-Management im Material-und Logistik-Bereich, in: Zeitschrift für Betriebswirtschaft, 1987, S.
297 - 315; Wäscher, D.: Strategisches Gemeinkosten-Management, in: Controller-Magazin, 1989, S. 41 - 46 und S. 74 - 81;
Wäscher, D.: Wie können die Kosten im Logistikbereich sichtbar gemacht und beeinflußt werden?, in: Logistik-Spektrum,
1989, S. 60-62; Wäscher, D.: Prozeßorientiertes Gemeinkosten-Controlling, in: Der Controlling-Berater, 1990, S. 8/623 -
654; Wäscher, D.: CIM als Basis für ein prozeßorientiertes Gemeinkosten-Management, in: Controlling, 1991, S. 68 - 75.

[2] Vgl. Poestges, A. (1990), Integrierte Produktentwicklung III - Auf der F + E-Stufe "Advanced Technologies" anwenden, in:
Handelsblatt Nr. 155, 1990.

Prozeßkostenrechnung - Erste Anwender-Erfahrungen

Prof. Dr. rer. pol. Karl-Heinz Rau, Fachleiter Wirtschaftsinformatik II, Berufsakademie Stuttgart

Gliederung:

1. Kennzeichnung der Anwender-Situationen

2. Grundsätzliche Zielsetzung der Prozeßkostenrechnung

3. Anwender-Erfahrungen in einem Werk der elektrotechnischen Industrie

    3.1 Kennzeichnung der Ausgangssituation

    3.2 Entwurf eines Bezugsgrößenkatalogs

    3.3 Beziehungen zwischen Aktivitäten in Kostenstellen und Bezugsgrößen

    3.4 Ermittlung und Interpretation von 'Cost Driver-Raten'

    3.5 Erkenntnisse bei der Kalkulation von Produktkosten

    3.6 Perspektiven der Prozeßkostenrechnung in dem untersuchten Werk

4. Anwender-Erfahrungen im Verwaltungs- und Vertriebsbereich eines Computer-Herstellers

    4.1 Charakterisierung der Ausgangssituation

    4.2 Beschreibung von Prozeßstruktur und Bezugsgrößen

    4.3 Probleme und Vorgehensweise bei der Ermittlung der Prozeßkosten

    4.4 Erste Erkenntnisse und weitere Schritte

5. Schlußfolgerungen aus den Anwender-Erfahrungen

Anmerkungen

Literaturverzeichnis

12. Saarbrücker Arbeitstagung 1991
Rechnungswesen und EDV
hrsg. v. A.-W. Scheer
© Physica-Verlag Heidelberg 1991

1.   Kennzeichnung der Anwender-Situationen

Die Kostenstruktur eines Werkes der elektrotechnischen Industrie zeigt folgendes Bild:

- Materialkosten   50 %
- Personalkosten   40 %
- sonstige Gemeinkosten   10 %.

Analysiert man die Personalkosten genauer, so ergibt sich, daß nur 25 % davon als Einzelkosten zu verrechnen sind. Daraus folgt schließlich, daß 40 % der Gesamtkosten Gemeinkosten darstellen.

In einem Konzern der Computertechnik zeigen die konsolidierten Gewinn- und Verlustrechnungen der Jahre 1985 und 1989 einerseits die Halbierung der Bruttoumsatzrendite, andererseits die auffällige Zunahme des Anteils der Verwaltungs- und Vertriebskosten (vgl. Abb. 1).

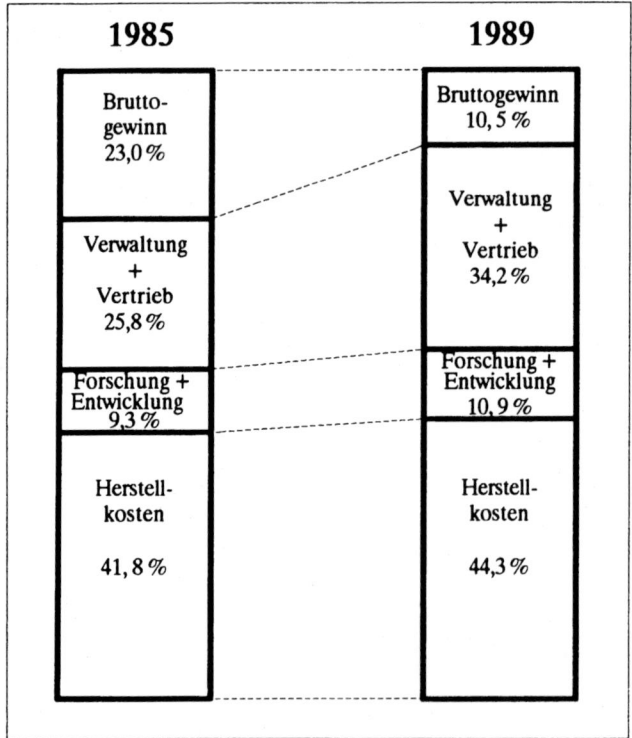

Abb. 1: Entwicklung der G&V-Struktur [1]

In beiden Unternehmungen haben u.a. diese Kostenstrukturen zu der Erkenntnis geführt, daß es notwendig ist, sich mit den Gemeinkosten näher zu beschäftigen. In unterschiedlicher Weise wurden die Ideen der sogenannten Prozeßkostenrechnung aufgegriffen, um die Transparenz der Gemeinkostenentstehung zu erhöhen. Im ersten Fall versuchte man Kosteneinflußgrößen und deren Kostenwirkung in fertigungsnahen Gemeinkostenbereichen zu quantifizieren. Im zweiten Fall wurde der Schwerpunkt auf die Ermittlung der Prozeßkosten für den Geschäftsprozeß "Auftragslogistik" gelegt.

2.   Grundsätzliche Zielsetzung der Prozeßkostenrechnung

Genereller Ausgangspunkt der Überlegungen im Zusammenhang mit der Prozeßkostenrechnung war einerseits der zunehmende Anteil der Gemeinkosten und andererseits das unzureichende Instrumentarium zur Erklärung der Wirkungszusammenhänge [2]. In der amerikanischen Literatur finden sich eine Vielzahl von Ansätzen mit unterschiedlichsten Bezeichnungen (z.B. Activity Accounting, Transaction Costing, Cost Driver Accounting System oder Activity Based Costing [3]). Robin Cooper und Robert S. Kaplan als zwei herausragende Vertreter des 'Activity-Based Costing' (ABC) weisen auf zwei grundsätzliche Funktionen eines 'Activity-Based Cost Management Systems' [4]:

- Erhöhung der Genauigkeit bei der Kalkulation von Herstellkosten und
- unmittelbare Handlungsunterstützung des Managements zur Gewinnsteigerung.

Die Erfüllung dieser Funktionen wird dadurch unterstützt, daß insbesondere die Aktivitäten der indirekten Bereiche hinsichtlich ihrer Kostenhöhe und der sie beeinflussenden Größen transparent gemacht werden. Einzelne Aktivitäten, wie z.B. Zahlungseingänge bearbeiten, werden u.U. zu kostenstellenübergreifenden Prozessen, z.B. Kundenforderungen bearbeiten, zusammengefaßt. Die Größen, welche die Kostenhöhe beeinflussen werden als 'Cost Driver' bezeichnet. Diese Größen stellen vielfach gleichzeitig auch ein Maß für das Arbeitsergebnis der betrachteten Aktivität dar [5]. Im deutschen Sprachgebrauch werden diese Größen überlicherweise als Kosteneinfluß- bzw. Bezugsgrößen bezeichnet [6].

Durch die Betrachtung einzelner Aktivitäten ist es grundsätzlich möglich, in der Kalkulation den Produkten die Kosten entsprechend der Inanspruchnahme der Aktivitäten zuzurechnen. Damit kann beispielsweise vermieden werden, daß Produkten mit geringen Materialeinzelkosten für spezielle, extra zu beschaffende Komponenten nur der durchschnittliche, wertmäßig orientierte Materialgemeinkostensatz verrechnet wird. Obwohl anfänglich dieses Bemühen um eine genauere Kostenträgerstückrechnung vielfach im

Vordergrund stand, gewinnt das Bemühen, die Prozeßkostenrechnung als ein Instrument des Gemeinkostenmanagements zu verstehen, immer mehr an Bedeutung [7].

Dieses Ziel einer verbesserten Kostentransparenz steht auch bei den folgenden Erfahrungsberichten im Vordergrund. Das erste Beispiel bezieht sich auf Erfahrungen mit Pilotuntersuchungen in einem Werk der elektrotechnischen Industrie [8]. Das zweite Beispiel beschäftigt sich mit dem Geschäftsprozeß 'Auftragslogistik' im Vertriebsbereich eines Computer-Herstellers [9].

3. Anwender-Erfahrungen in einem Werk der elektrotechnischen Industrie

3.1 Kennzeichnung der Ausgangssituation

In dem untersuchten Bereich werden die Fertigungsgemeinkosten über die Fertigungslohn- bzw. Maschinenstunden in Form von Stundensätzen, die Materialgemeinkosten (z.B. Einkauf, Wareneingang und Wareneingangsprüfung) werden auf der Basis der Materialeinzelkosten über z.T. nach Materialarten differenzierten Zuschlagssätzen verrechnet. Das Problem besteht nun darin, daß Kosten, die etwa im Fertigungsbereich im Zusammenhang mit der Qualitätssicherung anfallen, den einzelnen Produkten einfach mengenproportional über die Fertigungsstundensätze zugerechnet werden, obwohl die Produkte sehr wohl in unterschiedlichem Ausmaß Qualitätssicherungsmaßnahmen erfordern. So lassen sich noch eine Vielzahl von Größen nennen, die kostenverursachend und letztlich auf Produkteigen- schaften zurückzuführen sind. Ungeachtet dessen werden sie in ihrer Kostenwirkung in der traditionellen Kostenrechnung i.d.R. nicht sichtbar gemacht. Als Beispiele seien folgende unbeantwortete Fragen genannt:

- Welche Kostenwirkung hat der Tatbestand, für ein Einkaufsteil nicht zwei, sondern vier aktive Lieferanten zu haben?
- Welche Kostenwirkung geht von der Anzahl aktiver Teilestämme aus?
- Welche Kostenwirkung hat die Neueinplanung eines Fertigungsauftrages?
- Welche Kostenwirkung haben technische Änderungen an Produkten?

Letztlich resultieren solche, die Kostenhöhe beeinflussenden Größen, aus Eigenschaften einzelner Produkte bzw. des Produktprogramms insgesamt [10]. Was liegt somit näher, als diese Produkteigenschaften in ihren Kostenwirkungen zu quantifizieren. Im Rahmen unserer Pilotuntersuchung im Sinne der Prozeßkostenrechnung haben wir folgenden Weg gewählt:

- Festlegung von Bezugsgrößen (Cost Driver), die als Eigenschaften der Produkte Kostenwirkungen haben.
- Über Interviews mit den Kostenstellenverantwortlichen wurden die Aktivitäten, die in einzelnen Kostenstellen ablaufen, festgelegt.
- Für die einzelnen Aktivitäten in den einzelnen Kostenstellen schätzten die Kostenstellenleiter, in welchem Ausmaß diese durch welche Bezugsgrößen bestimmt werden.
- Pro Kostenstelle wurden die geplanten Standardkosten den einzelnen Aktivitäten zugeordnet.
- Auf der Basis dieser Verteilung konnten Kostensätze je Einheit der Bezugsgröße (Cost Driver-Raten) ermittelt werden.

Damit war es möglich, die Kostenwirkung von Produkteigenschaften sichtbar zu machen. Für einzelne Produkte wurde auch der Versuch unternommen, auf der Basis der 'Cost Driver-Raten' die Verrechnung von Gemeinkosten auf die Kostenträger vorzunehmen. Die Verrechnung der Einzelkosten im Sinne der Materialeinzelkosten und der Fertigungslöhne erfolgte in traditioneller Weise. Im folgenden sollen die Details des Vorgehens geschildert werden.

3.2 Entwurf eines Bezugsgrößenkatalogs

Auf Werkleiterebene wurde ursprünglich ein Katalog von dreizehn Bezugsgrößen erarbeitet. Nach einer Interviewrunde bei einzelnen Kostenstellen und nochmaliger Überarbeitung einigte man sich schließlich auf einen Katalog von zehn. Als Beispiele seien einige herausgegriffen und kurz erläutert:

- Anzahl Neuanläufe: Verstanden wird darunter die Fertigungsaufnahme einer Hauptbaugruppe.
- Anzahl technischer Änderungen: Gezählt wurde dabei die Anzahl der Änderungsmitteilungen ohne Differenzierung des Umfangs.
- Anzahl Wareneingänge: Erfaßt wurden dabei die maschinell erstellten Wareneingänge mit der Kennzeichnung "Produktionsmaterial" aus der Einkaufsverfahrenstatistik.
- Anzahl Maschinen- und Fertigungsgruppen: Dabei handelt es sich um räumlich abgegrenzte Bereiche, in denen Arbeitsgänge an Produkten verrichtet werden. Ermittelt werden diese Daten aus den Verfahren der Kapazitätsermittlung.

Im Rahmen unserer Untersuchungen beschränkten wir uns auf eine Parallelbetrachtung auf der Basis der Planwerte für das Jahr 1990. Da jedoch insbesondere die oben erwähnten

Größen, z.B. Anzahl technischer Änderungen als Planzahlen nicht vorlagen, mußten Prognosen ausgehend von Erfahrungswerten des Vorjahres erstellt werden. Vor dem Hintergrund der beabsichtigten Zurechnung von Gemeinkosten auf die Produkte müßte an die Bezugsgößen die Bedingung gestellt werden, daß auch pro Produkt die jeweilige Ausprägung ermittelt werden kann und die Summe der produktspezifischen Bezugsgrößen-Einheiten über alle Produkte gleich dem betrachteten Bezugsgrößen-Volumen ist. Das würde etwa für die Bezugsgröße "Anzahl Maschinen- und Fertigungsgruppen" bedeuten, daß nicht die im Unternehmen vorhandene Anzahl von Maschinen- und Fertigungsgruppen maßgebend ist, sondern daß über die produktbezogenen Inanspruchnahmen addiert werden müßte.

Insbesondere bei der Anzahl technischer Änderungen wird deutlich, daß wir im ersten Schritt unserer Rechnung eher den Wert auf die möglichst rasche Erzielung erster Ergebnisse gelegt haben als auf die Erzielung einer möglichst hohen Exaktheit. Denn selbstverständlich ist klar, daß technische Änderungen in unterschiedlichem Ausmaß Kosten verursachen.

3.3   Beziehungen zwischen Aktivitäten in Kostenstellen und Bezugsgrößen

Im ersten Schritt der Untersuchungen haben wir darauf verzichtet, gesamtunternehmungsbezogen Prozeßketten mit kostenstellenspezifischen Subprozessen zu identifizieren und entsprechend zu analysieren. Ungeachtet dessen können die identifizierten 'Cost Driver' als Bezugsgrößen nicht näher spezifizierter Hauptprozesse interpretiert werden [11]. Im Rahmen einer Interviewrunde mit den Kostenstellenverantwortlichen wurde herausgearbeitet, welche voneinander abgrenzbaren Aktivitäten in der jeweiligen Kostenstelle ablaufen [12]. Pro Interview mußten dabei durchschnittlich 60 Minuten aufgewendet werden. Einbezogen wurden entsprechend des verfolgten Zieles alle Kostenstellen des indirekten Bereichs im untersuchten Werk. In diesen Kostenstellen werden zwar Leistungen erbracht, die letztlich durch die produzierten Fertigprodukte induziert sind; ein unmittelbarer Bezug zu den Produkten ist jedoch nicht gegeben. Beispielhaft sei dies an zwei, der von uns untersuchten, Kostenstellen verdeutlicht.

In der Kostenstelle Qualitätssicherung wurden die Aktivitäten Fertigungsüberwachung und Korrektivmaßnahmen identifiziert. In der Kostenstelle Wareneingangsprüfung für Einkaufsteile laufen u.a. die Aktivitäten Prüfvorbereitung und Lieferantenbetreuung. Sachlogisch günstig wäre nun folgender Beziehungszusammenhang: Einerseits nehmen die verschiedenartigen Fertigprodukte die Aktivitäten in unterschiedlichem Ausmaß in Anspruch, woraus eine anteilige Verrechnung der Prozeßkosten folgt. Andererseits werden die Kosten einer Aktivität möglichst eindeutig von einer meßbaren Bezugsgröße bestimmt.

Kostenstelle: Wareneingangsprüfung Einkaufsteile		
Aktivität	Mitarbeiter	Einfluß der Bezugsgröße
Leitung der Kostenstelle	1	leistungsmengenneutral
Prüfvorbereitung	10	40 % Anzahl Neuanläufe 40 % Anzahl techn.Änderungen 20 % Anzahl Lieferanten
Prüfen	10	50 % Anzahl Wareneingänge 25 % Anzahl Neuanläufe 25 % Anzahl techn.Änderungen
Lieferantenbetreuung	7	40 % Anzahl Lieferanten 25 % Anzahl techn.Änderungen 25 % Anzahl Neuanläufe 10 % Anzahl Wareneingänge
. . .	. . .	. . .
Summe	40	

Abb.2: Erhebung der Aktivitäten und der Bezugsgrößen in Kostenstellen (keine Originalwerte)

Nehmen wir jedoch einmal die Lieferantenbetreuung als Aktivität heraus. So ist diese sehr wohl für die Kostenstelle Wareneingangsprüfung eine wichtige Aufgabe. Die Ermittlung, in welchem Ausmaß ein spezifisches Produkt diese Aktivität in Anspruch nimmt, dürfte jedoch einige Schwierigkeiten bereiten. Hinsichtlich der Zuordnung eines dominierenden 'Cost Driver' als Kostenverursacher gab es auch praktische Schwierigkeiten. Der Aufwand für die Aktivität Lieferantenbetreuung ist beispielsweise um so höher, je höher die Anzahl der Lieferanten. Jedoch auch die Anzahl technischer Änderungen und die Anzahl von Neuanläufen für Produkte haben einen ähnlich gelagerten Einfluß. Vor dem Hintergrund dieser konkreten Erfahrungen haben wir die oben bereits skizzierte Vorgehensweise gewählt. Für die einzelnen Aktivitäten wurde geschätzt, mit welchen Prozentanteilen die Bezugsgrößen die Kosten der einzelnen Aktivitäten beeinflussen. Von einer derartigen m:n-Beziehung zwischen Aktivität (Teilprozeß) und Hauptprozeß, der durch die Bezugsgröße repräsentiert wird, geht auch der Implementierungsansatz von SAP in der Erweiterung des Kostenrechnungssystems RK aus [13]. Bei einigen Aktivitäten zeigt sich, daß eine Beziehung zwischen der Aktivität und einzelnen Bezugsgrößen nicht hergestellt werden konnte. Im Sinne von Horváth und Mayer [14] werden sie behandelt wie leistungsmengenneutrale Prozesse.

Im Rahmen der Interviews wurde nun versucht die geplanten Standardkosten auf die einzelnen Aktivitäten zuzuordnen. In den betrachteten Kostenstellen werden hauptsächlich Dienstleistungen erbracht. Aufgrund dieser Tatsache wurde den Aktivitäten die Anzahl der Mitarbeiter jeweils zugeordnet und die Kosten proportional zugerechnet. Damit war die Grundlage geschaffen für eine anteilige Zurechnung der Kosten auf die Bezugsgrößen. Dabei wurden die Kosten der leistungsmengenneutralen Aktivitäten auf die übrigen (leistungsmengeninduzierten) Aktivitäten anteilig verteilt. Aus dieser Vorgehensweise wird wieder einmal klar, daß wir schnell an Ergebnissen interessiert waren, um auch den beteiligten Stellen erste Ergebnisse präsentieren zu können. Es hat sich als enorm wichtig erwiesen, den mitwirkenden Kostenstellenverantwortlichen Zwischenergebnisse zu liefern, um letztlich das Verständnis für die Prozeßkostenrechnung zu fördern. Ein Beispiel für diese Erhebung findet sich in der Abbildung 2.

Im Sinne einer prozeßorientierten Kostenplanung wäre eine analytische Planung der Prozeßkosten notwendig gewesen [15]. Dieser Aufwand wäre jedoch im Rahmen unserer Pilotuntersuchungen nicht durchsetzbar gewesen.

3.4 Ermittlung und Interpretation von 'Cost Driver-Raten'

Auf der Basis der in Abbildung 2 wiedergegebenen Erhebungen war es nun möglich, durch eine Aggregation über die gesamten Kostenstellen die Gesamtkosten je Bezugsgröße zu ermitteln. In Abbildung 3 ist dies ausschnittsweise wiedergegeben, wobei hier bereits eine Zusammenfassung der Kostenstellen zu Bereichen erfolgte. Aus den letzten drei Spalten ist die Errechnung der 'Cost Driver-Raten' ersichtlich. Die Mengenangaben zu den einzelnen Bezugsgrößen ergeben sich aus einer produktbezogenen Ermittlung. In den meisten Fällen konnte dabei auf vorhandene Informationen zumindest aus der Vergangenheit zurückgegriffen werden. Im Sinne einer analytischen Vorgehensweise müßten diese Werte im Rahmen der produktbezogenen Planungen ermittelt werden. Im Rahmen unserer Untersuchung wurde die aus Abbildung 3 ersichtliche Rechnung mit Hilfe eines Tabellenkal-kulationsprogramms durchgeführt. Diese Darstellung erinnert an den konventionellen Betriebsabrechnungsbogen, liefert jedoch eine andere Art an Kostentransparenz. In unserer konkreten Untersuchung war für die Verantwortlichen beispielsweise sehr aufschlußreich, wie hoch die den Neuanläufen zugerechneten Kosten waren. Im Rahmen von fallweisen Ana-lysen hatte man zwar schon vorher Kosten für dieses Phänomen ermittelt, jedoch lagen diese wesentlich niedriger, obwohl man vermutete, daß sie höher sein mußten. Dies hatte man insbesondere auch aus Vergleichen mit anderen Werken abgeleitet. Das von uns untersuchte Werk zeichnet sich innerhalb des Gesamtunternehmens dadurch aus, daß hier aufgrund der Nähe zu dem Entwicklungszentrum in hohem Maße auch Test- und Versuchsaktivitäten laufen. Im Gegensatz zu den fallweisen Untersuchungen, hebt sich der Prozeßkostenansatz eben dadurch ab, daß das Phänomen der Neuanläufe systematisch über alle beteiligten Leistungsbereiche hinweg betrachtet wird und nicht nur die Kosten der Entwicklungsingenieure erfaßt werden. Konkret ergab sich in unserem Fall ein Verhältnis von 1 zu 5 bei einem Volumen im Millionenbereich. Dies wurde von den verantwortlichen Spezialisten durchaus als realistisch angesehen. Selbst wenn unsere zum Teil vergröberte Vorgehensweise die eine oder andere Ungenauigkeit zur Folge haben mag, sprachen derartig signifikante Resultate für sich.

Bezugsgröße (Cost Driver)	Bereiche			Summe TDM	Bezugsgöße Volumen	DM/Bezugs- größeneinheit
	1 ...	n-1	n			
Anzahl Neuanläufe	700 ...	500	700	8.000	100	80.000
Anzahl technische Änderungen	250 ...	150	400	5.000	500	10.000
Anzahl Programm- positionen	4.500 ...	0	1.500	10.000	20.000	500
.	. ...	.	.	.	.	.
.	. ...	.	.	.	.	.
.	. ...	.	.	.	.	.
Anzahl Waren- eingänge	1.000 ...	500	500	5.000	250.000	20
Anzahl Teile- stämme	200 ...	1.000	500	2.000	40.000	50
Summe	10.000 ...	3.000	8.000	60.000	-	-

Abb. 3: Ermittlung von Kosten je Bezugsgröße (keine Originalwerte)

Die ermittelten 'Cost Driver-Raten' stellen Verrechnungssätze für die Gemeinkosten auf die Produkte dar. Im Vergleich zu den vorher angewandten Stundensätzen bzw. Zuschlagssätzen erlauben sie sicherlich eine verursachungsgerechtere Kostenverteilung auf die Kostenträger [16].

Die Bezugsgrößen sollten neben der Meßbarkeit die Bedingung einer unmittelbaren Beeinflußbarkeit erfüllen. Ist dies gegeben, so eröffnen sich gute Ansatzpunkte für eine aktive Kostenbeeinflussung im Sinne des Kostenmanagements.

Vor dem Hintergrund der Erkenntnis, daß durch die Entscheidungen in der Konstruktion die später entstehenden Produktkosten in hohem Maße festgelegt werden, eignen sich die 'Cost Driver-Raten' auch zur Information der Konstrukteure, so daß diese die Kostenwirkungen ihrer Entscheidungen besser einschätzen können [17]. Als Beispiel sei etwa die Anzahl aktiver Teilestämme genannt. Jeder Teilestamm verursacht Kosten in den sogenannten indirekten Bereichen. Die Teilestämme müssen verwaltet sowie gepflegt werden und deren Anzahl wirkt unmittelbar auf die Komplexität der Teiledisposition und Teilebereitstellung [18]. Diese Kostenwirkungen werden durch die Prozeßkostenrechnung ersichtlich und damit beeinflußbar.

Weitere Ansatzmöglichkeiten zur Kostenbeeinflussung ergeben sich im Rahmen eines iterativen Planungsprozesses. So lassen sich aus einer Darstellung der Kosten nach Bezugsgrößen (vgl. Abb. 3) Schwerpunkte von Kostenreduzierungsmöglichkeiten grundsätzlich erkennen. In unserem Beispiel zeigt sich etwa, daß die Anzahl der Programmpositionen und deren Veränderungen einen beachtlichen Kostenanteil haben. Mit dieser Anzahl von Programmpositionen werden die ausgelösten Kommissionier- und Bereitstellungsvorgänge im Fabriklager erfaßt und letztlich wird die Anzahl durch die Art der Programmdisposition beeinflußt. Beabsichtigt man nun durch Änderungen am Dispositions-verfahren die Anzahl Programmpositionen um 20 % zu verringern, so liefert die Prozeßkostenrechnung einen ersten Anhaltspunkt hinsichtlich des Kostensenkungspotentials. Dabei ist jedoch zu berücksichtigen, daß die Prozeßkostenrechnung eine Proportionalität von Bezugsgrößenvolumen und Kostenhöhe unterstellt. Dies ist jedoch gewiß nur bei langfristiger Betrachtung richtig. Mit Sicherheit ist kurzfristig mit beachtlichen Kostenremanenzen aufgrund längerfristiger Bindungen zu rechnen [19]. Weiterhin ist wohl darauf zu achten, daß die berücksichtigten Bezugsgrößen möglichst weitgehende Unabhängigkeit aufweisen sollten, da sonst eine Aussage über isolierte Veränderungen von Bezugsgrößenvolumen streng genommen nicht möglich ist.

3.5 Erkenntnisse bei der Kalkulation von Produktkosten

Zur Ermittlung von Produktkosten ist es notwendig, für die zu kalkulierenden Produkte die Ausprägungen der Bezugsgrößen zu kennen. Die Vorgehensweise sei ausschnittsweise an einem vollautomatisch gefertigten Bauteil beispielhaft in Abbildung 4 dargestellt.

Jahresbedarf: 200.000 Stück				
Cost Driver	Anzahl	Cost Driver-Rate	Kosten gesamt	Kosten je Stück
Programm-positionen	50	500	25.500	0,125
.	.	.	.	.
.	.	.	.	.
.	.	.	.	.
Teilestämme	5	50	250	0,00125
Summe Gemeinkosten				0,50
Einzelkosten -Material -Lohn				0,70 0,30
Herstellkosten insgesamt Herstellkosten bei konventioneller Kalkulation				1,50 1,25

Abb. 4: Stückkalkulation für ein Produkt (keine Originalwerte)

Beim Vergleich von Kalkulationsergebnissen auf der Basis der Prozeßkostenrechnung und den Ergebnissen bei der bisher üblichen Zuschlags- bzw. Verrechnungssatzkalkulation ergaben sich interessante Resultate. Zum Beispiel zeigte sich durchgehend, daß die Stückkosten von neueren, zumeist mit höherem Automatisierungsgrad hergestellten, Güter bei der Prozeßkostenrechnung höher waren, als bei der traditionellen Kalkulation. Dies scheint durchaus plausibel zu sein.

Insbesondere die Verteilung der Fertigungsgemeinkosten über Fertigungsstundensätze führt natürlich dazu, daß die überwiegend manuell gefertigten Güter überproportional mit Gemeinkosten belastet werden. Damit waren durchaus Anzeichen für ein höheres Maß an Verursachungsgerechtigkeit bei der Stückkostenkalkulation gegeben. Ungeachtet dessen bleibt zu beachten, daß die Prozeßkostenrechnung in der hier angewendeten Weise von der vollen Proportionalität der Kosten ausgeht, was wohl selten der Fall sein wird.

Im Zusammenhang mit der Stückkalkulation weist Kaplan jedoch auf einen interessanten Aspekt hin [20]. Die einzelnen Kostenpositionen innerhalb einer Stückrechnung stellen Anhaltspunkte für Management-Entscheidungen hinsichtlich einer Kostenbeeinflussung dar. Aus Abbildung 5 werden die unterschiedlichen Ansatzpunkte deutlich.

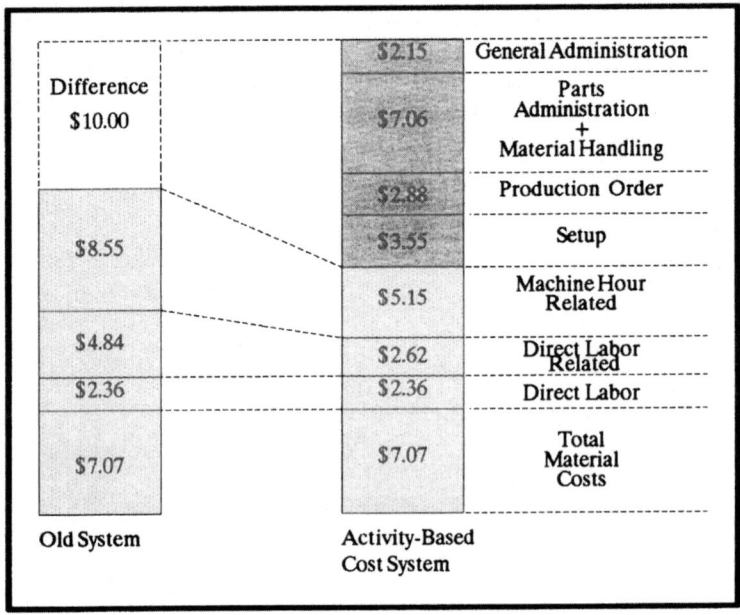

Abb.5: Stückkostenstruktur bei traditioneller und prozeßkostenorientierter Kalkulation [21]

Die traditionelle Kalkulation liefert z.B. Hinweise auf folgende Veränderungsmöglichkeiten zur Senkung ausgewiesener Kostenelemente:

- Steigerung der Maschinenintensitäten,
- Kauf schnellerer Maschinen,
- Verminderung der Vorgabezeiten für menschliche Arbeit,
- Verminderung des Personalbestandes oder
- Kauf preisgünstigerer Materialien.

Bei der prozeßkostenorientierten Kalkulation (Activity-Based Cost System) ergeben sich ungleich mehr Hinweise auf Möglichkeiten der Kostenbeeinflussung. Beispiele hierfür sind etwa:

-    die Kosten für 'Parts Administration' und 'Material Handling' weisen auf die Notwendigkeit einer fertigungsgerechten Konstruktion und der Verringerung der Teilevielfalt hin,
-    die Kosten für 'Setup', die höher sind als die Fertigungslöhne, sollten dazu veranlassen, die Anzahl Rüstvorgänge und die damit verbundenen Zeiten zu reduzieren.

Diese erhöhte Transparenz kann damit zu einer differenzierten Beeinflussung der Kostenhöhe und damit dem erzielbaren Gewinn führen. Kritisch betrachtet ist jedoch hier anzumerken, daß gerade die Kosten der Teileverwaltung und des Rüstens keine stückproportionalen Kosten sind. Dies bringt auch Kaplan darin zum Ausdruck, daß er von einer hierarchischen Kostenzuordnung spricht [22]. Darin zeigt sich, daß auch die Vertreter der Prozeßkostenrechnung erkannt haben, daß nicht alle Kosten durch das einzelne Stück, sondern etwa von der Produktart, dem Unternehmensbereich oder dem Unternehmen insgesamt verursacht werden [23].

3.6   Perspektiven der Prozeßkostenrechnung in dem untersuchten Werk

Anlaß, sich mit den Gedanken der Prozeßkostenrechnung in dem betrachteten Werk zu beschäftigen, waren Vorgaben aus der Konzernspitze, die Transparenz der Gemeinkosten zu erhöhen. Die erzielten Ergebnisse, insbesondere die Darstellung der Gemeinkosten gemäß Abbildung 3, haben die Führungsebene überzeugt. Dies führte dazu, daß auch für das Planjahr 1991 eine nochmalige Interviewrunde mit den Kostenstellenleitern zur Ermittlung der Aktivitäten und deren Verursachung durch die 10 ausgewählten Bezugsgrößen (Cost Driver) durchgeführt wurde. Die Ergebnisse waren grundsätzlich die gleichen, jedoch war das Verständnis bei den Beteiligten für die Denk- und Vorgehensweise schon wesentlich besser. Aus instrumenteller Sicht wurde die Prozeßkostenrechnung wieder als eine Parallelrechnung durchgeführt und hat in diesem Sinne bisher die Funktion eines Analyseinstrumentes. Als besonders interessant wurden die ermittelten Kosten im Zusammenhang mit Neuanläufen und technischen Änderungen gewertet. Wie bereits erwähnt erbrachte die Prozeßkostenrechnung nachvollziehbar einen Kostenbetrag, der das Mehrfache des bisher verwendeten Ansatzes ausmacht. Die mit diesen Bezugsgrößen und den dahinterstehenden Aktivitäten verbundenen Kosten stehen ja nicht unmittelbar im Zusammenhang mit den hergestellten Einheiten. Daher werden diese Kosten in der Herstellkostenermittlung nicht berücksichtigt. Dadurch wird ein konzerninterner Kostenvergleich wesentlich aussagefähiger und für das betrachtete Werk auch günstiger.

Die erzielten Ergebnisse in dem betrachteten Werk haben auch konzernweit zu hoher Anerkennung geführt, was die Verantwortlichen in der Controller-Funktion in ihrem Tun bestärkt. Die weiteren Schritte werden vor allem darin bestehen, einen gangbaren Weg für eine zweckmäßige Stückkalkulation zu finden. Dabei wird man bestrebt sein, die verwendeten Bezugsgrößen geeignet zu aggregieren.

4. Anwender-Erfahrungen im Verwaltungs- und Vertriebsbereich eines Computer-Herstellers

4.1 Charakterisierung der Ausgangssituation

Wie aus Abbildung 1 ersichtlich ist, nahm der Anteil der Verwaltungs- und Vertriebskosten am erzielten Umsatz in den letzten Jahren spürbar zu. Dies ist nicht zuletzt darin begründet, daß die Vielfalt der mit der Auftragsabwicklung zusammenhängenden Tätigkeiten enorm gewachsen ist. Ein Indikator dafür sind Zahlen wie 200 Vertragsformen für über 1.000 Hardware- und über 2.500 Softwareprodukte. Aus Wettbewerbssicht ist diese Vielfalt und die damit angestrebte Flexibilität als Reaktion auf die Kundenbedürfnisse notwendig. Daraus resultiert die Notwendigkeit, den Prozeß der Kundenauftragsabwicklung so effektiv und effizient wie möglich zu gestalten. Zu diesem Zweck wurden bereits Anstrengungen unternommen, im Sinne einer Geschäftsprozeßanalyse die Tätigkeitsabläufe über organisatorische Bereichsgrenzen hinweg zu beschreiben, zu strukturieren und meßbar zu machen. Im Rahmen einer Durchlaufzeitanalyse wurden die einzelnen Tätigkeiten und deren informatorische Verknüpfungen beschrieben. Die Prozeßstrukturierung ergab eine mehrstufige Struktur des Hauptprozesses 'Kundenauftrag' bzw. 'Auftragslogistik' mit Makro- und Mikroprozessen und Tätigkeiten auf der untersten Stufe.

Weiterhin wurden mit bereichsübergreifender Prozeßverantwortung auch sogenannte 'Process Owner' institutionalisiert [24]. Insbesondere diese Prozeßhierarchie war eine gute Ausgangsbasis für den Aufbau eines Modells zur Prozeßkostenrechnung [25]. Primäre Ziele, die mit dem Prozeßkostenansatz angestrebt werden, sind:

- Die verursachungsgerechte und möglichst vollständige Erfassung der Kosten einzelner Tätigkeiten und Prozesse, z.B. Kosten einer Rechnungserstellung.
- Transparenz über die wesentlichen 'Cost Driver'.
- Finden von Ansatzpunkten zur Kostensenkung und Vergleich mit anderen Gesellschaften innerhalb des Konzerns bzw. mit anderen Unternehmungen (Benchmarking).
- Verbesserte Unterstützung bei der Vorgabe von Leistungsstandards im Vergleich zu global geplanten Gemeinkostenbudgets.
- Grundlage für Entscheidungen, z.B. Eigenfertigung oder Fremdbezug von Bonitätsprüfungen.

Als Ausgangsbasis für weitere Schritte wurde im Gegensatz zu obigem Beispiel nicht auf Planbasis gerechnet, sondern es wurde in diesem Fall versucht, eine Nachrechnung für die Jahre 1989 und 1990 durchzuführen.

4.2   Beschreibung von Prozeßstruktur und Bezugsgrößen

Der Kundenauftragsprozeß reicht vom Auftragsabschluß bis zum Forderungseinzug und zerfällt auf der obersten Gliederungsebene in die Makroprozesse "Auftragsbearbeitung steuern", "Auslieferung steuern" und

"Finanzielle Auftragsabwicklung steuern". Abbildung 6 gibt einen Überblick über die weitere Struktur. Exemplarisch wird in Abbildung 6 der Mikroprozeß "Kundenkonten klären" noch in einzelne Aktivitäten aufgespalten. Hierbei erfolgt eine Unterscheidung in direkte und indirekte Aktivitäten. Die direkten Aktivitäten sind unmittelbar mit der Leistungserstellung verbunden, während die indirekten Aktivitäten vornehmlich leitenden und unterstützenden Charakter haben. Dieser Mikroprozeß wird im folgenden der im Detail zu beschreibende Teilbereich sein.

Auf der Basis der Prozeßstruktur wurden Bezugsgrößen als die kostentreibenden Faktoren für die einzelnen Prozesse bzw. Aktivitäten zusammen mit den Prozeßverantwortlichen (Process Owner) identifiziert. Abbildung 7 gibt ausschnittsweise die Zuordnung von Prozeß und Bezugsgröße an.

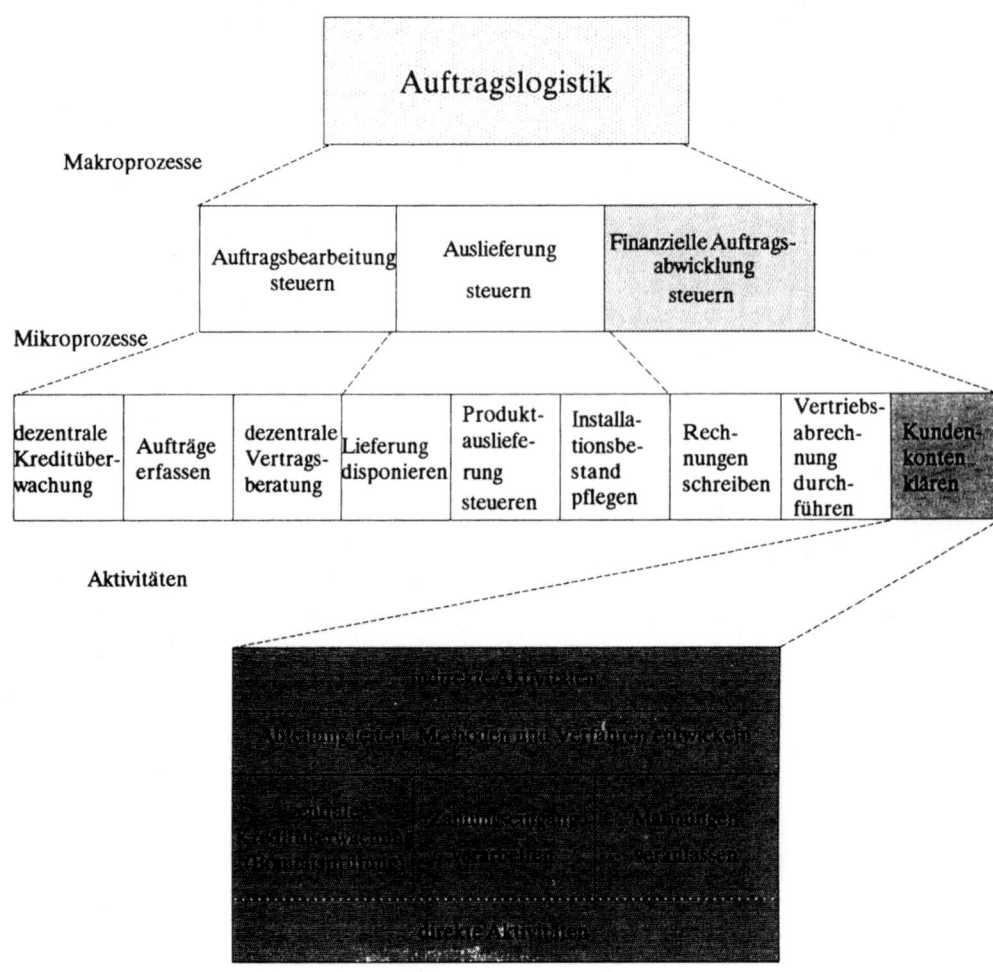

Abb. 6: Struktur des Hauptprozesses "Auftragslogistik" [26]

4.3   Probleme und Vorgehensweise bei der Ermittlung der Prozeßkosten

Ziel ist es, für die einzelnen Prozesse bzw. Aktivitäten die angefallenen Kosten zu ermitteln, um auf dieser Basis mit Hilfe der Bezugsgrößen Prozeßkostensätze zu bestimmen. An der Realisierung von Prozeßleistungen sind sowohl zentral als auch dezentral in den einzelnen Vertriebsregionen angesiedelte Kostenstellen beteiligt.

Prozeß/Aktivität	Bezugsgröße
Auftragslogistik	Anzahl Kundenaufträge
Finanzielle Auftrags-abwicklung steuern	Anzahl aktive Kundennummern
Zentrale Kredit-überwachung	Anzahl Bonitätsprüfungen
Zahlungseingang verarbeiten	Anzahl Zahlungseingangs-transaktionen
Mahnungen veranlassen	Anzahl betreuter Geschäftsstellen

Abb. 7: Prozesse/Aktivitäten und deren Bezugsgrößen [27]

Daraus ergibt sich die Notwendigkeit aus dem traditionell kostenstellenorientierten Abrechnungssystem die Zuordnung der Kosten auf die Prozesse vorzunehmen. Zum großen Teil konnten ganze Kostenstellen einer einzelnen Aktivität auf unterster Ebene zugeordnet, zum Teil mußten jedoch auch auf der Basis von Tätigkeitsaufschreibungen Anteile zugerechnet werden. Ein weiteres Problem bestand in der Verrechnung von Kosten auf die Prozesse für in Anspruch genommene interne Leistungen. Dabei handelt es sich um die drei Bereiche "Allgemeine Verwaltung", "Liegenschaften" und "Informationssysteme". Die Verrechnung auf die Prozesse erfolgte entsprechend traditioneller Methoden auf der Basis verursachungsgerechter Bezugsgrößen (z.B. Mitarbeiteranzahl und Work-Units). Auf der Ebene der Aktivitäten war es noch notwendig, die sogenannten indirekten Aktivitäten den direkten Aktivitäten zuzurechnen. Die Verteilung erfolgte nicht proportional zu den leistungsmengenproportionalen Kosten der direkten Aktivitäten [28], sondern auf der Basis erfaßter bzw. geschätzter Inanspruchnahme.

Als sehr hilfreich erwies es sich, bei der Festlegung von Schätzwerten sowie Bezugsgrößen für die Verrechnung innerbetrieblicher Leistungen, die Prozeßverantwortlichen einzubeziehen. Bei der Ermittlung der Prozeß- bzw. Aktivitätskosten wurden die verrechneten Kosten für innerbetriebliche Leistungen bzw. die indirekten Aktivitäten im Sinne einer möglichst weitgehenden Transparenz als einzelne Kostenelemente aufgeführt. Auf dieser Basis war es möglich, detaillierte Kostensätze für einzelne Bezugsgrößen zu ermitteln, so ergab sich etwa für eine Bonitätsprüfung ein Kostensatz von knapp 150,00 DM.

4.4   Erste Erkenntnisse und weitere Schritte

Aufgrund des hohen Kostenvolumens und der markt- bzw. wettbewerbswirksamen Bedeutung des Geschäftsprozesses "Auftragslogistik" sollen die Prozeßkosteninformationen als Controlling-Instrument eingesetzt werden. Die Prozeßkosten ergänzen die mengenmäßigen und qualitativ orientierten Maßgrößen wie Durchlaufzeit und Kundenzufriedenheit. Sie sollen das Wirtschaftlichkeitsdenken in dem Geschäftsprozeß verbessern. Dies wird insbesondere mit der Durchführung von Vergleichen erreicht. Auf der Basis von Istkosten sollen Kosten-reduzierungspotentiale durch Zeitvergleiche und Betriebsvergleiche vor allem innerhalb des Konzerns aufgedeckt werden.

Ein weiterer Schritt ist das Aufstellen eines Prozeßkostenplanes für das Jahr 1991 für die Zwecke eines Soll-Ist-Vergleichs. Die konsequente und detaillierte Erfassung der Prozeßkosten, die auf die Inanspruchnahme innerbetrieblicher Leistungen zurückzuführen sind (ca. 50 %), hat zu Überlegungen geführt, zumindest für einen Teil dieser Bereiche, ebenfalls eine Prozeßkostenrechnung aufzumachen. Zur Beurteilung der Wirtschaftlichkeit des Auftragslogistikprozesses ist es notwendig, nicht nur die Kostenentwicklung, sondern auch die mit den Aufträgen verbundenen Umsätze zu analysieren. Derartige Wirtschaftlichkeitsüberlegungen führten auch bereits zu der Forderung, unterschiedliche Arten von Kundenaufträgen (z.B. Mengenverträge, Verträge für Neumaschinen) als Bezugsgrößen zu verwenden, um differenzierte Aussagen über die Wirtschaftlichkeit einzelner Vertragsformen machen zu können. Es hat sich jedoch gezeigt, daß einer idealtypischen Perfektionierung Probleme der Machbarkeit, Durchsetzbarkeit und letztlich auch der Wirtschaftlichkeit gegenübergestellt werden müssen.

5.   Schlußfolgerungen aus den Anwender-Erfahrungen

Beide Anwendungsbeispiele zeigen, daß die primäre Motivation für prozeßkostenrechnerische Überlegungen die mangelnde Transparenz der Gemeinkosten war. Sowohl in dem fertigungsnahen als auch dem vertriebsnahen Anwendungsfall ging es darum, Aufschluß darüber zu bekommen, in welchem Umfang Bezugsgrößen, bzw. die damit verbundenen Aktivitäten, Kosten verursachen. Dabei steht weniger der reine Abrechnungs- und Zurechnungszweck im Vordergrund des Vorgehens als vielmehr die Aufdeckung ursächlicher Zusammenhänge. Die dabei eingesetzten Vorgehensweisen waren durchaus unterschiedlich und individuell angepaßt. In beiden Fällen ist auch die ernsthafte Absicht dominant, die Kosten in ihrer Höhe zu beeinflussen. Dies setzt voraus, daß das Management bereit ist, Änderungen durchzusetzen, die zur Verminderung des Ressourcenverbrauchs führen. Darüber hinaus ist es jedoch notwendig, daß auch die bereitgestellten Kapazitäten vermindert bzw. zur Leistungssteigerung genutzt werden, um letztlich nicht nur Leerkosten zu produzieren, sondern den Erfolg zu steigern [29].

Betrachtet man den Prozeßkostenansatz kritisch, so besteht seine Bedeutung grundsätzlich nicht darin, ein völlig neues Konzept zu sein. Vielmehr sollen damit die immer bedeutender werdenden Gemeinkostenbereiche mittels eines umfassenden Prozeß- und Bezugsgrößendenkens greifbarer gemacht werden [30]. Dieses Bemühen hat, wie die Ausführungen von Kilger zeigen [31], in der deutschen Betriebswirtschaftslehre eine lange Tradition und wird durch die Prozeßkostendiskussion in der Praxis wieder belebt. Andere Ansätze, wie Zero-Base-Budgeting oder Gemeinkostenwertanalyse werden insoweit durch die Prozeßkostenrechnung ergänzt, als daß es in dem Gemeinkostenbereich nicht nur um die großen und einmaligen Veränderungen geht, sondern um eine Vielzahl kleiner Schritte, die einer laufenden Erfolgskontrolle zu unterziehen sind.

Anmerkungen

[1] Vgl. Geschäftsberichte der International Business Machines Corporation 1985 und 1989
[2] Vgl. Miller/Vollmann (1985), S. 142 f.
[3] Vgl. Coenenberg/Fischer (1991), S. 21 f. und dort angegebene Originalliteratur
[4] Vgl. Cooper/Kaplan (1991), S. 2
[5] Vgl. u.a. Franz (1990), S. 116 f.
[6] Vgl. Kilger (1988), S. 324 ff., Schweitzer/Küpper (1986), S. 245,491
[7] Vgl. Coenenberg/Fischer, 1991, S. 21, Cooper/Kaplan (1991), S. 2 und Mayer (1990), S. 311
[8] Die Piloterfahrungen basieren auf der Diplomarbeit von M. Rüd und Gesprächen mit den Herren Lichy und Scheuing von der SEL AG. Vgl. auch Rau/Rüd (1991)
[9] Vgl. Diplomarbeit von A. Lehnigk und Gespräche mit Herrn von Finkenstein von der IBM Hannover.
[10] Vgl. Kaplan (1988), S. 64 f.
[11] Vgl. Striening (1989), S. 324 ff., Mayer (1991), S. 2 ff.
[12] Vgl. auch Cooper/Kaplan (1988), S. 99
[13] Vgl. Sinzig (1991)
[14] Vgl. Horváth/Mayer (1989), S. 216 f.
[15] Vgl. auch Horváth/Mayer (1989), S. 216, Sinzig (1991) mit dem Hinweis auf die Möglichkeiten der analytischen Kostenplanung im Rahmen der RK Erweiterungen
[16] Vgl. auch Kaplan (1988), S. 64
[17] Vgl. u.a. Ehrlenspiel (1988), S. 359 ff., Cooper (1989), S. 82
[18] Vgl. auch Miller/Vollmann (1985), S. 146
[19] Vgl. hierzu auch Schweitzer (1970), Horváth/Mayer (1989), S. 216, Ostrenga (1990), S.43
[20] Vgl. Kaplan (1991)
[21] Vgl. Kaplan (1991)
[22] Vgl. Kaplan (1991) und Cooper/Kaplan (1991), S. 5
[23] Vgl. den berechtigten Vorwurf von Vikas gegenüber der vollkostenorientierten Prozeßkostenkalkulation, Vikas (1990), S. 29 ff.
[24] Vgl. Striening (1988), S. 164 ff.
[25] Vgl. Mayer (1991), S. 2 f.
[26] Vgl. Lehnigk (1991), S. 33 ff., Holst (1991)

[27] Vgl. Lehnigk (1991), S. 36 ff.

[28] Vgl. Horváth/Mayer (1989), S. 216 f.

[29] Vgl. Cooper/Kaplan (1991), S. 13 ff.

[30] Vgl. Mayer (1991), S. 6

[31] Vgl. Kilger (1988), S. 336 ff. und die dort zitierte Literatur der 30er- und 50er-Jahre

Literaturverzeichnis:

Coenenberg, A.G. und T.M. Fischer (1991): Prozeßkostenrechnung - Strategische Neuorientierung in der Kostenrechnung. In: Die Betriebswirtschaft (51) 1991 1, S. 21-38.

Cooper, R. (1989): You Need a New Cost System When... In: Harvard Business Review, Jan./Febr. 1989, S. 77-82.

Cooper, R. und R.S. Kaplan (1988): Measure Costs Right: Make the Right Decisions. In: Harvard Business Review, Sept./Oct. 1988, S. 96-103.

Cooper, R. und R.S. Kaplan (1991): Use Activity-Based Costing to Increase Profits. Manuskript für Beitrag in Harvard Business Review. May-June 1991, S. 1-16.

Ehrlenspiel, K. (1988): Kostengesteuertes Design - Konstruieren und Kalkulieren am Bildschirm. In: Konstruktion (40), 1988, S. 359-364.

Franz, K.-P. (1990): Die Prozeßkostenrechnung. Darstellung und Vergleich mit der Plankosten- und Dekkungsbeitragsrechnung. In: Finanz- und Rechnungswesen als Führungsinstrument: Herbert Vormbaum zum 65. Geburtstag. Hrsg. von D. Ahlert, Wiesbaden 1990, S. 109-136.

Holst, J. (1991): Prozeßkostenrechnung als Instrument der strategischen Unternehmensplanung - dargestellt am Unternehmensprozeß Auftragslogistik. Vortragsunterlagen zum Workshop Prozeßkostenrechnung am 10.6.91 der IFUA Horváth & Partner GmbH, Stuttgart 1991.

Horváth, P. und R. Mayer (1989): Prozeßkostenrechnung. Der neue Weg zu mehr Kostentransparenz und wirkungsvolleren Unternehmensstrategien. In: Controlling. Heft 4, Juli 1989, S. 214-219.

Kaplan, R.S. (1988): One Cost System Isn't Enough. In: Harvard Business Review, Jan./Febr. 1988, S. 61-66.

Kaplan, R.S. (1991): Acitivity Based Cost Accounting. Die Prozeßkostenrechnung in der Unternehmenspraxis. Workshop der IFUA Horváth & Partner GmbH am 15.04.91 in Stuttgart (Vortragsunterlagen).

Kilger, W. (1988): Flexible Plankostenrechnung und Deckungsbeitragsrechnung. 9. Aufl., Wiesbaden 1988.

Lehnigk, A. (1991): Prozeßorientierte Kostenrechnung für die Auftragslogistik der IBM Deutschland GmbH. Diplomarbeit an der Berufsakademie Stuttgart 1991 (unter Verschluß).

Mayer, R. (1990): Prozeßkostenrechnung. In: Kostenrechnungspraxis 5/90, S. 307-312.

Mayer, R. (1991): Prozeßkostenrechnung: Konzept, Vorgehensweise und Einsatzmöglichkeiten. In: Prozeßkostenrechnung. Hrsg. von IFUA Horváth & Partner, o.O. 1991 (in Vorbereitung).

Miller, J.G. und T.E. Vollmann (1985): The hidden factory. In: Harvard Business Review. Sept.-Oct. 1985, S. 142-150.

Ostrenga, M. R. (1990): Activities: The Focal Point of Total Cost Management. In: Management Accounting. Febr. 1990, S. 42-49.

Rau, K.-H. und M. Rüd (1991): Erfahrungen mit der Prozeßkostenrechnung. In: Kostenrechnungspraxis 1/91, S. 13-17.

Rüd, M. (1990): Vergleich zwischen Prozeßkostenrechnung und traditionellen Ansätzen zur Ermittlung von Produktkosten bei SEL. Diplomarbeit an der Berufsakademie Stuttgart 1990 (unter Verschluß).

Schweitzer, M. (1970): Kostenremanenz. In: Handwörterbuch des Rechnungswesens. Hrsg. von E. Kosiol, 1. Aufl., Stuttgart 1970, Sp. 967-974.

Schweitzer, M. und H.-U. Küpper (1986): Systeme der Kostenrechnung. 4. Aufl., Landsberg 1986.

Sinzig, W. (1991): Die Realisierung der Prozeßkostenrechnung im System RK: Gegenwärtiger Stand und Weiterentwicklungen. Vortragsunterlagen zum Workshop Prozeßkostenrechnung am 10.6.91 der IFUA Horváth & Partner GmbH, Stuttgart 1991.

Striening, H.-D. (1988): Prozeß-Management. Versuch eines integrierten Konzeptes situationsadäquater Gestaltung von Verwaltungsprozessen - dargestellt in einem multinationalen Unternehmen - IBM Deutschland GmbH -. Frankfurt a.M. u.a. 1988.

Striening, H.-D. (1989): Prozeßmanagement im indirekten Bereich. Neue Herausforderungen an die Controller. In: Controlling. Heft 6, November 1989, S. 324-331.

Vikas, K. (1990): Planung und Abrechnung von administrativen Prozessen aus betriebswirtschaftlicher Sicht. In: Rechnungswesen und EDV. 11. Saarbrücker Arbeitstagung 1990. Hrsg. von A.-W. Scheer, Heidelberg 1990, S. 20-38.

Prozeßkostenrechnung als Kontroll- und Entscheidungsinstrument

Prof. Dr. Horst Glaser, Lehrstuhl für Industriebetriebslehre an der Universität des Saarlandes, Saarbrücken

Gliederung:

12. Saarbrücker Arbeitstagung 1991
Rechnungswesen und EDV
hrsg. v. A.-W. Scheer
© Physica-Verlag Heidelberg 1991

1. Zwecksetzungen der Prozeßkostenrechnung

Die auch als Vorgangskostenrechnung, Prozeßorientierte Kostenrechnung, Activity-Based Costing oder Cost-Driver Accounting bezeichnete Prozeßkostenrechnung wird vielfach als ein völlig neues, geradezu revolutionäres Kostenrechnungssystem herausgestellt. Die Architekten und Vertreter [1] dieses Systems behaupten, daß der betreffende Ansatz im Vergleich zu den übrigen, als "traditionell" eingestuften Kostenrechnungsverfahren Informationen mit einer erheblich höheren Aussagekraft liefere. Alleine die Prozeßkostenrechnung gewährleiste eine exakte Ermittlung und verursachungsgerechte Verrechnung von (indirekten) Gemeinkosten. Praktische Anwendungen der Prozeßkostenrechnung liegen u.a. bei der Siemens AG, München [2] und der Hewlett Packard GmbH, Böblingen [3] vor.

Die Befürworter der Prozeßkostenrechnung bemängeln an den "traditionellen", zuschlags-orientierten Kostenrechnungssystemen konkret, daß die betreffenden Systeme zu einseitig auf die eigentlichen Produktionsprozesse ausgerichtet seien. Mittels dieser Systeme erfolge keine bzw. nur eine ungenaue Analyse der mit Planungs- und Steuerungsprozessen verbundenen Kosten; relevante Bestimmungsfaktoren der (indirekten) Gemeinkosten fänden keine Berücksichtigung. Die Verwendung von Fertigungslöhnen, Materialeinzelkosten und/oder Maschinenstunden als Bezugsgrößen werde weder den für Planungs- und Steuerungsprozesse geltenden Kostenbeziehungen noch der Inanspruchnahme dieser Prozesse durch die verschiedenen Kostenträger bzw. Kalkulationsobjekte gerecht. Die betreffenden Zuschlagssätze führten insofern zu falschen bzw. "verzerrten" Produktkosten und mithin zu krassen Fehlentscheidungen. Derartige (Lohn-)Zuschlagskalkulationen seien umso problematischer, als sich aufgrund der fortschreitenden Fertigungsautomatisierung und der damit einhergehenden Zunahme von Dispositionsaufgaben der Anteil der indirekten Gemeinkosten an den Gesamtkosten ständig in Verbindung mit einem Rückgang variabler Einzelkosten erhöhe.

Mit der Prozeßkostenrechnung soll der Dominanz indirekter Gemeinkosten Rechnung getragen werden. Dementsprechend ist dieses Rechnungssystem schwerpunktmäßig auf die indirekten Leistungsbereiche bzw. Kostenstellen ausgerichtet. Dabei werden - offenbar unter Vernachlässigung des zunehmenden Einsatzes umfassender EDV-gestützter PPS-Systeme oder CIM-Konzepte [4] - teilweise unsystematisch folgende, nicht durchweg überschneidungsfreie Bereiche bzw. Stellen angeführt:

Forschung und Entwicklung, Konstruktion, Beschaffung bzw. Einkauf, Materialwirtschaft, Produktionsplanung und -steuerung, Instandhaltung, Qualitätssicherung, Vertrieb.

Die in den betreffenden Stellen wahrzunehmenden Aufgaben sind zu analysieren und die zugehörigen, zugleich den jeweiligen Aufgabenumfang determinierenden Gemeinkostenbestimmungsfaktoren zu ermitteln. Unter Rückgriff auf diese Bestimmungsfaktoren soll die

Prozeßkostenrechnung dann über eine genaue Erfassung sowie "verursachungsgerechte" Verteilung indirekter Gemeinkosten auf der Basis einer prozeßbezogenen Kostenkontrolle und Kalkulation die Erreichung folgender Zwecksetzungen gewährleisten:

- Optimierung des Ressourceneinsatzes in den indirekten Leistungsbereichen,

- Optimierung des Absatz- bzw. Produktionsprogramms in Verbindung mit adäquaten Produktgestaltungsmaßnahmen und "richtigen" Preisfestsetzungen.

Bezogen auf diese Zwecksetzungen wird insbesondere die Funktion der Prozeßkostenrechnung als strategisches Kontroll- und Entscheidungsinstrument herausgestellt und ihre Eignung als Rationalisierungsinstrument betont.

2. Struktureller Aufbau der Prozeßkostenrechnung

Zwecks Realisation einer prozeßbezogenen Kostenkontrolle und Kalkulation sind folgende Basisschritte zu vollziehen:

- Bestimmung von Prozessen,
- Wahl von Bezugsgrößen und
- Festlegung von Planprozeßkosten.

Die betreffenden Schritte sollten die Durchführung von Rationalisierungsmaßnahmen hinsichtlich der Aufgabenerfüllung in den indirekten Leistungsbereichen induzieren bzw. einschließen.

2.1 Prozeßanalyse

Die auch als Tätigkeitsanalyse gekennzeichnete Prozeßanalyse zielt vornehmlich auf eine Zerlegung der von den Kostenstellen der indirekten Leistungsbereiche jeweils zu verrichtenden Leistungs- bzw. Aufgabenkomplexe in einzelne (Teil-)Prozesse ab. Derartige Prozesse werden auch Aktivitäten, Tätigkeiten oder Transaktionen genannt. Es handelt sich hierbei in erster Linie um Dispositions- bzw. Planungs- und Steuerungsaufgaben.

Das Ergebnis der Prozeßanalyse schlägt sich in einer (stellenbezogenen) Prozeß- bzw. Tätigkeitsliste oder Tätigkeitsübersicht nieder. Beispielsweise werden von der Siemens AG, München für die Kostenstelle "Fertigungssteuerung" u.a. folgende Prozesse angeführt:

Vorfertigungsaufträge disponieren, Material abrufen, Fertigungsablauf Vorfertigung überwachen, Montageaufträge disponieren, Teile abrufen, Fertigungsablauf Montage überwachen.

Bei der von Horváth/Mayer als Demonstrationsbeispiel verwendeten Kostenstelle "Einkauf" erfolgt eine Unterteilung in die Teilprozesse Angebote einholen, Bestellungen aufgeben, Reklamationen bearbeiten, Abteilung leiten [5].

Ein wesentliches Problem bei der Prozeßanalyse besteht darin, daß bisher keine operationalen Regeln bzw. Kriterien zur Prozeßdifferenzierung existieren. Es findet sich lediglich der Hinweis, daß die Prozesse anhand von Beobachtungen und/oder auf der Basis von Interviews mit den Kostenstellenleitern zu erheben seien.

Zwecks Rationalisierung bzw. Optimierung der Struktur indirekter Leistungsstellen wäre zu klären, welche Aufgaben bzw. Prozesse zwecks Erreichung der Unternehmungsziele zwingend erfüllt werden müssen und welche bisher verrichteten Tätigkeiten unnötig sind. Eine derartige Überprüfung sehen (auch) die "einschlägigen" Verfahren der Gemeinkostenwertanalyse (Wertanalyse nach DIN 69910, Overhead Value Analysis nach McKinsey und Zero-Base-Budgeting) vor [6]. Dabei stellt sich generell die Frage, ob die Prozeßkostenrechnung eine eigenständige, diese Verfahren ergänzende Rationalisierungsmethode darstellen könnte oder nicht vielmehr die betreffenden Gemeinkostenwertanalyseverfahren bei der Prozeßkostenrechnung Anwendung finden sollten.

Gemäß Horváth/Mayer ist im Anschluß an die Identifizierung der innerhalb einer Kostenstelle anfallenden Prozesse zu klären, ob sich die einzelnen Prozesse in Abhängigkeit von dem in der betreffenden Kostenstelle zu erbringenden "Leistungsvolumen" jeweils mengenvariabel oder mengenfix verhalten. Entsprechend erfolgt dann eine Unterscheidung in "leistungsmengeninduzierte" und "leistungsmengenneutrale" Prozesse [7]. Dabei bleibt allerdings ungeklärt, was unter dem angesprochenen Leistungsvolumen zu verstehen ist und wie die betreffende Größe gemessen werden soll. Bei den leistungsmengeninduzierten Prozessen handelt es sich im Gegensatz zu den leistungsmengenneutralen Prozessen offensichtlich um repetitive Aufgaben weitgehend gleichen Inhalts. Der jeweilige Prozeßumfang läßt sich dann durch Feststellung der Anzahl sich wiederholender Tätigkeiten quantifizieren. Von der "Logik" der Prozeßkostenrechnung her wäre die Differenzierung in leistungsmengeninduzierte und leistungsmengenneutrale Prozesse wohl danach vorzunehmen, ob der jeweilige Prozeßumfang von dem Output der die indirekten Leistungsbereiche in Anspruch nehmenden Fertigungsstellen abhängt oder nicht.

Für die Kostenstelle "Einkauf" weisen Horváth/Mayer die Prozesse "Angebote einholen", "Bestellungen aufgeben" sowie "Reklamationen bearbeiten" als leistungsmengeninduzierte Prozesse und den Prozeß "Abteilung leiten" als leistungsmengenneutralen Prozeß aus [8].

Insbesondere im Hinblick auf eine prozeßbezogene Kalkulation wird empfohlen, "sachlich zusammenhängende" (Teil-)Prozesse zu Hauptprozessen zusammenzufassen [9]. Die betreffende Aggregation soll (u.a.) die "Identifikation der hinter den Prozessen stehenden 'Kostenantriebskräfte'" [10] erleichtern. Zwecks angestrebter Vereinfachung der Kalkulation der Prozeßkosten [11] erscheint es allerdings sinnvoll, in umgekehrter Richtung jeweils die Teilprozesse zu einem Hauptprozeß zusammenzufügen, die identische Maßgrößen bzw. Kostenbestimmungsfaktoren aufweisen.

2.2 Bezugsgrößenwahl

Für die ausgewiesenen (leistungsmengeninduzierten) Prozesse sind zwecks Quantifizierung des jeweiligen Prozeßumfangs Maßgrößen bzw. Prozeßgrößen festzulegen. Die betreffenden Größen werden Kostentreiber (Cost Driver) genannt. Sie gelten als die relevanten Gemeinkostenbestimmungsfaktoren, die als Bezugsgrößen für (indirekte) Gemeinkosten zu verwenden sind. Bei derartigen Bezugsgrößen handelt es sich z.B. um die Anzahl der Bestellungen, Anzahl der Materalanlieferungen, Anzahl der Kontrollvorgänge, Anzahl der Ein- und Auslagerungen, Anzahl der Rüstvorgänge, Anzahl der Fertigungsaufträge, Anzahl der Produkte. Mit derartigen Bezugsgrößen wird also offensichtlich der jeweilige Prozeßumfang entweder in direkter Weise (z.B. Anzahl der Bestellungen für den Prozeß Bestellungen aufgeben) oder nur mittelbar (z.B. Anzahl der Fertigungsaufträge für den Prozeß "Kaufteile disponieren" [12]) gemessen.

Es erfolgt die Unterstellung, daß zwischen den gewählten Bezugsgrößen und den entsprechenden Prozeß-Gemeinkosten, zumindest langfristig, eine proportionale Beziehung besteht. Eine derartige Beziehung wird im Hinblick auf sog. volumenorientierte Bezugsgrößen, d.h. Bezugsgrößen, die sich proportional zu den Produktmengen verhalten, ausgeschlossen; volumenorientierte Bezugsgrößen in dem angesprochenen Sinne stellen z.B. Maschinenstunden, Fertigungslöhne bzw. "direkte Arbeitsstunden" und Materialeinzelkosten dar [13].

Für jede Bezugsgröße ist ein Planwert anzusetzen, der als Planprozeßmenge bezeichnet wird. Allerdings bleibt weitgehend unklar, wie eine derartige Menge konkret festzulegen ist. Es findet sich lediglich der Hinweis, daß die Ermittlung von Planprozeßmengen auf der Basis einer "definierten Produkt-/Mengenstruktur" [14] erfolgen soll. Ergänzend wird relativ nichtssagend vermerkt, daß die betreffenden Mengen "nicht nach Maximal-, Normal- oder Optimalkapazitäten abzuleiten, sondern aus den Leistungsanforderungen der Engpaßbereiche zu bestimmen" [15] sind.

Hinsichtlich der für die Kostenstelle "Einkauf" herausgestellten leistungsmengenindu-zierten Prozesse werden die in Tab. 1 angeführten Maßgrößen und Planprozeßmengen ausgewiesen [16].

2.3 Prozeßkostenermittlung

Den Planprozeßmengen sind Planprozeßkosten zuzuordnen. Bei den hierbei zu berücksich-tigenden Kostenarten handelt es sich in erster Linie um Personal-, Raum-, Strom- und Büromaterialkosten. Zur Festlegung der entsprechenden Plankosten werden folgende Verfahren angeführt [17]:

- Analytische Kostenplanung und
- Schlüsselung der jeweiligen Kostenstellenbudgets bzw. normalisierten Stellenkosten.

Im Rahmen der analytischen Kostenplanung sind die Planprozeßkosten auf der Basis sog. technisch-kostenwirtschaftlicher Studien abzuleiten. Bei Dominanz des Personalkosten-anteils wird es als ausreichend angesehen, lediglich die prozeßbezogenen Personalkosten analytisch zu planen und ausgehend von den jeweiligen Normalkosten die übrigen Kosten proportional zu den Personalkosten auf die einzelnen Prozesse zu verteilen.

Die für eine schnelle Implementierung der Prozeßkostenrechnung vorgesehene Schlüsse-lung der Kostenstellenbudgets bzw. der normalisierten Stellenkosten beinhaltet eine Verteilung der betreffenden Kosten auf die einzelnen Prozesse entsprechend der (den) zur Prozeßverrichtung jeweils vorgesehenen Mitarbeiterzahl (Mannjahren). Die zur Realisie-rung jeder Planprozeßmenge benötigten Mitarbeiter (Mannjahre) sind dabei vorrangig auf der Basis von Interviews mit den Kostenstellenleitern zu bestimmen. In diesem Zusammen-hang wird treffend festgestellt, daß "so ermittelte Prozeßkosten ... zur Kostenvorgabe und -kontrolle ungeeignet" sind [18]. Umso mehr erstaunt dann aber der ergänzende Vermerk, daß eben diese Kosten "u.U. zum Zweck von Planungsrechnungen und Kalkulationen verwertbar" seien [19].

Sofern die Prozeßkostenrechnung ihrer Funktion als Rationalisierungsinstrument gerecht werden soll, müßte in Verbindung mit einer analytischen Plankostenermittlung eine auf die Auswahl kostenoptimaler Prozeßverfahren ausgerichtete Erfassung und Bewertung alterna-tiver Prozeßdurchführungsmaßnahmen erfolgen. Operationale Hinweise in dieser Richtung fehlen allerdings.

Es ist zu beachten, daß sowohl die analytische Kostenplanung im Falle der Personaldomi-nanz als auch die Schlüsselung von Kostenstellenbudgets bzw. Stellennormalkosten eine (Fix-)Kostenproportionalisierung einschließt. Zudem wird eine zusätzliche Proportionalisierung der Personalkosten (entsprechend dem jeweiligen Zeitaufwand) immer dann vorgenommen, wenn ein bestimmter Mitarbeiter in einer Kostenstelle mehrere Prozesse zu verrichten hat.

Der jeweilige (Plan-)Prozeßkostensatz (PKS) ergibt sich, indem die einem (leistungsmengeninduzierten) Prozeß zugeordneten (Plan-)Kosten (PK) durch die zugehörige (Plan-)Prozeßmenge (PM) dividiert werden, d.h. es gilt

$$PKS = \frac{PK}{PM} \ .$$

Unter Bezugnahme auf die Relationen

$$\text{Prozeßkostensatz} = \frac{\text{Prozeßkosten}}{\text{Prozeßmenge}} = \frac{\text{Input}}{\text{Output}} = \frac{1}{\text{Produktivität}}$$

wird nun festgestellt [20]:

"Über die Prozeßkostensätze kann eine Produktivitätsanalyse bei den innerbetrieblichen Vorgängen durchgeführt werden: Mit Hilfe der Produktivitätsbetrachtung ist eine wirkungsvolle Unterstützung des Funktionscontrolling in den verschiedenen Wertschöpfungsstufen möglich. Zum einen sind Ansatzpunkte zur kostenstellenübergreifenden Optimierung der betrieblichen Prozeßstruktur erkennbar. Andererseits werden durch Zeitreihen von Produktivitätskennzahlen Hinweise auf Rationalisierungspotentiale bzw. Informationen über bereits erreichte Verbesserungen in der Abwicklung von Vorgängen dokumentiert."

Allerdings bleibt unklar, in welcher Weise die betreffenden (Haupt-)Prozeßkostensätze konkrete Anhaltspunkte für die erwähnten Optimierungs- bzw. Rationalisierungsmaßnahmen liefern können.

Horváth/Mayer sehen es für verschiedene Rechnungszwecke als sinnvoll an, "auch solche Prozeßkostensätze zu ermitteln, die umgelegte Kosten der leistungsneutralen Prozesse enthalten" [21]. Dabei soll die Umlage proportional zu den (Plan-)Prozeßkosten der leistungsmengeninduzierten Prozesse erfolgen. Die prozeßbezogene Addition von Prozeßkostensatz und entsprechendem Umlagesatz ergibt dann den Gesamtprozeßkostensatz (vgl. auch Tab. 1). Damit wird im Rahmen der Kostenplanung eine weitere Fixkostenproportionalisierung vorgenommen. Unabhängig davon bleibt offen, für welche Rechnungszwecke die Gesamtprozeßkostensätze Anwendung finden sollen.

Prozesse	Maßgrößen	Planprozeß-mengen	Plankosten	Prozeß-kostensatz	Umlagesatz	Gesamt-prozeß-kostensatz
Angebote einholen	Anzahl der Angebote	1.200	300.000,–	250,–	21,27	271,27
Bestellungen aufgeben	Anzahl der Bestellungen	3.500	70.000,–	20,–	1,70	21,70
Reklamationen bearbeiten	Anzahl der Reklamationen	100	100.000,–	1.000,–	85,10	1.085,10
Abteilung leiten	-	-	40.000,–	-	-	-

Tab. 1: Prozesse und Prozeßkosten

3. Prozeßbezogene Kostenkontrolle

Die einen "Soll-Ist-Vergleich" umfassende prozeßbezogene Kostenkontrolle wird von den Vertretern der Prozeßkostenrechnung als ein wirksames Rationalisierungsinstrument herausgestellt. Die betreffende Kostenkontrolle soll vornehmlich zwecks Gemeinkostenreduzierung Aufschluß über die "Auslastung der Bereiche" geben und damit Hinweise auf ggfs. erforderliche Kapazitätsanpassungen, speziell Kapazitätsverringerungen liefern [22]. Dabei wird eingeräumt, daß die zur Disposition stehenden Kosten, insbesondere die Personalkosten, kurzfristig nicht beeinflußbar sind und sich dann auch nicht proportional zur jeweiligen Prozeßmenge verhalten. Unter einem langfristigen Aspekt seien aber (fast) sämtliche Kosten als variable Kosten anzusehen.

Es stellt sich nun die Frage, welche Kosten bei einem prozeßbezogenen "Soll-Ist-Vergleich" gegenüberzustellen sind. Hierzu liegen nur relativ ungenaue bzw. widersprüchliche Aussagen vor.

Unstrittig ist, daß eine im Rahmen flexibler Plankostenrechnungssysteme vorzunehmende Kostenkontrolle den Vergleich von Istkosten und Sollkosten beinhalten muß [23]. Die Sollkosten sind dabei in Abhängigkeit von den jeweils realisierten "Istwerten" der Bezugsgrößen (z.B. Produktionsmengen, Maschinenstunden) fortlaufend (z.B. monatlich) zu ermitteln. Die Übertragung dieses Konzeptes auf eine prozeßbezogene Kostenkontrolle würde grundsätzlich implizieren, daß bei jeder spezifischen Produktionssituation, insbesondere bei einer von den Planprozeßmengen zugrundegelegten "Produkt/Mengenstruktur" abweichenden Produktionssituation, eine (Neu-)Festlegung der dann relevanten Sollprozeßmengen und zugehörigen Sollkosten (als jeweiliges Produkt von Sollprozeßmenge und Planprozeßkostensatz) erfolgen müßte. Es ist nun i.d.R. davon auszugehen, daß die durch die Produkt-/Variantenzahl und die entsprechenden Produktionsmengen definierte Produktionssituation bzw. Produkt-/Mengenstruktur sich ständig ändert und folglich auch die entsprechenden Sollprozeßmengen bzw. Sollkosten im Zeitablauf permanente Schwankungen aufweisen. Ein auf diesen Kosten beruhender "Soll-Ist-Vergleich" kann dann aber wohl kaum eine Basis für die Auslösung von langfristig wirksamen (Personal-)Kapazitätsanpassungsmaßnahmen bilden. Für eine prozeßbezogene, auf eine adäquate Kapazitätsdimensionierung ausgerichtete Kostenkontrolle sind neben den Istkosten nur spezifische Plankosten als relevant anzusehen. Diesen Kosten sollten Planprozeßmengen zugrundeliegen, die in Verbindung mit einer auf längere Sicht angestrebten Produktionssituation bzw. Produkt-/Mengenstruktur anfallen. Sofern eine Abstimmung der Kapazitäten der indirekten Leistungsbereiche auf die betreffende Plansituation erfolgt ist, können bei Ausschluß kostenstellenbedingter Unwirtschaftlichkeiten und dem Ansatz von Planpreisen aufgrund der dann bestehenden Identität von Ist- und Plankosten keine Kostenabweichungen auftreten. Dies legt den Verzicht auf einen laufenden "Soll-Ist-Vergleich" nahe. Bei Erfüllung der genannten Voraussetzungen können Abweichungen nur bei einer Änderung der Plansituation entstehen. Die betreffenden Abweichungen lassen sich dann als Beschäftigungsabweichungen im echten Sinne interpretieren. Kapazitätsverringerungen sollten allerdings nur dann erwogen werden, wenn Sollprozeßmengen ausgeschlossen werden können, die erheblich umfangreicher als die (neu) festgelegten Planprozeßmengen sind und dann mittels der angepaßten Kapazität nicht mehr in der erforderlichen Qualität zu realisieren wären.

4. Prozeßbezogene Kalkulation

Im Rahmen der auch als "strategische Kalkulation" bezeichneten prozeßbezogenen Kalkulation sind die (Plan-)Prozeßkosten gemäß der jeweiligen Inanspruchnahme der indirekten Leistungsbereiche bzw. entsprechend den jeweils benötigten Prozeßmengen (über Prozeßkostensätze) auf die verschiedenen Produkte zu verrechnen. Sämtliche Versionen zur kostenträgerbezogenen Verteilung von Prozeßkosten lassen sich dabei auf folgende, formal mit der Maschinenstundensatzrechnung identische Beziehung zurückführen:

$$SK = PKS \cdot PKO.$$

Diese Beziehung besagt, daß die pro Einheit eines bestimmten Produktes auszuweisenden Prozeßkosten im Sinne prozeßbezogener Stückkosten (SK) durch Multiplikation des (Plan-)Prozeßkostensatzes (PKS) mit einem "Prozeßkoeffizienten" (PKO) zu bestimmen sind. Der betreffende Prozeßkoeffizient gibt die pro Produkteinheit benötigte Prozeßmenge hinsichtlich des betrachteten Prozesses an.

4.1 Direkte Kalkulation

Bei der amerikanischen Version der Prozeßkostenrechnung wird im Zusammenhang mit der Festlegung der Prozeßinanspruchnahme seitens eines Produktes üblicherweise eine unmittelbare bzw. isolierte Beziehung oder Verbindung zwischen der jeweils benötigten Prozeßmenge und der Ausbringungsmenge bzw. dem Los eines bestimmten Produktes unterstellt. Von einer derartigen Verbindung gehen u.a. Cooper/Kaplan aus, wie ihrem sich auf die Kostenstelle "Inventory control department" beziehenden, in Tab. 2 ausschnittsweise wiedergegebenen Prozeßkostenverrechnungsbeispiel zu entnehmen ist [24]; in dem betreffenden Beispiel wird unterstellt, daß jeder Produktionslauf bzw. jedes Los genau eine Materialausgabe bedingt.

Prozeß	Bezugsgröße	Prozeßkostensatz
Materialausgabe	Anzahl der Produktionsläufe	25 Geldeinheiten pro Prozeßeinheit

Ausbringungsmenge von Produkt A : 1.000 Mengeneinheiten

Anzahl der Produktionsläufe (Lose) zwecks Erstellung der 1.000 Mengeneinheiten : 10

$$SK = 25 \cdot \frac{10}{1.000}$$

Tab. 2: Direkte Prozeßkalkulation

Erfordert allgemein ein Los des Umfanges LG eine Prozeßmenge von PU Einheiten, so bestimmt sich der Prozeßkoeffizient gemäß

$$PKO = \frac{PU}{LG} \, .$$

Speziell gilt die Relation

$$PKO = \frac{1}{LG} \, ,$$

nämlich dann, wenn zur Fertigstellung eines Loses genau eine Prozeßeinheit, z.B. eine Materialausgabe (wie in dem angeführten Beispiel) oder ein Rüstvorgang benötigt wird. Gemäß den betreffenden Relationen erfolgt für jedes Produkt eine direkte Kalkulation, d.h. eine Kalkulation, die hinsichtlich der jeweils ausgewiesenen Prozeßinanspruchnahme ausschließlich auf den Produktionsdaten des betrachteten Produktes basiert.

4.2 Indirekte Kalkulation

Bei einer deutschen Version der Prozeßkostenrechnung findet zwecks Festsetzung der Prozeßinanspruchnahme neben dem "Mengenvolumen" zusätzlich die "Produkt-/Variantenzahl" Berücksichtigung [25]. Entsprechend dieser Version ist für jeden Prozeß der prozentuale Anteil der Planprozeßmenge zu schätzen, der "volumenabhängig" und "variantenabhängig" entsteht. Nach Maßgabe des jeweiligen Anteils müssen einem Produkt dann sowohl volumenabhängige als auch variantenabhängige Prozeßkosten zugerechnet werden.

Die volumenabhängigen Prozeßkosten pro Einheit jedes Produktes bzw. jeder Variante sind in genereller Formulierung unter Anwendung der Beziehung

$$SK_M = PKS \cdot \frac{PM \cdot MA}{GV}$$

festzulegen.

Für die variantenabhängigen Prozeßkosten pro Einheit eines bestimmten Produktes gilt die Bestimmungsgleichung

$$SK_V = PKS \cdot \frac{PM \cdot VA}{VZ \cdot VV} \, .$$

Dabei kennzeichnet PKS den Planprozeßkostensatz, PM die Planprozeßmenge, MA den "volumenabhängigen Anteil", GV das "gesamte Mengenvolumen" als Summe der Ausbringungsmengen sämtlicher Produkte, VA den "variantenabhängigen Anteil", VZ die Variantenzahl und VV das "Mengenvolumen" der betrachteten Variante.

Unter Beachtung der angeführten Relationen sind einem Produkt hinsichtlich eines bestimmten Prozesses folgende Stückkosten anzulasten:

$$SK = SK_M + SK_V = PKS \cdot PKO \quad \text{mit}$$

$$PKO = PM \cdot [\frac{MA}{GV} + \frac{VA}{VZ \cdot VV}] .$$

Sofern entsprechend einem Demonstrationsbeispiel von Horváth/Mayer die "Produkt-/ Mengenstruktur" durch 3 Varianten mit einem Gesamtvolumen von 10.000 Einheiten gekennzeichnet ist, wobei die Ausbringungsmenge von Variante A 8.000 Einheiten, von Variante B 1.500 Einheiten und von Variante C 500 Einheiten umfaßt, sind bei Geltung der in Tab. 3 aufgeführten Verrechnungsdaten [26] z.B. der Variante A hinsichtlich des Prozesses "Angebote einholen" folgende Stückkosten zuzurechnen:

$$SK = 250 \cdot 1.200 \cdot [\frac{0,3}{10.000} + \frac{0,7}{3 \cdot 8.000}] = 9 + 8,75 = 17,75 .$$

Für den betreffenden Prozeß wird offenbar implizit zur Bestimmung der jeweiligen (Plan-)Prozeßmenge PM folgende Funktion zugrundegelegt:

$$PM = 0,12 \cdot 0,3 \cdot GV + 400 \cdot 0,7 \cdot VZ .$$

Bemerkenswert hieran ist, daß damit die Unterstellung einer linearen Beziehung zwischen Prozeßmenge und (Gesamt-)Produktionsvolumen erfolgt. Die Gültigkeit einer derartigen Beziehung wird von den Vertretern der Prozeßkostenrechnung üblicherweise in Frage gestellt.

Der Ansatz von Horváth/Mayer ist insbesondere dem Vorwurf auszusetzen, daß völlig offen bleibt, aufgrund welcher empirischen und/oder theoretischen Basis die Schätzparameter MA und VA festzulegen sind [27]. Bei einer relativ willkürlichen Bestimmung dieser Parameter müssen die Ergebnisse der betreffenden strategischen Kalkulation als "Zufallsprodukt" angesehen werden, worüber auch die "Scheingenauigkeit" der durchgeführten Berechnungen nicht hinwegtäuschen sollte.

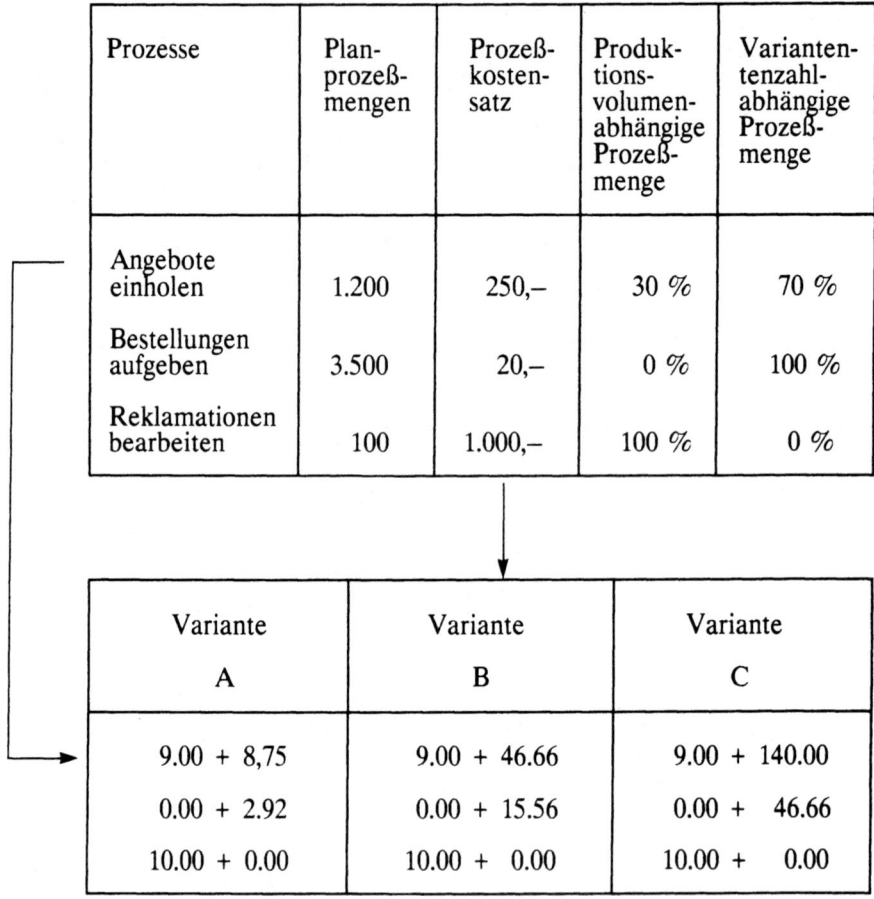

Prozesse	Plan-prozeß-mengen	Prozeß-kosten-satz	Produk-tions-volumen-abhängige Prozeß-menge	Varianten-tenzahl-abhängige Prozeß-menge
Angebote einholen	1.200	250,–	30 %	70 %
Bestellungen aufgeben	3.500	20,–	0 %	100 %
Reklamationen bearbeiten	100	1.000,–	100 %	0 %

Variante A	Variante B	Variante C
9.00 + 8,75	9.00 + 46.66	9.00 + 140.00
0.00 + 2.92	0.00 + 15.56	0.00 + 46.66
10.00 + 0.00	10.00 + 0.00	10.00 + 0.00

Tab. 3: Indirekte Prozeßkalkulation

4.3 Kalkulationskonsequenzen

Unabhängig von der jeweiligen Version der Prozeßkostenrechnung betonen die Vertreter dieses Kostenrechnungssystems, daß die prozeßbezogene Kalkulation im Gegensatz zu anderen Kalkulationsverfahren den Ausweis "verursachungsgerechter" bzw. "unverzerrter" Produktkosten sicherstelle. Insbesondere trage allein die Prozeßkostenrechnung der "Produktkomplexität" bzw. "Produktionskomplexität" und prozeßbezogenen "Economies of Scale" Rechnung.

Die Produkt- bzw. Produktionskomplexität gilt als eine wesentliche Basisdeterminante der (indirekten) Gemeinkosten. So wird gewöhnlich argumentiert, daß ein sich aus vielen (und zudem speziellen) Einzelteilen zusammensetzendes Produkt einen höheren Dispositionsaufwand und mithin umfangreichere Prozeßmengen erfordere als ein aus wenigen Mehrfachverwendungsteilen bestehendes Produkt. Ebenso verursache ein durch viele Arbeitsgänge und Fertigungsstufen gekennzeichneter Produkterzeugungsprozeß einen höheren Planungs- und Steuerungsaufwand und damit mehr Prozeßmengen als ein Fertigungsprozeß mit wenigen Arbeitsgängen und geringer Produktionstiefe. Nur folgerichtig würden mittels der Prozeßkostenrechnung für in diesem Sinne "komplexere" Produkte dann auch höhere (Stück-)Kosten ausgewiesen. Dies könne (u.a.) folgende, miteinander verbundene und auf eine erhebliche Gemeinkostenreduzierung ausgerichtete Rationalisierungsmaßnahmen bewirken [28]:

- Verwendung relativ weniger Standard- bzw. Komplexteile,
- Erstellung von Produkten "mit einfachem modularen Aufbau" [29] und
- Verringerung der Anzahl von Arbeitsgängen und Fertigungsstufen.

Im Rahmen der Prozeßkostenrechnung wird durchweg von einem "Degressionseffekt" der Prozeßinanspruchnahme ausgegangen. Bezogen auf ein Produkt liegt diesem Effekt offensichtlich zum einen die Unterstellung zugrunde, daß für die Mehrzahl der Prozesse die jeweils benötigte Prozeßmenge unabhängig von der Auftrags- oder Losgröße ist, wobei die betreffende Menge i.d.R. einer Prozeßeinheit entspricht. Zum anderen erfolgt die Annahme, daß eine λ-fache Erhöhung der Produktionsmenge x nicht auch zu einer λ-fachen Erhöhung der Anzahl f(x) der Aufträge (und damit der erforderlichen Prozeß-mengen) führt; es soll also gelten

$$f(\lambda \cdot x) < \lambda \cdot f(x) .$$

Der Degressionseffekt äußert sich dann darin, daß die für eine Produktart gemäß der Prozeßkostenrechnung anzusetzenden Prozeßkoeffizienten und folglich auch die ent-sprechenden stückbezogenen Prozeßkosten mit zunehmender Auftrags- oder Losgröße bzw. Produktionsmenge sinken. Bezogen auf mehrere Produkte mit (annähernd) identischer Komplexität wird in Verbindung mit dem Degressionseffekt von einer unterproportionalen Beziehung zwischen den jeweils erforderlichen Prozeßmengen und den Ausbringungs-mengen der verschiedenen Produkte ausgegangen [30]. Dies bedeutet z.B., daß ein Produkt A, dessen Produktionsvolumen dem λ-fachen der Ausbringungsmenge von Produkt B entspricht, aufgrund der Voraussetzung einer lediglich degressiv ansteigenden Auflagehäu-figkeit (Anzahl der Lose) nur das τ-fache ($\tau < \lambda$) der von Produkt B beanspruchten Prozeßmengen erfordert.

Die Vertreter der Prozeßkostenrechnung vermerken kritisch, daß eine "traditionelle" Lohn- bzw. Materialzuschlagskalkulation oder Maschinenstundensatzrechnung zu (annähernd) identischen Stückkosten für Produkte mit unterschiedlicher Komplexität und voneinander abweichenden Ausbringungsmengen führe, sofern die Lohn- bzw. Materialeinzelkosten oder Fertigungsstückzeiten bei den betreffenden Produkten (weitgehend) übereinstimmen. In

Vernachlässigung der differierenden Prozeßinanspruchnahme liefere eine derartige Kalkulation völlig verzerrte Kosteninformationen. Standarderzeugnisse mit hohem Produktionsvolumen würden kostenmäßig überbewertet und "exotische Varianten" mit geringen Stückzahlen unterbewertet. Die Folge sei eine verfehlte Produktsortiments- und/oder Preispolitik. Nur die Prozeßkostenrechnung gewährleiste mittels der prozeßbezogenen Kalkulation (strategisch) richtige Absatz- und Produktionsentscheidungen, verbunden mit adäquaten, (voll-)kostenorientierten Preisfestsetzungen. Es scheinen allerdings erhebliche Zweifel angebracht, ob die im Rahmen der Prozeßkostenrechnung angenommenen Beziehungen zwischen Prozeßinanspruchnahme und Produktkomplexität sowie Produktionsvolumen zutreffen. In Anbetracht der (zunehmenden) Anwendung umfassender EDV-gestützter PPS-Systeme bzw. CIM-Konzepte dürfte eine Abhängigkeit des Planungs- und Steuerungsaufwands von der Produktkomplexität kaum (mehr) gegeben sein. Ebensowenig kann wohl generell von einer unterproportionalen Beziehung zwischen den Prozeßmengen bzw. der Anzahl der Lose und den jeweiligen Ausbringungsmengen ausgegangen werden. Die Auflagehäufigkeit hängt von der unternehmungsindividuell festgelegten Losgrößenpolitik ab, die ihrerseits durch das gewählte PPS-System determiniert wird. Zudem beeinflußt das jeweils realisierte PPS-System wesentlich die Prozeßstruktur. So führt z.B. die Anwendung des MRP II-Konzeptes zu einer Planungs- und Steuerungsstruktur , die signifikant von der Dispositionsstruktur abweicht, die mit einem Just-in-Time-Ansatz wie Kanban verbunden ist.

Über den Einfluß neuer Produktionstechnologien bzw. der Automatisierung von Fertigungsprozessen auf die Prozeßkostenhöhe gehen die Meinungen bemerkenswerterweise auseinander. Cooper/Kaplan vertreten offensichtlich die Auffassung, daß der Einsatz moderner Produktionstechnologien zu einer Reduzierung bestimmter Prozeßkosten führt, was sich bei Anwendung der Prozeßkostenrechnung auch in verringerten Produktkosten niederschlägt. Sie stellen nämlich fest [31]:

"... activity-based costing can change how managers evaluate new process technologies. Streamlining the manufacturing process to reduce setup times, rationalizing plant layout to lower material handling costs, and improving quality to reduce postproduction inspections can all have major impacts on product costs - impacts that become visible on a product-by-product basis with activity-based costing."

Demgegenüber sind Coenenberg/Fischer der Ansicht, daß eine Fertigungsautomatisierung den Anstieg gewisser (Prozeß-)Kosten bewirkt und die Prozeßkostenrechnung dann im Gegensatz zum Lohnzuschlagsverfahren eine richtige Kostenverrechnung auf die verschiedenen Produkte gewährleistet. So vermerken die beiden Autoren [32]:

"... Verzerrungen entstehen durch die fortschreitende Automatisierung der Produktionsprozesse. Die gesunkenen Lohneinzelkosten gehen mit einem Anstieg sog. Technologiekosten (v.a. für Abschreibungen, Zinsen, Energie, Wartung und Instandhaltung) einher. Falls die Fertigungslöhne weiter als Zuschlagsbasis verwendet werden, kann dies zu gravierenden Fehlsteuerungen führen: auf Produkte, die mit neuen Fertigungstechnologien (und niedrigen Fertigungslöhnen) hergestellt werden, werden zu wenig Gemeinkosten verrechnet, während Produkte, deren Fertigung auf konventionellen Maschinen und Anlagen erfolgt, mit zu hohen Gemein- und damit auch Gesamtkosten belastet werden. Für das Unternehmen können sich hieraus Fehlsteuerungen ergeben, da eine unzutreffende Verrechnung der Gemeinkosten dazu führt, daß Produktlinien mit positivem Ergebnis in Wirklichkeit nicht kostendeckend arbeiten und umgekehrt vermeintlich verlustbringende Fertigungslinien in Wirklichkeit positive Ergebnisbeiträge erwirtschaften."

Wird der Argumentation von Coenenberg/Fischer gefolgt, so liegt der Schluß sehr nahe, daß die Anwendung der Prozeßkostenrechnung den technischen Fortschritt bremsen könnte.

5. Zusammenfassende Kritik der Prozeßkostenrechnung

Den Vertretern der Prozeßkostenrechnung ist darin zuzustimmen, daß "volumenorientierte" bzw. "volumenabhängige" Bezugsgrößen, wie z.B. Materialeinzelkosten, Fertigungslöhne oder Maschinenstunden keine relevanten Bestimmungs- bzw. Einflußgrößen für die in den indirekten Leistungsbereichen anfallenden Kosten bilden. Der entsprechenden "Kostenkontrollfunktion" werden unter einem langfristigen Aspekt allenfalls die als Kostentreiber herausgestellten volumenunabhängigen Bezugsgrößen gerecht, was allerdings in Anbetracht der Feststellungen von Kilger auch keine völlig neue Erkenntnis darstellt [33]. Durch den umfassenden Ausweis der relevanten Gemeinkostenbestimmungsfaktoren liefert die Prozeßkostenrechnung aber zweifellos wichtige Basisinformationen zur Erhöhung der Kostentransparenz in den indirekten Leistungsbereichen. In Verbindung mit der Entwicklung operationaler Methoden zur Prozeßstrukturierung und Kostenplanung könnte sich die Prozeßkostenrechnung insofern in Zukunft als ein bedeutendes Kontrollinstrument erweisen.

Ein eklatanter Widerspruch innerhalb des Systems der Prozeßkostenrechnung liegt darin, daß die explizit als volumenunabhängig deklarierten Bezugsgrößen eine Doppelfunktion ausüben sollen. Den betreffenden Bezugsgrößen wird nämlich über die "Kostenkontrollfunktion" hinaus auch eine "Kalkulationsfunktion" zugewiesen. Dies wäre aber nur dann zu rechtfertigen, wenn sowohl zwischen den indirekten Gemeinkosten und den Prozeßmengen (für die Kostenkontrollfunktion) als auch zwischen den Prozeßmengen und dem jeweiligen Produktionsvolumen (für die Kalkulationsfunktion) eine lineare Beziehung besteht. Letzteres ist aber schon ex definitione ausgeschlossen. Alleine unter diesem Aspekt können die mittels der prozeßbezogenen Kalkulation ausgewiesenen Produktkosten keine entscheidungsrelevanten Stückkosten darstellen. In diesem Zusammenhang ist ferner zu beachten, daß die Prozeßkostenrechnung eine fünffache (direkte oder indirekte) Proportionalisierung von - zumindest kurzfristig - nicht veränderbaren Kosten einschließen kann. Im einzelnen erstreckt sich die betreffende Proportionalisierung auf folgende Größen:

- Verteilung der Personalkosten auf die einzelnen Prozesse entsprechend dem jeweiligen Zeitaufwand,

- Verteilung der sonstigen Stellengemeinkosten auf die einzelnen Prozesse im Verhältnis der jeweiligen Prozeßpersonalkosten,

- Umlage der mit leistungsmengenneutralen Prozessen verbundenen Kosten gemäß den (Plan-Kosten) für leistungsmengeninduzierte Prozesse,

- Schlüsselung der jeweiligen (Plan-)Prozeßkosten auf eine Prozeßeinheit in Verbindung mit der Bildung von (Plan-)Prozeßkostensätzen und

- Schlüsselung der jeweiligen (Plan-)Prozeßmenge auf eine Produkteinheit im Zusammenhang mit der Festsetzung von (Plan-)Prozeßkoeffizienten.

Es liegt dann der Schluß sehr nahe, daß gerade die Prozeßkostenrechnung im Gegensatz zu anders lautenden Behauptungen nicht zu "verursachungsgerechten", sondern zu völlig "verzerrten" Produktkosten führt.

Unstrittig ist, daß ein Vollkostenrechnungssystem und damit auch die Prozeßkostenrechnung keine adäquate Grundlage für kurzfristige Absatz- und Produktionsentscheidungen darstellt; als kurzfristig orientiertes Entscheidungsinstrument sollte die flexible Grenzplankostenrechnung eingesetzt werden. Aber auch langfristige bzw. strategische Planungsprobleme lassen sich, selbst wenn von den aufgezeigten Schwächen abgesehen wird, weder mittels der Prozeßkostenrechnung noch durch ein anderes Kostenrechnungssystem zufriedenstellend lösen. Hierzu bedarf es vielmehr der Anwendung von Verfahren der Investitions- und Finanzrechnung.

Literaturverzeichnis

[1] Vgl. z.B. Coenenberg, A.G., Fischer, T.M.: Prozeßkostenrechnung - Strategische Neu-orientierung in der Kostenrechnung, in: Die Betriebswirtschaft 51 (1991), S. 21-38; Cooper, R., Kaplan, R.S.: How Cost Accounting Distorts Product Costs, in: Management Accounting (1988), S. 20-27; Cooper, R., Kaplan, R.S.: Measure Costs Right: Make the Right Devisions, in: Harvard Business Review 66 (1988), S. 96-103; Horváth, P.: Revolution im Rechnungswesen: Strategisches Kostenmanagement, in: Horváth, P. (Hrsg.): Strategieunterstützung durch das Controlling: Revolution im Rechnungs-wesen?, Stuttgart 1990, S. 175-193; Horváth, P., Mayer, R.: Prozeßkostenrechnung. Der neue Weg zu mehr Kostentransparenz und wirkungsvolleren Unternehmensstrategien, in: Controlling (1989), S. 214-219; Horváth, P., Renner, A.: Prozeßkostenrechnung - Konzept, Realisierungsschritte und erste Erfahrungen, in: Fortschrittliche Betriebs-führung und Industrial Engineering 39 (1990), S. 100-107; Mayer, R.: Prozeßkosten-rechnung, in: Kostenrechnungspraxis (1990), S. 307-312.

[2] Vgl. Siemens AG: Kalkulationsleitfaden: Prozeßorientierte Kostenrechnung, Mün-chen 1986.

[3] Vgl. Landwehr, A.: Konzeptionelle und systemtechnische Realisierung der Prozeß-kostenrechnung, in: Männel, W. (Hrsg.): Kongreß - Kostenrechnung 89, Lauf a.d. Pegnitz 1989, S. 95-118.

[4] Vgl. hierzu z.B. Glaser, H., Geiger, W., Rohde, V.: PPS - Produktionsplanung und -steuerung, Wiesbaden 1991; Scheer, A.-W.: CIM - Der computergesteuerte Indu-striebetrieb, 4. Auflage, Berlin et al. 1990.

[5] Vgl. Horváth, P., Mayer, R., a.a.O., S. 217.

[6] Vgl. zu diesem Verfahren z.B. Glaser H.: Rationalisierungsplanung, in: Szyperski, N. (Hrsg.): Handwörterbuch der Planung, Stuttgart 1989, Sp. 1697-1707.

[7] Vgl. Horváth, P., Mayer, R., a.a.O., S. 216.

[8] Vgl. Horváth, P., Mayer, R., a.a.O., S. 217.

[9] Vgl. Coenenberg, A.G., Fischer, T.M., a.a.O., S. 26 f.; Mayer, R., a.a.O., S. 307 f.

[10] Coenenberg, A.G., Fischer, T.M., a.a.O., S. 26.

[11] Vgl. Coenenberg, A.G., Fischer, T.M., a.a.O., S. 26.

[12] Mayer, R., a.a.O., S. 309.

[13] Vgl. z.B. Cooper, R.: Activity-Based Costing - Was ist ein Activity-Based Cost-System?, in: Kostenrechnungspraxis (1990), S. 211.

[14] Horváth, P., Mayer, R., a.a.O., S. 218.

[15] Horváth, P., Mayer, R., a.a.O., S. 217.

[16] Vgl. Horváth, P., Mayer, R., a.a.O., S. 217.

[17] Vgl. Horváth, P., Mayer, R., a.a.O., S. 217; Horváth, P., Renner, A., a.a.O., S. 103; Mayer, R., a.a.O., S. 307.

[18] Horváth, P., Mayer, R., a.a.O., S. 217.

[19] Horváth, P., Mayer, R., a.a.O., S. 217.

[20] Coenenberg, A.G., Fischer, T.M., a.a.O., S. 29.

[21] Horváth, P., Mayer, R., a.a.O., S. 217.

[22] Vgl. Horváth, P., Mayer, R., a.a.O., S. 216 und 218.

[23] Vgl. z.B. Glaser, H.: Zur Erfassung von Teilabweichungen und Abweichungsüberschneidungen bei der Kostenkontrolle, in: Kostenrechnungspraxis (1986), S. 141-148.

[24] Vgl. Cooper, R., Kaplan, R.S.: Measure Costs Right ..., a.a.O., S. 99.

[25] Vgl. Horváth, P., Mayer, R., a.a.O., S. 218 f.

[26] Vgl. Horváth, P., Mayer, R., a.a.O., S. 218.

[27] Vgl. zu dieser Kritik auch Franz, K.-P.: Die Prozeßkostenrechnung. Darstellung und Vergleich mit der Plankosten- und Deckungsbeitragsrechnung, in: Ahlert, D., Franz, K.-P., Göppl, H. (Hrsg.): Finanz- und Rechnungswesen als Führungsinstrument, Festschrift zum 65. Geburtstag von H. Vormbaum, Wiesbaden 1990, S. 131.

[28] Vgl. z.B. Wäscher, D.: Gemeinkosten-Management im Material- und Logistikbereich, in: Zeitschrift für Betriebswirtschaft 57 (1987), S. 297-315.

[29] Coenenberg, A. G., Fischer T.M., a.a.O., S. 35.

[30] Vgl. hierzu z.B. Cooper, R., a.a.O., S. 211 ff.

[31] Cooper, R., Kaplan, R.S.: Measure Costs Right ..., a.a.O., S. 103.

[32] Coenenberg, A.G., Fischer, T.M., a.a.O., S. 23.

[33] Vgl. Kilger, W.: Flexible Plankostenrechnung und Deckungbeitragsrechnung, 9. Auflage, Wiesbaden 1988, S. 336 ff.

C. Kostenmanagement

Übersicht und Entwicklungstendenzen im Controlling

Prof. Dr. Hans-Ulrich Küpper, Institut für Produktionswirtschaft und Controlling an der Ludwig-Maximilians-Universität München

Gliederung:

12. Saarbrücker Arbeitstagung 1991
Rechnungswesen und EDV
hrsg. v. A.-W. Scheer
© Physica-Verlag Heidelberg 1991

1. Controlling als neues betriebswirtschaftliches Teilgebiet

1.1. Beachtung des Controlling in der Betriebswirtschaftslehre

Controlling gehört zu den noch jungen Teilgebieten der Betriebswirtschaftslehre. In der wissenschaftlichen Diskussion besteht eine deutliche Zurückhaltung gegenüber diesem Bereich. Die bisher erschienenen Lehrbücher zum Controlling sind eher "praxisnah" ausgerichtet. Eine wesentliche Ursache für diese Zurückhaltung dürfte darin liegen, daß sein Aufgabenschwerpunkt trotz vieler Bemühungen bis heute nicht wirklich geklärt ist. Die zahlreichen Definitionen zum Controlling weisen nicht nur eine sehr große Vielfalt auf, sie klingen (zumindest für Wissenschaftler) oft unklar und schwammig [1]. Zudem drängt sich immer wieder der Eindruck auf, daß bekannte Aufgabenbereiche wie das entscheidungsorientierte Rechnungswesen, Planung und Kontrolle u.a. mit einer neuen Bezeichnung versehen werden.

1.2. Verbreitung des Controlling in der Praxis

Dieser begrenzten Akzeptanz des Controlling in der Betriebswirtschaftslehre steht eine zunehmende Verbreitung in der Praxis gegenüber. Praxisorientierte Zeitschriften zum Controlling stoßen auf große Resonanz. Viele Vorträge, Aufsätze und Bücher verwenden das Wort im Titel. Seminare und Kongresse zu diesem Bereich sind stark besucht. Man erwartet viel von diesem Gebiet. In den Unternehmungen werden zunehmend Controlling-Abteilungen eingerichtet. Verschiedene Erhebungen zeigen dies deutlich. Die Ergebnisse einer Frankfurter Untersuchung von 1988 [2] in Abb. 1 lassen erkennen, daß diese Tendenz mit der Unternehmensgröße zunimmt. Dabei überwiegt entsprechend Abb. 2 das zentrale Controlling. Das bereichsbezogene Controlling wird auf praxisnahen Veranstaltungen intensiv diskutiert, ist jedoch bisher nur in begrenztem Umfang in Unternehmungen eingerichtet.

Der mangelnden Einigkeit bei der Abgrenzung des Controlling entspricht eine große Breite an Aufgaben, die in der Praxis von Controllern übernommen werden. Die Befragungsergebnisse von Reichmann, Kleinschnittger und Kemper [3] veranschaulichen dies. Am häufigsten werden neben der Zuständigkeit für das Controlling-Instrumentarium und -System die Aufgaben betriebswirtschaftliche Sonderuntersuchungen, Abweichungsanalyse, kumulierte Erfolgsplanung, Berichtswesen, Deckungsbeitrags- und Profit-Center-Rechnungen, Budgetierung, Managementberatung, operative Unternehmensplanung sowie Kosten- und Erfolgs-Kennzahlensystem genannt.

Beschäftigtenzahl	Zahl der Unternehmen	Unternehmen mit Controlling-Stellen
bis 199	99	53 (53,5%)
200 - 499	88	64 (72,7%)
500 - 999	35	31 (88,6%)
1000 - 4999	43	36 (83,7%)
5000 - 9999	12	11 (91,7%)
10000 - 49999	17	16 (94,1%)
über 50000	6	6 (100,0%)
Alle Klassen	300	217 (72,3%)

Abb. 1: Verbreitung des Controlling

Organisatorische Eingliederung der Controlling - Stellen	Zahl der Unternehmen
Zentrale Controlling - Abteilung	176 (80,2%)
Controlling - Gruppen in den Funktionsbereichen	55 (25,3%)
Controlling - Gruppen in den Geschäftsbereichen	40 (18,4%)
Sonstige	16 (7,4%)
Summe	217 (100,0%)

Abb. 2: Zentrales und dezentrales Controlling

Problematisch erscheint bei diesem Aufgabenkatalog insbesondere zweierlei. Einmal ist nicht richtig erkennbar, worin das Gemeinsame dieser Aufgaben liegt. Ohne den Kern einer eigenständigen Aufgabe dürfte es kaum möglich sein, daß Controlling zu einem eigenständigen betriebswirtschaftlichen Gebiet neben Rechnungswesen, Planung u.a. wird. Zum anderen überschneiden sich die Nennungen stark mit bekannten Teilgebieten. Deshalb fragt man sich, ob Controlling als eine Art "Überfunktion" aus ihnen zusammengefaßt sein oder an ihre Stelle treten soll.

2. Kennzeichnung und Abgrenzung des Controlling

Für die Entwicklung des Controlling ist es aus diesen Gründen notwendig, daß sich eine weithin akzeptierte Konzeption herausbildet. Ansätze dazu sind in Wissenschaft und Praxis zu erkennen. Dabei muß man zwischen der Funktion des Controlling und seiner jeweiligen organisatorischen Umsetzung trennen.

2.1. Controlling als Koordination der Unternehmensführung

Durch den Ausbau der Führungsinstrumente und des gesamten Führungssystems neigen diese immer mehr zur Verselbständigung. Je mehr beispielsweise die Planung in Teilbereiche zerlegt und je stärker die Unternehmensrechnung ausgebaut wird, desto eher werden Beziehungen zwischen diesen Teilsystemen zerschnitten. Hieraus erwächst ein spezifischer Koordinationsbedarf, der insbesondere in größeren Unternehmungen auftritt.

In der Koordination des Führungsgesamtsystems liegt daher eine eigenständige Aufgabe [4], die von keinem anderen betriebswirtschaftlichen Teilgebiet bislang ausreichend abgedeckt ist. Ihre Bedeutung erschließt sich näher, wenn man entsprechend Abb. 3 das betriebliche Geschehen vereinfachend in einen Leistungs- oder Vollzugs- und einen Führungsbereich einteilt.

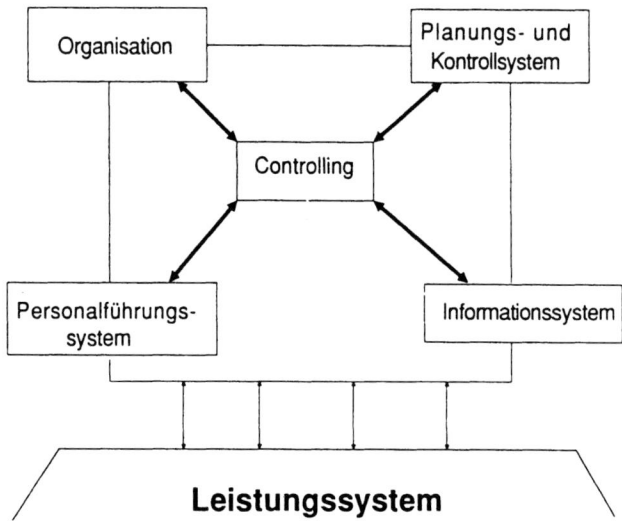

Abb. 3: Controlling als Koordinationsfunktion im Führungssystem

Das Controlling ist wie bzw. neben Planung und Kontrolle, Organisation und Personalführung ein Instrument zur Unternehmensführung. Es hat als zentrale Zwecksetzung die Koordination zwischen den anderen Führungsteilsystemen und wirkt über diese auf den konkreten Vollzug im Leistungssystem. Aus dieser zentralen Aufgabe lassen sich drei weitere Aufgaben ableiten, die Anpassungs- und Innovationsfunktion, die Zielausrichtungsfunktion und die Servicefunktion. Erstere kann als Koordination der Unternehmensführung mit ihrer Umwelt interpretiert werden. Durch das Controlling sollen Änderungen frühzeitig erkannt und Reaktionen angeregt werden. Soweit hierdurch die Umwelt aktiv beeinflußt werden soll, kommt man zur Innovationsfunktion. Die Koordination des Führungsgesamtsystems soll dazu dienen, die Unternehmensziele besser zu erreichen, als dies ohne Koordination möglich wäre. Das Zielsystem liefert die Kriterien, an denen sich die Koordination orientieren muß. Damit wird die Ausrichtung auf das Zielsystem auch nach dieser Konzeption zu einer wichtigen Aufgabe des Controlling. Jedoch bildet sie nicht ihr Spezifikum. Sie ist für das Controlling in gleichem Maße wichtig wie für Planung, Kontrolle und die anderen Führungsteilsysteme. Zudem ist sie nicht auf ein einzelnes Ziel beschränkt, sondern auf das gesamte jeweilige Zielsystem gerichtet. Die Servicefunktion betrifft die Kenntnis und Bereitstellung von Methoden, die zur Lösung von Führungsaufgaben verwendet werden können. Dies bedeutet eine Unterstützung der verschiedenen Führungssysteme.

2.2. Abgrenzung des Controlling gegenüber anderen Teilsystemen der Unternehmensführung

Die grundlegenden Aufgaben des Controlling werden klarer, wenn man seine Stellung in der Unternehmensführung näher betrachtet. Obwohl die Management- oder Führungssysteme in der Literatur recht unterschiedlich dargestellt werden, zeigt sich bei einer genaueren Analyse ein hohes Maß an Übereinstimmung [5]. Entsprechend Abb. 3 können das Planungs- und Kontrollsystem (einschließlich Zielsystem), das Informationssystem die Organisation, und das Personalführungssystem (einschließlich Führungsgrundsätzen) als die wichtigsten Teilsysteme der Unternehmensführung angesehen werden.

Schon von seiner Herkunft her steht das Controlling in enger Beziehung zu Planung, Kontrolle und Informationssystem. In vielen Beiträgen und praktischen Aufgabenzuordnungen ist nicht mehr erkennbar, inwieweit es sich von diesen unterscheidet. Sofern das Controlling eine eigenständige Bedeutung gewinnen soll, erscheint eine grundsätzliche Abgrenzung gegenüber diesen unabdingbar.

Mit allen diesen Instrumenten soll eine zielorientierte Realisation der gemeinsamen Aufgaben gewährleistet werden. Die Planung beinhaltet eine gedankliche Vorwegnahme künftigen Geschehens, das Durchspielen von Alternativen und die Entscheidung für bestimmte Maßnahmen. Deren Prämissen, der Planfortschritt und die Planrealisation werden in der Kontrolle durch verschiedenartige Vergleiche und Abweichungsanalysen überprüft. Die wichtigsten Bestandteile des Informationssystems sind die Unternehmensrechnung mit Bilanzrechnung, Kosten- und Leistungs- sowie Investitionsrechnung und das Berichtswesen. Während Planung,

Kontrolle und Informationssystem jeweils auf spezifische und gegenseitig gut abgrenzbare Aufgaben gerichtet sind, übernimmt das Controlling mit ihrer Koordination eine Querschnittsfunktion. Damit soll dem Auseinanderstreben der Einzelsysteme entgegengewirkt und durch Nutzung ihrer Beziehungen ihre Effizienz erhöht werden. Indem man Controlling nicht einfach als Zusammenfassung dieser Teilsysteme oder bestimmter Teile von ihnen konzipiert, gewinnt es einen eigenständigen Aufgabeninhalt.

Die Organisation kann im Anschluß an Picot als "Inbegriff aller auf Aufgabenteilung und Koordination abzielender Regelungen" [6] verstanden werden. In der Aufbauorganisation werden vor allem Aufgaben sowie Weisungs- und Entscheidungsrechte verteilt und Kommunikations- sowie Machtbeziehungen bestimmt. Die Ablauforganisation befaßt sich mit der Gestaltung von räumlichen und zeitlichen Beziehungen zwischen Subjekten, Objekten, Arbeitsmitteln und Verrichtungen [7]. Somit ist die Organisation ein weiteres Instrument zur zielorientierten Beeinflussung des Verhaltens der Mitarbeiter.

Im Hinblick auf die Koordinationsaufgabe besteht offensichtlich ein enger Zusammenhang zwischen Organisation und Controlling, der bislang noch wenig angesprochen [8] und untersucht worden ist. Zudem liefert die Organisation wichtige Instrumente für das Controlling. Ein möglicher Ansatz für die Abgrenzung zwischen Organisation und Controlling könnte vor allem in zwei Punkten gesehen werden. Zum einen bezieht sich die Organisation primär auf Koordinationsaufgaben im Leistungs- bzw. Vollzugssystem, das Controlling dagegen auf die Koordination im Führungssystem [9]. Zum anderen stehen bei der Organisation generelle Regelungen im Vordergrund, während sich das Controlling mit jeder Form der Koordination im Führungssystem befaßt.

Während Organisation, Planung und Kontrolle sachbezogene Instrumente zur Verhaltensbeeinflussung bereitstellen, betrifft das Personalführungssystem die personenbezogene Beeinflussung der Mitarbeiter. Zu ihm gehören u.a. grundlegende Führungsprinzipien, Fragen des Führungsstils und der direkten Beziehungen zwischen Vorgesetzten und Untergebenen. Auch Motivations- und Anreizsysteme (z.B. Lohnsysteme), sowie die Personalentwicklung (Management Development) fallen in diesen Bereich. Diese Instrumente dienen der unmittelbaren Mitarbeitersteuerung. Die Verhaltensbeeinflussung hat für das Controlling eine wichtige Bedeutung, die vielfach noch zu wenig gesehen wird.

Die übliche enge Verknüpfung des Controlling mit dem Informationssystem sowie mit Planung und Kontrolle spricht ebenso wie die enge Verwandtschaft zu Organisation und Personalführung dafür, daß sich die Aufgaben des Controlling nicht nur aus einem oder einzelnen dieser Führungsteilsysteme ableiten lassen. Vielmehr zielt es auf die Beziehungen zwischen ihnen ab.

Dies kommt in seiner Funktion einer Koordination des Führungssystems zum Ausdruck. Es wird zu einem Instrument der Führung neben den anderen Teilsystemen. Zugleich läßt es sich von diesen abgrenzen. Seine Aufgabe der Koordination beinhaltet jedoch, daß es in enger Beziehung zu den anderen Systemen steht.

2.3. Organisatorische Gestaltung des Controlling

Die Aufgabe der Koordination des Führungsgesamtsystems verlangt nicht zwangsläufig eine organisatorische Verselbständigung. Aufgrund der tatsächlichen Gegebenheiten kann dies zur Entlastung der Unternehmensleitung zweckmäßig sein. Dann werden Controllingaufgaben an eigene Stellen und Abteilungen übertragen. Da hierbei die letzte Verantwortung für die Koordination (wie z.B. für die Planung oder die Organisation) bei der Unternehmensleitung verbleibt, übernimmt das Controlling eine Unterstützungsfunktion.

Bei einer organisatorischen Verselbständigung treten mehrere Gestaltungsprobleme auf. Sie betreffen vor allem (1) die Einordnung der Controller in die Hierarchie der Unternehmung, (2) die Übertragung von Aufgaben und Kompetenzen auf die Controller und (3) die Organisation innerhalb des Controllingbereichs.

Im ersten Problembereich ist zu klären, auf welcher Ebene der ranghöchste Controller angesiedelt wird. Häufig findet man die Eingliederung in der zweiten Ebene unter dem für das Finanz- und Rechnungswesen zuständigen Vorstandsmitglied. Für eine derart hohe Ansiedlung spricht die Notwendigkeit, dem Controlling als Querschnittsfunktion ausreichend Gewicht zu geben. Die Zuordnung zum Finanz- und Rechnungswesen läßt sich aus der großen Bedeutung erklären, welche das Informationssystem für das Controlling besitzt. Zudem deckt es ebenfalls alle Unternehmensbereiche ab.

Der zweite Komplex umfaßt die Frage, welche Aufgaben und Kompetenzen den Controllern übertragen werden. Wegen der Schwierigkeiten bei der Abgrenzung der Controllingfunktionen und ihrer Vielfalt in der Praxis, findet man dort ein breites Spektrum. Je klarer man sich auf die Koordinationsfunktion begrenzt, um so weniger Überschneidungen mit den traditionellen Aufgaben der Planung, der Kontrolle und der Unternehmensrechnung ergeben sich. Ein spezielles Problem besteht darin, inwieweit Controller Entscheidungskompetenzen erhalten. Damit wird festgelegt, ob ihre Stellen mehr Stabs- oder mehr Liniencharakter aufweisen. Da für beide Ausprägungen Gesichtspunkte sprechen, bietet sich eine Mischung an, bei der Controller einzelne, klar abgegrenzte Entscheidungsrechte besitzen. Eine solche Mischung entspricht dem Charakter einer Querschnittsfunktion.

Der dritte Problemkreis wird vor allem bedeutsam, wenn neben dem zentralen Unternehmens-Controlling ein Bereichs-Controlling eingerichtet wird. Dann ist zu regeln, in welchem Umfang die dezentralen Controller fachlich und/oder disziplinarisch dem zentralen Controlling oder den jeweiligen Bereichsleitern unterstellt werden.

3. Koordinationsaufgaben und Instrumente des Controlling
3.1. Spezifische Koordinationsaufgaben des Controlling

Ausgehend von den entwickelten Kernaufgaben sind einige wichtige Aufgaben des Controlling näher zu untersuchen. Hierzu gehören insbesondere die Ausrichtung des Informationssystem auf die Unternehmensführung, die Nutzung von Integrationsmöglichkeiten in der Unternehmensrechnung und die Verknüpfung von Planung, Kontrolle sowie Informationssystem mit Organisation und Personalführung.

3.1.1. Ausrichtung des Informationssystems auf die Unternehmensführung

Die stärkere Nutzung des Informationssystems für die Unternehmensführung ist durch zwei Entwicklungen besonders gefördert worden. Zum einen ist die Unternehmensrechnung durch die modernen Plankostenrechnungen stärker auf Entscheidungen ausgerichtet. Alle neueren Ansätze von der Grenzplan- und der Deckungsbeitrags- über die Periodenerfolgs- und die Prozeßkostenrechnung zielen darauf ab. Dabei erkennt man immer mehr, daß neben der Bereitstellung von Informationen für Planung und Kontrolle die Steuerung im Sinne der Entscheidungsdurchsetzung und Verhaltensbeeinflussung eigenständige Bedeutung gewinnt.

Beschäftigten-zahl	Zahl der Unternehmen	Einsatz der EDV für (Anteil je Größenklasse)						
		A	B	C	D	E	F	G
bis 199	99	71,7%	43,4%	34,3%	42,4%	55,5%	26,3%	20,2%
220 - 999	123	88,6%	64,2%	51,2%	59,3%	74,0%	36,6%	29,3%
über 999	78	88,5%	78,2%	76,9%	83,3%	83,3%	65,4%	43,6%
alle Klassen	300	83,0%	61,0%	53,0%	60,0%	70,3%	40,7%	30,0%

A = Registrierung und Speicherung von Daten
B = Vor- und Nachkalkulation
C = Aufstellung von Kostenbudgets
D = Kostenkontrolle und Abweichungsanalyse
E = Kurzfristige Erfolgsrechnung
F = Aufstellen von Berichten
G = Sonderrechnungen

Abb. 4: EDV-Einsatz in der Kostenrechnung

Zum anderen ist durch die EDV bewußt geworden, wie wichtig die Orientierung am Informationsbedarf ist. Ferner bietet sie die Möglichkeit, äußerst leistungsfähige Rechnungssysteme zu schaffen. Bisher liegt der Schwerpunkt der EDV-Unterstützung im Rechnungswesen gemäß Abb. 4 auf verwaltenden Tätigkeiten [10]. Jedoch ist damit zu rechnen, daß die EDV in Zukunft zunehmend für anspruchsvolle Sonderrechnungen der Planung, Steuerung und Kontrolle eingesetzt wird.

Um die angestrebte Koordination zu erreichen, muß man im Controlling die Bestimmungsgrößen des jeweiligen Informationsbedarfs untersuchen [11]. Im konkreten Fall sind Methoden einzusetzen, mit denen der Informationsbedarf induktiv und/oder deduktiv ermittelt werden kann.

Damit die bereitgestellten Daten genutzt werden, müssen sie dem Verwender in entsprechender Form präsentiert werden. Deshalb erlangt die Gestaltung des Berichtswesens zunehmende Bedeutung. Hierfür gibt es mehrere Gestaltungsalternativen in Form von generator- oder benutzeraktiven sowie von Dialogsystemen. Durch die Unterstützung mit zentraler und/oder dezentraler Datenverarbeitung werden diese sehr leistungsfähig und können auf die speziellen Bedürfnisse der jeweiligen Informationsverwender ausgerichtet werden.

3.1.2. Nutzung der Integrationsmöglichkeiten in der Unternehmensrechnung

Die Unternehmensrechnung besteht aus einer Reihe verschiedenartiger Rechensysteme, die relativ unverbunden nebeneinander stehen. Während Bilanz- und Kosten-/Leistungsrechnung über die Buchführung noch recht eng miteinander verknüpft sind, stellen die Investitionsrechnung und die Finanzplanungsrechnung i.d.R. weitgehend unabhängige Systeme dar. Die Theorie des Rechnungswesens macht wohl deutlich, daß unterschiedliche Zwecke nicht mit demselben Rechnungssystem erfüllt werden können. Andererseits ist es wirtschaftlich, Integrationsmöglichkeiten so weit wie möglich zu nutzen. Dies wird bei einer EDV-Unterstützung der Rechnungssysteme offensichtlich. Die Bedeutung der Kompatibilität zeigt sich z.B. an den verschiedenen Teilsystemen der Buchhaltung (Anlagen-, Material-, Lohnabrechnung, Finanzbuchhaltung usw.) und den Komponenten von PPS-Systemen.

Zugleich gibt es eine Reihe von konzeptionellen Integrationsansätzen, welche die Möglichkeiten der datentechnischen Integration in Daten-, Methoden- und Modellbanken unterstützen. Die Vielfalt an Teilsystemen der Unternehmensrechnung deutet eine Reihe von Verbindungen an, die zwischen Investitions-, Bilanz- und Kosten-/Leistungsrechnung bestehen.

3.1.3. Verknüpfung von Organisation und Personalführung mit den anderen Führungsteilsystemen

Die Aufgabe der Verknüpfung der anderen Führungsteilsysteme mit Organisation und Personalführung stellt ein Spezifikum der koordinationsorientierten Controllingkonzeption dar. Da auch die Organisation Koordinationsaufgaben wahrnimmt, können organisatorische Regelungen zur Koordination im Führungsgesamtsystem herangezogen werden. Eine Reihe typischer Koordinationsaufgaben wie die Abstimmung innerhalb der Planung oder des Informationssystems mit Planung und Kontrolle wird von ihr nicht oder zu wenig erfaßt. Ferner bedarf sie einer Abstimmung mit Planung, Kontrolle, Personalführung und Informationssystem.

Unternehmensführung kann nur umgesetzt werden, wenn es gelingt, das Verhalten der Mitarbeiter entsprechend zu beeinflussen. Die vom Controlling vorzunehmende Koordination ist um so erfolgreicher, je mehr sie die Beziehungen zum Personalführungssystem beachtet. Für das Controlling als Querschnittsfunktion erscheint die Berücksichtigung der Wirkungen auf das Verhalten sehr wichtig. Dies spricht dafür, daß Controller nicht allein an qualifizierten Erfolgsgrößen und Planwerten orientiert sein, sondern auch personale und soziale Komponenten in Betracht ziehen sollten. Zum Beispiel sollten sie die Anreizwirkungen von Informationen untersuchen und berücksichtigen. Der Bezug zur Personalführung ist besonders sichtbar an der Wirkung von Vorgaben und Kontrollen, wie sie z.B. im Rahmen des Behavioral Accounting untersucht werden. In diesem Zusammenhang erhält das Steuerungsziel der Unternehmensrechnung mehr Gewicht.

3.2. Übergreifende Instrumente des Controlling

Dem Controlling steht entsprechend Abb. 5 ein breites Instrumentarium zur Verfügung. Komponenten der verschiedenen Führungsteilsysteme enthalten Budgetierungs-, Kennzahlen- und Verrechnungspreissysteme. Sie sind daher übergreifend und bilden die charakteristischen Instrumente des Controlling.

3.2.1. Budgetierungssysteme

Budgetierungssysteme sind in der Regel an der Schnittstelle zwischen taktischem und operativem Bereich angesiedelt. In ihnen wird den Verantwortungsbereichen für jeden Planungszeitraum ein Budget in Form von Einnahmen und Ausgaben, Kosten und Leistungen (Umsätzen) oder Deckungsbeiträgen bzw. Gewinnen vorgegeben. Damit werden nicht konkrete Maßnahmen oder Pläne, sondern Handlungsspielräume festgelegt, in denen der jeweilige Verantwortungsbereich selbständig entscheiden kann. Sie beinhalten daher eine begrenzte

Delegation von Entscheidungsrechten und eine Aufspaltung der Planung in zentrale und dezentrale Aufgaben.

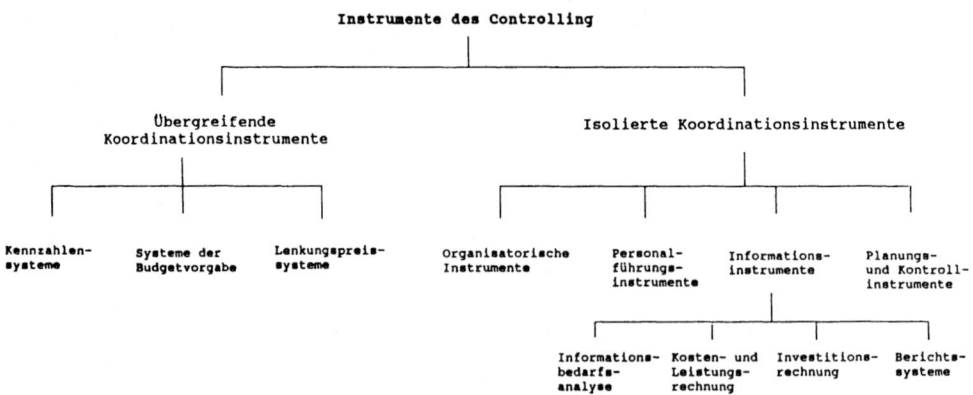

Abb. 5: Wichtige Instrumente des Controlling

Für die Herleitung der Budgets gibt es verschiedene Verfahren. In den produktbezogenen Bereichen orientiert man sich im allgemeinen an den Methoden der Plankostenrechnung und der Erlösplanung. Wesentlich schwieriger ist die Bestimmung von Budgets in Verwaltungsbereichen, weil deren Leistungen schwer meßbar sind. Inputorientierte Verfahren [12] wie die Fortschreibungsbudgetierung und die wertanalytischen Verfahren gehen von einer gegebenen Leistung aus. Letztere versuchen höchstens, Rationalisierungseffekte durch Kostensenkung ohne systematische Veränderung des Outputs zu erreichen. Eine größere Zielwirkung ist aber möglich, wenn man die erbrachten Leistungen in Frage stellt und beispielsweise entsprechend der Programmbudgetierung oder dem Zero-Base-Budgeting eine Auswahl unter genau analysierten Leistungsprogrammen mit jeweils günstigen Realisationsmaßnahmen vornimmt.

3.2.2. Kennzahlen- und Zielsysteme

Kennzahlensysteme können zur Informationsanalyse oder zur Steuerung eingesetzt werden. Im zweiten Fall setzt man ausgewählte Kennzahlen einzelnen Verantwortungsbereichen als Ziele. Dann benötigt man eine Hierarchie von Zielgrößen und Kennzahlen, an denen die Handlungen der Bereiche ausgerichtet und gemessen werden. Als Ziele können neben Wertgrößen wie Kosten und Leistungen auch Mengengrößen wie Fertigungszeiten, Kapazitäten und Durchlaufzeiten oder soziale Komponenten verwendet werden.

Das zentrale Problem liegt in der Entwicklung eines in sich konsistenten hierarchischen Systems aus Kennzahlen, die auf die jeweiligen Organisationseinheiten anwendbar sind. Hierzu bieten sich deduktiv-logische und empirische Methoden an [13]. Bei ersteren werden begriffliche und mathematische Zusammenhänge für die Ableitung von Kennzahlen genutzt. Empirische Methoden geben Zusammenhänge zwischen Kennzahlen wieder, wie sie aufgrund regelmäßiger Beziehungen in der Realität bestehen oder vermutet werden. Vielfach versucht man dabei auf induktive Weise, Wissen der jeweiligen Manager zu nutzen. Jedoch besteht die Gefahr, daß man eine größere Zahl von Kennzahlen aufnimmt, ohne genauer zu wissen, wie die vermuteten Beziehungen tatsächlich verlaufen und welches damit die wichtigen Bestimmungsgrößen sind.

Zielvorgabe- und Kennzahlensysteme sind in stärkerem Maße als Budgetierungssysteme auf die Schaffung relativ selbständiger organisatorischer Einheiten gerichtet. Mit der bloßen Vorgabe von Handlungszielen anstelle von Handlungsbeschränkungen entsteht vielfach ein größerer Entscheidungsspielraum.

3.2.3. Verrechnungs- und Lenkungspreissysteme

Verrechnungspreise haben durch die Ausweitung und internationale Betätigung der Unternehmen an Bedeutung gewonnen. Sie werden zu Lenkungspreisen, wenn man versucht, über ihre Festlegung weitgehend selbständige Einheiten auf das gemeinsame Ziel hin zu steuern.

Die theoretisch reizvolle und intensiv untersuchte Idee einer Übertragung des Marktes auf Unternehmensbereiche hat sich in ihrer Idealform nicht praktisch verwirklichen lassen. In abgeschwächter Form spielt sie besonders in Profit-Center-Organisationen eine wesentliche Rolle. Von den Preisen für die innerbetrieblich gelieferten Güter und das bereitgestellte Kapital ist der Erfolg des einzelnen Teilunternehmens oft maßgeblich abhängig. Zu den zentralen Aufgaben des Controlling gehören die Gestaltung des Verfahrens, nach dem diese Preise festgelegt werden, und die Mitwirkung an der konkreten Preisbestimmung.

3.2.4. Einordnung in wirtschaftliche Steuerungssysteme

Diese übergreifenden Controllinginstrumente lassen sich entsprechend Abb. 6 in ein umfassenderes Kontinuum von Systemen zur Steuerung wirtschaftlicher Handlungen einordnen [14]. Auf dessen einer Seite stehen zentralistische Führungssysteme. Bei ihnen sind die Aufgaben des Controlling stark reduziert. Sie beschränken sich weitgehend auf die Koordination der Planung. Mit der Dezentralisation und Delegation von Entscheidungen erhält die Koordination im Hinblick auf Organisation, Information und Personalführung an Gewicht. Je selbständiger die

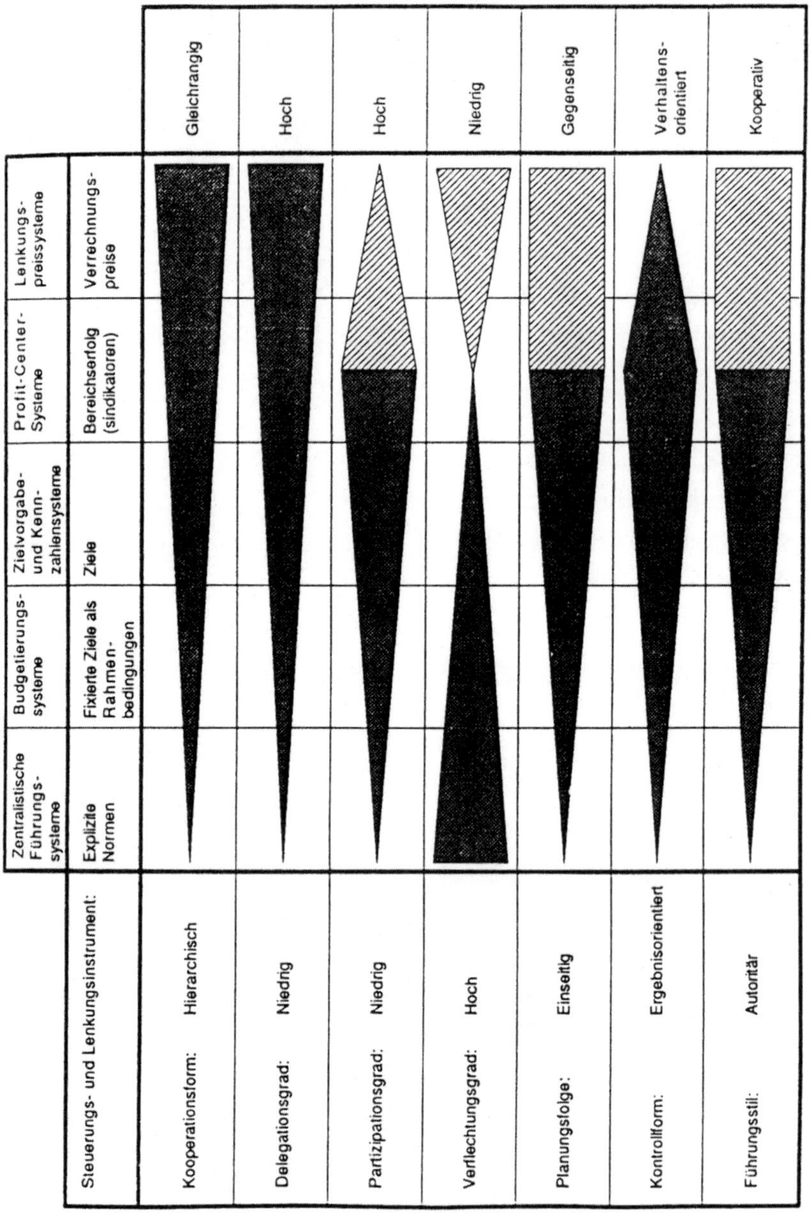

Steuerungs- und Lenkungsinstrument:	Zentralistische Führungssysteme — Explizite Normen	Budgetierungssysteme — Fixierte Ziele als Rahmenbedingungen	Zielvorgabe- und Kennzahlensysteme — Ziele	Profit-Center-Systeme — Bereichserfolg (sindikatoren)	Lenkungspreissysteme — Verrechnungspreise	
Kooperationsform:	Hierarchisch					Gleichrangig
Delegationsgrad:	Niedrig					Hoch
Partizipationsgrad:	Niedrig					Hoch
Verflechtungsgrad:	Hoch					Niedrig
Planungsfolge:	Einseitig					Gegenseitig
Kontrollform:	Ergebnisorientiert					Verhaltensorientiert
Führungsstil:	Autoritär					Kooperativ

Abb. 6: Entwicklungslinien betriebswirtschaftlicher Steuerungssysteme

Bereiche werden, desto größer wird die Bedeutung formaler Koordinationsmechanismen. Damit nehmen die direkten Einwirkungsmöglichkeiten der Controller ab. So reduziert sich die Aufgabe des Controlling bei Lenkungspreissystemen auf die Bestimmung der Lenkungspreise. Geht man noch einen Schritt weiter, gelangt man zum echten Markt, bei dem das Controlling voll über den Lenkungsmechanismus des Preissystems erfolgt und dadurch ein eigenständiges Controlling überflüssig macht.

4. Entwicklung des Controlling in Praxis und Wissenschaft
4.1. Ausbau des dezentralen Controlling

Die künftige Entwicklung des Controlling wird von seiner weiteren Akzeptanz und Ausgestaltung in der Praxis bestimmt sein. Jedoch ist auch maßgeblich, inwieweit es zu einem anerkannten Teilbereich der Betriebswirtschaftslehre in der Wissenschaft wird. In der Praxis ist neben der stärkeren Verbreitung des Unternehmens-Controlling eine intensive Beschäftigung mit der Frage einer Einrichtung dezentraler Controllingbereiche zu beobachten. Auf Kongressen und Seminaren werden wie in der praxisnahen Literatur [15] die Zweckmäßigkeit und die Gestaltungsmöglichkeiten beispielsweise des Marketing-, Logistik-, Forschungs- und Entwicklungs- oder Personal-Controlling analysiert. Dies erhöht mit der organisatorischen Umsetzung in einer Reihe von Unternehmungen das Gewicht des Controlling. Auf Sicht wird die Verankerung des Controlling als Führungsinstrument aber davon abhängen, inwieweit Unternehmens- und Bereichs-Controlling nicht nur Ressourcen binden und damit Kosten verursachen, sondern zu einer insgesamt besseren Zielerreichung führen.

Das bereichsbezogene Controlling muß von derselben Grundkonzeption wie das Unternehmens-Controlling her entwickelt werden. Überträgt man das koordinationsorientierte Controlling-Konzept auf einzelne Bereiche des Leistungssystems, so lassen sich die Aufgaben eines bereichsbezogenen Controlling klar herausarbeiten.

Wie die Gesamtunternehmung wird jeder ihrer Bereiche mit verschiedenen Instrumenten geführt. Beispielsweise können für jeden Bereich eine eigene Planung und spezielle Informationssysteme (z.B. Marketing-Erfolgsrechnung, Logistik-Kostenrechnung u.a.) bestehen. Innerhalb der Führung eines Bereichs stellt deren Koordination eine eigenständige Aufgabe dar. Sie bildet den Ausgangspunkt für die Herausarbeitung der bereichsbezogenen Controllingaufgaben. Entsprechend Abb. 7 wird somit die Grundkonzeption des Controlling auf die Einzelbereiche des Leistungsprozesses übertragen. Auf diese Weise kann man die Funktion eines Beschaffungs- [16], Fertigungs- [17] und Absatz-Controlling [18] ebenso wie des Logistik- [19], Personal- [20] und Investitions-Controlling [21] systematisch entwickeln.

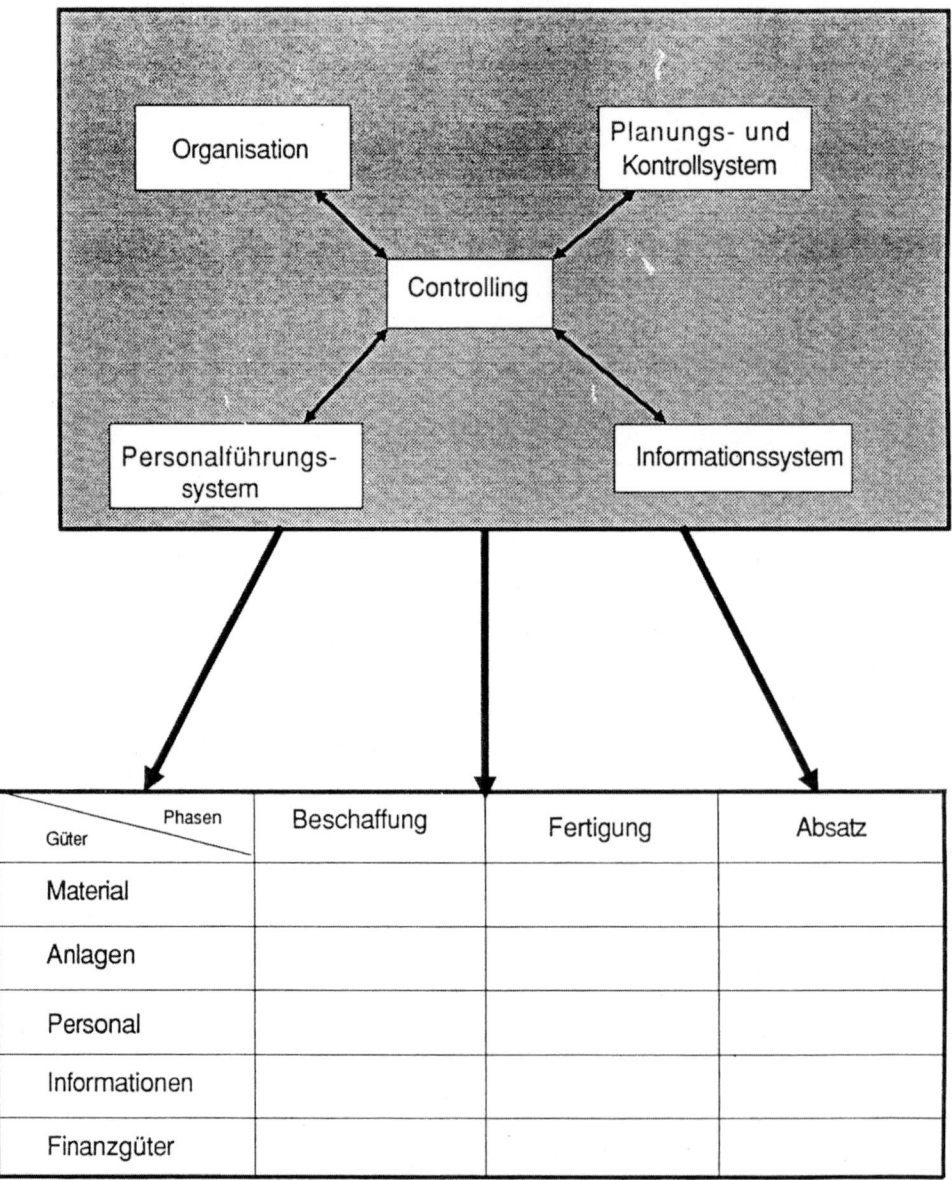

Abb. 7: Führungs- und Leistungssystem der Unternehmung

Einen speziellen Charakter besitzt das Projekt-Controlling. Es bezieht sich auf keine ständige Teilfunktion des Leistungsbereichs, sondern auf individuelle größere Aufgabenkomplexe. Bei diesen kommt der Koordination zwischen den Einzeltätigkeiten eine besondere Bedeutung zu. Deshalb ist die Abgrenzung zwischen Projektmanagement, Projektplanung und Projekt-Controlling besonders notwendig. Sie läßt sich am ehesten über die Unterscheidung zwischen gesamter Führung als Gegenstand des Management, Planung der Einzelaktivitäten und der Koordination zwischen Planung, Kontrolle, Organisation, Mitarbeitersteuerung und Informationssystem innerhalb des Projektmanagements vornehmen.

Bei der Abgrenzung eines bereichsbezogenen Controlling lassen sich stets drei typische Aufgabenbereiche erkennen:

(1) Die Koordination der Führungsteilsysteme im jeweiligen Bereich. Im Vordergrund stehen dabei die Koordination der Planung sowie die Ausrichtung des jeweiligen Informationssystems auf die bereichsbezogene Planung, Kontrolle und Personalführung. Die zweite Aufgabe ist besonders bedeutsam, wenn bereichsbezogene Rechnungssysteme wie Logistik-, Projekt- und Personal-Kostenrechnungen vorliegen.

(2) Die Koordination mit dem Controlling der Gesamtunternehmung. Sie beinhaltet vor allem die Abstimmung mit der Gesamtplanung sowie die Einbettung des bereichsbezogenen Rechnungssystems in die Unternehmensrechnung.

(3) Die Koordination mit dem Controlling der anderen Bereiche.

Ausgehend von diesen grundsätzlichen Richtungen ergeben sich die spezifischen Koordinationsaufgaben und deren Ausprägungen aus den Einzelmerkmalen des jeweiligen Funktionsbereichs. Hierbei entsteht ein breites Spektrum an Controlling-Aufgaben und -instrumenten, wenn man beispielsweise an die sachlich bedingte Verschiedenartigkeit zwischen der quantitativ bestimmten Logistik und dem eher qualitativ orientierten Personalwesen denkt.

Die Herausarbeitung spezifischer Controllingaufgaben in den einzelnen Bereichen bedeutet nicht zugleich, daß ihre Übertragung auf eigene dezentrale Controllingstellen und -abteilungen zweckmäßig sein muß. Die Gefahr ist nicht von der Hand zu weisen, daß durch die Einrichtung dezentraler Controllerstellen eine Aufblähung für Aufgaben erfolgt, die von den Bereichsleitern oder dem zentralen Controlling ebenso durchgeführt werden könnten. Zusätzliche Controllerstellen können auch weitere Reibungsverluste mit dem Bereichsmanagement und dem Unternehmens-Controlling auslösen. Wegen der Querschnittsfunktion des Controlling besteht diese Gefahr insbesondere dann [22], wenn seine Verantwortlichkeit unklar ist.

Die Zweckmäßigkeit eines dezentralen Controlling hängt vor allem von der Unternehmensgröße und davon ab, inwieweit bereichsspezifische Führungsinstrumente z.B. in Form eigener Planungs-, Anreiz- und Rechnungssysteme vorliegen.

4.2. Ansätze für eine Theorie des Controlling

Die Impulse für das Controlling sind stark von der Praxis ausgegangen. Zu einer Teildisziplin der Betriebswirtschaftslehre wird es sich aber nur über eine theoretische Fundierung entwikkeln [23].

Eine Theorie des Controlling existiert bisher nicht. Jedoch sind Bausteine erkennbar, aus denen sie entstehen könnte. Liegt der Kern des Controlling in der Koordination des Führungssystems, so bilden die Interdependenzen im Leistungs- und im Führungssystem den Ausgangspunkt für seine theoretische Fundierung [24]. Die Abbildung und Analyse von Interdependenzen gehört seit langem zu den Forschungsschwerpunkten der Betriebswirtschaftslehre. Dieser erste Baustein für eine Theorie des Controlling zeigt sich vor allem in den verschiedenen Simultanmodellen, die zur Erfassung von Interdependenzen beispielsweise zwischen Investition und Produktion bzw. Finanzierung sowie weiteren Funktionsbereichen formuliert worden sind [25]. Derartige Modelle lassen sich nur begrenzt für praktische Planungszwecke einsetzen, bilden aber ein zweckmäßiges Instrument zur Darstellung und Untersuchung von Interdependenzen [26]. Ihre Weiterführung berücksichtigt zusätzlich die verschiedenen Ziele und Beschränkungen sowie die unterschiedliche Informationsverteilung zwischen den Entscheidungsträgern [27]. Damit wird eine Beziehung von Handlungsvariablen des Leistungssystems zu Komponenten des Führungssystems hergestellt. Auf diesem Weg könnte es möglich werden, nicht nur die für die Koordination der Planung relevanten Interdependenzen im Leistungssystem, sondern auch Beziehungen zum und im Führungssystem modellmäßig abzubilden.

Ein zweiter theoretischer Schwerpunkt betrifft die Ausrichtung des Informationssystems auf die anderen Führungsteilsysteme und die Berücksichtigung der Beziehungen zwischen den verschiedenen Rechnungssystemen. Mit der investitionstheoretischen Kostenrechnung ist ein Konzept zur Verbindung von Kosten- und Investitionsrechnung entwickelt worden. Es ermöglicht die Schaffung einer erfolgszielorientierten Planungs- und Kontrollrechnung, die im kurz- und im längerfristigen Bereich von denselben Basisgrößen (Zahlungen) und mehrperiodigen Zielen (Kapital- oder Endwert) ausgeht [28]. Das hierbei verwendete kapitaltheoretische Konzept liegt auch den am ökonomischen Gewinn orientierten Planbilanzen [29] und dem ertragswertorientierten Ansatz der Humanvermögensrechnung [30] zugrunde. Deshalb erscheint es möglich, auf kapitaltheoretischer Basis die Struktur einer umfassenden Unternehmensrechnung zu erar-

beiten, in der nicht nur die Investitions- und die Kostenrechnung, sondern auch die zukunfts-
bezogene Finanz-, Bilanz- und Humanvermögensrechnung von einem einheitlichen Ansatz
ausgehen. Zudem könnten in ihr die zwischen den Basisgrößen und den Rechnungszielen dieser Systeme bestehenden Übereinstimmungen genutzt werden.

Die Ansätze zur Fundierung der Unternehmensrechnung bilden ein theoretisches Gegenstück
zur Integration von Informationssystemen in Daten-, Methoden- und Modellbanken. Mit ihnen
könnte die Basis geschaffen werden, um die in der Informatik entwickelten Instrumente der
Datenverarbeitung theoretisch fundiert einzusetzen.

Die Übertragung von Principal-Agent-Modellen auf Probleme des Controlling kann einen
dritten Baustein für eine Theorie des Controlling liefern. Principal-Agent-Modelle befassen
sich mit Anreizsystemen, durch die untergeordnete Entscheidungsträger zielorientiert beeinflußt werden können. Man sucht auf entscheidungslogischem Weg "dasjenige Belohnungssy-
stem..., das unter verschiedenen Annahmen über die Risikoeinstellung von Entscheidungsträger und Instanz sowie über die Informationsmöglichkeiten der Instanz jeweils
optimal ist" [31].

Dabei wird angenommen, daß der untergebene Entscheidungsträger als 'Agent' Aktivitäten ergreifen kann, mit denen eine günstige Wahrscheinlichkeitsverteilung über den Erfolg erreichbar wird. Er dürfte aber nur bei entsprechender Belohnung aktiv werden. Ferner wird üblicherweise unterstellt, daß die übergeordnete Instanz, der 'Principal', nur den realisierten Erfolg der Entscheidung, aber nicht die Aktivitäten des Entscheidungsträgers messen und kontrollieren kann. Unter diesen Annahmen bestimmt man Anreizsysteme, die den Nettoerfolg der
Instanz maximieren. Die Belohnungsfunktion kann sich z.B. aus einem fixen und einem er-
folgsproportionalen Anteil zusammensetzen. Ihre optimale Ausprägung wird für sichere und
für unsichere Erwartungen von Instanz und Entscheidungsträger sowie für alternative Ausprägungen der wichtigsten Rahmenbedingungen wie ihrer Risikoeinstellung, der Informationsverteilung, der Struktur des Anreizsystems u.ä. analytisch hergeleitet.

Optimale Lösungen lassen sich nur für relativ enge Prämissen bestimmmen. Auf praktische
Probleme können diese Modelle nicht unmittelbar angewendet werden. Jedoch ermöglichen sie
eine analytische Durchdringung von Problemen der zielorientierten Steuerung bei dezentrali-
sierten Entscheidungen. Zugleich zeigen sie grundsätzliche Lösungsstrukturen für diese Steue-
rungsprobleme auf. Deshalb stellen sie ein erfolgversprechendes, bisher kaum genutztes theoretisches Instrumentarium für das Controlling bereit.

Aus anderer Sicht sind verhaltenswissenschaftliche Ansätze auf die Steuerung von Mitarbeitern gerichtet. Im Unterschied zu den entscheidungslogischen Principal-Agent-Ansätzen sind sie empirisch fundiert. Ihre Bedeutung für eine Theorie des Controlling liegt insbesondere in der Analyse der Wirkungen von Planungsvorgaben, Kontrollen und Informationen auf das menschliche Verhalten. Sie ermöglichen damit die Formulierung und Prüfung empirischer Hypothesen über die Beziehungen zwischen Komponenten des Planungs-, des Kontroll- sowie des Informationssystems und der Personalführung.

Eine Theorie des Controlling muß auch die Analyse und Beurteilung übergreifender Koordinationsinstrumente ermöglichen. Von diesen sind in der Betriebswirtschaftslehre bisher vor allem Verrechnungs- und Lenkungspreise intensiv theoretisch untersucht worden. Die Einordnung dieser Instrumente in den größeren Zusammenhang wirtschaftlicher Steuerungssysteme weist auf die Notwendigkeit einer Zusammenführung der verschiedenen skizzierten Theoriebausteine hin. Für eine umfassendere Analyse bietet sich das Konzept der Transaktionskosten an. Mit ihm können sich Hypothesen über Art und Ausmaß hierarchischer oder marktlicher Komponenten innerbetrieblicher Koordinationsmechanismen begründen lassen [32].

5. Perspektiven für das Controlling aufgrund externer Einflüsse

5.1. Einfluß der Veränderungen in Europa auf das Controlling
5.1.1. Richtungen der Öffnung in Europa

Die künftige Stellung des Controlling wird durch die Veränderungen in Europa maßgeblich beeinflußt. Dabei sind drei Entwicklungen zu trennen: die Schaffung des europäischen Binnenmarktes, die Vereinigung in Deutschland und die Öffnung im Osten Europas.

Das Ziel des Europäischen Binnenmarktes besteht im Abbau von Grenzkontrollen sowie in der Beseitigung technischer und steuerlicher Schranken. Hierdurch sollen wesentliche Kostenfaktoren in Verwaltung, Transport, Produktion sowie Forschung und Entwicklung abgebaut werden. Mit dem Binnenmarkt wird Europa noch mehr als bisher zu einem eigenständigen Wirtschaftsraum neben den USA und Japan. Die Internationalisierung wird zu einer Steigerung des Wettbewerbs führen. Das Umfeld der Unternehmen wird durch hohe Preisreagibilität und schnelle technologische Änderungen geprägt sein.

Durch die Vereinigung Deutschlands werden sich zahlreiche Unternehmungen in den neuen Bundesländern engagieren. Die Einschätzung der dortigen Entwicklung enthält eine Menge an Unsicherheitsfaktoren. Vor allem treffen innerhalb Deutschlands Menschen aufeinander, die über vierzig Jahre hinweg in unterschiedlichen Denkmustern gelebt haben. Der Abbau dieser

Differenzen wird Zeit benötigen. Dennoch läßt sich dieser Prozeß auf mittlere bis längere Sicht abschätzen. Hierfür spricht, daß innerhalb Deutschlands eine gemeinsame Basis in Kultur und Geschichte besteht.

Dies gilt nicht in gleichem Maß für die Entwicklung in Osteuropa. Während Ungarn, Polen und Slowenien wesentliche marktwirtschaftliche Reformen durchgeführt haben, sind in der CSFR, dem restlichen Jugoslawien, Bulgarien und der Sowjetunion derartige Reformen nur geplant oder vorsichtig in Angriff genommen. Ihre Realisierung hängt eng mit den politischen Veränderungen zusammen. Dabei dürfte die Entwicklung in der Sowjetunion einen bedeutsamen Einfluß haben. Wegen der hier bestehenden Ungewißheiten erscheinen Prognosen über die sich öffnenden Märkte in Osteuropa äußerst schwierig.

5.1.2. Bedeutung der Veränderungen in Europa für die Unternehmensstruktur

Für die Öffnung im Westen wie im Osten wird eine genaue Kenntnis der Verhältnisse vor Ort sehr wichtig. Daher muß die Organisation so gestaltet werden, daß sie die Nähe zu den Bedingungen des jeweiligen Landes fördert. Dies spricht dafür, daß der Binnenmarkt die Tendenz zur Dezentralisation verstärkt und teilweise flachere Hierarchien erfordert. Lokale Komponenten werden bedeutsamer und bedingen die Übertragung zusätzlicher Funktionen. Dem steht gegenüber, daß der Abbau von Grenzen eine direktere Belieferung aus zentralen Produktionsstandorten ermöglicht.

In den westlichen Ländern wird sich die Tendenz zu ausgeklügelten Matrixorganisationen verstärken [33]. Bei der Vorbereitung auf den Binnenmarkt spielen in großen Unternehmungen Profit-Center-Organisationen eine wichtige Rolle [34]. Die Tendenz zur Dezentralisation der Planung und zur Entscheidungsdelegation wird gestützt. Das Konzept einer zielorientierten Steuerung über Lenkungspreise bekommt neues Gewicht. Die Bedeutung der Koordination in der Führung von multinationalen Unternehmungen, die Zielausrichtung der zugehörigen Unternehmen und die schnelle Anpassung werden zunehmen. Dies erhöht das Gewicht des Controlling im Führungssystem.

Die Öffnung nach Osten wird nicht mit denselben Organisationsstrukturen zu vollziehen sein. Die völlig andersartigen Rahmenbedingungen werden dort zuerst in traditionelle Organisationsformen münden. Um die Organisation für die Mitarbeiter verständlich zu machen, wird man auf relativ einfache Strukturen zurückgreifen müssen. Diese sollten klar durchschaubar sein. Die Mitarbeiter müssen Entscheidungsfreiheit und eigenständiges Handeln erst lernen. Daher werden im Osten zentrale und funktional gegliederte Organisationsformen vorerst mehr im Vordergrund stehen.

5.1.3. Auswirkungen der Veränderungen in Europa auf die Gestaltung des Controlling

Die Öffnung gegenüber Westeuropa verlangt einen Ausbau der betrieblichen Führungsinstrumente. Für das Controlling erwächst hieraus die Aufgabe, Konzepte zur Koordination dezentraler Planungen einzuführen und für eine laufende Abstimmung der wichtigsten Planungsgrößen zu sorgen.

Eine besondere Bedeutung erlangt das Informationssystem. Die Öffnung gegenüber anderen Ländern erfordert einen intensiven Informationsaustausch. Dies gilt gleichermaßen nach Westen wie nach Osten. Ihre Bedeutung ist in den neuen Bundesländern eklatant deutlich geworden. Das Controlling muß als Basis für eine gegenseitige Anpassung und weitestmögliche Abstimmung der Rechnungswesensysteme sorgen. Dies kann sich auf die Abstimmung im Rahmen der Bilanzierung beziehen. Noch mehr betrifft das Controlling die Vereinheitlichung des internen Rechnungswesens. Eine hohe Transparenz erfordert weitgehende Übereinstimmung in der Kosten- und Leistungsrechnung [35]. Eine Mitwirkung des Controlling wird sich zuerst auf deren zweckmäßige Gestaltung beziehen. Die Aufgaben der laufenden Koordination werden erst danach an Bedeutung gewinnen. Die Integration im Informationssytem betrifft insbesondere die Verknüpfung der EDV-Systeme. Um die Daten und Ergebnisse zu gesamtunternehmensbezogenen Rechnungen zusammenzuspielen, ist ein hohes Maß an Kompatibilität erforderlich.

Bei der Öffnung nach Osten werden die traditionellen Aufgaben des Rechnungswesens im Vordergrund stehen. Zuerst müssen die grundlegenden Systeme der Buchhaltung, der Kostenrechnung sowie der Planung und Kontrolle eingeführt werden.

Mit einer zunehmenden Dezentralisierung steigt das Gewicht des bereichsbezogenen Controlling. Die relativ selbständigen Einheiten vor Ort benötigen eine unmittelbare Unterstützung durch ein dezentrales Controlling. Diesem kommt dann zugleich eine spezifische Aufgabe in der Abstimmung mit der Zentrale zu.

Die Veränderungen in Europa stellen hohe Anforderungen an die Personalführung. Durch den Binnenmarkt muß man Schritte zur Internationalisierung des Führungskaders vollziehen [36]. In verstärktem Maße sind europäische Managementgruppen aufzubauen. Erst damit können die Kenntnisse und Denkweisen verschiedener Länder für die Führung genutzt werden. In den neuen Bundesländern ist eine ausgeprägte Aus- und Weiterbildung notwendig. Dazu muß auch ein Führungskräfteaustausch erfolgen. Dieser und die internationale Integration bei der Aus- und Weiterbildung sind notwendig, um gegenseitig die Denkstrukturen kennenzulernen und deren Differenzen abzubauen. Das Controlling sollte dafür Sorge tragen, daß diese Maßnahmen nicht isoliert von der vorgesehenen Entwicklung in Planung, Organisation und Informationswesen erfolgen.

5.2. Auswirkungen neuer Informationstechnologien auf das Controlling
5.2.1. Auswirkungen auf das Informationssystem

Die heute verfügbaren Informationstechnologien ermöglichen den Einsatz wesentlich leistungsfähigerer Rechnungssysteme und Modelle. Damit kann die Unternehmensrechnung zu einem echten Führungsinstrument ausgebaut werden. Ihr Schwerpunkt verlagert sich von vergangenheitsbezogenen Erfassungs- und Abrechnungssystemen zu Systemen der Planung und Kontrolle. Durch die Nutzung der Integrationsmöglichkeiten zwischen den verschiedenen Rechnungen können Rationalisierungseffekte erzielt werden. Mit den Mitteln der Informationstechnologie kann z.B. die Kostenrechnung eng mit anderen Teilrechnungen verbunden werden. Damit wird eine hohe Datenaktualität und -verfügbarkeit gewährleistet.

Die künftige Struktur der Unternehmensrechnung dürfte von einer Zweiteilung in Grund- und Auswertungsrechnungen geprägt sein. In der Grundrechnung werden die Datenerfassung und die laufend benötigten Rechnungen durchgeführt. Sie findet ihre Abbildung in Datenbanken, die eine effiziente Speicherung und Pflege der Daten sichern. Unter Verwendung von Methodenbanken können diese Daten für vielfältige Auswertungen genutzt werden. Deren Gestaltung hängt von den jeweils anstehenden Planungs-, Steuerungs- und Kontrollproblemen ab. Durch die hohe Leistungsfähigkeit der EDV läßt sich damit das alte Ziel realisieren, unterschiedliche Rechnungszwecke durch jeweils geeignete Rechnungen zu erfüllen, ohne an der Wirtschaftlichkeit des Rechnungssystems zu scheitern.

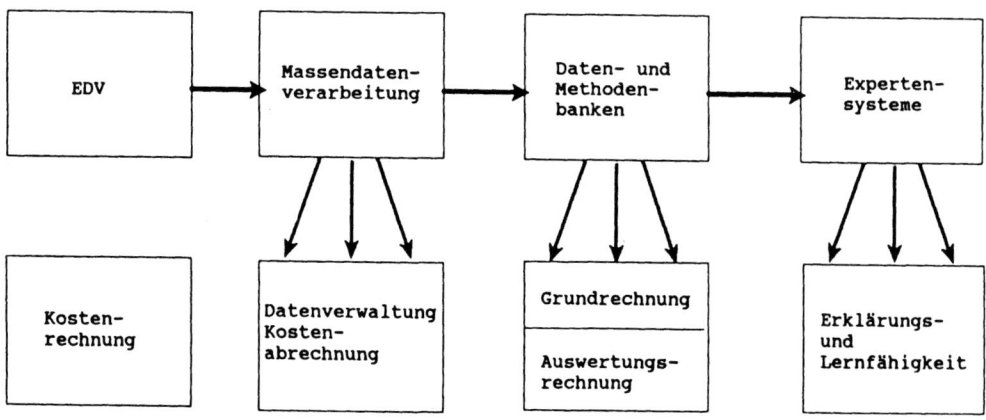

Abb. 8: Anstöße der EDV für die Unternehmensrechnung

In Umrissen wird mit der Schaffung erster Expertensysteme eine weitere Entwicklungsstufe erkennbar. In diesen wird das schwer formalisierbare Wissen genutzt. Sie zeichnen sich durch eine Erklärungs- und Lernfähigkeit aus. Die künftige Forschung muß zeigen, wie sie sich in der Unternehmensrechnung einsetzen lassen.

5.2.2. Auswirkungen auf die Organisation

Im Hinblick auf die Organisation werden vier Tendenzen der neuen Informationstechnologien erkennbar [37]:

(1) Von den neuen Technologien gehen sowohl zentralisierende als auch dezentralisierende Wirkungen aus.

(2) Durch die bessere Informationsversorgung und -verarbeitung vor Ort besteht die Möglichkeit einer stärkeren Dezentralisation und Delegation von Entscheidungen.

(3) Die höhere Informationsintegration läßt eine stärkere Aufgabenintegration zu.

(4) Die Integration der Datensysteme fördert das integrative Denken.

Die Schaffung einer einheitlichen Datenbasis und ihre Speicherung in Datenbanken ermöglichen ebenso wie umfassende Abrechnungsverfahren und Planungsmodelle eine zentrale Datenverarbeitung. Demgegenüber gestattet die hohe Leistungsfähigkeit von Mikrocomputern eine dezentrale Datenverarbeitung am Ort der Datenentstehung. Über eine Vernetzung ist es technisch möglich, beide Alternativen miteinander zu verbinden und den jeweils geeigneten Grat zwischen ihnen auszuwählen. Dies bedeutet vor allem, daß die Zentralisierung bzw. Dezentralisierung von Entscheidungen nicht von der Informationstechnologie determiniert wird.

Durch die neue Technologie können mehr Funktionen an einem Arbeitsplatz integriert werden. Damit können dem Stelleninhaber ganzheitliche, in sich geschlossene Aufgaben übertragen werden. Die Nutzung der Rationalisierungsmöglichkeiten in der Datenverarbeitung führt zu einer Integration der Teilsysteme, wie sie im CIM-Konzept am deutlichsten angestrebt wird. Da sie eine Berücksichtigung der gegenseitigen Datenbeziehungen verlangt, fördert sie zugleich die Kenntnis und das Verständnis der Zusammenhänge. Damit unterstützt sie das integrative Denken und die Orientierung an gemeinsamen Zielen.

5.2.3. Auswirkungen auf die Gestaltung des Controlling

Die skizzierten Tendenzen bedingen keine grundsätzlichen Änderungen in den Aufgaben und Instrumenten des Controlling. Vielmehr stellt die neue Informationstechnologie ein leistungsfähiges Instrumentarium bereit, mit dem die spezifischen Aufgaben des Controlling besser gelöst werden können. Der Einsatz der weitreichenden, aber auch kostspieligen Technologie verlangt eine noch genauere Abstimmung mit dem Informationsbedarf und der Informationsnutzung. Zudem verlagern sich die Aktivitäten von der Datenerfasssung und -aufbereitung zur Dateninterpretation und -analyse. Innerhalb des Informationssystems wächst die Notwendigkeit der Integration beispielsweise verschiedener Datenbasen. Die zunehmende Übertragung mechanischer Aufgaben auf die maschinelle Verarbeitung schafft Freiraum für dispositive Tätigkeiten.

Mit der möglichen und vielfach zu erwartenden Dezentralisation und Delegation von Entscheidungen steigt die Notwendigkeit einer zielgerichteten Koordination. Die Veränderungen in der Organisation verlangen eine Anpassung der anderen Führungsteilsysteme. Damit wird die Entwicklung und Pflege umfassender Steuerungssysteme mithilfe von Budgets, Zielvorgaben, Profit Centern und/oder Lenkungspreisen noch mehr zu einer zentralen Aufgabe des Controlling.

6. Entwicklungsmöglichkeiten des Controlling

Die wichtigsten Ergebnisse zum Stand und zur Entwicklung des Controlling können abschließend in drei Thesen zusammengefaßt werden:

(1) Um die Anforderungen der sich öffnenden Märkte zu bewältigen und die neuen Technologien auszuschöpfen, benötigen die Unternehmen ausgebaute Führungsinstrumente. Sie müssen die Vorteile einer hohen Präsenz vor Ort und damit einer Dezentralisierung nutzen. Gleichzeitig wollen sie die Synergieeffekte der Zugehörigkeit zu einer Unternehmung wahrnehmen. Dies erfordert eine enge Koordination in der Führung zur Ausrichtung auf das gemeinsame Zielsystem und zur raschen Anpassung an Veränderungen der Umwelt. Daraus ist zu schließen, daß die Bedeutung des Controlling eher zunimmt.

(2) Für diese Herausforderung sind eine klare Abgrenzung des Controlling und die (Weiter-)Entwicklung spezifischer Koordinationsinstrumente geboten. In der Einordnung von Budgetierungs-, Kennzahlen- und Lenkungspreissystemen in den größeren Zusammenhang wirtschaftlicher Steuerungssysteme liegt ein wichtiger Ansatzpunkt hierfür.

(3) Eine Akzeptanz des Controlling als betriebswirtschaftlichem Teilbereich dürfte ohne theoretische Fundierung kaum erreichbar sein. Hierfür sollten Wissenschaft und Praxis erkennen, daß sie am besten gemeinsam zur Lösung einer zentralen Führungsaufgabe beitragen können.

Literaturhinweise

[1] Schneider, D.: Versagen des Controlling durch eine überholte Kostehrechnung, in: Der Betrieb 44 (1991), S. 765.

[2] Küpper, H.-U., B. Winckler u. S. Zhang: Planungsverfahren und Planungsinformationen als Instrumente des Controlling - Ergebnisse einer empirischen Erhebung über ihre Nutzung in der Industrie, in: Die Betriebswirtschaft 50 (1990), S. 435-458.

[3] Reichmann, Th., Kleinschnittger, U. und W. Kemper: Empirische Untersuchung zur Funktionsbestimmung und Funktionsabgrenzung des Controlling, in: Controlling-Praxis. Erfolgsorientierte Unternehmenssteuerung, hrsg. v. Th. Reichmann, München 1988, S. 39 f.

[4] Küpper, H.-U., J. Weber u. A. Zünd: Zum Verständnis und Selbstverständnis des Controlling. Thesen zur Konsensbildung, in: Zeitschrift für Betriebswirtschaft 60 (1990), S. 281-293.

[5] Küpper, H.-U.: Konzeption des Controlling aus betriebswirtschaftlicher Sicht, in: 8. Saarbrücker Arbeitstagung 1987, Rechnungswesen und EDV, hrsg. von A.-W. Scheer, Physica Verlag, Heidelberg 1987, S. 98.

[6] Picot, A.: Organisation, in: Vahlens Kompendium der Betriebswirtscahftslehre, Band 2, 2. Auflage, München 1990, S. 99-208.

[7] Küpper, H.-U.: Ablauforganisation, Stuttgart, New York 1982, S. 2 ff.

[8] Schneider, D.: a.a.O., S. 772.

[9] Liedtke, U.: Controlling und Informationstechnologie, München 1991.

[10] Küpper, H.-U., Winckler, B. und Zhang, S., a.a.O., S. 442.

[11] Küpper, H.-U.: Industrielles Controlling, in: Industriebetriebslehre, hrsg. von M. Schweitzer, München 1990, S. 805 ff.

[12] Küpper, H.-U.: Industrielles Controlling, a.a.O., S. 856 ff.

[13] Reichmann, Th.: Controlling mit Kennzahlen, München 1985; Dellmann, K. unter Mitarbeit von P. Wilden: Operatives Controlling durch Erfogsspaltung, in: Controlling 2 (1990), S. 4-11; Zwicker, E.: Möglichkeiten und Grenzen der betrieblichen Planung mit Hilfe von Kennzahlen, in: Zeitschrift für Betriebswirtschaft 46 (1976), S. 225-244.

[14] Küpper, H.-U.: Betriebswirtschaftliche Steuerungs- und Lenkungsmechanismen organisationsinterner Kooperation, in: Kooperation. Gestaltungsprinzipien und Steuerung der Zusammenarbeit zwischen Organisationseinheiten, hrsg. von R. Wunderer, Stuttgart 1991, S. 184 ff.

[15] Vgl. insb. die Zeitschriften "Controlling" und "Kostenrechnungspraxis".

[16] Küpper, H.-U.: Controlling im Material-Management, in: Beschaffung aktuell 1989, Heft 4, S. 32-39 und Heft 5, S. 22-27.

[17] Hoitsch, H.-J.: Aufgaben und Instrumente des Produktions-Controllings, in: WiSt-Wirtschaftswissenschaftliches Studium 19 (1990), S. 605-613.

[18] Köhler, R.: Beiträge zum Marketing-Management. Planung, Organisation, Controlling, Stuttgart 1991.

[19] Weber, J: Logistikkostenrechnung, Berlin u.a. 1987; Küpper, H.-U.: Logistik-Controlling, in: RKW-Handbuch Logistik, hrsg. in Zusammenarbeit mit dem RKW von H. Baumgarten u.a. Berlin 1991, Kennziffer 1520, S. 1-31.

[20] Wunderer, R. u. M. Sailer: Personal-Controlling - eine vernachlässigte Aufgabe des Unternehmenscontrolling, in: Personalwirtschaft 1987, S. 321-327; Küpper, H.-U.: Personal-Controlling aus der Sicht des Controllers - Entwicklungschancen? In: Personalmanagement für die 90er Jahre, hrsg. v. K.-F. Ackermann und H. Scholz, Stuttgart 1991, S. 221-247.

[21] Küpper, H.-U.: Gegenstand, theoretische Fundierung und Instrumente des Investitions-Controlling, in: ZfB-Ergänzungsheft 3/91, hrsg. von H. Albach und J. Weber, Wiesbaden 1991, S. 107-132.

[22] Schneider, D.: a.a.O., S. 770 ff.

[23] Küpper, H.-U.: Koordination und Interdependenz als Bausteine einer konzeptionellen und theoretischen Fundierung des Controlling, in: Betriebswirtschaftliche Steuerungs- und Kontrollprobleme, hrsg. von Wolfgang Lücke, Wiesbaden 1988, S. 164.

[24] Ebd., S.173.

[25] Albach, H.: Investition und Liquidität. Die Planung des optimalen Investitionsbudgets, Wiesbaden 1962; Jacob, H.: Neuere Entwicklungen in der Investitionsrechnung, Wiesbaden 1974; Hax, H.: Investitions- und Finanzplanung mit Hilfe der Linearen Programmierung, in: Zeitschrift für betriebswirtschaftliche Forschung 16 (1964), S. 430-466; Hax, H.: Investitionstheorie, 5. Auflage, Würzburg u.a. 1985; Swoboda, P.: Die simultane Planung von Rationalisierungs- und Erweiterungsinvestitionen und von Produktionsprogrammen, in: Zeitschrift für Betriebswirtschaft 35 (1964), S. 148-163.

[26] Küpper, H.-U.: Interdependenzen zwischen Produktionstheorie und der Organisation des Produktionsprozesses, Berlin 1980.

[27] Jensen, M. u. W. Meckling: Theory of the Firm: Managerial Behavior, Agency Costs and Owner Ship Structure, in: Jorunal of Financial Economics 1976, S. 305-360; Schauenberg, B. u. R. H. Schmidt: Vorarbeiten zu einer Theorie der Unternehmung, in: Rekonstruktion der Betriebswirtschaftslehre als ökonomische Theorie, hrsg. v. E. Kappler, Spardorf 1983, S. 247-276; Swoboda, P.: Kapitalmarkt und Unternehmensfinanzierung - Zur Kapitalstruktur der Unternehmung, in: Kapitalmarkt und Finanzierung, hrsg. v. D. Schneider, Berlin 1987, S. 49-68; Krahnen, J. P.: Sunk Costs und Unternehmensfinanzierung, Wiesbaden 1991.

[28] Küpper, H.-U.: Investitionstheoretischer Ansatz einer integrierten Planungsrechnung, in: Information und Wirtschaftlichkeit, hrsg. v. W. Ballwieser u. K.-H- Berger, Wiesbaden 1985, S. 405-432.

[29] Lücke, W. u. U. Hautz: Bilanzen aus Zukunftswerten, Wiesbaden 1973.

[30] Flamholtz, E.: Human Resource Accounting, 2. Auflage, San Francisco, London 1989.

[31] Laux, H.: Risiko, Anreiz und Kontrolle, Berlin u.a. 1990, S. 12.

[32] Küpper, H.-U.: Betriebswirtschaftliche Steuerungs- und Lenkungsmechanismen, a.a.O., S. 192 ff.

[33] Rall , W.: Organisation für den Weltmarkt: Herausforderung und Chance. In: Unternehmensführung und Controlling, hrsg. v. H.-U. Küpper, W. Mellwig, A. Moxter und D. Ordelheide, Wiesbaden 1990, S. 149 ff.

[34] Dormann, J.: Europa 1992 - Betriebswirtschaftliche Fragen bei der Anpassung der Vertriebskonzeption, in: Unternehmensführung und Controlling, hrsg. v. H.-U. Küpper, W. Mellwig, A. Moxter und D. Ordelheide, Wiesbaden 1990, S. 45.

[35] Küpper, H.-U.: Kostenplanung und Kostensteuerung, in: Handwörterbuch Export und Internationale Unternehmung, hrsg. von Klaus Macharzina und Martin K. Welge, Stuttgart 1989, Sp. 1191-1200.

[36] Rall, W.: a.a.O., S. 162 ff.

[37] Vgl. zum folgenden Liedtke, a.a.O., S.160 ff..

Planung, Abrechnung und Controlling von Abfertigungsprozessen im Flugbetrieb

Dr. M. Schrader, Deutsche Lufthansa AG, Köln

Gliederung:

12. Saarbrücker Arbeitstagung 1991
Rechnungswesen und EDV
hrsg. v. A.-W. Scheer
© Physica-Verlag Heidelberg 1991

1.   Rahmendaten Lufthansa

Durch Liberalisierung und Wachstum haben sich im Luftverkehr die Markt- und Wettbewerbsbedingungen stark verändert. Sie sind durch zunehmenden Qualitäts- und insbesondere
Preiswettbewerb mit entsprechend gestiegenem Kostendruck gekennzeichnet. Als Antwort
darauf hat die Deutsche Lufthansa AG (Lufthansa) beschlossen, die Kosten- und Erlösrech-
nungssysteme zu erneuern und an den gewandelten Erfordernissen auszurichten.

Seit Ende 1989 wird im Rahmen einer Projektorganisation unter Einsatz der SAP-RK Module
Stellen- und Auftragsabrechnung ein neues Kostenrechnungssystem in der Auslegung der flexiblen Plankostenrechnung nach Plaut realisiert, das folgende Aufgaben erfüllen soll:

-    leistungsbezogene Planung, Abrechnung und Kontrolle der Kostenstellen;

-    Einführung einer verursachungsgerechten innerbetrieblichen Leistungsverrechnung;

-    leistungsbezogene und differenzierte Verrechnung der Kostenstellenleistungen auf
     Kostenträger;

-    leistungsbezogene Kostenermittlung im Bereich der Strecken und der sog. Nebenlei-
     stungen.

Vorgabe war, ein Controlling-orientiertes System der Kosten- und Leistungsrechnung zu
schaffen, welches sowohl die Voraussetzungen für das Controlling der Gemeinkosten und
Produktkosten verbessern, als auch die Integration von Kostenstellen- und Kostenträger-/ Ergebnisrechnung gewährleisten soll.

Als Verkehrsunternehmen weist Lufthansa für den Dienstleistungsbereich typische Merkmale
auf:

-    die Leistungen sind überwiegend immaterieller Art;

-    eine Lagerfähigkeit der Leistungen ist nur eingeschränkt möglich (etwa im Bereich
     der Flugzeug-Instandhaltung, wo die Wartung bzw. Überholung der Aggre-
     gate/Module im Rahmen einer vom Flugzeug und damit vom Flugplan losgelösten
     Materialrotation erfolgen kann);

- flugplanbedingt bestehen z.T. ausgeprägte Spitzenbelastungen im Rahmen unterschiedlicher Zyklen (Saison- , Wochen- bzw. Tagesverteilungen erfordern eine entsprechende Anpassung seitens der direkt leistenden operativen Bereiche);

- die Qualität der Leistung ist auch bei Spitzenbelastungen zu gewährleisten. Sie ist ein wesentlicher Faktor der gesamten Produktqualität.

Daneben ist auch bei Lufthansa - wie im industriellen Bereich - ein starkes Wachstum der sog. indirekten Leistungsbereiche zu konstatieren (z.B. Informatik, Schulung/Training, Infrastrukturdienste).

2.   Analyse der Abfertigungsprozesse

2.1   Rahmenbedingungen

Zuverlässigkeit, Sicherheit, Pünktlichkeit und Servicebereitschaft sind aus der Sicht des Kunden die wichtigsten Merkmale der Leistungsfähigkeit einer Luftverkehrsgesellschaft.
Dies über eine optimale Gestaltung der Abfertigung und des Service am Boden sicherzustellen ist die Hauptaufgabe der Stationsbetriebe. Der Bodenservice der Stationen umfaßt neben einer Reihe von zusätzlichen Dienstleistungen primär die Fluggastdienste sowie die Flugzeugabfertigung.

Die besondere Schwierigkeit bei der Erbringung der genannten Dienstleistungen besteht darin, daß die einzelnen Elemente nach vorgegebenen Verfahren und Kriterien rechtzeitig, servicegerecht und wirtschaftlich zu einem pünktlichen Abflug zusammenzuführen sind (just in time). Dies begründet den wahrscheinlich im Vergleich zu anderen Verkehrsbranchen noch höheren Stellenwert dieser Funktionen im Luftverkehr, weil Kundendienst-Qualität, Pünktlichkeit, Komfort, Sicherheit etc. ganz besonders von der Durchführung der einem Flug vor- und nachgelagerten Abfertigungen abhängen.

2.2   Die Station als Träger des Abfertigungsprozesses

Nachfolgend werden nur die Fluggast- und die Flugereignis-bezogenen Dienste des Abfertigungsprozesses betrachtet, die in den Stationsbetrieben zusammengefaßt sind (auch die technische Vorbereitung des Fluggerätes sowie die Frachtabfertigung sind Bestandteile des Abfertigungsprozesses, sie werden hier aber ausgeklammert):

- Passagier-bezogene Dienste
  -- Passagierbetreuung (Linie und Charter)
  -- Gepäckdienste
  -- Stations-Flugticketverkauf
  -- Sonderdienste (z.B. Lounges)
- Flugereignis-bezogene Dienste
  -- Flugzeugabfertigung
  -- Einsatzstelle
- administrativer Bereich.

Für Zwecke der Prozeßkalkulation sind der Prozeß "Flugzeugstart" sowie die Kalkulations-objekte "betreuter Zusteiger" und "Flugzeugabfertigung" von Interesse.

Strukturell lassen sich die Stationsbetriebe wie folgt kurz klassifizieren. Lufthansa verfügt weltweit über ca. 200 Stationsbetriebe. Zwischen den deutschen und den ausländischen Stationen bestehen signifikante Größenunterschiede, wie die folgende Gegenüberstellung des jeweiligen "Durchschnittsbetriebes" in Tabelle 1 zeigt:

Stationsstandorte	Stationsdaten		
	Starts / Jahr	Zusteiger (in Tsd.) / Jahr	Mitarbeiter
Deutschland	16.000	1.000	300
International	600	35	10

Tab. 1: Stationsdaten nach Standorten (Durchschnittsbetrachtung)

Der größte Lufthansa-Stationsbetrieb Frankfurt vereinigt knapp ein Drittel der Leistung auf sich. Die größten Drei, Frankfurt, München und Düsseldorf erreichen rd. 50%. Die größten 20 Betriebe, worunter auch rd. 10 ausländische zu finden sind, weisen 80 % der Verkehrsmenge auf.

Auf ihrer "Home-base" treten viele Luftverkehrsgesellschaften als Leistungsanbieter für fremde Gesellschaften auf. Vielfach führen auch rechtliche Restriktionen dazu, daß Leistungen fremdbezogen werden.

275

2.3 Besonderheiten der Prozeßgestaltung

Die bei der Aufgaben- und Prozeßgestaltung der Stationsbetriebe wesentlichen Faktoren sind:

- Verteilung der Leistungsanforderungen im zeitlichen Ablauf ungleich und zwischen den Stationen verschieden;

- Sicherstellung der Servicebereitschaft und der definierten Qualitäts-Standards auch bei Belastungsspitzen/Flugplanänderungen;

- intensive Nutzung der Ressourcen;

- Berücksichtigung von Service-Standards bei der Personalbemessung/Ressourcenplanung;

- Unterstützung einer Service-orientierten und wirtschaftlichen Personaldisposition durch flexiblen Personaleinsatz und Personalentwicklung;

- laufende kritische Durchleuchtung des Drittgeschäftes und der Fremdvergabe.

Die folgenden Ausführungen beziehen sich auf einen deutschen Stationsbetrieb mittlerer Größe mit den anfangs aufgeführten Funktionen.

3. Kostenstellenplanung und -abrechnung

3.1 Kostenstellengliederung/Bezugsgrößenwahl

3.1.1 Aufgaben der Kostenstellenrechnung

Bei der Festlegung der Kostenstellenstruktur sowie der mit dieser in engem Zusammenhang stehenden Wahl der Bezugsgrößen war der im Rahmen der Neuauslegung der Kostenstellenrechnung der Lufthansa verfolgten doppelten Zielsetzung zu entsprechen:

- Verbesserung der Kontrolle der Wirtschaftlichkeit auf Kostenstellenebene (Gemeinkosten-Controlling);

- Schaffung der Voraussetzungen für eine verursachungsgerechte Produktkalkulation (Produktkosten-Controlling).

Abbildung 1 stellt die Verbindung zwischen der Kostenstellenrechnung und der Prozeßkalkulation dar.

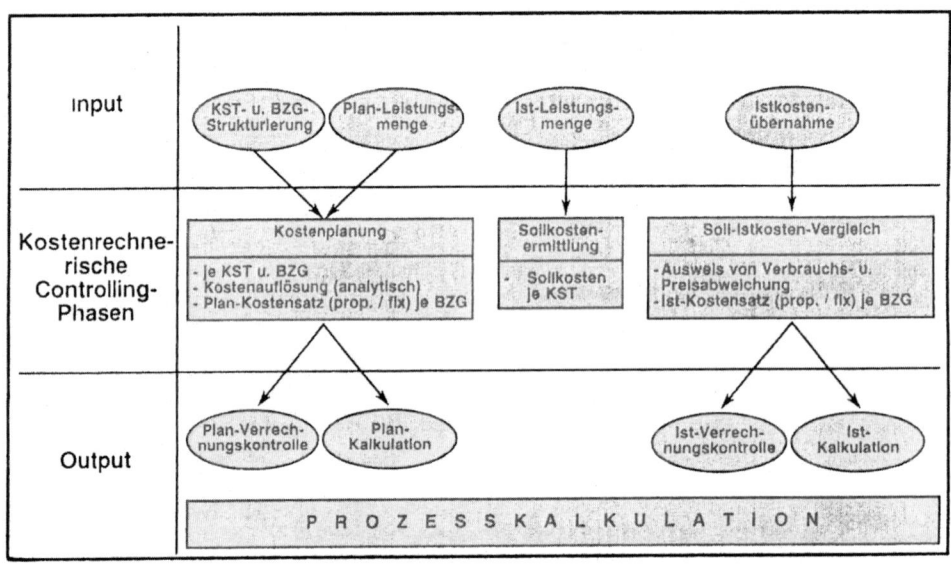

Abb. 1: Verbindung Kostenstellenrechnung - Prozeßkalkulation

3.1.2 Kostenstellen-Struktur

Die Kostenstellengliederung orientiert sich an den Grundsätzen der eindeutigen Verantwortlichkeit, der gebotenen Zusammenfassung homogener Aufgaben im Hinblick auf die Kostenverursachung und den Möglichkeiten der Istkostenerfassung.

Für die größeren Stationsbetriebe bedeutet dies grundsätzlich eine Dreiteilung in die beiden primären Kostenstellen Fluggastdienste und Flugzeugabfertigung sowie die sekundäre Kostenstelle Leitung/Administration. Damit wird der Overheadbereich separat ausgewiesen, während der operative Bereich in die Passagier-bezogene (Produkt "betreuter Passagier") und die Flugereignis-bezogene Funktion (Produkt "abgefertigter Flug") gespalten wird.

3.1.3 Bezugsgrößenwahl

Aufgrund der Verschiedenartigkeit der Funktionen und der Kosteneinflußfaktoren z.B. in der Kostenstelle "Fluggastdienste" wird unterhalb der Kostenstellenebene eine weitergehende Differenzierung in verschiedene Bezugsgrößen vorgenommen. Ein derartiges Vorgehen betont den planerischen Aspekt, da die Kostenplanung je Bezugsgröße zu erfolgen hat und stellt gleichzeitig für jede Bezugsgröße eigene Kostensätze zur Verfügung. Da der Soll-Istkosten-Vergleich auf Kostenstellenebene stattfindet, wird die Identität von Planung- und Kontrollbereich zu Gunsten einer Erfaßbarkeit der Istkosten bewußt an dieser Stelle aufgegeben.

Allen Arten von Abfertigungsprozessen im Stationsbetrieb ist entsprechend der Aufgabenstellung eine ausgeprägte Personalintensität gemeinsam. Weit mehr als die Hälfte der Gemeinkosten fällt in Form von Personalkosten an.

Bei den Arbeitsprozessen der Fluggastbetreuung und Flugzeugabfertigung handelt es sich um standardisierbare Tätigkeiten mit repetitivem Charakter, für die unter funktionalen Gesichtspunkten Zeitstandards ermittelt werden können. Mit einem Zeitstandard wird der für die Durchführung einer bestimmten Tätigkeit erforderliche Zeitbedarf festgelegt. Die Tätigkeiten lassen sich in bestimmte Arbeitsfolgen untergliedern. Die Bearbeitungsvorgänge sind in der Regel durch einen Arbeitsplan vorgegeben (vgl. Abbildung 2).

Arbeitsplan: Fluggastbetreuung

▸ **Ticket entgegennehmen**

▸ **Evtl. Paß und Visum kontrollieren**

▸ **EDV-Daten eingeben inkl. Sitzplatzvergabe**

▸ **Gepäck abfertigen**

▸ **Flugscheine beschriften**

▸ **Bordkarte ausdrucken und übergeben**

Abb. 2: Auszug aus dem Arbeitsplan für die Fluggastbetreuung

Damit liegen bei den Stationen die Voraussetzungen für Zeitstandards großenteils vor. Sie ermöglichen die Anwendung ablauforganisatorischer Methoden zur Optimierung der Abläufe. Zugleich bieten sie die zur Gewährleistung der Produktqualität notwendige Koppelung der Ressourcenmenge und der Service-Standards, z.B. der maximalen Wartezeit von Passagieren vor Check-in Schaltern.

Als Zielvorstellung wird daher vorgesehen, Zeitstandards sowohl zur Planung und Abrechnung der Personalkosten als auch zur Ermittlung der Bezugsgrößen in Plan und Ist zu verwenden. Zur weiteren Differenzierung im Rahmen der Bezugsgrößenmengenplanung (z.B. nach Beförderungsklassen bei der Fluggastbetreuung) wird die Bezugsgröße "Standardstunden" angestrebt.

Da bei Lufthansa Zeitstandards im Stationsbereich bisher zwar Anwendung für Zwecke der Personalbemessung finden, eine Aufbereitung und Absicherung der Daten als Basis für die Personalkostenplanung innerhalb der Projektlaufzeit nicht umzusetzen war, wurde beschlossen, als Zwischenstufe die Leistungsmenge direkt aus der Betriebsleistung abzuleiten. An Stelle von "Standardstunden Fluggastbetreuung" lautet die Bezugsgröße z.B. auf "Index-Fluggäste". Im Falle der Passagierbetreuung und Flugzeugabfertigung resultiert die Bezugsgröße unmittelbar aus den Verkehrsmengen der Lufthansa bzw. dem Drittkundengeschäft. Im Falle der Gepäckdienste beispielsweise ist dieser Zusammenhang nur indirekt.

Für die weiteren Überlegungen wird jedoch auf die Zielvorstellung "Standardstunden" abgestellt.

Abbildung 3 gibt einen Überblick über die Kostenstellen- und Bezugsgrößenstruktur einer deutschen Station.

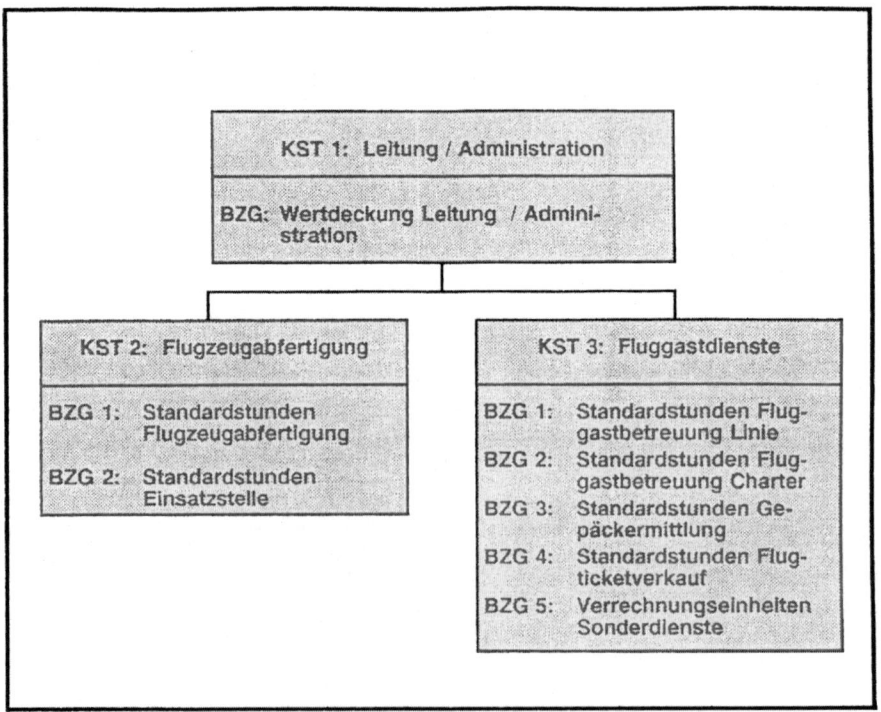

Abb. 3: Kostenstellen- und Bezugsgrößenstruktur einer deutschen Station

3.2 Kostenplanung

3.2.1 Bestimmung der Planbeschäftigung

Liegen die Strukturen in Bezug auf Kostenstelleneinteilung und Bezugsgrößendifferenzierung vor, so bedingt eine analytische Kostenplanung die Bestimmung der Planbeschäftigung. Bei Anwendung der flexiblen Plankostenrechnung verliert die Höhe der Planbeschäftigung zwar einen Teil ihrer Bedeutung für die Kostenstellenrechnung: die Kostenvorgabe für den Kostenstellenverantwortlichen erfolgt unter Einbeziehung des Ist-Beschäftigungsgrades in Form der Sollkosten. Eine aussagefähige Sollkostenrechnung setzt jedoch eine Kostenplanung auf Basis einer Planbeschäftigung voraus. Zudem leiten sich Plan(voll- und -teil-)kostensätze aus der Kostenplanung bezogen auf die Planbeschäftigung ab.

Die Planbeschäftigung der Kostenstellen und Bezugsgrößen ist aus o.g. Gründen aus dem Produktions- und Absatzplan des Unternehmens abzuleiten, d.h. aus dem Flugplan müssen Leistungsmengen wie Zusteiger differenziert nach Klassen, Flugzeugstarts etc. je Station abgeleitet werden. Diese Leistungsmengen bilden die Grundlage zur Ermittlung der Planbeschäftigung in der Ausprägung "Standardstunden".

3.2.2 Kostenplanung

Die auf der Basis der Planbeschäftigung vorzunehmende Kostenplanung läßt sich in die Primärkostenplanung, die Sekundärkostenplanung, die Kostenauflösung und die Erstellung des Kostenplanes untergliedern.

Eine besondere Bedeutung im Rahmen der Primärkostenplanung kommt der Planung der Personalkosten zu. Grundlage für die Personalkostenplanung sind die zeitwirtschaftlichen Analysen, die bei der Bezugsgrößenwahl bereits angesprochen wurden. Die hieraus resultierenden Standardstunden (inkl. der nicht zu vernachlässigenden Verteilzeiten) sowie der Zeitbedarf für Leitungsfunktionen sind mit entsprechenden Stundensätzen zu bewerten.
Bereits an dieser Stelle wird deutlich, daß trotz der Entlohnungsform "Gehalt" aus kostenrechnerischen Gründen eine Stundenbewertung notwendig ist, um eine leistungsbezogene Planung der Personalkosten vornehmen zu können. Unter dem Aspekt der Abrechnung von Kostenstellen wird auf das Personalkostenkonzept näher eingegangen.

Die Erbringung von Leistungen im Bereich der Abfertigung auf Stationen schließt bei Lufthansa qualifizierte und damit gut geschulte Mitarbeiter sowie den verstärkten Einsatz von EDV ein. Damit einher gehen Sekundärverrechnungen aus den Bereichen "Schulung" und "Informatik".

Die Verrechnung innerbetrieblicher Leistungen darf auch in Dienstleistungsunternehmen ohne eigentliche Vorprodukte nicht unterbleiben, da die Leistungsbeziehungen im Unternehmen transparent, sekundäre Kostenstellen bewertbar sowie die Kosten einer Kostenstelle vollständig gezeigt werden sollen. Zu diesem Zweck bestehen bei Lufthansa Preise in Form von Plankosten, die sowohl im Plan als auch im Ist für die Inanspruchnahme innerbetrieblicher Leistungen angesetzt werden. Ein derartiges Vorgehen trägt dem Steuerungsaspekt dadurch Rechnung, daß keine Leistungen durch fehlende Belastung zu freien Gütern umfunktioniert werden und durch Diskussionen zwischen Sender und Empfänger der innerbetrieblichen Leistungen eine Bereitstellung dieser Leistungen unter Wirtschaftlichkeitsaspekten erfolgt. Planseitig muß eine enge Abstimmung zwischen Sender und Empfänger der innerbetrieblichen Leistungen bestehen, um auf der Senderseite eine kundenorientierte Planung vornehmen zu können und auf Empfängerseite aussagefähige Plankostensätze zur Weiterverrechnung auf die Produkte bereitzustellen.

3.2.3 Kostenauflösung

Nach erfolgter Kostenplanung steht die sogenannte Kostenauflösung, d.h. die Trennung der Kosten in beschäftigungsabhängige (= proportionale) und beschäftigungsunabhängige (= fixe) Kosten an. Im Bereich der Personalkosten basiert die Kostenauflösung auf der funktionalen Abhängigkeit von der Bezugsgröße. Die kurzfristigen Anpassungsmöglichkeiten an die flexiblen Sollkosten sind sicherlich nicht immer gegeben, jedoch dienen die Verbrauchsabweichungen als unverfälschtes Signal, um Maßnahmen auszulösen.

Die momentan schwierige Lage vieler Luftverkehrsgesellschaften und damit verbundene Freisetzungen von Personal zeigen, daß jedes Unternehmen sich über kurz oder lang an die Beschäftigung anpassen muß, wenn es am Markt überleben will. Unterjährig schlagen sich die kurzfristig nicht abbaubaren Kosten als Soll-Istkosten-Abweichungen im Sinne von Verbrauchsabweichungen nieder.

Der funktionale Zusammenhang zwischen Personalkosten und Beschäftigung als Basis für die Kostenauflösung ist für Dienstleistungsunternehmen der einzige Weg, ein wirksames Controlling aufzubauen.

Diese proportionalen Kosten stellen den bewerteten Ressourcenverbrauch dar. Sie haben nicht den Charakter von Grenzkosten für kurzfristige Sonderentscheidungen. Im Bereich der Erbringung von Abfertigungsleistungen bedarf es zur Ermittlung von Grenzkosten im Sinne von

Zusatzkosten in jedem Fall einer Sonderrechnung, da die Zeitenlagen zusätzlicher Ereignisse die Höhe der zusätzlichen Kosten wesentlich beeinflussen. Eine zusätzliche Abfertigungsleistung in einem Beschäftigungstal weist Grenzkosten in der Nähe von Null auf, eine zusätzliche Abfertigungsleistung zu Zeiten hoher Auslastung kann Neueinstellungen erforderlich machen. Solche Überlegungen können in einer monatlich ablaufenden standardisierten Kostenstellenrechnung nicht mit Erfolg angestellt werden. Auf der anderen Seite verbleiben jene Kostenrechnungssysteme im Bereich der Theorie, die nur den geringsten Teil der gesamten Kosten auf Kostenträger im Rahmen einer Deckungsbeitragsrechnung weiterverrechnen können.

Kostenpläne bilden das Ergebnis der Kostenplanung ab, indem sie sämtliche Kostenarten in den Kategorien "Gesamtkosten", "Proportionale Kosten" und "Fixe Kosten" darstellen, Kostensätze ausweisen und einige allgemeine Informationen zur Kostenstelle enthalten. Abbildung 4 gibt in reduzierter Form den Kostenplan für die Bezugsgröße "Standardstunden Fluggastbetreuung" der Kostenstelle "Fluggastdienste" wieder.

KST-Bezeichnung:	Fluggastdienste	*BZG:*	Standardstunden
KST-Nr.:	4711		Fluggastbetreuung
KST-Verantwortlicher:	Hr. Maier	*Plan-BZG-*	
		Menge:	15.098

Kostenartengruppe	Kosten (DM)		
	Gesamt	Prop.	Fix
Personalkosten	799.947	646.553	153.394
Sachkosten	41.878	4.229	37.649
Innerbetriebliche Leistungen	133.863	21.000	112.863
Gesamtkosten	975.688	671.782	303.906
Kostensatz	64,62	44,49	20,13

Abb. 4: Kostenplan für die Bezugsgröße "Standardstunden Fluggastbetreuung" der Kostenstelle "Fluggastdienste

3.3 Soll-Istkosten-Vergleich

Die Kostenplanung schafft die Voraussetzungen für eine monatliche Abrechnung von Kostenstellen in Form des Soll-Istkosten-Vergleichs.

Die Abrechnung bedarf der Fixierung von Normgrößen als spätestens bis zum Kontrollzeitpunkt vorgegebener Größen der zu realisierenden Kontrollobjekte.

Diesen Normgrößen werden die Istwerte gegenübergestellt, um in einem abschließenden Vergleich zwischen Norm- und Istwert Abweichungen als Ansatzpunkt für Maßnahmen auszuweisen.

An dieser Stelle setzt die eigentliche Arbeit an, nachdem das Informationssystem Kostenrechnung durch eine transparente Abbildung der betrieblichen Abläufe Handlungsbedarf aufzeigt.

3.3.1   Sollkostenvorgabe

Bei der Ermittlung von Normgrößen müssen die tatsächlich erbrachten Leistungen der Kostenstelle berücksichtigt werden, um entsprechend mehr oder weniger leistungsbezogene Kosten vorgeben zu können. Die Abfertigung von 20 % mehr Flugzeugen gegenüber dem Plan kann nicht an den Plankosten gemessen werden.

Sollkosten, d.h. über den Ist-Beschäftigungsgrad abgewandelte Plankosten, erweisen sich als geeignete Normgrößen, denen die Istkosten gegenübergestellt werden. Aufgrund der Besonderheiten bei der Personalkostenplanung liegt die Meßlatte recht hoch. Dabei stellt die Erfaßbarkeit der Bezugsgrößenmengen eine wichtige Voraussetzung dar.

3.3.2   Istkostenermittlung

Bei der Ermittlung der Istkosten muß gewährleistet sein, daß sich alle Ressourcenverbräuche in den Istwerten niederschlagen, auch wenn die finanzielle Gegenleistung für eine bereits in Anspruch genommene Leistung noch nicht erfolgt ist.

Besondere Erwähnung verdient an dieser Stelle die Abrechnung der Personalkosten. In Dienstleistungsunternehmen dominiert die Entlohnungsform "Gehalt". Ohne Modifikation erlaubt sie keine leistungsbezogene Planung und Abrechnung von Abfertigungsprozessen. Insbesondere auf der Istseite fallen Zahlungen unabhängig von der erbrachten Leistung (gleiche Behandlung der Zahlung für Urlaubszeiten und für Anwesenheitszeiten) und Sonderzahlungen (z.B. 13. Gehalt) an, die das Bild verzerren (vgl. Abbildung 5, Variante 1).

Zur Herstellung des Leistungsbezuges und zur Eliminierung von Einmal- und Sonderzahlungen bedarf es der Erfassung des Anwesenheits-Zeitverbrauches (je Mitarbeiterkategorie) sowie der Bewertung mit Festpreisen.

Demzufolge setzen sich die Personalkosten aus zwei großen Blöcken zusammen, den Anwesenheitsentgelten und die prozentual hierauf bezogenen Personalnebenkosten (inkl. der bezahlten Abwesenheit). Auf diese Weise wird der Leistungsbezug auf der Istseite der Personalkosten hergestellt, der aufgrund z.T. proportionaler Planpersonalkosten zwingend ist (vgl. Abbildung 5, Variante 2).

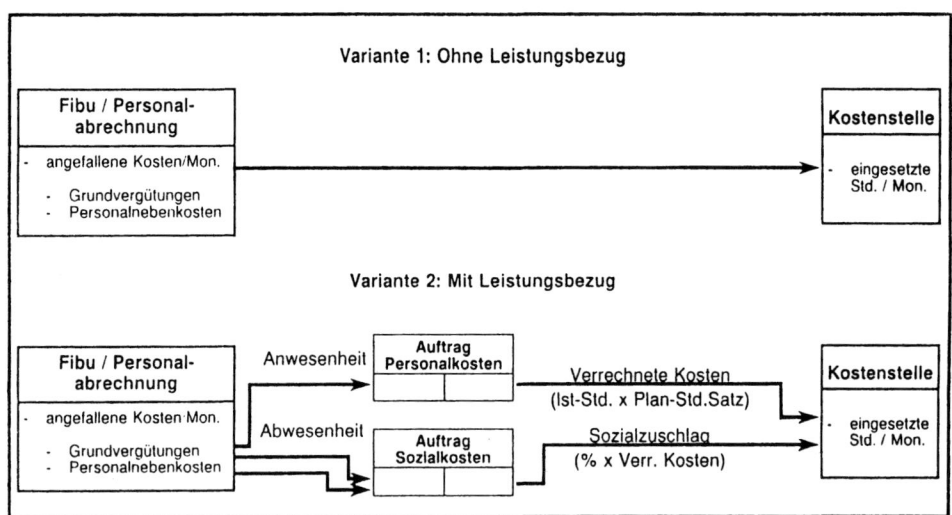

Abb. 5: Abrechnungsmöglichkeiten für Personalkosten

3.3.3 Kostenvergleich

Die Gegenüberstellung von Soll- und Istkosten liefert die zur unterjährigen Steuerung relevanten Informationen in der Gestalt von positiven und/oder negativen Abweichungen.

Für eine aussagefähige Abweichungsanalyse ist für bedeutende Einsatzfaktoren ein Festpreissystem unabdingbar, um Preis- und Verbrauchsabweichungen voneinander trennen zu können. In Dienstleistungsunternehmen ist in erster Linie im Hinblick auf die Gemeinkosten an Festpreise im Bereich der Personalkosten sowie der innerbetrieblichen Leistungen zu denken. Auf die gleiche Weise sind Währungseinflüsse zu eliminieren.

Beispielhaft ist ein Soll-Istkosten-Vergleich für die Kostenstelle "Fluggastdienste" in Abbildung 6 wiedergegeben.

KST-Bezeichnung:	Fluggastdienste	Monat:	01 / 91
KST-Nr.:	4711	BZG:	mehrere
KST-Verantwortlicher:	Hr. Maier	Plan-BZG-Menge: ·	div.
		Ist-BZG-Menge:	div.
		Beschäftigungsgrad:	div.

Kostenartengruppe	Kosten (DM)			
	Soll	Ist	Abweichung	
			absolut	relativ
Personalkosten	1.224.155	1.395.179	- 171.024	- 14,0
Sachkosten	90.512	89.998	514	0,6
Innerbetriebliche Leistungen	222.589	218.089	4.500	2,0
Gesamtkosten I	1.537.256	1.703.266	- 166.010	- 10,8
Preisabweichungen		- 37.723	37.723	
Gesamtkosten II	1.537.256	1.665.543	- 128.287	- 8,3

Abb. 6: Soll-Istkosten-Vergleich für die Kostenstelle "Fluggastdienste"

4. Kalkulation/Kostenträgerrechnung

4.1 Prozeßkalkulation

In der Prozeßkalkulation werden die mit dem Abfertigungsprozeß eines Passagiers bzw. Flugzeugs verbundenen Vorgänge als Arbeitsfolgen dargestellt und in einem Arbeitsplan mit dem Verbrauch an Leistungseinheiten (z.B. Standardzeit) je Arbeitsfolge versehen. Durch die Bewertung des Arbeitsplanes mit den Plankostensätzen (Vollkosten/proportionale Kosten) je Kostenstelle/Bezugsgröße, in denen diese Arbeitsfolgen ausgeführt werden, erhält man den Kalkulationswert des Abfertigungsprozesses bezogen auf das Kalkulationsobjekt Passagier bzw. Flugzeug. Die Vorteile einer Prozeßkalkulation bei Lufthansa sind:

- erursachungsgerechte und kostenstellenübergreifende Kalkulation von Prozessen durch eine Bezugsgrößenkalkulation im Rahmen der flexiblen Plankostenrechnung

- Ermöglichung von strategischen Überlegungen durch bereitgestellte Kosteninformationen für Strecken- und Produktbezogene Optimierungen.

Die Kalkulationen des Kalkulationsobjektes "Betreuter Zusteiger" sowie des Prozesses "Flugzeugstart" sind in den Abbildungen 7 und 8 dargestellt.

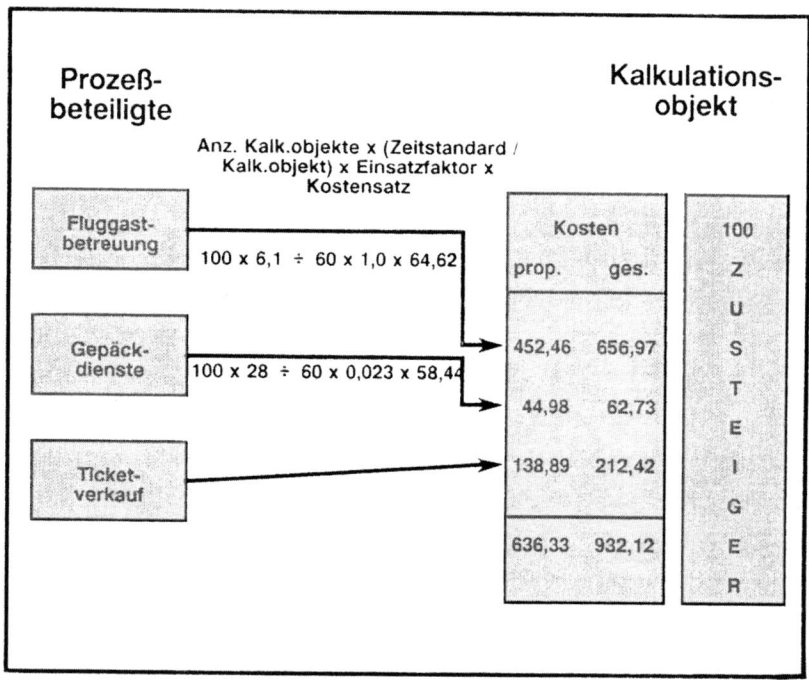

Abb. 7: Plankalkulation für das Kalkulationsobjekt "Betreuter Zusteiger"

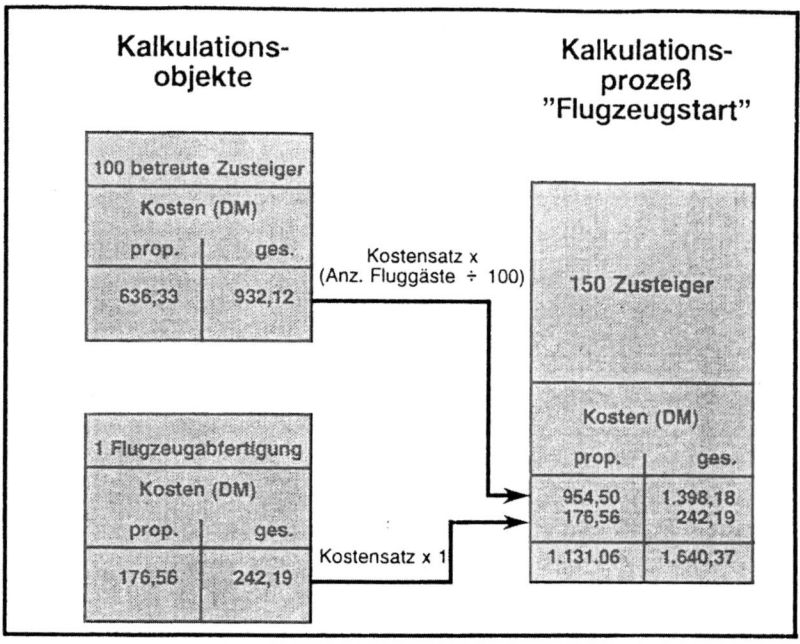

Abb. 8: Kalkulation des Prozesses "Flugzeugstart"

4.2 Standardkostenverrechnung Strecke und Nebenleistungen

Die neu konzipierte Kostenstellenrechnung der Lufthansa verfolgt das Ziel, die Leistungen und die Kosten einer Kostenstelle im Hinblick auf die verschiedenen Leistungsempfänger (Strecke, Leistungen für Dritte) nach einem einheitlich definierten Verfahren verursachungsgerecht transparent zu machen.

Als Nebenleistungen werden bei Lufthansa jene Leistungen bezeichnet, die nicht für die eigenen Strecken sondern für fremde Airlines erbracht werden.

Das einheitlich definierte Verfahren wird dadurch gewährleistet, daß die Kostenstellen ihre Gemeinkosten leistungsbezogen über Bezugsgrößenmengen bewertet mit Plankostensätzen (proportional und fix) an die Strecke bzw. die Nebenleistungsgeschäfte weiterbelasten. Die Gemeinkostenverrechnung entspricht somit dem bewerteten Ressourcenverbrauch für die Erbringung der Leistung.

Damit wird erreicht, daß für die beiden Kostenträgergruppen Strecken Lufthansa und Nebenleistungen eine methodisch durchgängige und objektivierbare Kalkulation realisiert werden kann.

Bedingt durch die Kostenauflösung auf Kostenstellenebene mit der Unterscheidung in proportionale und fixe Kostensätze ist die Kostenträgerrechnung in der Lage, Kalkulationen und Ergebnisse in einer aussagefähigeren Untergliederung als bisher darzustellen.

In Bezug auf die Kostenträgergruppe Strecken Lufthansa bietet die Kostenstellenrechnung die Möglichkeit, die Kalkulation und das Ergebnis in der Differenzierung proportional und fix aufzuzeigen. Bisher konnten lediglich die Gesamtkosten den Kostenträgern in Form der sog. Stationsfixkosten zugeordnet werden. Zusätzlich enthalten die proportionalen und fixen Kosten der Station nun die in Anspruch genommenen innerbetrieblichen Leistungen wie Datenverarbeitung und Schulung, womit letztgenannte Kostenblöcke verursachungsgerecht auf die Kostenträger verrechnet werden.

4.3 Verrechnungskontrolle Station

Die Verrechnungskontrolle dient sowohl plan- als auch istseitig dazu, die Kosten der Kostenstelle mit den auf die Kostenträger verrechneten Kosten abzugleichen. Die Kostenträgergruppen Strecken Lufthansa und Nebenleistungen absorbieren die Kosten der einzelnen durch Bezugsgrößen abgedeckten Funktionen der Station (Passagierbetreuung, Flugzeugabfertigung etc.) in Höhe der Planvollkostensätze (in der Differenzierung proportional und fix). Die Verrechnung von Plan-Vollkosten bedingt zwangsläufig Fixkostenverrechnungsabweichungen, die in der Verrechnungskontrolle sichtbar werden.

Fertigungsintegrierte Kalkulation

Dr. R. Eberle, Dipl.-Kfm., Mercedes Benz AG, Werk Sindelfingen

12. Saarbrücker Arbeitstagung 1991
Rechnungswesen und EDV
hrsg. v. A.-W. Scheer
© Physica-Verlag Heidelberg 1991

0 Zusammenfassung

Die Thematik "fertigungsintegrierte Kalkulation" wird im wesentlichen auf theoretisch-analytischer Basis interpretiert. Das Betrachtungsobjekt konzentriert sich auf die auftragsorientierte Produktion und ähnliche Ausprägungen variantenreicher Kleinserien, wie sie im Anlagenbau üblich sind, in der Automobilindustrie in der Regel aber nicht existieren. Der Begriffsinhalt 'Fertigung' wird sehr breit ausgelegt und umfaßt neben der eigentlichen Produktion auch deren vor- und nachgelagerte Funktionen einschließlich administrativer Tätigkeiten. Damit wird nahezu die gesamte Wertschöpfungskette der industriellen Leistungserstellung anhand betriebswirtschaftlicher Kriterien diskutiert.

In diesem Kontext wird ein Katalog von Zielkriterien erstellt, die als operationale Ausprägungen der bereits klassischen Controlling-Ziele vorgestellt werden. Diese Kriterien dienen als Prüfraster zur Beurteilung der konventionellen und erweiterten betriebswirtschaftlichen Instrumentarien in Form der Kosten- und Leistungsrechnung. Die knappe Diskussion der konventionellen Kostenträgerrechnung legt deutlich offen, daß deren Aussage- und Leistungsfähigkeit vor dem Hintergrund veränderter industrieller Funktionen zunehmend fragwürdig wird.

Die betriebswirtschaftliche Betrachtung löst sich daher zunächst von den konventionellen Verfahren der mehrstufigen Produkt-Zuschlagskalkulation und verwendet statt dessen eine Anleihe aus der Produktionsplanung und -steuerung. Dort wird der produktionstechnische Funktionsablauf in Arbeitsplänen auf der Ebene der Arbeitsvorgänge dokumentiert, denen jeweils die erforderlichen Ressourcen wie menschliche Arbeit, Betriebsmittel, Stücklisten-Material und Informationen zugeordnet sind.

Diese bisher auf die eigentliche Produktion beschränkte Methodik wird erweitert und für nahezu sämtliche Funktionen der industriellen Leistungserstellung im Sinne des Computer Integrated Manufacturing CIM implementiert. Mit dieser Analogie lassen sich die Inhalte der genannten vor- und nachgelagerten Arbeitsgebiete der Produktion empirisch-analytisch erschließen und als Tätigkeiten im erweiterten Sinne von Arbeitsvorgängen identifizieren. Die hierzu erforderliche Funktionsanalyse aus der flexiblen Plankostenrechnung kann in der Projekt-Auftragsproduktion weitgehend mit IDV-Unterstützung bewerkstelligt werden.

In der betriebswirtschaftlichen Betrachtung wird der Funktionsablauf der industriellen Leistungserstellung auf der Ebene der einzelnen Tätigkeiten als Prozeßketten simultan bewertet und damit nahezu die gesamte Wertschöpfungskette in Wertgrößen dieser Detaillierung abgebildet. In der Auflösung von Prozessen betrachten die Technik und die

Betriebswirtschaft ein und denselben Gegenstand in verschiedenen Dimensionen - die Mengen- und Zeitbemessung der technischen und die Bewertung in der betriebswirtschaftlichen Ausprägung.

Dieses erweiterte Verfahren der leistungsprozeßintegrierten Produktkalkulation liefert ein verbessertes ziel- und entscheidungsorientiertes Controlling-Instrumentarium. Die Inhalte werden nachstehend schlaglichtartig in einer Kurzcharakteristik beleuchtet:

o   Verbesserte Funktionalität
    -    leistungsprozeßparallele Kostenträgerrechnung
    -    Produktkalkulation mit deutlich verbesserter Zurechnung der Kostenverursachung der indirekten Funktionen
    -    Abweichungsanalyse über die gesamte Bandbreite der Leistungserstellung und differenzierter Erklärungen
    -    Allokation von Produktkosten-Zielen auf Ebene der Arbeitsvorgänge
    -    Allokation von Funktions- und Bereichskosten-Zielen auf Ebene der Prozesse
o   Qualifizierteres Produktcontrolling
    -    kostenzielorientierte Produktgestaltung
    -    produktkostenbezogene Entscheidungen über die Funktionen und Bereiche betrieblicher Leistungserstellung
    -    produktbezogene Bewertung von:
        neuen Formen der Arbeitsorganisation,
        Integration von Funktionen in die Produktion,
        alternativen Produktionsverfahren,
        Entscheidungen über veränderte Fertigungstiefen,
        alternativen Investitionen,
        parallelen Fertigungslinien
    -    Ergebnisaussagen über Sonderanfertigungen bei Kleinserien

1   Gegenstand und Kontext

1.1   Methodische Vorbemerkung

Die nachstehende Interpretation der Thematik 'fertigungsintegrierte Kalkulation' erfolgt im wesentlichen aus der theoretisch-analytischen Perspektive. Die Einbeziehung empirischer

Elemente in die Betrachtung dient zur realitätsbezogenen Anreicherung der konzeptionellen Darstellung, um die Diskussion in einem operationalen Rahmen zu halten. Zudem beschränkt sich die wirklichkeitsorientierte Reichweite auf die exemplarische Basis von wenigen Industrie-Branchen. Fast das genaue Gegenteil wäre ein branchenspezifischer Erfahrungsbericht über die konkrete Problemlösung aus der Praxis, beispielsweise der Auftragsfertigung.

Dieser gewählte Ansatz beläßt dem Verfasser einen angemessenen Spielraum, die genannte Problemstellung vergleichsweise eigenständig zu diskutieren.

1.2   Inhalt und Struktur

Gegenstand der Betrachtung ist die industrielle Leistungserstellung von marktfähigen Erzeugnissen mit zunehmender technischer Komplexität in jeweils abnehmenden Stückzahlen. Aus der gesamten Bandbreite einer einfachen Typologie der nachstehenden Arten betrieblicher Leistungserstellung [1],

- Projekte (komplexe, vergleichsweise langfristige Einzelfertigung)
- Aufträge und Auftragsvarianten bei mittelfristiger Produktionsdauer
- Variantenreiche Kleinserie bei kurzfristiger Fertigungsdauer
- Großserie (mit Varianten)
- Massenfertigung

wird die Perspektive auf das mittlere Feld konzentriert, der kundenorientierten Auftragsfertigung und der Variantenproduktion mit geringer Wiederholhäufigkeit. Im Trend der zunehmenden Variantenvielfalt bei gleichen oder sinkenden Stückzahlen und kürzeren Produktionszyklen [2] rückt die Serienproduktion mehr in die Nähe der auftragsorientierten Fertigung.

Die betriebswirtschaftliche Abbildung dieser Arten industrieller Leistungserstellung bewegt sich im Spannungsfeld zwischen individueller Projekt-Auftragskalkulation und vereinfachter Serienkalkulation.

Der Funktionsinhalt der 'Fertigung' wird sehr breit interpretiert und umfaßt neben der eigentlichen Fertigung [3] auch deren vor- und nachgelagerte Arbeitsgebiete wie Konstruktion, Arbeitsvorbereitung, Fertigungsplanung und -steuerung, Materialbeschaffung und -disposition, Qualitätssicherung sowie Instandhaltung. Die Einbeziehung der administrativen Funktionen des Rechnungswesen, Controlling und Marketing ergänzen die erweiterte 'Produktion'. Die Gesamtheit dieser Inhalte bildet nahezu die vollständige Bandbreite der industriellen Leistungserstellung.

Das betriebswirtschaftliche Gegenstück der CIM-Konzeption [4], also dem integrierten technischen Prozeßablauf industrieller Leistungserstellung, bildet die prozeßanaloge Bewertung dieser Wertschöpfungskette. In einer idealtypischen Ausprägung wird aus den einzelnen Vorgängen des Produktionsprozesses simultan deren Bewertung generiert. Der technisch-administrative Funktionsablauf industrieller Leistungserstellung wird prozeßanalog in den Wertkategorien der betriebswirtschaftlichen Abbildungen widergespiegelt.

2   Entscheidungsorientierte Ziele

Die nachstehende Diskussion der Zielinhalte basiert auf den konzeptionellen Inhalten des strategischen und operativen Controlling in der entscheidungsorientierten Ausprägung der jüngeren Betriebswirtschaftslehre [5] und der Anwendung in der industriellen Praxis [6]. Die Darstellung dieser Basis kann sich daher auf eine rudimentäre Betrachtung beschränken, soweit diese für die themenspezifische Auslegung erforderlich ist. Aus der thematischen Interpretation wird ein Katalog von Zielkriterien erstellt, die eine Art Prüfraster bilden, an der sich die Aussage- und Leistungsfähigkeit der konventionellen und der erweiterten Abbildung der Produktkalkulation messen lassen.

2.1   Normative Ausrichtung: Produktkosten-Ziele

Diese Ziel-Ebene bewegt sich um das Spannungsfeld zwischen marktorientierter Produktgestaltung und Preispositionierung [7] einerseits und andererseits der wirtschaftlich vertretbaren Realisierung der betrieblichen Leistungserstellung. Auf Seiten der Marktnachfrage ist es unerheblich, ob die Spezifikation des technischen Leistungsumfangs einschließlich Produkt-Design und Preisgestaltung durch die eher anonymen Käufergruppen oder einen konkreten Auftraggeber gesetzt werden. Die Marktgegenseite gestaltet ein Angebot und bemißt dieses mit einem marktfähigen Preis.

Das Controlling leistet in dieser strategisch-planerischen Phase eine Art 'Marketing Support' in Form von Projekt(-Produkt)-Kalkulationen nach Maßgabe der konstruktiv-technischen Produktalternativen und -varianten. Die Fortsetzung der (Mit-) Entscheidungsfunktion des Controllings mündet in definierten Produktkostenzielen für die betriebliche Leistungserstellung [7]. Der technisch-administrative Funktionsablauf der Produktion wird durch das Controlling durchgängig begleitet. In dieser Phase konzentrieren sich die Inhalte auf die wirtschaftliche Gestaltung und Steuerung der industriellen Wertschöpfungskette zur Erreichung der gesetzten Ergebnisziele [8].

2.2 Realisierungsfunktion: Operative Mitgestaltung

Aus dem skizzierten normativen Anspruch der Produktkosten-Ziele werden eine Reihe von Zielkriterien abgeleitet. Diese sind in der nachstehenden Abbildung 1 zusammengestellt.

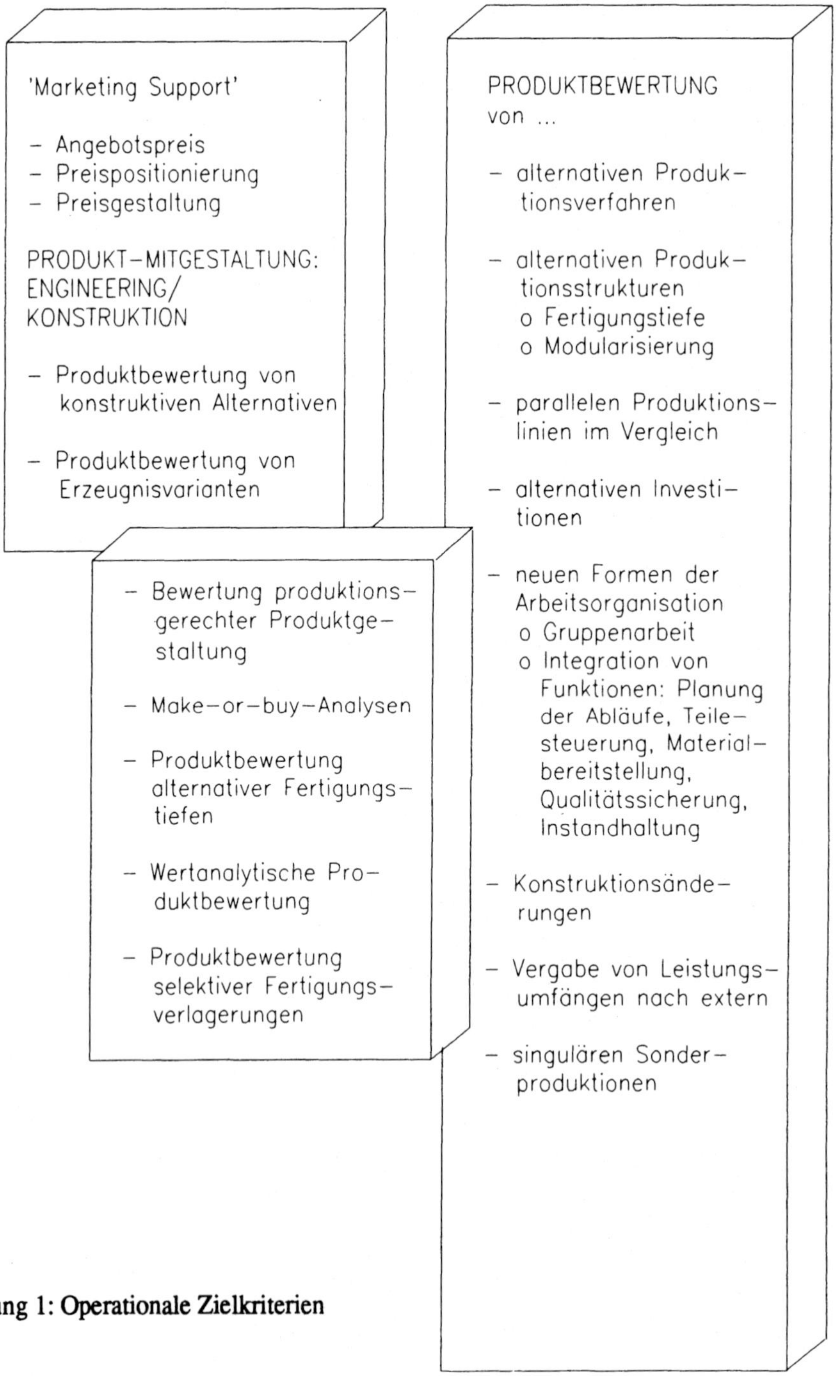

'Marketing Support'

- Angebotspreis
- Preispositionierung
- Preisgestaltung

PRODUKT-MITGESTALTUNG:
ENGINEERING/
KONSTRUKTION

- Produktbewertung von
  konstruktiven Alternativen

- Produktbewertung von
  Erzeugnisvarianten

- Bewertung produktions-
  gerechter Produktge-
  staltung

- Make-or-buy-Analysen

- Produktbewertung
  alternativer Fertigungs-
  tiefen

- Wertanalytische Pro-
  duktbewertung

- Produktbewertung
  selektiver Fertigungs-
  verlagerungen

PRODUKTBEWERTUNG
von ...

- alternativen Produk-
  tionsverfahren

- alternativen Produk-
  tionsstrukturen
  o Fertigungstiefe
  o Modularisierung

- parallelen Produktions-
  linien im Vergleich

- alternativen Investi-
  tionen

- neuen Formen der
  Arbeitsorganisation
  o Gruppenarbeit
  o Integration von
    Funktionen: Planung
    der Abläufe, Teile-
    steuerung, Material-
    bereitstellung,
    Qualitätssicherung,
    Instandhaltung

- Konstruktionsände-
  rungen

- Vergabe von Leistungs-
  umfängen nach extern

- singulären Sonder-
  produktionen

Abbildung 1: Operationale Zielkriterien

3 Konventionelle betriebswirtschaftliche Abbildung

Gegenstand der nachfolgenden Ausführungen ist die konventionelle betriebswirtschaftliche Abbildung industrieller Leistungserstellung. Die Darstellung wird sich insoweit auf eine knappe Skizzierung der Inhalte konzentrieren, wie diese als Basis für eine erweiterte Konzeption erforderlich ist. Dazu werden die charakteristischen Bestandteile der traditionellen Kosten- und Leistungsrechnung an dem funktionalen Ablauf des betrieblichen Wertschöpfungsprozesses gemessen und ein Stärken-Schwächen-Profil erarbeitet.

3.1 Komparativ-statische Betrachtung

Die betriebswirtschaftliche Grundlage des komparativ-statischen Ansatzes ist die Abbildung des industriellen Leistungsprozesses in der Kostenträger-Rechnung in Form der mehrstufigen Zuschlagskalkulation. In der Teilkostenrechnung wird der bewertete Ressourcenverbrauch als fixe und proportionale Bestandteile aus der Kostenarten- und -stellenrechnung übergeben. Die Vollkostenbewertung verzichtet dagegen auf eine Auflösung in output-abhängige und -unabhängige Kostenkomponenten. Die Belastung des Kostenträgers erfolgt durch direkt und indirekt zurechenbare Faktorverbräuche nach Maßgabe des Verursachungsprinzips, die gemäß Kalkulationsschema zu wenigen Kostenkategorien verdichtet werden.

Die einzelnen Zeitabschnitte des Produktlebenszyklus bestimmen einzelne Phasen der Produktkalkulation. Diese beginnen mit der Angebots- oder Projektkalkulation in der Ausprägung von geplanten Produkt-Zielkosten; die Phase der industriellen Leistungserstellung wird von simultanen oder zeitversetzt periodischen, mitlaufenden Produktkalkulationen in der Ausprägung von (normalisierten) Produkt-Ist-Kosten begleitet. Mit der Fertigstellung des Erzeugnisses wird eine abschließende Produkt-Nachkalkulation zur Leistungsbewertung auf den Ebenen Herstell- und Selbstkosten erstellt [9]. Die Struktur des Kalkulationsschemas und die zeitliche Abfolge der Generationenfortschreibung der Produktkalkulation werden durch die Abbildung 2 'konventionelle Produktkalkulation' illustriert.

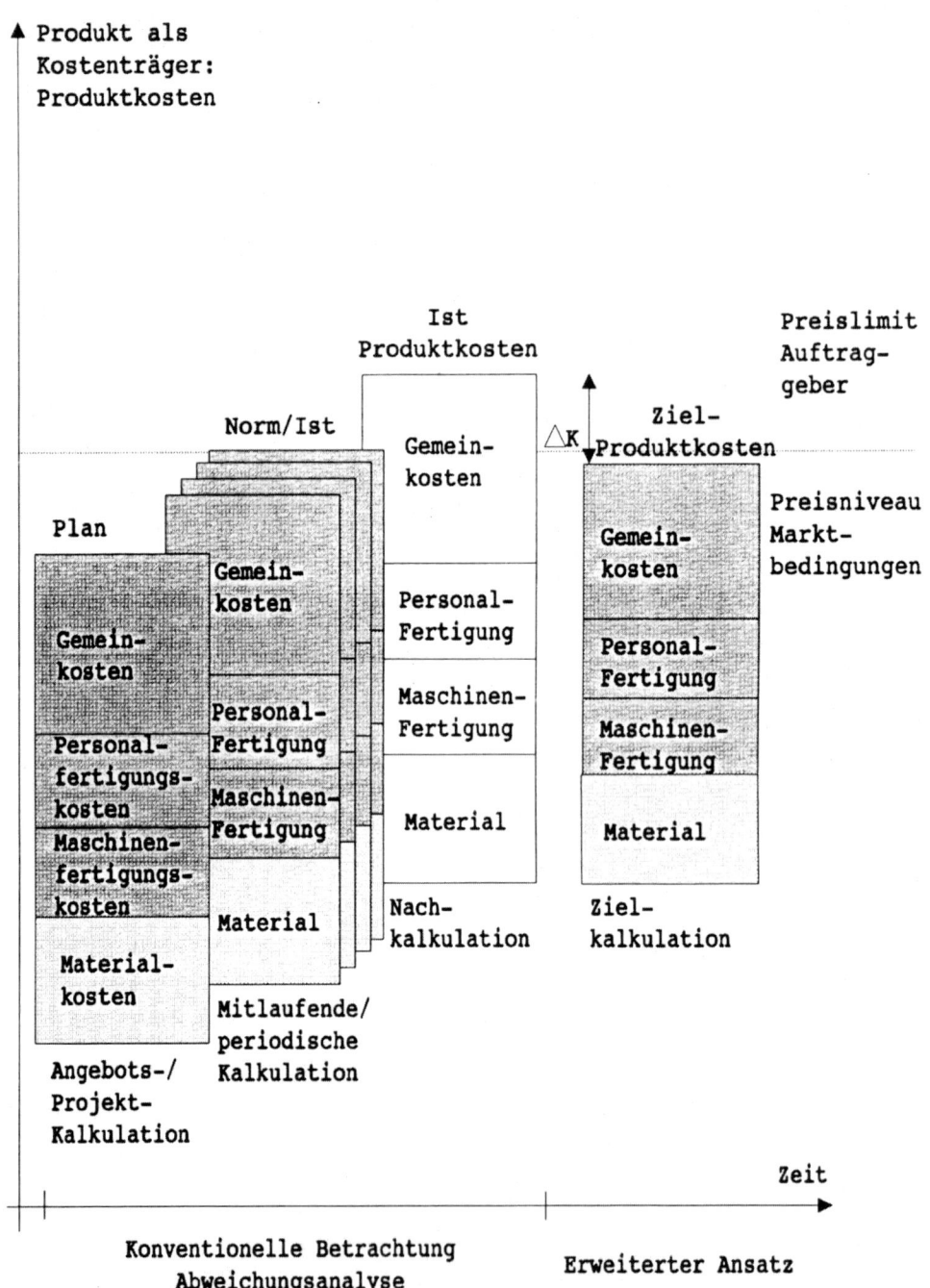

Abbildung 2: Konventionelle Produktkalkulation (vereinfacht)

Die traditionelle Produktbewertung vergleicht die Rechenwerke der dargestellten Phasen auf der normierten Basis der Angebots- oder Projektkalkulation. Die im Zeitablauf zu verzeichnenden Differenzen werden in komparativ-statischen Abweichungsanalysen nach deren Ursachen aus Beschäftigung, Mengen und Preisen bzw. Werten zu erklären versucht. Diese Konzeption ist etablierter Gegenstand der Betriebswirtschafts-lehre und bedarf keiner weiteren Erläuterung [10]. Die nachfolgende Diskussion kon-zentriert sich auf die wesentlichen Elemente der Methodik und versucht, aus deren Kritik eine konzeptionelle Erweiterung abzuleiten.

3.2 Zielqualität des Ansatzes

Analytische Breite

Die traditionelle Kostenträgerrechnung einschließlich der Abweichungsanalyse bildet die gesamte betriebliche Leistungserstellung in einer recht heterogenen Differenzierung ab. Im Mittelpunkt der Produktkalkulation stehen die Fertigungsleistungen mit deren direkten Kostenstellen, aus denen die kostenanalytischen Betrachtungen einzelne Abweichungen bis auf Platzkostenebene auflösen und erklären können, um daraus (gegen-) steuernde Maßnahmen zu veranlassen.

In allen Arten der betrieblichen Leistungserstellung, sowohl bei der komplexen Auftrags- als auch der Serienproduktion ist eine Abnahme des relativen Anteils der Fertigungsleistungen an der gesamten Wertschöpfungskette zu verzeichnen [11]. Diese ver-änderte Struktur in der industriellen Leistungserstellung wird durch die umfassendere Komplexität und die zunehmende Variantenvielfalt der Produkte erklärt. In diesem Kontext beansprucht das Vorfeld der eigentlichen Produktion einen zunehmend höheren Ressourceneinsatz in der Forschung und Entwicklung, der Beschaffung und Logistik, der Produktionsplanung und -steuerung einschließlich der Qualitätssicherung sowie schließlich den aufwendigeren Vertriebsaktivitäten. Im Extremfall bilden Engineering-Tätigkeiten und Logistik-Funktionen einen Großteil oder den gesamten Leistungs-prozeß eines Unternehmens, weil die fertigungstechnische Realisierung an Unterauf-tragnehmer oder als Lieferantenkontrakte vergeben und damit nach extern verlagert werden. Derartige Umschichtungen spiegeln sich in den dargestellten Kostenblöcken der Abbildung 2 in zunehmenden Anteilen externer Leistungen und Materiallieferungen wider. Die strukturellen Verschiebungen sind nicht nur in der internationalen Arbeitsteilung der Luft- und Raumfahrt, sondern auch in der Serienproduktion des Automobilbaus zu verzeichnen.

Mit den Veränderungen in der Struktur des betrieblichen Wertschöpfungsprozesses und der somit modifizierten Kostenzusammensetzung betrachtet die traditionelle Abweichungsanalyse in der Fertigung ein verringertes Segment der gesamten industriellen Wertschöpfung [12].

Die abnehmenden direkten Kosten und die zunehmenden Gemeinkosten verringern deutlich die Bandbreite der konventionellen Abweichungsanalyse und schmälern somit deren analytische Leistungsfähigkeit. In der Kostenträgerrechnung kann das reduzierte Volumen der Fertigungslöhne nicht mehr als zutreffende Zuschlagsbasis herangezogen werden [13]. Nach der Rechnung der Zuschlagskalkulation kann der gestiegene Gemeinkostenanteil mit Zuschlagsätzen von mehreren hundert Prozent aufwärts "abgedeckt" werden. Die kalkulatorische Arithmetik liefert daraus erstaunliche Erkenntnisse: Aus einer positiven Lohnabweichung von bspw. 10 DM in der direkten Produktion resultiert bei einem praxisnahen Zuschlagsatz von 800 % eine zusätzliche Verrechnung von Gemeinkosten von 80 DM. Im umgekehrten Fall des gleichen Betrags wird die Unterschreitung von Fertigungslöhnen zunächst als Gemeinkosteneinsparung ausgewiesen!

Analytische Tiefe

In der konventionellen Abweichungsanalyse der Produktkalkulation bilden die Fertigungskostenstellen, gegebenenfalls unterteilt in Stellenplätze mit Maschinenverrechnungssätzen, die kleinste erklärende Einheit. Eine weitergehende Auflösung nach den kostenbestimmenden Faktoren erfolgt auf der Ebene der Kostenstellen in der Regel nicht. Damit bleibt eine weitergehende Disaggregation der Kostenstellen auf die Ebene der Leistungsarten versagt. Eine funktionale Kostenauflösung nach Maßgabe der in den Arbeits- und Fertigungsplänen hinterlegten Abfolge von Arbeitsvorgängen und deren beanspruchte Ressourcen ist außerhalb der betriebswirtschaftlichen Reichweite.

4 Erweiterte betriebswirtschaftliche Konzeption

4.1 Prozeß-dynamische Abbildung

Die prozeß-dynamische Konzeption versucht sich zunächst ganz von der mehrstufig be-zuschlagten Produktkalkulation zu lösen. Statt dessen wird eine andere, die technisch geprägte Sichtweise der Produktionsplanung und -steuerung für die betriebswirtschaft-liche Betrachtung herangezogen. Diese Methodik wird nicht nur für die eigentliche Pro-duktion angewendet, sondern dient als Medium zur Abbildung nahezu der gesamten be-trieblichen Wertschöpfungskette.

4.1.1 Vertikale Reichweite: Betrieblicher Leistungsplan

Die vertikale Dimension der erweiterten betriebswirtschaftlichen Betrachtung umfaßt die planenden, koordinierenden und unterstützenden Funktionen im Vorfeld der Fertigung, die Tätigkeitsinhalte der eigentlichen Produktion sowie deren nachgelagerten Dienste des Vertriebs, der Ersatzteilversorgung, dem 'product support' oder 'project maintenance' [14]. Die methodische Anleihe der betriebswirtschaftlichen Abbildung erweitert die Funktionalität der Arbeits- oder Fertigungspläne aus der Produktions-planung und -steuerung [15]. Diese enthalten die Ablauffolgen von definierten Arbeits-vorgängen (AVOs) als technische Tätigkeitsbeschreibungen zur Herstellung eines Pro-dukts [16]. Den Arbeitsvorgängen sind die erforderlichen Ressourcen entsprechend zu-geordnet, wie Maschinen, Werkzeuge, sonstige Betriebsmittel, das zu bearbeitende Material aus der Stückliste, die menschliche Arbeit und die erforderlichen Informationen. Mit dem Ablauf des Produktionsprozesses werden die einzelnen Ar-beitsvorgänge einschließlich deren Ressourcenverbräuche per Betriebsdatenerfassung rückgemeldet, so daß sämtliche Daten als Ist-Zeiten und -Mengen mit den Plan-Zeiten und -Mengen verglichen werden können.

In den vor- und nachgelagerten Funktionen der Fertigung [17] können nahezu analog Arbeitsvorgänge oder Prozesse [18] identifiziert und quantifiziert werden, die unmittelbar zur Wertschöpfung eines komplexen Produkts oder einer Produktvariante beitragen.

Die Ermittlung derartiger Prozesse und deren verursachungsgerechte Zurechnung auf das Erzeugnis erfordern in der Projekt-Auftragsproduktion bei Einsatz von integrierten IV-Systemen (ohne Schnittstellen) [19] keine oder bestenfalls ergänzende empirische Erhebungen über Interviews [20]. Die Tätigkeits- und Funktionsanalyse [21] kann hier größtenteils über IV-technische Auswertungen maschinell bewerkstelligt werden: Die

Projekt-Aufträge werden über Projektnummern-Strukturen (einschließlich der Fertigungsaufträge) durchgängig über alle Phasen und Stufen der industriellen Leistungserstellung geleitet. In einer Reihe von indirekten Funktionalbereichen wird in den Arbeitsvorgängen die Auftragsnummer nur als informatorisches Element durchgereicht, ohne daß diese Bereiche einen Auftrag (Gesamtprojekt, Arbeitspaket, Fertigungsauftrag mit Unterstruktur) als Kostenträger direkt belasten [22]. Aus dem dort ermittelten Volumen der Arbeitsvorgänge, der jeweils hinterlegten Auftragsinformation, der benötigten Zeit pro Bereich oder Arbeitsplatz und den Bereichskosten können die Prozesse identifiziert, die Verrechnungssätze bemessen und als neue Prozeßkostenart dem Produkt verursachungsgerecht zugeordnet werden. Die Ermittlung von Prozessen und deren Kosten in bisher indirekten Bereichen werden nachstehend anhand zweier Beispiele illustriert:

Die Abbildung der Informationsstruktur eines komplexen Projektauftrags bei Vertragsabschluß wird eine geregelte Tätigkeitsfolge bewerkstelligt. Sollten bereits anders strukturierte Vorleistungen und spätere Änderungen kompatibel ergänzt werden, dann kann die Administration im Vergleich zu im Zeitablauf stabilen Auftragsstrukturen überproportional beansprucht werden.

Eine weitere geschlossene Vorgangskette läßt sich in der erweiterten Materialwirtschaft nachvollziehen und über die konsequent durchgereichte Auftragsnummer als Prozeß identifizieren, bewerten und dem Kostenträger belasten: Die Prozesse beinhalten die Tätigkeitsfolge von der Einholung der Angebote, den Bestellungen, der Bearbeitung von Auftragsbestätigungen, den Wareneingängen, den Qualitätskontrollen, den Reklamationsbearbeitungen, den Einlagerungen, den Materialentnahmen und den Rechnungsprüfungen einschließlich der kreditorischen Belastungs- und späteren Entlastungsbuchungen über die maschinelle Zahlung.

Nach diesem Procedere können nachfolgende Prozesse bestimmt werden:

Prozesse	Maßgrößen	Bezugsgrößen
Auftragsverwaltung: Strukturierung und Abbildung Projekt- auftrag	Anzahl Arbeits- pakete, Umfang	Auftrags-Nr., Zeiten
Projektplanung: Konzeption der technischen Lei- stungsspezifikation Konstruktion, Netzplan	Projektstruktur, Anzahl Arbeits- pakete, Stunden- aufzeichnungen	Auftrags-Nr. Anzahl und Zeiten der Mitarbeiter
Projektsteuerung: Realisierung der Leistungsspezifika- tion, Auftragssteue- rung, Produktion	Projektstruktur, Arbeitspakete, Fertigungsplan, Stückliste	Auftrags-Nr., Arbeitsvorgänge und Zeiten
Leistungs- und Materialdisposition	Anzahl Positionen	Auftrags-Nr. Zeiten
Bestellanforde- rungen abbilden	Anzahl Material- positionen (aus Stückliste)	Auftrags-Nr. Bearbeitungszeiten
Angebote einholen	Anzahl der Angebotspositionen	Auftrags-Nr., Anzahl Lieferanten, Bearbeitungszeiten
Bestellungen für Lieferungen und Leistungen erzeugen	Anzahl der Bestellpositionen	Auftrags-Nr. Bestellungen, Lieferanten, Zeiten
Wareneingänge mengen- und wert- bezogen abbilden	Anzahl Material-/ Leistungspositio- nen	Auftrags-Nr., Anzahl der Liefe- rungen, Zeiten
Qualitätskontrolle/ Reklamationen ab- wickeln	Anzahl Positionen	Auftrags-Nr., Zeiten
Bestandsführung/ Materialentnahmen mit Werten abbilden	Anzahl der Positionen	Auftrags-Nr., Zeiten
Rechnungsprüfung Buchung Kreditoren/ maschin. Buchung des Zahlungsverkehrs	Anzahl Positionen	Auftrags-Nr., Rechnungen

Abbildung 3: Bestimmung von Prozessen

Die schematische Übersicht der Prozesse macht deutlich, daß die vor- und nachgelagerten Arbeitsgebiete der Produktion durchaus in einzelne Vorgänge aufgelöst und quantifiziert werden können. Somit wird der bisherige Umfang der Fertigungspläne um die administrativen planenden und steuernden Tätigkeiten der konventionellen indirekten Bereiche wesentlich erweitert. Mit dieser prozeßdynamischen Abbildung der nahezu vollständigen Wertschöpfungskette gelingt es, die Reichweite der Fertigungspläne in die Dimension von Plänen der betrieblichen Leistungserstellung zu ergänzen.

4.1.2   Horizontale Korrespondenz: Prozeßintegrierte Kalkulation

Der Funktionsablauf der industriellen Leistungserstellung in der Detaillierung der einzelnen Tätigkeiten gewinnt durch die prozeßanaloge Bewertung dieser Arbeitsvorgänge eine weitere Dimension. Die technischen und administrativen Prozesse werden simultan in den betriebswirtschaftlichen Wertebenen abgebildet [23]. Damit wird ein größerer Teil der industriellen Wertschöpfungskette unmittelbar dem Produkt als Kostenträger verursachungsgerecht zugerechnet [24]. Diese Methodik der prozeßintegrierten oder prozeßorientierten Kalkulation stellt im Vergleich zu den klassischen Verfahren der Gemeinkosten-Zuschlagskalkulation eine deutliche Verbesserung dar [25].

Die Korrespondenz zwischen Technik und Betriebswirtschaft wird in Teilen der CIM-Diskussion aus der Perspektive der Integration von Funktionen und Informationen um-schrieben [26]. Die Intention der CIM-Konzeption beinhaltet, die "... Planungs-, Produktions- und Verwaltungsprozesse durchschaubarer und effizienter zu gestalten" [27]. Die operationale Gestaltung dieser Integration gelingt jedoch nur durch die beschriebene Auflösung der technischen und administrativen (Bereichs-) Funktionen in einzelne Arbeitsvorgänge (Prozesse) über die Gesamtheit der betrieblichen Wertschöpfungskette.

In der graphischen Darstellung der Abbildung 4 wurde die Abfolge von Prozessen in der Vertikalen symbolisiert, die jeweils horizontal mit deren Wertebene, dem betriebswirt-schaftlichen Gegenstück, simultan korrespondieren:

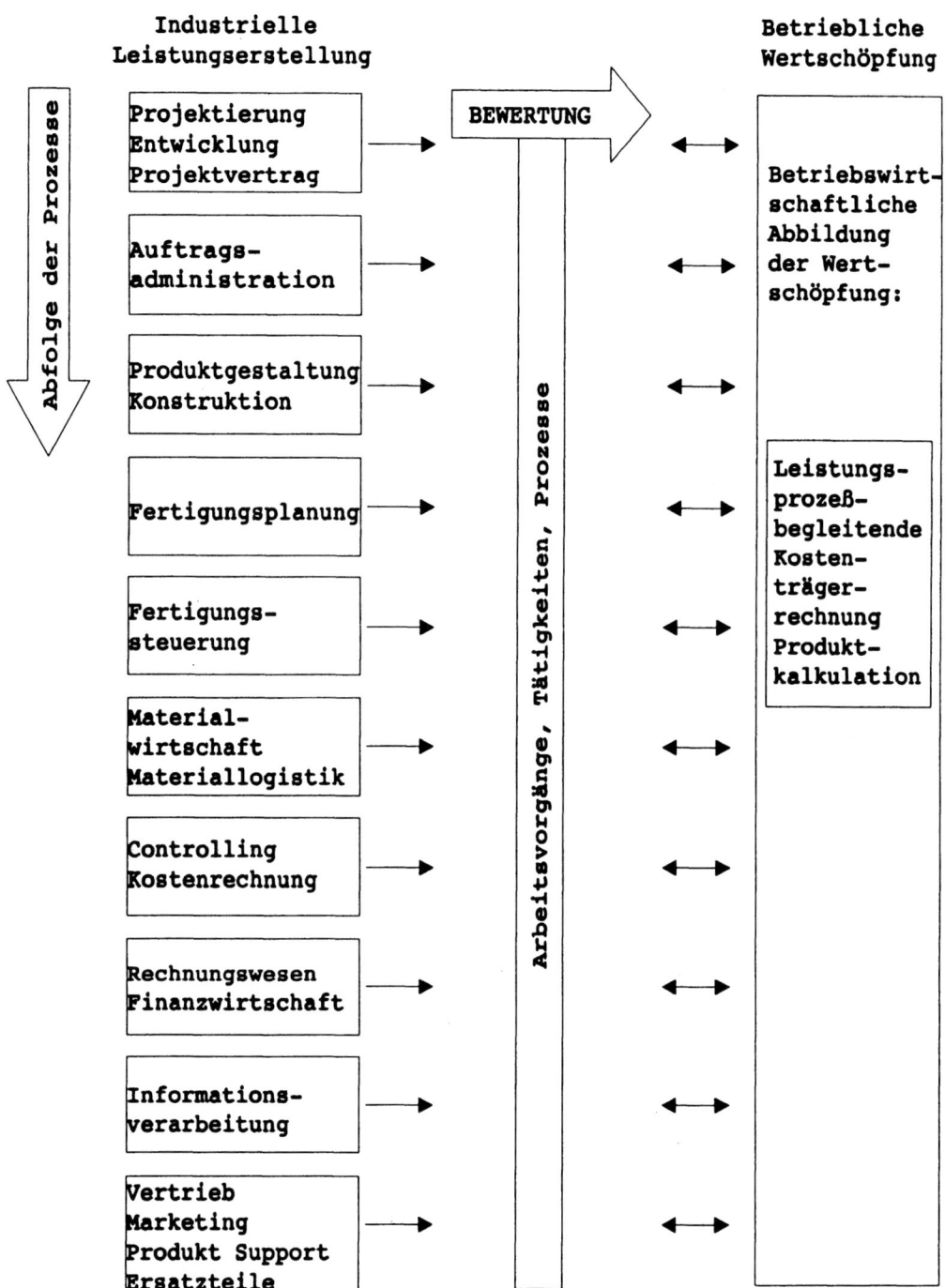

Abbildung 4: Bewertung von Prozessen

4.2 Gestaltung der Kosten- und Leistungsrechnung

Die operative Umsetzung der prozeßintegrierten Kalkulation im Rahmen ·einer bestehenden Kostenträgerrechnung soll hier nur schlaglichtartig dargestellt werden. Handlungsbedarf für eine Anpassung besteht auf allen drei Ebenen der Kosten- und Leistungsrechnung.

- Die Kostenartenrechnung ist um einige Kostenarten für direkt zurechenbare Prozesse zu erweitern. Entsprechend werden bestehende Kostenarten für die innerbetriebliche Leistungsverrechnung und Zuschläge inhaltlich umgewidmet.
- Die Kostenstellenrechnung verliert an inhaltlicher und quantitativer "Mächtigkeit" zugunsten einer ausgeprägteren direkten Leistungsverrechnung.
- Die Kostenträgerrechnung wird modifiziert zugunsten der direkten Prozeßkostenarten und zu Lasten der überhöhten Zuschlagssätze, bspw. Gemeinkostenarten.

Die operationale Gestaltung von prozeßintegrierten Produkt-Kalkulationen in den konkreten Ausprägungen verschiedener Produktionstypen bleibt einer späteren Betrachtung vorbehalten.

4.3 Zielqualität des Verfahrens

In der Kritik der traditionellen Kostenträgerrechnung wurde moniert, daß nur ein Teil der betrieblichen Leistungserstellung in Form der direkten Zurechnung von Ressourcenverbrauch und Wertschöpung abgebildet wird. Ein großer Anteil der Wertschöpfungskette wird dagegen nur indirekt über Gemeinkosten dem Produkt zugerechnet. Die konventionelle Abweichungsanalyse betrachtet in der Fertigung somit ein zunehmend geringeren Teil der Gesamtheit (unvollständige analytische Breite) und verstellt damit den Blick für verursachungsgerechtere Erklärungen auf der Ebene von Arbeitsvorgängen oder Prozessen in der Produktion sowie deren vor- und nachgelagerte Arbeitsgebiete (unzureichende analytische Tiefe).

Die prozeßintegrierte Kostenträgerrechnung versucht beide Kritikdimensionen der konventionellen Betrachtung aufzugreifen und deren konzeptionelle Schwachstellen zu kompensieren.

Die Erweiterung der analytischen Breite gelingt über die Einbeziehung von Funktionsinhalten im Umfeld der Produktion in die gesamtorientierte Abbildung der betrieblichen Leistungserstellung. Die geforderte Differenzierung der analytischen Tiefe wird über die Auflösung der Funktionsinhalte der erweiterten betrieblichen Wertschöpfung in deren Arbeitsvorgänge und den entsprechenden Prozeßkosten bewerkstelligt.

Die verursachungsentsprechende Bewertung des produktspezifischen Ressourcenverbrauchs und die erweiterte analytische Qualität des Verfahrens wird anhand der Abbildung 5 diskutiert, in der die Funktionalität der prozeßintegrierten Kalkulation dargestellt ist. Die hell unterlegten Segmente der Graphik symbolisieren die technisch-administrative Ebene der betrieblichen Leistungserstellung, während die dunkel unterlegten Felder deren betriebswirtschaftliches Gegenstück, die industrielle Wertschöpfung, in Wertgrößen abbilden.

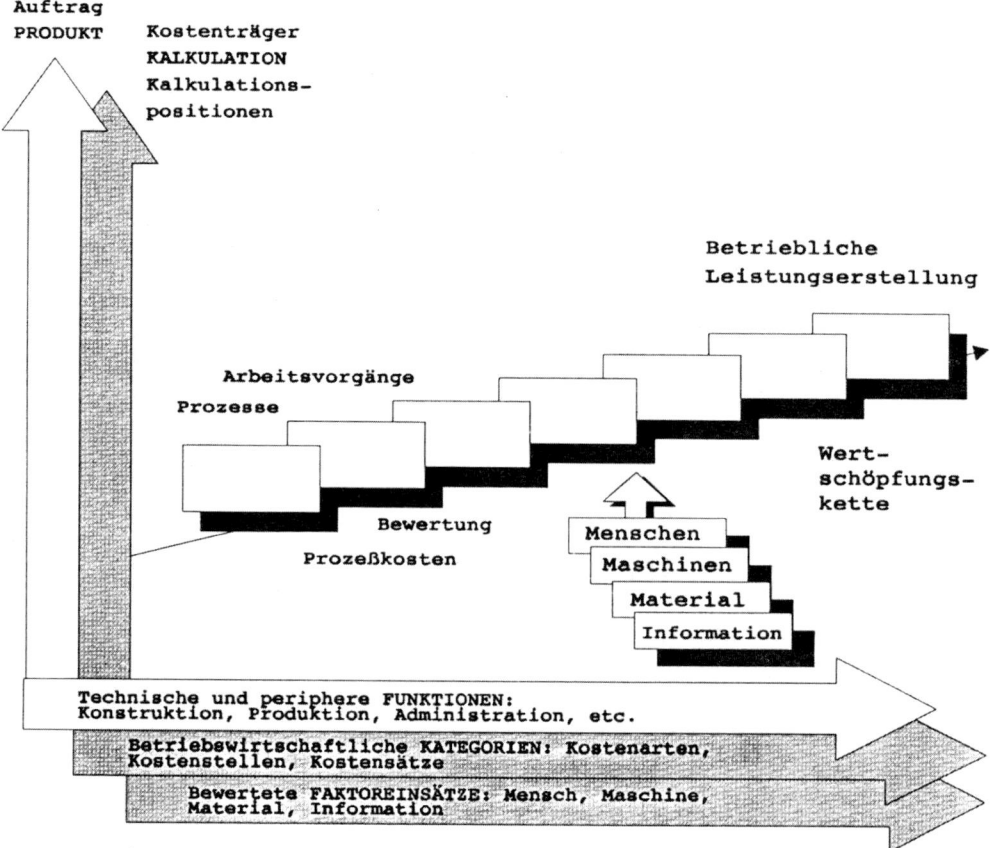

Abbildung 5: Funktionalität der prozeßintegrierten Kalkulation

4.3.1   Aggregierte Betrachtung: Allokation der Prozeßkosten

Der aggregierte Ansatz wählt als Betrachtungsebene die erweiterte funktionale Abfolge der einzelnen Prozesse zur Herstellung eines Produkts. In der Abbildung ist diese Vorgangs- und korrespondierende Wertefolge als dritte Dimension zwischen den beiden Koordinaten abgetragen. Das kleinste bewertete Betrachtungsobjekt sind daher die Vorgangskosten und deren jeweils zugeordnete Faktorverbrauchskosten. Die Spiegelung der Wertschöpfungskette an beiden Achsen verdichtet die Vorgangs- und Faktorkosten zum einen

- in die Kalkulationspositionen des Kostenträgers 'Produkt' und zum anderen
- in die betriebswirtschaftlichen Kategorien der bewerteten Faktoreinsätze.

Die Aussage- und analytische Leistungsfähigkeit beider Ausprägungen der Allokation wird an den gesetzten Zielkriterien aus Kapitel 2 gemessen. Die erzielbaren Erkenntnisse werden vor allem dem entscheidungsorientierten Postulat des Controlling gerecht. Die Inhalte werden nicht im einzelnen beschrieben, sondern in den nachstehenden Ergebniskoordinaten in kompakter Form dargestellt:

Ergebnis: ORDINATE
Aggregation Prozesse -> Produktkosten

- Abbildung einer verursachungsentsprechenderen Kalkulation für gesamte Erzeugnisse oder definierte Teile
- Kostenträger-Vergleiche
  o   Projekt(-Vor)-Kalkulation mit Produkt(-Nach)-Kalkulationen
  o   Produktkostenvergleiche mit ähnlichen Erzeugnissen
- Produktbewertung von konstruktiven (Einzel-) Varianten
- Produktkosten-Simulationen als ceteris-paribus-Bewertungen alternativer
  o   Fertigungsverfahren
  o   Arbeitszeitmodelle
  o   Konstruktionen
  o   Arbeitsorganisationsmodelle
  o   Technologien
- Vergleich der Produktkosten paralleler Fertigungslinien
- Bewertung von Make-or buy-Alternativen auf Stückkosten-Ebene
- Auswirkungen von Teil-(Auftrags-)Verlagerungen an Unterauftragnehmer oder Lieferanten auf die Produktkosten

Ergebnis: ABSZISSE

Aggregation Prozesse -> Kategorien und Faktoreinsätze

Die Auswirkungen von Gestaltungsalternativen und -varianten der betrieblichen Leistungserstellung auf:

-   Investitionen: Maschinelle Anlagen, sonstige Betriebsmittel, Gebäude etc.
-   Materialwirtschaft und Materiallogistik: Disposition, Beschaffung, Lagerhaltung, Bewertung zu Standard- und Durchschnittspreisen, Einbeziehung der Werkzeugkostenzuschüsse in die Materialteilepreise
-   Mitarbeiter: Strukturverschiebungen der Qualifikation, Vergütungsarten und -formen, Arbeitszeiten
-   Informationsverarbeitung: Verarbeitung technischer und administrativer Prozesse, neue modulare, integrationsfähige (Standard)-Systeme

4.3.2 Disaggregierter Ansatz: Allokation des Kostenträgers

Dieser Ansatz basiert auf der Methodik der konventionellen komparativ-statischen Abweichungsanalyse. Ausgangsebenen der Betrachtung bilden die beiden Koordinaten der Abbildung 5, die Kalkulationspositionen und Gesamtkosten des Kostenträgers auf der Ordinate und die betriebswirtschaftlichen Kategorien auf der Abszisse. Die prozeßdynamischen Erweiterungen des nachstehenden Verfahrens der Allokation sowohl des Kostenträgers als auch der betriebswirtschaftlichen Kategorien auf die Ebene der Vorgänge erschließen die nachstehenden Erkenntnisse und Inhalte:

-   eine umfassendere analytische Betrachtung der Vorgangskosten, die in den vor- und nachgelagerten Funktionen der Fertigung zu verzeichnen sind, und
-   eine tiefere Auflösung des Funktionsablaufs der betrieblichen Wertschöpfung bis auf die Ebene der Prozeßkosten und deren zugeordneten Faktorkosten,
-   die stufenweise Allokation von Produktkosten-Zielen bis auf die Ebene der einzelnen Prozeßkosten über die Wertschöpfungskette,
-   eine umfassendere und differenziertere Abweichungsanalyse in der selektiven Detaillierung von Arbeitsvorgangskosten,

- darüber hinaus werden Arbeitsvorgänge und deren simultane Bewertung zu Prozeßkosten gesamtheitlich als funktionale Einheiten betrachtet. Prozesse werden in zwei Ausprägungen beschrieben, in Mengen und in Werten.

Disaggregation: Kostenträger <-> Prozesse

Auf der Ordinate wird das bewertete Produkt als Kostenträger in der Struktur der Kalkulationspositionen abgetragen. Die Auflösung dieser Gesamtkosten erfolgt durch 'Zerlegung' des Erzeugnisses in die bewerteten Bestandteile seiner Entstehung.

Durch die konsequente Anwendung des Baukastenprinzips über alle Stufen betrieblicher Leistungserstellung können beliebig definierte Baugruppen selektiert werden. Die Auflösung liefert für jede Stufe die Gesamtkosten der betrieblichen Wertschöpfung in der Detaillierung bewerteter Arbeitsvorgänge und den jeweils zugeordneten Faktorverbräuchen, bspw. Betriebsmittel, Material etc. Auf der Ebene der Vorgänge kann somit transparent gemacht werden,

- welche Prozesse wieviel Zeit beanspruchen
- zu welchem Kostensatz bewertet wird und
- damit Prozeßkosten in welcher Höhe verursachen.

Darüber hinaus liefern die Prozesse Information über deren zugeordnete Faktorverbräuche.

Für direkte Produktionsleistungen sind exemplarisch zu nennen:

- Betriebsmittel
- Material
- Informationsverarbeitung

Für vor- und nachgelagerte Arbeitsgebiete seien einige Faktorverbräuche genannt, sofern diese nicht bereits in den Prozeßkosten enthalten sind:

- Räume,
- Rechnerleistungen (CAD oder Systemleistungen kommerzieller Informationsverarbeitung),
- menschliche Arbeitsleistung

Dieses Verfahren erschließt die Verfolgung von nahezu beliebigen analytischen Pfaden. Ausgehend von den Gesamtkosten eines Auftrags, Erzeugnisses oder einer Komponente kann dieser Kostenträger bis auf die Ebene Vorgangskosten aufgelöst und damit erklärt werden.

Disaggregation: Funktionen <-> Prozesse

Die Disaggregation der Funktionen und Funktionalbereiche spiegelt die dort anfallen-den Plan- und Istkosten betrieblicher Leistungserstellung auf die Ebene der einzelnen Vorgänge und deren Prozeßkosten. Über diesen analytischen Pfad gelingt es, bisherige Kostenblöcke von Funktionsbereichen in Vorgangs- und Faktorkosten aufzulösen. Diese Art der Verwendungsnachweise erklären,

- aus welchen betrieblichen Funktionen,
- welche Ressourcen (Mensch, Maschine, Material, Information),
- mit welchen Werten,
- in welchen Prozessen, Arbeitsvorgängen,
- mit welchen Vorgangskosten

in die betriebliche Wertschöpfungskette "einfließen".

Aus der Sicht des Bereichscontrolling erschließt dieses Verfahren die Allokation von Bereichs- und Funktionskostenzielen auf die analytische Ebene der Prozesse und deren Vorgangskosten.

5 Informationsverarbeitung: IV-technische Realisierung

Die IV-technische Systemgestaltung soll an dieser Stelle nur in groben Zügen skizziert werden. Die dargestellten Inhalte erfordern modulare Systeme in einer zweidimensionalen Ausprägung. Die erste Ebene bildet das Medium für die lückenlose Abbildung der dargestellten Prozeßkette der industriellen Leistungserstellung. Parallel hierzu sollte als zweite Dimension die Bewertung dieser Vorgänge zeitnah oder simultan generiert werden, so daß die Wertschöpfungskette unmittelbar in der Produktkalkulation hinterlegt wird [28].

Das modulare Konzept beinhaltet die Integration der Funktionen industrieller Lei-stungserstellung und eine redundanzfreie Datenhaltung [29]. Regelungsaufwendige Schnittstellen werden durch eine konsequente Durchgängigkeit der Datentransfers vollständig vermieden. Die Vernetzung von einzelnen 'Funktionsinseln' in unterschiedlichen Rechnerebenen können die geforderte Integration nicht leisten und werden nur als Übergangslösung zur modularen Systemgestaltung eingesetzt.

Anmerkungen

[1] Ähnlich auch Medicke, W.: Produktkosten-Controlling ..., S. 288 ff.

[2] Vgl. Eversheim, W./Schuh, G./Caesar, C.: Produkt- und Produktionscontrolling ..., S. 75.

[3] Zum Begriffsinhalt vgl. bspw. Hackstein, R.: Produktionsplanung und -steuerung (PPS), S. 4 ff.

[4] Vgl. dazu aus der Fülle der CIM-Literatur beispielhaft: VDI-Gemeinschaftsausschuß CIM (Hrsg.), Bd. 1: CIM-Management, S. 2 ff. und S. 11, Bd. 2: Produktdatenverarbeitung, S. VI ff.

[5] Vgl. hierzu bspw. Horvath, P.: Controlling, 3. Aufl., München 1990; Hahn, D.: Stand und Entwicklungstendenzen des Controlling ..., S. 269 ff.; zur Dienstleistungsfunktion des Controlling vgl. bspw. Plattner, H./Kagermann, H.: Einbettung ..., S. 137.

[6] Vgl. hierzu bspw. Remmel, M.: Online Controlling ..., S. 51 ff.

[7] Die Zielkosten, die 'target costs', werden als wesentliches Element im 'strategischen Kostenmanagement' gesehen, die aus der Diskussion in Japan und den USA aufgegriffen werden. Vgl. dazu den Diskurs von Horvath, P.: Revolution im Rechnungswesen ..., S. 184 ff.

[8] Die Controlling-Konzeption von VW betont die Funktion des Controlling ähnlich als Dienstleistung, vgl. dazu Weiße, W.: Controlling ..., S. 150 ff.; zur funktionsorientierten Kostenüberwachung bei der Mercedes-Benz AG vgl. Diez, W.: Produktionscontrolling-Anforderungen ..., S. 199 ff.

[9] Auf die Eliminierung der rein kalkulatorischen Kostenanteile zur Überleitung in die Leistungs- und Bestandsbewertung nach den Bestimmungen des Handels- und Steuerrechts sowie der Rechnungslegung entsprechend den Vorschriften des öffentlichen Preisrechts wird hier nicht eingegangen, vgl. hierzu bspw. Freidank, C.-C.: Kostenrechnung, S. 163 ff. und S. 242 ff. sowie Diederich, H.: Aufträge, Sp. 298 ff.

[10] Vgl. hierzu die Standardliteratur stellvertretend für viele, Kilger, W.: Flexible Plankostenrechnung ...

[11] Vgl. hierzu den detaillierten Überblick und der gründlichen Durchsicht auch der angelsächsischen Literatur in: Coenenberg, A. G./Fischer, T. M.: Prozeßkostenrechnung ..., S. 21 - 38.

[12] Vgl. hierzu bspw. Horvath, P./Mayer, R.: Prozeßkostenrechnung ..., S. 214.

[13] Campbell, R. J.: Pricing Strategy, S. 26 und Schwarzbach, H. J.: The Impact of Automation on Accounting ..., S. 47.

[14] Terminologie aus der Luft- und Raumfahrt.

[15] Zur PPS-Funktionalität vgl. bspw. Zäpfel, G.: Produktionswirtschaft ...; und Heinisch, D.: Produktionsplanung ..., S. 593 ff.

[16] Vgl. Zäpfel, G.: Stücklisten ..., S. 341 ff.

[17] Für die Einbeziehung von 'Peripheriekomponenten' plädiert bspw. auch Scheer, A. W.: CIM-Strategien ..., S. 183 ff.

[18] Es ist bemerkenswert, daß in der neuen betriebswirtschaftlichen Diskussion der Prozeßkostenrechnung bisher kaum auf die analoge Funktionalität von Arbeitsplänen rekurriert wird. Offensichtlich sind Produktion und Betriebswirtschaft immer noch zwei zu stark getrennte Welten.

[19] Zu integrierten IV-Systemen vgl. Plattner, H./Kagermann, H.: Einbettung ..., S. 137 ff.; gemeint sind die integrierten Module der SAP AG.

[20] Wie bspw. vorgeschlagen von Cooper, R./Kaplan, R. S.: Measure Costs Right ..., S. 99 und Coenenberg, A. G./Fischer, T. M.: Prozeßkostenrechnung ..., S. 26.

[21] Vgl. dazu bspw. Vikas, K.: Planung ...; S. 25.

[22] Bei Kalkulationsverfahren traditioneller Prägung.

[23] Dies umschreiben bspw. Scheer, A. W./Kraemer, W.: Wie beeinflußt CIM ..., S. 82 ff.; eine konzeptionelle Ausprägung findet sich bspw. bei VW, vgl. Bähr, W.: Die Herstellkostenrechnung ..., S. 55 ff.

[24] Eine ähnliche Beurteilung treffen auch: Franz, K.-P.: Die Prozeßkostenrechnung ..., 1990, S. 128 und S. 134.

[25] Vgl. Vikas, K.: Planung ..., S. 26.

[26] Vgl. bspw.: Bodendorf, F.: Betriebswirtschaftliche Datenverarbeitung ..., S. 112 ff., S. 115 ff., S. 125 ff.; CIM als interdisziplinäre Aufgabe sieht Potthast, A.: Die Bedeutung von CIM-Strategien ...; S. 136, sowie Jäger, K.-W.: Einleitung, S. 2 ff. und S. 8.

27] Dienhart, U., u. a.: Einleitung, in: Noack, M., u. a. (Hrsg.): CIM Integration ..., S. 1.

[28] Den IV-technischen Leistungsumfang in der eindimensinalen Ausprägung über die Funktionen der Produktion leistet bspw.die Software CIMOS der MTU, Deutsche Aerospace, vgl. dazu Vogel, F. O.: Weiterentwicklung eines integrierten PPS-Systems ..., S. 590 ff.; dagegen bieten die parametergesteuerten, voll integrierten Systeme der SAP AG (Hrsg.): Funktionsbeschreibung SAP-RM, Walldorf 1990; in diesem Sinne auch die Anforderungen von Steffen, R.: "Computer Integrated Manufacturing" (CIM) ..., S. 8 ff. und derselbe: Verbindung computergestützter Erzeugniskonstruktion ..., S. 359 ff.; zur Integration innerhalb des Rechnungswesens vgl. Kagermann, H.: Perspektiven ..., S. 19 ff.

[29] Zu den Ausprägungen der Integration vgl. Pleschak, F.: CIM-Management, S. 6 ff. und Bullinger, H.-J./Niemeier, J.: Integrationsmanagement ..., S. 6.

Literaturverzeichnis

Bähr, W.: Die Herstellkostenrechnung: Datenkette vom Produktentwurf bis zur Bilanz in: Scheer, A.-W. (Hrsg.): Rechnungswesen und EDV, Heidelberg 1988, S. 54 - 73.

Bodendorf, F.: Betriebswirtschaftliche Datenverarbeitung im CIM-Konzept, in: Jäger, K.-W. (Hrsg.) CIM-Bausteine <-> Grundwissen für Anwendung und Ausbildung, Teil I, Heidelberg 1990, S. 112 - 130.

Bullinger, H.-J./Niemeier, J.: Integrationsmanagement auf dem Weg zu CIB, in: Office Management, o. Jg., 1989, S. 6 - 21.

Campbell, R. J.: Pricing Strategie in the Automotive Glass Industrie, in: Management Accounting, Vol. 71, 1989, S. 26 - 34.

Coenenberg, A. G./Fischer, T. M.: Prozeßkostenrechnung - Strategische Neuorientierung in der Kostenrechnung, in: Die Betriebswirtschaft, 51. Jg., 1991, S. 21 - 38.

Cooper, R./Kaplan, R. S.: Measure Costs Right: Make the Right Decisions, in: Harvard Business Review, Vol. 66, 1988, S. 96 - 103.

Diederich, H.: Aufträge, öffentliche, in: Handwörterbuch der Betriebswirtschaft, Band I/1, 4. Auflage, Stuttgart 1974, Sp. 298 ff.

Dienhart, Ulrich u. a.: Einleitung, in: Noack, Michael u. a. (Hrsg.): CIM Integration und Vernetzung. Chancen und Risiken einer Innovationsstrategie, Berlin u. a. 1990, S. 1 - 9.

Diez, W.: Produktionscontrolling - Anforderungen der Wettbewerbssituation an das Projektcontrolling am Beispiel der Automobilindustrie, in: Reichmann, T. u. a. (Hrsg.): Controlling 90, 5. Deutscher Controlling-Congress, Düsseldorf 1990, S. 197 - 218.

Eversheim, W./Schuh, G./Caesar, C.: Produkt- und Produktionscontrolling innerhalb integrierter Produktionssysteme. Neue Ansätze für eine produktionsnahe Kostenbewertung, in: Ahlert, D. u. a. (Hrsg.) Festschrift für H. Vormbaum, Wiesbaden 1990, S. 74 - 107.

Franz, K.-P.: Die Prozeßkostenrechnung - Darstellung und Vergleich mit der Plankosten- und Deckungsbeitragsrechnung, in: Ahlert, D. u. a. (Hrsg.): Festschrift für H. Vormbaum, Wiesbaden 1990, S. 110 - 136.

Freidank, C.-C.: Kostenrechnung, 2. Auflage, München-Wien 1988.

Hackstein, R.: Produktionsplanung und -steuerung (PPS), 2. Auflage, Düsseldorf 1989.

Hahn, D.: Stand und Entwicklungstendenzen des Controlling in der Industrie, in: Gaugler, E./Meissner, H. G./Thom, N. (Hrsg.): Zukunftsaspekte der anwendungsorientierten Betriebswirtschaftslehre. Erwin Grochla zum 65. Geburtstag gewidmet. Stuttgart 1986, S. 267 - 287.

Heinisch, D.: Produktionsplanung und -steuerung (PPS), in: Jäger, K.-W. (Hrsg.): CIM-Bausteine - Grundwissen für Anwendung und Ausbildung, Teil II, S. 593 - 608.

Horvath, P.: Revolution im Rechnungswesen: Strategisches Kostenmanagement, in: Horvath, P. (Hrsg.): Strategieunterstützung durch das Controlling: Revolution im Rechnungswesen?, Stuttgart 1990, S. 175 - 210.

Horvath, P.: Controlling, 3. Auflage, München 1990.

Horvath, P./Mayer, R.: Prozeßkostenrechnung. Der neue Weg zu mehr Kostentransparenz und wirkungsvolleren Unternehmensstrategien, in: Controlling, o. Jg., 1989, S 214 - 219.

Jäger, K.-W.: Einleitung, in: Jäger, K.-W. (Hrsg.): CIM-Bausteine: Grundwissen für Anwendung und Ausbildung Teil I, Heidelberg 1990, S. 1 - 13.

Kagermann, H.: Perspektiven der Weiterentwicklung integrierter Standardsoftware für die Kostenrechnung und das gesamte innerbetriebliche Rechnungswesen, in: Kostenrechnungspraxis, o. Jg., 1988, Sonderheft 1, S. 19 - 30.

Kilger, W.: Flexible Plankostenrechnung und Deckungsbeitragsrechnung, 9. Auflage, Wiesbaden 1988.

Medicke, W.: Produktkosten-Controlling in Unternehmen mit Einzel-, Serien-, Sorten- und Massenfertigung, in: Scheer, A. W. (Hrsg.): Grenzplankostenrechnung, 2. Aufl., Wiesbaden 1989, S. 287 - 315.

Plattner, H./Kagermann, H.: Einbettung eines Systems der Plankostenrechnung in ein EDV-Gesamtkonzept, in: Scheer, A. W. (Hrsg.): Grenzplankostenrechnung. Stand und aktuelle Probleme, Hans Georg Plaut zum 70. Geburtstag, 2. Auflage, Wiesbaden 1989, S 137 - 178.

Pleschak, F.: CIM-Management, Stuttgart 1991.

Potthast, A.: Die Bedeutung von CIM-Strategien für die Entwicklung der Fertigungstechnik, in: Noack, Michael, u. a. (Hrsg.): CIM Integration und Vernetzung. Chancen und Risiken einer Innovationsstrategie, Berlin u. a. 1990, S. 132 - 148.

Remmel, M.: Online Controlling bei Daimler-Benz, in: Horvarth, P. (Hrsg.): Wirtschaftlichkeit neuer Produktions- und Informationstechnologien, Stuttgart 1988, S. 51 - 59.

Riebel, P.: Einzelkosten- und Deckungsbeitragsrechnung, 6. Auflage, Wiesbaden 1989.

SAP AG (Hrsg.): Funktionsbeschreibung SAP-RM, Walldorf 1990.

Scheer, A. W. (Bandherausgeber): CIM-Strategien als Teil der Unternehmensstrategie, Berlin u. a. 1989, S. 161 - 190.

Scheer, A. W./Kraemer, W.: Wie beeinflußt CIM das Rechnungswesen, in: IO-Management-Zeitschrift, o. Jg., 1989, S. 81 - 82.

Schwarzbach, H. J.: The Impact of Automation on Accounting for Indirect Costs, in: Management Accounting, Vol. 67, 1985, S. 45 - 50.

Steffen, R.: "Computer Integrated Manufacturing" (CIM) - Bausteine und (noch) fehlende Elemente der Kostenrechnung, in: Kostenrechnungspraxis, o. Jg., 1987, S. 8 - 12.

Steffen, R.: Verbindung computergestützter Erzeugniskonstruktion (CAD) mit der Kosten- und Erlösrechnung in CIM-Konzeptionen, in: ZfbF, 43. Jg., 1991, S. 359 - 375.

VDI-Gemeinschaftsausschuß CIM (Hrsg.): Rechnerintegrierte Konstruktion und Produktion. Bd. 1 CIM-Management, Bd. 2 Produktdatenverarbeitung, beide Düsseldorf 1990.

Vikas, K.: Planung und Abrechnung von administrativen Prozessen aus betriebswirtschaftlicher Sicht, in: Scheer, A.-W. (Hrsg.): Rechnungswesen und EDV, Heidelberg 1990, S. 20 - 38.

Vogel, F. O.: Weiterentwicklung eines integrierten PPS-Systems im Rahmen einer umfassenden CIM- und LOGISTIK-Lösung, in: Mertens, P. u. a. (Hrsg.): PPS im Wandel, München 1990, S. 590 - 616.

Wäscher, D.: CIM als Basis für ein prozeßorientiertes Gemeinkostenmanagement, in: Controlling, o. Jg., 1991, S. 68 - 75.

Weiße, W.: Controlling als entscheidungsorientiertes Instrument mittelfristiger Ertragssicherung, in: Horvath, P. (Hrsg.): Strategieunterstützung durch das Controlling: Revolution im Rechnungswesen?, Stuttgart 1990, S. 147 - 165.

Zäpfel, G.: Produktionswirtschaft. Operatives Produktionsmanagement, Berlin-New York 1982.

Zäpfel, G.: Stücklisten, Verwendungsnachweise, Arbeitspläne und Produktionsfunktionen, in: WiSt, 20. Jg., 1991, S. 340 - 346.

Analysen zur Beurteilung der Wirtschaftlichkeit von CIM-Investitionen

Prof. Dr. Matthias Schumann, Abteilung Wirtschaftsinformatik II, Georg-August-Universität Göttingen

12. Saarbrücker Arbeitstagung 1991
Rechnungswesen und EDV
hrsg. v. A.-W. Scheer
© Physica-Verlag Heidelberg 1991

1.   Einleitung

Die Wirtschaftlichkeits-Beurteilung von CIM-Investitionen wird oftmals ausschließlich mit dem Argument begründet, daß es sich um eine strategische Entscheidung handelt und strategische Wirkungen nur schwer zu bewerten sind. Diese Vorgehensweise ist außerordentlich unbefriedigend, da sich die Einführung von CIM-Komponenten und Integrationskonzepten mit ähnlichen Verfahren beurteilen lassen sollten, wie andere betriebliche Investitionen.

In diesem Beitrag werden daher zwei Aspekte behandelt:

Auf der Grundlage einer Literaturrecherche wird im ersten Teil ein Überblick über Nutzeffekte und Kosten, die Unternehmen beim Einsatz von C-Techniken festgestellt haben, gegeben. Die Erfahrungswerte sollen Tendenzen aufzeigen, die im Einzelfall durch die individuellen Umgebungsbedingungen wie Organisation, Fertigungsspektrum, existierende technische Ausstattung usw. beeinflußt werden. Die vorgestellten Werte lassen sich als Basisgrößen für Investitionsrechnungen der Unternehmen verwenden, beispielsweise als Zielwerte bei "How-to-Achive"- oder als Orientierungsgrößen für "What-if"-Rechnungen.

Im zweiten Teil werden Verfahren systematisiert, mit denen sich die wirtschaftlichen Aus-wirkungen von Einzeltechnologien und Integrationskonzepten abschätzen lassen. Ausgewählte Verfahren werden detaillierter behandelt.

2.   Ergebnisse einer Bestandsaufnahme

2.1   Grundlagen

Seit Beginn der achtziger Jahre finden an der Abteilung Wirtschaftsinformatik der Universität Erlangen-Nürnberg Querschnittsuntersuchungen zu Nutzeffekten der betrieblichen Datenverarbeitung mit Hilfe von Literaturrecherchen statt. Diese Analysen werden nun auch an der Universität Göttingen fortgeführt. Dazu werden alle zu einem Themengebiet relevanten Artikel, die quantitative Aussagen über Kosten- und Nutzeffekte der Datenverarbeitung enthalten, gesammelt und unter Angabe von Deskriptoren in einer Datenbank abgespeichert. Überwiegend handelt es sich um deutsch- und englischsprachige Literatur. Auf Basis dieses Datenbestandes werden regelmäßig Auswertungen vorgenommen. Nach einer ersten Auswertung 1982 [1, 15] wurde 1986 [21] speziell der Fertigungsbereich genauer analysiert. Auch in der jüngeren Zeit fanden dazu neuere Erhebungen statt, wobei zusätzlich ca. 300 Quellen vorliegen, die seit 1986 erschienen sind [7]. Kritisch ist bei dem Vorgehen anzumerken, daß man bei Querschnittserhebungen weit häufiger gelungene als gescheiterte Projekte findet, oder es wird von Anfangserfolgen berichtet, die aber später, wenn sich das Projekt als weniger erfolgreich herausgestellt hat, oftmals nicht korrigiert werden. Außerdem findet man in Herstellerberichten oft unkritische Darstellungen. Insofern geben die Untersuchungen eher eine zu positive Beschreibung des Technologieeinsatzes. Schwerpunkte der hier vorzustellenden Ergebnisse liegen im CAD- und CAM-Bereich sowie bei integrierten Gesamtkonzepten.

2.2 Bruttonutzeffekte von CIM-Komponenten

2.2.1 Computergestützte Konstruktion und Entwicklung

In der ausgewerteten Literatur dominieren unter den berichteten quantifizierbaren Bruttonutzeffekten die Zeiteinsparungen. Für den CAD-Einsatz werden Durchlaufzeitverkürzungen in einer Spanne von 30 - 70 % bei Konstruktionstätigkeiten genannt. Jüngere Veröffentlichungen zeigen dabei niedrigere Werte als ältere. Damit wird wohl eine anfänglich überzogene Erwartungshaltung korrigiert. Abbildung 1 gibt einen Überblick zu den gefundenen Nutzeffekten.

	Nennungen
Produktivitätssteigerungen • gesamt um 30 – 50 % • Neukonstruktion um 40 – 50 %	25
höhere Flexibilität bei der Erfüllung von Kundenwünschen	20
Teile– und Variantenzahl gesenkt	19
Zeitersparnis bei der Zeichnungserstellung von 40 – 80 %	18
Reduzierung von Durchlaufzeiten in der Konstruktion um 30 – 70 %	15
Verkürzung der Produktentwicklungsdauer um 40 – 70 %	13

Abb. 1: Nutzeffekte des CAD-Einsatzes (Basis: 65 Quellen)

Ein Beispiel aus der Platinenherstellung kann aufzeigen, wie wichtig insbesondere die schnelle Produktentwicklung für einen Branchenerfolg sein kann [2]. Für diesen Bereich wird von einer Produktlebensdauer von fünf Jahren, einem jährlichen Preisverfall von 12 % sowie einem 20 %-igen Marktwachstum ausgegangen. Dabei zeigt sich, daß Entwicklungskosten, die um 50 % über der Planung liegen, zu einer Reduzierung des Gewinns nach Steuern, der aus dem Produkt erwirtschaftet wird, zwischen drei und vier Prozent führt. Werden die Produktionskosten um neun Prozent überschritten, so resultiert daraus eine Gewinnverminderung von 22 %. Am deutlichsten ist die Gewinneinbuße bei einer fünfmonatigen Verzögerung der Markteinführung des Produktes. Hier liegt sie dann bei über 33 %. Dieses charakterisiert, wie wichtig kurze Produktentwicklungszeiten sind, mit denen auch eine Minderung des finanziellen Risikos bei Produktneuentwicklungen einhergeht.

Zeiteinsparungen bei der Konstruktion erlauben es, mehrere Varianten in der gleichen Zeit auszuarbeiten. Am CAD-Arbeitsplatz wird von Produktivitätssteigerungen zwischen 40 und 50 % berichtet. Diese sind allerdings nicht mit Personaleinsparungen in gleicher Höhe verbunden. Personalkosten werden im Schnitt nur um 20 % gesenkt. Die Divergenz läßt sich z.T. wohl auf Arbeitszeitverkürzungen und auf höhere Qualifikationen an den Arbeitsplätzen, verbunden mit besser bezahltem Personal, zurückführen. Allerdings ist auch zu vermuten, daß mit der gleichen Personalkapazität eine größere Arbeitsmenge (Aufgabenwachstum) bewältigt wird und diese Mengeneffekte bei der Analyse nicht sorgfältig genug herausgerechnet werden. Ferner mögen hier Inkonsistenzen unseres Datenbestandes vorhanden sein.

Bei den qualitativen Aussagen stehen die verbesserten Planungs- und Konstruktionsunterlagen an erster Stelle. Unter anderem dadurch, daß Standardbausteine und Wiederholdaten aus Bibliotheken verwendet werden, treten Verbesserungen auf. Eine höhere Zeichnungsgenauigkeit wird ebenfalls häufig erwähnt.

Schließlich führt das automatische Übertragen von Zeichnungsdaten zur NC-Programmierung zu Kostensenkungen zwischen fünf und 25 %.

2.2.2 Automatisierung der Fertigung

Bei der Fertigungsautomatisierung muß zwischen den Ergebnissen verschiedener Einzeltechnologien differenziert werden. Generell zeigen die Berichte, daß 60 % der Rationalisierungseffekte in den automatisierten Bereichen direkt auftreten, wo hingegen die restlichen 40 % in anderen Funktionsbereichen, durch die Integration der Technologien realisiert werden.

Im Gegensatz zu anderen Technologien dominieren hier die Personaleinsparungen mit ca. 50 %. Dabei ist das Einsparungspotential in den Überwachungs- und Kontrollbereichen (60 - 70

%) größer als in der Fertigung selbst (30 - 50 %). Der bedienerlose Betrieb bietet die Chance, eine Pausenüberbrückung sowie eine dritte Schicht einzuführen. Eine verbesserte Anlagen-verfügbarkeit (30 - 50 %) führt zu einer gesteigerten Betriebsmittelproduktivität in der Größenordnung von 40 - 70 %.

Aussagen zur verbesserten Flexibilität mit Hilfe von Flexiblen Fertigungssystemen lassen sich folgendermaßen klassifizieren:

- Werkstückflexibilität für die Form und Genauigkeit des zu fertigenden Teils,
- Personalflexibilität bezüglich der Anforderungen an Arbeitszeit, Kapazität und Tätigkeitsfeld des Mitarbeiters,
- Durchlaufflexibilität in bezug auf die Festlegung des Betriebsmittels zur Auftragsbearbeitung,
- Materialfluß-/Umrüstflexibilität, mit der die Auftragsfolge, Auftragsgröße, Auftragsart usw. beeinflußt werden,
- Organisationsflexibilität zur Anpassungsfähigkeit von Anlagen an das betriebliche Umfeld bzw. die Betriebs- und Qualifikationsstruktur sowie
- Produktionsflexibilität zur langfristigen Anpassung an veränderte Markt- und Produktanforderungen ohne kompletten Technologiewechsel.

Bei den Nennungen dominieren die Materialfluß- und Umrüstflexibilitäten.

Für Flexible Fertigungssysteme werden Durchlaufzeitverkürzungen zwischen 60 und 90 % berichtet, die auf kürzere Umrüstfolgen zurückzuführen sind. Gegenüber früheren Untersuchungen sind heute nicht mehr ausschließlich verringerte Durchlaufzeiten entscheidend. Der Abbau von Pufferlagern für die einzelnen Anlagen und die damit verringerte Kapitalbindung bilden gegenwärtig weitere wesentliche Kriterien.

Beim Einsatz von Robotern ist das Kosteneinsparungspotential der wichtigste Nutzeffekt. Die Beschreibungen zeigen Spannen zwischen 50 und 90 %. Dieses ist mit einer starken Ausbringungserhöhung pro Zeiteinheit (80 - 300 %) verbunden. Im Durchschnitt werden mit einem Roboter zwei Personen in der Fertigung eingespart [25].

2.2.3 Computergestützte Qualitätssicherung

Ein typisches Beispiel zur Wirtschaftlichkeit eines CAQ-Systems stammt aus der Automobilzulieferindustrie. Ein Unternehmen, das einen jährlichen Umsatz von 150 Millionen DM erreicht, hat CAQ-Investitionen in Höhe von 1,1 Millionen DM vorgenommen, was zu folgenden Nutzeffekten führte [30]:

- Reduzierung der Kosten für Ausschuß und Nacharbeit um 300.000,- DM/Jahr,
- Verringerung der Garantieleistungen um 150.000 DM/Jahr,
- Verringerung der Kosten für Reklamationen um 50.000 DM/Jahr,
- Einsparung bei Konstruktionsänderungen aufgrund von Qualitätsmängeln der Produkte um 90.000 DM/Jahr sowie
- Senkung der Prüfkosten um 555.000 DM/Jahr.

Speziell bei Integrationskonzepten bilden CAQ-Komponenten wichtige Module. Dabei liegen Kosteneinsparungen für die Fehlerverhütung und die Prüfplanung (10 - 20 %) zumeist niedriger als die eigentlichen Prüf- und Meßkosten (50 - 70 %) sowie die vermiedenen Fehlerfolgekosten (20 - 60 %). Oft wird sogar von einer Erhöhung der Kosten für die Fehlerverhütung berichtet, die dann allerdings durch eingesparte Fehlerfolgekosten kompensiert wird.

2.2.4 Produktionsplanung und -steuerung

Eine für diesen Bereich ermittelte Nutzeffektkette gibt Abbildung 2 wieder.

Auffallend ist, daß die Kosteneinsparungen durch PPS-Systeme zumeist in einer Spanne unter 50 % liegen und damit geringer als bei anderen CAx-Bausteinen sind. Unter anderem kann dieses wohl darauf zurückgeführt werden, daß bei PPS-Anwendungen besonders viele indirekte Nutzeffekte auftreten.

Die Auftragsdurchlaufzeit wird durchschnittlich um 20 - 25 % verkürzt. Die Reduktion zeigt im Vergleich zu früheren Erhebungen eine steigende Tendenz, die wohl auf Lerneffekten beruht. Beobachtete Zeiteinsparungen sind immer dann besonders hoch, wenn Kopplungen zur Betriebsdatenerfassung und zum CAD vorliegen. In früheren Studien hatten wir festgestellt, daß die DV-gestützte Materialwirtschaft die größten Beiträge zur Amortisation der DV-Investitionen erbrachte [15]. Da dieses vor dem Durchbruch neuer CAx-Technologien geschah, könnte man vermuten, daß derartige Nutzeffektpotentiale mittlerweile ausgeschöpft sind. Unser Material zeigt jedoch, daß z.B. nach wie vor Senkungen der Einkaufskosten durch bessere Bündelungen (5 - 10 %), Abbau von Lagerbeständen und eine damit verbundene Kapitalbindungsreduktion sowie ähnliche Effekte gemeldet werden.

Konventionalstrafen für Terminüberschreitungen lassen sich um 20 - 30 % durch eine erhöhte Termintreue verringern. Ebenfalls trifft dieses für Kosten zu, die entstehen, wenn man Aufträge über die "verlängerte Werkbank" abwickelt.

317

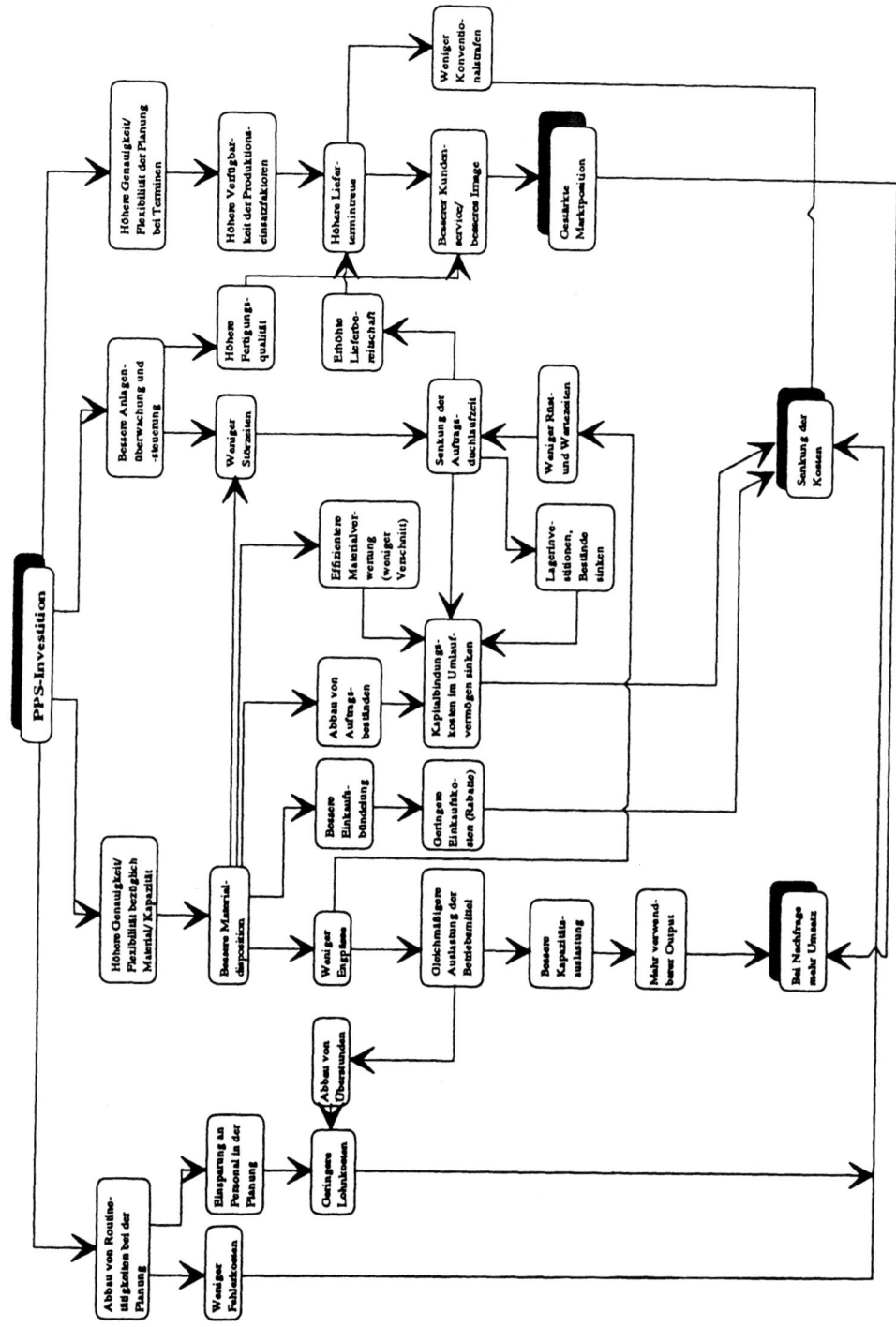

Abb. 2: Nutzeffektkette für PPS-Investitionen

2.3 Bruttonutzeffekte der Komponenten-Integration (CIM-Konzepte)

Die am häufigsten erwähnten Nutzeffekte beschreibt Abbildung 3. Bei der Durchlaufzeitverkürzung von Aufträgen finden sich Nennungen von bis zu 70 %. Sie bestätigen früher ermittelte Werte. Dieses ist auch eine überwiegend anzutreffende Zielsetzung beim Initiieren von CIM-Projekten [13]. Bei Produktivitätssteigerungen muß demgegenüber eine gewisse Ernüchterung festgestellt werden, da die Angaben (80 - 120 %) um nahezu 50 % niedriger liegen, als dieses früher der Fall war. Mit zunehmender Betriebsgröße lassen sich tendenziell geringere Produktivitätseffekte feststellen.

QUANTITATIV	Nennungen
Reduktion der Auftragsdurchlaufzeit um 50 − 70 %	21
Reduktion der Losgrößen um 80 − 95 %	17
Reduktion des Platz− und Raumbedarfs um 40 − 70 %	15
Verringerung der gesamten Produktionskosten um 10 − 30 %	12
QUALITATIV	
Schnellere Reaktion auf Marktänderungen/−anforderungen	35
Intensiverer Kundenservice	30
Gesteigerte Lieferbereitschaft und höhere Termintreue	22

Abb. 3: Nutzeffekte integrierter Fertigungstechniken (Basis: 80 Quellen)

Durch das Zusammenwirken von PPS, CAM und BDE ergibt sich im Vergleich zur isolierten Betrachtung des CAM-Bereichs bei der Verringerung von Rüstkosten ein zusätzliches Einsparungspotential von 20 %.
Qualitative Nennungen betreffen insbesondere die Reaktion auf Marktanforderungen. Speziell eine verkürzte Zeit zur Angebotserstellung beeinflußt die Kundennähe positiv.
Durch die Integration wird die gesamte Produktentwicklungszeit (50 - 80 %) von der Anregung bis zur Serienreife durch folgende Effekte reduziert:

- beschleunigter Entwurf bzw. Konstruktion durch CAD,
- verbesserter Informationsfluß zwischen Einkäufer und Konstrukteur durch zentrale Datenbestände,
- verkürzte Entwicklungszeit für Werkstückträger und -vorrichtungen durch Abstimmung von Produkten und Fertigungssystemen.

Wird bei den Personalkosten im Vergleich zum CAM-Bereich über ein geringeres Einsparungspotential in Höhe von 15 - 30 % berichtet, so liegt bei der Arbeitsproduktivität eine wesentlich höhere Steigerung (70 - 120 %) vor. Hierbei handelt es sich wohl um eine ähnliche Divergenz wie im CAD-Bereich. Das Kostensenkungspotential der Integrationskonzepte liegt insgesamt durchschnittlich um 10 - 15 % höher als dies bei Insellösungen der Fall ist.

Bei Durchsicht der Literatur fällt auf, daß häufig von einer maximalen Integration gesprochen wird. Nachteile der Integration, wie z.B. Kettenreaktionen bei Fehlern, eine gründlichere Eingabeprüfung, evtl. die Notwendigkeit des Einsatzes von fehlertoleranten Systemen usw. werden nur selten berücksichtigt. Daher sollte hier sowohl von der Wissenschaft als auch von der Praxis verstärkt nach einem optimalen Integrationsgrad unter Wirtschaftlichkeitsgesichtspunkten gesucht werden.

2.4 Weitere Ergebnisse

Die hohen Investitionen werden häufig als Hemmnis für die Einführung neuer CAx-Systeme genannt. Dieses geht mit einem langsamen Mittelrückfluß während der Anlauf- und Lernphase einher, zu dem oft auch ein vorübergehender Leistungsabfall hinzukommt. So läßt sich in unserem Material für eine CAD/CAM-Kette folgendes Beispiel finden:

Nach Einführung eines integrierten Systems war in einem Unternehmen ein viermonatiger Leistungsabfall von bis zu 30 % zu verzeichnen, so daß in dieser finanziell besonders angespannten Phase Aufträge nicht angenommen werden konnten.

Quantitativ sollte man vorsichtshalber davon ausgehen, daß eine Vorlauf- und Lernphase eingeplant werden muß, die relativ lang ist. Ein maximaler Nettonutzeffekt ist dann häufig nicht von Dauer, weil ein gewisses "Zurückfedern" eintreten kann, sobald "Strohfeuer-Effekte" (z.B. hohe Mitarbeitermotivation aufgrund der neuen Technologie) verlöschen.

Die Investitionskosten für Flexible Fertigungssysteme liegen im Vergleich zu konventionellen Bearbeitungszentren durchschnittlich zwischen 70 - 300 % höher. Bei CAQ-Systemen wird oftmals der zusätzliche Aufwand als Umsatzanteil gemessen und beträgt zwischen vier und acht Prozent. Die Einführungsdauern für die einzelnen Komponenten streuen stark. Dabei muß man berücksichtigen, ob es sich um Erstinstallationen für Stand-alone-Lösungen oder integrierte Konzepte handelt. Die tendenziell kürzesten Zeiten finden sich bei CAD/CAM-Systemen. Dagegen wird von den längsten Einführungsdauern bei PPS-Anwendungen berichtet. Auch bei den Amortisationszeiten streuen die Werte stark. Insgesamt ergeben sich die in Abbildung 4 dargestellten Bandbreiten. Der Mittelwert für alle CAx-Bausteine liegt zwischen 3 1/2 und vier Jahren. Sechs Jahre scheinen für die meisten Systeme eine Obergrenze zu sein, obwohl dieses immer noch einer Verzinsung von etwa 17 % entspricht.

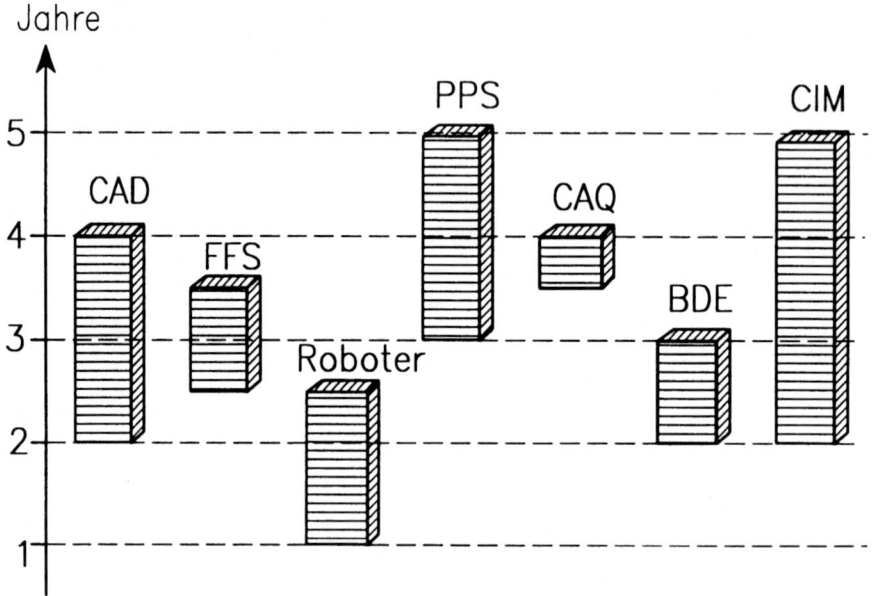

Abb. 4: Bandbreiten der Amortisationszeiten für CAx-Technologien

Tendenziell zeigen die Erfahrungswerte, daß die Nutzeffekte der Integrationslösungen noch über denen der Einzelanwendungen liegen. Da aber dieser Zusatznutzen nicht sehr hoch ist, scheint die These vertretbar, daß man im Zweifel den C-Komponenten Priorität vor der Integration geben sollte. Dabei muß jedoch der Weg zu einer späteren Integration beachtet werden, um eine umfassende Lösung in Folgeschritten einführen zu können.

3. Systematisierung von Verfahren zur Wirtschaftlichkeitsanalyse

3.1 Überblick

Die Betriebswirtschaftslehre hat ein ganzes Verfahrensspektrum hervorgebracht, das herangezogen werden kann, um einzelne CIM-Komponenten zu bewerten. Beim Beurteilen von Integrationseffekten liegen Schwierigkeiten z.B. darin, die indirekten Wirkungen der Investitionsmaßnahme zu identifizieren und die damit verbundenen Daten zu ermitteln. Dabei reicht normalerweise ein Rechenverfahren nicht aus, so daß komplexere Analysemethoden oder mehrere Verfahrensbausteine eingesetzt werden müssen. Zur Klassifizierung dieser Verfahren soll nachfolgend ein Überblick gegeben werden. Die Bewertungsansätze lassen sich nach verschiedenen Kriterien klassifizieren:

1.   Einteilung nach der Art des Verfahrens:

-    statische Investitionsrechnungsverfahren,
-    dynamische Investitionsrechnungsverfahren und
-    Nutzwertanalysen.

Zum Beurteilen von CIM-Lösungen sollten dynamische Verfahren gewählt werden, da einerseits langfristige Auswirkungen zu berücksichtigen sind, die sich durch ändernde Produktionsflexibilitäten oder wechselnde Produktionsprogramme ergeben. Andererseits müssen die unterschiedlichen Wirkungen während der einzelnen Projektphasen (Planungs-, Realisierungs-, Einführungs- und Nutzungsphase) berücksichtigt werden [23].
Um die Schätzungen zukünftiger Kosten und Erlöse möglichst gut abzusichern, sollten die Berechnungen um eine Risikoanalyse ergänzt werden. Für Erlöswirkungen können mit der Szenariotechnik fundierte Aussagen getroffen werden. In diese Methode sind z.B. verschiedene Annahmen über das Kundenverhalten oder die Reaktionen der Konkurrenten auf eigene Investitionen einbeziehbar.

2.   Einteilung nach dem Hauptzweck des Verfahrens:

-    Vorgehensweisen, die eine Datenerhebung/Wirkungsermittlung in den Vordergrund stellen, und
-    Bewertungsverfahren im engeren Sinne, die eine Wirtschaftlichkeitsanalyse aufgrund des vorliegenden Datenmaterials erlauben.

3.   Einteilung nach dem Umfang des Verfahrens

-   Bewertung von Eigenschaften/Zielsetzungen für Einzeltechnologien,
-   Bewertung von Einzeltechnologien,
-   Bewertung integrierter Technologien sowie
-   Gesamtkonzept zur strategischen Planung und Technologieauswahl.

Nachfolgend soll die dritte Klassifikation verwendet werden, um ausgewählte Verfahren kurz zu skizzieren. Diese Vorgehensweise bietet sich an, da sich damit sowohl Vorschläge zur Wirkungsermittlung für CIM-Technologien als auch für Rechenverfahren kombinieren lassen.

3.2 Systematisierung nach dem Verfahrensumfang

Die nachfolgend vorgestellten Ansätze bauen in ihren einzelnen Klassifikationsschritten aufeinander auf. Einzelverfahren können dabei in umfangreichere Lösungen eingehen, so daß sie in diesen wieder als Teilmodule auftreten.

3.2.1 Bewertung von Eigenschaften/Zielsetzungen für Einzeltechnologien

In diesen Untersuchungen werden Einzelaspekte neuer Technologien analysiert. Ziel ist es, Einzel- oder Teilziele, die an ein neues System geknüpft werden, zu überprüfen. Aufgrund des Untersuchungszwecks sind die Verfahren häufig technologieabhängig. Zum Beispiel kann man für den Fertigungsbereich klären, ob sich die Kosten der Produktion eines Enderzeugnisses durch die Investition um einen vorgesehenen Prozentsatz senken lassen. Für die Entwicklungsabteilung könnte man z.B. die Veränderung von Konstruktionszeiten untersuchen. Beispiele für derartige Rechnungen sind:

-   Stückkostenrechnungen für unterschiedliche Kapazitätsgrade bei Fertigungssystemen [22],
-   Kalkulationssätze, um Konstruktionszeichnungen mit CAD-Systemen zu erstellen [4],
-   Break-even-Analysen oder Amortisationszeitberechnungen, um für Flexible Fertigungssysteme den Flexibilitätsgrad zu untersuchen. Unter anderem analysiert man, wie viele produktprogrammabhängige Umrüstvorgänge pro Jahr notwendig sind, um die höhere Investitionssumme eines flexibleren Systems zu rechtfertigen,
-   mit Durchlaufzeitanalysen werden Auswirkungen auf die Kundenbedienung oder die Lagerbestände untersucht,

-   Kennzahlen dienen zum Quantifizieren veränderter Produktivitäten, Flexibilitäten oder der Informationsqualität durch die neue Technologie [9].

3.2.2 Bewertung von Einzeltechnologien

Mit diesen Verfahren werden die Wirkungen des isolierten Systemeinsatzes bestimmt.

-   **Kosten-Nutzen-Analyse**

    Bei dem für den DV-Bereich wohl am weitest verbreiteten Verfahren werden die Investitionen sowie die laufenden Kosten des Systems den aus der Anwendung entstehenden Einsparungen gegenübergestellt. Nur selten werden Erlöswirkungen und indirekte Effekte berücksichtigt. Insbesondere die hier wichtigen Effekte für den Absatz- und Beschaffungsmarkt durch die CIM-Technologie berücksichtigt man nicht.

-   **Vergleich von Kostenbudgets [8]**

    Die Ist-Kosten des Bereichs, in dem die neue Technologie eingesetzt werden soll, werden den geplanten Kosten nach der Systemeinführung gegenübergestellt. Man versucht dabei, z.B. auf Jahresbasis, Verschiebungen des Kostenbudgets darzustellen. Es interessieren sowohl erwartete Erhöhungen als auch Senkungen einzelner Kostenarten. Außerdem ist die Zusammenfassung nach Kostenklassen wichtig, z.B. um die Abbaufähigkeit von Fixkosten zu beurteilen oder in Einzel- und Gemeinkostenanteile zu trennen. Damit lassen sich dann auch Auswirkungen auf Kapazitätsschwankungen analysieren.

-   **Gegenüberstellen von Kostensätzen**

    Für Output-Größen werden Kostensätze als Entscheidungskriterium herangezogen. Dazu wird der Ist-Zustand mit der geplanten Lösung verglichen. Beurteilungsmaße sind zumeist Stundensätze oder Stückzahlen. Man nimmt eine Kalkulation für die betrachteten Einheiten vor. Problematisch ist dieses Vorgehen, wenn sich durch die neue Technologie, wie z.B. bei Fertigungssystemen, Kostenverschiebungen von Einzel- zu Gemeinkosten ergeben. Häufig wird damit nur ein Teilergebnis für geplante Investitionen abgebildet.

-   **Dynamische Investitionsrechnungsverfahren**

    Die Investitionsrechnung orientiert sich an den Aus- und Einzahlungen, die mit der neuen Technologie verbunden sind. Zum Beispiel wird auf Basis umfangreichen Datenmaterials der Kapitalwert für das neue System bestimmt. Ebenso können interne Zinssätze berechnet oder Amortisationsuntersuchungen durchgeführt werden. Zur Entscheidungsfindung lassen sich im Produktionsbereich z.B. Losgrößen, Schichten oder der Personalbedarf variieren [12]. Einzelergebnisse solcher Beurteilungen können einen wesentlichen Baustein bei der Analyse von Integrationskonzepten bilden.

- **Nutzwertanalysen zum Vergleich alternativer Lösungen [5]**
Die Nutzwertanalyse bzw. ein Scoring-Modell erlaubt eine subjektive Bewertung eines neuen Systems. Auf Basis geeigneter Kriterienkataloge wird die Leistungsfähigkeit und die Einsetzbarkeit der Anwendung für das Unternehmen abgeschätzt. Dazu sind in einem ersten Schritt Einzelfaktoren zu bestimmen und zu gewichten. Anschließend müssen diese Faktoren bewertet werden. Je nach Verfahren kann man z.B. einen auf die Investitionssumme bezogenen Punktwert bestimmen. Bei Technologien, für die wenig Erfahrungen vorliegen, gestaltet sich das Bestimmen und Beurteilen der Einzelkriterien ausgesprochen schwierig. Da keine monetären Aussagen getroffen werden können, läßt sich das Verfahren nur in Verwendung mit anderen Ansätzen einsetzen.

3.2.3 Bewertung von integrierten Technologien

Die für Integrationsansätze vorgeschlagenen Bewertungsverfahren sind üblicherweise allgemein einsetzbar und nicht auf den Bereich der C-Techniken beschränkt. Sie müssen daher für den jeweiligen Anwendungsfall individuell ausgestaltet werden.

- **Ebenenansatz [3, 20]**
Die Technologie- oder Integrationsanalyse wird für die betroffenen Unternehmensebenen durchgeführt. Es wird zwischen isolierten Effekten für den einzelnen Arbeitsplatz, den z.T. funktionsübergreifenden Änderungen auf den Abteilungs- oder Prozeßebenen sowie den Integrationseffekten für das Gesamtunternehmen differenziert. Für die einzelnen Ebenen sind nun jeweils geeignete Bewertungsverfahren auszuwählen.
- **Prozeßorientiertes Vorgehen**
Relevante Prozeßketten (Tätigkeitsfolgen) des Unternehmens werden abgebildet und quantitativ beschrieben. Man stellt repräsentative Prozesse jeweils mit und ohne die zu beurteilenden Systeme einander gegenüber. Dazu werden z.B. Zeit- und Mengengerüste für die durchzuführenden Tätigkeiten aufgebaut. Dieses dient als Basis einer Wirtschaftlichkeitsbewertung, bei der zwischen zusätzlichen Kosten, eingesparten Kosten sowie zusätzlichen Erlösen bei der Abwicklung der Prozesse unterschieden werden kann.
- **Analyse von Nutzeffektketten [1, 16]**

Die Effekte der neuen Technologie werden anhand sogenannter Wirkungsketten charakterisiert. Sie beschreiben direkte und indirekte Konsequenzen des Systemeinsatzes. Damit lassen sich auch Ursache/Wirkungsbeziehungen für sekundäre Veränderungen darstellen. Die Wirkungsbeziehungen werden dann in einem nächsten Schritt bewertet. Solche Abschätzungen erfassen üblicherweise sowohl Kosten- als auch Erlöswirkungen.

- **Analyse finanzieller Konsequenzen [10]**

  Kernpunkt dieses Ansatzes bildet die abgestufte finanzielle Bewertung der Investitionen. Dazu werden die Gesamtwirkungen nach jährlichem Mehraufwand, eindeutig zuordenbaren Kosteneinsparungen, Kosteneinsparungen im Umfeld der Anwendung und Deckungsbeitragswirkungen klassifiziert. Daraus ergibt sich gleichzeitig eine Ordnung der Zwischenergebnisse nach abnehmender Sicherheit und sinkender Quantifizierungsmöglichkeit. Einzelwerte lassen sich über Teilbetrachtungen, wie z.B. Flexibilitäts- und Durchlaufzeituntersuchungen bestimmen.

- **Aufstellen von Argumentenbilanzen für qualitative Wirkungen [28]**

  Mit Hilfe einer sogenannten Argumentenbilanz werden rein qualitative Resultate einander gegenübergestellt. Die Länge der Bilanzseiten spiegelt die Zahl der Nutzeffekte wieder, wobei allerdings die Wichtigkeit der Einzelpositionen nicht berücksichtigt wird. Hierzu könnte man Gewichtungsverfahren oder eine Reihenfolgebildung einsetzen. Abbildung 5 zeigt ein Beispiel.

3.2.4 Gesamtkonzept zur strategischen Planung und Technologieauswahl

Von Wildemann wird ein umfassendes Konzept der Investitionsplanung und Wirtschaftlichkeitsrechnung für Flexible Fertigungssysteme und CAD-Anwendungen vorgeschlagen, das neben der eigentlichen Wirtschaftlichkeitsbeurteilung auch eine Technologieplanung und -auswahl auf Basis der strategischen Unternehmensplanung beinhaltet [27]. Der dazu verwendete Ablauf ist so allgemein gehalten, daß es möglich erscheint, ihn auch auf andere Gebiete des Produktionsbereiches zu übertragen. Das vierstufige Verfahren umfaßt als Einzelschritte die Analyse von Produkt-Markt-Potentialen, eine Normstrategieauswahl für den Technologieeinsatz, die konkrete Systemauswahl sowie schließlich die Kontrolle des Systembetriebes. Zur Systemauswahl wird neben einer technischen Analyse alternativer Systemkonzepte ein Investitionsrechnungsverfahren eingesetzt. Gerade in diesem Bereich läßt sich diese Vorgehensweise weiter anreichern. Außerdem ist das vierstufige Vorgehen als Grundmuster zu verstehen, bei dem für die einzelnen Stufen die Verfahren technologieabhängig oder unternehmensindividuell ausgetauscht und angepaßt werden können.

SYSTEMVORTEILE	SYSTEMNACHTEILE
I. Innenwirkungen	**I. Innenwirkungen**
Direkte Wirkungen	Taktzeiterhöhung
	Ausbildungskosten
Erhöhung der Fertigungskapazitäten	DV-Planungsaufwand
Reduzierung der Losgrößen	Akzeptanz der Anwender
Höhere Flexibilität	Finanzielles Risiko
Höherer Planungsgrad	Einführungsrisiko
Verbesserte Produktqualität	Risiko der nicht abgestimmten
Direktkosten-Reduzierung	Kapazitäten
Lohngemeinkosten-Reduzierung	
	II. Außenwirkungen
Indirekte Wirkungen	Großer Anspruch an DV-Programme
	Programmierkapazität
Kapazitätsnutzung durch bedienerarme	Zulieferprobleme
Schichten	
Kontinuierlicher Materialfluß	**III. Argumentengewinn der**
Systematisierung des Produktions-	**neuen Technologie**
programms	
Nutzung des Leistungspotentials	
durch effiziente Materiallogistik	
Beherrschte Fertigung	
Erhöhte Lieferbereitschaft	
Qualitätssicherung durch	
Qualitätskontrolle	
Qualitätssicherung durch Selbstkon-	
trolle	
Integrierter Informationsfluß	
Mitarbeiterausbildung	
Innovationsfreundlichkeit	
Behebung von Engpässen	
Technologie-Know-how-Gewinn	
II. Außenwirkungen	
Qualitätssteigerung	
Flexibilität, rasche Marktanpassung	
Schnelle Reaktion auf Kundenwünsche	
Imageeffekt	
Liefertreue	

Abb. 5: Argumentenbilanz für Flexible Fertigungssysteme

3.3 Weitere Einflußgrößen einer Wirtschaftlichkeitsanalyse

3.3.1 Integrationsbewertung

Zum Beurteilen des Integrationsgrades von Einzelsystemen reicht es nicht aus, ausschließlich die Integrationskosten mit den entstehenden Nutzeffekten zu vergleichen. Als direkte Nutzeffekte wären beispielsweise ein verringerter Zeitbedarf zur Dateneingabe, weniger Aufwand für Prüfvorgänge, raschere Entdeckung von Fehlern sowie weniger Fehler bei der Datenübertragung zu nennen. Üblicherweise sind aber eine Reihe weiterer Faktoren in die Betrachtung einzubeziehen:

1.   Sowohl die Daten- als auch die Programmschnittstellen sind nicht genormt, so daß zusätzliche Kopplungskosten entstehen, die in der Literatur häufig vernachlässigt werden.

2.   Neben der Integration muß häufig auch die Einführung von Einzelmodulen parallel geplant werden. Um Prioritäten festzulegen, sind Aussagen notwendig, welche Effekte sich einstellen, solange der Integrationsprozeß noch nicht abgeschlossen ist.

3.   Einzelne Systeme können sich in Stand-alone-Lösungen als unwirtschaftlich erweisen. In einem Integrationskonzept besitzen diese Systeme dagegen vielleicht Nettonutzeffekte, da andere Programmkomplexe notwendige Daten bereitstellen, die bei einer Insellösung erst mühsam eingegeben werden müßten. Ebenso ist der umgekehrte Fall denkbar. Daher muß neben einer individuellen Einzelbetrachtung der Module auch eine Analyse erfolgen, die auf das gesamte Unternehmen bezogen ist.

4.   Die Reihenfolge der Integration ist zu bestimmen. Diese ergibt sich sowohl aus den technischen Rahmenbedingungen als auch den wirtschaftlichen Konsequenzen des Systemeinsatzes.

Auch die Probleme bei der Integration müssen betrachtet werden. Dazu zählen beispielsweise die Gefahren der Fehlerfortpflanzung, eine aufwendige Datenprüfung bei der Erfassung oder die Qualifikation der benötigten Systemarchitekten [17, 18].

3.3.2 Wahl des Investitionszeitpunktes

Die Wahl des Investitionszeitpunktes muß sowohl aus der Sicht des technischen Entwicklungsstandes als auch der wirtschaftlichen Konsequenzen beurteilt werden.
Bei den technische Aspekte ist die Gefahr der Veralterung zu berücksichtigen. Insbesondere bei dem Einsatz von Standards zur Kommunikation und den dazu notwendigen Daten-

schnittstellen muß dieses beachtet werden. Tendenziell dürften auf Standards beruhende Lösungen kostengünstiger als solche sein, für die individuelle Schnittstellen programmiert werden müssen. Bei neuen Technologien ist die Preisentwicklung zu ein Entscheidungsfaktor, da in der DV-Branche im allgemeinen bald nach der Einführung neuer Produkte Preissenkungen erfolgen. Außerdem können bei Installationen, die nach Pilotanwendungen stattfinden, typische Einführungsprobleme vermieden werden. Allerdings steht einem späteren Einführungszeitpunkt entgegen, daß mit neuen Anwendungen nur durch eine sehr frühe Nutzung auch Wettbewerbsvorteile erzielt werden können, die dann im Zeitablauf wieder rasch verloren gehen [27].

Daher sollten für die Einführung von CIM-Komponenten oder Integrationskonzepten auch Simulationen bezüglich des Einführungszeitpunktes durchgeführt werden. Eine Analyse, wie sich das Ergebnis beim Verschieben der Investition, z.B. um ein oder drei Jahre, verändert, kann ebenfalls zur besseren Beurteilung beitragen [29].

3.3.3 Einsatz knapper Ressourcen

Bei der Realisierung einer CIM-Lösung müssen sowohl die finanziellen als auch die personellen Ressourcen betrachtet werden. Insbesondere die Fachkräfte, auf denen die Konzeption einer solchen Lösung lastet, haben weniger Kapazität verfügbar als für sämtliche Integrationsprojekte benötigt wird. Daher sind Prioritäten festzulegen, die zum Teil auch durch technische Rahmenbedingungen determiniert werden. Unter kostentheoretischen Aspekten läßt sich eine Opportunitätskostenbetrachtung für den Engpaßfaktor "CIM-Organisator" durchführen. Dieses bedeutet, daß ein Projekt dann realisiert wird, wenn sich für die Aufgabe ein positiver Wert ergibt, nachdem sie mit dem Ergebnis der bestmöglichen Alternative als Kostenkomponente belastet worden ist. Um eine Reihung auf Basis der knappen Faktoren vorzunehmen, sind engpaßbezogene Deckungsbeiträge zu bestimmen. Bei Investitionsrechnungen lassen sich z.B. engpaßbezogene Renditen dazu heranziehen.

4. Ausgewählte Verfahren zur Wirtschaftlichkeitsanalyse

Nachfolgend sollen einzelne Ansätze, die im Abschnitt 3.2 vorgestellt wurden, exemplarisch behandelt werden.

4.1 Ebenenansatz

Der Ebenenansatz basiert auf Indikatorenkatalogen, über die eine veränderte Wirtschaftlichkeit abgeschätzt werden soll. Dazu müssen für CIM-Lösungen drei Ebenen unterschieden werden:

Ebene 1: Die Auswirkungen einer Systemkomponente auf den isolierten Einsatzbereich werden analysiert. Man betrachtet primär den Arbeitsplatz, etwa die individuelle CAD-Nutzung. Als Bewertungsverfahren lassen sich beispielsweise Platzkosten- oder Maschinensatzrechnungen einsetzen.

Ebene 2: Für diese Hierarchiestufe werden die mittelbaren Auswirkungen einer CIM-Investition auf andere Funktionsbereiche bestimmt. Mit Hilfe von Wirkungsketten kann man indirekte Effekte funktionsübergreifend erfassen.

Ebene 3: Sie beschreibt die Effekte der Komponenten des Integrationskonzeptes auf das Gesamtunternehmen sowie die daraus resultierenden Veränderungen für die Lieferanten- und Kundenbeziehungen. In diesem Bereich werden auch Aussagen über die zukünftige Marktentwicklung getroffen. Für die Bewertung sind folgende Dimensionen von Bedeutung:

- Kosten- und Leistungsgrößen oder Einnahmen und Ausgaben,
- direkte und indirekte Wirkungen,
- einmalige und laufende Einflüsse,
- kurz- und langfristige Resultate sowie
- quantitative und qualitative Ergebnisse.

Für jede der drei Betrachtungsebenen läßt sich eine Konsequenzenanalyse durchführen. Dazu sind die betroffenen Unternehmenseinheiten "Top-down" möglichst tief in einzelne Funktionsbereiche zu gliedern, zu denen die Input- und Outputgrößen erfaßt werden. In einem Folgeschritt aggregiert man dann die Teilergebnisse "Bottom-up" zum Gesamtergebnis des Unternehmens. Zum Erfassen der Effekte können Systemmatrizen bzw. Erfassungsbögen dienen [3]. Einen beispielhaften Indikatorenkatalog für den CAD-Einsatz zeigt Abbildung 6. Auf jeder Ebene werden die einmaligen und laufenden Kosten bestimmt. Kostenreduzierungen sowie Erlösverbesserungen werden als Nutzeffekte ausgewiesen.

EBENE 1	EBENE 2	EBENE 3
Isoliert-technikbezogene, funktionsbereichsbezogene Betrachtungsweise einer Technologie	Betrachtung der Auswirkungen einer Technologie für die betroffenen Funktionsbereiche	Betrachtung des Gesamtkonzeptes aller Systemkomponenten (Gesamtorganisation)
(direkte Effekte) z. B. CAD-Arbeitsplatz	**(indirekte Effekte)** z.B. Auswirkungen des CAD-Einsatzes für den Funktionsbereich Fertigung	**(Integrationseffekte)** z.B. Auswirkungen des CAD-Einsatzes auf die Auftragsabwicklung

Kosten	**Kosten**	**Kosten**
Systemgestaltung, Planung	Folgekosten für Fertigungsanlagen, z. B. zur Umsetzung der durch CAD erstellten Zeichnungen in NC-Programme	Datenübermittlung, Schnittschnellen, Datenbanken
Systempflege, Instandhaltung		Herstellung der Kompatibilität einzelner Systeme
Ausstattung (Soft-/Hardware)	Qualifikation (veränderte Anforderungen), Lohnniveau	
Qualifikation		Organisation - Aufbauorganisation - Ablauforganisation
Einführung	Abstimmung, Anpassung (neue Normen, Vorgaben)	
laufende Personalkosten		

Leistungen	**Leistungen**	**Leistungen**
Detailliertere Zeichnungen	Reduzierung der Teilevielfalt	Steigerung der langfristigen Flexibilität (anderes Produkt)
Zusätzliche Berechnungen	Verkürzte Produktanlaufzeit in der Fertigung	Verkürzung der Entwicklungszeiten (Marktpräsenz)
Vollständigere Stücklisten		
Reduzierung der Zeit zur Zeichnungserstellung	Sparsamerer Materialeinsatz in der Fertigung	Verringerung von Redundanzen bei der Datenerhebung
Möglichkeit von Simulationen am Rechner	Geringere Werkstattprogrammierkosten (NC-Programme)	Gesteigerte Termintreue
Entlastung von Routinetätigkeiten durch wiederverwendbare Bausteine in "Bibliotheken"	Gesteigerte Produktqualität (dreidimensionale Volumenmodelle mit CAD-Einsatz)	Verringerung der Verarbeitung fehlerhafter Daten, von Übertragungsfehlern
		Schnellere Rückkopplung bei Regelkreisen z. B. CAD/CAP/CAM/BDE

Abb. 6: Indikatorenkatalog für den CAD-Einsatz

Eine mögliche Schwäche dieser Vorgehensweise liegt in dem Aufwand, der mit dem Verfahren verbunden sein kann. Darum bietet es sich an, auf jeder Ebene exemplarische Untersuchungen vorzunehmen und auf Basis einer repräsentativen Selektion auf das Gesamtergebnis für das Unternehmen zu schließen. Mittlerweile existieren auch erste rechnergestützte Tools, mit denen eine entsprechende Bewertung unterstützt werden kann. Ein Beispiel ist das Manufacturing-Model-Development-Tool (MMDT), das im Rahmen des Esprit-Projektes 909 entwickelt worden ist [19].

4.2 Vergleich von Kostenbudgets

Bei einer Budgetbetrachtung wird die existierende Kostensituation mit dem geplanten Kostenanfall verglichen, der nach einer Integration oder der Einführung der neuen Technologie erwartet wird. Die relevanten Kosten werden dazu auf der Abteilungsebene erfaßt und dann aggregiert. Veränderungen sind von dem bereits vorhanden Automatisierungsniveau und den geplanten Kopplungen des neuen Systems abhängig. Wegen des häufig hohen Kapitaleinsatzes, insbesondere bei neuen Fertigungstechnologien, ist es in einem zweiten Schritt dann erforderlich, eine Break-even-Analyse durchzuführen. Als Ergebnis erhält man die kritische Ausbringungsmenge. Die Auslastungsplanung bildet einen weiteren Eckpfeiler der Wirtschaftlichkeitsrechnung. Neben den kostensenkenden bzw. -erhöhenden Effekten sind Kostenverlagerungen darzulegen. Veränderte Gemeinkosten können durch geänderte Maschinenkosten oder neue Kostenarten, z.B. für Software, auftreten. Neu zusammengesetzte Arbeitsinhalte beeinflussen ebenso den Kostenanfall des Funktionsbereichs.

Als Beispiel sei das Budget für die Fertigungsabteilung bei Einführung eines Flexiblen Fertigungssystems herausgegriffen. Im technischen Bereich sind folgende Effekte denkbar:

- Einsparung an Materialkosten durch höhere Fertigungspräzision der Anlage,
- Reduzierung des Bedienerpersonals,
- Verringerung des Budgets für den Lagerbereich (weniger Pufferlager und dadurch geringere Kapitalbindung sowie verminderte Lagerraumkosten),
- weniger Platzbedarf für die Maschinen,
- Abbau der Kosten für Werkzeuge, deren Zahl geringer wird,
- sinkende Energiekosten durch Abschaltbetrieb und höheren Wirkungsgrad der Antriebssysteme,
- Kosten für den Systementwurf,
- erhöhte Kosten für die Wartung der Flexiblen Fertigungssysteme sowie
- steigender Kapitaldienst (höhere Abschreibung auf die Neuanlagen).

Außerdem müssen die funktionsübergreifenden bzw. durch Wechselwirkungen entstehenden Kosteneffekte untersucht werden. Diese Betrachtung kann man anhand von Zielgrößen, wie z.B. Durchlaufzeit oder Qualität, vornehmen. Für jeden Funktionsbereich sind dazu, abhängig von den gewählten Zielgrößen, Wirkungsketten aufzustellen, um die Veränderungen abzuleiten. In einer weiteren Stufe lassen sich Kapazitätsänderungen betrachten [12, 14]. Beim Einsatz Flexibler Fertigungssysteme kann dieses durch den Übergang vom Zwei- zum Drei-Schicht-Betrieb erfolgen. Für den Personalstand läßt sich ein Budgetplan, der die Umschichtung der Personal-Struktur sowie die Veränderung durch eine mögliche dritte Schicht darlegt, aufstellen.

Mit Hilfe der Budgetuntersuchung können nun schrittweise Wirtschaftlichkeitsziele hinterfragt werden. Eine Gegenüberstellung der jährlichen Mehraufwendungen und der eingesparten Kosten zeigt, ob aufgrund einer reinen Kostenbetrachtung eine Unter- oder Überdeckung vorliegt, die Wirtschaftlichkeit also bereits festgestellt werden kann. Als Hilfsmittel dient u.a. eine Grafik, wie sie Abbildung 7 zeigt. Es werden die kumulierten jährlichen Kostenerhöhungen und die kumulierten Kosteneinsparungen aufgetragen. Die dargestellte Kurvensteigerung ändert sich aufgrund der unterschiedlichen Projektphasen.

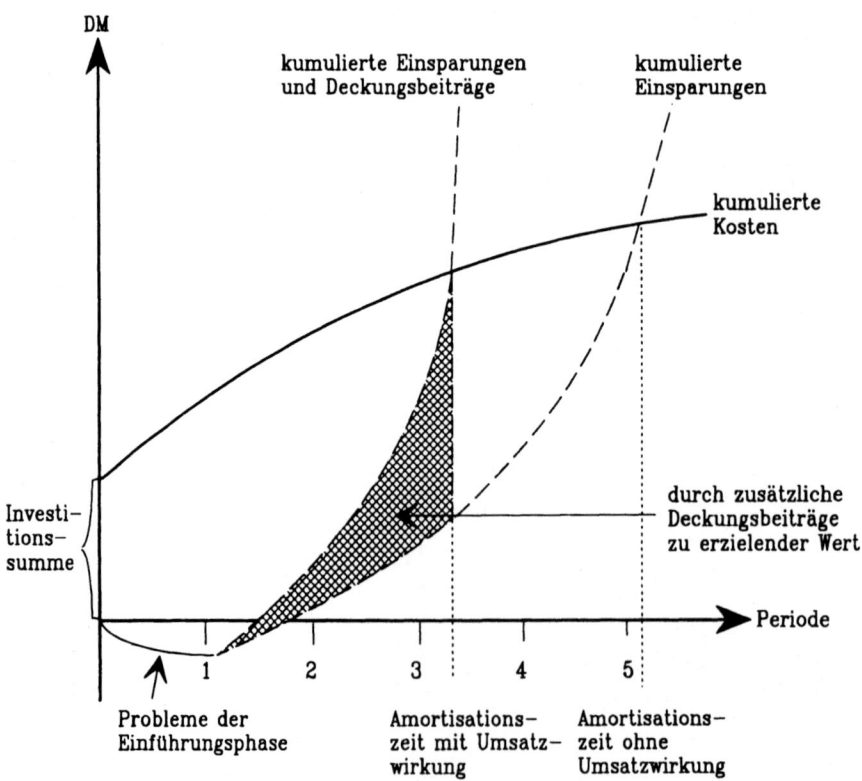

Abb. 7: Break-even-Analyse für den Technologieeinsatz

Anhand der Grafik läßt sich nun zeigen, wie die Erhöhung des Deckungsbeitrages durch Umsatzsteigerungen oder mögliche Gewinnanteile ausfallen muß, um eine gewünschte Amortisationszeit zu erreichen. Hier können Managementbeurteilungen ansetzen, ob dieser notwendige Zuwachs realistisch ist oder ob der fehlende Deckungsbeitrag durch den Einfluß des Systems auf die Unternehmensstrategie als gerechtfertigt erscheint. Somit läßt sich bei diesem Verfahren neben der Kostenbetrachtung auch ein Markteffekt in die Diskussion einführen.

Zum Erfassen der Kosten kann man auch ein Vorgehen wählen, das dem Betriebsabrechnungsbogen nachempfunden ist. In mehreren Schritten werden dazu die relevanten Kosten des Unternehmens bestimmt und auf die einzelnen Funktionsbereiche (entspricht den Spalten des Abrechnungsbogens) verteilt. Mit Hilfe von Bewertungskriterien, die in den Zeilen eingetragen werden, stellt man nun dar, wie sich die einzelnen Kostenanteile eines Funktionsbereichs (die den Kriterien zugeordnet werden) beeinflussen lassen. Allerdings ist es schwierig, auch die Interdependenzen zwischen den Kostenveränderungen aufgrund von Integrationswirkungen zu berücksichtigen.

4.3   Bewertung schwerquantifizierbarer Nutzeffekte

Da sich Einflußgrößen, wie die Auftragsdurchlaufzeit, Flexibilität oder Qualität nur schwer monetär erfassen lassen, werden sie zumeist nur in Argumentenlisten aufgeführt. Allerdings ist über Ersatzgrößen, wie z.B. Zeiteinheiten, Ausschußanteile usw. eine Bewertung durchaus möglich. Diese soll nachfolgend an verkürzten Auftragsdurchlaufzeiten und Flexibilitätssteigerungen demonstriert werden.

4.3.1   Bewertung von reduzierten Auftragsdurchlaufzeiten

Praxisberichte zeigen, daß sich die Durchlaufzeitverkürzungen auf den Technologieeinsatz selbst oder auf organisatorische Änderungen (Fertigungssegmentierung) [26] zurückführen lassen. Als mögliche Wirkungsketten zur Quantifizierung kann man folgenden Beispiele anführen [11]:

1.   Ein Senken der Lagerbestände führt zu geringerer Kapitalbindung im Umlaufvermögen. Die aus dem Rechnungswesen gewonnene Wertzuwachskurve kann für die einzelnen Produkte oder Produktbereiche Hinweise zur Abschätzung liefern [6].

2.   Mit verkürzten Lagerzeiten oder reduzierten Zwischenlagern treten weniger Lagerraum- und Handlingskosten auf. Dabei ist anzumerken, daß sich diese Einsparungen

nur zum Teil monetarisieren lassen, da z.B. Flächenfreisetzungen nicht notwendiger-weise zu Kostensenkungen führen.

3. Da kleinere Lagerbestände die Bestandsrisiken herabsetzen, müssen Risikozuschläge nur noch für geringere Mengen und den damit verbundenen Werten vorgenommen werden.

4. Bei kürzeren Regelstrecken und kleineren Losen werden Fehler früher erkannt, so daß sich die Nachbesserungskosten reduzieren lassen.

5. Eine verbesserte Marktposition aufgrund günstigerer Auftragsdurchlaufzeiten läßt sich am schwierigsten bewerten. Kürzere Durchlaufzeiten können z.B. zu höheren Umwandlungsraten für Angebote führen. Dieser Effekt könnte auch aus einer schnelleren Reaktion auf kundenindividuelle Anfragen resultieren. Allerdings zeigt sich heute in vielen Bereichen, daß CIM-Investitionen zwar dazu beitragen Fertigungsdurchlaufzeiten zu senken, gleichzeitig nimmt aber bei vielen Unternehmen die Zeitspanne von der Kundenanfrage bis zum Erstellen eines aussagekräftigen An-gebotes zu. Damit werden mögliche Zeitvorteile wieder verschenkt.

4.3.2 Bewertung von Flexibilitätssteigerungen

Ein Ansatz für die Quantifizierung besteht darin, daß man die Flexibilitätswirkungen zeitlich systematisiert und eine technisch orientierte Klassifikation vornimmt, die insbesondere für die Fertigungsautomatisierung geeignet erscheint. Dabei können zumindest fünf Flexibilitätsef-fekte mit kurz-, mittel- und langfristigen Auswirkungen unterschieden werden:

1. Veränderte Pausenüberbrückungszeiten, Einsparungen durch bedienerarme Schichten beim Überwachungspersonal und der Abbau von Pufferlagern können als Bewer-tungsgrundlage dienen, wenn die kurzfristige zeitliche Anpassungfähigkeit beurteilt werden soll.

2. Die Umstellungs- und Umrüstfähigkeit sowie die Vielseitigkeit der eingesetzten Tech-nologie läßt sich mit Umrüst-, Warte-, Liege- sowie Stillstandszeiten abschätzen. Ebenfalls sollte man versuchen, Vorteile, die kleinere Losgrößen bei der Auftrags-akquisition haben, zu bewerten. Die kleineren Lose können indirekt auch Ursache für eine veränderte Kapitalbindung sein.

3. Die Anforderungen des Marktes bestimmen weitgehend mittel- bis langfristige Flexibilitätspotentiale. Dazu sind Produktlebenszyklen oder veränderte technische Anforderungen abzuschätzen. Einflußgrößen sind die Reaktionsdauern auf veränderte Marktanforderungen, der Zeitbedarf für die Umstellung auf neue Produkte, der Um-

fang, in dem die Fertigungsanlagen umgebaut werden müssen sowie die Opportunitätskosten durch entgangenen Gewinn während der Zeit der Fertigungsumstellung.

4. Bei der langfristigen Veränderung neuer Anlagen in bezug auf Innovationsschübe oder veränderte Marktanforderungen kann es insbesondere zur Wiederverwendbarkeit einzelner Module bei neuen Produkten kommen. Sogenannte Wiederverwendungsgrade für verschiedene Technologien bieten einen ersten Anhaltspunkt [28]. Bei Berücksichtigung dieser Größen müssen zukünftige Investitionsbedarfe analysiert werden.

5. Die Flexibilitätsbeurteilung innerhalb eines Integrationskonzeptes darf sich nicht auf Einzelbausteine beschränken. Es müssen vielmehr Untersuchungen des Gesamtsystems durchgeführt werden, da ansonsten Flexibilitätspotentiale unberücksichtigt bleiben.

5. Szenariotechnik zur Wirtschaftlichkeitsanalyse

Nachfolgend soll in Anlehnung an eine Untersuchung, die von uns in einem Unternehmen der Verpackungsindustrie durchgeführt wurde, die Szenariotechnik zur Unterstützung von Wirtschaftlichkeitsanalysen vorgestellt werden. Es wird die Einführung eines integrierten CAD-Systems zum Entwurf von Kunststoffverpackungen bei hochpreisigen Konsumgütern betrachtet. Das CAD-System soll von dem Unternehmen beim Design der Verpackungen und der Konstruktion von Formen, die für die Produktion benötigt werden, eingesetzt werden. Das Unternehmen produziert mit CNC-Maschinen, so daß auch eine Integration dieses Bereiches untersucht werden muß.

Von der CAD-Anwendung werden von dem Betrieb folgende Effekte erhofft:

1. Die Zeichnungszeiten für Endprodukte sollen reduziert werden.

2. Neue Produkte lassen sich direkt mit dem Kunden am CAD-System konstruieren. In vielen Fällen kann der Kunde noch am gleichen Tag ein Konstruktionsmuster erhalten. Damit wird der Kundenservice beträchtlich erhöht.

3. Standardbibliotheken tragen zur Vereinheitlichung des Produktionsprogrammes bei, so daß weniger Formen benötigt werden.

4. Die CAD-Unterstützung führt zu verkürzten Auftragsdurchlaufzeiten, die insbesondere bei Eilaufträgen von entscheidender Bedeutung für die Auftragsakquisition sind.

5. Setzt man neben dem CAD-System einen Postprozessor ein, lassen sich automatisch NC-Programme, die bisher in der Arbeitsvorbereitung erstellt wurden, generieren.

6. Aus den CAD-Daten kann man ebenfalls Zeichnungen für den Formenbau ableiten.

Für das Unternehmen werden zwei Realisierungsstufen in Erwägung gezogen:

- Das CAD-System wird als Stand-alone-Lösung eingesetzt.
- Das CAD-System wird mit anderen Komponenten der Fertigung, speziell der CNC-Steuerung und den Verfahren der Arbeitsvorbereitung, gekoppelt.

Im ersten Fall ergeben sich hauptsächlich die Nutzeffekte 1 bis 4. Bei der Integrationslösung treten sämtliche Wirkungen auf. Bezüglich des Investitionszeitpunktes werden folgende Alternativen untersucht:

- Das Unternehmen führt die Investition sofort durch.
- Die Investition soll in drei Jahren durchgeführt werden.
- Es wird auf die CAD-Investition vollständig verzichtet.

Die mit diesen Rahmenbedingungen generierten Szenarien enthalten folgende weitere Annahmen:

- Die Investitionskosten für das CAD-System werden in drei Jahren nur noch ca. 40 % der heutigen Summe betragen, da man erwartet, dann große PC`s als CAD-Stationen einsetzen zu können.
- Ohne die CAD-Nutzung wird das für den Betrieb wichtige Segment der Eilaufträge nach ca. fünf Jahren weggefallen sein. Dieser Bereich macht ca. 20 % des Gesamtumsatzes aus, der sich auf 80 Millionen DM/Jahr beläuft. Die durchschnittliche Umsatzrendite beträgt dabei 3 %. Auch bei einer langfristigen Stand-alone-Lösung erwartet man den Rückgang des Umsatzes um ca. 10 %, da sich Eilaufträge durch die fehlende NC-Kopplung nicht maximal beschleunigen lassen. Bei sofortigem Einsatz des Systems erhofft man sich Marktvorteile, durch die neue Kunden gewonnen werden können. Die erwarteten Umsatzwirkungen aufgrund der verschiedenen Alternativen zeigt die Abbildung 8.
- Durch schnellere Zeichnungserstellung lassen sich mittelfristig im Konstruktionsbereich zwei Personen einsparen (entspricht 170.000,- DM/Jahr).
- Die integrierte Lösung reduziert die Kapitalkosten um 15.000,- DM/Jahr, da die Zahl der Formen gesenkt wird. Zusätzlich entstehen in der Arbeitsvorbereitung Einsparungen in Höhe von 80.000,- DM/Jahr.

Jahr		1	2	3	4	5	6
S o f o r t	CAD integriert	0%	1,5%	3%	1,5%	1,5%	1,5%
	CAD stand alone	0%	0%	-2%	-4%	-5%	-10%
	CAD integriert in drei Jahren	0%	-2%	-4%	-4%	-2%	0%
	keine CAD-Investition	0%	-2%	-5%	-10%	-15%	-20%

Abb. 8: Umsatzwirkungen durch die CAD-Investition (in % vom Umsatz)

Die sofortige Investitionssumme für das integrierte CAD-System beträgt 550.000,- DM, für die Stand-alone-Lösung 350.000,- DM. Für die integrierte PC-Lösung sind in drei Jahren noch 210.000,- DM aufzuwenden. Abbildung 9 zeigt die finanziellen Wirkungen und den Kapitalwert der integrierten CAD-Lösung auf Basis einer sechsjährigen Betrachtung. Analoge Berechnungen für die drei Alternativen führen zu folgendem Gesamtergebnis:

Die schlechteste Lösung ist der Verzicht auf sämtliche Investitionen, da sich damit ein katastrophaler Umsatzrückgang einstellt. Auch die Stand-alone-CAD-Lösung weist einen negativen Kapitalwert von -179.900,- DM auf, der ebenfalls auf dem Umsatzrückgang beruht. Mit einer Investition erst in drei Jahren wird der technologische Früheinstieg in der Branche verpaßt. Der Kapitalwert beläuft sich auf 106.500,- DM. Am höchsten ist er bei einer sofortigen Integrationslösung. Hier beträgt er rund 435.000,- DM. Allerdings ist zu hinterfragen, ob nicht eine zweistufige Einführung zu einem noch günstigeren Ergebnis führen würde. Dabei würde dann zuerst eine Stand-alone-Anwendung realisiert, die, nachdem sich das System im ersten Einsatz bewährt hat, zu einer integrierten Lösung ausgebaut wird.

Finanzielle Konsequenzen \ Jahr	1	2	3	4	5	6
Jährlicher Mehraufwand *Investitionssumme* *Wartung/System-kosten*	-550.000	-62.000	-62.000	-62.000	-62.000	-62.000
Eindeutig zuordenbare Kosteneinsparungen *Personalkosten*		170.000	170.000	170.000	170.000	170.000
Indirekte Ergebnisse/ Einsparungen *Kapitalkosten* *Arbeitsvorbereitung*		15.000 80.000	15.000 80.000	15.000 80.000	15.000 80.000	15.000 80.000
Erhöhung des Deckungsbeitrags		36.000	72.000	36.000	36.000	36.000
Ergebnis	-550.000	239.000	275.000	239.000	239.000	239.000
Kalkulationszins Kapitalwert	8 % 435.122					

Abb. 9: Ergebnisse der integrierten CAD-Lösung (in DM)

6. Zusammenfassung

Der erste Teil dieses Beitrags hat gezeigt, daß mit der Einführung moderner CIM-Techniken und Integrationskonzepte bedeutende Wirtschaftlichkeitspotentiale erschlossen werden können. Für die Planung gibt es eine Vielzahl von Rechenmethoden, die zur Abschätzung solcher Wirkungen herangezogen werden können. Der Nachweis von Nutzeffekten und Kosten ist dabei für integrierte DV-Lösungen noch komplexer als bei unabhängigen Systemen, da verschiedene Wirkungsebenen und indirekte Effekte zu berücksichtigen sind. Allgemein sollte man unterschiedliche Szenarien auf Basis verschiedener Annahmen generieren, um eine fundierte Beurteilung durchzuführen. Dabei scheint es angezeigt, den Einführungszeitpunkt der Technik zu variieren. Bei einer Betrachtung verschiedener Wirkungsebenen ist es erforderlich, ebenfalls die Markteffekte in den Berechnungen mit einzubeziehen. Für knappe Einsatzfaktoren können die Berechnungen um Opportunitätskostenanalysen ergänzt werden. Das damit insgesamt verfügbare Instrumentarium kann zwar wirtschaftliche Unsicherheiten, die mit der Realisierung von CIM-Konzepten verbunden sind, nicht vollständig ausschalten, es trägt aber dazu bei, die Risiken zu reduzieren.

Literaturverzeichnis

[1] Anselstetter, R., Betriebswirtschaftliche Nutzeffekte der Datenverarbeitung, 2. Aufl., Berlin 1986.

[2] Brockhoff, K. und Urban, Ch., Die Beeinflussung der Entwicklungsdauer, in: Brockhoff, K., Picot, A. und Urban, Ch., Zeitmanagement in Forschung und Entwicklung, Schmalenbachs Zeitschrift für betriebswirtschaftliche Forschung (1988) Sonderheft, S. 1 ff.

[3] Eberle, M. und Schäffner, G.J., Analyse und Bewertung von CIM-Investitionen, Zeitschrift für wirtschaftliche Fertigung 83 (1988) 3, S. 118 ff.

[4] Encarnacao, J., Hellwig, H.E., Hettesheimer, E., Klos, W.F., Lewandowski, S., Messina, L.A., Poths, W., Rohmer, K. und Wenz, H. (Hrsg.), CAD-Handbuch, Auswahl und Einführung von CAD-Systemen, Berlin u.a. 1984.

[5] Eversheim, W., Dahl, B. und Spenrath, K., CAD/CAM-Einführung, Köln 1989.

[6] Förderkreis Betriebswirtschaft an der Universität Stuttgart e.V., Budgetierung von Ergebniseffekten logistischer Maßnahmen in der Fertigung - Ergebnisse eines Pilotversuchs, Die Betriebswirtschaft 48 (1988) 3, S. 347 ff.

[7] Haspel, B., Untersuchung der Wirtschaftlichkeit von C-Techniken in der Fertigung, Diplomarbeit, Nürnberg 1989.

[8] Herrmann, P., Wirtschaftlichkeitsaspekte und Chancen einer flexiblen Fertigung aufgezeigt an Beispielen aus dem Maschinenbau, in Horváth, P. (Hrsg.), Wirtschaftlichkeit neuer Produktions- und Informationstechnologien - Tagungsband Stuttgarter Controller-Forum 14.-15.9.1988, Stuttgart 1988, S. 143 ff.

[9] Hettesheimer, E., Quantifizierung des Nutzens beim Einsatz rechnergestützter Verfahren im Entwicklungsbereich, in: Horváth, P. (Hrsg.), Wirtschaftlichkeit neuer Produktions- und Informationstechnologien - Tagungsband Stuttgarter Controller-Forum 14.-15.9.1988, Stuttgart 1988, S. 235 ff.

[10] Horváth, P. und Mayer, R., CIM-Wirtschaftlichkeit aus Controller-Sicht, CIM-Management 4 (1988) 4, S. 48 ff.

[11] Horváth, P., Grundprobleme der Wirtschaftlichkeitsanalyse beim Einsatz neuer Informations- und Produktionstechnologien, in: Horváth, P. (Hrsg.), Wirtschaftlichkeit neuer Produktions- und Informationstechnologien - Tagungsband Stuttgarter Controller-Forum 14.-15.9.1988, Stuttgart 1988, S. 1 ff.

[12] Horváth, P., Kleiner, F. und Mayer, R., Dynamische Investitionsrechnung für flexibel automatisierte Werkzeugmaschinen, Die Betriebswirtschaft 47 (1987) 1, S. 69 ff.

[13] Köhl, E., Esser, U., Kemmner, A. und Förster, U., CIM zwischen Anspruch und Wirklichkeit, Köln 1989.

[14] Lienert, J. und Wieß, P.S., Wirtschaftlichkeitsbeurteilung komplexer Fertigungsanlagen, Zeitschrift für wirtschaftliche Fertigung 73 (1978) 2, S. 59 ff.

[15] Mertens, P., Anselstetter, R., Eckardt, T. und Nickel R., Betriebswirtschaftliche Nutzeffekte und Schäden der EDV - Ergebnisse des NSI-Projekts, Zeitschrift für Betriebswirtschaft 52 (1982) 2, S. 135 ff.

[16] Mertens, P., Forschungsergebnisse zum Nutzen-Kosten-Verhältnis der computergestützten Informationsverarbeitung, in: Ballwieser, W. und Berger, K.-H. (Hrsg.), Information und Wirtschaftlichkeit, Wiesbaden 1985, S. 49 ff.

[17] Mertens, P., Industrielle Datenverarbeitung 1, 8. Aufl., Wiesbaden 1991.

[18] Miller, J.-G. und Vollmann, Th. E., The Hidden Factory, Harvard Business Review 62 (1985) 5, S. 142 ff.

[19] Quint, W., Integriertes Investitionsanalysesystem, CIM-Management 5 (1989) 3, S. 53 ff.

[20] Reichwald, R., Einsatz moderner Informations- und Kommunikationstechnik, CIM-Management 3 (1987) 3, S. 6 ff.

[21] Rösch, U., Untersuchungen zu betriebswirtschaftlichen Nutzeffekten der EDV in den Jahren seit 1983, Diplomarbeit, Nürnberg 1986.

[22] Schlingensiepen, J., Wirtschaftlichkeitsrechnungen und kostenrechnerische Kalküle für flexible Fertigungssysteme (FFS), Kostenrechnungspraxis o.Jg. (1987) 5, S. 179 ff.

[23] Schreuder, S. und Fuest, N., CAD/CAM für mittelständische Unternehmen - Leitfaden zur Planung und wirtschaftlichen Beurteilung einer CAD/CAM-Einführung, Köln 1988.

[24] Schünemann, T.M. und Lehnen, H., Berücksichtigung unterschiedlicher Flexibilitätsgrade bei der Investitionsplanung von Industrierobotern, Zeitschrift für wirtschaftliche Fertigung 78 (1983) 11, S. 501 ff.

[25] Wessels, H., Beschäftigungswirkungen computergestützter Technologien - dargestellt am Beispiel der Montageroboter, Zeitschrift für Betriebswirtschaft 59 (1989) 11, S. 1159 ff.

[26] Wildemann, H., Die modulare Fabrik - Kundennahe Produktion durch Fertigungssegmentierung, München 1988.

[27] Wildemann, H., Investitionsplanung für CAD/CAM, Stuttgart 1986.

[28] Wildemann, H., Investitionsplanung und Wirtschaftlichkeitsrechnung für flexible Fertigungssysteme, Stuttgart 1987.

[29] Wildemann, H., Strategische Investitionsplanung - Methoden zur Bewertung neuer Produktionstechnologien, Wiesbaden 1987.

[30] Witerhalder, L., Mit CAQ die wirtschaftliche Zukunft sichern, MEGA o.Jg. (1987) 7, S. 19 ff.

Konzept eines dezentralisierten Entwicklungs-Controlling

F.-W. Voss, Volkswagen AG, Wolfsburg

Leider war es dem Autor nicht möglich, bis zum Redaktionsschluß dieses Tagungsbandes das Manuskript einzureichen. Die Teilnehmer der Veranstaltung erhalten eine Kopie der beim Vortrag verwendeten Folien.

12. Saarbrücker Arbeitstagung 1991
Rechnungswesen und EDV
hrsg. v. A.-W. Scheer
© Physica-Verlag Heidelberg 1991

Betriebswirtschaftliche Aspekte der bilanziellen Abgrenzung des Anlagevermögens

Dipl.-Kfm. K. Fischer, Hauptgruppenleiter Anlagenwirtschaft, BASF AG, Ludwigshafen

Gliederung:

1. Ausgangslage

2. Wirtschaftsgut-Begriff

   2.1 Fehlende Legaldefinition

   2.2 Kriterien der Rechtsprechung

   2.3 Praktische Anwendung

3. Bedeutung der Wirtschaftsgut-Abgrenzung für Handels- und Steuerbilanz

   3.1 Neuanlagen

   3.2 Vorhandene Anlagen

   3.3 Vergleich Erhaltungsaufwand/Bilanzielle Abschreibungen

   3.4 Bilanzielle Kennziffern

4. Auswirkungen auf das Betriebliche Rechnungswesen

   4.1 Kostenrechnung, Kalkulation, operative Ergebnisrechnung

   4.2 Reparaturmaßnahmen/Sachanlagenprojekte

5. Auswirkungen auf die Anlagenbestandsführung

   5.1 Kaufmännische und Technische Bestandsführung

   5.2 Wiederbeschaffungswert/Versicherungswert

6. Lösungsansatz "Betrieblicher Anlagenbestand"

12. Saarbrücker Arbeitstagung 1991
Rechnungswesen und EDV
hrsg. v. A.-W. Scheer
© Physica-Verlag Heidelberg 1991

1. Ausgangslage

Die bilanzielle Abgrenzung des Anlagevermögens wird von der Interpretation des Begriffes Wirtschaftsgut bestimmt. Das Wirtschaftsgut ist Grundlage der Abgrenzung in der Handels- und Steuerbilanz zwischen zu aktivierendem Herstellungsaufwand und sofort das Ergebnis beeinflussendem Erhaltungsaufwand. Gleichzeitig hat die bilanzielle Abgrenzung des Anlagevermögens Einfluß auf die internen, betriebswirtschaftlichen Instrumente zur operativen Steuerung und Kontrolle des Unternehmens.

Nach den von der Rechtsprechung entwickelten Grundsätzen ist der Begriff Wirtschaftsgut im Sachanlagevermögen nicht eng auszulegen. Im folgenden wird am Beispiel großtechnischer Anlagen der chemischen Industrie die Durchführung der Wirtschaftsgut-Abgrenzung in der Praxis dargestellt. Außerdem werden die bilanzsteuerlichen Konsequenzen und die Auswirkungen auf das Betriebliche Rechnungswesen aufgezeigt.

2. Wirtschaftsgut-Begriff

2.1 Fehlende Legaldefinition

In der steuerlichen Gesetzgebung und Rechtsprechung hat der Begriff Wirtschaftsgut eine zentrale Bedeutung. Es existiert jedoch keine Legaldefinition. Dasselbe gilt für den handelsrechtlichen Begriff des Vermögensgegenstandes.

Aufgrund des Maßgeblichkeitsgrundsatzes sind die Begriffe Wirtschaftsgut und Vermögensgegenstand identisch [1]. Demnach prägt die steuerliche Rechtsprechung über den Begriff Wirtschaftsgut Ansatz und Bewertung des Sachanlagevermögens in der Handelsbilanz mit.

2.2 Kriterien der Rechtsprechung

Die BFH-Rechtsprechung hat sich mit der Problematik des Wirtschaftsgut-Begriffes und der Abgrenzung der Wirtschaftsgüter untereinander vielfach auseinandergesetzt.

In den zu unterschiedlichen Bereichen des Steuerrechts ergangenen Urteilen wird als entscheidendes Abgrenzungskriterium die selbständige Bewertungsfähigkeit festgestellt [2]. Ein selbständig bewertbares Wirtschaftsgut liegt vor, wenn einem Gegenstand ein wirtschaftlicher Wert beizumessen ist, wenn also der Gegenstand im Rahmen des Betriebes als Einzelheit von Bedeutung und bei seiner Veräußerung greifbar ist.

Die Abgrenzung gegenüber anderen Wirtschaftsgütern bestimmt sich nach der allgemeinen Verkehrsauffassung. Abzustellen ist dabei auf den Zeitpunkt der bestimmungsgemäßen Verwendung [3] und nicht auf den der Anschaffung. Demnach können Gegenstände ihre zunächst vorhandene Wirtschaftsguteigenschaft verlieren, wenn sie im Rahmen der Herstellung von Anlagen mit anderen Gegenständen verbunden werden [4].

Für die Abgrenzung des Wirtschaftsgutes Gebäude hat die Rechtsprechung das Kriterium "einheitlicher Nutzungs- und Funktionszusammenhang" entwickelt [5]. Danach ist Gebäudebestandteil, was unmittelbar der Gebäudenutzung dient. Andere Bauteile, die unmittelbar dem im Gebäude ausgeübten Gewerbe dienen, sind dagegen Betriebsvorrichtungen.

Für die Abgrenzung oder Zuordnung beweglicher Gegenstände untereinander, die einem einheitlichen Zweck dienen und miteinander in Verbindung stehen, ist das Beurteilungskriterium Nutzungs- und Funktionszusammenhang für sich allein kein ausreichendes Kriterium.

Ob ein Gegenstand, der in Verbindung mit anderen Gegenständen steht, ein selbständiges Wirtschaftsgut oder nur ein unselbständiger Teil eines anderen Wirtschaftsgutes ist, bestimmt sich vor allem nach dem Grad der Festigkeit der Verbindung im Sinne des § 93 BGB, der Zeitdauer, auf den die Verbindung oder gemeinsame Nutzung angelegt ist, sowie dem äußeren Erscheinungsbild vor und nach der Verbindung [6]. Eine fehlende bauliche Verbindung kann allerdings als unerheblich angesehen werden, wenn Gegenstände für sich allein betrachtet unvollständig erscheinen, jedoch unter Berücksichtigung der allgemeinen Verkehrsauffassung mit anderen Gegenständen in funktionaler Verbindung stehen und sich derart ergänzen, daß sie gemeinsam als technische Funktionseinheit [7] äußerlich in Erscheinung treten.

Zur Konkretisierung der selbständigen Bewertungsfähigkeit im beweglichen Anlagevermögen sind demnach das äußere Erscheinungsbild, die auf Dauer angelegte feste Verbindung und das Vorliegen einer technischen Funktionseinheit als entscheidende Beurteilungskriterien maßgebend.

2.3 Praktische Anwendung

In der chemischen Industrie wird, historisch bedingt, der Wirtschaftsgut-Begriff überwiegend rein technisch ausgelegt, was zumindest bei modernen großtechnischen Anlagen tendenziell nicht den von der Rechtsprechung entwickelten Grundsätzen zur Wirtschaftsgut-Abgrenzung gerecht wird.

Der wertmäßig überwiegende Teil des beweglichen Anlagevermögens in der chemischen Industrie entfällt auf die Produktions-, Energie- und Verteilungsanlagen. Die verfahrenstechnische Entwicklung der letzten Jahrzehnte in diesem Bereich führte von einzelnen apparativen und maschinellen Einheiten zu kompletten, in sich geschlossenen Prozeßeinheiten mit zentraler, weitgehend automatisierter Steuerung durch Prozeßleitsysteme. Das bedeutet für die Frage der Wirtschaftsgut-Abgrenzung, daß das funktionale Abgrenzungskriterium sehr viel mehr an Gewicht gewinnt als technische Kriterien.

In den nachfolgenden Abbildungen werden drei Abgrenzungsbeispiele schematisch dargestellt. Es handelt sich um typisierte Produktionsanlagen aus der Grundstoff-, Kunststoff- und Farbenproduktion, d. h. um Produktionsanlagen mit stark unterschiedlicher Verfahrenstechnik.

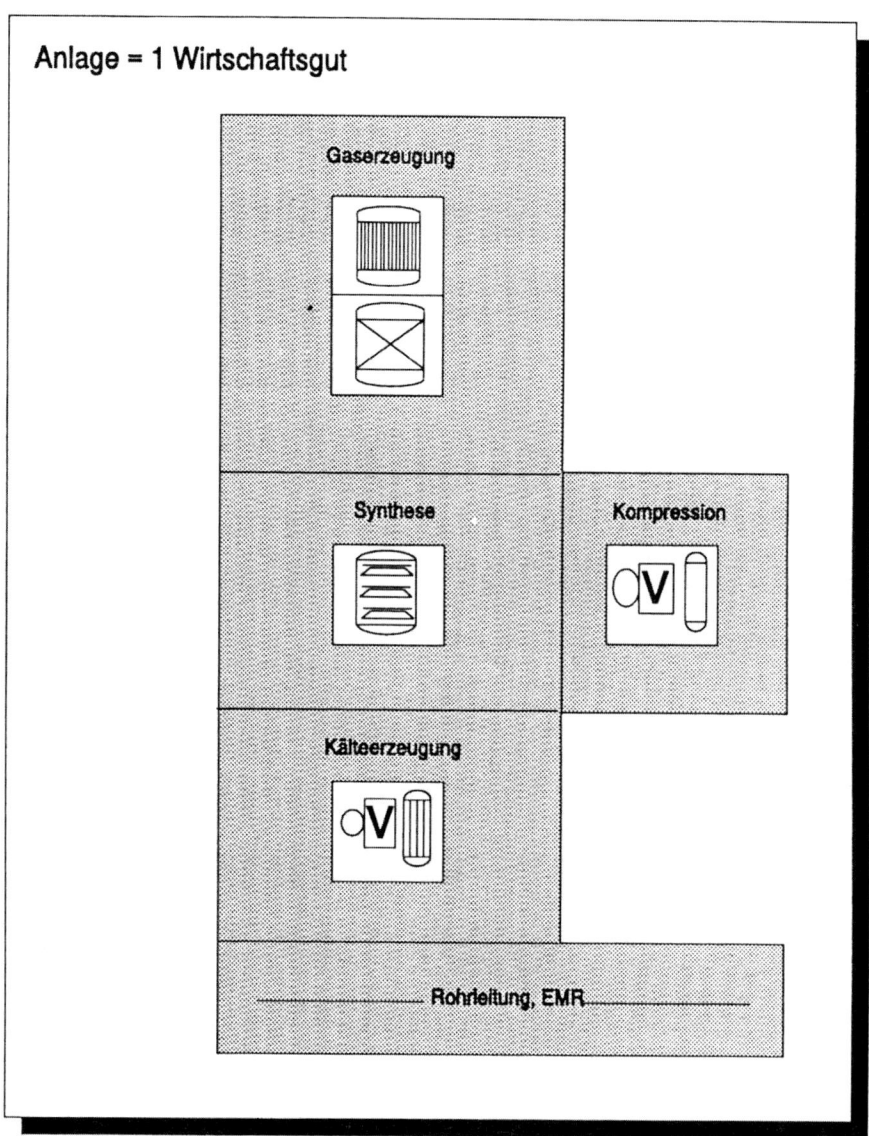

Abb. 1: Produktionsanlage Grundstoff

Beim Anlagentyp Produktionsanlage Grundstoff (vgl. Abb. 1) stehen alle Anlagenteile bzw. Verfahrensteile einschließlich Apparategerüste und Verbindungsleitungen auf Dauer in fester Verbindung und treten als ausgeprägte Funktionseinheit äußerlich in Erscheinung. Nach den genannten Abgrenzungskriterien ist die gesamte technische Anlage ein einheitlich zu bewertendes Wirtschaftsgut. Die einzelnen technischen Teile haben durch die Einbindung in die Anlage ihre Bewertungsfähigkeit verloren.

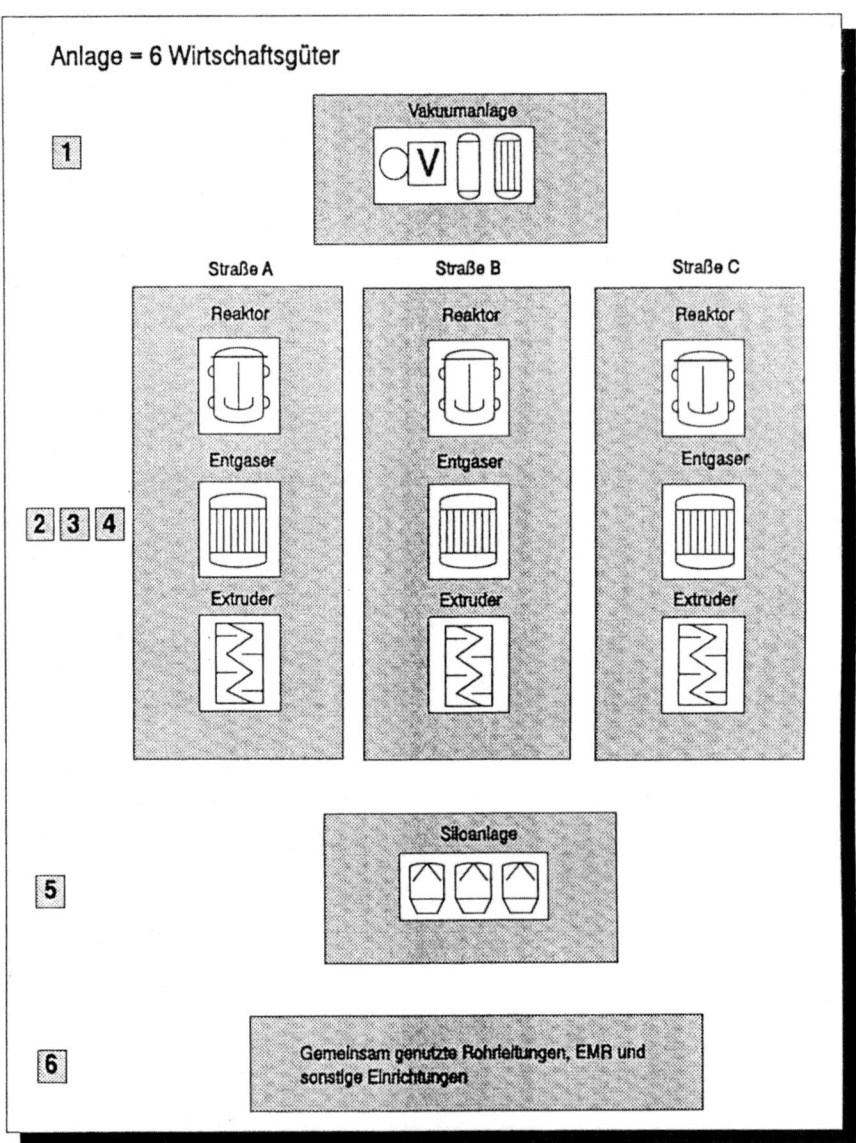

Abb. 2: Produktionsanlage Kunststoff

Beim Anlagentyp Produktionsanlage Kunststoff (vgl. Abb. 2) stehen die parallel betriebenen Produktionsstraßen A, B und C zwar über die vor- und nachgeschalteten gemeinsamen Anlagen und die Betriebs-Infrastruktur in einem technischen Nutzungs- und Funktionszusammenhang, sie stellen jedoch keine Funktionseinheit, wie im vorangegangenen Beispiel, dar. Die Straßen stehen untereinander in keiner festen, auf Dauer angelegten Verbindung.

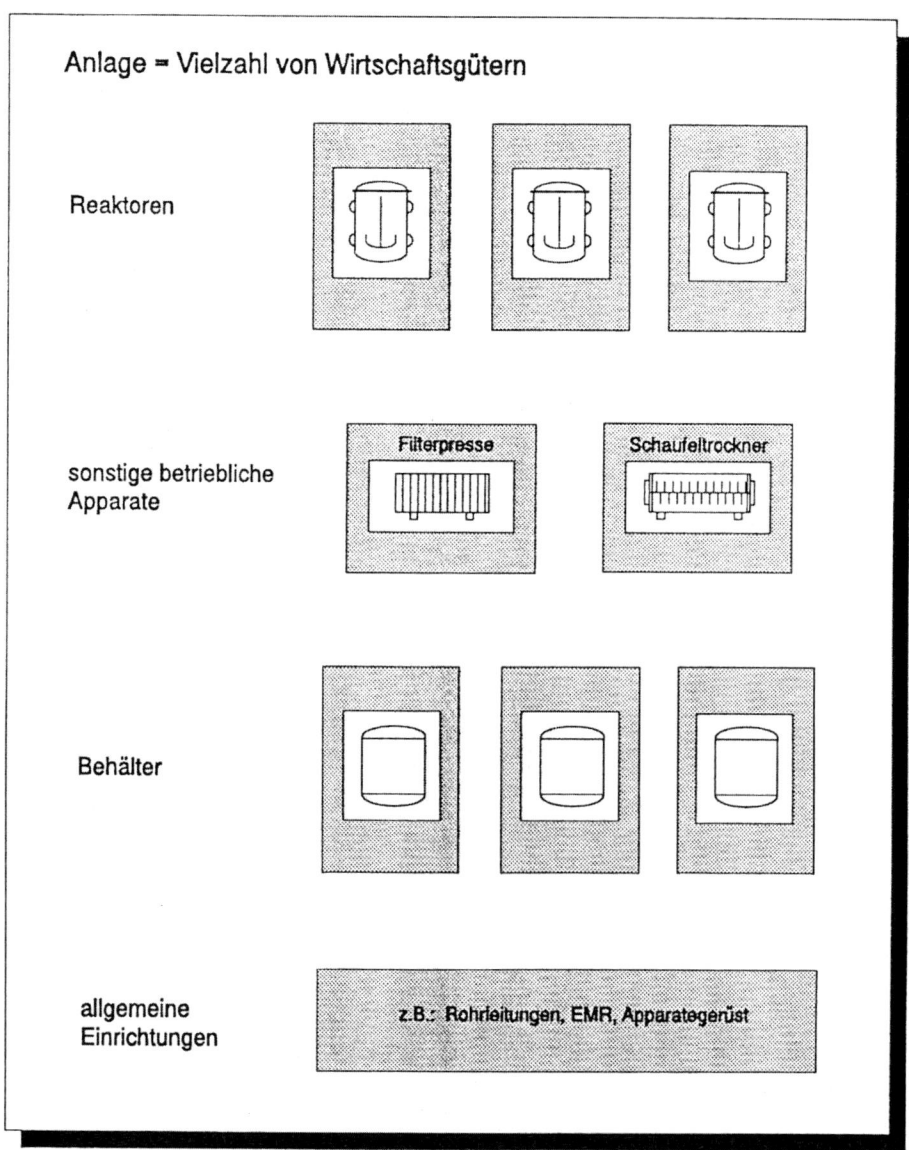

Abb. 3: Produktionsanlage Farben

Beim Anlagentyp Produktionsanlage Farben (vgl. Abb. 3) können verschiedene Farbprodukte in unterschiedlicher Kombination der schematisch dargestellten Apparate produziert werden. Entsprechend stellen die einzelnen Apparate einschl. der zu der Funktionseinheit gehörenden Nebenfunktionen und Leitungen jeweils ein einheitlich zu bewertendes Wirtschaftsgut dar. Das Wirtschaftsgut Reaktor besteht z. B. aus Behälter, Rührwerk, Siedekühler, Vorlage, Kreislauf- und Austragspumpe, Meß- und Regeleinrichtungen und den dazugehörigen Leitungen. Auch hier führt die funktionale Betrachtungsweise zu einer weiteren Wirtschaftsgutabgrenzung als die rein technische.

348

3. Bedeutung der Wirtschaftsgut-Abgrenzung für Handels- und Steuerbilanz

Die konsequente funktionale Wirtschaftsgut-Abgrenzung im Sachanlagevermögen führt gegenüber einer technisch geprägten Bilanzierung von einzelnen Gegenständen tendenziell zu einem höheren Anteil an Erhaltungsaufwand, d. h. zu einem entsprechenden Rückgang der im Sachanlagevermögen zu aktivierenden Maßnahmen und der daraus resultierenden bilanziellen Abschreibungen.

3.1 Neuanlagen

Bei dem Bau einer neuen Produktionsanlage besteht in dieser Hinsicht noch kein Unterschied. Qualitativ wird hier jedoch aus dem Anschaffungsvorgang einzelner Gegenstände der Herstellungsprozeß einer Anlage oder mehrerer Teil-Anlagen, jeweils bestehend aus einem Wirtschaftsgut. Daraus folgt, daß die bilanzielle Abschreibung nicht bereits nach Anschaffung der einzelnen Gegenstände einsetzt, sondern erst nach der Fertigstellung.

Abschreibungsdauer und -methode sind für das Wirtschaftsgut einheitlich festzulegen. Einzelne Gegenstände, die bei rein technischer Auslegung des Wirtschaftsgut-Begriffes z. B. als geringwertige Wirtschaftsgüter sofort im Jahr der Anschaffung abzuschreiben wären, gehen ggf. in die Herstellungskosten des größeren Wirtschaftsgutes ein und teilen hinsichtlich der Abschreibung dessen Schicksal.

3.2 Vorhandene Anlagen

Die Erweiterung vorhandener Anlagen (z. B. bei Kapazitätserhöhung) ist bei funktionaler Auslegung des Wirtschaftsgut-Begriffes i. d. R. nachträglicher Herstellungsaufwand. Die bilanzielle Rest-Abschreibungsdauer ist daher neu einzuschätzen und eine einheitliche bilanzielle Abschreibung ab Beginn des Geschäftsjahres vorzunehmen, in dem die Erweiterung des Wirtschaftsgutes abgeschlossen wird.

Der wesentliche bilanzsteuerliche Unterschied zwischen einer funktionalen Wirtschaftsgut-Abgrenzung und einer rein technischen wird erst bei Ersatzbeschaffung einzelner Gegenstände und bei Maßnahmen zur Modernisierung, Optimierung oder Nachrüstung vorhandener Anlagen deutlich.

Bei enger, technischer Auslegung des Wirtschaftsgut-Begriffes handelt es sich bei solchen Maßnahmen um zu aktivierende Ersatz-Investitionen (z. B. bei Beschaffung einer Ersatzpumpe für den Kühlkreislauf) oder um Zusatz-Investitionen (z. B. bei einem zusätzlichen Meßgerät zur Abwasser-Überwachung). Dagegen dienen diese Maßnahmen bei funktionaler Auslegung des Wirtschaftsgut-Begriffes lediglich der Erhaltung der bestimmungsmäßigen Nutzung der vorhandenen Wirtschaftsgüter, sie stellen demnach steuerlich Erhaltungsaufwand dar.

349

3.3 Vergleich Erhaltungsaufwand/Bilanzielle Abschreibungen

In der nachstehenden Abbildung 4 werden modellhaft die Ergebnisauswirkungen vor und nach Steuern eines höheren Erhaltungsaufwandes von gleichbleibend 1 Mio DM p. a. mit den dafür entfallenden bilanziellen Abschreibungen verglichen (going concern).

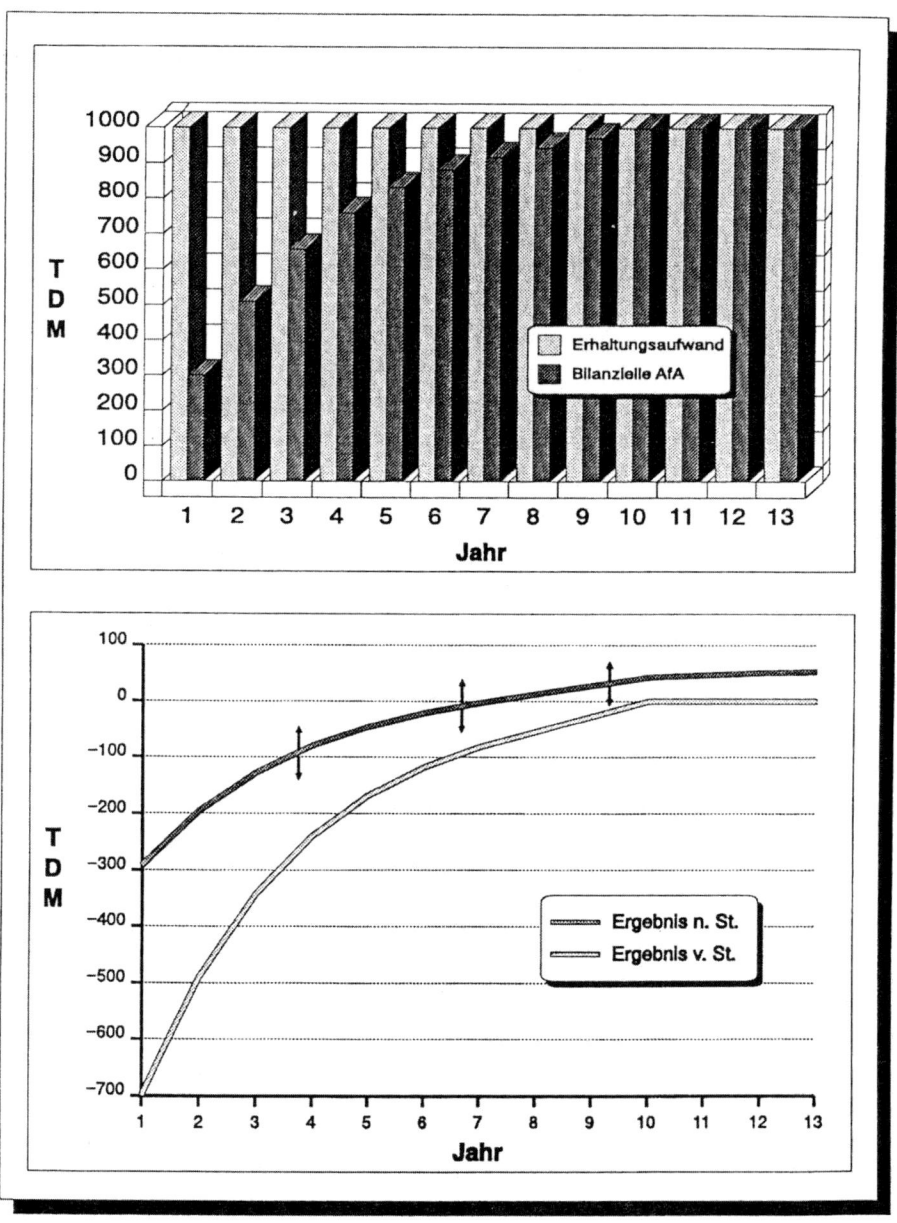

Abb. 4: Modell - Ergebnisauswirkung Erhaltungsaufwand - Bilanzielle Abschreibung

Wie die Abbildung 4 zeigt, tritt die Ergebnisauswirkung nur während einer Übergangsphase auf. Das Ergebnis vor Steuern ist bereits nach wenigen Jahren durch den sofort ergebniswirksamen Erhaltungsaufwand nur noch wenig mehr belastet als durch die degressiven Abschreibungen aus einem vergleichbaren Investitionsvolumen. Ab dem Ende der Abschreibungsdauer, im Modell mit 10 Jahren angenommen, besteht kein Unterschied mehr.

Im Ergebnis nach Steuern führt der Erhaltungsaufwand bereits ab dem 8. Jahr durch geringere Substanzsteuern zu einer Ergebnisverbesserung gegenüber der alternativen Investition. Dieser Steuervorteil erhöht sich noch um den nicht im Modell berücksichtigten Zinsvorteil aus der Stundung von Ertragsteuern.

3.4 Bilanzielle Kennziffern

Die funktionale Wirtschaftsgutabgrenzung mit einem entsprechend höheren Erhaltungsaufwand hat auch Einfluß auf die gängigen bilanziellen Kennziffern, wie z. B. Gesamtkapitalrendite, Anlagendeckung durch Eigenkapital, langfristige Vermögensdeckung, cash flow usw., auf die hier nicht näher eingegangen werden soll.

4.   Auswirkungen auf das Betriebliche Rechnungswesen

4.1 Kostenrechnung, Kalkulation, operative Ergebnisrechnung

Traditionell werden in der Kostenrechnung und Kalkulation anstelle der degressiven bilanziellen Abschreibungen vom Restbuchwert lineare kalkulatorische Abschreibungen vom Wiederbeschaffungswert bzw. vom historischen Anschaffungswert angesetzt. Kostenrechnung, Kalkulation und operative Ergebnisrechnung bis hin zur Produkt-Ergebnisrechnung bleiben somit unbeeinflußt von den jeweils geltenden steuerlichen Abschreibungsregelungen.

Die in der internen Rechnung zu berücksichtigenden Reparaturkosten werden hingegen i. d. R. identisch mit dem steuerlichen Erhaltungsaufwand definiert. Aperiodisch anfallende Großreparaturen führen zu entsprechend starken Kosten- und Ergebnisschwankungen, die den Produkt-, Zeit- bzw. Standortvergleich stören.

Bei konsequenter Anwendung der funktionalen Wirtschaftsgut-Abgrenzung auf großtechnische Anlagen verstärken sich diese steuerlichen/bilanziellen Rückwirkungen auf die interne Rechnung wesentlich. Die Aussagefähigkeit der operativen Kontroll- und Steuerungsinstrumente wird infrage gestellt.

Es ist daher zu prüfen, ob die bilanzielle/steuerliche Prägung des internen Reparatur-Kosten-Begriffes aufzugeben ist mit entsprechender Abgrenzung und anteiliger Verrechnung des Aufwandes über mehrere Perioden.

4.2 Reparaturmaßnahmen/Sachanlagenprojekte

Aus den vorgenannten Gründen wäre auch das in der Praxis meist unterschiedliche Planungs- und Genehmigungsverfahren für Reparaturmaßnahmen und Sachanlagenprojekte konsequenterweise nicht an der bilanzsteuerlichen Abgrenzung zwischen Erhaltungs- und Herstellungsaufwand auszurichten, sondern nach Art der Maßnahmen und Höhe der zu erwartenden Kosten zu differenzieren.

5. Auswirkungen auf die Anlagenbestandsführung

5.1 Kaufmännische und Technische Bestandsführung

Klassische Aufgabe der kaufmännischen Anlagenrechnung ist die Erfassung und Fortschreibung des bilanziellen Anlagenbestandes sowie die Ermittlung der bilanziellen Abschreibungen und Restbuchwerte der Wirtschaftsgüter bzw. Vermögensgegenstände.

Daneben existieren in den technischen Abteilungen oder zentral im Rechnungswesen Bestandsdateien, in denen die einzelnen Gegenstände für technische Dispositions- und Kontrollzwecke, z. B. für die Planung der Instandhaltung, bestandsmäßig mit überwiegend technischen Daten erfaßt sind.

Um die aufwendige Doppelpflege beider Bestände zu vermeiden und eine parallele Fortschreibung zu gewährleisten, sind diese Bestandsdateien i. d. R. EDV-technisch miteinander verknüpft. Dieser verwaltungsmäßige Gesichtspunkt hat für die frühere, technisch orientierte Wirtschaftsgutabgrenzung eine wesentliche Rolle gespielt.

Bei Anwendung der funktionalen Betrachtungsweise muß diese enge Verbindung zwischen der bilanziellen Wirtschaftsgut-Abgrenzung im kaufmännischen Bestand und der technischen Bestandsdatei aufgegeben werden. Für technische Zwecke sind weiterhin die einzelnen Gegenstände mit ihren Daten erforderlich. Davon abgesehen, sollte jedoch auch dann die Verbindung zum kaufmännischen Bestand in geeigneter Weise hergestellt werden.

5.2 Wiederbeschaffungswert/Versicherungswert

In der Anlagenrechnung werden i. d. R. auch die Wiederbeschaffungswerte rechnerisch mit Hilfe von Preisindices aus den historischen Anschaffungswerten des Anlagevermögens ermittelt. Sie sind die Basis z. B. für die Verrechnung kalkulatorischer Abschreibungen, für die Ermittlung der Feuerversicherungswerte, für Wirtschaftlichkeitsüberlegungen u. ä.

Werden umfangreiche, werterhöhende Modernisierungen, Nachrüstungen u. ä. Maßnahmen durchgeführt, die bilanzsteuerlich als Erhaltungsaufwand klassifiziert, d. h. nicht im Anlagenbestand wertmäßig erfaßt werden, wächst die Gefahr von Fehlentscheidungen und Unterversicherungen.

6. Lösungsansatz "Betrieblicher Anlagenbestand"

Die aufgezeigten Probleme in der Kostenrechnung, Kalkulation, operativen Ergebnisrechnung, Anlagenbestandsführung, Wiederbeschaffungs- und Versicherungswert-Ermittlung resultieren aus der traditionell engen Bindung der Anlagenrechnung an die bilanzsteuerlichen Vorgaben und der Tatsache, daß diese nicht mit den operativen Anforderungen an das betriebliche Rechnungswesen in Einklang stehen.

Der Lösungsansatz muß daher davon ausgehen, daß für die operativen Zwecke andere als die bilanziellen Wertansätze maßgebend sind. Konsequent wäre es, zusätzlich zum bilanziellen/steuerlichen Anlagenbestand der Wirtschaftsgüter einen davon unabhängigen betrieblichen Anlagenbestand der einzelnen Gegenstände für operative und technische Zwecke zu führen.

Nach diesen Vorstellungen umfaßt der betriebliche Anlagenbestand alle apparativen und maschinellen Gegenstände, Leitungen usw., unabhängig davon, ob sie bilanziell als Anlagenzugang erfaßt worden sind oder nicht. Die einzelnen Gegenstände werden nach kostenrechnerischen, technischen und anderen internen Gesichtspunkten differenziert bestandsmäßig erfaßt und mit kalkulatorischen Werten und daraus abgeleiteten Wiederbeschaffungswerten bewertet. Diese Werte sind die Bemessungsgrundlage z. B. für kalkulatorische Abschreibungen und Zinsen, Versicherungswerte usw. Gleichzeitig dient der Bestand der technischen Kontrolle und Disposition.

Abbildung 5 zeigt beispielhaft die unterschiedliche Auswirkung bestimmter Maßnahmen an einer Anlage auf den bilanziellen und den betrieblichen Anlagenbestand.

Lediglich die kapazitätsändernden Maßnahmen 3 und 6 führen zu bilanziellen Zu- bzw. Abgängen mit entsprechenden Änderungen des betrieblichen Anlagenbestandes. Alle anderen Maßnahmen haben keine bilanziellen Auswirkungen, sie verändern jedoch - bis auf Maßnahme 5 - den betrieblichen Anlagenbestand. Bei Maßnahme 5 handelt es sich um eine reine Instandsetzungsmaßnahme ohne körperliche und wertverändernde Auswirkung.

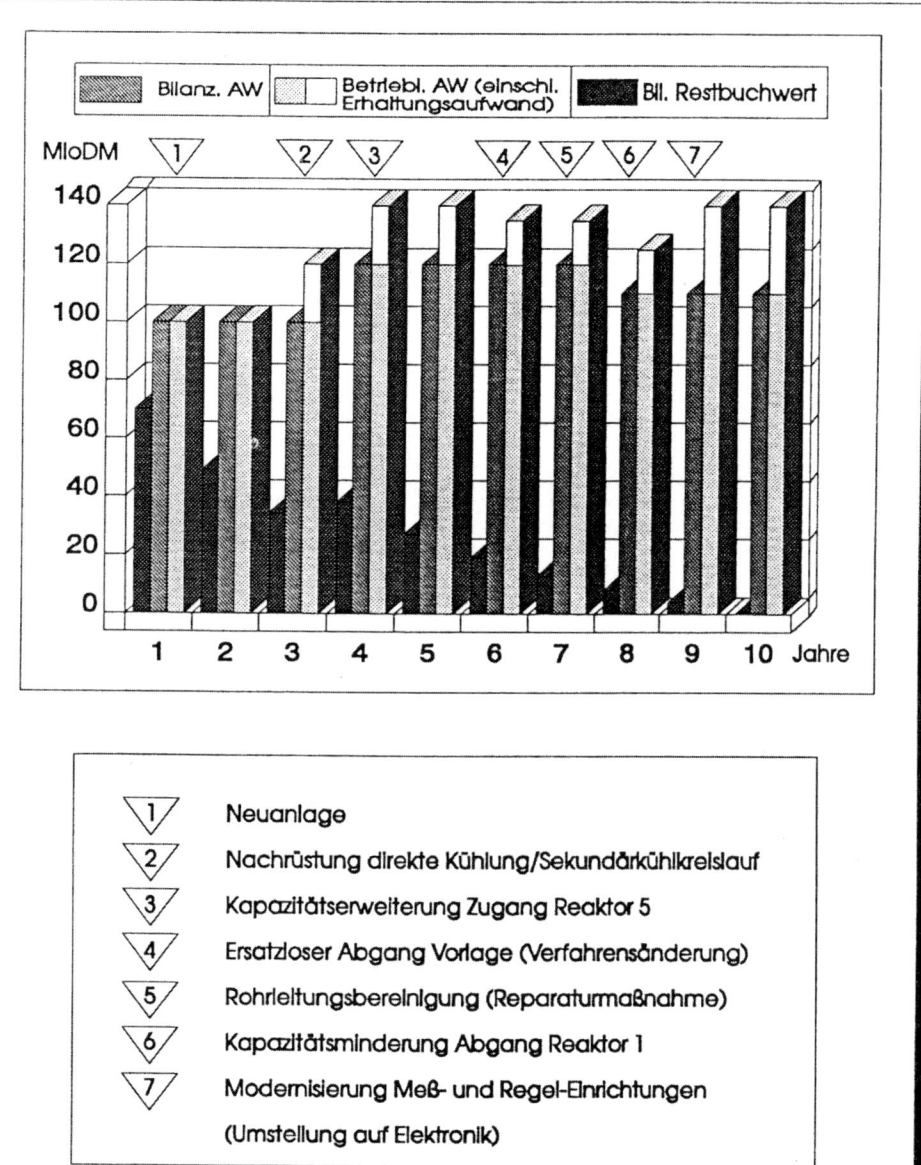

Abb. 5: Veränderungen des bilanziellen und betrieblichen Anlagenbestandes

Die unterschiedliche bilanzielle und operative Ergebnisauswirkung wird in Abbildung 6 dargestellt, aus Vereinfachungsgründen sind die kalkulatorischen Abschreibungen auf Basis der historischen Anschaffungswerte gerechnet.

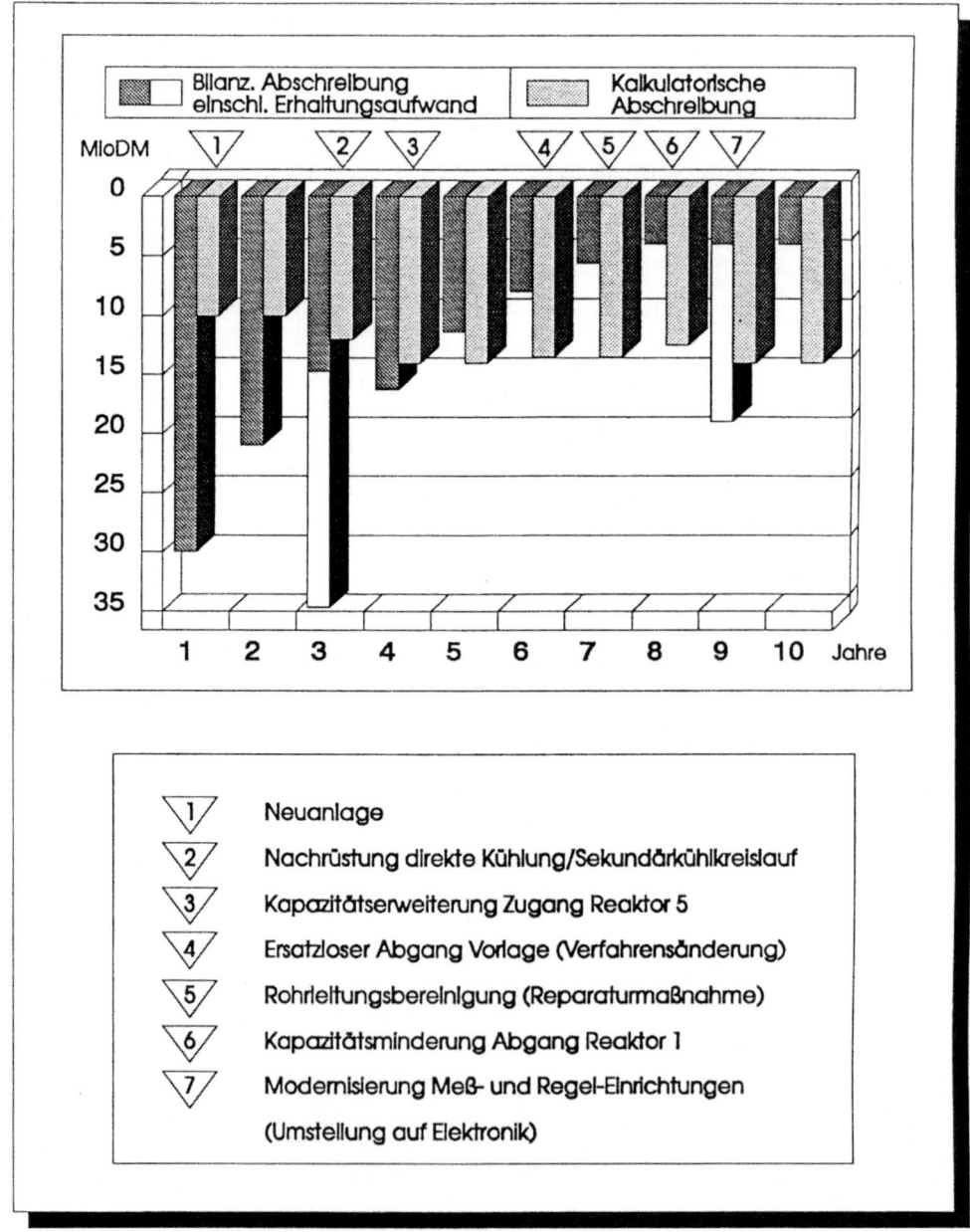

Abb. 6: Bilanzielle und operative Ergebnisauswirkung

Wie aus Abbildung 6 hervorgeht, wird das bilanzielle Ergebnis sowohl durch die bilanziellen Abschreibungen als auch durch den erhöhten Erhaltungsaufwand aus Maßnahme 2 und 7 in den jeweiligen Jahren unterschiedlich stark belastet.

Dagegen wird das operative Ergebnis weitgehend gleichmäßig belastet. Die relativ geringen jährlichen Veränderungen resultieren jeweils aus der veränderten Bemessungsgrundlage des betrieblichen Anlagenbestandes. Maßnahme 5, als reine Reparaturmaßnahme, belastet das bilanzielle und operative Ergebnis in gleicher Höhe. In der Abbildung 6 wird auf eine Hervorhebung verzichtet.

Die Führung getrennter Anlagenbestände für die Bilanzierung einerseits und für das betriebliche Rechnungswesen, die operative und technische Steuerung andererseits, verursacht auch bei Einsatz moderner EDV-Technik einen nicht unerheblichen Zusatzaufwand. Es ist letztlich eine unternehmerische Entscheidung, ob der Nutzen für die Aussagefähigkeit des betrieblichen Rechnungswesens und für die operativen Steuerungsmöglichkeiten überwiegt.

Literaturverzeichnis:

[1] BFH IR 72/73, BStBl. II 1976, S. 14

[2] BFH IVR 79/74, BStBl. II 1975, S. 510

[3] BFH III R 114/80, BStBl. II 1981, S. 785 - 787

[4] BFH VR 30/74, BStBl. II 1975, S. 344 - 346

[5] BFH GrS 5/71, BStBl. II 1974, S. 132 - 137

[6] BFH III R 178/86, in: BB 1991, S. 307 - 308

[7] Duske, W./Fasolt, V., Verbinden von Wirtschaftsgütern - ein bilanzrechtliches Problem mit Auswirkungen auf Investitionszulagen, in: DStR 1987, S. 548 - 553

D. Bewältigung der Unsicherheit

Controlling unter Unsicherheit

Prof. Dr. H.-J. Lenz, Institut für Wirtschaftsinformatik und Operations Research, Freie Universität Berlin

Gliederung:

12. Saarbrücker Arbeitstagung 1991
Rechnungswesen und EDV
hrsg. v. A.-W. Scheer
© Physica-Verlag Heidelberg 1991

1. Problemstellung

Im folgenden wird das operative Controlling in den Mittelpunkt der Betrachtungen gestellt. Eine Besonderheit des operativen Controlling liegt dabei in den starren, routinemäßig wiederkehrenden betrieblichen Operationen, die einer Modellierung leichter zugänglich sind als die Vorgänge beim strategischen Controlling.

Controlling läßt sich als ein Vergleich von Ist- und (zugehörigen) Sollwerten umschreiben. Wie später noch gezeigt wird, ist der Bestimmung sowohl der Sollwerte als auch der Istwerte gleich viel Aufmerksamkeit zu schenken. Dies gilt insbesondere für den Fall, daß die eine Rolle spielenden Variablen Schwankungen unterliegen und als Zufallsvariablen aufgefaßt werden können.

Die obige Problematik läßt sich am besten an einem betrieblichen Beispiel veranschaulichen: Die Energiekosten einer Abteilung a in einer Periode t seien ξ. Der Sollwert sei ξ_O. Nun wird man nicht jede Abweichung $\delta = |\xi - \xi_O|$ bzw. $\delta' = \delta/\xi_O$ zum Anlaß einer Kausalanalyse nehmen, sondern nur absolute bzw. relative Abweichungen mit $\delta > c$ bzw. $\delta' > c'$, wobei c, c'>0 gilt. Wie groß sollen nun aber die Grenzwerte c bzw. c' gewählt werden, um einen Ausgleich der Raten von unnötiger Analyse und unterbliebener Analyse zu finden? Noch weniger hilfreich wird diese Art der Abweichungsanalyse, wenn die Variablen nicht direkt meßbar sind, sondern nur mit einem Meßfehler w erfaßbar sind. Dies kann bei den besagten Energiekosten der Fall sein, trifft aber auch auf Leistungsgrößen wie z. B. "Anzahl von Beförderungsfällen je Periode" im Personennahverkehr zu.

In vielen Fällen verfügt man neben den fehlerbehafteten Messungen x über weitere Informationen aus unabhängiger Quelle wie z. B. die Energiegesamtkosten aller Abteilungen in einer Periode t. Neben solchen Bilanzgleichungen $\zeta = H\xi$ mit H = (1, 1,..., 1) spielen auch Definitions- und Verhaltensgleichungen eine Rolle.

Läßt man auch hier Meßfehler v zu, so beobachtet man statt der "wahren" Größen ζ die Werte z.

Damit ist der Weg frei, zwei Fragen zu stellen:

a)   Gegeben seien die Daten (x, z). Können diese überhaupt von dem zugrunde gelegten Modell, das noch spezifiziert werden muß, erzeugt sein? Oder anders formuliert, sind (x, z) Ausreißer? Die Gründe dafür könnten in Delikten wie Betrug, Täuschung usw. aber auch in fahrlässig begangenen Fehlern bei der Datenerfassung, -übertragung oder -auswertung liegen.

b) Angenommen, die Daten (x, z) enthalten bei gegebenem Modell keine Ausreißer, stehen sie dann noch im Einklang mit den Sollwerten ξ_0 bzw. ζ_0 ? Dies wirft die Frage nach dem zu tolerierenden Abstand $\|\xi - \xi_0\|$ bzw. $\|\zeta - \zeta_0\|$ auf.

2.   Methodische Grundlagen

Es sei x ein p-dimensionaler Vektor von Meßgrößen, zu dem ein Vektor ξ unbekannter Größe gehört. Die Meßfehler seien v = x - ξ.

Weiterhin sei z ein q-dimensionaler Vektor von Meßgrößen und ζ der zugehörige Vektor unbekannter Größen sowie w = z - ζ der Meßfehlervektor.

Zwischen ζ und ξ bestehe aufgrund von Bilanzbeziehungen, Definitionsgleichungen u. ä. der lineare Zusammenhang $\zeta = H\xi$.

Das Modell lautet damit, vgl. [1]:

$$x = \xi + v$$
$$z = H\xi + w.$$

Die Meßfehlervektoren seien voneinander unabhängig normal verteilt, d. h.

$$v \sim N(O,P)$$
$$w \sim N(O,R),$$

wobei P, R die zugehörigen Varianz-Kovarianzmatrizen Evv' = P und Eww' = R sind und E(vw') = 0 gilt.

Liegen nun die Daten (Beobachtungen, Messungen)

$$x, z$$

und das Modell mit H, P, R vor, so kann man mittels GLS die unbekannten Vektoren ξ, ζ wie folgt schätzen:

$$\hat{\xi} = x + PH'(HPH' + R)^{-1}(z-Hx)$$

$$\hat{\zeta} = H\hat{\xi} \ .$$

Die Varianz-Kovarianzmatrix dieser Schätzer lautet:

$$\Sigma_{\hat{\xi}} = P - KHP$$

$$\Sigma_{\hat{\zeta}} = H \Sigma_{\hat{\xi}} H'.$$

Hierbei ist $K = PH'(HPH' + R)^{-1}$.

Man kann nun die eingangs aufgeworfenen Fragen nach der Datenkonsistenz (Abwesenheit von Ausreißern) und das Einhalten von Sollwerten wie folgt beantworten.

Ein Datensatz (x, z) ist mit dem Modell H, P, R verträglich, wenn anschaulich gesprochen, der Abstand

$$\|\hat{\xi} - x\|$$

bzw.

$$\|\hat{z} - z\|$$

nicht zu groß wird. In unserem Fall kann man zeigen, vgl. [2], daß die Datenkonsistenz vorliegt, wenn

$$(\hat{\xi} - x)' \Sigma_{\hat{\xi}-x}^{-1} (\hat{\xi} - x) \leq \chi^2_{p, 1-\alpha}$$

und

$$(\hat{z} - z)' \Sigma_{\hat{z}-z}^{-1} (\hat{z} - z) \leq \chi^2_{q, 1-\alpha}$$

für feste Irrtumswahrscheinlichkeit α (0,1) gilt.

$\chi^2_{v, 1-\alpha}$ ist das (1- α) - Quantil der Chiquadratverteilung mit v Freiheitsgraden. Die zugehörigen Matrizen sind durch

$$\Sigma_{\hat{\xi}-x} = K(HPH' + R)K' \text{ und}$$

$$\Sigma_{\hat{z}-z} = HPH' + R$$

gegeben.

Die Frage, ob signifikante Abweichungen der realisierten Werte von den Sollwerten vorliegen, kann nun wie folgt präzisiert werden.

Dazu stellen wir die Hypothese $H_o : \xi = \xi_o$ und die Gegenhypothese $\xi \neq \xi_o$ auf und haben zu prüfen, ob der Abstand $\|\hat{\xi} - \xi_o\|$ zu groß, d. h.

$$(\hat{\xi} - \xi_o)' \; \Sigma_{\hat{\xi}}^{-1} \; (\hat{\xi} - \xi_o) \; > \; \chi^2_{p, \, 1-\alpha}.$$

Ist dies der Fall, so wird darauf geschlossen, daß die Daten mit der Sollwerthypothese nicht verträglich sind und eine Kausalanalyse zum Aufdecken der Gründe für die beobachtete Unverträglichkeit der Daten mit der Hypothese in Gang gesetzt.

3. Illustrierendes Beispiel

Wir betrachten den Energieverbrauch zweier Abteilungen. Der Energieverbrauch je Abteilung sei mit ξ_1, ξ_2 bezeichnet. Die zugehörigen Messungen seien $x_1 = x_2 = 30$ und die absoluten Fehler werden mit $\varepsilon_1 = \pm\, 20$ und $\varepsilon_2 = \pm\, 10$ angenommen.

Der Energieverbrauch (insg.) beider Abteilungen sei $\zeta = \xi_1 + \xi_2$.
Der gemessene Wert sei $z = 50$, wobei der absolute Fehler $\varepsilon = \pm\, 10$ betrage.

Wegen der Beziehung $\varepsilon = k_\alpha \sigma$ kann man für festes α absolute Fehler ε in Standardabweichungen σ der Normalverteilung umrechnen.

Wählt man $\alpha = 0.10$, so kann man zu den Daten

$$x_1 = 30 \pm 20$$
$$x_2 = 30 \pm 10$$
$$z = 50 \pm 10$$

die Schätzungen

$$\hat{\xi}_1 = 23.33 \pm 11.55$$
$$\hat{\xi}_2 = 28.33 \pm 9.13$$
$$\hat{\zeta} = 51.67 \pm 9.13$$

finden.

Berechnet man $T = (\hat{\zeta} - z)^2 / \sigma^2_{\hat{\zeta}-z}$ und setzt als Grenzwert
$\chi^2_{1, \, 0.95} = 0.00393$ ($\alpha = 0,05$), so sieht man, daß wegen
$T \approx 10^{-4} < \chi^2_{1, \, 0.95}$ der Gesamtenergieverbrauch mit dem Modell verträglich ist.

Dies gilt nicht für x_1, x_2, da allein schon

$$(\hat{\xi}_1 - x_1)^2 \ / \ \sigma_{\hat{\xi}_1 - x_1}^2 \approx 1.2 > \chi^2_{1, 0.95}$$

ist.

Man wird daher wegen der Datenkonsistenz auf den Vergleich der Istwerte mit den Sollwerten verzichten und die Gründe für den "zu hohen" Meßwert $x_1 = 30$ aufzudecken versuchen.

Literaturverzeichnis:

[1] Schneeweiß, H., Mittag, H.: Lineare Modelle mit fehlerbehafteten Daten, Physica, Heidelberg, Wien 1986.

[2] Lenz, H.-J., Rödel, E.: Statistische Datenqualitätskontrolle. Arbeitspapier Inst. f. Statistik und Ökonometrie, FU Berlin, Berlin 1991.

Kostenplanung mit unscharfen Daten

Dr.rer.pol. Dipl.-Ing. Rolf A. Müller, Daimler-Benz AG, Forschung, Berlin

Gliederung:

12. Saarbrücker Arbeitstagung 1991
Rechnungswesen und EDV
hrsg. v. A.-W. Scheer
© Physica-Verlag Heidelberg 1991

1.   Einleitung

Der vorliegende Beitrag beschreibt ein neues computergestütztes Verfahren zur Planung mit unscharfen Daten. Es versteht sich als Ergänzung zu bestehenden, bereits implementierten Systemen der operativen Planung, da es Funktionalitäten aufweist, die dort nicht vorhanden sind. Kern des Verfahrens ist das von Schmid [1][2] entwickelte Software-Werkzeug QUANTOR, das ein intelligentes, d.h. inhaltsgesteuertes Rechnen/Schätzen mit intervallskalierten Zahlen erlaubt. QUANTOR baut auf einem Bayes'schen Kalkül (Kalman-Filter [3][4]) auf. Es erlaubt auf elegante Art die planerische Verknüpfung von Mengen- und Wertgerüsten. Die Methode wurde von uns gemeinsam mit Schmid weiterentwickelt, z.B. hinsichtlich der Einbeziehung von Zeitreiheninformation [5], verteilter Anwendungen [6] und für unterschiedliche unternehmensbezogene Anwendungen adaptiert, z.B. im Bereich der Marktprognose [7], des Controlling [8], der Unternehmensberatung [9]. Die dort beschriebenen Anwendungsfälle stellen erste Schritte des Übergangs dieses Planungsverfahrens von der Forschung in den betrieblichen Einsatz dar.

Zunächst wird das QUANTOR-Werkzeug vorgestellt (Kap. 2), und dann anhand einiger Beispiele aufgezeigt, welche Möglichkeiten einer Erweiterung der Kostenplanung durch QUANTOR gegeben sind (Kap. 3). Mit Erweiterung ist hier vor allem die Integration der Plankostenrechnung [10][11] in sachlich umfassendere Ex-Ante-Rechnungen und -Analysen (mittel- bis langfristige operative und strategische Unternehmensplanung) gemeint (vgl. [17]). Schließlich wird aufgezeigt, wie eine räumlich und sachlogisch verteilte Anwendung des Verfahrens zu einer grundlegenden Verbesserung des unternehmensweiten Planungsprozesses führen könnte (Kap. 4).

2.   QUANTOR - ein neuartiges Werkzeug zum computergestützten Planen

QUANTOR ist ein universelles Software-Werkzeug, mit dem man:

- mit unscharfen Zahlen (Intervalle, Bandbreiten),
- intelligent, d.h. durch sachlogische Zusammenhänge gesteuert,
- vorwärts und rückwärts,
- rechnen und schätzen kann,
- ohne die Rechengänge programmieren zu müssen.

QUANTOR bestimmt automatisch und korrekt den Rechnungsvorgang aus den in einer Vokabulardatenbank gespeicherten semantischen (d.h. sachlogischen) Beziehungen zwischen den Daten. QUANTOR läßt sich je nach Bezugsrahmen unterschiedlich interpretieren:

- als Rechenverfahren (Softwarewerkzeug),
- als neuartiges Kommunikationssmedium (in Planungsprozessen).

Die Abschnitte 2.1 und 2.2 folgen dieser Gliederung.

2.1 QUANTOR als Rechen- und Schätzverfahren

QUANTOR läßt sich (vereinfacht) als intelligenter Tabellenkalkulator beschreiben; zumindest die Arbeitsweise des Benutzers ähnelt dem Umgang mit Tabellenkalkulatoren. Aus der Sicht der Künstlichen Intelligenz ist QUANTOR eine auf die Lösung vernetzter Dreisatzaufgaben spezialisierte Expertensystemschale (Abb. 1).

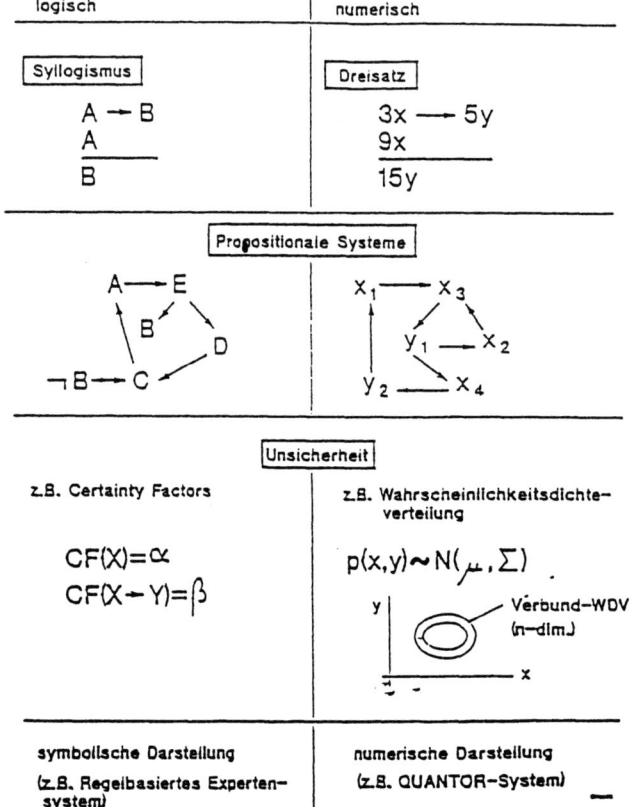

Abb. 1: Logische und numerische Inferenz

Seine interne Architektur weist die KI- typische Trennung in (anwendungsspezifische) Wissensbasis und (anwendungsunabhängige) Inferenzkomponente auf (Abb. 2).

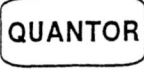

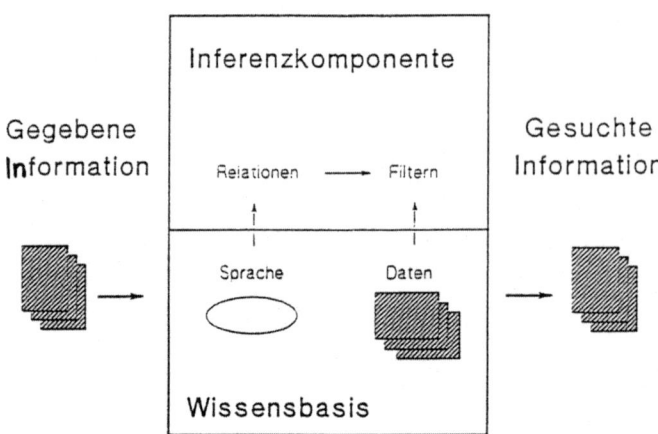

Abb. 2: Quantor-Architektur

Das folgende Beispiel soll Gemeinsamkeiten und Unterschiede zwischen QUANTOR und Tabellenkalkulatoren (wie z.B. EXCEL, LOTUS, MULTIPLAN) illustrieren (Abb. 3): Will man mit Hilfe eines Tabellenkalkulators, z. B. aus Umsatz und Absatz den Durchschnittspreis eines Gutes ausrechnen, so muß man zunächst die Variablennamen und dann die Rechenvorschrift "Preis = Umsatz/Absatz" eingeben. Belegt man die Felder "Umsatz" und "Absatz" mit den Zahlenwerten 10 bzw. 5, so rechnet der Kalkulator für den Preis den Wert 2 aus. Wollte man den Wert für Umsatz aus den Größen Preis und Absatz ausrechnen, so müßte man außerdem die entsprechende Formel "Umsatz = Absatz * Preis" vorab explizit eingeben.

Bei QUANTOR genügt es, die definitorische Beziehung zwischen den drei Größen einmal einzugeben. QUANTOR ist dann in der Lage, die Relation in jeder gewünschten Rechenrichtung zu benutzen, ohne daß der Benutzer die beim Tabellenkalkulator jeweils notwendigen Vorschriften zur Auflösung der Gleichung (bei komplizierteren Zusammenhängen: der Gleichungssysteme) eingeben müßte. QUANTOR-intern werden nun nicht, wie man vielleicht vermuten könnte, Symbolmanipulationen vorgenommen

(Umstellung der Gleichung) und dann nach den gesuchten Variablen aufgelöst, sondern analog dem Gauß'schen Ausgleichsverfahren vorgegangen.

Für diese andere (verallgemeinerte) Art des Rechnens verwendet QUANTOR unscharfe (d. h. Intervall-) Zahlen. Beispiel: Umsatz = 10 (2) bedeutet: Der Umsatz bewegt sich im Bereich 8 bis 12 Einheiten. Der Wert in Klammern gibt die halbe Streubreite an. Wenn eine Größe unbekannt ist, drückt man dies dadurch aus, daß man den gesamten möglichen Wertebereich angibt, im Extremfall die größte und kleinste auf der Maschine darstellbare Zahl; z.B. bedeutet "Preis = 10 (10)", daß alle Werte zwischen Null und Zwanzig möglich sind. Allein aus der definitorischen Beziehung zwischen den drei Variablen und den Intervallbreiten "weiß" QUANTOR, was die gegebene und was die gesuchte Größe ist und rechnet die entsprechenden Zahlenwerte aus. Ist eine "Rückwärtsrechnung" gewünscht, also der Umsatz aus Absatz und Preis zu berechnen, so genügt es, den Umsatzwert mit einer großen Streubreite zu versehen, um den gesuchten Wert ausrechnen zu lassen (Abb. 3).

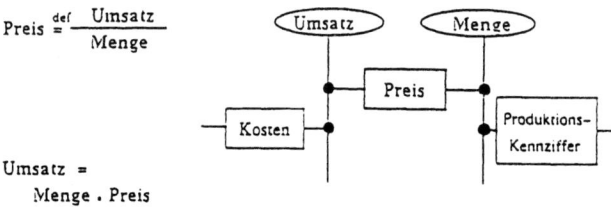

$$\text{Preis} \stackrel{\text{def}}{=} \frac{\text{Umsatz}}{\text{Menge}}$$

$$\text{Umsatz} = \text{Menge} \cdot \text{Preis}$$

Beispiel	Tabellen-Kalkulator			QUANTOR		
		Input	Output		Input	Output
	vorwärts rechnen			Transformation		
1	Umsatz	10	10	Umsatz	10 (1)	10 (1)
	Menge	5	5	Menge	5 (1)	5 (1)
	Preis		2	Preis	10 (10)	2 (0.6)
	neu programmieren			Filtern		
	rückwärts rechnen					
2	Umsatz		10	Umsatz	10 (5)	10 (2)
	Menge	5	5	Menge	5 (1)	5 (1)
	Preis	2	2	Preis	2 (0)	2 (0)

Abb. 3: Das Quantor-Prinzip

Die Stärke von QUANTOR zeigt sich erst in komplexeren Situationen. Während dem obigen Beispiel eine simple semantische **Verkettung** der beiden Größen "Absatz" und "Umsatz" durch die Relation "Preis" zugrundeliegt, wird im folgenden Beispiel gezeigt, wie sich QUANTOR im allgemeien Fall **vernetzter** Zusammenhänge verhält.

Abbildung 4 zeigt das DuPont-Kennzahlensystems (in Anlehnung an [13], S.21). Umsatz, Kosten, Gewinn und Kapital sind Basisobjekte dieses semantischen Netzes, bezeichnet durch Ellipsen. Der Gewinn ist hierbei durch eine mit einem Kreis symbolisierte Differenz aus Umsatz und Kosten definiert. Umsatzrendite, ROI (return on investment) und Kapitalumschlag sind die durch Rechtecke gekennzeichneten Quotientenrelationen. Alle Objekte dieses Netzes haben eine einfache Struktur, d.h. keine Untergliederung in weitere Teilklassen (was QUANTOR im allgemeinen ermöglicht, aber aus Gründen der Vereinfachung hier weggelassen wird).

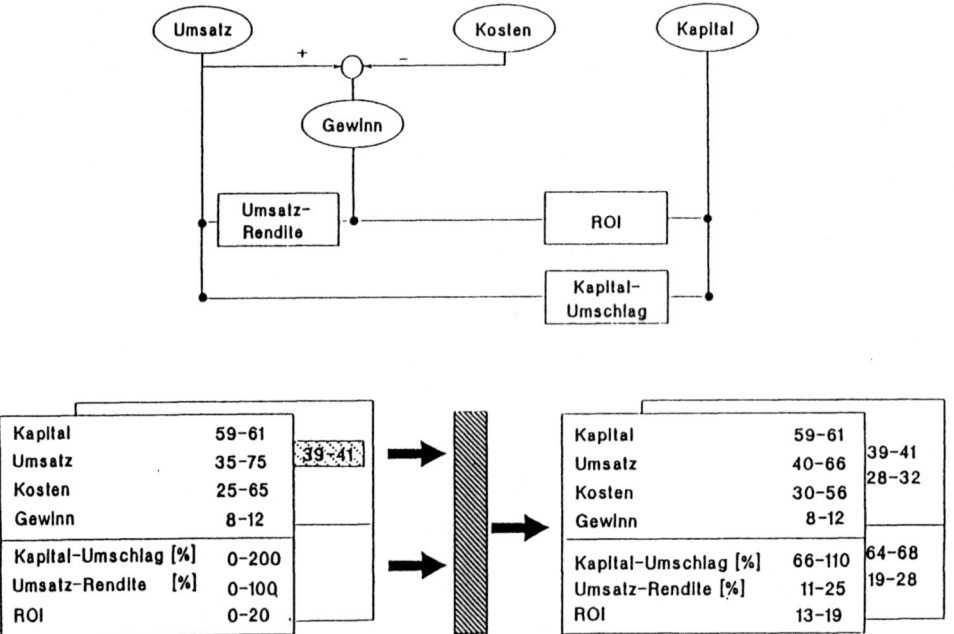

Abb. 4: QUANTOR-Beispiel

Definiert sind also die folgenden Relationen zwischen den Objekten:

(1) Gewinn = Umsatz - Kosten

(2) Umsatzrendite = (Gewinn / Umsatz) * 100

(3) ROI = (Gewinn / Kapital) * 100

(4) Kapitalumschlag = (Umsatz / Kapital) * 100

Dieses semantische Netz kann nun für die unterschiedlichsten Fragestellungen benutzt werden. Nachfolgend werden einige Möglichkeiten beschrieben, wobei die ersten drei das Rechenverfahren illustrieren und die vierte auf die Medienfunktion von QUANTOR innerhalb unternehmensbezogener Planungsprozesse überleitet.

1. Fragestellung :

Der Planer kennt relativ genau Umsatz, Kosten und Kapital. Er gibt deshalb enge Intervalle mit kleiner Streuung für die entsprechenden Objekte vor. Das Inferenzsystem errechnet daraus Intervallwerte für den Gewinn, die Umsatzrendite, den ROI und den Kapitalumschlag. Hier erfolgt eine Vorwärtsrechnung.

	Mittelwert (Streuung) Benutzerannahme	QUANTOR
Umsatz	60 (1)	60 (1)
Kosten	45 (1)	45 (1)
Kapital	40 (1)	40 (1)
Gewinn	-	15 (1.4)
Umsatzrendite	-	25 (2.1)
ROI	-	37.5 (3.7)
Kapitalumschlag	-	150 (4.6)

2. Fragestellung :

Für eine Prognose sind Kapital und Kosten relativ genau bekannt, der Umsatz dagegen sehr vage. Der ROI soll in einem bestimmten Wertebereich liegen. QUANTOR betrachtet den ROI als Zielvorgabe und errechnet daraus "rückwärts" den Umsatz mit wesentlich genauerem Wert (Reduktion der Bandbreite von 40 auf 4.1). Zusätzlich werden Gewinn, Umsatzrendite und Kapitalumschlag ermittelt.

	Mittelwert (Streuung) Benutzerannahme	QUANTOR
Umsatz	50 (40)	55.4 (4.1)
Kosten	45 (4)	45 (4)
Kapital	35 (3)	35 (3)
Gewinn	-	10.5 (1)
Umsatzrendite	-	18.9 (2)
ROI	30 (1)	30 (1)
Kapitalumschlag	-	158.5 (16.9)

3. Fragestellung :

Der Planer hat genaue Informationen zum Gewinn, zur Umsatzrendite und zum Kapitalumschlag. Umsatz, Kosten und Kapital schätzt er nur grob. QUANTOR betrachtet die drei genauen Angaben als Zielvorgaben, bestimmt daraus rückwärts genauere Werte für Umsatz, Kosten, Kapital und errechnet den ROI.

	Mittelwert (Streuung) Benutzerannahme	QUANTOR
Umsatz	50 (40)	60 (4.6)
Kosten	50 (40)	45 (3.7)
Kapital	50 (40)	42.9 (3.3)
Gewinn	15 (1)	15 (1)
Umsatzrendite	25 (1)	25 (1)
ROI	-	35 (1.4)
Kapitalumschlag	140 (1)	140 (1.2)

4. Fragestellung :

Zur Abschätzung möglicher Handlungsspielräume werden Umsatz, Kosten, Gewinn sowie Umsatzrendite und ROI genau vorgegeben. QUANTOR überprüft, ob alle diese Vorgaben gleichzeitig erfüllbar sind und errechnet ein genaueres Kapital sowie den Kapitalumschlag. In diesem Fall gelingt es nicht, eine in sich widerspruchsfreie (konsistente) Wertemenge herzustellen. Die Vorgaben des Planers sind also nicht alle gleichzeitig einzuhalten.

	Mittelwert (Streuung) Benutzerannahme	QUANTOR
Umsatz	60 (5)**	36.5 (2.3)
Kosten	40 (5)**	23.1 (1.7)
Kapital	50 (40)	49.5 (3.7)
Gewinn	10 (1)**	13.4 (0.9)
Umsatzrendite	40 (1)**	36.6 (1.4)
ROI	27 (1)	27 (1)
Kapitalumschlag	-	73.7 (4)

Ein Datensatz (Liste von Intervall-Zahlenwerten) ist immer dann inkonsistent, wenn von QUANTOR errechnete Mittelwerte außerhalb des vom Planer vorgegebenen Rahmens (Vorgabeintervall) liegen. Dieser Fall tritt im obigen Beispiel viermal auf und ist mit dem Symbol "**" gekennzeichnet. Bezüglich des Umsatzes und der Kosten ist eine besonders starke Abweichung vorhanden. Der Planer sollte nun alle Vorgaben nochmals überarbeiten und gegebenenfalls modifizieren. Es gibt hier unterschiedliche Möglichkeiten zur Beseitigung der Inkonsistenzen: Die Umsatzrendite kann reduziert werden, ebenso auch der Gewinn. Weitere Alternativen sind Änderungen von Umsatz bzw. Kosten.

Der Ausgang dieser vierten Fragestellung ist nur scheinbar unerfreulich. Ähnlich gelagerte Fälle sind in der täglichen Praxis die Regel: Planungsdaten passen nicht zusammen, wobei diese Inkonsistenzen "von Hand" nur schwer vollständig aufzudecken sind. Die Eigenschaft von QUANTOR alle Inkonsistenzen in beliebig komplexen Datenstrukturen vollständig aufdecken zu können ermöglicht die Nutzung von QUANTOR-Systemen als neuartiges Planungsmedium.

2.2 QUANTOR als ganzheitliches Planungsmedium

Aufgrund einer bisher fehlenden maschinellen Unterstützung (eine Gewährleistung der Konsistenz von Planungen "von Hand" ist praktisch nicht machbar) stellen reale Planungen oftmals Zahlengebilde dar, die weder eine reale noch eine mögliche (zukünftige) Welt widerspiegeln. In demselben Maße verlieren Planungen auch den an sich intendierten Charakter einer Verpflichtung zum Handeln. Die Qualität der Entscheidungen, die sich auf diese Zahlengebilde stützen, ist leicht abschätzbar.

Planer kommunizieren mittels statistischer Tabellen. Die sachlogischen Zusammenhänge zwischen den abgedruckten Tabellen sind jedoch wegen der Beschränktheit des Mediums (Papier) nicht Bestandteil derartiger Darstellungen. Erst in elektronischen Medien ist ganzheitliche Darstellung möglich. QUANTOR ist das einzige Werkzeug, das diese Art Ganzheit auf elektronischem Wege herzustellen erlaubt. Die Ganzheit von QUANTOR-Tabellen besteht also

- aus den Tabellen (Vorspalten und Kopfzeilen, Zahlenwerte) und
- den semantischen Beziehungen der Variablen untereinander

unter Einschluß der Zusammenhänge sowohl innerhalb eines Merkmalträgers (z.B. der nach Arten gegliederten Kosten) als auch zwischen unterschiedlichen Merkmalträgern (z.B. zwischen Kosten und Personal). Die unterschiedlichen Beobachter (Personal-, Kosten-, Investitions, ..-Planer) beobachten aus jeweils unterschiedlichen Perspektiven ein und dieselbe reale und damit kohärente Welt. Diese Kohärenz der Welt erfordert eine Konsistenz (Widerspruchsfreiheit) der Darstellung. Schon Flaskämper hat die entsprechenden sachlogischen Zusammenhänge als ganzheitliche Sinnzusammenhänge bezeichnet ([14], S.25). Das neuartige an QUANTOR ist, daß diese bisher nur in den Köpfen der Beobachter vorhandenen Sinnzusammenhänge nun auf dem Rechner nicht nur darstellbar sind sondern sich auch unmittelbar auf die Berechnung der Zahlenwerte auswirken. Faßt man die Darstellung des gesamten Planungsgeschehen eines Unternehmens als Buch auf, und ändert z.B. auf Seite 3 den Wert einer bestimmten Kostenposition, so meldet das elektronische Planungsmedium (im Gegensatz zum Papiermedium) sofort diejenigen Positionen (z.B. Personalstruktur auf S.3, Lieferungen auf S. 123, Umweltschutz auf S. 328,...), die mit dieser Änderung in Konflikt geraten sind, und erzeugt automatisch Vorschläge zur Auflösung der Inkonsistenzen.

Aus dieser Eigenschaft folgt konkret: man kann Informations- und Planungssysteme konstruieren, die

- die innere Widerspruchsfreiheit komplexer Tabellenwerke mit Hilfe der internen Darstellung sachlogischer Zusammenhänge automatisch überprüfen und gewährleisten,
- Aussagen, die nicht explizit dargestellt sind, mittels logisch-statistischer Inferenz aus dem Kontext herleiten.

Eine solche elektronische Darstellung von Planungswissen verhält sich zu der papiergebundenen wie die 3D-Repräsentation eines räumlichen Gegenstandes in einem CAD-System zur projektiven zweidimensionalen Darstellung (Seitenansichten, Aufsicht) auf Zeichenpapier (Abb. 5). QUANTOR-Darstellungen mit beliebig hoher Dimensionalität (wesentlich mehr als drei) lassen sich auf dem Rechner relativ leicht erzeugen und manipulieren. Darüberhinaus bietet QUANTOR, analog zu hochentwickelten CAD-Systemen, die Möglichkeit dynamische Prozesse zu simulieren.

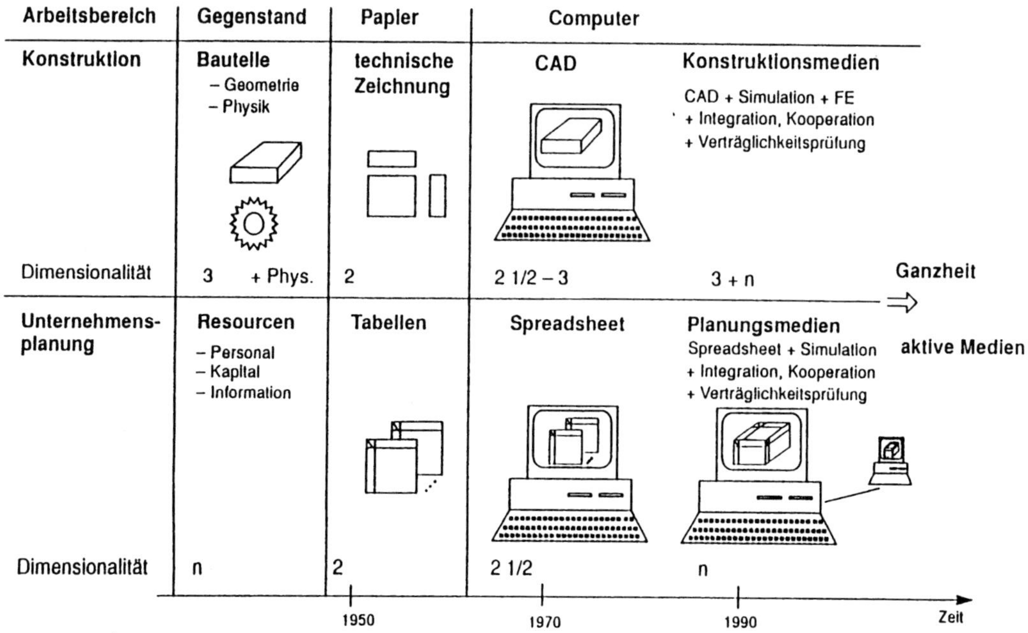

Arbeitsbereich	Gegenstand	Papier	Computer		
Konstruktion	Bautelle – Geometrie – Physik	technische Zeichnung	CAD	Konstruktionsmedien CAD + Simulation + FE + Integration, Kooperation + Verträglichkeitsprüfung	
Dimensionalität	3 + Phys.	2	2 1/2 – 3	3 + n	Ganzheit ⇒
Unternehmens-planung	Resourcen – Personal – Kapital – Information	Tabellen	Spreadsheet	Planungsmedien Spreadsheet + Simulation + Integration, Kooperation + Verträglichkeitsprüfung	aktive Medien
Dimensionalität	n	2	2 1/2	n	
		1950	1970	1990	Zeit

Abb. 5: Stufen der Medienentwicklung: Vergleich Konstruktion/Unternehmensplanung

2.3 Erstellung von QUANTOR-Systemen

Jedes mit Hilfe von QUANTOR realisierte System besteht aus zwei Hauptkomponenten (Abb. 2):

- Wissensbasis und
- Inferenzsystem

Die Wissensbasis untergliedert sich in

- das semantische Netz und
- die Datenbasis

Das semantische Netz enthält anwendungsspezifische Wissenskomponenten in Form eines Netzwerkes von strukturierten Sprachelementen (Objekte), die zueinander in mathematisch ausdrückbarer Relation stehen. Objekte repräsentieren grundsätzlich zählbare, meßbare Gegenstände der Realität.

Objekte können in Teilklassen zerlegt sein. So können sich die Kosten z.B. in die zwei Klassen Personalkosten und Sachkosten und jede dieser Teilklassen nochmals in fixe und variable Kosten aufgliedern. Die Personal- und Sachkosten können in einem festen numerischen Verhältnis zueinander stehen (z.B. 2:3). Für die festen Kosten insgesamt (d.h. die Summe aus fixen Personal- und Sachkosten) können bestimmte Unter- und Obergrenzen gelten. Die Kosten insgesamt können beispielsweise einen Anteil von 10 % am Umsatz haben, d.h. Fixkosten / Umsatz = 0.1.

Mathematische Verknüpfungen können also sowohl zwischen den Objekten insgesamt, als auch zwischen Teilklassen eines oder verschiedener Objekte existieren. Erlaubt sind die Booleschen Mengenoperationen (Vereinigung +, Differenz -, Durchschnitt *), Linearkombinationen sowie die Bildung von Quotienten. Alle diese Beziehungen werden im semantischen Netz definiert.

Ist dieses Netz einmal vorhanden, können auf der Ausprägungsebene automatisch Berechnungen für die Wertebelegungen aller Objekte innerhalb des Netzes durchgeführt werden. Die Richtung der Berechnung (vorwärts oder rückwärts, z.B. Berechnung des Umsatzes aus Gewinn und Kosten oder Berechnung des Gewinns aus Umsatz und Kosten) bestimmt QUANTOR automatisch.

Die Datenbasis beinhaltet die quantitative Information in Form von Zahlenintervallen. Objekte, zu denen der Benutzer konkretere Angaben machen kann, belegt er mit engen und solche, über die er wenig weiß, mit breiten Intervallen. Zusätzlich gibt es Objekte, deren Wertausprägungen nicht bekannt bzw. abschätzbar sind, jedoch aufgrund der (konzeptuellen) Zusammenhänge im Netz aus den Wertebelegungen anderer Objekte hergeleitet werden können.

Normalerweise kann ein Planer für fast alle Größen in einem Netz zumindest grobe Schätzungen abgeben. Durch Kombination von vielen oft nur ungefähr abschätzbaren Werten, die isoliert betrachtet ohne Nutzen sind, kann QUANTOR aufgrund der Vernetzung der zugehörigen Objekte und den daraus entstehenden Redundanzen neue bzw. genauere Information herstellen.

Das Inferenzsystem ist anwendungsunabhängig und in jedem QUANTOR-System gleich. Es leitet mit Hilfe des semantischen Netzes aus vorhandenen Werten der Datenbasis neue, bisher unbekannte Informationen ab und optimiert alle vorhandenen Schätzungen, indem deren Bandbreiten minimiert werden.

Nicht immer passen alle vom Planer geschätzten Eingaben zusammen. Das Inferenzsystem versucht unter Ausnutzung der vorgegebenen Spielräume ein in sich widerspruchsfreies Wertegeflecht herzustellen. Gelingt dies nicht, wird der Benutzer informiert. Eine oder mehrere der getroffenen Annahmen sind in diesem Fall nicht gleichzeitig mit anderen erfüllbar und müssen revidiert werden. Ändert der Benutzer einen Zahlenwert durch Angabe eines neuen Intervalles, so wirkt sich dies auf das gesamte Wertegeflecht aus.

3. Anwendungen mit Bezug zur Kostenplanung

Widerspricht nicht der Wunsch nach möglichst exakter Art der Kostenrechnung der hier vorgeschlagenen Methodik mit ungenauen Zahlen zu rechnen?

Wir meinen, daß darin kein Widerspruch gesehen werden muß; denn keine der Prämissen einer Kostenplanung ist hundertprozentig exakt; dies gilt selbst für die Ist-Werte. Verläßliche Fehlermargen ex ante sind einer Scheingenauigkeit, die gesicherte Berechnungs-Grundlagen suggeriert, vorzuziehen. Daten unterschiedlicher Qualität (genaue und weniger genaue) werden gleichermaßen von QUANTOR verarbeitet und können so hinsichtlich ihrer Wirkung auf das Rechenergebnis beurteilt werden. Der Einsatz von QUANTOR ist nicht an eine bestimmte Art der Kostenrechnung gebunden. Vielmehr kann jede vorhandene Systematik in

QUANTOR abgebildet werden (auch Teile daraus, z.B. Zusammenfassungen). Darüber hinaus ermöglicht QUANTOR die Integration parallel verwendeter Rechnungsarten. So könnten z.B. bei einem Wandel der Kalkulationsobjekte Berechnungen der neuen Systematik mit denen der alten verschränkt werden.

Aus der Vielzahl bisheriger Anwendungen seien die beiden folgenden Beispiele wegen ihrer Nähe zu Fragen der Kostenplanung herausgegriffen.

3.1   Expertensystem Bus (EXBUS)

Zur Beantwortung von Fragen der Wirtschaftlichkeit von Betrieben des öffentlichen Personennahverkehrs ist eine Beschreibung und Analyse des Betriebes unabdingbar. Zur Beurteilung des Betriebes sind nicht nur wirtschaftliche Daten zu berücksichtigen sondern auch Daten verkehrlicher, technischer und betrieblicher Art. Es ist notwendig, diese Daten so genau und vollständig wie möglich zu ermitteln.

In EXBUS sind alle relevanten Größen des Betriebes und seines Umfeldes sowie ihre Ver-knüpfungen abgebildet. Dies sind z.B. Einwohner des Einzugsgebietes, Beförderungsfälle, mittlere Reiseweite, Personalkosten, Personalzahlen, u.a.. Abbildung 6 zeigt einen kleinen Ausschnitt aus diesem Nrtz. Die Daten für den einzelnen Betrieb können so genau wie vorhanden angegeben werden, d.h. exakt oder mit Schwankungsbereich, was den Fall fehlender Daten einschließt.

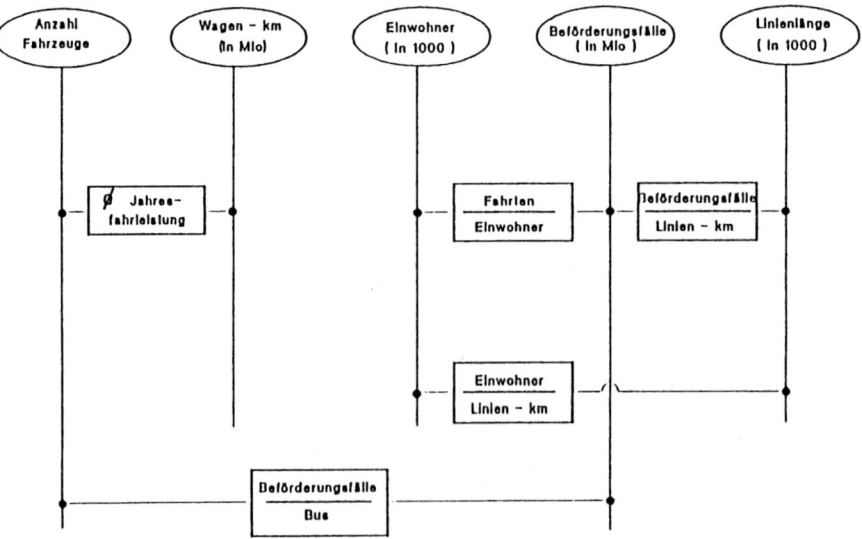

Abb. 6: Ausschnitt des semantischen Netzes zum EXpertensystem BUS

Mittels EXBUS wird aus dem unvollständigen und inkonsistenten Datensatz automatisch die vollständige und vor allem in sich konsistente Zustandsbeschreibung des Betriebes erzeugt, auf deren Basis die Schwachstellenanalyse erfolgt (Abb. 7).

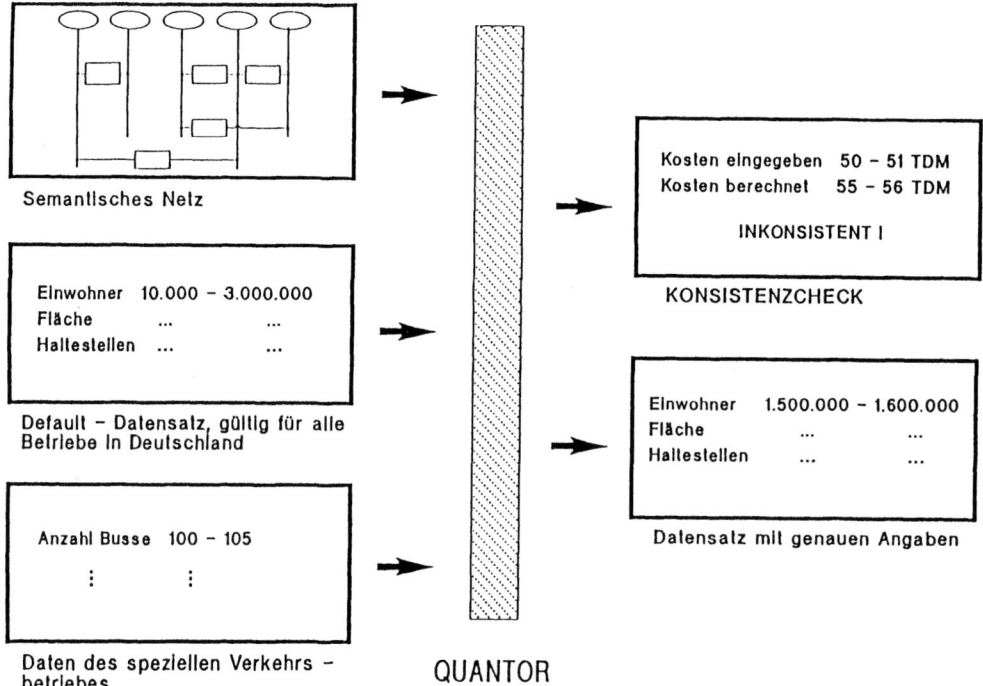

Abb. 7: EXBUS-Funktionen

Werden Schwachstellen (z.B. zu hohe Werkstattkosten) festgestellt, so können die Auswirkungen geplanter Maßnahmen auf den Betrieb mittels EXBUS evaluiert werden, in dem die entsprechenden zukünftigen Daten eingegeben werden. EXBUS bietet somit die Basis für ein objektiveres Consulting. Das System wird von einem Mercedes-Benz-Mitarbeiter, der weltweit öffentliche Verkehrsbetriebe berät, auf tragbarem Computer während der Beratung eingesetzt [9]. Aus einem tatsächlichen Beratungsfall stammt das folgende Beispiel, das den Nutzen der Konsistenzprüfung und -sicherung bei QUANTOR zur Kostenbestimmung veranschaulicht.

Die Werkstattkosten pro Fahrzeugkilometer eines Verkehrsbetriebes gehen als Obergrenze in den Wartungsvertrag ein. Kosten, die dieses Limit übersteigen, muß Mercedes-Benz tragen. Ein Verkehrsbetrieb hatte 180000 Beförderungsfälle pro Bus bei 10 km mittlerer Reiseweite angegeben, woraus sich gemäß einer bestimmten empirischen Formel für die o.g. Werkstattkosten ein Wert von 0.60 DM ergab. Entgeht dem Berater, daß die Kombination von 180 000 Beförderungsfällen bei einer mittleren Reiseweite von 10 km eine unmögliche Kombination darstellt, also logisch inkonsistent ist, die tatsächliche mittlere Reiseweite in Wahrheit nur 4km beträgt, was zu rechnerischen Werkstattkosten von 0.80 DM führt, so entsteht Mercedes-Benz daraus ein jährlicher Schaden von 144000.- DM (bei (0.80 - 0.60)DM * 720000 Fahrzeugkilometern für diesen Verkehrsbetrieb). QUANTOR deckt auf der Basis eines semantischen Modells öffentlicher Verkehrsbetriebe unter Verwendung betriebstypspezifischer Hintergrunddaten, die in der Wissensbasis gespeichert sind, die oben genannten (und natürlich alle anderen) Inkonsistenzen sofort und vollständig auf, hilft bei der Behebung und führt so zu einer verläßlichen Planungsgrundlage.

3.2   Dimensionierung und Controlling von PKW-Händlerbetrieben (DICON)

DICON unterstützt den Prozess der Dimensionierung von noch nicht existenten Mercedes-Benz Händlerbetrieben und der Redimensionierung von bestehenden Händlerbetrieben. Es garantiert hierbei die Erstellung konsistenter Planungen (auf der Grundlage eines umfassenden Netzwerkes von Kennziffern), die Berücksichtigung von Planungsunsicherheiten, das Aufzeigen von Interdependenzen innerhalb des Betriebes (Verkauf, Werkstatt, Teilewesen) und mit seinem Umfeld (Marktpotential), das Aufzeigen der Folgen von geplanten betrieblichen Maßnahmen und das Durchführen von Planspielen und Simulationen. Die Initiierung von Abstimmungsprozessen zwischen den Planern wird durch DICON gefördert, da Interdependenzen und Unstimmigkeiten in Planungen trotz hoher Komplexität (im Gegensatz zum traditionellen Vorgehen) systematisch aufgedeckt werden und mögliche Folgen bereits vor der Umsetzung von Maßnahmen erkannt werden können.

Die im Modell abgebildeten Zusammenhänge beziehen sich auf das Umfeld des Betriebes (z.B. Marktpotential), auf betriebswirtschaftliche Leistungs- und Ergebnisgrößen (z.B. Erträge, Rentabilität) und auf Bestandsgrößen des Betriebes (z.B. Personalzahlen, Flächen).

Solch ein Betrieb ist aufgrund seiner wahrzunehmenden Aufgaben betriebswirtschaftlich in drei Sparten unterteilt:

-    Verkauf
-    Ersatzteile
-    Werkstatt

Diese drei Bereiche sind eng miteinander verzahnt. So erhält z.B. die Werkstatt Ersatzteile für Reparaturen vom Bereich Ersatzteilwesen. Je nach Absatz von Neuwagen durch den Verkauf ergibt sich ein bestimmter Ersatzteil- und Reparaturbedarf.

Diese spartenübergreifenden Zusammenhänge müssen sowohl bei der Planung eines neuen Betriebes (Dimensionierung), als auch bei Umstrukturierungen bestehender Betriebe (Redimensionierung) berücksichtigt werden. Abbildung 8 zeigt einen Ausschnitt der in QUANTOR abgebildeten Zusammenhänge.

Es muß ein Überblick geschaffen werden, ob einerseits das erwartete Marktpotential im Bereich des Verkaufes von Fahrzeugen, von Ersatzteilen als auch von Reparaturleistungen befriedigt werden kann und andererseits keine allzu großen Überkapazitäten geschaffen werden. Des weiteren sind betriebswirtschaftliche Kenngrößen zur Beurteilung der wirtschaftlichen Lage eines (zukünftigen) Betriebes wie z.B. ROI (return on investment) und Kapitalumschlag abzuschätzen. Gleichzeitig müssen eine Reihe von firmenpolitischen und betriebswirtschaftlichen Zielen und Vorgaben (z.B. abgesetzte Fahrzeuge je Verkäufer, Optimierung des Lagerbestandes im Ersatzteilwesen) eingehalten werden. Es gilt, aus einer Menge von Alternativen eine unter den gegebenen Bedingungen optimale Auswahl zu treffen.

Die Dimensionierung eines Händlerbetriebes ist ein iterativer Prozeß:

- der Auswahl von Standorten,
- des Abschätzens von Marktpotentialen,
- des Abschätzens,
- der notwendigen Größe des Betriebes sowie
- der zu erwartenden Rentabilität und
- des Erreichungsgrades der vorgegebenen Ziele

unter Berücksichtigung von Nebenbedingungen (z.B. begrenzte Baufläche).

382

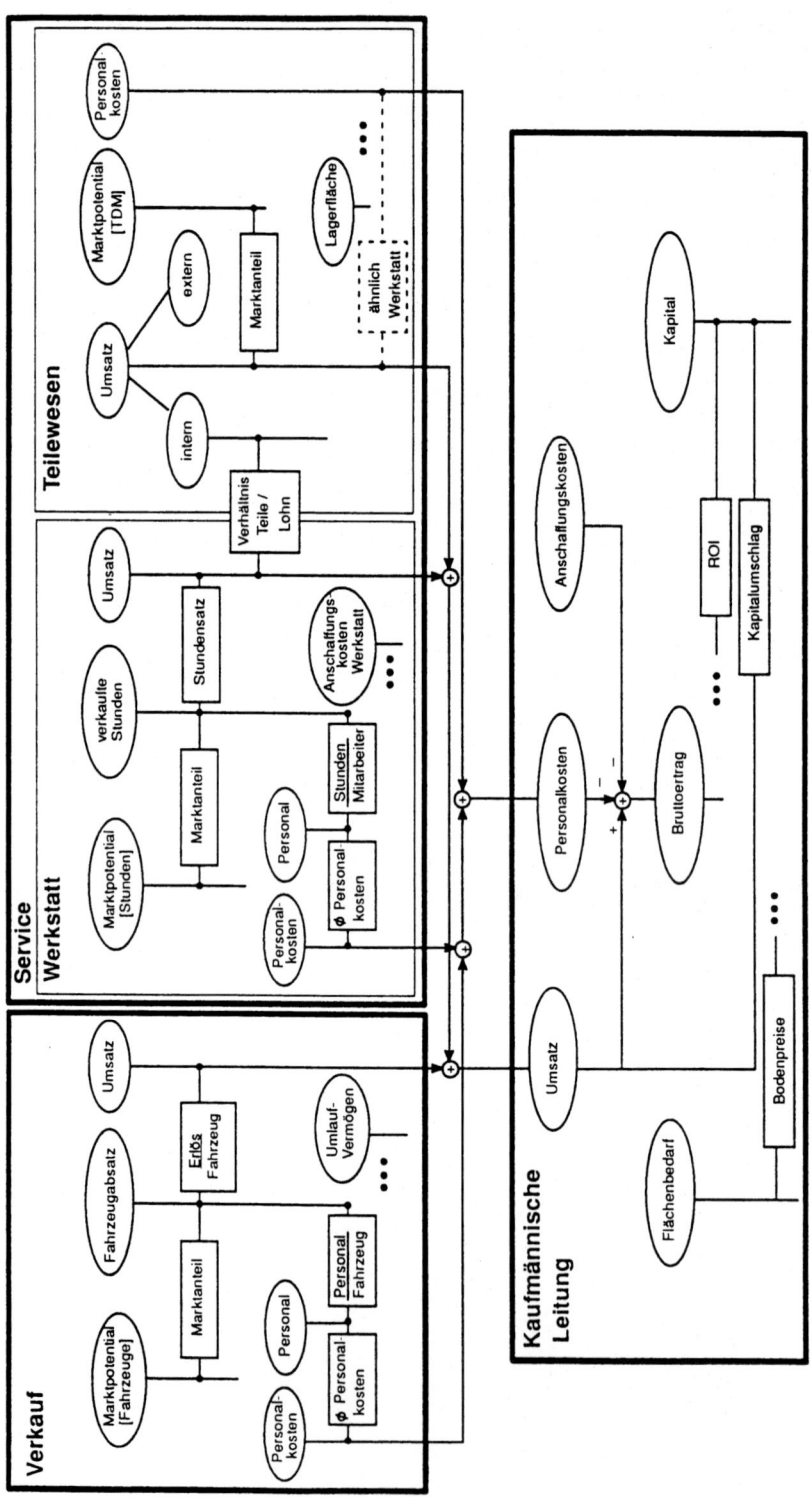

Abb. 8: Ausschnitt aus dem semantischen Netz DICON

Derzeit wird dies teilweise durch computerbasierte Tools unterstützt. Diese Tools (z.B. Spreadsheets) bieten jedoch keine der Komplexität der Aufgabenstellung angemessene Unterstützung, da sie

- nur Teilfragen der Dimensionierung behandeln,
- die Konsistenz der Planung nicht nachweisen,
- Unsicherheiten der Planungsdaten nicht berücksichtigen und
- Abhängigkeiten zwischen den Planungsgrößen nur unzureichend aufzeigen.

Controlling für (existierende) Händlerbetriebe umfaßt deren Beratung, Überwachung und Steuerung. Veränderungen des Marktes müssen rechtzeitig erkannt werden und in Maßnahmen für einzelne Betriebe umgesetzt werden. Schwachstellen in einem Betrieb müssen aufgedeckt und behoben werden. Ein Teilgebiet des Controlling ist damit die Planung und Koordination von Maßnahmen zur Ausweitung, Verkleinerung oder Umstrukturierung des Betriebes. Dies wird als Redimensionierung eines bestehenden Betriebes bezeichnet.

Eine Redimensionierung wirft ähnliche Probleme wie die Dimensionierung eines Betriebes auf; hierbei sind nur wesentlich stärkere Randbedingungen, die durch das Vorhandensein des Betriebes vorgegeben sind, zu berücksichtigen. Gleichzeitig ist das Umfeld besser einzuschätzen, da der Betrieb schon seit einiger Zeit in diesem agiert.

4. Verteilte Anwendungen

Am Beispiel von DICON ist zu erkennen, daß sich die Aufgabe der Dimensionierung bzw. Redimensionierung von Händlerbetrieben nicht auf die rein mathematische Festlegung von betrieblichen Größen reduzieren läßt, sondern in erster Linie als Kommunikationsprozeß angesehen werden muß, an dem verschiedene Spezialisten der einzelnen Teilbereiche des Betriebes sowie übergreifender Funktionen beteiligt sind (Verkauf, Werkstatt, Teilewesen, Architekten, betriebswirtschaftliche Planer, ...). Es ist unerläßlich, diese Einzelpersonen in einem Planungsprozeß so zu integrieren, daß das Fachwissen jedes Einzelnen optimal berücksichtigt wird. Nur dadurch können Resultate zustande kommen, die sowohl in den Einzelteilen, als auch in der Gesamtheit den gestellten Anforderungen genügen.

Eines der wichtigsten Ziele, das wir mit Erstellung und Einsatz derartiger computergestützter Werkzeuge verfolgen, ist die Erhöhung der Kohärenz der Planungsgruppe und damit der Effizienz des Planungsprozesses. Das primäre Ziel ist nicht, den Computer "intelligenter" zu machen, der Computer ist hier "nur" ein sehr mächtiges Hilfsmittel zur Steuerung und

Optimierung der Planungsprozesse. Es geht uns um gescheite, nicht unbedingt um intelligente Software.

Der Geschäftserfolg mancher Softwareprodukte scheint weniger auf spektakulären Einzelfunktionen ("Intelligenz") zu beruhen, als darauf, daß sie auf einem durchdachten Konzept der sinnvollen Durchdringung des gesamten Unternehmens beruhen, verbunden mit der Anpassungsfähigkeit der Software an ein ständig in Wandlung begriffenes Unternehmen. Mit anderen Worten: das technische System (Software) ist an das soziale System (Organisation) optimal angepaßt. Da es Org-Einheiten (soziale Systemelemente) wirkungsvoll verbindet, hat derartige Software die Rolle eines Mediums (im kommunikationswissenschaftlichen Sinne). Bei genauer Betrachtung der installierten Software und des Implementierungsprozesses (in die Organisation) wird auch deutlich, daß ein verteiltes System nicht mit einer Vernetzung lokaler Applikationen gleichzusetzen ist.

4.1 Datenbanken und aktive Medien

Zu den einfachsten elektronischen Medien gehört die Datenbank. Unternehmensweit und räumlich verteilt ermöglicht sie die völlige Transparenz (mit genau definierten Zugriffsrechten bei Belegeingabe und Auswertung) aller Daten und bietet so die Grundlage einer soliden Kommunikation zwischen allen Organisationseinheiten des Unternehmens. Die Datenbank gestattet frei wählbar und flexibel unterschiedliche Sichten (Bilder mit unterschiedlichen Perspektiven und Verdichtungsgrad) auf den Ist-Zustand des Unternehmens und Vergleiche im Zeitverlauf, d.h. Längsschnitt- und Querschnittinformation. Integrität und Redundanzfreiheit der Daten gehören zu den technischen Voraussetzungen dieses Konzepts. Die Datenbankinhalte beziehen sich in der Regel auf Vergangenheit und Gegenwart. Man kann davon ausgehen, daß diese Infrastruktur auf der Grundlage von Unternehmensdatenmodellen prozeßkettenorientiert [15][16] über kurz oder lang in den meisten Unternehmen realisiert sein wird.

Eine sich dieser integrativen Sicht verpflichtende Verfahrensweise für künftige Zeiträume auf der Ebene von Planungs- und Entscheidungssystemen (vgl. [15] S. 26, Abb.18), also nicht allein für die Beschreibung gegebener Ist-Zustände, sondern zur Gestaltung künftiger Realitäten, gibt es heute noch nicht. Was es gibt, sind ad-hoc-Verfahren auf rein extrapolativer Basis für lokale Anwendungen (z.B. AS).

Planung kann nicht heißen, genau auszurechnen, wie die Welt sich entwickeln wird. Dies steht mit der Erfahrung der Gestaltbarkeit und der Eigendynamik komplexer Systeme im

Widerspruch, wie die nicht enden wollende Kette von Fehlprognosen immer wieder aufs neue belegt [5,7]. Vielmehr geht es bei dem hier vorgestellten Ansatz darum, die Kommunikation unter den in Planungsprozessen beteiligten Institutionen und Individuen zu unterstützen. Während die Datenbank als Kommunikationsmedium zur Verständigung hinsichtlich des Ist-Zustand des Unternehmens angesehen werden kann, zielen wir auf ein in gleicher Weise in die Organisation integriertes umfassendes Medium für Planungsprozesse. Medien mit derartigen über das Speichern von Daten hinausgehenden Funktionen nennen wir aktive Medien.

Ein solches Kommunikationsmedium hat die Aufgabe, die partiellen Sichten einzelner Planungseinheiten (Einzelpläne) auf innere Konsistenz zu überprüfen, fehlende Angaben automatisch und verlässlich zu ergänzen, sie zu einem unternehmensübergreifenden Gesamt-plan zu integrieren und diesen wiederum auf innere Konsistenz und auf Konsistenz mit vermuteten Entwicklungen des Umfeldes des Unternehmens zu überprüfen. Die Hervorhebung der Kommunikation ist nicht nur als gewünschter Effekt eines solchen Verfahrens gemeint, sondern auch im Sinne einer methodischen Beschränkung. Die Be-schränkung auf eine Methode der Kommunikationsunterstützung (an Stelle der für Anwender meist nicht mehr nachvollziehbaren Methode der Berechnung künftiger Weltzustände mittels komplizierter Modelle) läßt eine hohe Benutzerakzeptanz erwarten, da das Problem der Intransparenz mathematischer und sonstiger Annahmen bei unserem Ansatz nicht auftritt.

Während das für den Ist-Zustand beschriebene Modell Redundanzfreiheit der Daten verlangt, lebt das Planungsmedium dagegen gerade von der Redundanz der Plandaten: Jede Aussage eines Teilplans impliziert Aussagen für den Gesamtplan und alle anderen Teilpläne, bzw. hängt von diesen ab. Die oben skizzierten Funktionen des unternehmensweiten Planungsmedium sind nicht nur zur Verankerung und Herleitung von Aussagen über künftige Zustände notwendig sondern auch für Plan-Ist-Vergleiche.

4.2 Perspektive Elektronische Informationsmärkte

Eine spezielle Ausprägung des Konzepts aktiver Medien ist der elektronische Informationsmarkt. Die Idee eines Informationsmarktes, die sich an die Funktion eines gewöhnlichen Warenmarktes anlehnt, ist denkbar einfach. Der Informationsbedarf im Rahmen verteilter Planungsprozesse wird dem Medium mitgeteilt. Diese Nachfrage löst dort eine Kettenreaktion unter allen möglichen Anbietern (z.B. Datenbanken) aus, bis die An-forderung erfüllt ist oder der Prozeß ergebnislos endet. Das elektronische Medium verfügt über "Anschlüsse" an das soziale System (z.B. spezialisierte Beraterstäbe), dem ebenfalls

Bedarf mitgeteilt wird. Nun kann die Qualität des Informationsangebots das gesamte Spektrum von Wahrheit über Vermutungen und Gerüchte bis zur Lüge abdecken (völlig analog zur Angebotsqualität bei Warenärkten). Jedes Angebot ist danach bestrebt, seine Qualität zu verbessern, weil sich dadurch sein Marktwert erhöht. Die Besonderheit des Ansatzes besteht in folgendem:

- der Bedarfsdeckungsprozeß geht ohne jede Suche vor sich,
- die optimale und vollständige Nutzung aller bekannten Quellen ist immer garantiert,
- mögliche Widersprüche werden vollständig aufgedeckt (Konsistenzbeweis),
- der Marktmechanismus ist extrem einfach, zuverlässig und anwendungsunabhängig bei beliebiger Komplexität der Marktstrukturen.

Wie läßt sich eine solche Technik des Findens ohne zu suchen realisieren?

Man muß die "Ware Information" (im Sinne einer von Menschen interpretierbaren Nachricht) hierfür "nur" mit der Fähigkeit ausstatten, ihresgleichen nicht nur als solche, sondern auch als Informationsanbieter oder -nachfrager zu erkennen (einschließlich ihrer Qualität und ihres Marktwerts). Darüber hinaus muß jedes Informations-"Atom" die Fähigkeit sinnvoller Kombination zu neuen Nachrichten haben und plastisch veränderbar sein. Genau dies ist mit Hilfe der QUANTOR-Technologie möglich.

Ein elektronischer Informationsmarkt soll nicht allein das technische Problem der Beschaffung, Kombination, Verdichtung, Verarbeitung und Verteilung sinnvoller Nachrichten durch ein elektronisches Medium lösen, sondern gleichzeitig die Unterstützung räumlich und organisatorisch (d.h. nach Zuständigkeit) verteilt stattfindender Planungsprozesse, also die Kommunikation auf der Ebene des sozialen Sytems, zwischen räumlich und thematisch unterschiedlich arbeitenden Planern gewährleisten.

Das durch QUANTOR zur Verfügung stehende Verfahren des Quantitative Reasoning, das die vollständige Funktion des oben beschriebenen elektronischen Informationsmarktes ermöglicht, beruht darauf, daß die Zahlen sich "auf sich selbst anwenden", indem sie bei Begegnung Eindrücke aufeinander hinterlassen, die in veränderten Werten zum Ausdruck kommen. Die Zahlen "kennen" ihre Bedeutung, und daher finden nur sinnvolle Begegnungen und Veränderungen statt. Es handelt sich scheinbar um einen völlig chaotischen Prozeß, bei dem sich alles mit allem kombiniert. Das Ergebnis ist jedoch immer klar nachvollziehbar und von nachgewiesener Konsistenz (oder Inkonsistenz, die der Computer aufdeckt, aber weder beheben kann noch soll). Die einzige Einschränkung der Allgemeinheit besteht darin, daß ausschließlich quantitative Aussagen zugelassen sind.

Für die oben beschriebene Art des Informationsmarktes gibt es bereits lauffähige Prototypen. Konzept und Funktionen werden zur Zeit in einem gemeinsamen Projekt (ELIAS) mit der Hochschule St. Gallen, Banken und Industrieunternehmen weiterentwickelt.

Danksagung

Für wertvolle Hinweise und kritische Durchsicht des Manuskripts danke ich meinem Kollegen Olaf Mehlmann.

Literaturverzeichnis

[1] Schmid, B.: Bilanzmodelle. Simulationsverfahren zur Verarbeitung unscharfer Teilinformationen. Bericht des ORL-Instituts der ETH, Nr. 40, Zürich 1979.

[2] Schmid, B.: Zukunftsanalyse durch Auswerten und Verarbeiten von Informationen über komplexe Systeme. In: Daimler-Benz AG (Hrsg.). Langfristprognosen - Zahlenspielerei oder Hilfsmittel für die Planung? Referate des 6. Daimler-Benz-Seminars der Forschungsgruppe Berlin vom 15. und 16.11.1984. Report 5 der Schriftenreihe der DBAG, Düsseldorf 1985.

[3] Kalman, R.E.: A New Approach to Linear Filtering and Prediction Problems. Journal of Basic Engineering, March 1960, pp 35-45.

[4] Jazwinsky, A.H.: Stochastic Processes and Filtering Theory. New York, London 1970.

[5] Müller, R.A.: Is There Any Need for Long-Term Forecasting Methods? In: Schmid, B.(ed.): Information on Complex Systems - Representation and Inference. Five Papers Presented at the 4th International Symposium on Forecasting, London 1984. Zürich 1988.

[6] Müller, R.A.: Selbstorganisation und Verteilte Intelligenz. Beitrag zu dem Symposium "Evolutionäre Wege in die Zukunft" des Instituts für Zukunftsstudien u.a., Berlin 29.-30.11.90 (Tagungsband im Druck).

[7] Müller, R.A., Reske, J., Minx, E.P.W.: Eine Zukunftsanalyse der Ausstattung privater Haushalte mit PKW in der Bundesrepublik Deutschland bis zum Jahre 2010. In: Daimler-Benz-AG (Hrsg.): Langfristprognosen - Zahlenspielerei oder Hilfsmittel für die Planung? Referate des 6.Daimler-Benz-Seminars der Forschungsgruppe Berlin vom 15. und 16.11.1984, Report Nr.5 der Schriftenreihe der DBAG. Düsseldorf 1985.

[8] Gäbler, A.-G., Mehlmann, O.: DICON - Ein System zur Unterstützung des Planungsprozesses bei der Dimensionierung und dem Controlling von Mercedes-Benz-Händlerbetrieben. Interner Bericht, Daimler-Benz AG, Forschungsinstitut Berlin, 1991, (unveröffentlicht).

[9] Leuthardt,H. Günther,R.: Mit dem PC auf der Spur von Schwachstellen im Verkehrsbetrieb. Rechnergestütztes Verfahren zu Wirtschaftlichkeitsuntersuchung. Der Nahverkehr, Heft 3 1989.

[10] Wöhe, G.: Einführung in die allgemeine Betriebswirtschaftslehre. 18. Auflage, München 1991.

[11] Kilger, W.: Flexible Plankostenrechnung und Deckungsbeitragsrechnung, 9. Auflage, Wiesbaden 1988.

[12] Kloock, J.: Umweltkostenrechnung. in Scheer, A.-W. (Hrsg.): Rechnungswesen und EDV. 11. Saarbrücker Arbeitstagung 1990. Heidelberg 1990, S. 129-156.

[13] Reichmann, Th.: Controlling mit Kennzahlen. 2.Auflage, München 1990.

[14] Flaskämper, P.: Allgemeine Statistik, Teil 1, Meiner, Leipzig 1944.

[15] Scheer,A.-W.: Unternehmensdatenmodell - Voraussetzung integrierter Informationverarbeitung der 90er Jahre, in Scheer,A.-W. (Hrsg.): Rechnungswesen und EDV. 10. Saarbrücker Arbeitstagung 1989. Heidelberg 1989, S. 3-29.

[16] Scheer,A.-W.: Prozeßketten und Unternehmensdatenbanken. Herausforderungen auch für das Controlling, in Scheer, A.-W. (Hrsg.): Rechnungswesen und EDV. 11. Saarbrücker Arbeitstagung 1990. Heidelberg 1990, S. 3-19.

[17] Gruber,H.: Grenzen der Plankostenrechnung für mittelfristige Planungs- und Entscheidungsrechnungen, in Scheer,A.-W. (Hrsg.): Rechnungswesen und EDV. 10. Saarbrücker Arbeitstagung 1989. Heidelberg 1989, S. 106-129.

Wissensbasierter Controlling-Leitstand: Zeitnahe Kostenanalysen zur Reduzierung der Unsicherheit

Dipl.-Wirtsch.-Ing. Wolfgang Kraemer, Institut für Wirtschaftsinformatik, Universität des Saarlandes

Gliederung:

12. Saarbrücker Arbeitstagung 1991
Rechnungswesen und EDV
hrsg. v. A.-W. Scheer
© Physica-Verlag Heidelberg 1991

1. Behandlung von Unsicherheitsproblemen im Controlling

Das von Laux propagierte Grundmodell der Entscheidungstheorie unterscheidet bei der Unsicherheit möglicher Erwartungsstrukturen in Unsicherheit im engen Sinne (Ungewißheit) sowie Entscheidungen unter Risiko (stochastisch) [1]. Der Zusammenhang von Controlling und Unsicherheit kann unter verschiedenen Aspekten diskutiert werden, wobei für diese Untersuchung eine Unsicherheitsbehandlung im weiten Sinne verwandt werden soll. Dadurch können sowohl Entscheidungsprobleme, deren Konsequenzen nicht genau voraussehbar sind, behandelt werden, als auch wahrscheinlichkeitstheoretische Ansätze berücksichtigt werden. Folgende Unsicherheitsfaktoren ergeben sich für die Kostenrechnung und das Controlling:

1. **Entscheidungsproblem bei der Auswahl eines geeigneten Kostenrechnungsverfahrens.**

2. **Entscheidungsproblem bei der Gestaltung der Kostenrechnung und des Controlling als Informationssystem [2]**

- Unsicherheit hinsichtlich der Entscheidungskonsequenzen bei der Wahl zwischen mehreren Handlungsalternativen, unabhängig von der Ausprägung eines Kostenrechnungsverfahrens.

- Unsicherheit hinichtlich des Informationsbedarfes eines Entscheiders. Der Informationsbedarf kann über die Merkmale "Informationsart" und "Informationsqualität" operationalisiert werden. Die Informationsart kann über die Kriterien "Relevanz" und "Vollständigkeit" definiert werden. Unter dem Merkmal Informationsqualität können die Kriterien "Aktualität", "Präzision" und "Zuverlässigkeit" subsumiert werden.

- Unsicherheit hinsichtlich des Informationsoptimums und der Informationsbewertung.

- Unsicherheit hinsichtlich der Interdependenzen eines Entscheidungsfeldes. Die optimale Lösung eines Entscheidungsproblems kann nur über das gesamte Feld unternehmerischer Aktivitäten ermittelt werden.

- Unsicherheit hinsichtlich der zeitlichen Dimension einer Entscheidung.

3. Unsicherheiten bei Controlling-Instrumenten

Unabhängig von der Auswahl eines Kostenrechnungssystems und der Gestaltung der Kostenrechnung als Informationssystem ergeben sich auch Unsicherheiten bei den eingesetzten Instrumenten des Controlling. Für die weitere Untersuchung soll hier insbesondere der Unsicherheitsaspekt bei der Kostenauswertung diskutiert werden.

Um die Auswertungskosten gering zu halten, ging man in der Praxis dazu über, nur einen Teil der Kostenabweichungen auszuwerten. Die dabei verwandten Selektionskriterien, wie zum Beispiel prozentuale Höhe der Kostenabweichung und die absolute Höhe der Kostenbeträge werden dabei oftmals willkürlich festgelegt. Um diesen Mangel zu beseitigen, wurden bereits 1961 Verfahren entwickelt, die mit Hilfe von Entscheidungsmodellen den Prozeß der Kostenkontrolle objektivieren sollten [3].

Controlling unter Unsicherheit ist mehr als nur die Berücksichtigung systematischer Fehler in der Datenermittlung. Krönung kritisiert, daß gerade bei den Verfahren der Abweichungsanalyse als zentrales Instrument des Kostenmanagements auf die Perfektion der Verfahren zur Interpretation bereits festgestellter Abweichungen abgezielt wird, während fast jeder entscheidungstheoretische Bezug fehlt.

Den entscheidungstheoretischen Ansätzen der Abweichungsanalyse liegt die Hypothese zugrunde, daß sich die im Soll-Ist-Kostenvergleich auftretenden Kostenabweichungen in zwei Gruppen unterteilen lassen. Zufallsbedingte oder nicht kontrollierbare Abweichungen werden angenommen, wenn sie im Zeitablauf um einen bestimmten Mittelwert oszillieren und nicht ausgewertet werden können, weil sich die Ursachen nicht bestimmen lassen. Die zweite Gruppe enthält Kostenabweichungen, die als systematische oder kontrollierbare Abweichungen bezeichnet werden, deren Ursachen durch eine Kostenauswertung bestimmt werden können.

Vereinfacht dargestellt, werden in der Entscheidungsmatrix von Bierman, Fouraker und Jaedicke Zustandswahrscheinlichkeiten für "beeinflußbare" und "nicht beeinflußbare" Kostenabweichungen den Aktionen "Auswertung" und "keine Auswertung" gegenübergestellt. Nach dem Bayes-Entscheidungskriterium wird die Aktion gewählt, für die der Erwartungswert der Auswertungskosten kleiner als der Erwartungswert der Auswertungserträge ist. Das Hauptproblem für dieses Verfahren besteht in der Bestimmung der Wahrscheinlichkeit, daß eine Kostenabweichung nicht kontrollierbare Ursachen hat. Für jede Kostenart muß demzufolge eine Dichtefunktion empirisch ermittelt oder geschätzt werden [4].

Lüder erweitert diesen Ansatz, indem er den Auswertungsaufwand und den Auswertungsertrag als stochastische Variable in das Modell aufnimmt. Als Entscheidungskriterium wird die Wahrscheinlichkeit berechnet, mit der ein bestimmter Auswertungserfolg erzielt werden kann [5].

Von Kaplan stammt das Modell zur kostenoptimalen Analysepolitik. Dabei steht nicht mehr nur die Frage im Mittelpunkt, ob eine festgestellte Abweichung überhaupt analysiert werden soll, sondern auch, wie dies kostenoptimal erfolgen kann [6].

Streitferdt faßt in einer Untersuchung von Entscheidungsregeln zur Abweichungsauswertung zusammen, daß immer noch erhebliche Schwierigkeiten bei der Auswertungsentscheidung auftreten. In der betrieblichen Praxis müssen aber solche Entscheidungen jeden Tag getroffen werden [7].

4. Unsicheres Controlling-Wissen

Neben der Auswahlentscheidung zur Auswertung von Kostenabweichungen ist im Rahmen der Unsicherheitsdiskussion insbesondere noch der Aspekt der Behandlung von unsicherem Controlling-Wissen relevant. Unsicheres Wissen stand bisher immer im Gegensatz zu deterministischen mathematischen Modellen, Algorithmen oder Datenstrukturen, wie sie in der Informatik oder anderen formalen Wissenschaften und ihren Anwendungen benutzt werden. Unsicheres Wissen ist also nicht als Entweder-oder-Struktur, deren Elemente nur wahr oder falsch, schwarz oder weiß, null oder eins sein können, sondern vielmehr in Mehr-oder-weniger-Strukturen, in denen viele Zwischenstufen oder -grade zwischen den Extremwerten möglich sind, darstellbar [8]. Durch sogenannte certainty factors können Aussagen und Regeln in Expertensystemen ausgedrückt werden. Eine Regel zur Abweichungsursachenermittlung könnte dann lauten:

"wenn es sich um eine Abweichung in der Kostenstelle 4711 handelt, dann kann auf eine weitere Auswertung verzichtet werden (0,8)" oder
"wenn die Abweichung der Kostenart "Reparatur- und Instandhaltungskosten" in der Kostenstelle 4712 proportional zu den "Werkzeugkosten" ansteigen, mindestens aber einen Abweichungsbetrag von 2.500 DM aufweist, dann sollte eine Tiefenanalyse eingeleitet werden.

Zur Quantifizierung der Wahrscheinlichkeit wurde hier ein Bereich zwischen 0 und 1 gewählt. Daraus folgt, daß die oben getroffene Aussage mit 0,8 "sehr wahrscheinlich" ist. Bei der Formulierung einer Regel muß klar definiert sein, wann die Voraussetzung gilt und wann nicht. Zur Modellierung von Unsicherheiten können neben Wahrscheinlichkeitskalkülen sogenannte lexikalische oder linguistische Variablen verwandt werden [9]. Mit der Theorie der unscharfen Mengen (Fuzzy Sets) ist es auch möglich, die bei menschlichen Entscheidungsprozessen verwendeten Begriffe wie "die Abweichung ist sehr hoch oder sehr problematisch" nachzuvollziehen, ohne daß eine genaue Defintion vorliegt, ab welcher Größe eine Abweichung sehr hoch ist. Diese Einschätzung hängt zusätzlich auch vom jeweiligen Zusammenhang sowie der Person des Betrachters selbst ab. Gerade diese Unpräzision aber ermöglicht es dem Menschen, selbst in Situationen, in denen nur unvollständige oder teilweise widersprüchliche Informationen vorliegen, eine Entscheidung zu fällen. Dadurch kann es gelingen, Wichtiges von Unwichtigem zu trennen und komplexe Probleme zu vereinfachen [10].

Im folgenden wird ein Ansatz vorgestellt, der versucht, die Unsicherheit bei der Kostenanalyse zu reduzieren. Dabei wird sowohl auf das Auswahlentscheidungsproblem eingegangen, wie auch auf die Modellierung von unsicherem Controlling-Wissen.

2.   Leitstände im Controlling?

Der Begriff "Leitstand" wurde bisher vorrangig mit der Fertigungssteuerung und -überwachung verbunden, wobei zahlreiche marktreife und bereits in die Unternehmens-EDV-Infrastruktur integrierte Systeme den Entwicklungsstand dokumentieren [11] . Deren Aufgabe ist es, als eigenständige Steuerungssysteme für dezentrale Einheiten im Rahmen vorgegebener Eckdaten Aufträge, Betriebsmittel und Werkzeuge zu disponieren. Leitstände sind durch eine gegenüber herkömmlichen EDV-Systemen deutlich verbesserte benutzerfreundliche grafische Oberfläche gekennzeichnet und basieren auf einem interaktiven, den Disponenten einbeziehenden Planungskonzept [12]. Leitstände können Planungsfunktionen in unterschiedlichen Fertigungsstrukturen übernehmen und unterstützen unterschiedliche Fertigungssteuerungsstrategien [13]. Die Auswertungs- und Informationsfunktion eines Fertigungs-Leitstands, wie zum Beispiel FI-2, die den Benutzer bei seinen Planungs-, Dispositions- und Überwachungsaufgaben unterstützen, sind [14]:

- Übernahme von Auftrags- und Stammdaten aus übergelagerten Systemen,
- Einplanung bzw. Terminierung auf Betriebsmittel,
- Verfügbarkeitsprüfungen auf alle mit dem Arbeitsgang zusammenhängenden Ressourcen,
- Steuerungsfunktionen wie Splitten, Raffen, Überlappen von Aufträgen zur Optimierung der Planung,
- Speicherung und Auswertung verschiedener Planungssituationen (Simulation)
- Stammdaten- und Auftragsdatenverwaltung,
- Auftrags- und arbeitsplatzbezogene Betriebsdatenerfassung, Auswertung und Information
  - Kapazitätsübersicht,
  - Maschinenbelegungsübersicht,
  - Bearbeitungs-, Rüst- und Stillstandzeiten je Arbeitsplatz,
  - Aufträge mit Verzug,
  - Aufträge mit fehlenden Ressourcen,
  - Soll-Ist-Abweichungen,
  - Maschinenstörungen,
- Koordination verschiedener Leitstände in unterschiedlichen Dispostionsbereichen,
- Übergabe von Daten an übergelagerte bzw. untergelagerte Systeme.

Die im Fertigungs-Leitstand bereitgehaltenen Daten, wie zum Beispiel Maschinenlaufzeiten bzw. -stillstände, Personalzeiten, Material-/ Energieverbräuche und Ausschuß, Reparatur- und Instandhaltungszeiten sowie Störgründe, ermöglichen durch die Gegenüberstellung von Soll- und Istdaten ein auf Leistungsdaten basierendes Produktions-Controlling. Damit können

Aussagen hinsichtlich einer Wirtschaftlichkeit von Produktionsprozessen getroffen werden und kostensenkende Gegensteuerungsmaßnahmen bereits bei der Kostenverursachung initiiert werden. Die Ausführungen haben gezeigt, daß durch Fertigungs-Leitstände zeit- und prozeßnah Funktionen des Produktions-Controlling wahrgenommen werden können.

Forschungsbemühungen weisen in die Richtung einer "Online-Kostenrechnung" sowie "Prozeßkostenrechnung", die eine zeitnahe kostenmäßige Bewertung des produktionswirtschaftlichen Handelns ermöglichen sollen [15].

Dem Kostenstellenverantwortlichen bzw. Disponenten werden mit dem Einsatz eines Leitstandes nicht nur **Fertigungssteuerungs-** sondern auch **Kostensteuerungsfunktionen** übertragen und damit zusätzliche Entscheidungskompetenz im Sinne eines operativen Kostenmanagements. Damit wird allerdings nur ein Suboptimum durch eine Verbesserung der Wirtschaftlichkeit auf Kostenstellenebene angestrebt. Es fehlen jedoch Koordinationsinstrumente für eine Planung, Steuerung und Überwachung größerer Organisationseinheiten.

Dem Controller obliegt die Aufgabe, analog zur längerfristig orientierten Produktionsplanung und -steuerung, **globale Kostenziele** für die sich selbst regulierenden Kostenstellen bzw. -bereiche vorzugeben und erst bei Nichterreichung einzugreifen. Eine wesentliche Aufgabe des Controllers ist es, durch Kombination von Berichten, d.h. aus Zahlen und Grafik, Entwicklungen zu erkennen und für das Management aufzubereiten [16]. Das Management trägt die Ergebnisverantwortung, der Controller dagegen die informatorische Transparenzverantwortung.

Treten dennoch entgegen eines oben explizierten präventiven Kostenmanagements Abweichungen auf, sind die Ursachen für den Controller nach Beendigung eines in der Regel monatlich stattfindenden Soll-Ist-Kostenvergleichs nur noch sehr schwer zu ermitteln. Eine Kostenanalyse basiert dann auf den Kostendaten der administrativen Abrechnungssysteme, wobei selbst eine Dokumentation der Leistungsdaten durch die Betriebsdatenerfassung noch keinen Aufschluß über Abweichungsursachen in den Fertigungsbereichen zulassen würde. Die Ursachen für Kostenabweichungen sind dann nur noch dem Kostenstellenverantwortlichen bekannt und werden zur Klärung der Verantwortlichkeit und zur Abstimmung von Gegensteuerungsmaßnahmen in Kostendurchsprachen mit dem Controller diskutiert.

Geht man von einer Mindestkostenstellenanzahl von ca. 800 -1000 und 15 Kostenarten je Kostenstelle in mittelständischen Unternehmen aus, steht der Controller zunächst vor dem Entscheidungsproblem, welche Kostenstelle mit welchem Auswertungsaufwand näher zu untersuchen ist. Wird dann eine reduzierte Anzahl abgewichener Kostenstellen näher untersucht,

wurde, da es sich zum Beispiel um zufallsbedingte oder einmalig auftretende Abweichungen handelte. Nach dem Prinzip des Management by Exception brauchen ebenso die vielen kleinen und kleinsten Abweichungen gar nicht beachtet werden. Eine Konzentration empfiehlt sich daher nur auf die wenigen wesentlichen Abweichungen. Nicht selten finden Kostenanalysen spontan und nur in Ausnahmefällen statt. Der terminlich schon anstehende nächste Kostenplanungs- und -auswertungszyklus erlaubt dann keine detaillierte Untersuchung weiterer Kostenstellen, denn die Analyse von "Zahlenfriedhöfen" bedeutet Zeitaufwand. Die monatliche Überwachung einer Vielzahl von Kostendaten erlaubt es dem Controller daher kaum, sich den wichtigen Spezialfällen zu widmen. In der Praxis ist dann Nachlässigkeit die Folge [17], zumal oftmals in mittelständischen Unternehmen Controlling-Aufgaben neben anderen betriebswirtschaftlich erforderlichen Auswertungen nur nebenher wahrgenommen werden.

Vor diesem Hintergrund wurde am Institut für Wirtschaftsinformatik an der Universität des Saarlandes der "Intelligente Controlling-Leitstand" (ICL) entwickelt, der die Datenbestände mittels wissensbasierter Such- und Prüfungsstrategien semi-automatisch [18] "durchkämmt", um Frühwarnhinweise bezüglich signifikanter Abweichungskonstellationen zu liefern um darauf aufbauend Abweichungsursachen zu diagnostizieren [19][20]. Als **dezentrales Auswertungssystem** begegnet es damit den **Informationsdefiziten** [21] von Kostenrechnungs-Standardsoftware und weist den Entscheidungsträger durch eine **Informationsfilterung** aber gleichzeitig auf besonders bedeutsame toleranzgrenzüberschreitende Analyseobjekte hin.

3.   Der "Intelligente Controlling-Leitstand"

Der Controlling-Leitstand berücksichtigt die Informationsbedürfnisse heterogener Benutzer-kreise, wie zum Beispiel eines Zentral-, Bereichs-, Funktions-, Projekt- oder Prozeß-Control-lers [22]. Durch Auflösung der Istdaten ermittelt das Diagnose-System die Abweichungsursa-chen, deren Kenntnis der Controller für die Steuerung der Kostenbereichs benötigt. Während die Monitoring-Komponente primär methodisches Controlling-Wissen repräsentiert, wird be-reichsspezifisches Wissen im Diagnosesystem abgebildet. Der Ansatz des Gesamtsystems "Controlling-Leitstand" basiert auf einem Verteilungskonzept der Funktionalität auf eine zentrale (wo sind relevante Abweichungen) und mehrere bereichsorientierte Komponenten (warum sind Abweichungen entstanden). Repetitive Grundfunktionen des Controlling-Leit-standes, die bereichsneutral und somit standardisierbar sind, werden zentral bearbeitet, wäh-rend Funktionen, die bereichsorientiertes Spezialwissen erfordern, durch dezentrale Kompo-nenten des Gesamtsystems ausgeführt werden.

Als Entwicklungsumgebung wurde die Expertensystemshell Nexpert Object, das Datenbank-system ORACLE sowie die Benutzeroberfläche X-Windows/MOTIF verwandt. Basierend auf früheren Ergebnissen [23] soll hier das Benutzermodell sowie die Frühwarnkomponente (Monitoring) näher beschrieben werden und dabei auf eine ausführliche Beschreibung der Simulations- und Diagnosekomponente verzichtet weden.

Im Rahmen der Benutzermodellierung erfolgt die Planung der Controlling-Strategien für die Kostenhierarchie einer Unternehmung, während die kontinuierliche Überwachung und Steue-rung durch ein wissensbasiertes Frühwarnsystem übernommen wird. Die Ermittlung von Kostenabweichungsursachen erfolgt durch ein wissensbasiertes Diagnosesystem. Die Ge-samtarchitektur eines solchen wissensbasierten Controlling-Leitstandes ist in Abbildung 1 dargestellt.

3.1   Aufbau eines Benutzermodells für Controlling-Auswertungsaufgaben

Im Rahmen der Entwicklung eines Organisationsmodells als Bestandteil einer **Architektur integrierter Informationssysteme** (ARIS) nimmt Scheer eine Klassifizierung der Benutzer hinsichtlich ihrer Fähigkeiten und eine Zuordnung der Benutzer zu unterschiedlichen Anwen-dungen vor [24].

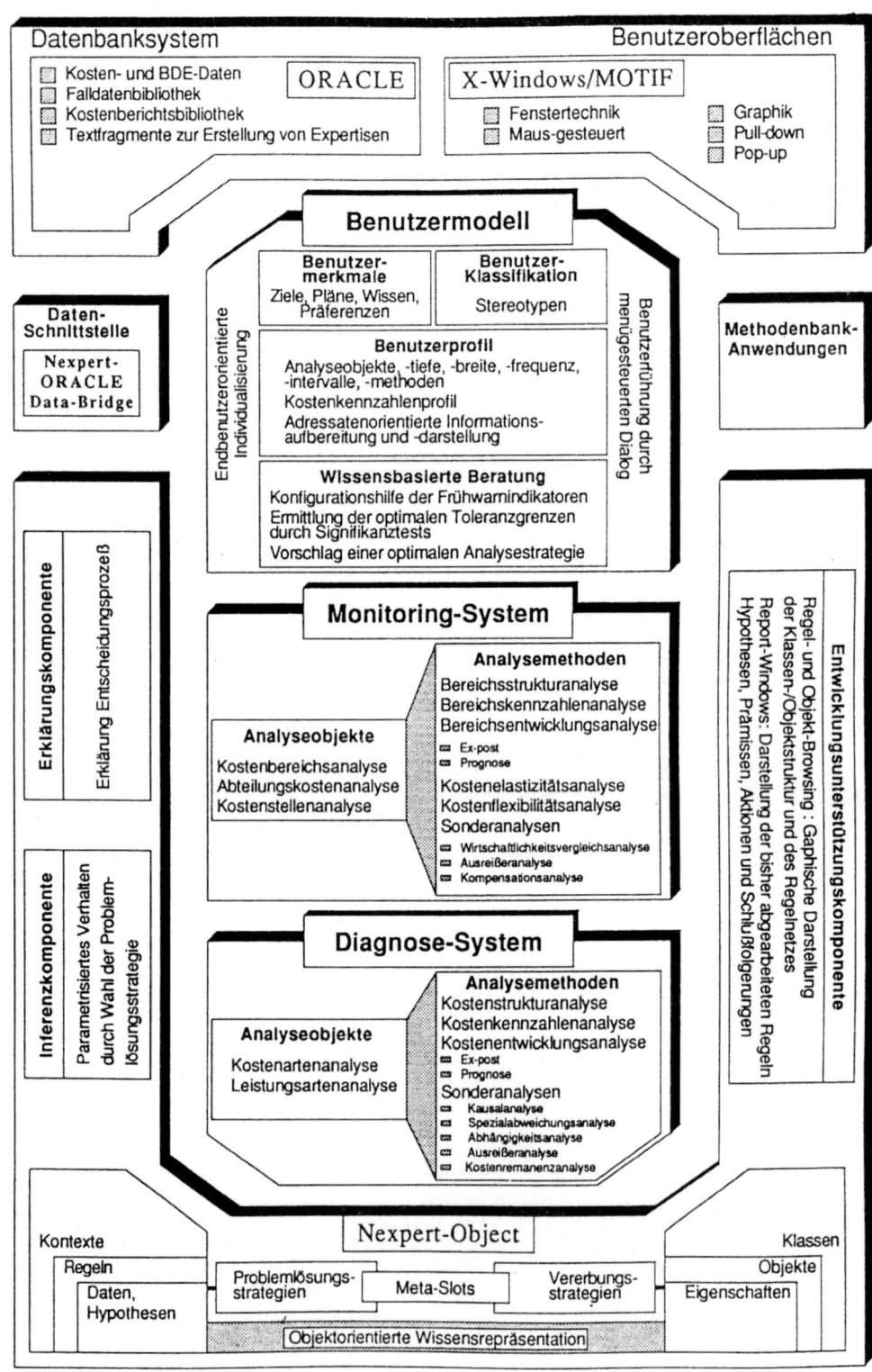

Abb. 1: Systemarchitektur des Controlling-Leitstandes

Controlling-Aufgaben werden von einem heterogenen Personenkreis mit unterschiedlichen Interessen, Vorkenntnissen und Analysebedürfnissen wahrgenommen. Einer Untersuchung von Küpper et al. folgend, kann konstatiert werden, daß die Controllingaufgaben überwiegend von zentralen Controllingabteilungen in der Unternehmensorganisation wahrgenommen werden, wobei mit zunehmender Unternehmensgröße der Anteil dezentraler Controlling-Stellen steigt. Dies spricht dafür, daß das zentrale Controlling primär als **übergreifendes Koordinationsinstrument** konzipiert werden muß und die Einrichtung eines **dezentralen Bereichscontrolling** erforderlich wird [25]. Wie bereits oben expliziert, übernimmt der Kostenstellenverantwortliche zunehmend Kostensteuerungsaufgaben. Eine wesentliche Aufgabe im Rahmen der Entwicklung von **benutzerspezifischen Informationssystemen** ist es deshalb, die Adressaten der Kostenrechnungs- und Controllinginformationen zunächst zu identifizieren und deren Informationsbedürfnisse näher zu spezifizieren. Weber sieht die wesentliche Beeinträchtigung einer richtigen Interpretation der von der Kostenrechnung gelieferten Daten in einer häufig mangelnden, zu unspezifischen Aufbereitung der Daten. Zur globalen Steuerung und Überwachung eines Bereichs sind aggregierte Kostendaten erforderlich, lange Listen von Einzeldaten dementsprechend kontraproduktiv. Mertens spricht sogar davon, daß es sich bei den gelieferten Daten um regelrechte "Zahlenfriedhöfe" handelt [26]. Auf der anderen Seite stellt Weber fest, daß schon bei der klassischen Vollkostenrechnung die Kostenstellenverantwortlichen oftmals nicht dazu in der Lage sind, die Zahlen des periodischen Berichtswesens zu interpretieren, beeinflußbare von nicht beeinflußbaren Kosten zu differenzieren und Kostenentwicklungen richtig einzuschätzen. Erforderlich ist deshalb eine benutzer- und problemadäquate Gestaltung der Kostenrechnung und des Controlling [27].

Die Entwicklung eines Benutzermodells für Controllingaufgaben soll hier dem Adressaten einen fachgebietsspezifischen Dialogablauf, d.h. dessen Ziele und Pläne berücksichtigen, sowie dessen Überzeugungen und Kenntnisse repräsentieren. Erfolgreiche Ansätze in diesem Gebiet werden insbesondere von Rauh und Wittmann beschrieben, die den Einsatz von Benutzermodellen insbesondere bei der Unterstützung von Unternehmensanalysen und -diagnosen für den Steuerberater sehen [28][29].

3.1.1 Benutzermerkmale und Benutzerklassifikation

Das Controlling-Benutzermodell beinhaltet die folgenden Komponenten:

- Klassifizierung des Benutzers,
- Bestimmung eines Benutzerprofils,
- Zuordnung der relevanten Einstiegshierarchie (Analyseebene) zum jeweiligen Benutzer,
- Aktivierung der relevanten Daten und Funktionen,
- Aktivierung der Falldaten- und Kostenberichtsbibliothek,

- Aktivierung der Methodenbank-Anwendungen,
- Beratung bei der Konfiguration des Benutzermodells,
- Erfüllung der Schnittstellenfunktion (Benutzeroberfläche) zum Benutzer.

Das Benutzermodell muß sich demnach folgendermaßen orientieren:

- an den benötigten und zulässigen Informationen des Benutzers,
- an der optimalen Aufbereitung der Informationen für den Benutzer,
- an der optimalen Verdichtung der Daten,
- am bevorzugten Interaktionsstil des Benutzers,
- am Wissensstand des Benutzers,
- an der Erfahrung des Benutzers.

Beim Aufbau eines Benutzermodells müssen daher die unterschiedlichen Benutzergruppen klassifiziert werden. Für die weitere Untersuchung wird von folgenden Benutzergruppen ausgegangen, die Controllingaufgaben in einer Unternehmung vornehmen:

1. **Zentrales Controlling**

   Das Zentrale Controlling ist der Bereich, der einerseits der Unternehmensleitung zugeordnet ist und diese mit Informationen versorgt, und andererseits die nachrangigen Controlling-Abteilungen koordiniert. Zentrale Controlling-Aufgaben können sich dabei sowohl auf einzelne Geschäftsbereiche, wie zum Beispiel Werke/Divisionen, Regionen, Produktgruppen und Abnehmergruppen [30] als auch auf die Koordination einzelner Funktionsbereiche beziehen.

2. **Dezentrales Bereichs- bzw. Funktions-Controlling**

   Auf dieser Hierarchieebene finden sich funktionale-, projekt- und divisionsbezogene Controlling-Abteilungen, wobei die letzteren wiederum nach Funktionen weiter strukturiert werden können. Trotz einer potentiellen Gefahr bei Anwendung des dezentralen Controlling, z.B. der personellen Überbesetzung und der betriebswirtschaftlichen Verselbständigung von Funktionsbereichen ohne hinreichende Koordination, kann die Qualität der Planung und auch der Abweichungsanalyse im Unternehmen erheblich gesteigert werden [31].

3. **Kostenstellen-Controlling**

   Auf der betrachteten Hierarchieebene des Unternehmens wird im Rahmen des Kostenmanagements die Person des Kostenstellenleiters auf unterster Stelle angesiedelt. Der Kostenstellenleiter zeichnet für eine seiner Kostenstellen verantwortlich. Das bedeutet, daß der Kostenstellenleiter die benötigten Daten in relativ unverdichteter Form benötigt.

Der Kostenstellenverantwortliche interessiert sich hauptsächlich für die Aufbereitung von Leistungsdaten und -kennzahlen, wie zum Beispiel die Maschinenauslastung oder die Durchlaufzeiten. Das Interesse des Kostenstellenverantwortlichen liegt vorrangig an aufgezeigten Abweichungen, die in seinem Verantwortungsbereich entstanden sind und an den zur Verfügung gestellten Kostenberichten. Die aufgetretenen Abweichungen sind zu analysieren, um die Ursachen und die dafür Verantwortlichen aufzuzeigen. Die Wirtschaftlichkeit der Kostenstelle läßt sich untersuchen, indem der Kostenstellenleiter sich an den vorgegebenen Planwerten orientiert. Dem Kostenstellenleiter obliegt die Überwachung darüber, ob die vorgegebenen Planwerte eingehalten worden sind.

Als Information benötigt der Kostenstellenleiter die Gesamtkosten der Kostenstelle, die wiederum in beeinflußbare und nicht beeinflußbare Kosten aufgegliedert werden müssen. Glaser verweist jedoch darauf, daß der Kostenstellenleiter häufig nicht die gesamte Verbrauchsabweichung zu verantworten hat [32]. Deshalb wird eine weitere Unterteilung der Verbrauchsabweichung notwendig, um eine genaue Verantwortlichkeitszuordnung treffen zu können.

Eine weitere Aufgliederung berücksichtigt eine Klassifizierung der Kosten nach Kostenarten. Dabei ist auf die besondere Spezifika bestimmter Kostenarten, wie zum Beispiel Qualitäts- und Logistikkosten einzugehen, die diskontinuierliche Sonderauswertungen erfordern. Das Aufdecken von Abweichungen reicht jedoch nicht aus. Daher sind die aufgedeckten Abweichungen noch zu analysieren und vollständig den jeweiligen Verantwortlichen zuzurechnen. Das bedeutet, daß die Abweichungen entlang einer Kausalkette bis zum letzten Verursacher betrachtet werden. Diese Vorgehensweise wird als "tracing back" bezeichnet [33].

4. Aktivitäts-Controlling

Parallel zur abgebildeten Unternehmenshierarchie, die hauptsächlich eine Wirtschaftlichkeitsüberwachung auf Kostenbereichs- und Kostenstellenebene ermöglicht, erscheint es sinnvoll, noch weitere Untersuchungsobjekte zu definieren. So kann zum Beispiel durch den Aufbau einer Prozeßkostenrechnung die Wirtschaftlichkeitskontrolle einzelner Teilprozesse (analog zur Kostenstellenebene) im Vordergrund stehen, die dann zu Hauptprozessen (analog zur Kostenbereichsebene) verdichtet werden.

Die folgende Abbildung 2 vermittelt einen Gesamteindruck der Funktionalität des Controlling-Leitstands. Nach erfolgter Benutzeridentifikation kann die weitere Konfiguration der Untersuchungsobjekte mit der Funktion "Analyseobjekte" durchgeführt werden. Das Pull-Down-Menue der "Analyseobjekte" zeigt dabei auch die Möglichkeiten von Analysestrategien: von der mittel- bis langfristig orientierten Kostenplanung und -kontrolle (Controlling der Geschäftsbereiche), über die einzelnen Funktionsbereiche, bis zur kurzfristig orientierten

Prozesskontrolle (Aktivitäts-Controlling). Die Funktion "Kostenniveau-Ist" ermöglicht einen Überblick der derzeitigen Soll- und Istkosten unternehmensweit oder bereichsspezifisch.

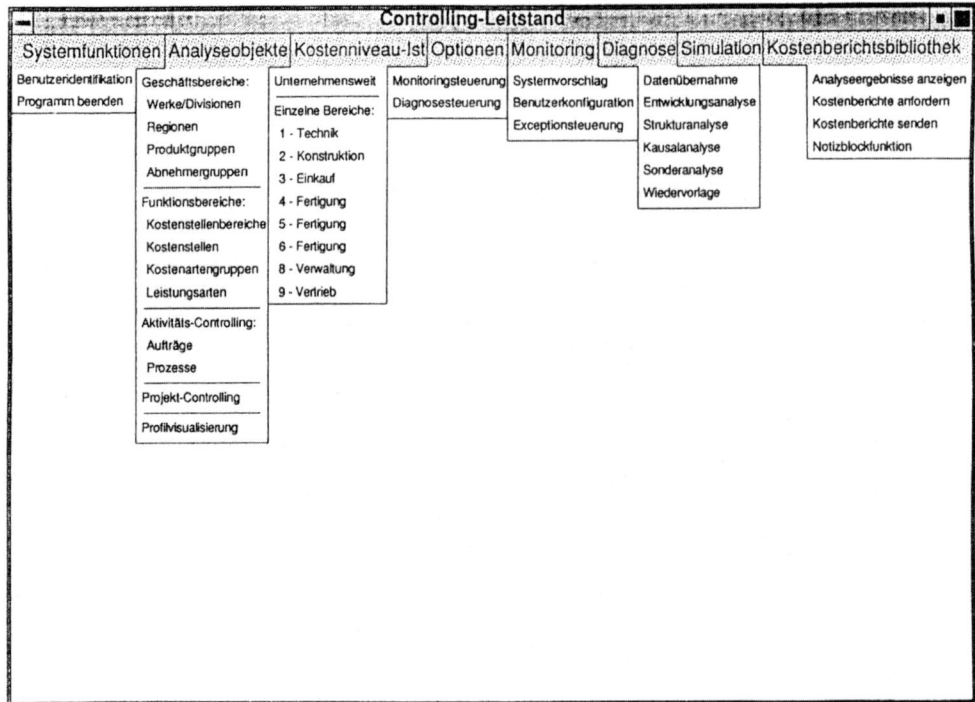

Abb. 2: Funktionsübersicht des Controlling-Leitstandes

Da es sich bei den Benutzern der Informationen des Controlling um Standardbenutzer handelt, bietet sich der Aufbau von Stereotypen an. Einem Benutzer werden dabei aufgrund gewisser Persönlichkeitsmerkmale, wie dem Beruf oder die hierarchische Einordnung im Unternehmen, eine Reihe von Annahmen unterstellt.

Als besonders wichtig zeigt sich das Erkennen der Ziele der Benutzer. Ein Zentral-Controller verfolgt beispielsweise Ziele auf einer anderen Ebene und mit anderen Auswirkungen als ein Kostenstellenleiter. Das Benutzermodell muß sich an den Zielen der Benutzer orientieren und entsprechend die benötigten Informationen in gewünschter Form aufbereiten. Das Bereitstellen der Informationen reicht jedoch i.d.R. nicht aus, um optimale Entscheidungen treffen zu können.

Bezüglich der Informationen sind deshalb die unwichtigen Teile herauszufiltern und die belassenen Informationen entsprechend zielgruppenspezifisch zu verdichten. Da häufig ein

Überfluß an irrelevanten Informationen besteht, und die wichtigen Informationen nicht entsprechend herausgestellt sind, spricht man auch von einem "Informationsdilemma" [34]. So haben zum Beispiel die Bereichsverantwortlichen nur die Berichte zu bekommen, die sie wirklich zur Ausübung ihrer Tätigkeit benötigen beziehungsweise die zu ihrer allgemeinen Information dienen.

Daher muß das Abstraktionsniveau der Gesamtdaten des Controlling ebenso, wie die benötigte Informationsdichte der als relevant erachteten Daten durch die Bedürfnisse der Benutzer und nicht durch das System bestimmt werden.

Die grundlegende Aufgabe des Benutzermodells ist damit in der Informationsaufbereitung zu sehen. Werden zu viele Informationen angeboten, so zeigt sich der Benutzer überfordert. Werden dagegen zu wenig Informationen angeboten, so ist dem Benutzer nicht optimal gedient. Um ein zweckmäßiges Vorgehen des Benutzermodells zu gewährleisten, bietet es sich daher an, daß eine Einteilung der Informationen nach ihrer Wichtigkeit vorgenommen wird. Hierbei wird eine Unterscheidung nach Vorder- und Hintergrundinformationen durchgeführt [35].

Weiterhin muß das Benutzermodell ein bedarfsgerechtes Navigieren durch das System gewährleisten. Das Navigieren kann dabei auf unterschiedliche Arten vorgenommen werden [36]:

- Durch das Anwählen von Knoten (Browsing),
- Geleitetes Navigieren,
- Gezielte Suche,
- Expansion.

Der einfachste Fall stellt die gezielte Suche dar, bei der das Ziel bereits bekannt ist. Aufgrund des Aktivierens dieses Zieles beispielsweise durch den Namen des Benutzers werden ihm die benötigten Informationen zugänglich gemacht.

Bezüglich des Aufbaus von Zielen wird häufig eine hierarchische Gliederung verwendet. Diese Vorgehensweise findet beispielsweise auch in dem System CONTREX [37] Anwendung. Mertens verweist in diesem Zusammenhang auf die Tatsache, daß vor allem ungeübte Benutzer bei der Navigation durch diese Hierarchieebenen Schwierigkeiten haben und häufig dazu einen enormen Zeitaufwand benötigen.

Das Benutzermodell kann sich beim Controlling auf bereits vorhandene Daten stützen, die größtenteils durch die Betriebsdatenerfassung und die Kostenrechnung geliefert werden.

3.1.2   Benutzerprofil

Eine Voraussetzung zur Erstellung eines Benutzermodells bilden die folgenden Benutzerprofile. Gibt sich ein Benutzer gegenüber dem System zum Beispiel als Kostenstellenleiter zu erkennen, so erfolgt aufgrund der Annahmen über den Benutzertyp "Kostenstellenleiter" eine Vorauswahl bezüglich der benötigten Daten und Informationen. Da diese Benutzerprofile jedoch keine individuellen Eigenschaften des jeweiligen Benutzers beachten, muß sich dieser groben Zuordnung von Benutzermerkmalen eine detaillierte Analyse dieser Merkmale anschließen.

Im Benutzerprofil erfolgt damit die Konfiguration der Analysestrategien sowie die Festlegung der Informationsaufbereitung und -darstellung:

1.   **Analyseobjekte**
     Im Rahmen der Benutzerklassifikation erfolgt der mögliche Zugang zu den Analyseobjekten. Durch den hierarchischen Aufbau des Systems erhält der Benutzer optional Zugang zu allen Daten und Informationen, die auf der gleichen Ebene bzw. unterhalb dieser Analyseebene liegen. Die Überwachung der Analyseobjekte kann durch zu definierende Analysebedingungen getriggert werden.

2.   **Analysetiefe und -breite**
     Durch die Auswahl der Analyseobjekte wird die weitere Analysestrategie bestimmt. So kann zum Beispiel der Zentral-Controller die Analyse auf wenige ausgewählte Kostenbereiche oder Kostenstellen beschränken, beziehungsweise sämtliche Kostenbereiche in seine Analysestrategie mit einbeziehen.

3.   **Analysefrequenz und -intervalle**
     Zusätzlich erscheint es sinnvoll, für bestimmte Analyseobjekte einen variablen Untersuchungszeitpunkt und -zeitraum zu wählen. So werden zum Beispiel Kostenbereiche, die eine ständige Überwachung erfordern, jeden Monat untersucht, während Kostenbereiche, deren Abweichungsverhalten konstanter ist, nur jedes Quartal einer Analyse unterzogen.

4.   **Analysemethoden**
     In Abhängigkeit der Einstiegsebene in der Kostenhierarchie werden spezifische Kostenanalysemethoden angewandt. So benötigt zum Beispiel ein Zentral-Controller einen globalen Überblick für die Kostensteuerung, während der Bereichs-Controller wesentlich differenziertere Kostenanalysen durchzuführen hat.

5. Kostenkennzahlenprofil

Im Kostenkennzahlenprofil erfolgt die Definition der Analysebedingungen unter denen eine Überwachung der ausgewählten Analyseobjekte zu erfolgen hat. So kann zum Beispiel die Überschreitung eines vorher definierten Anteils einer Kostenartengruppe an den Kostenstellen-Gesamtkosten ein Alarmsignal auslösen. Verändert sich der Anteil der Fixkosten nach der Zeitspanne ihrer Abbaufähigkeit, führt dies ebenfalls zu einem Hinweis auf eine untersuchungsrelevante Situation. Durch die Angabe von Analysebedingungen erfolgt eine weitere Einschränkung der vorher definierten Analyseobjekte. So tritt zum Beispiel für einen Zentral-Controller nur dann eine untersuchsrelevante Situation ein, wenn eine definierte Abweichungstoleranzgrenze überschritten wurde.

Der Benutzer nimmt durch die Auswahl der Analyseobjekte und die einschränkende Festlegung der Analysebedingungen eine Definition der Suchstrategie, d.h. eine Abgrenzung des Untersuchungsfeldes vor.

Die folgende Abbildung 3 zeigt eine Konfiguration des Analyseobjektes "Kostenstellenbereich 5" auf Kostenstellenebene und eine mögliche Einstellung der Analysebedingungen im Organisationsmodell des Controlling-Leitstands. So kann mit der Auswahlfunktion grundsätzlich, nie bzw. nur unter den Bedingungen einer Überschreitung der definierten Toleranzgrenzen und einer vorgegebenen Analysefrequenz ein **Exceptionberichtswesen** festgelegt werden.

Eine Übersicht der konfigurierten Analyseobjekte kann, wie in Abbildung 4 dargestellt, mit der Funktion "Profilvisualisierung" angefordert werden. Das Bild 4 stellt den hierarchischen Kostenstellenaufbau eines reduzierten Modellunternehmens dar. Durch die Visualisierung der benutzerspezifischen Analysestrategie erfolgt eine Entscheidungsunterstützung hinsichtlich der Auswahl der Analyseobjekte, d.h., ob ein Untersuchungsbereich bzw. -objekt nicht, uneingeschränkt bzw. eingeschränkt nur unter bestimmten Bedingungen ausgewählt wurde. Diese Konfiguration kann in nachfolgenden Untersuchungen übernommen bzw. modifiziert werden.

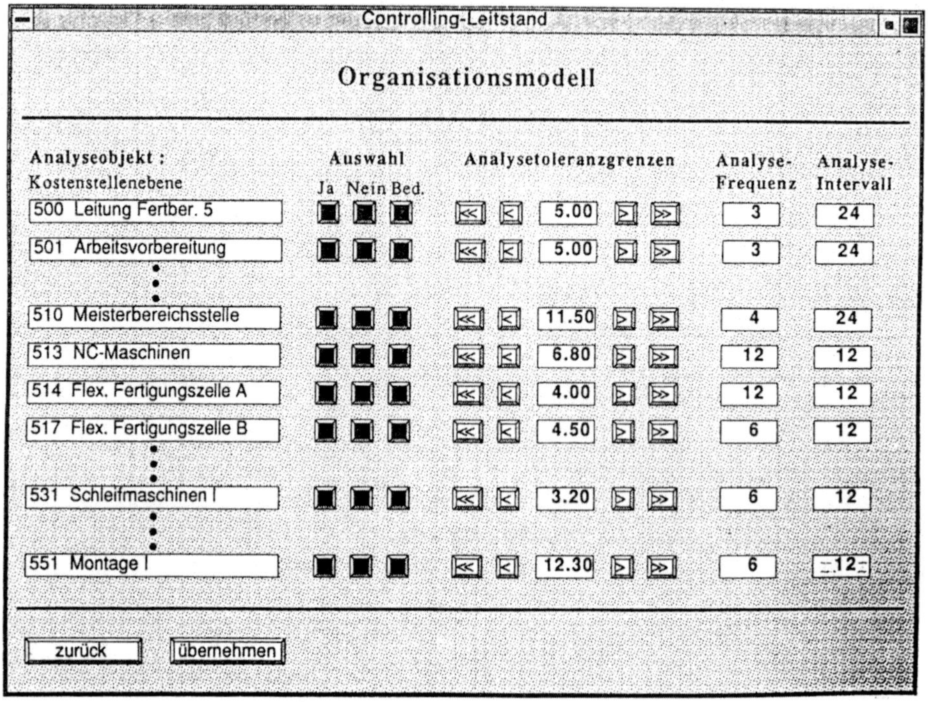

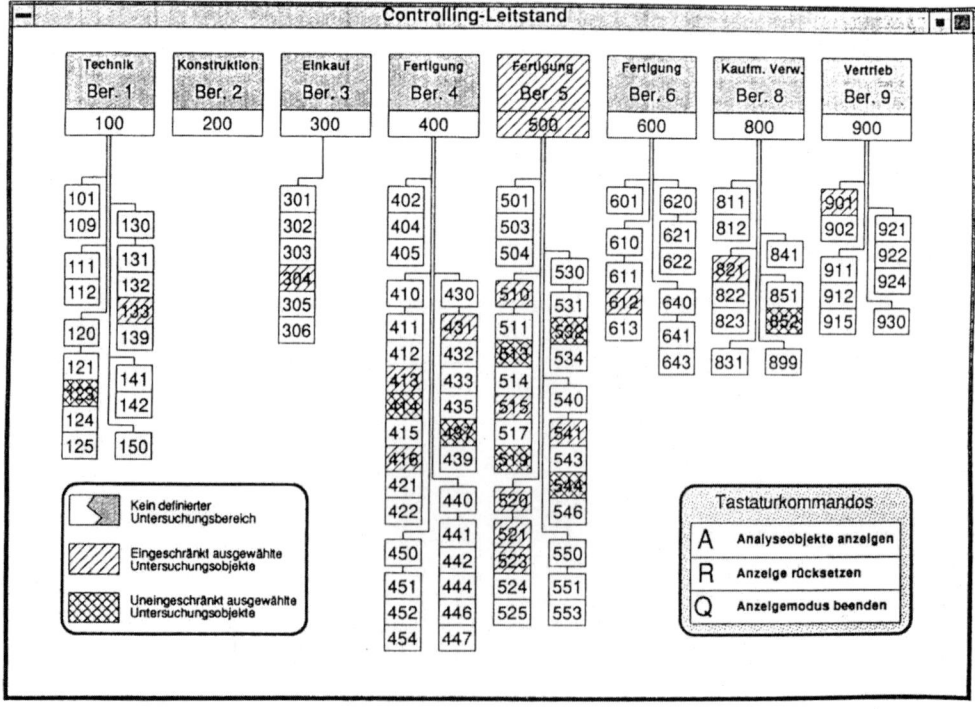

Abb. 3: Bildschirmmaske der Konfiguration des Analyseobjektes "Kostenstellenbereich 5"

Abb. 4: Bildschirmmaske der benutzerspezifischen Analysestrategie

Im nächsten Schritt erfolgt die wissensbasierte Auswertung der Daten und Informationen bezüglich dieser Analyseobjekte. Diese Komponente wurde als passives Informationssystem realisiert, dessen Ergebnis der Hinweis auf untersuchungsrelevante Situationen darstellt.

3.2 Wissensbasierte Frühwarnung

Ziel der nachfolgenden Ausführungen ist es, Ansatzpunkte der Künstlichen Intelligenz für die Erfüllung der Auswertungsfunktion von Frühwarnsystemen aufzuzeigen. Als Frühwarnindikatoren für das Kosten-Controlling sollen die Kostenbereichs- und Kostenstellenkosten herangezogen werden. Es wird am Beispiel der Kostenanalyse gezeigt, daß die undifferenzierte und isolierte Verwendung der Abweichungshöhe und relativen Abweichung keine hinreichenden Kriterien darstellen um "Abweichungsalarme" auszulösen. Es soll deshalb eine aktivitätsbezogene Kostensteuerung und -kontrolle entwickelt werden.

Als wichtige Ansätze zur Vorgehensweise der Früherkennung werden in der Literatur genannt [38]:

- Systematische Kombination und Integration von einzelnen Daten und Informationen,
- Bewertung von Daten und Informationen,
- Bestimmung der Intensität der weiteren Analyse im Rahmen abgestufter Maßnahmen,
- Systematisierung und Kategorisierung des Untersuchungsfeldes,
- Systematisches Identifizieren von bisher unbeachteten Untersuchungsfeldern.

Frühwarnsysteme werden deshalb auch als strategischer Radar bezeichnet. Beim Aufbau von Frühwarninformationssystemen werden zwei Basisvorgehensweisen unterschieden [39]:

1. **Monitoring** beinhaltet die periodische Suche nach spezifischen Informationen in konkret abgegrenzten Feldern, etwa in den Kostenstellen. Diese sind dann Gegenstand laufender Analysen und Prognosen.
2. **Scanning** umfaßt die offene kontinuierliche Suche nach neuen Signalen und neuen potentiellen Analysefeldern.

Unabhängig von der methodischen Vorgehensweise der Früherkennung ist zu untersuchen, welche Beobachtungsbereiche und Indikatoren Gegenstand der Früherkennung sind. Empirische Untersuchungen bestätigen, daß die betriebswirtschaftlichen Kosten- und Erfolgsgrößen hinsichtlich der Intensität ihrer Nutzung eine entscheidende Rolle spielen [40].

Krystek bezeichnet die operativen Frühaufklärungssysteme als in der Praxis häufig verwandte Instrumente des Controlling. Folgende Erscheinungsformen sind relevant [41]:

1.   Kennzahlen-/Hochrechnungsorientierte Frühaufklärungssysteme
     Im Sinne eines ex ante-Controlling können durch Abweichungenanalysen aus unter-jährigen Hochrechnungen die voraussichtlichen Ist-Ergebnisse den geplanten Kosten gegenübergestellt werden.

2.   Indikatororientierte Frühaufklärungssysteme
     Mit Hilfe von Frühaufklärungsindikatoren soll eine systematische Suche und Beobachtung von relevanten Erscheinungen und Entwicklungen erreicht werden, die als kombiniert quantitativ/qualitativ orientierte Anzeigen für latent bereits vorhandene Chancen/Risiken beschrieben werden können. Diese Indikatoren richten sich dabei schwerpunktmäßig auf zukunftsorientierte Phänomene aus.

3.3   Das Monitoring-Verfahren

Im Rahmen des Kostenstellen-Controlling erfolgt im ersten Schritt die Auswahl eines unter-suchungsrelevanten Kostenbereichs, die bereits erhebliche Schwierigkeiten bereitet, da all-gemein gültige Kriterien für die Objektivierung einer Auswahlentscheidung fehlen. In der Praxis kommen häufig einfache Entscheidungsregeln, wie zum Beispiel "alle negativen Soll-Ist-Abweichungen auswerten, die größer sind als 10% des Sollwertes" zur Anwendung. Dies soll am folgenden Zahlenbeispiel zur Auswahl einer relevant abgewichenen Bereichskosten-stelle verdeutlicht werden:

1.   Die Bereichskostenstelle weist insgesamt ein Plankostenvolumen von 10.000 DM auf. Eine Abweichungsanalyse erfolgt ab einer relativen Abweichung von 10%, d.h ab einem Abweichungsvolumen von 1.000 DM.
     Eine andere Bereichskostenstelle mit einem Plankostenvolumen von 200.000 DM weist eine Abweichung von 10.000 DM auf. Dies entspricht einer relativen Abwei-chung von 5%.

2.   Analog ergibt sich die Auswahlproblematik bei isolierter Verwendung von absoluten Abweichungswerten.

Dieses Zahlenbeispiel verdeutlicht das Dilemma aufgrund mangelnder Aussagefähigkeit bei der Auswahl einer Entscheidungsregel für die weitere Abweichungsanalyse. Die Betrachtung der relativen Abweichung läßt noch nicht alleine auf eine Untersuchungsrelevanz schließen. Umgekehrt dürfte auch häufig der Fall vorliegen, daß Kostenstellen, die einen niedrigen Ab-weichungswert aufweisen, bereits untersuchungsrelevant sein können, während Kostenstellen, die regelmäßig um bis zu 50% von dem Plankosten differieren, keine Untersuchungsrelevanz aufweisen.

Eine wesentliche Schwäche der Nutzung von Abweichungsveränderungen als isolierte Schwellwerte zur Früherkennung ist, wenn die ausgewiesene Zielerreichung nur vermeintlich ist, scheinbar tolerable Ergebnisse aber keine differenzierte Abweichungsanalyse mehr hervorrufen. Dieser Fall wird mit dem Terminus "Scheinharmonien" umschrieben [42].

Für die Auswertungsentscheidung einer Bereichskostenstelle wird deshalb im folgenden das Kriterium **Abweichungsklasse** eingeführt.

Wie bereits oben expliziert, kann die einseitige Betrachtung der exakten rechnerischen Ausprägung der relativen Abweichung einer Kostenstelle bei der Auswahl einer Bereichskostenstelle zu Fehlinterpretationen führen. Zur Reduktion der umfangreichen Kostendaten wird das Konzept der Abweichungsklassen eingeführt. Dieses Konzept basiert auf dem in der Praxis häufig anzutreffenden Phänomen, daß die Höhe der relativen Kostenstellenabweichungen für bestimmte Kostenstellen typisch ist. Dem Controller obliegt dabei die Aufgabe die Abweichungsklassengrenzen zu definieren. Durch die Festlegung der Abweichungsintervallgrenzen innerhalb der Abweichungsklassen erfolgt die "Justierung" für die weitere Auswertung, wobei zum Beispiel folgende Einteilung denkbar ist:

- Abweichungsklasse 1: 0 % < Soll-Ist-Abweichung <= 2,5%,
- Abweichungsklasse 2: 2,5% < Soll-Ist-Abweichung <= 7,5%
- Abweichungsklasse 3: 7,5% < Soll-Ist-Abweichung <= 15%,
- Abweichungsklasse 4: 15% < Soll-Ist-Abweichung <= 25%,
- Abweichungsklasse 5: 25% < Soll-Ist-Abweichung> x%.

Die Festlegung der Abweichungsklassengrenzen erfolgt im Menuepunkt "Optionen", im Rahmen der Monitoringsteuerung. Negative Soll-Ist-Abweichungen sollen für die Frühwarnung nicht betrachtet werden.

Da die Intervallgrenzen ex ante nicht objektiv bestimmbar sind, erscheint ein entscheidungsorientierter Ansatz sinnvoll. Zur Unterstützung der Klasseneinteilung können Signfkanztest eine Bestätigung für eine optimale Einteilung liefern.

Die Klassen 1 und 2 beschreiben Kostenstellen, die in der Vergangenheit niedrige relative Kostenabweichungswerte aufwiesen. Hierbei handelt es sich meist um Kostenstellen mit hohem Plankostenvolumen und verhältnismäßig hoher Kostenkonstanz und -homogenität. Aufgrund der geringen relativen Kostenabweichung erfolgen für diese Kostenstellenklassen lediglich Routineanalysen in großen Kontrollabständen. Gleichzeitig kann davon ausgegangen werden, daß diese Kostenstellen bereits eine detaillierte Kostenplanung erfahren haben, die wesentlichen Kostenbestimmungsfaktoren bekannt sind und dadurch eine hohe Kostentransparenz aufweisen.

Die Klassen 3 und 4 zeigen hohe relative Abweichungswerte auf, wobei jedoch wesentlich weniger Kostenstellen diesen Klassen zuzuordnen sind. Hierbei handelt es sich meist um Kostenstellen, bei denen geringe Einflußfaktoren bereits zu hohen Kostenabweichungen führen. Die Ermittlung dieser Abweichungsursachen kann dann fast zur vollständigen Klärung der Kostenüberschreitung führen.

Die Klasse 5 umfaßt Kostenstellen deren, Abweichungsverhalten überwiegend auf "Ausreißern" basiert und deren Plankosten nur sehr vage zu bestimmen sind. Durch die Aufdeckung der Abweichungsursache ist die Kostenüberschreitung in diesen Kostenstellen häufig schon gerechtfertigt.

Nach Definition der Intervallgrenzen wird für jede Kostenstelle die aktuelle Abweichungsklasse ermittelt [43]. Gleichzeitig erfolgt die Ermittlung eines unterjährigen Abweichungsklassenwertes. Aufgrund von Vergangenheits- und Erfahrungswerten ist das Abweichungsverhalten von Kostenstellen einschätzbar. Mit der Angabe der dispositiven Abweichungsklasse wird festgelegt, in welchem Abweichungsbereich die Kostenstelle liegen kann, ohne eine differenzierte Kostenanalyse auszulösen bzw. welches Abweichungsniveau für die Zukunft angestrebt wird.

Auf der Basis der ermittelten aktuellen und unterjährigen Abweichungsklassen sowie der festgelegten dispositiven Abweichungsklassen wird im Rahmen der Bereichskostenstellenanalyse ein Bereichsmuster erstellt, das eine Übersicht über die Zuordnung der Kostenstellen zu den Abweichungsklassen darstellt. Dieser Zusammenhang ist in Abbildung 5 dargestellt.

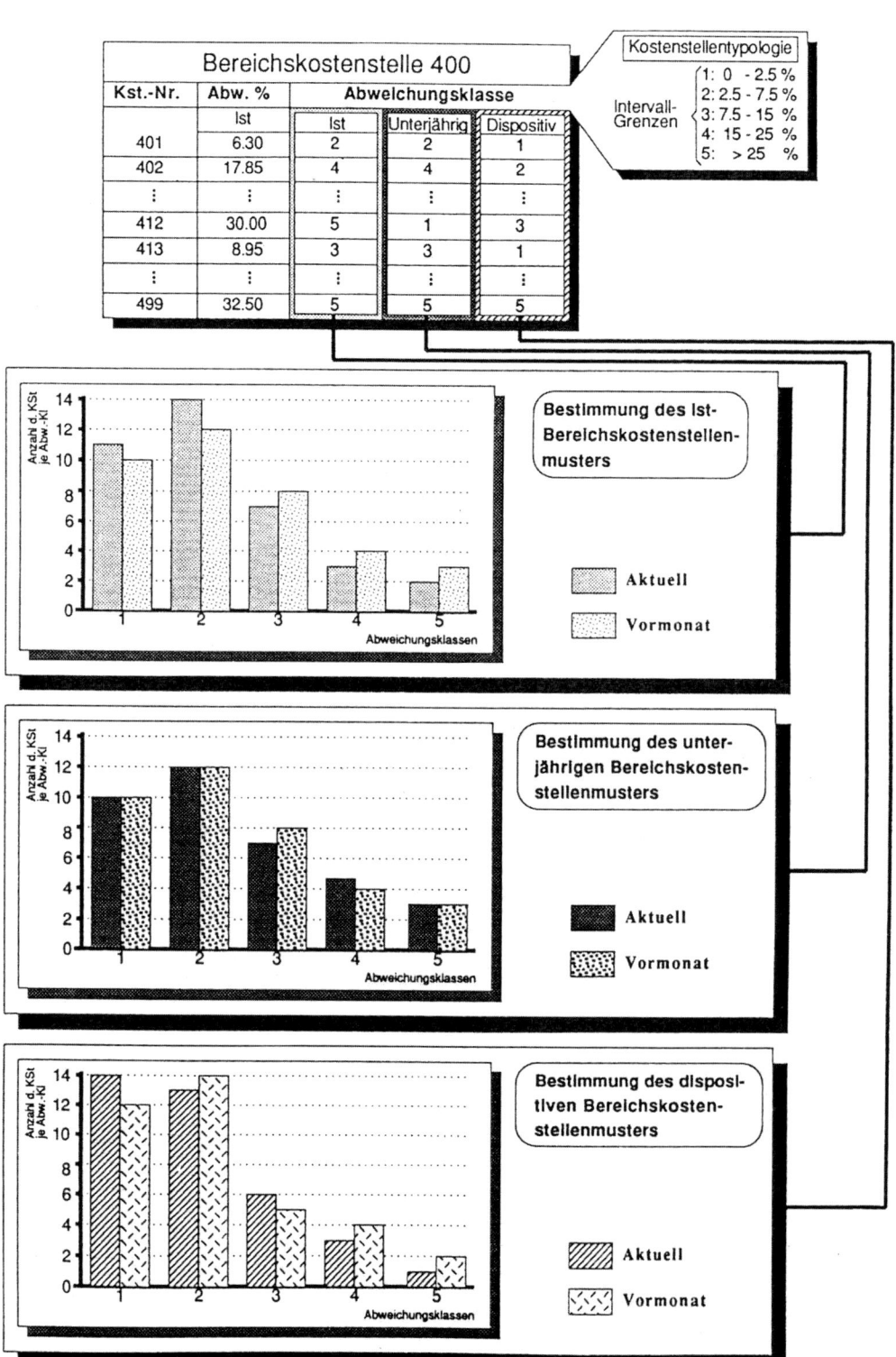

Abb. 5: Monitoring der Bereichskostenstellen

Für den **Zentral-Controller** ist dabei vor allem die **Anzahl der Kostenstellen** in den jeweiligen Abweichungsklassen relevant, ohne die Kostenstruktur der einzelnen Kostenstelle aufzulösen. Dabei ist vor allem auf eine Veränderung der aktuellen Bereichskostenstellenmuster zum Vormonatsergebnis zu achten.

Für die Auswertung des aktuellen Bereichskostenstellenmusters im Vergleich zum unterjährigen Muster sind folgende Entscheidungsregeln zu betrachten:

1. Steigt die Anzahl der niedrigen zu Lasten der höheren Abweichungsklassen, kann dies bereits das Ergebnis von Gegensteuerungsmaßnahmen sein, d.h. eine Untersuchung dieses Kostenbereiches erfolgt nur noch in größeren Routinekontrollintervallen.

2. Eine hohe Untersuchungsrelevanz des Kostenbereichs liegt dann vor, wenn Kostenstellen aus niedrigen in höhere Abweichungsklassen konvertieren. An dieser Stelle empfiehlt es sich, eine detaillierte Tiefenanalyse einzuleiten.

Dieser Zusammenhang geht aus Abbildung 6 hervor.

Fall I: Niedrige Klassen fallen, hohe Klassen steigen

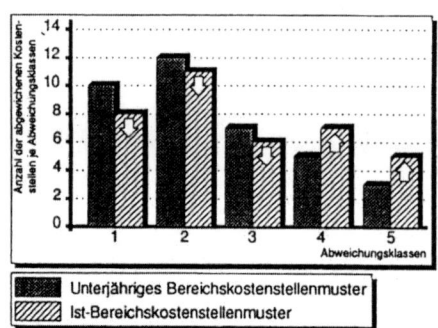

Fall II: Niedrige Klassen steigen, hohe Klassen fallen

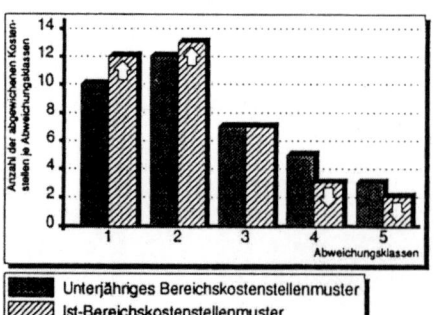

Abb. 6: Monitoring bei strukturvariabler Bereichskostenstellenstruktur - äußerer Effekt

Zusätzlich ist der in Abbildung 7 dargestellte Sonderfall zu untersuchen, wo trotz positiver Veränderungen der Bereichskostenstellenstruktur ein negativer Abwanderungsprozess niedriger in höhere Klassen zu beobachten war.

Fall II a: Niedrige Klassen steigen, hohe Klassen fallen
Kostenstellen niedriger Klassen wandern in hohe Klassen ab

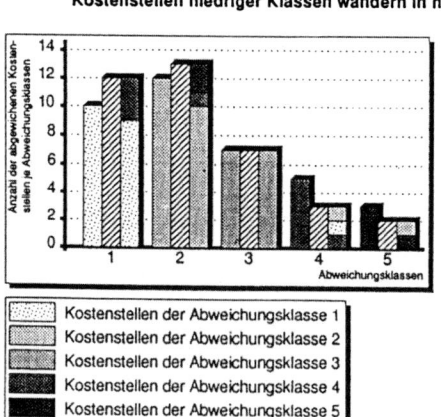

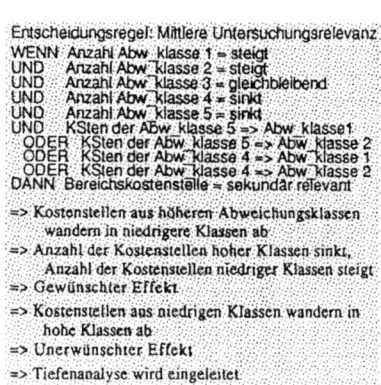

Abb. 7: Monitoring bei strukturvariablem Bereichskostenstellenmuster - innerer Effekt

Eine besonders problematische Ausprägung tritt dann auf, wenn im Rahmen des Monitoring keine Veränderung des Bereichskostenstellenmusters erkannt wurde. Dieser Fall, der im folgenden als strukturkonstant bezeichnet werden soll, setzt eine andere Analysemethode voraus. Wie der Abbildung 8 zu erkennen ist, muß die Bereichskostenstellenstruktur auf Verschiebungen innerhalb dieses Gefüges untersucht werden. In dem gewählten Beispiel ist zu erkennen, daß Abwanderungsprozesse zwischen niedrigen und hohen Abweichungsklassen stattgefunden haben, wobei die Abwanderungsprozesse von den niedrigen in die höheren Klassen als besonders problematisch und untersuchungsrelevant angesehen werden.

412

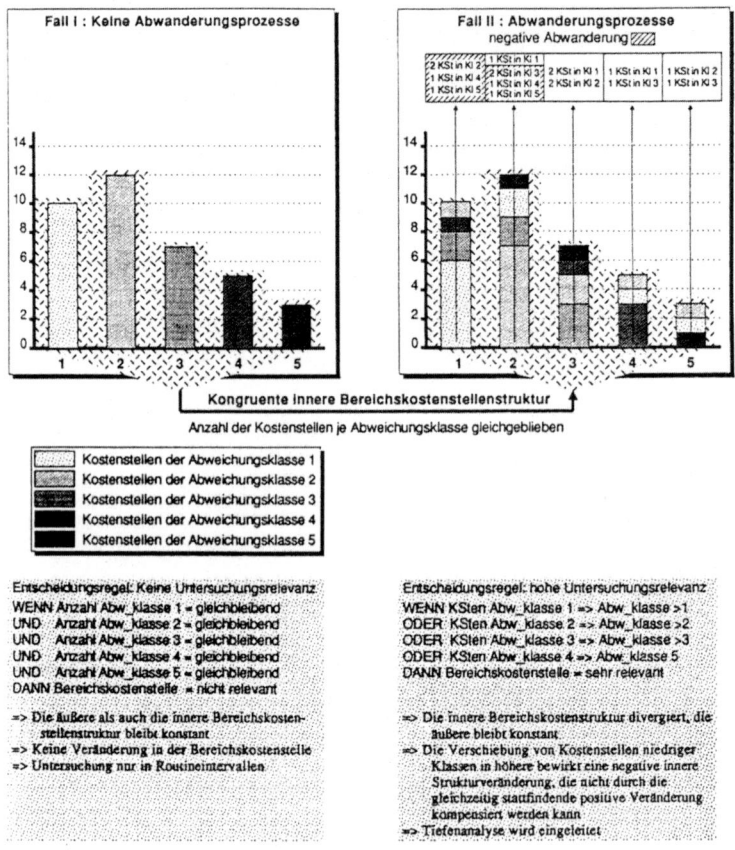

Abb. 8: Monitoring bei strukturkonstantem Bereichskostenstellenstruktur - innerer Effekt

Der **Bereichs-Controller** interessiert sich dagegen primär für die Abweichung der aktuellen Abweichungsklasse von der unterjährigen und dispositiven Abweichungsklasse einer einzelnen Kostenstelle. Hierzu erfolgt ein Vergleich der drei Abweichungsklassenkategorien "Ist", "Unterjährig" und "Dispositiv":

1.   Vergleich der aktuellen mit den unterjährigen Abweichungsklassen (Ist - Unterjährig),
2.   Vergleich der unterjährigen mit den dispositiven Abweichungsklassen (Unterjährig - Dispositiv).
3.   Vergleich der aktuellen mit den dispositiven Abweichungsklassen (Ist - Dispositiv).

Für die Modellierung der Auswertungszusammenhänge im Controlling wird neben den üblichen Formalismen "Wenn Prämisse, dann Konklusion" auch auf die Beschreibungsmöglichkeiten der Logik zurückgegriffen. Damit wird die Darstellung der Beziehung zwischen zwei Werten ermöglicht [44]:

1. Numerische Relationen (zum Beispiel <, <=, =,...)
2. Freie Relationen (Zum Beispiel gleich, ungleich, enthalten in, ...)
3. Datums-Relationen

Will man solche Aussagen in einem Regelwerk abbilden, so müssen dafür entsprechende Quantoren (Minimator, Maximator, Numerator, Allquantor, Existenzquantor) berücksichtigt werden.

Zunächst erfolgt die Berechnung der Entscheidungssituation anhand der quantifizierten Abweichungsklassenwerte. Dadurch werden Auswertungsregeln getriggert, die die Textbausteine für die Generierung des Expertisetextes aus der Kostenberichtsbibliothek abrufen.

Für sich daraus ergebende Zahlenkombinationen existiert ein Handlungsmuster, das im wesentlich darauf beruht, die Untersuchungsrelevanz einer Kostenstelle zu bewerten. Auf der Basis dieser Bewertung erfolgt dann ein Vorschlag:

- für die Zuständigkeit der weiteren Untersuchung dieser Kostenstelle,
- für eventuelle Gegensteuerungsmaßnahmen,
- für Veränderungen der Analysebedingungen, die im Benutzermodell vorgenommen wurden,
- für die Berücksichtigung vorangegangener Untersuchungen,
  für die Verwendung einer geeigneten Analysemethode,
- für die Einleitung einer Tiefenanalyse der Kostenstelle durch das Diagnosesystem.

Dies soll anhand der zuletzt erwähnten Entscheidungssituation am Zahlenbeispiel expliziert werden:

Entscheidungssituation	Zahlenbeispiel
1. Ist > Unterjährig < Dispositiv	(5, 1, 3)
2. Ist - Unterjährig > 0	(5 - 1 > 0)
3. Unterjährig - Dispositiv <= 0	(1 - 3 <= 0)
4. Ist - Dispositiv >= 2	(5 - 3 >= 2)

In diesem Fall würde das System die Entscheidungssituation wie folgt bewerten und in einem Expertisetext darstellen:

Die Kostenstelle *412 (Flexibles Fertigungssystem)* befindet sich momentan in der Abweichungsklasse *5* und ist mit *30%* vom Sollwert abgewichen. Die absolute Abweichung beträgt *21.000* DM.

Im unterjährig ermittelten Durchschnitt liegt die Kostenstelle in der Abweichungsklasse *1*. Disponiert wurde die Kostenstelle für die Abweichungsklasse *3*.

Die momentane Kostensituation hat sich damit im Verhältnis zur unterjährig ermittelten Lage *drastisch verschlechtert*.

Zu untersuchen ist, ob es sich um einen Ausreißer handelt oder ein mittelfristiger positiver Trend erkennbar ist. Hierzu wird die Kostenentwicklungsanalyse vorgeschlagen. Es erscheint sinnvoll, diese Kostenstelle im nächsten Monat noch einmal zu untersuchen.

Der unterjährige Wert liegt *zwar noch deutlich unterhalb* der in der Kostenplanung festgelegten Toleranzgrenze, aber durch die *deutliche* Abweichung des aktuellen Wertes zum dispositiven Wert, liegt insgesamt eine *sehr relevante* Untersuchungssituation vor.

Die letzte Textpassage würde zum Beispiel bei der Zahlenkombination (5, 1, 5) wie folgt der Situation angepaßt lauten:

Der unterjährige Wert liegt von der dispositiven Abweichungsklasse noch *weit* entfernt. Da aber der Istwert *genau* der in der Kostenplanung festgelegten dispositiven Abweichungsklasse entspricht, wird die Kostenstelle *lediglich* als *untersuchungsrelevant* eingestuft.

Der Hinweis auf die Ausreißersituation bleibt erhalten.

Der jeweilige Benutzer erhält durch die Kostenberichte eine genaue Aufschlüsselung der Kostenstruktur seines Kostenbereichs bzw. Kostenstelle. Durch die Lokalisierung der Abweichungen sowie die Ursachenbestimmung kann er unverzüglich Maßnahmen zur Gegensteuerung ergreifen, um die abgewichenen Ist-Kosten wieder in den Planbereich zurückzuführen. Durch Zugriff auf ein unternehmensweites Kommunikationssystem können diese Expertisen jederzeit vom Kostenverantwortlichen eingesehen werden. Insbesondere die elektronische Ablage dieser Berichte ist eine wichtige Voraussetzung für den Vergleich von alten mit neuen Expertisen. Der Controller kann daraus den Erfolg seiner Gegensteuerungsmaßnahmen ablesen.

Bausteine der Expertisen können in Unternehmensberichte integriert werden. Dabei kann es sich sowohl um kumulierte Ergebnisse über mehrere Kostenstellenbereiche handeln, als auch um Kombinationen, die detailliert einzelne Kostenstellen (z.B. Kostenstellen mit hoher Unwirtschaftlichkeit) und zusammengefaßte Kostenstellenbereiche enthalten. Solche Berichte stellen eine wichtige Grundlage zur Entscheidungsfindung der Unternehmensleitung dar. Die Wirkung dieser Expertisen, besonders ihre Zusammenfassung über einen größeren Zeitraum, geht über das operative Controlling hinaus. Sie dienen als Datengrundlage für langfristige Entscheidungen im operativen Controlling.

Eine sinnvolle Ergänzung zu den Expertisen über die Untersuchungsrelevanz einzelner Analyseobjekte ist eine Kombination von Expertisen zur Abweichungsursache, zur Klärung der Verantwortlichkeit und Art und Umfang der Gegensteuerungsmaßnahmen. Die Anforderung der Analyseergebnisse sowie die Versendung von Kostenberichten erfolgt im Menuepunkt "Kostenberichtsbibliothek". Somit kann man den Regelkreis einer betrieblichen Kostenkontrolle schließen und verfügt immer über ein Informationspaket zur aktuellen Kostenlage. Die graphische Aufarbeitung der Expertisen kann wesentlich zur Veranschaulichung der Daten, insbesondere des Soll-Ist-Kostenvergleichs, beitragen. Dabei muß auf die Kombinationsfähigkeit von Text und Graphik sowie die automatische Generierung der Diagramme besonderer Wert gelegt werden.

Die Aufgaben des Controlling sind teilweise mit denen der betrieblichen Diagnostik kongruent, beispielsweise in der Untersuchung von Planabweichungen oder der mehr technisch orientierten Fehlerdiagnose von Störungen [45]. Die Aufgabenbereiche sind zwar nicht ganz identisch, da Controlling auch die Aufstellung geeigneter Pläne beinhaltet, während die Diagnostik sich zusätzlich auf den Bereich der nichtnumerischen Analyse ausdehnt. Die Mehrzahl der bisher entwickelten Expertensysteme im Controlling zeigen signifikante Analogien zu technischen Diagnose-Expertensystemen, deren Entwicklungsstadium neben den Konfigurations-Expertensystemen am weitesten fortgeschritten ist. Als Diagnoseinstrumente werden im Controlling-Leitstand die Entwicklungs-, Kostenstruktur-, Kausal- und Sonderanalyse (zum Beispiel Kostenremanenz und -präkurrenz) eingesetzt. Die Wirksamkeit von Kostengegensteuerungsmaßnahmen können durch eine Simulationsfunktion ex-ante berechnet werden.

4.   Zusammenfassung und Ausblick

Zielsetzung des intelligenten Controlling-Leitstands ist es, den Controller bei der Planung, Überwachung und Steuerung von den Kosten in allen relevanten betrieblichen Bereichen zu unterstützen. Durch zeitnahe Kosteninformationen sowie grafische Aufbereitung der Analyseergebnisse übernimmt das System Kostenmanagement-Aufgaben und entlastet den Controller von zeitraubenden Routinetätigkeiten. Darüber hinaus werden Controlling-Frühwarnhinweise generiert und Abweichungsursachen zielgerichtet diagnostiziert. Die Verwendung offener Standards (Unix, C, X-Windows/MOTIF) erleichtert die Integration in die EDV-Infrastruktur. Der intelligente Controlling-Leitstand vereinigt damit zahlreiche Analyse-, Diagnose- und Prognosefunktionen im Rahmen eines EDV-gestützten Kostenmanagements.

Durch die vorgestellte Konzeption und Realisierung eines Controlling-Leitstandes werden als wichtigste Weiterentwicklungen der Analyse-, Steuerungs- und Kontrollfunktion von Kosteninformationssystemen folgende Aspekte behandelt [46]:

1. Zeitnahe, vollständige Kontrollkonzepte
2. Erweiterung der Kontrollaufgaben
3. Unterstützung von Fixkostenkontrollen
4. Unterstützung des Unternehmenscontrolling
5. Übernahme von watchdog-Funktionen in einem Frühwarnsystem

Die flexible, performancgünstige Extraktion contollingorientierter Zahlen aus den abrechnungsorientierten und operativen DV-Systemen stellt einen neuen erhöhten Integrationsanspruch an die betriebswirtschaftlichen Anwendungen. Dieser kann DV-technisch nur von hochintegrierten Systemen erfüllt werden. Deshalb soll als Basis-System auch auf ein Kostenrechnungs-Standardsoftwaresystem zurückgegriffen werden.

Der Controlling-Leitstand befindet sich momentan noch in der Prototypphase. In Zusammenarbeit mit der SAP AG ist mit ca. 20 innovativen Anwendern der Kostenrechnungs-Standardsoftware SAP-RK eine Weiterentwicklung zu einem marktreifen Produkt geplant.

Als Konzept auf lange Sicht wäre die Entwicklung einer Daten- und Funktionsarchitektur für verteilte Leitstandssysteme anzustreben, die dem Benutzer auf der jeweiligen Entscheidungsebene intelligente Auswertungsfunktionen zur Verfügung stellen. Die Kommunikation dieser Leitstands-Architektur könnte dann über eine Blackboard-Architektur erfolgen [47][48][49].

Literaturverzeichnis

[1] Vgl. Laux, H.: Entscheidungstheorie, Bd 1, Berlin et al. 1982, S. 24.

[2] Vgl. Krönung, H.-D.: Kostenrechnung und Unsicherheit - Ein entscheidungstheoretischer Beitrag zu einer Theorie der Kostenrechnung, Wiesbaden 1988.

[3] Vgl. Kilger, W.: Flexible Plankostenrechnung und Deckungsbeitragsrechnung, 9. Auflage, Wiesbaden 1988, S. 175-182.

[4] Vgl. Bierman, H. Jr.,Fouraker, L.E., Jaedicke, R.K.: A Use of Probability and Statistics in Performance Evaluation, in: The Accounting Review 36(1961), S. 409-417.

[5] Vgl. Lüder, K.: Ein entscheidungstheoretischer Ansatz zur Bestimmung auszuwertender Plan-Ist-Abweichungen, in: Zeitschrift für betriebswirtschaftliche Forschung 22(1970), S. 41-46.

[6] Vgl. Kaplan, R.S.: The Significance and Investigation of Cost Variances: Survey and Extensions, in: Journal of Accounting Research 13(1975), S. 311-337.

[7] Vgl. Streitferdt, L.: Entscheidungsregeln zur Abweichungsauswertung, Würzburg, Wien 1983.

[8] Vgl. Altrock, v. C., Zimmermann, H.J.: Fuzzy Control dient als Basis für eine neue Rechnergeneration, in: Computerwoche 18(1991)12, S. 29-32.

[9] Ebenda.

[10] Eine genaue Beschreibung zur Theorie der Fuzzy Sets findet sich bei Zimmermann, H.J.: Fuzzy Sets Theory - and Its Applications, 2. Auflage, Boston 1990.

[11] Hars, A., Scheer, A.-W.: Stand und Entwicklungstendenzen von Leitständen, in: Scheer, A.-W. (Hrsg.), unter Mitarbeit von Kraemer, W., Zell, M.: Fertigungssteuerung: Expertenwissen für die Praxis.

[12] Vgl. Hars, A., Scheer, A.-W.: Entwicklungsstand von Leitständen, in: Scheer, A.-W.(Hrsg.): Veröffentlichungen des Instituts für Wirtschaftsinformatik, Heft 65, Saarbrücken 1989.

[13] Eine Übersicht hierzu findet sich zum Beispiel in Scheer, A.-W.,Herterich, R., Zell, M.: Interaktive Fertigungssteuerung teilautonomer Bereiche, in: Kurbel, K., Mertens, P., Scheer, A.-W.(Hrsg.): Interaktive betriebswirtschaftliche Informations- und Steuerungssysteme, Berlin, New York 1989, S. 41-68.

[14] FI-2 ist ein Produkt der IDS Prof. Scheer GmbH, Halbergstraße 3, 6600 Saarbrücken, vgl. auch Pocsay, A.: Der elektronische Leitstand - Integration controlling-relevanter Daten, in: Scheer, A.-W.(Hrsg.): Rechnungswesen und EDV, Tagungsband zur 10. Saarbrücker Arbeitstagung, Heidelberg 1989, S. 370-387.

[15] Vgl. hierzu auch die in der Literatur geführte Diskussion um die Adaption des von Cooper und Kaplan propagierten Verfahrens eines "Activity Based Accounting" im deutschsprachigen Raum. Ein interessanter Ansatz wird auch von Zell vorgeschlagen, der mit seinem System "PROCOS - Produktions-Controlling - Objektorientierte Simulation" durch Simulationsexperimente einen Alternativenvergleich vornimmt und damit eine kostenmäßige Bewertung alternativer Fertigungssteuerungsstrategien ermitteln kann. Vgl. hierzu Zell, M., Scheer, A.-W.: Datenstruktur einer graphikunterstützten Simulationsumgebung für die dezentrale Fertungssteuerung, in: Reuter, A.(Hrsg.): GI - 20. Jahrestagung, Informatik auf dem Weg zum Anwender, Berlin et al. 1990, S. 26-35.

[16] Vgl. Kagermann, H.: Perspektiven der Weiterentwicklung integrierter Standardsoftware für das innerbetriebliche Rechnungswesen, in: Horváth, P. (Hrsg.): Strategieunterstützung durch das Controlling: Revolution im Rechnungswesen?, Stuttgart 1990, S. 277-306.

[17] Zu ähnlichen Ergebnissen gelangen Müller-Wünsch, M. und Weiterer, M.: Wissensbasiertes Fertigungs-Controlling, in: CIM-Management 6(1990)5, S. 41-47, die u.a. nachweisen, daß ein effektives Controlling in kleinen und mittleren Unternehmen mit geringen Kosten durch Einbeziehung wissensbasierter Ansätze implementiert werden kann.

[18] Die Aufgaben eines solchen Systems sollten nicht in der vollständigen und abgestimmten Lösung einer Aufgabe, sondern in der Erstellung von Vorschlägen und Hinweisen zur anschließenden Bearbeitung durch den Menschen liegen. Die Diagnose der Abweichungsursachen erfolgt dann wieder interaktiv.

[19] Vgl. Kraemer, W.: Wissensbasiertes Kostenmanagement - Entwicklung eines intelligenten Controlling-Leitstands, Dissertation in Vorbereitung, Saarbrücken 1992.

[20] Zum derzeitigen Stand des Einsatzes von Expertensystemen vgl. Mertens, P., Borkowski, V., Geis, W.: Betriebliche Expertensystem-Anwendungen, 2. Auflage, Berlin et al. 1990 sowie Spang, S., Kraemer, W. (Hrsg.): Expertensysteme - Entscheidungsgrundlage für das Management, Wiesbaden 1991.

[21] Eine Untersuchung zu den Defiziten des verfügbaren Standardsoftware-Angebotes bestätigt diese These. Vgl. zum Beispiel Warnick, B.: Dezentrale Datenverarbeitung für Kostenrechnung und Controlling, Wiesbaden 1991, S. 75-77.

[22] Vgl. Kraemer, W.: Ausgewählte Aspekte zum Stand der EDV-Unterstützung für das Kostenmanagement - Modellierung benutzerindividueller Auswertungssichten in einem wissensbasierten Controlling-Leitstand, in: Scheer, A.-W.(Hrsg.): Veröffentlichungen des Instituts für Wirtschaftsinformatik, Heft 77, Saarbrücken 1991.

[23] Vgl. Kraemer, W., Spang, S.: Expertensysteme zum intelligenten Soll-Ist-Kostenvergleich, in: Handbuch der modernen Datenverarbeitung 26(1989)147, S. 77-94, Kraemer, W., Scheer, A.-W.: Wissensbasierte Kosteninformationssysteme - Ansätze zum Aufbau eines intelligenten Kostenkontrollsystems, in: Reuter, A. (Hrsg.): GI-20. Jahrestagung, Berlin et al. 1990, S. 87-96.

[24] Vgl. Scheer, A.-W.: Architektur integrierter Informationssysteme: Grundlagen der Unternehmensmodellierung, Berlin et al. 1991, S. 93-95.

[25] Vgl. Küpper, H.-U., Winckler, B., Zhang, S.: Planungsverfahren und Planungsinformationen als Instrumente des Controlling, in: Die Betriebwirtschaft 50(1990)4, S. 435-458, insb. S. 440.

[26] Mertens, P., Fiedler, R., Sinzig, W.: Wissensbasiertes Controlling des Betriebsergebnisses, in: Scheer, A.-W. (Hrsg.):Rechnungswesen und EDV, Tagungsband zur 10. Saarbrücker Arbeitstagung, Heidelberg 1989, S. 153-179.

[27] Vgl. Weber, J.: Change-Mangement für die Kostenrechnung - Zur Notwendigkeit des beständigen Wandels der Kostenrechnung, in: Scheer, A.-W. (Hrsg.): Tagungsband zur 10. Saarbrücker Arbeitstagung "Rechnungswesen und EDV", Heidelberg 1989, S. 30-47, insb. S. 42-43.

[28] Vgl. Rauh, N.: Wissensbasierte Systeme zur Unternehmensdiagnose auf der Grundlage von Jahresabschlußdaten und Branchenvergleichswerten in der Steuerkanzlei, Dissertation, Friedrich-Alexander Universität Erlangen-Nürnberg 1988.

[29] Vgl. Wittmann, S.: Ausgewählte Weiterentwicklungen von Wissensbasierten Systemen zur Unternehmensanalyse für den Steuerberater, Dissertation, Friedrich-Alexander Universität Erlangen-Nürnberg 1989.

[30] Vgl. Küpper, H.-J., Weber, J., Zünd, A.: Zum Verständnis und Selbstverständnis des Controlling - Thesen zur Konsensbildung, in: Zeitschrift für Betriebswirtschaft 60(1990)3, S. 281-293, insbes. S. 287.

[31] Vgl. Hahn, D.: Integrierte und flexible Unternehmensführung durch computergestütztes Controlling, in: Zeitschrift für Betriebswirtschaft 59(1989)11, S. 1135-1158.

[32] Vgl. Glaser, H.: Neue Möglichkeiten der Kostenkontrolle durch EDV-gestützte Abweichungsanalyse, in: Scheer, A.-W. (Hrsg.): Tagungsband zur 8. Saarbrücker Arbeitstagung, Heidelberg 1987, S. 40-57.

[33] Vgl. Landsberg, G. von: Controlling-Reporting - Informationsverdichtung und Abweichungserklärung, in: Kostenrechnungs-praxis 32(1988)3, S. 101-106.

[34] Ebenda.

[35] Vgl. Hammwöhner, R., Thiel, U.: Graphische Kommunikations- und Präsentationsformen für komplexe Wissens- und Text-strukturen: Zur Konzeption eines graphischen Interface für ein wissensbasiertes Textkondensierungssystems, in: Dirlich, G. et al. (Hrsg.): Kognitive Aspekte der Mensch-Computer-Interaktion, Berlin et al. 1986, S. 165-177.

[36] Ebenda.

[37] Vgl. Mertens, P., Fiedler, R., Sinzig, W.: a.a.O., S. 153-181.

[38] Vgl. Muchna, C.: Früherkennung und strategische Marketing-Planung, in: Reichmann, T. (Hrsg.): Tagungsband zum 5. Deutschen Controlling Congress, München 1990, S. 394-416, insb. S. 400.

[39] Vgl. Müller, G.: Strategische Suchfeldanalyse, Wiesbaden 1986, S. 254-258.

[40] Felscher, K.: Krisenursachen und rechnergestützte Früherkennung, Pfaffenweiler 1988.

[41] Vgl. Krystek, U.: Controlling und Frühaufklärung - Stand und Entwicklungstendenzen von Systemen der Frühaufklärung, in: Controlling 2(1990)2, S. 68-75, insb. S. 69f.

[42] Vgl. Gans, Chr., Reiß, M.: Diagnostisches Rechnungswesen: Die Nutzung der Kostenrechnung zur Erkennung betrieblicher Handlungsnotwendigkeiten, in: Kostenrechnungspraxis 30(1986)3, S. 95-100, insb. S. 97.

[43] Diese soll im folgenden mit dem Terminus Ist-Abweichungsklasse umschrieben werden.

[44] Vgl. hierzu auch Götte, U.: Betriebswirtschaftliche Expertensysteme: Wunsch und Wirklichkeit, Münster 1990.

[45] Vgl. Kretschmar, T.: Wissensbasierte betriebliche Diagnostik - Realisierung von Expertensystemen, Wiesbaden 1990, S. 7.

[46] Vgl. Lackes, R.: EDV-orientiertes Kosteninformationssystem - Flexible Plankostenrechnung und neue Technologien, Wiesbaden 1989, S. 124.

[47] Vgl. Kraemer, W.: Blackboard-Architektur, in: Mertens, P. (Hrsg.), Lexikon der Wirtschaftsinformatik, S. 78-80.

[48] Mertens, P., Hildebrand, R.J.N., Kotschenreuther, W.: Verteiltes wissensbasiertes Problemlösen im Fertigungsbereich, in: Zeitschrift für Betriebswirtschaft 59(1989)8, S. 839-854.

[49] Vgl. Engelmoore, R., Morgan, T. (Hrsg.): Blackboard Systems, Wokingham et al. 1988.

E. Neue Bundesländer

Einführungsstrategien für ein marktwirtschaftliches Controlling

Dipl.-Kaufmann G. König, Direktor Bereich Finanz- und Rechnungswesen, BASF
Schwarzheide GmbH, Schwarzheide

Gliederung:

12. Saarbrücker Arbeitstagung 1991
Rechnungswesen und EDV
hrsg. v. A.-W. Scheer
© Physica-Verlag Heidelberg 1991

1.   Verständnis des Themas

Die Wirtschaftsform der ehemaligen DDR war eine zentralgeleitete Planwirtschaft. Alle Unternehmen mußten ihre wirtschaftliche Tätigkeit an der Erfüllung von staatlichen Planvorgaben messen lassen. Nach der Wende änderte sich für die volkseigenen Betriebe der ehemaligen DDR das Wirtschaftssystem; an die Stelle der Planwirtschaft trat die freie Marktwirtschaft. Das Unternehmensziel Planerfüllung mußte durch marktwirtschaftliche Unternehmensziele ersetzt werden.

Für die chemische Industrie definiert der VCI die Unternehmensziele als Erzielung eines langfristig angemessenen Gewinns unter Berücksichtigung des langfristigen Wachstums (oder zumindest der Erhaltung eines angemessenen Marktanteils) und der finanziellen Sicherheit. [15]

Am Beispiel der BASF Schwarzheide GmbH soll nun gezeigt werden, mit welchen Abrechnungssystemen der ehemalige volkseigene Betrieb seine Planerfüllung nachzuweisen hatte und wie die Planerfüllung kontrolliert wurde. Dabei wird deutlich, daß diese Abrechnungssysteme und Kontrollen größtenteils nicht geeignet sind, ein Unternehmen so zu steuern oder regulieren, daß seine marktwirtschaftlichen Unternehmensziele erreicht werden. Diese Steuerung und Regulierung der Aktivitäten zur Unternehmenszielerreichung sind in der Marktwirtschaft Aufgabe des Controlling. [2]

Daher war es notwendig, für die BASF Schwarzheide GmbH die Komponenten eines marktwirtschaftlichen Controlling festzulegen und Einführungsstrategien hierfür zu entwickeln.

Abschließend soll noch kurz auf den aktuellen Stand der Einführung zum heutigen Zeitpunkt eingegangen werden.

2.   Erwerb der Synthesewerk Schwarzheide AG durch die BASF AG

Am 25.10.1990 erwarb die BASF AG die Synthesewerk Schwarzheide AG (ehemals VEB Synthesewerk Schwarzheide) und wandelte sie in die BASF Schwarzheide GmbH um. Es ist die bisher einzige Übernahme eines größeren Chemieunternehmens der ehemaligen DDR durch ein westdeutsches Chemieunternehmen.

Tätigkeitsgebiet dieser Gesellschaft ist im wesentlichen die Entwicklung und Herstellung von Polyurethan-Grundprodukten (Isocyanate und Polyole) und Polyurethan-Schaumsystemen. Polyurethan ist ein Spezialkunststoff, der überwiegend in geschäumter Form in der Automobil-, Bau-, Isolier-, Möbel- und Schuhindustrie eingesetzt wird.

Die BASF Schwarzheide GmbH soll die Position der BASF bei Polyurethanen besonders in den neuen Bundesländern und in Osteuropa stärken.

Übergreifendes strategisches Ziel der BASF ist jedoch der Ausbau von Schwarzheide zu einem wichtigen europäischen Produktionsstandort (wie Ludwigshafen, Antwerpen, Tarragona, Seal Sands oder Cesano Maderno) auch für andere Unternehmensbereiche.

Bis Ende 1995 wird die BASF etwa 500 bis 600 Millionen DM in Schwarzheide zur Sanierung und Modernisierung des Standortes investieren. Darin sind die Investitionen für Neuanlagen anderer Produktionsbereiche noch nicht enthalten, die aus heutiger Sicht ebenfalls die Größenordnung von 500 bis 600 Millionen DM erreichen können.

Um den Standort Schwarzheide international wettbewerbsfähig zu machen, sind die Maßnahmen zur Sanierung und Modernisierung jedoch nicht ausreichend. So muß auch der Personalstand allein 1991 von 4600 (bei Übernahme 5200) auf 3300 Mitarbeiter verringert werden, um die Produktivität dem internationalen Standard näher zu bringen.

3. Nachweis und Kontrolle der Planerfüllung des Unternehmens bis zur Übernahme durch die BASF AG

Welches war nun die Systematik, anhand derer der ehemals volkseigene Betrieb seine Planerfüllung nachzuweisen hatte und wie wurde diese Planerfüllung kontrolliert?

3.1. System von Rechnungsführung und Statistik

Ab 1968 wurde in allen Bereichen der Wirtschaft der ehemaligen DDR ein einheitliches System von Rechnungsführung und Statistik schrittweise eingeführt. Verbindlich trat es ab 1.1.1971 in Kraft.

Charakteristisch für das System war die Festlegung einheitlicher Grundsätze für die Erfassung, Verarbeitung, Darstellung und Auswertung von Daten für die Leitung, Planung, wirtschaftliche Rechnungsführung und Kontrolle.

Die Planerfüllung wurde nachgewiesen und kontrolliert im Rechnungswesen, die Planerstellung erfolgte in der Ökonomie.

3.2. Planung

Die Planungsordnung der ehemaligen DDR sah im wesentlichen folgende Plananteile vor:

- Produktion
- Absatz und Export
- Wissenschaft und Technik
- Investitionen und Instandhaltung
- Materialökonomie
- Arbeitskräfte und Lohn
- Kosten und Finanzen
- Arbeits- und Lebensbedingungen
- Transport
- Umweltschutz

Die Jahresplanung erfolgte in zwei Phasen:

- Ausarbeitung der Entwürfe zum Jahresplan anhand von staatlichen Vorgaben,
- Ausarbeitung der Jahrespläne anhand von staatlichen Auflagen.

Die Planinformationen waren in Form von Kennziffern an das Ministerium einzureichen (zuletzt ca. 300 Kennziffern). Da die Planerfüllung das wichtigste Kriterium bei der Beurteilung der Kombinate bzw. Betriebe war, wurde durch sogenannte "Planpräzisierungen" stets die Übereinstimmung zwischen Plan und Ist hergestellt.

Im 5-Jahres-Rhythmus wurden Fünfjahrespläne mit - im Vergleich zur Jahresplanung - reduziertem Kennziffernumfang ausgearbeitet.

3.3   Ist-Abrechnung im Rechnungswesen

3.3.1   Aufgaben und Gliederung des Rechnungswesens

Die Aufgaben des Rechnungswesens bestanden in

-       der Dokumentation betrieblicher Vorgänge,
-       der Abrechnung der vom Staat vorgegebenen Kennziffern,
-       der Bereitstellung von Informationen für Leitung und Planung.

In der monatlichen Berichterstattung wurden jeweils Plan- und Ist-Werte gegenübergestellt. Da das Rechnungswesen auch eine Kontrollfunktion hinsichtlich der Erfüllung der staatlichen Vorgaben hatte, war eine einheitliche Systematik von Planung und Abrechnung notwendig.

Die Gliederung des Rechnungswesens in der ehemaligen DDR war vorgeschrieben. Das eigentliche Rechnungswesen umfaßte die Grundmittel-, Investitions-, Material-, Arbeitskräfte-, Leistungs-, Kosten-, Finanz-, Nutzens- und Gesamtrechnung.

3.3.2   Konzeptionelle Unterschiede im Rechnungswesen, dargestellt an der Kosten- und Ergebnisrechnung

Ein auf Nachweis der Planerfüllung ausgerichtetes Rechnungwesen erfüllt größtenteils nicht die Anforderung, die in einer Marktwirtschaft gestellt werden. Die inhaltlichen und konzeptionellen Unterschiede sollen am Beispiel der Kosten- und Ergebnisrechnung dargestellt werden.

3.3.2.1 Ergebnisrechnung

Das Ergebnis des Betriebes wurde monatlich ermittelt. Dabei wurden die Kosten den Erlösen gegenübergestellt und sonstige ergebnisrelevante Posten und Bestandsveränderungen einbezogen. Diese Rechnung entsprach dem Gesamtkostenverfahren. Das Umsatzkostenverfahren und somit eine Produktergebnisrechnung in entsprechenden Sortierungen und unterschiedlichen Ergebnisebenen war nicht bekannt.

3.3.2.2 Kostenrechnung

Die Kostenrechnung galt als Schwerpunkt des betrieblichen Rechnungswesens. Inhalt, Aufbau und Prinzipien waren jedoch nicht mit einer Kostenrechnung unter marktwirtschaftlichen Gesichtspunkten vergleichbar. Die Kostenstellengliederung war untauglich für den Aufbau einer produktbezogenen Ergebnisrechnung.

Als Beispiel seien drei Spezialitäten der Kostenverrechnung angeführt:

- auf den Kostenstellen der Hilfs- und Nebenbetriebe (Vorkostenstellen) wurden Gewinne bzw. Verluste ausgewiesen ("Profit-Center"),
- es erfolgte eine Umlage aller Leitungs- und Verwaltungskosten, unabhängig von Funktion und organisatorischer Zuordnung, auf Produktionskostenstellen,
- Basis für die Gemeinkostenumlagen waren einheitlich Lohn/Gehalt.

Eine Nachkalkulation war auf Grund unzureichender Rechentechnik und damit hohem manuellen Aufwand nur ein- bzw. zwei Mal im Jahr realisierbar. Die Nachkalkulation am Jahresende bildete die Basis für die Bestandsbewertung des Folgejahres.

3.4   Kontrolle

Die Kontrolle der Planerfüllung ist in folgende Teilaufgaben zerlegbar:

- Analyse der Plan-Ist-Werte für ausgewählte Kennziffern,
- Erarbeitung von Kennziffernübersichten,
- Wirtschaftlichkeitsuntersuchungen.

3.4.1   Erarbeitung von Analysen

Die Ziele der Analysentätigkeit bestanden im wesentlichen in:

- der Prüfung der Einhaltung der vielfältigen gesetzlichen Bestimmungen und Regelungen,
- der Ermittlung der Ursachen von Planabweichungen,
- der Erarbeitung von Vorschlägen zur Erhöhung der Ergebnisse und Verbesserung der Planerfüllung.

Die Analysen wurden monatlich erarbeitet. Schwerpunkte bildeten die Entwicklung der Produktion, des Umsatzes, der Bestände, der Kosten und des finanziellen Ergebnisses. Es waren jeweils die Abweichungen zum Plan zu analysieren, der Plan war "oberstes Gesetz".

3.4.2 Erarbeitung von Kennziffernübersichten

Die statistischen Aufgaben der Kontrolle umfaßten

- die monatliche Berichterstattung ausgewählter finanzieller und materieller Kennziffern an übergeordnete Organe,
- die Erstellung interner Kennziffernübersichten für die Leitung des Betriebes,
- die Erarbeitung von langfristigen Zahlenreihen,
- Vorschaurechnungen.

3.4.3 Wirtschaftlichkeitsuntersuchungen

In diesem Aufgabengebiet sollte durch Kontrollen und Analysen sichergestellt werden, daß

- alle geplanten Investitionen mit hoher volkswirtschaftlicher Effektivität wirksam werden,
- finanzielle Mittel nur für geplante Investitionen und nur im Rahmen des bestätigten Planaufwandes eingesetzt werden,
- Investitionen außerhalb des Planes nicht zugelassen und damit in Verbindung stehende Zahlungen nicht genehmigt werden,
- der ermittelte ökonomische Nutzen (finanzieller Ergebniszuwachs und Produktionszuwachs) von Projekten vollständig in Jahres- und Produktivpläne aufgenommen wird,
- die geplanten Aufwendungen von Forschungsvorhaben eingehalten werden,
- ein hoher Effekt aus den Forschungsaufgaben für die Planerfüllung erzielt wird.

3.5   Untauglichkeit planwirtschaftlicher Systeme zur Erreichung marktwirtschaftlicher Unternehmensziele

Nach kurzer Analyse der an der Planerfüllung orientierten Abrechnungs- und Kontrollsysteme war sehr schnell deren Untauglichkeit für die Steuerung und Lenkung der Aktivitäten eines Unternehmens zur Erreichung seiner Unternehmensziele unter marktwirtschaftlichen Bedingungen ersichtlich. Die planwirtschaftlichen Systeme waren nur auf die Planerfüllung des Gesamtunternehmens im Rahmen der volkswirtschaftlichen Gesamtplanung ausgelegt, vernachlässigten jedoch die Aussagen über Produkte, Produktzusammenfassung und Profit-Centers. Hierzu fehlte das Umsatzkostenverfahren.

Es mußte ein Controlling eingeführt werden, jedoch "gibt es", wie Schröder sagt, "kein Controlling von der Stange. Jeder muß sich sein eigenes Verfahren aufbauen". [3]

4.   Komponenten eines marktwirtschaftlichen Controlling

4.1   Begriffsdefinition

Nach Deyhle "läßt sich die Aufgabe des Controlling von zwei Ecken her definieren. Zum einen soll die Controllerfunktion dafür sorgen, daß ein Apparat existiert, der darauf hinwirkt, daß das Unternehmen Gewinn erzielt". [4]

Der Gewinn wird als Ziel in Zahlen ausgedrückt. Dementsprechend muß ein Abrechnungssystem geschaffen sein, das dem Rechnungswesen (Betriebsabrechnung) gestattet, die vom Controlling benötigten Zahlen zur Verfügung zu stellen.

Die zweite Definitions-"Ecke" kommt von dem Wort "control". Steuern oder regulieren kann man nur, wenn man eine Planung hat. Das Controlling vergleicht Soll- und Ist-Werte und reagiert auf Abweichungen.

"Controlling ist insgesamt der Prozeß von Zielsetzung, Planung und Steuerung. Ihn zu erfüllen, mithin das Controlling zu machen, bildet die Aufgabe des operativen Managers selber". [5]

4.2   Voraussetzungen für ein marktwirtschaftliches Controlling

Zur praktischen Umsetzung der Controlling-Philosophie gehören die Instrumente, deren methodische Anwendung sowie organisatorische Voraussetzungen im Unternehmensaufbau.

4.2.1   Controlling-Instrumente

4.2.1.1 Kosten- und Ergebnisrechnung

Die Betriebsabrechnung erstellt anhand der Kostenartenrechnung, Kostenstellenrechnung, Richt- und Nachkalkulation - um nur die wichtigsten vorgelagerten Systeme zu nennen - Ergebnisrechnungen für Produkte, Produktgruppen, Bereiche und das Unternehmen nach Produkt, Kunde und Region. Die Rechnung mit dem größten Aussagewert für das Controlling ist die Deckungsbeitragsrechnung. Voraussetzung hierfür ist eine klare Trennung nach variablen und fixen Kosten.

Der Deckungsbeitrag dient in der ersten Stufe der Produktbeurteilung. Entscheidungen beziehen sich immer auf Alternativen bei den Stückzahlen. Folglich kommt es auf die Kosten an, die sich kausal mit größeren oder kleineren Stückzahlen ändern (Grenzkosten). In weiterer Deckungsbeitragsstufen geht es um die Frage, inwieweit Fixkosten dem Kostenträger/Verantwortungsbereich direkt zugeordnet werden können, um die in einer Zahl ausgedrückte Verantwortung darzustellen.

Die Strukturierung der vom Rechnungswesen vorzuhaltenden Daten wird durch die für die Entscheidungsfindung benötigten Aussagen bestimmt.

4.2.1.2 Unternehmensplanung

Die Unternehmensplanung kann gegliedert werden in die strategische Planung und die operative Planung.

Die strategische Planung formuliert Unternehmensziele und definiert den Weg, wie diese Ziele erreicht werden sollen, die operative Planung setzt die strategischen Ziele in periodenbezogene Planzahlen um. Dabei bedient sie sich im wesentlichen des Instrumentes Kosten- und Ergebnisrechnung.

4.2.1.3 Führung durch Ziele

Die oben erwähnten Unternehmensziele können in Einzelziele je Verantwortungsbereich zerlegt werden. Diese Einzelziele finden in der Periode ihren Niederschlag in der operativen Planung.

Anhand der Einzelziele trifft der Manager Zielvereinbarungen mit seinen Mitarbeitern. Man spricht hier von einem management by objectives. Nur bei Soll-Ist-Abweichungen greift der Manager ein. Er betreibt ein management by exceptions.

Generell kann man sagen, daß die operative Planung ein hervorragendes Instrument zur Delegation von Verantwortung ist.

Der Manager wird an der Planerfüllung gemessen, die Mitarbeiter an der Erfüllung der Teilpläne. Das Controlling ist hier Bindeglied zwischen Management und Mitarbeiter. Es weist über Soll-Ist-Vergleiche Zielerfüllung nach.

4.2.2 Aufbauorganisation des Unternehmens

Ein Unternehmen sollte möglichst so organisiert sein, daß sich auf alle Organisationseinheiten Teilziele der Unternehmensziele übertragen lassen. Ihre Leistungen sind so über Soll-Ist-Vergleiche als Beitrag zur Erreichung der Unternehmensziele meßbar.

Das Controlling interpretiert den Grad der Zielerreichung und zeigt hieraus notwendige Konsequenzen auf.

Die Controlling-Funktion kann in einem Unternehmen zentral oder dezentral wahrgenommen werden. Im ersten Fall können dem Controlling als Zentralabteilung zur Erfüllung seiner Funktion unterstellt werden:

- Planung,
- Betriebsabrechnung,
- Wirtschaftlichkeitsrechnung,
- EDV.

Im zweiten Fall würde das Controlling nur eine Koordinierungsfunktion wahrnehmen und dabei auf die Hilfe von Bereichscontrollern und der obigen Fachabteilungen zurückgreifen. Natürlich sind auch alle Variationen von Mischformen denkbar.

5. Einführungsstrategien der BASF Schwarzheide GmbH

Nach der mehr theoretischen Beschäftigung mit en Komponenten des Contr4olling müssen nun die Einführungsstrategien für ein marktwirtschaftliches Controlling in der BASF Schwarzheide GmbH definiert werden.

Hierbei soll unter Strategie frei nach Duden der "Plan des eigenen Vorgehens, der dazu dient, ein ... Ziel zu erreichen", verstanden werden.

Ausgehend von den im vorhergehenden Kapitel angestellten Überlegungen stellte sich nun unter Berücksichtigung der aktuellen und individuellen Situation der BASF Schwarzheide GmbH die Frage nach der Ausgestaltung des Controlling. Als Rahmenbedingungen galt es, dabei die Anforderungen des federführenden Unternehmensbereiches sowie des zentralen Controlling und der zentralen Planung in der BASF AG zu beachten. Ein "Plan des eigenen Vorgehens" war zu erstellen für

- die organisatorische Einbindung des Controlling,
- die personelle Ausstattung einschließlich Motivations- und Qualifikationsmaßnahmen,
- die Einführung einer Kosten- und Ergebnisrechnung,
- die maschinelle Ausstattung,
- die zeitliche Koordination der Aktivitäten.

5.1 Organisatorische Einbindung des Controlling

Bei der Diskussion der Unternehmensorganisation wurde das Controlling als Abteilung dem Bereich Finanz- und Rechnungswesen zugeordnet, da der wesentliche Datenlieferant im Unternehmen für das Controlling immer die Betriebsabrechnung ist. Unterteilt ist es in Planung, Analysen und Berichterstattung (Abb. 1).

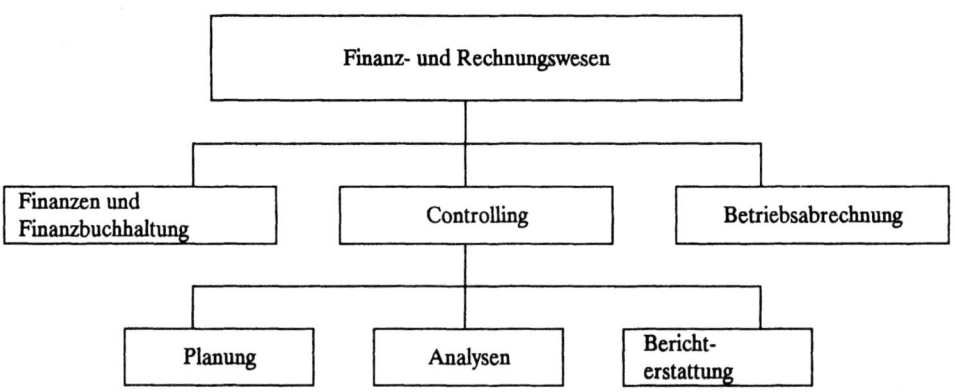

Abb. 1: Organisatorische Einbindung des Controlling

Das Controlling arbeitet zur Gewinnung von Informationen mit fast allen Organisationseinheiten des Unternehmens eng zusammen. So waren Kommunikationswege und Ansprechpartner aufzubauen (wie in Abb. 2 dargestellt).

Die Festlegung der organisatorischen Einbindung und Unterteilung in Arbeitsgebiete war eine sehr schnell zu lösende Aufgabe; die Schaffung der Kommunikationswege ist dagegen ein komplizierter Prozeß, der viel Ausdauer und Engagement erfordert und mit viel Feingefühl und großem Einfühlungsvermögen betrieben werden muß.

Erfolg oder Mißerfolg des Controlling entscheiden sich über seine Akzeptanz im Unternehmen.

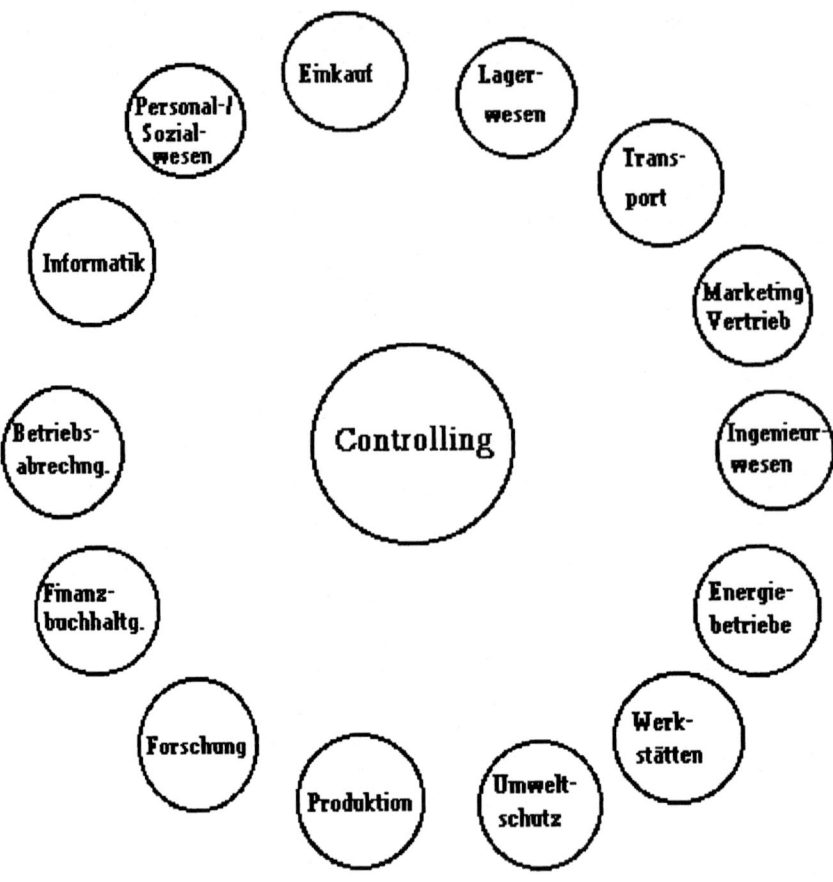

Abb. 2: Zusammenarbeit des Controlling mit anderen Organisationseinheiten

5.2 Personelle Ausstattung einschließlich Motivations- und Qualifizierungsmaßnahmen

Nach Festlegung der Organisation des Controlling stellte sich die Frage nach der personellen Ausstattung der Organisationseinheit. Welche Mitarbeiter sollten ausgewählt werden für die Mitarbeit im Controlling?

Der Leiter der Abteilung konnte nicht aus der alten Schwarzheider Belegschaft kommen, da er neben einer mehrjährigen Tätigkeit in der Betriebsabrechnung oder im Controlling auch BASF-Gruppen-know-how mitbringen sollte.

Die Gruppenleiter für Planung, Analysen und Berichterstattung konnten jedoch ebenso wie die Sachbearbeiter unter den Mitarbeitern des Bereiches Finanz- und Rechnungswesen ausgesucht werden. Bei der Mitarbeiterauswahl stieß man auf zwei schnellstens abzubauende Problemfelder:

- die Mitarbeiter waren verunsichert, ohne Eigeninitiative und ohne Entscheidungsvermögen,
- es fehlte sehr viel Sachwissen.

Die Mitarbeiter waren in Mitarbeitergesprächen zu motivieren und ihr Sachwissen über interne und externe Ausbildung zu verbessern. Für beide Maßnahmen wurden Pläne erstellt, wobei speziell bei den Ausbildungsmaßnahmen auch die Ansprechpartner des Controlling in den anderen Organisationseinheiten einzubeziehen waren.

5.3   Einführung einer Kosten- und Ergebnisrechnung

Da - wie bereits ausgeführt - die bei Übernahme angetroffenen Plan-, Ist- und Kontrollrechnungen nicht den Anforderungen genügten, die die BASF an solche Rechnungen zur Erreichung ihrer marktwirtschaftlichen Unternehmensziele stellen muß, war eine Kosten- und Ergebnisrechnung zu konzipieren und deren Einführungsstrategie zu definieren. Diese Kosten- und Ergebnisrechnung sollte Basis sein für Plan- und Ist-Rechnungen und deren Abweichungsanalysen.

5.3.1 Module der Kosten- und Ergebnisrechnung

Welches sind die Module einer solchen Kosten- und Ergebnisrechnung?

Die Kostenarten (aus der Finanzbuchhaltung kommend) werden auf Vor- und Endkostenstellen verrechnet. In der innerbetrieblichen Leistungsverrechnung entlasten sich die Vorkostenstellen auf die Endkostenstellen. Die Fabrikationskostenstellen (Fertigungskosten, Rohstoffe) werden in der Nachkalkulation anhand Ist-Aufschreibungen (Rohstoffe) und Richtkalkulation (Fertigungskosten) auf die in der Periode produzierten Erzeugnisse verrechnet. Die restlichen Endkostenstellen (z.B. Absatz, Vertrieb, Verwaltung, Forschung) gehen direkt in die Ergebnisrechnung der Periode. Aus dem Fakturierungssystem werden Umsatz und fakturierte Mengen in die Ergebnisrechnung eingestellt. Durchschnittliche Herstellkosten der verkauften Erzeugnisse werden aus der Bestandsführung

Erzeugnisse abgefragt. Damit können Ergebnisrechnungen mit allen notwendigen Ergebnisebenen (z.B. Deckungsbeitrag, Bruttobetriebsergebnis, Betriebsergebnis, Bereichsergebnis) und in allen gewünschten Sortierungen (z.B. Produkt, Kunde, Land) erstellt werden. Die Module der Kosten- und Ergebnisrechnung sind in Abbildung 3 dargestellt.

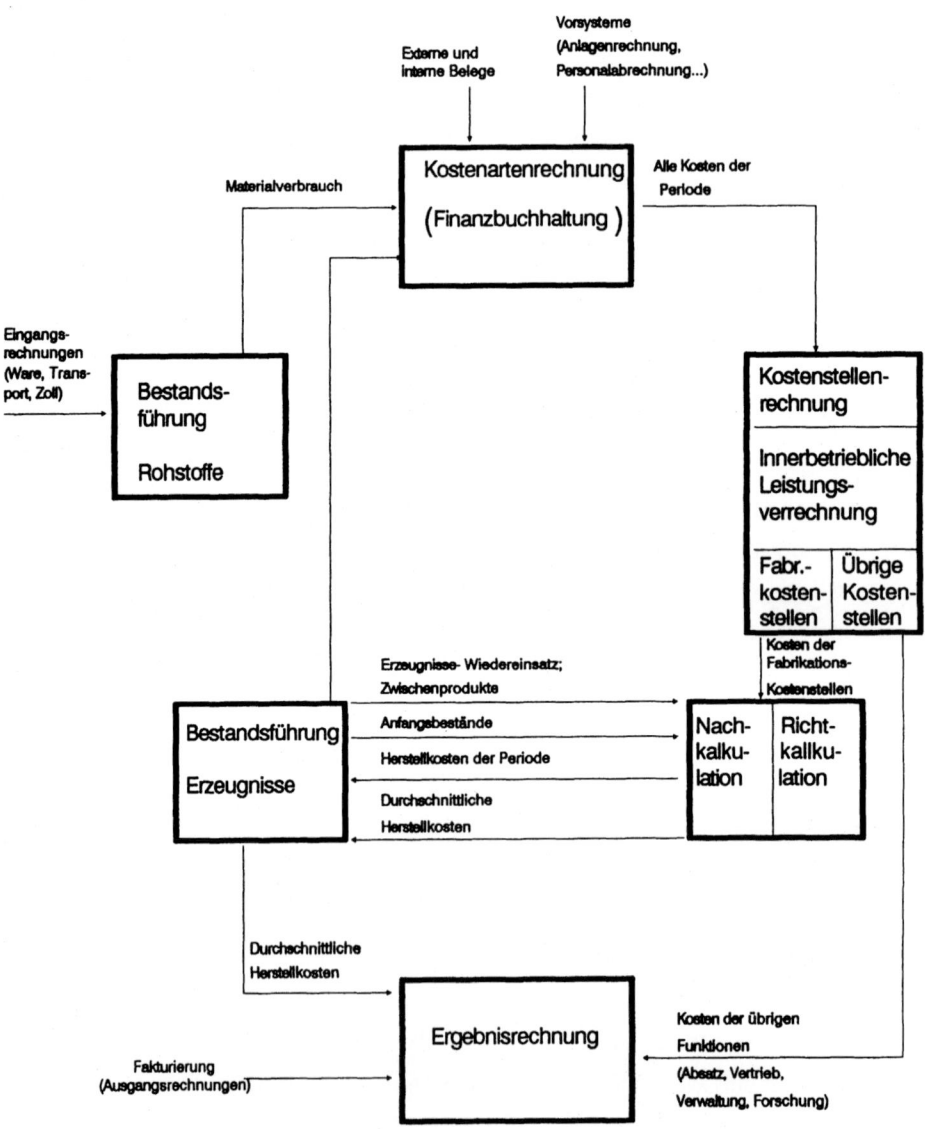

Abb. 3: Module der Kosten- und Ergebnisrechnung

5.3.2 EDV-mäßige Abwicklung der Kosten- und Ergebnisrechnung

Nach Definition der Module stellte sich die Aufgabe, die EDV-mäßige Abwicklung der Kosten und Ergebnisrechnung zu planen.

Die Systeme des ehemaligen volkseigenen Betriebes gestatteten nicht, die Aktivitäten der BASF Schwarzheide GmbH zu steuern und zu regulieren. Unter dem dadurch verursachten Zeitdruck mußte entschieden werden, ob die Programme für die Module selbst erstellt oder zugekauft werden sollten. Programmzukauf führt in der Regel zu schnelleren Ergebnissen. Deshalb sah der EDV-Einführungsplan unter Einbeziehung der für die Abwicklung der Kosten- und Ergebnisrechnung benötigten Vorsysteme folgendermaßen aus:

Modul	EDV-System
- Kostenartenrechnung (Finanzbuchhaltung)	Zukauf SAP-RF
- Kostenstellenrechnung	Zukauf SAP-RK-S
- Richt- und Nachkalkulation	Übernahme BASF-Gruppenprogramm CC
- Ergebnisrechnung	Übernahme BASF-Gruppenprogramm ET
- Personalabrechnung	Zukauf SAP-RP
- Anlagenrechnung	Zukauf SAP-RA
- Fakturierung	Anpassung Eigenprogramm (alt)
- Bestandsführung	Anpassung Eigenprogramm (alt)
- Produktionsabrechnung	Anpassung Eigenprogramm (alt)

Um Zeit zu gewinnen, mußten Systeme parallel eingeführt bzw. angepaßt werden unter Berücksichtigung der gegenseitigen Abhängigkeiten. Die Anpassung der alten Eigenprogramme war Konsequenz eines zum Zeitpunkt der Programmplanung fehlenden Logistikkonzeptes. Mit Vorliegen eines Materialverwaltungs- und Produktionssteuerungssystems müssen die angepaßten Programme Fakturierung, Bestandsführung und Produktionsabrechnung gegen die entsprechenden Module des Logistiksystems ausgetauscht werden.

5.4   Maschinelle Ausstattung

Hier darf nicht nur über die maschinelle Ausstattung des Controlling gesprochen werden, sondern des gesamten Unternehmens wegen der oben angesprochenen Kommunikation zwischen Controlling und Unternehmen.

Die EDV arbeitete mit einem ESER-Rechner, Terminals waren weitgehendst unbekannt. Nur in der Forschung und der Produktion gab es wenige PC's. Im Rechnungswesen z. B. benutzten die Mitarbeiter museumsreife Schreibmaschinen   (einige aus dem Jahr 1938) und Rechenmaschinen aus den 60er und 70er Jahren. So sah es im gesamten Unternehmen aus.

Moderne Kopiergeräte und Overhead-Projektoren waren nicht vorhanden. In einer Sofortaktion brachte die BASF einen Comparex-Rechner, Modell 7/75 und alle unbedingt benötigten Geräte. Anhand eines Arbeitsplanes wurde ein Beschaffungsplan erarbeitet. Die geplante maschinelle Ausstattung des Unternehmens ist in Abbildung 4 dargestellt.

5.5   Zeitliche Koordination der Aktivitäten

Nach Planung des Vorgehens zur Erreichung des Zieles marktwirtschaftliches Controlling verblieb noch die Aufgabe der zeitlichen Koordination der einzelnen Aktivitäten. Alle Aktivitäten wurden in einem Netzplan festgehalten, der als Abschlußtermin der Einführung den 30.09.1991 zeigt. In diesem Netzplan ist zu sehen, daß es Aktivitäten mit festen Endterminen gibt, wie

-       Organisation des Controlling,
-       personelle Ausstattung,
-       Module der Kosten- und Ergebnisrechnung,
-       maschinelle Ausstattung.   .

Darüber hinaus gibt es jedoch flankierende Aktivitäten (Kommunikationswege, Personalmotivation, Personalqualifikation), die die anderen Aktivitäten stetig begleiten, jedoch mittelfristig nicht abgeschlossen sein werden.

Der Gesamtnetzplan ist aus technischen Gründen an dieser Stellen nicht darstellbar. Einen Teilnetzplan zeigt Abbildung 5 für die Module Kostenstellenrechnung, Richt- und Nachkalkulation und Ergebnisrechnung (Basismodule der Kosten- und Ergebnisrechnung).

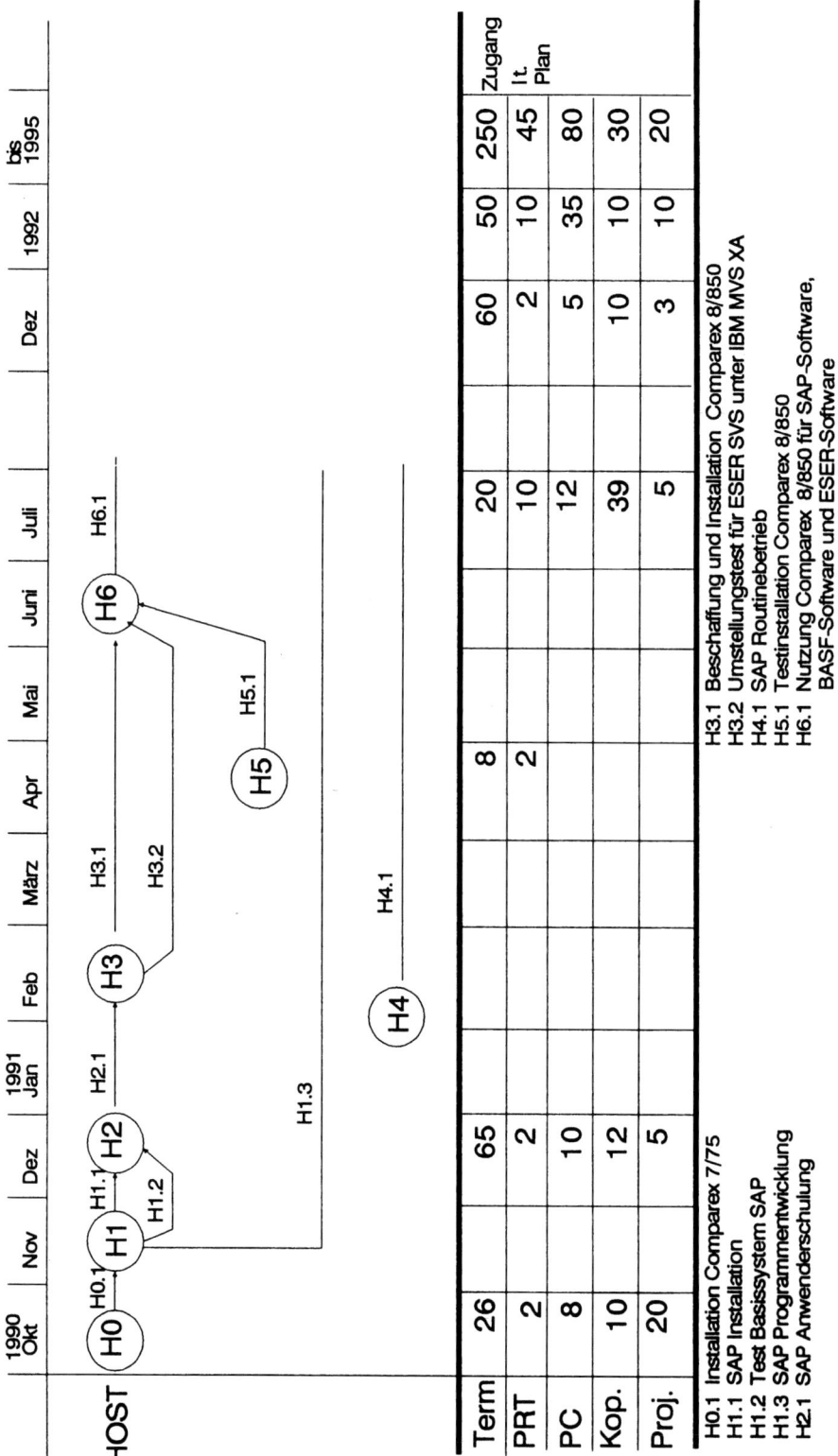

Abb. 4: Maschinelle Ausstattung

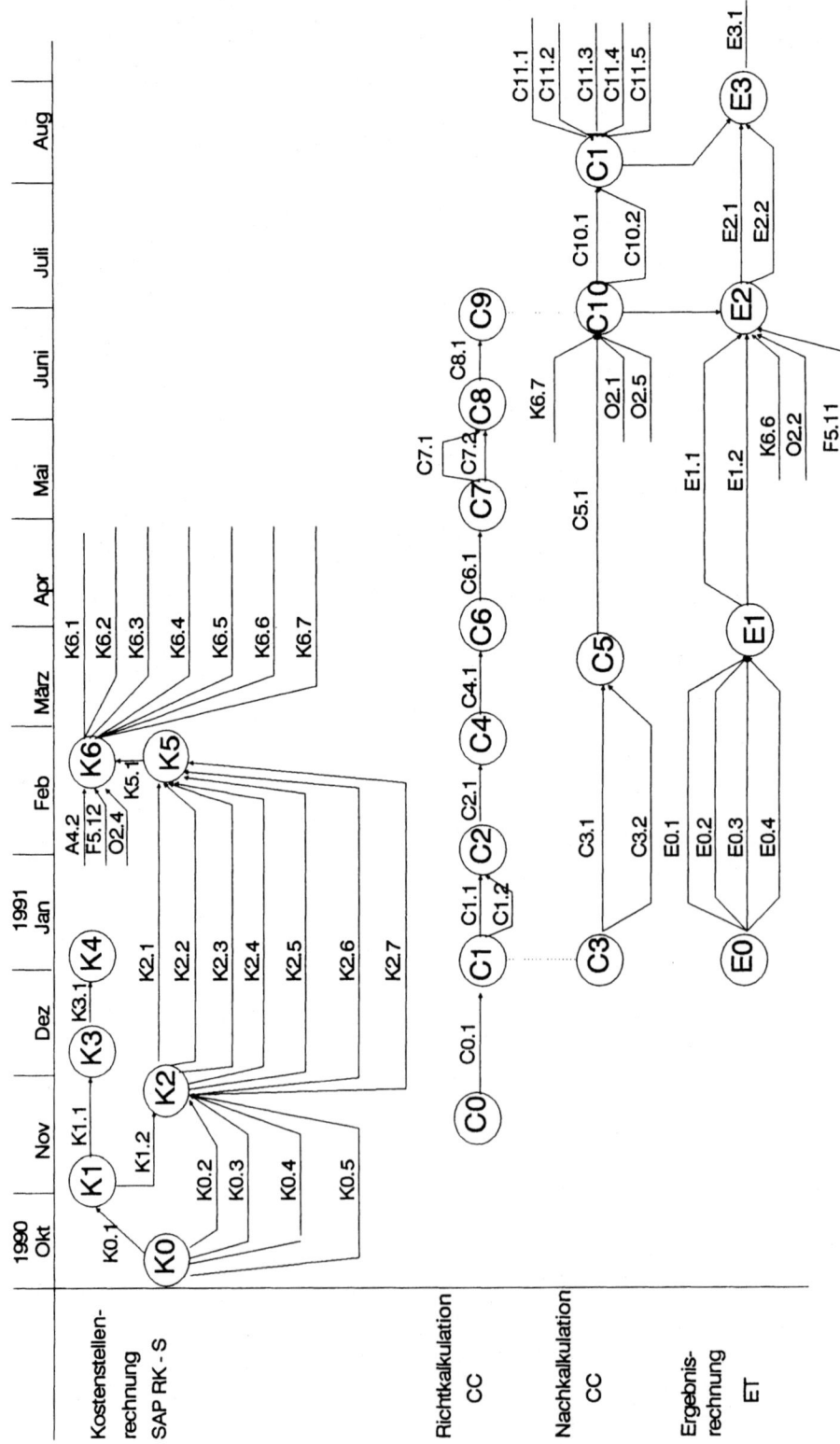

Abb. 5: Teilnetzplan Module Kostenstellenrechnung, Richt- und Nachkalkulation und Ergebnisrechnung

K	**Kostenstellenrechnung**		**C**	**Richt- und Nachkalkulation**

K0.1	Ausbildung SAP-Team		C0.1	Einweisung in Richtkalkulation
K0.2	Kostenarten Klasse 4/6		C1.1	Erarbeitung Grundkonzeption
K0.3	Kostenstellenplan		C1.2	Erarbeitung Kalkulationsschemen
K0.4	Methoden der Leistungsver-rechnung		C2.1	1.Testrechnung Richtkalkulation in Ludwigshafen
K0.5	Schnittstellenentwurf OPAD/Instandhaltung		C3.1	Einweisung in Nachkalkulation
K1.1	Installation SAP/Test Basis-system		C3.2	Herstellung Kompatibilität Produktnummernsysteme LU/BSW
K1.2	Test RK-S Transaktionen und Programme		C4.1	Auswertung 1.Test Richt-kalkulation
K2.1	Stammdaten Kostenarten		C5.1	Schnittstelle OPAD und SAP RK-S
K2.2	Stammdaten Kostenstellen			für Nachkalkulation
K2.3	Alternative Kostenstellen-hierarchie		C6.1	2.Testrechnung Richtkalkulation in Ludwigshafen
K2.4	Tabellen für Umlage, Leistungs-verrechnung, zeitliche Abgren-zungen (Kostenglättung)		C7.1	Auswertung 2.Test Richt-kalkulation
K2.5	Berichtsvarianten		C7.2	Installation Richt- und Nach-kalkulationssystem im BSW
K2.6	Testphase		C8.1	Abschlußtest
K2.7	Kostenplanung		C10.1	1.Testrechnung Nachkalkulation
K3.1	Anwenderschulung		C10.2	Auswertung 1.Test Nach-kalkulation
K5.1	Beginn produktiver Betrieb		C10.3	Testergebnisse Nachkalkulation (Produktion zu DHK und Bestandsveränderungen)
K6.1	Beleganzeige			
K6.2	Kostenstellenlisten Plan/Ist			
K6.3	Kostenartenlisten Plan/Ist		C11.1	Herstellkosten der Periode
K6.4	Kostenstellenauszug nach Hierarchie		C11.2	Fertigungskosten je Erzeugnis
K6.5	Kostenstellenauszug je Kostenstelle		C11.3	Kapazitätsauslastung
			C11.4	Kosten der Minderauslastung
K6.6	Kostenstellensalden (z.B. Forschung, Verwaltung, Vertrieb)		C11.5	Vergleich Richtherstellkosten/Herstellkosten der Periode
K6.7	Fertigungskosten für Nach-kalkulation		C11.6	Produktion zu DHK und Bestandsveränderungen
A4.2	Kalkulatorische Abschreibungen		O2.1	Mengengerüst OPAD
			O2.5	Rohstoffpreise der Periode
F5.12	Primäre Kostenarten		F5.11	Kontensalden Kl.2 und nicht be-triebstypische sonstige Geschäfte
O2.4	Leistungen Umweltschutz, eigene Energien, Eigenverbrauch, Weiterverarbeitung			

E	**Ergebnisrechnung**
E0.1	Einweisung in Ergebnisrechnung
E0.2	Aufbau der Leitdatei
E0.3	Aufbau der Produktdatei
E0.4	Auswertungshierarchie
E1.1	Installation Ergebnisrechnungs-system im BSW
E1.2	Schnittstellen Bearbeitung OPAD Fakturierung, SAP RK-S, SAP RF
E2.1	1.Testrechnung Ergebnisrechnung
E2.2	Auswertung Testrechnung
E3.1	Deckungsbeitrag Bruttobetriebsergebnis Betriebsergebnis Bereichsergebnis Ergebnis vor Steuern
O2.2	Fakturierung

Text zu Abb.: 5

6. Heutiger Stand der Arbeiten und Ausblick

In tabellarischer Form soll nun der heutige Stand (1. Juli 1991) der im Rahmen der Einführungsstrategie geplanten Aktivitäten dargestellt werden.

Aktivität	Kommentar
- Organisatorische Einbindung des Controlling	abgeschlossen
- Kommunikationswege	kritischer Punkt - noch stark zu verbessern
- Personelle Ausstattung	abgeschlossen; auch der Controllier ist gefunden
- Motivation der Mitarbeiter	Die Motivationsbemühungen zeigen bereits gute Erfolge
- Ausbildungsmaßnahmen	laufen planmäßig
- Module der Kosten- und Ergebnisrechnung	gegenüber Plan unverändert
- EDV-mäßige Abwicklung der Kosten- und Ergebnisrechnung	gegenüber Plan unverändert
- Maschinelle Ausstattung	Plankorrekturen waren erforderlich
- Zeitliche Koordination der Aktivitäten	die im Netzplan vorgesehenen Termine werden (mit kleineren Korrekturen) eingehalten.

Hieraus ergiebt sich, daß das Controlling der BASF Schwarzheide GmbH mit großer Wahrscheinlichkeit zum 30.09.1991 "eingeführt", d.h. arbeitsbereit sein wird. Dieser Stand der Arbeiten wäre ohne intensive Unterstützung der Fachabteilungen des Mutterhauses nicht möglich gewesen. Das Instrument Controlling existiert. Die Aufgabe der folgenden Monate wird es sein, die Institution Controlling zu einem lebendigen Gebilde zu machen, sodaß es seiner Vermittler- und Beraterfunktion zwischen der Zentrale BASF AG, der Geschäftsleitung der BASF Schwarzheide GmbH und den Mitarbeitern gerecht werden kann.

Literaturverzeichnis

[1] Aufgaben und Organisation des Controlling in der chemischen Industrie, in: Betriebswirtschaft + Finanzen, Band 5, herausgegeben vom Verband der Chemischen Industrie e.V., Frankfurt am Main, Okt. 1981, S. 7

[2] a. a. O., S. 7

[3] Schröder, E.F., Einstieg in's operative Controlling, in: Mann/Mayer (Hrsg.): Der Controlling - Berater, Rudolf Haufe Verlag, Freiburg i. Br., Gruppe 4, S. 5

[4] Deyhle, A., Begleitmappe zu Controller's Grundseminar der Controller Akademie, Gauting, Kap. X, S. 1

[5] a. a. O., Kap. X, S. 2

Erfahrungen beim Aufbau eines Controlling-Systems in den neuen Bundesländern - dargestellt am VW-Projekt

Dr. Herbert Lederle, Geschäftsführer Controlling und Finanz der Sächsischen Automobilbau GmbH und der Volkswagen Sachsen GmbH, Mosel

Gliederung:

12. Saarbrücker Arbeitstagung 1991
Rechnungswesen und EDV
hrsg. v. A.-W. Scheer
© Physica-Verlag Heidelberg 1991

1.   Ausgangssituation

Bereits kurz nach der Wende verstärkte der Volkswagen-Konzern sein Engagement in den neuen Bundesländern. Er konnte dabei auf bestehenden Geschäftsbeziehungen mit dem IFA-Pkw-Kombinat aufbauen. Schon in den 80er Jahren hatte Volkswagen der IFA eine Motorenstraße geliefert. Diese Anlage produziert seit 1988 VW-Motoren, die in IFA-Fahrzeuge eingebaut wurden, aber auch an die Volkswagen AG zum Einsatz in Polo- und Golf-Fahrzeugen geliefert werden.

Das IFA-Pkw-Kombinat baute in der ehemaligen DDR die Pkw-Typen Wartburg und Trabant und den Barkas-Transporter in Sachsen und Thüringen mit den Hauptstandorten in Chemnitz, Zwickau und Eisenach.

Noch 1989 gründete Volkswagen mit der IFA ein Gemeinschaftsunternehmen, das nach den ursprünglichen Plänen ein Auto in der Polo-Klasse als Trabant-Nachfolger in fast fertigen neuen Anlagen in Mosel bei Zwickau bauen sollte. Dabei gingen wir ursprünglich davon aus, daß - zumindest noch für eine gewisse Zeit - in der DDR ein teilweise geschlossener Markt existieren würde.

Als sich Anfang 1990 abzeichnete, daß mit der Wirtschafts- und Währungsunion und der deutschen Einheit die neuen Bundesländer ein offener Markt für alle Produkte aus den westlichen Ländern und auch aus Japan werden würden, mußten diese Pläne den veränderten wirtschaftlichen Gegebenheiten angepaßt werden. Es war erkennbar, daß die IFA-Produkte, die in veralteten Anlagen gefertigt wurden, nach der Währungsunion kaum noch am Markt abzusetzen sein würden. Wie Sie wissen, hat sich diese Vermutung inzwischen bewahrheitet. Die Fertigung des Wartburg, Trabant und des Barkas-Transporters wurde eingestellt.

Für Volkswagen ergab sich folgende Situation: Die neuen Bundesländer waren ein zusätzlicher Markt, in dem großes Interesse an Fahrzeugen des Konzerns bestand. Wir gründeten daher Mitte 1990 eine Vertriebsgesellschaft, die etwa 420 VW- und Audi-Händler sowie 170 SEAT-Händler unter Vertrag nahm. Das sind selbständige mittelständische Betriebe, die zusammen mit unserer Vertriebsgesellschaft in Chemnitz etwa 7.000 Personen beschäftigen.

Darüber hinaus hatten wir aber in der Öffentlichkeit bereits angekündigt, auch in den neuen Bundesländern eine Fahrzeugfertigung aufzubauen. Bereits Anfang 1990 war klar erkennbar, daß mit der deutschen Einheit der Standort neue Bundesländer in einigen Jahren die Lohn-, Kosten- und Steuernachteile der alten Bundesländer erreichen und sich im Vergleich mit

Spanien und Portugal - wo für Investoren beträchtliche Investitionshilfen gewährt werden - ein ungünstiger Standort ergeben würde. Wir kamen daher zu dem Ergebnis, daß die neuen Bundesländer für uns als Standort nur in Frge kommen, wenn dort Investitionshilfen - wie in anderen Ländern auch - gewährt werden und es uns gelingt, dort modernste Fertigungsanlagen zu errichten. Die Planung und der Bau würden aber einige Zeit dauern. Wollten wir gleich Engagement zeigen - was aus beschäftigungspolitischer Sicht sehr wichtig war und heute noch ist -, mußten wir kurzfristig in vorhandenen Fertigungsanlagen mit der Produktion beginnen. Dazu boten sich die neuen, fast fertigen Anlagen in Mosel bei Zwickau und das von uns gelieferte Motorenwerk in Chemnitz einschließlichder Zylinderkopffertigung in Eisenach an.

2.   Machbarkeitsstudie

Für das Projekt erstellten wir im Controlling unter Einschaltung des Marketings, der Planungen und technischer Abteilungen, des Personalwesens und anderer Stellen eine Machbarkeitsstudie.

Unsere Untersuchungen ergaben sehr schnell, daß eine neue Fabrik erst 1994 in Betrieb gehen kann und bis dahin in den vorhandenen Anlagen produziert werden muß. Die vorgesehenen Produktionsstückzahlen und die voraussichtliche Entwicklung der Beschäftigten zeigt Abbildung 1.

Für die Machbarkeitsstudie bedienten wir uns eines Planungsmodells, in dem wir alle für das Projekt relevanten Größen wie

>Absatz/Produktion
>Produktkalkulation
>Ergebnisrechnung
>Investitionen
>Finanzierung

über einen Zeitraum von zehn Jahren mit Hilfe eines PC-Programms abbildeten. Das Programm lieferte Plan-GuVs und Planbilanzen für die einzelnen Jahre. Es erlaubte uns zu simulieren, wie sich die Änderung verschiedener Einflußgrößen, z.B. schnelle oder langsame Anpassung der Lohnkosten, verschiedene Kapazitätsauslastungen etc., auf die Ergebnisse der einzelnen Jahre und über den gesamten Betrachtungszeitraum auswirken würden.

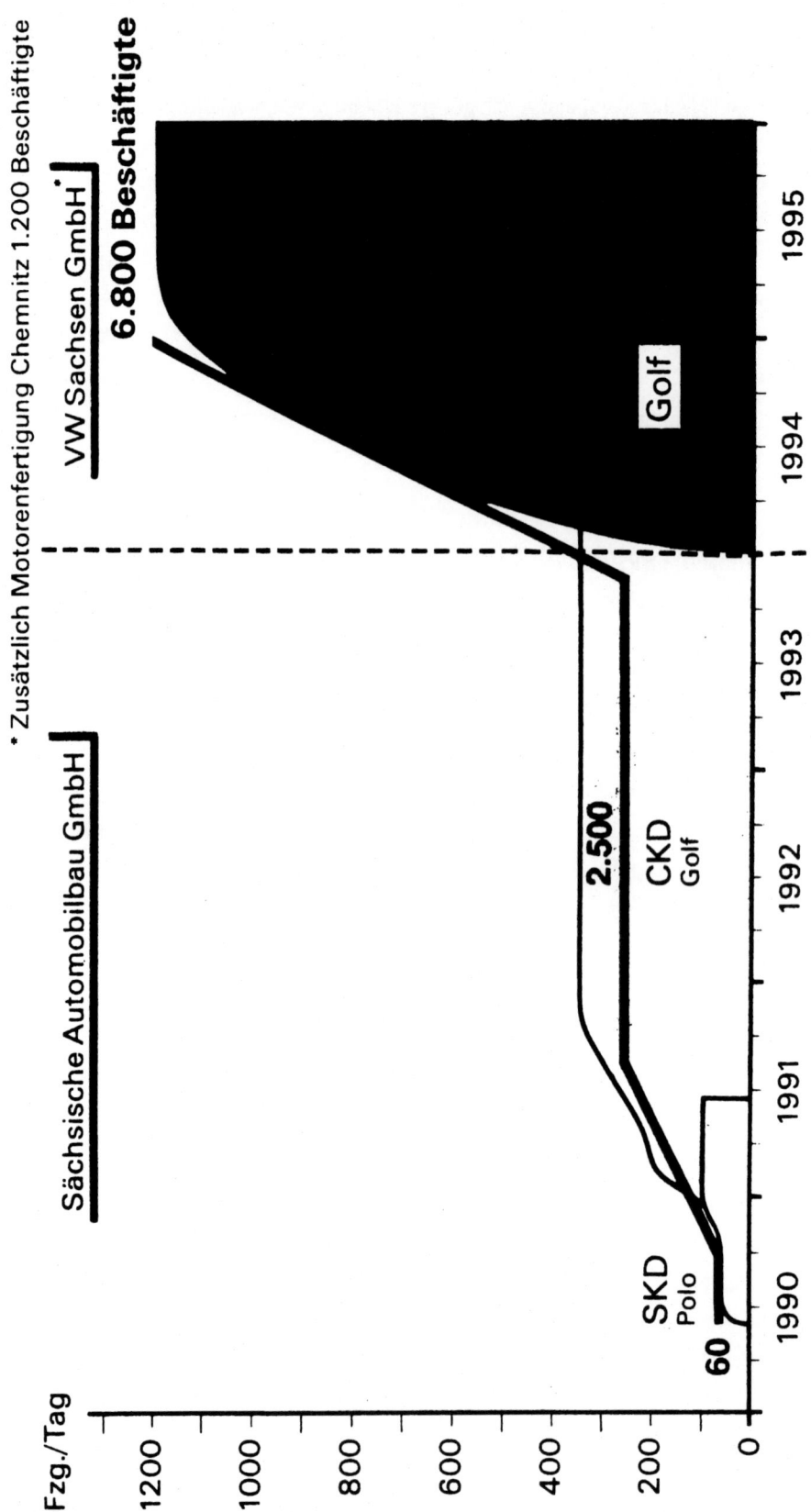

Abb. 1: Kapazitäts- und Personalplanung Fahrzeugwerk Mosel

Die Daten des Planungsmodells dienten uns gleichzeitig als Grundlage für die im September und Anfang Oktober 1990 mit der Treuhandanstalt geführten Verhandlungen. Das Modell ermöglichte uns dabei auch dazu, die Auswirkungen verschiedener Verhandlungsstände zu simulieren. Mitte Oktober 1990 schlossen wir mit der Treuhandanstalt eine Grundsatzvereinbarung, in der die Hauptpunkte unseres Engagements festgelegt sind.

Da die Produktion in den vorhandenen Anlagen mit hohen Kosten verbunden ist, aus beschäftigungspolitischen Gründen aber nicht bis zur Fertigstellung der neuen Fabrik gewartet werden konnte, erklärte sich die Treuhandanstalt bereit, sich für eine Übergangszeit bis Ende 1993 an dem Projekt zu beteiligen.

Die rechtliche Konstruktion und die Übernahmeschritte sind in Abbildung 2 dargestellt.

Konzeption

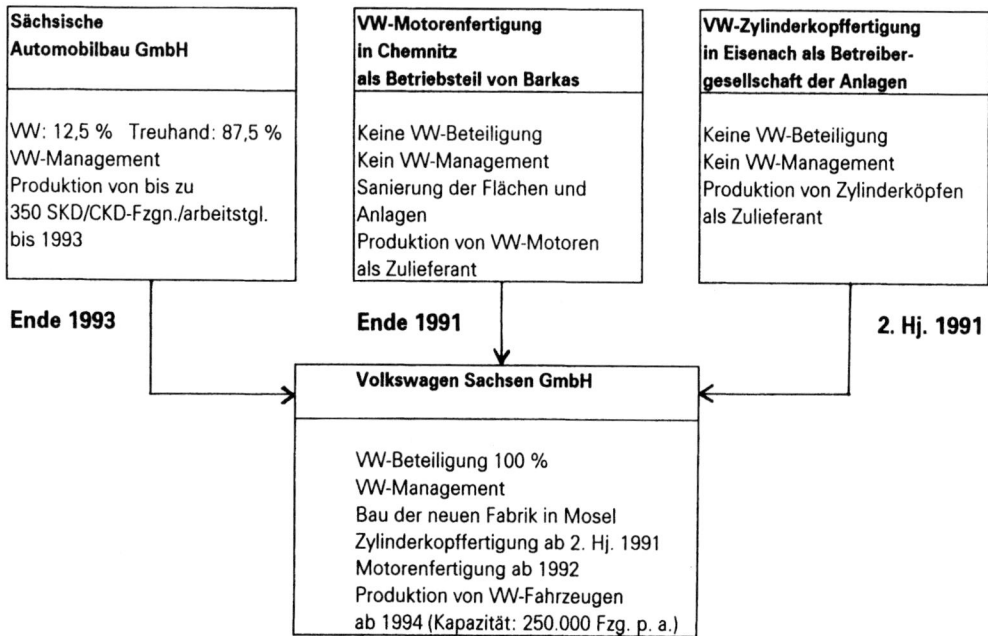

Abb. 2: Künftige Gesellschaften zur Realisierung des "DDR-Projektes"

Zusammen mit der Treuhandanstalt wurde die Sächsische Automobilbau GmbH (SAB) gegründet. Daran ist die Treuhandanstalt mit 87,5% und Volkswagen mit 12,5% beteiligt. Außerdem wurde das Gemeinschaftsunternehmen VW IFA Pkw GmbH in die Volkswagen Sachsen GmbH (VWS) umfirmiert und die Beteiligung der Volkswagen AG auf 100% erhöht. Dieses Unternehmen baut in Mosel die neue Fabrik und wird dort ab 1994 mit einer Kapazität von 1.200 Einheiten/Tag fertigen. Daneben übernimmt es 1991 die Zylinderkopffertigung in Eisenach und die Motorenfertigung in Chemnitz.

Das Werk-Layout in Mosel zeigt Abbildung 3.

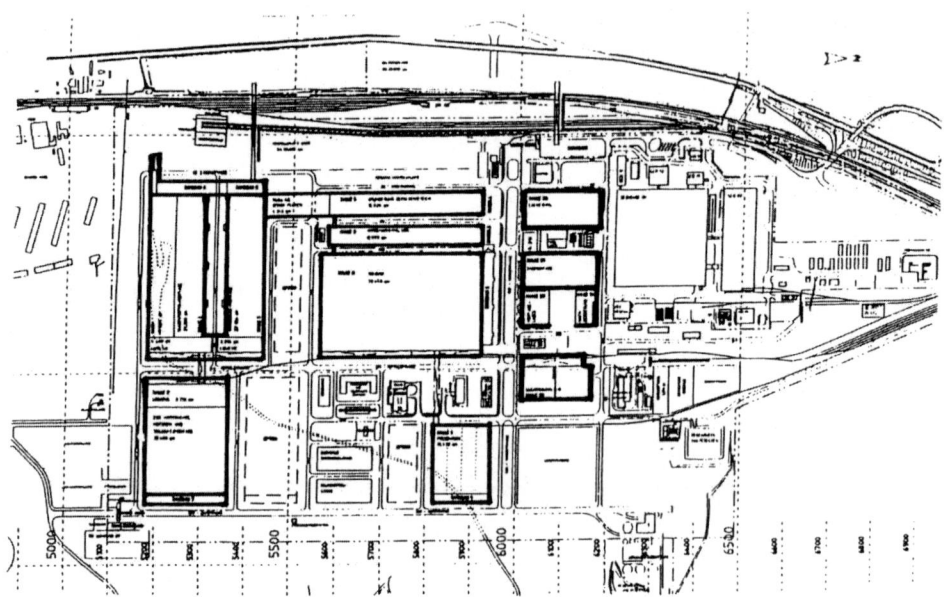

Abb. 3: Werk-Layout Mosel

3.   Bewertung der Anlagen

Sowohl die Sächsische Automobilbau GmbH als auch die VW Sachsen GmbH übernehmen Anlagen von ehemaligen IFA-Betrieben, und zwar in Mosel von der Sachsenring Automobilwerke Zwickau GmbH, in Chemnitz von der Barkas GmbH und in Eisenach von den Automobilwerken Eisenach GmbH.

Es stellte sich bereits bei Beginn der Untersuchungen anfang 1990 die Frage, mit welchen Werten die Sachanlagen zu übernehmen sind. Sehr schenell stellten wir fest, daß die Buchwerte in Ost-Mark - und diese 2:1 in DM umgerechnet - viel zu hoch waren. Ursachen dafür waren vor allem, daß von westlichen Ländern bezogene Gegenstände mi einem Faktor - meist 4,6 - in Ost-Mark umgerechnet wurden und daß das Anlagevermögen mehrmals aufgewertet wurde. So fanden wir z.B. eine aus den alten Bundesländern gelieferte völlig neue Förderanlage, die mit 17 Mio. Ost-Mark aktiviert war, vom Hersteller aber für 2,2 Mio. DM verkauft wurde.

Wir bildeten daher ein Team aus Technikern und Rechnungswesenfachleuten, das alle für eine VW-Fertigung benötigten Anlagen neu bewertete. Für jeden Gegenstand wurde anhand bei unseren Technikern vorhandener Angebotsdaten oder Vergleichswerte der Wiederbeschaffungszeitwert festgelegt und davon Abschläge für Abnutzung entsprechend den jeweiligen Nutzungsdauern vorgenommen. Dabei gingen wir von linearen Abschreibungen und Nutzungsdauern aus, die dem 1 1/2fachen der steuerlich anerkannten entsprechen.

4.   Organisation des Controlling

Die Übernahme der Anlagen und der Beginn der Aktivitäten zuerst bei der SAB und dann bei der VWS erfolgt - wie Abb 2 zeigt - schrittweise. Am Ende der Übergangsperiode Ende 1993/Anfang 1994 ist eine Übernahme der SAB durch die VWS vorgesehen. Die Treuhandanstalt hat bei ihrer Zusage der 87,5%igen Beteiligung an der SAB zur Auflage gemacht, daß auch diese Gesellschaft von einem VW-Management geführt wird. Daher sind dieselben Personen Geschäftsführer der SAB und der VWS.

In den nächsten Jahren sind umfangreiche Controlling-Aufgaben zu bewältigen im Hinblick auf

- Betreuung der Fertigung in der Sächsischen Automobilbau GmbH
- Übernahme der Zylinderkopffertigung Eisenach
- Übernahme der Motorenfertigung Chemnitz
- Aufbau einer wirtschaftlichen Fabrik bei der VW Sachsen GmbH unter Berücksichtigung neuester Fertigungstechnologien und arbeitsorganisatorischer Abläufe.

Um diese Aufgaben zu erfüllen, haben wir den Bereich Controlling und Finanz wie folgt strukturiert:

> Investitions-Controlling
> Zentrales Controlling
> Werks-Controlling
> Rechnungswesen
> Finanzverkehr

Dabei arbeiten die einzelnen Stellen sowohl für die SAB als auch für die VWS in enger Abstimmung zusammen.

Soweit Systemanalyse-Aufgaben anfallen, werden diese von der VW Gedas ausgeführt, die auch die Rechnerleistung als Dienstleistung zur Verfügung stellt.

Bei der SAB und der VWS benutzen wir die SAP-Software RF - einschließlich des Bankenmoduls -, RK und RA. Bereits vor Gründung der Gesellschaften haben wir noch im November 1990 in Wolfsburg die erforderlichen Tests durchgeführt und sofort nach Aufnahme des operativen Geschäfts Anfang Januar 1991 die Systeme in Mosel installiert. Für die Lohn- und Gehaltsberechnung benutzen wir die PAISY-Software. Da im Januar die Lohn- und Gehaltsberechnung in den neuen Bundesländern an das Abrechnungssystem in den alten Bundesländern angepaßt werden mußte, haben wir bereits ab August 1990 ein Projektteam - bestehend aus Mitarbeitern aus den neuen Bundesländern und von VW - gebildet. Dieses Team hat die erforderlichen Vorbereitungen getroffen, so daß die Abrechnung ab Januar 1991 problemlos und termingerecht durchgeführt werden konnte.

Im Rechnungswesen erstellen wir seit Anfang dieses Jahres für die SAB und die VWS - seit Februar maschinell - Monatsabschlüsse, deren Daten den geplanten Größen gegenübergestellt werden.

Hinsichtlich des Finanzverkehrs lehnen wir uns stark an die Zentrale in Wolfsburg an. Wir erhalten für Geldanlgen - vor allem bei Tagesgeld - dieselben Konditionen wie die VW AG. Insbesondere beim Finanzverkehr wirken sich die Kommunikationsprobleme in den neuen Bundesländern nachteilig aus. Überweisungen dauern immer noch länger als in den alten Bundesländern.

5. Investitions-Controlling

Für das gesamte Projekt werden voraussichtlich Investitionen in Höhe von 4,6 Mrd. DM anfallen. Diese zusammen mit den Technikern zu planen, zu optimieren und zu überwachen, ist Aufgabe des Investitions-Controlling. Es bedient sich dabei der Verfahren, die üblicherweise bei VW angewandt werden. Das Investitions-Controlling ist in Mosel angesiedelt. Es arbeitet aber eng mit den Planungen bei der VW AG zusammen, die diese Aufgaben als Dienstleistung - wie ein externes Ingenieurbüro - für die SAB und die VWS durchführen und dafür eine entsprechende Vergütung erhalten. Gleichwertiges Know how ist in den neuen Bundesländern in dem benötigten Umfang zur Zeit nicht vorhanden. Wir nutzen daher die Erfahrungen und das Wissen, das die VW-Fachleute in den letzten Jahren bei der Planung und Realisierung im In- und Ausland - zuletzt in Martorell in Spanien - gesammelt haben.

Wegen der in den nächsten Jahren auch in den neuen Bundesländern zu erwartenden Kostennachteile ist das Engagement in Sachsen nur sinnvoll, wenn es uns gelingt, die nach den heutigen Erkenntnissen produktivste Fertigung sowohl bei der Fahrzeugproduktion in Mosel als auch für die Motorenfertigung in Chemnitz zu installieren. Das aber bedingt die bereits genannten hohen Investitionen. Wir orientieren uns dabei an den besten Wettbewerbern, insbesonderen den Japanern.

Aufgabe des Investitions-Controlling ist außerdem die Beantragung der Investitionszuschüsse und -zulagen. Dabei arbeiten wir eng mit dem Steuerwesen zusammen, wofür wir ebenfalls einen Fachmann von VW in Mosel haben.

6. Zentrales Controlling

Das Zentrale Controlling erstellt - wie es bei VW-Beteiligungsgesellschaften üblich ist - die finanzielle Gesamtplanung über 5 Jahre, "Businessplane", das jährliche Budget, dreimal pro Jahr Vorausschätzungen auf das Gesamtjahr und eine monatliche Controlling-Berichterstattung. Darin werden die Plandaten den Istdaten gegenübergestellt, die Ursachen der Abweichungen analysiert und - soweit erforderlich - Maßnahmen vorgeschlagen.

Wesentliche Zahlen aus den Aktivitäten des Zentralen Controlling zeigt Abbildung 4.

| | Januar - Juni | | | Gesamtjahr | |
| | Ist | Abw. Budget | aktuelle Voraus-schätzung | Abweichung | |
				Budget	Studie
Mengen					
Produktion					
Absatz					
Belegschaft					
GuV					
Umsatzerlöse					
Ergebnisbeitrag					
fixe Kosten					
Operatives Ergebnis					
Bankergebnis					
Ergebnis vor Steuern					
Ergebnis nach Steuern					
Umsatzrendite auf Basis:					
- Ergebnisbeitrag					
- Operatives Ergebnis					
- Ergebnis vor Steuern					
Break-Even					
Finanzierung					
Investitionen					
Cash flow (inkl. Investitionsförderung)					
Finanzierungsbedarf/ -überschuß					
Kreditfinanzierung					
Eigenkapitalfinanzierung					
Veränderung Flüssige Mittel					
Investitionsquote					
Cash flow in % der Investitionen					
Bilanz					
Flüssige Mittel					
Kreditstand					
Vorräte					
Anlagendeckung					
Eigenkapitalquote					
Liquiditätsreichweite					
Kapitalbindungsdauer Vorräte					

Abb. 4: Wesentliche Zahlen - Zentrales Controlling

Da sich die gesetzlichen und wirtschaftlichen Voraussetzungen in den neuen Bundesländern noch laufend ändern, benutzen wir das ursprünglich für die Machbarkeitsstudie konzipierte Planungsmodell auch weiterhin. Bei wichtigen Datenänderungen, z.B. durch den Abschluß des Tarifvertrages für Sachsen, Änderungen in der Investitionsförderung (Sonderabschreibungen, Zulagen, Zuschüsse), die Entscheidung über den Entfall der Gewerbekapital- und Vermögensteuer in den ersten zwei Jahren in den neuen Bundesländern, ermitteln wir die Auswirkungen auf das Projekt, insbesondere auf die Unternehmensergebnisse der einzelnen Jahre und für die Gesamtperiode bis 1999. Aufgrund der daraus gewonnenen Erkenntnisse versuchen wir - soweit möglich - entsprechende Konsequenzen zu ziehen und das Projekt weiter zu optimieren.

7. Werks-Controlling

Die Hauptaufgaben des Werks-Controllers sind - wie in Abbildung 5 dargestellt - die Kostensteuerung der Primärkosten in den Fertigungsbereichen, die Steuerung des Personaleinsatzes, und zwar des direkt in der Fertigung eingesetzten und des übrigen Personals, sowie die Leistungs- und Produktivitätsgestaltung.

	Januar - Juni		Gesamtjahr		
	Ist	Abw. Budget	aktuelle Voraus-schätzung	Abweichung	
				Budget	Studie
Produktion (gesamt und arbeitstäglich) Polo A02 Golf A2 / A3 Gesamt					
Belegschaft (Stand und Ø) Leistungslöhner Indirektes Personal Gesamt					
Operative Kosten Personalkosten Sachgemeinkosten investitionsabhängige Kosten Absolute Kosten gesamt Fertigungsmaterialkosten Sonstige Einzelkosten Herstellkosten gesamt					
Produktivität Arbeitsproduktivität - Fahrzeuge je Beschäftigten - Fahrzeuge je Leistungslöhner - Beschäftigte je Fahrzeug Kostenproduktivität - Absolute Kosten je Fahrzeug - Herstellkosten je Fahrzeug - Herstellkosten in % vom Umsatz Kapitalproduktivität - Anlagevermögen je Fahrzeug					

Abb. 5: Wesentliche Zahlen - Werkscontrolling

Da wir eine Fertigungsstätte mit höchster Produktivität errichten wollen, müssen wir - wie Abbildung 6 verdeutlicht - neue Produktionstechniken und eine neue Arbeitsorganisation einführen.

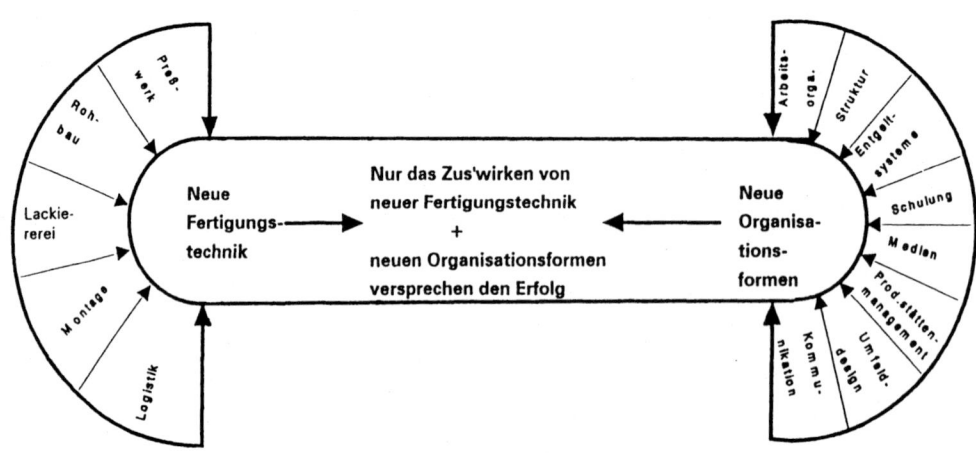

Abb. 6: Neue Fertigungstechnik und Arbeitsorganisation

Die Hauptpunkte der neuen Fertigungstechniken in Preßwerk, Rohbau, Lackiererei, Montage und Logistik zeigt Abbildung 7. In Abbildung 8 sind die angestrebten neuen Formen der Arbeitsorganisation aufgelistet.

Zu den wesentlichen Aufgaben des Werks-Controlling gehört es, bei der Einführung und Gestaltung dieser neuen Formen - insbesondere der Arbeitsorganisation - mitzuwirken.

Die Zylinderkopffertigung in Eisenach und die Motorenfertigung in Chemnitz sollen noch in diesem Jahr von der VW Sachsen übernommen werden. Beide Betriebe und insbesondere die neue Automobilfabrik bekommen Zulieferungen aus Unternehmen der neuen Bundesländer. Das Werks-Controlling ist schon heute bei der Preisgestaltung dieser Betriebe mit eingeschaltet. Dadurch wird sichergestellt, daß wir höchstens zu den in den alten Bundesländern üblichen Preisen beliefert werden.

Darüber hinaus ist das Werks-Controlling bei der Ermittlung des von der VWS zu übernehmenden Personals der Zylinderkopffertigung Eisenach und der Motorenfertigung in Chemnitz mit eingeschaltet.

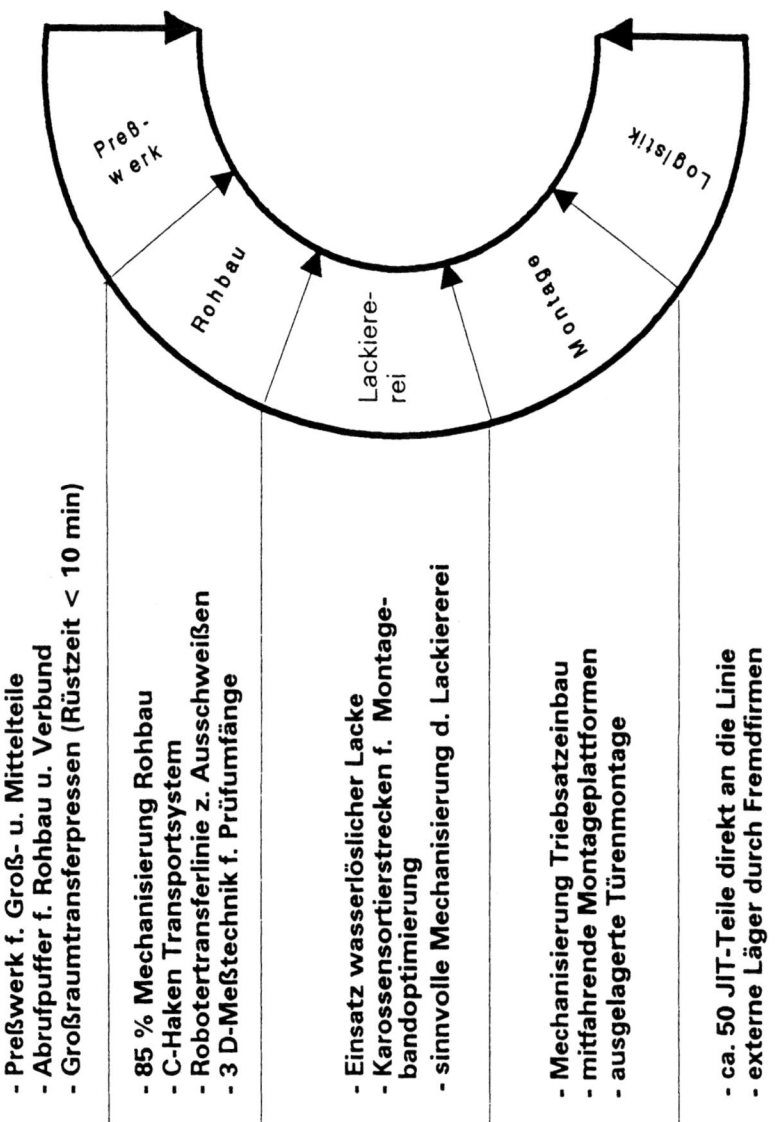

Abb. 7: Neue Fertigungstechniken

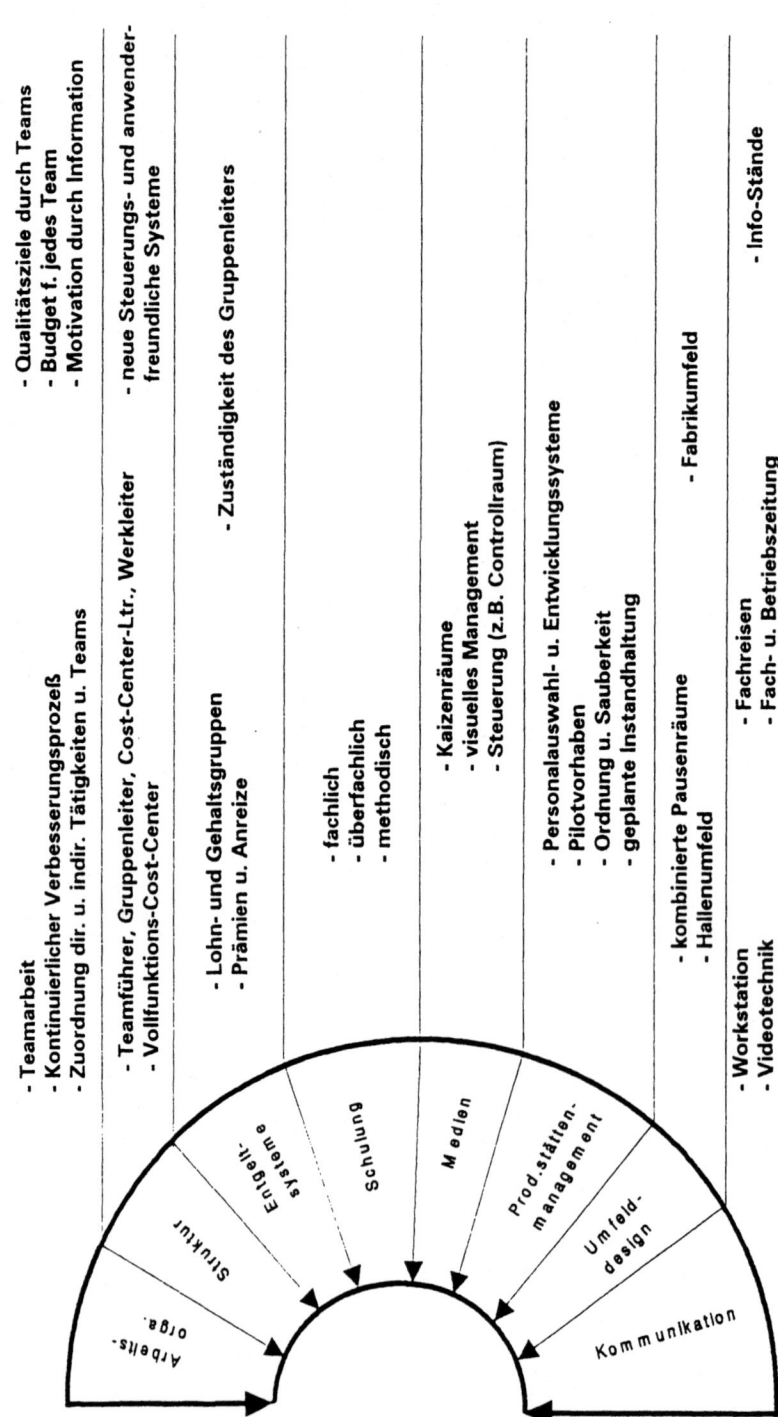

Abb. 8: Neue Formen der Arbeitsorganisation

8. Personal

Da das Controlling in den Betrieben der ehemaligen DDR nicht entsprechend unserer Controlling-Philosophie ausgebildet ist, haben wir die wichtigsten Funktionen - wenigstens für eine Übergangszeit von ca. 3 Jahren - mit Mitarbeitern aus anderen Konzern-Gesellschaften besetzt. Diese haben u.a. die Aufgabe, die lokalen Mitarbeiter zu schulen, so daß diese in der Lage sind, nach Rückkehr der Fachleute aus den alten Bundesländern das Controlling selbständig zu führen.

Die Stellen für die lokalen Mitarbeiter haben wir bisher bei den IFA-Betrieben, vor allem bei der IFA AG, der Barkas GmbH und den Sachsenring Automobilwerken Zwickau GmbH ausgeschrieben und aus den Bewerbern die Mitarbeiter ausgewählt. Diese erhielten bereits im ersten Quartal die erforderlichen Schulungen für PCs und die eingesetzte Software. Wir führen vor allem Training on the job durch und schicken die Mitarbeiter - soweit erforderlich - zur Qualifizierung zu anderen Konzern-Gesellschaften. Zur Zeit sind wir dabei, auch Hochschulabsolventen aus Chemnitz und Zwickau einzustellen.

Beim Fertigungspersonal haben wir die relativ kleine Zahl von Mitarbeitern, die in Mosel bereits beschäftigt war, bei Aufnahme der Fertigung am 2. Januar 1991 bei der SAB neu eingestellt. Alle von da an zu besetzenden Positionen haben wir in IFA-Betrieben ausgeschrieben und mit geeigneten Bewerbern besetzt.

Im zweiten Quartal stellten wir fest, daß nur noch in geringem Umfang Mitarbeiter von Sachsenring - trotz des Auslaufs der Trabantfertigung - bereit waren, sich bei uns zu bewerben. Ursachen dafür sind unseres Erachtens Warten auf mögliche Abfindungszahlungen, die Ankündigung einer Qualifizierungsgesellschaft und unser Lohnniveau. Wir vergüten unsere Mitarbeiter nach dem Tarifvertrag für die sächsischeMetall- und Elektroindustrie, nach dem zur Zeit 60% und 100% ab 1.4.1994 des bayerischen Tarifes gezahlt werden. Wir versuchen jetzt mit Erfolg, Mitarbeiter auf dem freien Markt zu rekrutieren.

Die Entwicklungsaussichten in den neuen Bundesländern - Konsequenzen für west- und ostdeutsche Unternehmen

Prof. Dr. Bruno Tietz, Handelsinstitut, Universität des Saarlandes, Saarbrücken

Gliederung:

12. Saarbrücker Arbeitstagung 1991
Rechnungswesen und EDV
hrsg. v. A.-W. Scheer
© Physica-Verlag Heidelberg 1991

Einführung

Durch die Wiedervereinigung und die Rückgewinnung der Souveränität hat Deutschland in Mitteleuropa eine neue politische, gesellschaftliche und kulturelle Positionierung erhalten. Die Randlage ist im Zusammenhang mit der Ostöffnung und der Binnenmarktverflechtung wieder zu der historischen Mittellage geworden.

Kaum eine Einflußgröße für eine Wirtschafts- und Handelsdynamik kann wichtiger sein als die Veränderung der Bevölkerung. Bereits mittelfristig wird die freie Wahl des Wohnortes und des Arbeitsplatzes in ganz Europa gelten. Dies dürfte für Westeuropa, insbesondere für die Bundesrepublik Deutschland, die bisher historisch größten Wanderungsbewegungen bedeuten. Von Vertretern der EG-Behörden wird unter Berücksichtigung der Tendenzen der globalen Wanderungsbewegungen diskutiert, daß im Jahre 2005 20 bis 60 Mill. zusätzliche Einwohner aus bisherigen Drittländern in die EG eingewandert sein könnten.

Weder der Bevölkerungsdruck der Dritten Welt noch Osteuropas auf Westeuropa dürfte langfristig kaum aufzuhalten sein. Welche Entscheidungsspielräume bei der Kanalisierung dieser Ströme bestehen, ist eine offene Frage.

Eine Rückbesinnung auf die bevölkerungsmäßige Entleerung der ehemals deutschen Ostgebiete nach dem Zweiten Weltkrieg zeigt bis 1949 eine Zuwanderung von rd. 8 Mill. Einwohnern in die Westzonen und von 4,5 Mill. in die Ostzone. Insgesamt betrug die Zuwanderung aus dem Osten seit 1945 in die alten Bundesländer bis Ende 1990 rd. 14 Mill. Menschen. In den siebziger Jahren sind zusätzlich noch über 4 Mill. Ausländer - zunächst als Gastarbeiter, später mit Familien - zugewandert.

Aus der UdSSR sind von 1986 bis 1990 rd. 700 000 Menschen ausgewandert. Etwa 600 000 der 2 Mill. Rußlanddeutschen haben gegenüber der Gesellschaft "Wiedergeburt", die ihre Interessen vertritt, Ende 1990 ihren Willen zur Auswanderung bekundet.

Die Sowjetbürger werden ab 1993 frei in andere Länder reisen dürfen. USA und Deutschland gelten als die wichtigsten Auswanderungsstaaten. Rudolf Kutznesov vom sowjetischen Innenministerium hatte im Herbst 1990 in Brüssel die EG-Kommission gewarnt, daß von 7 bis 8 Mill. Ausreisewilligen etwa 3 Mill. im Westen Beschäftigung suchen werden.

Im polnischen Innenministerium wurde eine Abteilung eingerichtet, die sich mit den Problemen einer zu erwartenden Flüchtlingslawine aus der Sowjetunion befassen soll. Auch die skandinavischen Länder erwarten Zuwanderungen.

Im Jahre 1990 lagen mittelfristige Schätzungen - bis etwa 2000 - für die Zuwanderungen aus Ost- und Südeuropa nach Deutschland bei 4 bis 7 Mill. Menschen.

Ein weiteres Problem sind die Kosten der Wiedervereinigung. Hier gelten einige einfache Grundsätze: Wer nicht vordenken und nachdenken und dann konsequent handeln will, muß zahlen. Wegen fehlender Bereitschaft zu einer tragfähigen Integrationspolitik wird die Wiedervereinigung teurer als sie sein müßte.

Aber ein weiterer Aspekt bleibt auch wichtig. Die Wiedervereinigung ist nur zum geringen Teil ein ökonomisches Phänomen. Dies tritt oft zu stark in den Hintergrund. Wenn man die Dinge auf ökonomische Fragen reduziert, darf man den Investitionscharakter der Transferleistungen und die daraus erwachsenden Wachstumspotentiale nicht unterschätzen.

1.   Die Umstrukturierungsprobleme in Ostdeutschland

Welches waren die Probleme der ersten Phase der Umstrukturierung der ostdeutschen Wirtschaft seit der Wiedervereinigung am 3. Oktober 1990?:

1. die Mängel der einheimischen Produktion zur Befriedigung der Nachfrage der Konsumenten und das Fehlen einer ökonomisch tragfähigen Preis-Qualitäts-Relation;
2. die Anpassungsschwierigkeiten der Industrie, geeignete Produkte unter marktfähigen Produktivitätsbedingungen herzustellen;
3. der geringe Kapitaltransfer von West- nach Ostdeutschland wegen der nach wie vor gravierenden Mängel bei der Eigentumssicherung;
4. die übertriebenen Lohnforderungen und Lohnsteigerungen trotz zurückbleibender Produktivität;
5. die Unmöglichkeit zur weiteren produktiven Nutzung vorhandener industrieller Anlagen, da aufgrund der hohen Löhne ein Neuaufbau erforderlich wird, der nicht kurzfristig zu bewerkstelligen ist;
6. der rapide Rückgang der Lieferbeziehungen zu allen bisherigen osteuropäischen Wirtschaftspartnern bei den ostdeutschen Unternehmen;
7. der Verfall der Exportfähigkeit der osteuropäischen Länder, auch der Rückgang der Kompensationsgeschäfte;
8. die Zerstörung der alten Verwaltungsabläufe und ein personelles und sachliches Vakuum beim Aufbau neuer funktionsfähiger Verwaltungen;
9. die Schwierigkeiten beim Übergang von der bisherigen auf die neue komplizierte westdeutsche Rechtsordnung;

10. die Schwächen der kommunikativen Infrastruktur mit der Möglichkeit, westdeutsche Informationskonzepte unmodifiziert zu übertragen;

11. die Schwächen der Verkehrsinfrastruktur mit dem Zwang eines Aufbaus einer vom Westen unabhängigen logistischen Infrastruktur mit anderen Transport- und Lagerbedingungen;

12. die Managementschwächen bei der Umstellung der Ostbürger auf das marktwirtschaftliche Konzept;

13. die mangelnde Qualifikation vieler Berater in Verwaltung und Wirtschaft mit irreführenden und unrealistischen Lösungskonzepten;

14. die Sanierungs- und Eigentumsübertragungsprobleme durch die Treuhand;

15. die Schwierigkeiten aller Wirtschaftspartner bei der Preisfindung für Waren- und Vorleistungen, auch für Mieten;

16. das Fehlen zuverlässiger stabiler Markt- und Unternehmensdaten;

17. fehlende Westerfahrung wegen der weitgehenden Abschaffung westlicher Exportmärkte mit Ausnahme einiger westexportorientierter Kombinate;

18. unvergleichbare Produktionsbedingungen wegen fehlender Ressourcen- und Umweltschutzkonzepte;

19. Unterschätzung der Anpassungsprobleme bis Frühjahr 1991 seitens der westdeutschen Politik;

20. Unterschätzung der Anpassungszwänge der ostdeutschen Bevölkerung.

2.   Zu den wirtschaftlichen Ausgangsbedingungen in den neuen Bundesländern

2.1 Der Überblick

Vom Internationalen Währungsfonds wurde der Kapitalbedarf Ostdeutschlands 1991 zur Angleichung an Westniveau auf 1 500 bis 1 900 Mrd. DM geschätzt. Dazu kommen noch eher niedrig geschätzte rd. 500 Mrd. DM für Wohnungsbau und Verkehrswege. Das Ifo-Institut ermittelte zusätzlich rd. 200 Mrd. DM für den Umweltschutz, davon 125 Mrd. DM für Abwasserentsorgung. Dies bedeutet 2 200 bis 2 600 Mrd. DM insgesamt.

Ähnliche Schätzungen wurden bereits im Frühjahr 1990 vorgenommen. In "Optionen für Deutschland, 1. Auflage" von Tietz heißt es: [1]

Infrastruktursanierungen je nach Abgrenzung   1 200 bis 2 000 Mrd. DM.

Dazu kamen die Nachrüstungen der privaten Haushalte, die in Anlehnung an Berechnung von Matthias Wissmann mit 890 Mrd. DM bewertet wurden.

Klaus von Dohnanyi hat die Transferzwänge am Tag der deutschen Bauindustrie in Berlin im Juni 1991 für das Jahr 1991 auf 140 Mrd. DM und für die Jahre von 1992 bis 1996 mit je 125 Mrd. DM geschätzt.

Als Restriktion für die Aufbauarbeiten ergibt sich das potentielle Bauvolumen, das im Durchschnitt der nächsten Jahre um 100 Mrd. DM liegen dürfte.

Im Jahre 1990 hat der Bund rd. 45 Mrd. DM für die neuen Bundesländer bereitgestellt. Von 1991 bis 1994 sind die folgenden einigungsbedingten Ausgaben vorgesehen:

- Bund   70 Mrd. DM,
- Länder   8 Mrd. DM.

Die sehr rasch ansteigenden Löhne entwerten in den neuen Bundesländern Produktionsanlagen wie Handelskapazitäten. Dazu ein Beispiel: Wären kleine Läden mit niedrigen Löhnen noch zu betreiben gewesen, sind sie bei hohen Löhnen zwangsläufig verlustreich. Auch der unerwartete Zusammenbruch des Ostaußenhandels beeinträchtigt eine sanfte Anpassung.

Rezession in Osteuropa

Das Wiener Institut für Internationale Wirtschaftsvergleiche (WIIW) hat in seinem jüngsten Forschungsbericht Schätzungen über die Entwicklung von Industrieproduktion und Bruttoinlandsprodukt in Osteuropa und der Sowjetunion im Jahre 1990 angestellt. Danach ist die Industrieproduktion in den osteuropäischen Staaten, inklusive Ostdeutschland, ohne die Sowjetunion selbst um 20 % gesunken, der Rückgang des Bruttoinlandsprodukts wird auf 14 % geschätzt.

Im Vergleich zur Entwicklung in Osteuropa ist die Rezession in der Sowjetunion mit einem Rückgang der Industrieproduktion um 5 % und einem um 3 % geringeren Bruttoinlandsprodukt noch "moderat" ausgefallen. Die Versorgungsmängel in der Sowjetunion wurden durch den Zusammenbruch des Verteilungsnetzes hervorgerufen.

Für das gesamte Osteuropa einschließlich Jugoslawien rechnete das WIIW für 1990 mit einem Rückgang der Industrieproduktion um 9 % und des Bruttoinlandsprodukts um 6 %. Für Osteuropa könnte das Ausmaß der Rezession insgesamt im Jahre 1991 höher sein als 1990. In der Sowjetunion und in Jugoslawien, in den anderen Ländern in etwas geringerem Umfang, haben wirtschaftliche Stabilisierungsprogramme aufgrund politi-scher, sozialer und nationalistischer Spannungen kaum Chancen. [2] Der Zusammenbruch des Rates für gegenseitige

Wirtschaftshilfe (RGW), hohe Energiepreise, die beginnende Rezession im Westen und steigende Zinsen auf den internationalen Finanzmärkten werden die Leistungsbilanzen belasten oder das Wachstumspotential verringern.

Land	Angaben in %	
	Industrieproduktion	Bruttoinlandsprodukt
Bulgarien	- 13,0	- 12,0
CSFR	- 3,5	- 3,0
Ungarn	- 10,0	- 5,0
Ostdeutschland	- 29,0	- 22,0
Polen	- 25,0	- 17,0
Rumänien	- 21,0	- 15,0
Osteuropa	- 19,5	- 13,8
Sowjetunion	- 5,0	- 3,0
Jugoslawien	- 10,6	- 10,0
gesamte Region	- 9,3	- 6,3

1) geschätzt vom Wiener Institut für internationale Wirtschaftsvergleiche.

Quelle: Vgl. o. V.: Rezession in Osteuropa dramatisch - Produktionsminus in der Sowjetunion noch moderat, in: Saarbrücker Zeitung, Nr. 31, 6. Februar 1991, S. 7.

Tabelle 1: Die Ostblock-Wirtschaft im Jahre 1990[1)]

UdSSR - Auftragseinbruch: Die ostdeutschen Ausfuhren in die Sowjetunion sind im Jahre 1990 zusammengebrochen. In den neuen Bundesländern sind dadurch mindestens 500 000 Arbeitsplätze gefährdet. Als Gründe für das Ausbleiben von Anschlußaufträgen sind Devisenmangel und ungeklärte Kompetenzen in der UdSSR anzuführen. Noch 1989 hatten ostdeutsche Betriebe Waren im Wert von 20 Mrd. DM in die Sowjetunion geliefert, westdeutsche Unternehmen für 10 Mrd. DM. Auch im Jahre 1990 waren es 10,4 Mrd. DM, d. h. keine Veränderung zu 1989.

Rückläufiges Sozialprodukt

Das ostdeutsche Sozialprodukt dürfte 1991 um 15 % abnehmen und damit unter 200 Mrd. DM fallen. Pro Kopf wären das rd. 12 500 DM und damit nicht einmal ein Drittel des von 38 100 auf 38 800 DM steigenden West-Wertes.

Hohe Arbeitslosigkeit

Bei einer Produktivität von etwa einem Drittel in der ostdeutschen Industrie im Jahre 1991 bedeutet eine reine Aufrechterhaltung der Industrieproduktion einen Rückgang der Beschäftigten von 3 Mill. auf 1 Mill. Von den 9,5 Mill. Beschäftigten Ende 1989 würden für die gleiche Leistung bei westdeutscher Produktivität nur noch etwa 3,5 Mill. Menschen benötigt. Nun ist diese Berechnung insofern falsch, als ja auch von einer Anpassung an die westdeutschen Lebensverhältnisse ausgegangen wird, die wieder dazu beiträgt, daß die Anzahl der Beschäftigten stark ansteigen muß.

Im öffentlichen Dienst befinden sich 700 000 Arbeitnehmer in der Warteschleife mit einem Entlassungsrisiko zwischen März und September 1991. In der Landwirtschaft sind 400 000 Beschäftigte überzählig. Die Rationalisierungsschutzabkommen im Metall- und Elektrobereich galten für 1,1 Mill. Arbeitnehmer und endeten am 30. Juni 1991.

Die Zahl der Pendler von Ost- nach Westdeutschland wurde im März 1991 mit rd. 300 000 angegeben.

Im Mai 1991 gab es in Ostdeutschland 842 285 Arbeitslose und 1 963 097 Kurzarbeiter.

Gegenstand	alte Bundesländer		neue Bundesländer		insgesamt	
	1900	1991[1]	1990	1991[1]	1990	1991[1]
Beschäftigte Arbeitnehmer[2] in 1 000	25 445	26 170	8 605	6 580	34 050	32 750
Arbeitslose in 1 000	1 883	1 680	240	1 200	2 123	2 880
Kurzarbeiter in 1 000	55	100	775	1 800	830	1 900
Finanzierungssaldo Staat[3] in Mrd. DM	- 51	- 79	- 31	- 34	- 82	- 114
Leistungsbilanzsaldo[4] in Mrd. DM	.	.	.	.	72	- 5

1) Vorausschätzung der beteiligten Institute: Prognosewerte für Ostdeutschland auf der Basis von Angaben des Statistischen Bundesamtes für das 2. Halbjahr 1990 und einer empirisch gestützten Modellrechnung des DIW. Angaben gerundet.
2) im Inland.
3) Abgrenzung der Volkswirtschaftlichen Gesamtrechnung.
4) Abgrenzung der Zahlungsbilanzstatistik.

Quelle: O. V.: Die wirtschaftliche Lage in Deutschland, in: HWWA-Institut für Wirtschaftsforschung-Hamburg (Hrsg.): Konjunktur von morgen, 34. Jg., 1991, Nr. 836, S. 1-4, S. 3.

Tabelle 2: Die Eckdaten der Prognose für die Bundesrepublik Deutschland in den Jahren 1990 und 1991

Nach Berechnungen des Deutschen Instituts für Wirtschaft (DIW) erreichte das Bruttosozialprodukt der DDR im Jahre 1989 rd. 290 Mrd. DM. Im 2. Halbjahr 1990 waren es in der ehemaligen DDR noch 105 Mrd. DM, insgesamt vielleicht 230 Mrd. DM. Für 1991 wird vom DIW und dem Institut für Weltwirtschaft ein Rückgang um 19 % angenommen. Dies wären dann rd. 190 Mrd. DM, wenn der Jahreswert von 230 Mrd. DM für 1990 zutrifft.

Zu den Wanderungen aus Ostdeutschland

Von Oktober 1989 bis Ende 1990 sind 700 000 Bürger aus Ostdeutschland nach Westdeutschland übergesiedelt. Noch von Juli 1990 bis Ende 1990 waren es 110 000. Das Institut der deutschen Wirtschaft (IW) rechnete im Jahre 1991 mit weiteren 300 000. Dieser Wert könnte bei den bisherigen durchschnittlichen Monatswerten in 1991 von etwa 15 000 zu hoch liegen. Danach würde sich nur eine Zuwanderung um 180 000 errechnen.

Das Deutsche Institut für Wirtschaftsforschung rechnet bis zum Jahre 2000 neuerdings in Ostdeutschland sogar mit einem Absinken der Bevölkerung auf 14,5 Mill. Einwohner oder um 13 %.

Ostdeutschland wird rascher als je zuvor erwartet zu einem Hochlohnland. Daher schrumpft die Investitionsneigung, dies wird in Verbindung mit den Abwanderungen noch erheblich verstärkt.

Mindestens von 31 auf 33 Mill. Menschen steigt im übrigen von 1990 bis 1995 durch die Bevölkerungswanderungen auch das Arbeitspotential in den alten Bundesländern.

Investitionen im Jahre 1991

Einer Studie des Instituts der deutschen Wirtschaft sind folgende Angaben zu entnehmen: Für 1991 ist ein Investitionsschub von mindestens 50 Mrd. DM zu erwarten. Das ist ein Drittel mehr als das in der DDR jemals erreichte höchste Investitionsniveau.

Die öffentlichen Auftragsprogramme in der Bauwirtschaft beginnen zu greifen. Für 1991 sind voluminöse Investitionen vorgesehen:

- Telekom 5,5 Mrd. DM,
- Deutsche Reichsbahn über 4 Mrd. DM,
- Umweltressort 2,4 Mrd. DM.

Etwa 95 % aller Engagements in den neuen Bundesländern werden von westdeutschen Unternehmen getätigt.

Annähernd 60 % der Engagements westdeutscher Firmen gehen von Unternehmen des verarbeitenden Gewerbes aus, vor allem aus den Branchen Maschinenbau und Elektrotechnik/Elektronik, gefolgt vom Fahrzeugbau.

Hohe Transfereinkommen als Grundlage der Nachfrage

Die Abschätzung der Einzelhandelsumsätze in Ostdeutschland - aber auch in Westdeutschland - wird bestimmt durch die Transferzahlungen in die neuen Bundesländer. Allein im Jahre 1991 können die staatlichen Transferzahlungen bis 110 Mrd. DM erreichen, d. s. bei insgesamt 16,2 Mill. Einwohnern rd. 6 790 DM je Einwohner. Allein diese Transferleistungen bedeuten, daß statistisch das Volkseinkommen der neuen Bundesländer rd. ein Drittel höher ist als es ohne Transferleistungen wäre.

Spartätigkeit in Ostdeutschland

Die Sparquote der Ostdeutschen stieg nach der Maueröffnung im November 1989 durch die aufgebesserten Einkommen an. Das Nettogeldvermögen der privaten Haushalte und der Organisationen ohne Erwerbscharakter aus der Währungsumstellung betrug im Juli 1990 rd. 134 Mrd. DM.

Unmittelbar nach der Währungsunion kam es zu einem Konsumrausch mit beachtlichen Entspareffekten. Insbesondere in den Monaten Juli/August des Jahres 1990 waren die Einzelhandelsumsätze der Bürger der neuen Bundesländer durch Entsparprozesse geprägt. Vor allem gehortetes Geld wurde ausgegeben. Im September begann ein Normalisierungsprozeß des Sparverhaltens. Bis zum Jahresende erreichte das bei Banken, Bausparkassen und Versicherungen nachweisbare Sparvermögen unverändert 134 Mrd. DM, davon private Haushalte 130 Mrd. DM. Dies sind rd. 20 000 DM je Haushalt. Dies entspricht der Situation in den alten Bundesländern von 1970. Bis 1990 ist hier der haushaltsbezogene Sparbetrag auf rd. 100 000 DM angestiegen. Die Sparquote in Ostdeutschland liegt weitaus niedriger als in Westdeutschland.

Zum Vergleich der Nachfrage

Ein Vergleich der Nachfrage zwischen der Bundesrepublik Deutschland und der ehemaligen DDR ergab nach dem Ort der Nachfrage im Jahre 1990 folgendes Bild:

- Nachfrage in den alten Bundesländern — 733 Mrd. DM oder 11 600 DM je Einwohner,
- Nachfrage in den neuen Bundesländern — 94 Mrd. DM oder 5 800 DM je Einwohner,
- Nachfrage in Deutschland — 827 Mrd. DM.

Diese Werte umfassen auch das Lebensmittelladenhandwerk (ohne Querlieferungen).

Zum Vergleich des Kaufkraftniveaus

Von der gesamten einzelhandelsrelevanten Kaufkraft der Konsumenten in den neuen Bundesländern entfielen als einzelhandelsrelevanter Umsatz rd. 94 Mrd. DM auf die ehemalige DDR und 26 Mrd. DM auf die Abwanderung in die alten Bundesländer, so daß sich ein Gesamtwert für den einzelhandelsrelevanten Umsatz von 120 Mrd. DM ergibt.

Nach Berechnungen des DIW läßt sich das verfügbare Privateinkommen in den neuen Bundesländern wie folgt schätzen:

Gegenstand	in Mrd. DM	
	1990	1991
Sozialeinkommen	48,0	76,0
Gewinne und Vermögenseinkommen	25,3	18,9
Nettolöhne und Gehälter	98,2	94,6
insgesamt	171,5	189,5

Quelle: Schätzungen des Instituts der deutschen Wirtschaft (IW).

Bei einem verfügbaren Privateinkommen von 171,5 Mrd. DM für 1990 wären somit 112 Mrd. DM im Einzelhandel ausgegeben worden. Etwa 8 Mrd. DM macht die Differenz vorhandener gehorteter Barbestände aus.

Bei insgesamt 120 Mrd. DM Einzelhandelsnachfrage in den neuen Bundesländern liegt die einzelhandelsrelevante Nachfrage je Einwohner

bei 7 410 DM.

Ohne Enthortungsbetrag sind dies (Basis 112 Mrd. DM)

6 910 DM.

Die Entwicklung der Jahres-Pro-Kopf-Einkommen der Erwerbstätigen läßt sich nach Schätzungen des Instituts der deutschen Wirtschaft wie folgt bewerten:

Gebiet	1990	1995		2000	
	in 1 000 DM	in 1 000 DM	1990 = 100,0	in 1 000 DM	1990 = 100,0
alte Bundesländer	38,5	43,9	114,0	48,7	126,5
neue Bundesländer	18,2	27,5	151,1	39,4	216,5

2.2 Das Problem der ungesicherten Eigentumsverhältnisse in den neuen Bundesländern

Ein Investitionshemmnis bilden in den neuen Bundesländern nach wie vor die ungesicherten Eigentumsverhältnisse. Die Investitionstätigkeit der Unternehmen und privaten Investoren wird vor allem durch die Unkenntnis der Rechtslage gehemmt.

Derzeit liegen mindestens eine Million Anträge vor, in denen die Enteigneten auf der Grundlage des Gesetzes zur Regelung offener Vermögensfragen vom 23. September 1990 (VermG) die Rückgabe ihres Vermögens bzw. die Aufhebung der staatlichen Verwaltung fordern.

Zum Schutz des Investors wurde das Gesetz über besondere Investitionen in der ehemaligen DDR erlassen. So können Grundstücke und Gebäude, die in Volkseigentum standen und Gegenstand von Rückübertragungsansprüchen sein können oder gar sind, auch dann veräußert werden, wenn Rückübertragungsansprüche unklar oder noch nicht abgewickelt sind. Ein weiterer Schutz ist die sogenannte grundbuchrechtliche Vorfahrtsregelung. Diese besagt, daß das Grundbuchamt einen Eintragungsantrag unbeschadet des Prioritätsprinzips im Grundbuchrecht zeitlich bevorzugt zu erledigen hat, wenn die Eintragung der Erreichung eines besonderen Investitionszweckes dient und auch eine entsprechende Bescheinigung darüber vorgelegt wird.

Die Bescheinigung über das Vorliegen eines besonderen Investitionszwecks wird auf Antrag durch den Investor, der nicht mit dem Grundstückseigentümer identisch sein muß, vom Landkreis oder der kreisfreien Stadt ausgestellt. Die Entscheidungsgrundlage ist ein Grundkonzept über das Investitionsvorhaben und das betreffende Grundstück. Die grundbuchrechtliche Vorfahrtsregelung ist auf alle bis zum Ablauf des 31. Dezember 1993 eingehenden Grundbucheintragungsanträge anzuwenden.

Die Überwindung der Eigentumsbarrieren

Zur Umgehung der Rückgabe- oder Entschädigungsregelungen sind zu empfehlen:

1. die systematische Erschließung neuer Eigentumswohngebiete,
2. die konsequente Errichtung von Industrieparks und Großhandelszentren nach englischen, französischen und amerikanischen Vorbildern,
3. die Schaffung von Einkaufszentren und Fachmarktzentren, möglichst von kombinierten Zentren.

Neue Vertragsformen sind zu fördern oder zu entwickeln:

1. die Investitionsmiete mit einer Anrechnung von Investitionen auf die Miete und einer Teilerstattung der Investitionen bei Auslaufen des Mietvertrages,
2. der Wertsteigerungskauf.

2.3 Das Treuhandproblem

Die Treuhandanstalt besitzt 5 Mill. Grundstücke, allein in Berlin über 300 000.

Die Aufgabe der Treuhand AG besteht in der zügigen Durchführung des Verwertungs- und Privatisierungsauftrages in den neuen Bundesländern. Die Gesellschaft hat ihre Aufgaben nach Maßgabe des Gesetzes zur Privatisierung und Reorganisation des volkseigenen Vermögens (Treuhandgesetz) vom 17. Juni 1990 zu erfüllen. Das Treuhandgesetz gilt nach Art. 25 Einigungsvertrag fort; damit ist die Treuhand auch künftig damit beauftragt, die früheren volkseigenen Betriebe wettbewerblich zu strukturieren und zu privatisieren.

Nach § 2 Abs. 6 des Treuhandgesetz gilt: "Die Treuhandanstalt hat die Strukturanpassung der Wirtschaft an die Erfordernisse des Marktes zu fördern, indem sie insbesondere auf die Entwicklung sanierungsfähiger Betriebe zu wettbewerbsfähigen Unternehmen und deren Privatisierung Einfluß nimmt. Sie wirkt darauf hin, daß sich durch zweckmäßige Entflechtung von Unternehmensstrukturen marktfähige Unternehmen herausbilden und eine effiziente Wirtschaftsstruktur entsteht."

Alle Anträge auf Rückführung des gesamten ehemals sozialistischen Eigentums laufen über die Treuhandanstalt. Auch die bis zum 30. Oktober 1990 üblichen globalen Sammelanträge auf Restitution sind nicht mehr möglich und müssen als Einzelanträge neu gestellt werden.

Dadurch erhöht sich zwar die Rechtssicherheit, andererseits wächst der Arbeitsaufwand von Treuhand und Antragstellern um das Zehn- bis Fünfzehnfache.

Im März 1991 waren noch etwa 6 000 Unternehmenseinheiten mit knapp 40 000 Betriebsstätten zu veräußern. Dazu kommen noch einige ehemalige HO-Läden und Verkaufsniederlassungen sowie eine zur Zeit noch unübersehbare Anzahl an Einzelimmobilien. Der Privatisierungsprozeß wird aufgrund begrenzter Kapazitäten der Treuhandanstalt längere Zeit in Anspruch nehmen. Überdies ist zu berücksichtigen, daß die Privatisierung nicht nur ein betriebswirtschaftliches Rentabilitätsproblem, sondern auch ein volkswirtschaftliches Transferproblem darstellt. Private Käufer sollen die Wirtschaft der neuen Bundesländer sanieren.

Eine der wesentlichen Aufgaben der Treuhandanstalt bei der Privatisierung ist die Schaffung von Markttransparenz hinsichtlich der verfügbaren Objekte. Ein wesentliches Problem der Treuhandtätigkeit ist der Zeitanspruch. Die Privatisierungsprozesse dauern zu lange. Beispiele sind die Projekte Interflug oder Interhotels, aber auch die Abwicklung in der Bekleidungs- und Textilbranche. So wurden bis März 1991 bei 147 Anträgen zur Reprivatisierung aus der ostdeutschen Bekleidungsindustrie kaum Entscheidungen gefällt. In Ostdeutschland sind keine Mittel zum Kauf dieser Objekte vorhanden.

Die Berliner Treuhandanstalt konnte eine deutliche Zunahme der Unternehmensverkäufe im Mai 1991 feststellen. Dies ist auf die verstärkten internationalen Marketingbemühungen und auf die weitere Konsolidierung der Treuhandanstalt zurückzuführen.

Durch die 544 Unternehmensverkäufe im Mai ist die Gesamtzahl von 2 140 überführten industriellen Unternehmen erreicht mit einem Gesamterlös von 9,5 Mrd. DM. Allerdings liegen die Aufwendungen für Bürgschaften zugunsten ostdeutscher Unternehmen, der Schuldendienst für deren Altkredite und die Sozialpläne noch deutlich über den Erlösen der Privatisierung. [3]

Die Schaffung der Gesellschaft zur Privatisierung des Handels (GPH)

Wegen zahlreicher Beschwerden über unseriöse Ausschreibungen hatte die Gesellschaft zur Privatisierung des Handel (GPH), eine Tochtergesellschaft der Treuhandanstalt, zu Beginn ihrer Tätigkeit im Oktober 1990 alle Ausschreibungen gestoppt und die vor dem 3. Oktober 1990 geschlossenen Verträge überprüft. So hatten die bisherige Entflechtungspraxis und die neuen gesellschaftsrechtlichen Bindungen der ehemaligen HO-Organisation rechtliche Bedenken hervorgerufen. Bis zum Oktober 1990 waren 12 000 der ehemals 29 000 Handelsobjekte geschlossen oder unter Ausnutzung informeller Verbindungen günstig vergeben worden.

Die dadurch ausgelösten Unsicherheiten beeinflussen die Handelsentwicklung in den neuen Bundesländern.

Bereits im Mai 1991 konnte die GPH den weitgehenden Vollzug der Privatisierung von rd. 30 000 ehemaligen HO-Läden in Ostdeutschland berichten. Etwa 11 700 Läden werden vor Oktober 1991 privatisiert, 18 300 danach. Dabei werden die im Juli 1990 gegründeten 160 für die Privatisierung geschaffenen Kapitalgesellschaften wieder rückwirkend zum 1. Juni 1991 in einer Gesellschaft zusammengefaßt.

Die Stellung der Gemeinden

Probleme bei der Übertragung von Eigentum machen teilweise die Gemeinden. Im sächsischen Dipoldiswalde konnte bisher kein HO-Geschäft an einen selbständigen Kaufmann übergeben werden. Interessenten, die von der GPH einen Zuschlag erhalten hatten, gehen leer aus. Der Bürgermeister weigert sich, für die Ladenlokale als kommunales Eigentum mit den Übernehmern Mietverträge abzuschließen. Ähnliches geschieht in Halle. Schwierigkeiten machen ebenfalls die Städte Leipzig und Berlin, so die Schließung der ehemaligen HO-Gaststätte "Ratskeller" im Roten Rathaus von Berlin durch das Landesverwaltungsamt - obwohl die GPH einem Gastromen den Zuschlag erteilt hatte, der die 90 Mitarbeiter und 26 Lehrlinge übernommen hätte.

In manchen Gemeinden sind die Behörden allenfalls bereit, Mietverträge mit derart kurzen Laufzeiten abzuschließen, daß kein seriöser Kaufmann sie unterschreiben kann. Oder sie verlangen eine extrem hohe Miete, die den Händler überfordert. Insgesamt droht rd. 1 000 lebensfähigen Geschäften allein deshalb das Aus, weil die Städte als Eigentümerinnen der Immobilien blockieren. [4]

Konsequenzen

Die Treuhandanstalt müßte gleicherweise stärker Regionalaspekte berücksichtigen und auch Branchen- und Sektorenaspekte. Dazu werden jetzt durch die Beiräte in den neuen Bundesländern zumindest auf der Regionalebene die Voraussetzungen verbessert. Als Hauptprobleme erweisen sich jedoch sowohl bei der Treuhandanstalt als auch in den Unternehmen Qualifikationsmängel des Managements.

2.4 Die Herausforderungen aufgrund der Wiedervereinigung

Aufgrund der bisherigen Überlegungen lassen sich einige Herausforderungen formulieren:

1. die Absicherung der gesellschaftlichen und marktwirtschaftlichen Prinzipien,
2. die Garantie funktionsfähiger Eigentumsbedingungen,
3. die Umstrukturierung alter und Schaffung neuer Institutionen in Verwaltung und Wirtschaft,
4. mehr Bereitschaft zur Solidarität,
5. Verständnis bei der Überwindung der Vergangenheit,
6. neue Konzepte für die Treuhandanstalt.

Als Beiträge von Unternehmen zur Verbesserung der Bedingungen in den neuen Bundesländern lassen sich u. a. nennen:

1. die Integration in bestehende Produktionsbetriebe,
2. der Kauf von Waren und Diensten aus Ostdeutschland,
3. die Ausbildung von Mitarbeitern,
4. die Bereitschaft zur Tätigkeit vor Ort.

3. Zur künftigen Bevölkerungsentwicklung

Einen Anstieg der Geburtenzahlen in Westdeutschland auf über 740 000 im Jahre 1990 entspricht ein Rückgang in der DDR. Bemerkenswert ist der Rückgang der Geburten um rd. 17 000 im Jahre 1989 gegenüber 1988. Dies ist der niedrigste Stand in der ehemaligen DDR seit 1976. Hier die Entwicklung:

- 1950   298 782,   - 1987   227 076,
- 1970   239 431,   - 1988   215 700,
- 1974   180 588,   - 1989   198 500.
- 1980   246 778,

Aufgrund der Zuwanderungen ist im Gegensatz zu allen bisherigen Vorausschätzungen auf dem Gebiet der Bundesrepublik Deutschland nicht eine Abnahme, sondern eine Zunahme der Einwohner zu erwarten. Die alten Bundesländer dürften im Jahre 2000 insgesamt etwa 65,8 Mill. Einwohner haben. In den neuen Bundesländern wird noch von einer Stabilität der Bevölkerung über 16 Mill. Einwohner ausgegangen.

Gebiet	Angaben in Mill.				
	1987	2000	2010	2020	2030
alte Bundesländer					
- Deutsche	56,9	59,3	56,4	53,7	48,2
- Ausländer	4,3	6,5	7,5	8,7	10,0
insgesamt	61,2	65,8	63,9	62,4	58,2
neue Bundesländer					
- Deutsche	16,7	15,7	14,9	14,2	13,5
- Ausländer		1,2	1,6	1,9	2,3
insgesamt	16,7	16,9	16,5	16,1	15,8
insgesamt					
- Deutsche	73,6	75,0	71,3	67,9	61,7
- Ausländer	4,3	7,7	9,1	10,6	12,3
insgesamt	77,9	82,7	80,4	78,5	74,0

Quelle: "Datensystem 1991" des Handelsinstituts im Institut für empirische Wirtschaftsforschung an der Universität des Saarlandes, Saarbrücken.

Tabelle 3: Eine Bevölkerungsvorausschätzung für Deutschland von 1987 bis 2030

Altersgruppe	Anteile in %					
	1970	1987	2000	2010	2020	2030
unter 20 Jahre	31	23	21	19	17	17
20 bis unter 60 Jahre	50	57	56	55	54	48
60 Jahre und mehr	19	20	23	26	29	35

Quelle: "Datensystem 1991" des Handelsinstituts im Institut für empirische Wirtschaftsforschung an der Universität des Saarlandes, Saarbrücken.

Tabelle 4: Die Entwicklung der Bevölkerung in Deutschland nach Altersgruppen von 1970 bis 2030

Eine gemeinsame Bevölkerungspolitik

Für ein gemeinsames Deutschland werden die Wanderungsbewegungen insgesamt ein Problem. Die Herausforderung aller Zuwanderungen muß mit Würde gelöst werden. Es ist unehrlich, wenn man 40 Jahre lang eine freie Wahl des Wohnortes fordert und jetzt - wo Menschen dieses Selbstbestimmungsrecht wahrnehmen können - kleinliche Egoismen und dümmliche Diskriminierungen bis in höchste politische Kreise das Meinungsbild beeinflussen, ohne daß damit etwas gelöst würde.

Eine klare Linie der Bevölkerungspolitik, die vor allem auch die Zuwanderungspotentiale von außerhalb Europas zu berücksichtigen hätte, fehlt bisher. Sie muß rasch über alle politischen Grenzen hinweg gefunden werden.

4. Ausgewählte Besitzmerkmale

Von 1991 bis 2000 ist durchschnittlich in Deutschland ein Neubau von

550 000 Wohnungen

oder 5,5 Mill. Wohnungen insgesamt erforderlich. Im gleichen Zeitraum ist eine Herausnahme von

rd. 2 Mill. Wohnungen

aus dem Bestand zu erwarten.

Gegenstand	alte Bundesländer	neue Bundesländer	insgesamt
Wohnungsbestand 1987 in Mill.	26,3	7,0	33,3
Wohnungsbestand 1990 in Mill.	27,0	7,0	34,0
Wohnfläche je Wohnung 1988 in qm	85	65	

Quelle: "Datensystem 1991" des Handelsinstituts im Institut für empirische Wirtschaftsforschung an der Universität des Saarlandes, Saarbrücken.

Tabelle 5: Der Wohnungsbestand in Deutschland in den Jahren 1987 und 1990

Bis zum Jahre 2010 dürften in den neuen Bundesländern bis zu zwei Millionen neue Ein- und
Zweifamilienhäuser entstehen. Sie werden die derzeit kompakte Struktur der Städte und Gemeinden stark verändern. Viele der standardisierten Siedlungen werden aus dem Bestand her-
ausgenommen werden. Dadurch wird auch die Datscha-Kultur beendet werden.

Die Zahl der Personenkraftwagen wird von rd. 35,8 Mill. im Jahre 1990 auf 41,0 Mill. im
Jahre 2000 zunehmen.

Jahr	Angaben in Mill. Einheiten		
	alte Bundesländer	neue Bundesländer	insgesamt
1980	25,8	2,7	28,5
1989	29,8	3,9	33,7
1990	30,7	5,1	35,8
2000	33,6	7,4	41,0

Quelle: "Datensystem 1991" des Handelsinstituts im Institut für empirische Wirtschaftsforschung an der Universität des Saarlandes, Saarbrücken.

Tabelle 6: Die Entwicklung des Bestandes an Personenkraftwagen in Deutschland von 1980 bis 2000

5. Zum Wirtschaftswachstum in Deutschland

Mit vielen Vorbehalten werden hier einige Berechnungen vorgelegt, die den Wachstumsrahmen für ein gemeinsames Deutschland von 1990 bis 2010 dokumentieren. Genauere Berechnungen sind frühestens nach Vorliegen der Volkswirtschaftlichen Gesamtrechnung für das Jahr 1991 möglich.

Dabei sind die kategorialen Hypothesen eine weitere Realisierung der Ostöffnung und weiter die konsequente Integration der Bundesrepublik Deutschland in die EG.

Für die Bundesrepublik Deutschland wird von 1990 bis zum Jahre 2000 von einem durchschnittlichen jährlichen realen Wachstum von 3,0 % ausgegangen, in der DDR von 6,0 %. Die bisher in der Diskussion teilweise angenommene Steigerungsrate von 7,5 % in der DDR könnte auf Kapazitätsprobleme bei den Sach- und Humanressourcen stoßen, obwohl sie nicht ganz ausgeschlossen ist.

Von 2000 bis 2010 werden diese Wachstumsraten auf 2,5 % für die Bundesrepublik Deutschland und 5 % für die DDR gekappt, zumal bei dem hohen Niveau das absolute Wachstum weiterhin sehr hoch bleibt.

Sicher wird man nach der Überwindung des Vereinigungsschocks und den dann erst endgültig erkennbaren und abschätzbaren Transferleistungen noch genauer rechnen können. Weiter wird angenommen, daß bereits im Jahre 1991 eine weitgehende Anpassung der DDR an die Bundesrepublik Deutschland erfolgt, so in allen relevanten Fragen der Sozial- und Steuergesetzgebung sowie im Wirtschaftsrecht. Die erforderlichen Transferzahlungen werden eher zügig geleistet.

Die Höhe der Exporte in die DDR ist vor allem auch von der Geschwindigkeit der Anpassung der dortigen Wirtschaft abhängig, und damit auch von den Investitionsinteressen und der Investitionssolidarität von Westunternehmen.

Bei den Prognosen des Sozialprodukts nach Verwendungsarten wird von folgenden Basistendenzen ausgegangen:

1. Der Anteil des Privaten Verbrauchs wird leicht rückläufig sein.
2. Der Anteil des Staatsverbrauchs wird konstant bleiben.
3. Der Anteil der Bruttoinvestitionen wird zunehmen.

Zu den besonders schwierigen Fragen gehört nach wie vor die Ausgangsniveauberechnung für die DDR. Davon werden die Abstände zwischen der DDR und der Bundesrepublik Deutschland, die auch noch im Jahre 2010 bestehen, mitbeeinflußt.

Die folgenden Berechnungen zeigen einen normalen Entwicklungsrahmen. Bei stärkerer Umverteilung werden die Werte der zentralen Makrodaten für die Bundesrepublik Deutschland niedriger und die für die DDR höher werden. Die Wachstumswerte für das gesamte Deutschland könnten somit durch andere Transfermuster bestimmt sein, die die DDR in günstigerem Licht erscheinen lassen. Die Gesamtdynamik dürfte davon jedoch kaum betroffen werden. Was aber nicht deutlich genug herausgestellt werden kann: Die Wiedervereinigung wird Deutschland ein Wachstum bescheren, das durch die EG-Integration allein nicht eingetreten wäre.

Sanierungsbedürftig sind insgesamt die Straßennetze, die Eisenbahninfrastruktur und das rollende Material, die Energieversorgung mit Entschwefelung, Entstickung und Entstaubung, die Wasserversorgungsnetze, die Abwasserentsorgungskanalisation und die Klärwerke, die Müllentsorgung mit Beseitigung von Altlasten, die öffentlichen Gebäude und Schulen sowie Einrichtungen des Gesundheitswesens.

Auf der Basis der dargestellten Kennzahlen wird sich das Bruttosozialprodukt in Deutschland real von 2 640 Mrd. DM im Jahre 1990 auf 4 936 Mrd. DM im Jahre 2010 oder um 87 % erhöhen, d. s. insgesamt im Jahresdurchschnitt 3,25 %. Die DDR wird im Jahre 2010 einen Anteil am Bruttosozialprodukt Deutschlands von 19,5 % erreichen, gegenüber 14,2 % im Jahre 1995. Im Jahre 1991 sind es nach dem ersten und zweiten Umverteilungsschub in den Jahren 1990 und 1991 12,5 %.

Für die 21 Jahre von 1989 bis 2010 wird mit einer durchschnittlichen Geldentwertung von 3 % gerechnet. Dies ergibt in dem Gesamtzeitraum einen Inflationsfaktor von insgesamt 86 %.

Gegenstand	Gebiet	Angaben in Mrd. DM zu Preisen von 1989			
		1989	1995	2000	2010
Bruttosozialprodukt	alte Bundesländer	2 260	2 678	3 104	3 973
	neue Bundesländer	250	442	591	963
	insgesamt	2 510	3 120	3 695	4 936
Privater Verbrauch	alte Bundesländer	1 213	1 339	1 661	2 106
	neue Bundesländer	132	248	325	520
	insgesamt	1 345	1 587	1 986	2 626
Staatsverbrauch	alte Bundesländer	418	508	590	755
	neue Bundesländer	60	93	124	202
	insgesamt	478	601	714	957
Anlageinvestitionen	alte Bundesländer	462	589	714	954
	neue Bundesländer	58	125	160	260
	insgesamt	520	714	874	1 214
Außenbeitrag	alte Bundesländer	41	.	.	.

Quelle: "Datensystem 1991" des Handelsinstituts im Institut für empirische Wirtschaftsforschung an der Universität des Saarlandes, Saarbrücken.

Tabelle 7: Die Entwicklung des Bruttosozialprodukts in Deutschland von 1989 bis 2010

Gewerbeanmeldungen

In den neuen Bundesländern gab es im Jahre 1990 rd. 227 000 Gewerbeanmeldungen, davon 113 000 im Bereich Handel und Gaststätten, 33 000 im Handwerk und rd. 2 000 im Fremdenverkehr. Mit 60 500 bzw. 42 500 Anmeldungen waren Sachsen und Thüringen von dieser Entwicklung vergleichsweise stark begünstigt.

Die Zahl der effektiven Neugründungen lag vom 1. Januar 1990 bis 3. September 1990 bei 120 000, die Gewerbeanmeldungen bei 200 000. In den Gewerbeanmeldungen sind auch Unternehmensaufspaltungen, Änderungen der Rechtsform und Gewerbeummeldungen enthalten.

6. Die Grundprinzipien für den Übergang in die Marktwirtschaft

Die Herausforderungen an die Menschen in Ostdeutschland zur raschen Überwindung des abgelegten Systems betreffen eine weitaus größere Umstellung, als sie vom Übergang des Naziregimes zur Demokratie und Marktwirtschaft nach 1945 in der Bundesrepublik Deutschland erforderlich war. Die Anerkenntnis des Systemversagens ist ein schmerzlicher Prozeß, dessen Schwierigkeiten in anderen Ostblockstaaten, allen voran in der UdSSR, noch deutlicher werden.

Für die politische, ökonomische und psychologische Bewältigung dieses einmaligen Vorgangs - das Auswechseln der Gesellschaftsordnung - werden hüben wie drüben alle Kräfte benötigt. Man kann in Anbetracht der Wucht der Anforderungen der Ostöffnung von Solidaritätszwängen sprechen. Die Aktivitäten sind für Osteuropa insgesamt etwa vergleichbar mit den Wiederaufbauleistungen nach dem Zweiten Weltkrieg. An die Stelle des materiellen und mindestens so wichtigen immateriellen Wiederaufbaus damals tritt in den nächsten Jahren Ersatzbau und Neubau einschließlich aller sachlichen und geistigen Nachrüstungen und Nachinvestitionen - nicht nur in den neuen Bundesländern, sondern überall in Osteuropa.

Die Selbstbestimmung des eigenen Weges: Nichts, was bisher die Entscheidungen bestimmt hat, läßt sich unmodifiziert fortführen. Aus einem teilweise unsinnigen Gefüge von Vorgaben müssen sich die neuen Unternehmer ohne Übergang mit einer nur durch Markt, Konkurrenz und vorhandene Sachressourcen und Humanressourcen begrenzten Entscheidungsfreiheit über die Gestaltung ihrer Leistungsprogramme und ihres Managementprogramms auseinandersetzen. Die mit diesen Entscheidungen einhergehende Gewinnfähigkeit wird zur Meßlatte der unternehmerischen Überlebensfähigkeit. Der eigene Weg beginnt mit der Philosophie und den Zielen.

Das Verkraften der Umwertung: Alle Güter sind durch die Währungsumstellung in Verbindung mit dem Wegfall von Subventionen und der Einführung von Steuern und Abgaben umgewertet worden. Vor allem stimmen die Proportionen nicht mehr, die beim Zahlendenken des Betriebsleiters der Planwirtschaft wie auch des Kaufmanns in der Marktwirtschaft gute Anker für die Beurteilung der Planerfüllung wie auch der Zielerreichung abgeben. Bei allen Zahlen und Zahlenverknüpfungen muß umgedacht werden. Dies ist wegen der veränderten Knappheitsrelationen zwischen den produktiven Faktoren rasch und weitreichend auf die bisher vergleichsweise stabilen Mengenproportionen durchgeschlagen; so lassen sich z. B. die Leistungseinheiten je Zeiteinheit mit den Erfahrungen aus der DDR-Zeit nicht mehr vergleichen.

Die Offenheit: Die Unternehmen in Ostdeutschland müssen die Bereitschaft aufbringen, ohne jede Einschränkung alle Kooperations- und Integrationsalternativen mit Westunternehmen systematisch zu analysieren und im konkreten Fall über ihre Eignung für die eigenen unternehmerischen Optionen zu entscheiden.

Der Pragmatismus: Viele Aktivitäten werden zur Zeit in einem rechtsfreien Raum abgewickelt. Alte Gesetze sind aufgehoben oder werden nicht mehr eingehalten, neue Gesetze sind noch nicht in Kraft, weisen Lücken auf oder fehlen. Was gilt, wird in Einzelaktionen bis in die Regierungen abgestimmt. Die verwaltungsmäßigen Voraussetzungen der Marktwirtschaft funktionieren noch nicht.

In dieser Phase können die neuen Unternehmer nur pragmatisch handeln, dies in der Hoffnung, daß viele der Initiativen auch über die jetzige Phase der Unsicherheit hinaus Bestand haben. So unangenehm dies sein mag, mit Zögern und Ängstlichkeit werden wichtige Zukunftschancen verspielt. Aber auch nicht durchdachter Aktionismus ist von Übel. Bereits in den Jahren 1990 und 1991 stellt sich heraus, wer Unternehmer wird und wer nicht.

Die Positionierung: Unter Positionierung versteht man in der westlichen Betriebswirtschaftslehre die durch ein Unternehmen aufgrund der spezifischen Rahmenbedingungen auf den Märkten und der internen Gegebenheiten und Restriktionen erfolgende Einordnung des eigenen Leistungsprogramms. Im Rahmen der Positionierung wird festgelegt, wie sich das Unternehmen im Konkurrenzumfeld mit seinen Produkten und Dienstleistungen im Markt behaupten will. Mit der Positionierung werden auch die Bindungen zu Lieferanten und Kunden fixiert. Alle Unternehmen in Ostdeutschland müssen sich in freier Entwicklung und Verantwortung um ihre Positionierung kümmern.

Die Profilierung: Profilierung bedeutet die Ausfeilung der Positionierung. Beispiele sind Markenartikel und Betriebstypen des Handels. Das Pendant zum Markenartikel der Industrie ist auf der Einzelhandelsstufe der Betriebstyp. Für beide gilt: Je mehr Profilierung im Hinblick auf eine bestimmte Marktsituation, desto größer der Erfolg.

Bereits in den sechziger Jahren, jedoch mit Schwerpunkt in den siebziger Jahren, ist bei Herstellern in der Bundesrepublik Deutschland das Bewußtsein über die Profilierung von Marken stark angewachsen. Immer mehr Unternehmen wurden parallel mit unterschiedlichen Markenartikeln im Markt tätig. Das Motto: "Jedem das gleiche Gute" wurde abgelöst durch: "Jeder Gruppe das für sie Geeignete." Grundlagen der Markenartikelentwicklung sind vor allem:

1. der Wertepluralismus der Konsumenten,
2. die Sortimentsdynamik,
3. die Strategiekraft leistungsfähiger Unternehmen und Manager.

Der Markenartikel ist nicht nur eine Ware mit anspruchsvollen Originalitäts- und Qualitätsgraden. Der Markenartikel verkörpert ein Vertriebskonzept, das vor allem harmonisierte Strategieelemente in folgenden Bereichen umfaßt:

1. Produktgestaltung und Verpackung,
2. Preis,

3. Kommunikation,

4. Absatzwege - Distribution.

Die Vorrangstellung des Markenartikels hinsichtlich Neuheit und Einmaligkeit, eine wesentliche Voraussetzung der Unique Selling Proposition (einmalige Marktstellung), ist in einigen Warenbereichen abgeflacht. Hier wird durch Wiederauffrischung (Relaunching) versucht, Terrain zurückzugewinnen. Je eigenständiger die Formel, desto erfolgreicher gelingt die nationale und regionale Profilierung, desto erfolgreicher ist auch die Internationalisierung.

Die Betriebstypenpolitik und die Markenpolitik werden auch in Ostdeutschland sehr rasch entwickelt werden, und zwar durch Expansion bestehender bundesdeutscher Marken, aber auch durch Schaffung neuer Marken.

Individuelle unternehmerische Planung: Bisher bestand das Schwergewicht der Führungskräfte in Industrie und Handel der ehemaligen DDR auf Beratungen mit zentralen und regionalen Planungsorganen und Behörden sowie mit Partei, Gewerkschaften und Mitarbeiterversammlungen. Dies äußert sich auch darin, daß bis zu 300 Kennziffern im Monat je Kombinat und Betrieb geplant und kontrolliert werden mußten. Die Zukunft wird im wesentlichen auf der Befassung mit dem Markt und seinen Bedingungen sowie mit Kunden und Lieferanten liegen.

In den Unternehmen einer Marktwirtschaft erfolgt das Nachdenken und Gestalten der Zukunft aus den eigenen Fähigkeiten und Ressourcen heraus. Der Markt und der Wettbewerb liefern die Vorgaben, mit denen ein Unternehmen zu rechnen hat und an die es sich anzupassen hat. Bei Fehlern und Schwächen liegt die Ursache im Prinzip in Managementfehlern bzw. im Mißmanagement. Die Manager eines Unternehmens können sich nicht exkulpieren, wenn etwas schiefläuft. Die Lernprozesse zur Wahrnehmung und zur Durchsetzung von freien Unternehmensgestaltungsmöglichkeiten dürften für Unternehmer aus der ehemaligen DDR besonders schwierig sein.

Selbständigkeitsfähigkeit: Der Mut zur Selbständigkeit kann in Ostdeutschland nicht intensiv genug gefördert werden. Die über Jahrzehnte eingeübte Entselbständigung hat die Selbständigkeitsfähigkeit verschüttet. Chancen und Risiken der Selbständigkeit müssen erkennbar und vorstellbar gemacht werden.

Kooperationsfähigkeit: Die Selbständigkeit ist mit vielen Abhängigkeiten verbunden, dazu gehört die Abhängigkeit von Lieferanten, Kunden und Mitarbeitern. Zusätzliche freiwillige Abhängigkeiten werden durch die Kooperation begründet. Neben der Fähigkeit zur Selbständigkeit ist auch das Bewußtsein für Abhängigkeit und deren Bewirtschaftung ein wichtiger Erfolgsfaktor.

Akzeptanz von Beratern: Die Komplexität der Marktwirtschaft hat für die Gestaltung des Marktauftritts viele Spezialisten aufkommen lassen, z. B. Werbeagenturen und Public-Relations-Berater; auch die Unübersichtlichkeit der Steuergesetzgebung macht Spezialberatungen erforderlich, z. B. Steuerberater und Wirtschaftsprüfer. Dazu kommen Unternehmensberater, die sich in vielfältigen Richtungen spezialisiert haben, so Marketingberatung, Kompensationsberatung, Personalberatung.

Unternehmer und Manager aus Ostdeutschland benötigen in vielen Aktivitätenfeldern unabhängige Berater. Auch Banken und Sparkassen übernehmen Beratungsaufgaben. Das Streben nach der Beratungsfähigkeit der Betriebe und Unternehmen ist ein wichtiger Absicherungsfaktor für die Überlebens- und Wachstumsfähigkeit.

Mitgliedschaft in Verbänden: Die Mitgliedschaft in Verbänden und Organisationen und die Beteiligung an Verbandsveranstaltungen sowie die Mitarbeit in Verbandsgremien ist für die Unternehmer und Manager aus Ostdeutschland ein geeignetes Mittel, westliche Gesellschaftssysteme rasch kennen und beurteilen zu lernen.

Die Internationalisierung: Für Unternehmen in Ostdeutschland gelten in Zukunft für die Westinternationalisierung die gleichen Aspekte wie für alle Firmen westlicher Industriestaaten. Bereits im Westen tätige Unternehmen werden ihre Konzepte weniger anpassen müssen.

Durch Kauf, Fusion und Beteiligungen kann eine bei einem anderen Unternehmen gegebene Marktbearbeitungsstrategie übernommen, umstrukturiert und ergänzt werden. Bei eigenen Niederlassungen hat ein Unternehmen dagegen große Freiheitsgrade bei der Gestaltung seiner Marktaktivitäten. Dafür dürfte bei den weitaus meisten Betrieben im Osten jedoch auf kurze Sicht die Kraft fehlen.

7. Die Probleme in den neuen Bundesländern

Die Legitimationsprobleme: Zwischen der Legitimation der Zentralverwaltungswirtschaft und der Marktwirtschaft besteht der fundamentale Unterschied der Fremdbestimmtheit als "Beauftragter der Arbeiterklasse und ihrer marxistisch-leninistischen Partei" und der Eigenbestimmtheit mit Sozialverpflichtung gegenüber der Gemeinschaft.

Neue Autoritätsstrukturen: Der formalen Autorität und Verantwortung der General- und Betriebsdirektion für Kombinate und Betriebe stand die Einbindung in den Plan und in die Parteientscheidungen entgegen. So gab es mindestens eine dreifache Autorität von Staat-Partei-Leitung, die noch durch Sondereinflüsse des FDGB und der Mitarbeiter ergänzt wurde. In der Marktwirtschaft sind die Unternehmer oder Manager primär dem Kunden und den Kapitalgebern und nicht zuletzt den Mitarbeitern verpflichtet. Der Staat legt nur Rahmenbedingungen fest, ohne konkret einzugreifen.

Neue Strukturen - Entflechtung: Bei der Schaffung neuer Strukturen geht es vor allem um eine Arbeitsteilung, die auf der Basis freier Preise und freier unternehmerisch-institutioneller Gestaltungsalternativen geschaffen wird. Konkrete Maßnahmen sind die Senkung der Produktprogrammbreite und höhere Zulieferungen mit Senkung der Fertigungstiefe.

Die Leistungsprogrammumstellung: Viele Betriebe haben unrentable Produktionsstätten, die abgestoßen oder geschlossen werden müssen. Als besonderer Nachteil erweist sich der fünfprozentige staatlich verordnete Anteil an der Konsumgüterproduktion, der in der UdSSR tendenziell zur Zeit sogar noch weiter zunimmt.

Überwindung der Umstellungsängste: Auch in westlichen Unternehmen bringt jede größere Umstellung im Management weitreichende Probleme mit sich. Eine grundsätzliche Umstellung der Organisation in einem Konzern führt erst nach fünf bis sieben Jahren zur inneren Ruhe und damit zur vollen Effizienz, und oft wird dann bald danach eine ähnlich weitreichende Neuerung erforderlich. Die Unternehmer in Ostdeutschland werden bei allem Außendruck, der fast nicht hoch genug sein kann, um manche liebgewordene Verkrustung zu zerstören, viel Geduld brauchen, um die Umstellung zu bewerkstelligen.

Die Wettbewerbsfähigkeit: Die im System liegende Unnachgiebigkeit und Rücksichtslosigkeit von Markt und Wettbewerb erzwingen in möglichst kurzer Zeit eine internationale Wettbewerbsfähigkeit, um die Umstellungsschwierigkeiten zu reduzieren und vor allem die Arbeitslosigkeit rasch wieder abzubauen.

Die Partnerselektion: Vor der Fülle von Kooperationsangeboten aus West und Ost haben ostdeutsche Betriebe Schwierigkeiten, die Kriterien für die Partnerwahl einmal zu finden und dann zu gewichten, um Vergleiche durchführen zu können. Es werden auch Alternativen diskutiert, sich auf eine ost-interne Kooperation zu beschränken. Dies kann jedoch nur bei hoher internationaler Wettbewerbsfähigkeit mindestens eines Partners gelingen.

Pluralität und Widersprüche der Informationen: Die zentrale Planwirtschaft hat in vielen Bereichen die Schaffung von Transparenz versucht, ohne daß es ihr gelungen ist. In der Wettbewerbswirtschaft ist es ein anerkanntes Prinzip, daß Intransparenz herrscht. Man erfährt nicht alles über Konkurrenten, Kunden und Lieferanten und über sonstige Partner im Markt, was man wissen möchte. Man ist nie sicher, ob man wirklich den besten Preis hat oder die besten Leistungen erhält.

Der Wettbewerb enthält ein spielerisches Element. Negativ mündet es in das Ausstechen des Konkurrenten, auch in die Abwertung und Verleumdung von Konkurrenten. Mit diesen Elementen des Wettbewerbsspiels handeln und verhandeln zu können oder sie im angloamerikanischen Sinne beherrschen und "handeln" zu können, dürfte zur Zeit den Entscheidungsträgern in ostdeutschen Unternehmen besondere Probleme verursachen

Suche nach Dauerhaftigkeit und Vertrauen: In einer Marktwirtschaft gibt es enge und weite Allianzen und gedeihende Partnerschaften - es gibt aber auch dauerhafte und mehr oder minder offen ausgetragene Feindschaften. Hier geht es für den Manager aus Ostdeutschland darum zu überprüfen, mit wem er aufgrund der ökonomischen Voraussetzungen und menschlichen Affinitäten besser zu Rande kommt und mit wem nicht.

Vieles, was sich in den letzten Monaten in Ostdeutschland zwischen Wirtschaftspraktikern oder auch Politikern aus Ost und West an Kontakten und Kontaktproblemen ereignet hat, bestätigt menschliche Schwächen und muß in Ostdeutschland analysiert, bewertet und verkraftet werden. Ost-Manager müssen sich klar darüber werden, mit wie vielen Partnern und in welcher Intensität mit welchen Partnern dauerhafte und vertrauensvolle Kontakte möglich sind.

Dazu kommen eine Reihe weiterer Probleme, die sich aus den bisherigen Verhandlungen und Verträgen mit Partnern aus den alten Bundesländern ergeben:

1. die rasche Festlegung auf die Partner, mit denen man langfristig zusammenzuarbeiten gedenkt, vor allem auch die Anerkennung der geringen Zahl von Partnern bei strategischen Allianzen;
2. die Selektion der Partner nach Kriterien der Leistungsfähigkeit und damit die Nutzung der in westlichen Industriestaaten üblichen marktorientierten Arbeitsteilung bis hin zu Entflechtungen oder klaren Abstimmungen über die Sachgebiete, auf denen mit dem einen oder anderen Partner zusammengearbeitet wird;
3. die rechtzeitige Prüfung der Kompetenz aller Partner, mit denen man zusammenarbeitet und insbesondere die Überprüfung der Kompatibilität der westlichen Partner.

Zu den besonderen Schwierigkeiten dürfte es gehören, die Beziehungen zwischen den Partnern aus Westdeutschland oder darüber hinaus aus dem westlichen Ausland zu erkennen und zu verstehen.

Im Wettbewerb entwickeln sich teils eher freundschaftliche oder - teils durch lange Tradition gewachsene - gegensätzliche Beziehungsmuster von Firmen zueinander. Gerade diese Muster gilt es für ostdeutsche Unternehmen rechtzeitig auszuloten. Welche Partner zueinander passen, ist oft nicht leicht festzustellen. Zwischen bestimmten Unternehmen oder Unternehmensgruppen lassen sich weder im Westen noch im Osten tragfähige Allianzen entwickeln, wenn "die Chemie nicht stimmt". Hier liegen für alle Beteiligten nicht unerhebliche Risiken.

Neuordnung der Managementpolitik: Zu den größten Schwierigkeiten wird eine Evaluation der Managementpolitik gehören, in deren Zusammenhang zu klären ist, was gebraucht wird und was nicht. Ohne Integration von Mitarbeitern aus dem Top- und Mittelmanagement Westeuropas wird es bei der Neuordnung des Management in ostdeutschen Unternehmen Schwierigkeiten geben, weil zwar Durchsetzungswille vorhanden sein mag, aber die Durchsetzungsfähigkeit fehlt.

Nach einer Studie des WSF-Instituts in Kerpen gehörten in der DDR 180 000 Personen zur Ebene der Direktoren und Abteilungsleiter, 930 000 bildeten die Gruppe der Führungskräfte. Nur jede achte Führungsposition war Mitte 1990 neu besetzt, weil politisch unbelasteter Nachwuchs fehlt.

8. Die Probleme für Unternehmen mit Investitionsinteresse in den neuen Bundesländern

Die Initiativen bundesdeutscher Unternehmen auf dem Gebiet der DDR reichten bereits wenige Tage und Wochen nach dem 9. November 1989 vom ambulanten Gebrauchtwagenverkauf und der Schaffung von Innenstadtjahrmärkten, wie in Leipzig, bis zu Joint Ventures für Umspannwerke oder Kraftwerke.

Zahlreiche ungeklärte rechtliche Fragen ließen die Unternehmen mit echten Investitionsinteressen bis heute in einer Abwartehaltung verharren oder wenig abgesicherte Verträge abschließen, die teilweise die dafür Verantwortlichen in große Schwierigkeiten brachten und noch bringen.

Der freie Transfer von Wirtschaftsgütern, Kapital und menschlicher Arbeit: Die Internationalisierung wird vor allem durch Freizügigkeiten der Bewegung aller wirtschaftlichen Güter begünstigt. Dazu gehören Waren, Dienste, Kapital und Gewinn. Dazu kommt noch die freie Arbeitsplatzwahl und möglichst die Anerkennung von Berufsabschlüssen. Damit gelten für die Öffnung nach Osten in die neuen Bundesländer wie auch für die übrigen Ostblockstaaten im Prinzip genau die gleichen Vorbedingungen, wie sie für die Integration der EG-Staaten vereinbart sind.

Das Verständnisprinzip: Für eine erfolgreiche Tätigkeit in den neuen Bundesländern und darüber hinaus im Ostblock ist hohe Sensibilität und Verständnis für die noch immer in Bewegung befindlichen Veränderungen erforderlich. Niemand sollte seinen Weg nach Osteuropa wählen, der nicht selbst von den Aufbauchancen und den Friedenschancen beseelt ist und der sich nicht mit den dortigen Menschen und Problemen voll identifizieren kann. Das oft genug anzutreffende naßforsche Vorgehen, das Mißtrauen unter den Gesprächspartnern von hüben und drüben, relativiert bereits manche Aktionsmöglichkeiten - bis hin zur Untätigkeit.

Ungeklärte Rechtsfragen als Problem: Als Probleme erweisen sich nach wie vor viele ungeklärte Rechtsfragen, insbesondere Eigentums- und Kapitalmobilitätsfragen, von deren Klärung eine aktive Tätigkeit in der DDR abhängt.

Die Probleme der Einschätzung der Verhandlungspartner: Es ist ein nicht hinwegzudiskutierendes Faktum, daß alle Führungskräfte in den Betrieben der ehemaligen DDR nur in diese Positionen kommen konnten, wenn sie aus der damaligen Sicht als staatspolitisch zuverlässig galten. Auf der anderen Seite muß man sich fragen, welche andere Möglichkeit die Führungskräfte in dem letztlich doch fremdgesteuerten Staat hatten, als sich in der Zeit nach der Revolution den neuen Strömen anzupassen.

Die oft beklagte Wendehals-Mentalität hat jedoch auch zur Wahrnehmung der Arbeitnehmerinteressen und zur Erhaltung des Kapitals - wem es auch immer gehören mag - beigetragen. Als Problem erweist sich überdies die gegenseitige Fehleinschätzung der Verhandlungspartner aus Westdeutschland und anderen westlichen Staaten und der Verhandlungspartner aus Ostdeutschland.

Die Notwendigkeit von Vorleistungen: Grundsätzlich sind in Ostdeutschland und auch im Osteuropa so viele Vorleistungen wie möglich mit großer Stützung durch nationales und internationales Kapital anzuregen, um die gesellschaftlichen Umstrukturierungsprozesse auf dem bisherigen Kurs zu halten und möglichst zu beschleunigen.

Die Verschuldungsbereitschaft: Ohne eine kräftige Verschuldung in oder für Ostdeutschland würde die Kaufkraft langsamer wachsen. Die Beurteilung aller Märkte ist somit abhängig von einer zuverlässigen Abschätzung der Verschuldungspotentiale und der Verschuldungsbereitschaft der Unternehmen wie der Konsumenten, z. B. im Wohnungsbau.

Die ab Einführung der DM verfügbare Kaufkraft der Konsumenten sowie die Cash-Flow-Bedingungen der Unternehmen sind weitere wichtige Einflußgrößen. Im öffentlichen Bereich ist zudem die Mittelverfügbarkeit des Staates und der Länder, Bezirke und Gemeinden zu beachten.

Ausgewählte strategische Ansätze

Für Unternehmen aus der Bundesrepublik Deutschland oder aus westlichen Staaten sind für die Tätigkeit in Ostdeutschland und Osteuropa alle Expansionsstrategien, wie sie bei Vorhaben im Inland wie auch im Ausland eingesetzt werden, verfügbar. Unterschiedlich sind wegen der Abweichung der Gesellschaftssysteme die Schwerpunkte. Käufe und Fusionen sowie Kooperationen und Joint Ventures bilden die Schwerpunktstrategien.

Während bei der Internationalisierung in westlichen Staaten die endgültig angestrebten Lösungen oft bereits im ersten Schritt durchgesetzt werden können, wird man in Ostdeutschland und Osteuropa - parallel zu den gesellschaftspolitischen und rechtlichen Veränderungen - die Strategien ständig anpassen müssen. Für diese Aufgaben der sequentiellen, vermutlich über Jahre laufenden mehrstufigen Anpassung müssen auf beiden Seiten spezifische Planungsaufgaben erledigt werden. Dieses Anpassungsmanagement an veränderte Rahmenbedingungen ist üblicherweise bei der Westinternationalisierung nicht erforderlich.

Versandhandelsunternehmen: Der Otto-Versand betrieb im 2. Halbjahr 1990 1 068 Bestellcenter in den neuen Bundesländern. Der durchschnittliche Umsatz betrug dabei 58 000 DM je Center. Im Frühjahr 1991 sank die Anzahl der Bestellcenter auf rd. 800.

Die Quelle-Gruppe wird in DDR-Städten mit mehr als 50 000 Einwohnern stationäre Geschäfte eröffnen. Bis zum Jahresende 1990 sollen einige hundert Bestell-Agenturen bestehen. Insgesamt ist ein flächendeckendes Agenturnetz von bis zu 1 500 Standorten mit Gesamtinvestitionen von 20 Mill. DM geplant. Mit der Eröffnung der Technischen Kundendienststelle in Leipzig beginnt der Aufbau des Servicenetzes. Weiter sind direkte Versandaktivitäten über Einzel- und Sammelbesteller vorgesehen.

Franchising

Zu einer herausragenden Wachstumsformel für die neuen Bundesländer, aber auch für Osteuropa dürfte sich das Franchising entwickeln. So hat der Deutsche Franchise-Verband in Kooperation mit der Arbeitsgruppe Economix der Budapester Universität bereits im Frühjahr 1990 das erste Franchiseseminar in Ungarn veranstaltet. In Chemnitz fand im Herbst 1990 der erste Franchise-Tag in den neuen Bundesländern statt. An der vom Deutschen Franchise Verband e. V. (DFV) organisierten Veranstaltung nahmen rd. 400 Interessenten aus den ostdeutschen Bundesländern teil. Im Rahmen der 2. Franchise-Messe in Wiesbaden fand im Mai 1991 ein Franchise-Ost-West-Forum statt.

Bis Ende 1990 waren in den neuen Bundesländern 650 Franchisenehmer tätig; diese Zahl ist bis Mitte 1991 auf 1 400 angestiegen.

Literaturverzeichnis

[1] Tietz, Bruno: Optionen für Deutschland - Zukunftsperspektiven für ein gemeinsames Deutschland, (Verlag Moderne Industrie) Landsberg a. L. 1990, S. 174, S. 175.

[2] Vgl. o. V.: Rezession in Osteuropa dramatisch - Produktionsminus in der Sowjetunion noch moderat, in: Saarbrücker Zeitung, Nr. 31, 6. Februar 1991, S. 7.

[3] Vgl. o. V.: Forsches Privatisierungstempo in Ostdeutschland, in: Neue Zürcher Zeitung, 212. Jg., Fernausgabe Nr. 136, 16./17. Juni 1991, S. 13.

[4] Vgl. Gieskes, Hanna: Händlers Zitterpartie, in: Die Welt, Nr. 131, 8. Juni 1991, S. 9.